개정판

조세법 판례백선

임승순

Top **109**

Law Cases

박영사

개정판 머리말

이 책이 출간된 지 1년여 만에 개정판을 내게 되었습니다.

개정판에는, 초판 출간 이후 선고된 조세 관련 대법원판결 및 기존에 빠진 판결 및 심결례 가운데 중요하다고 여겨지는 것들에 관한 평석을 새로이 추가하였습니다. 그 기회에 '납세의무의 성립과 확정'과 '세법상 특수관계인과 시가의 개념'에 대한 기본 해설을 추가하고, 주요 쟁점사항인, 실질과세의 원칙, 경정청구제도, 조세소송의 소송물, 부당행위계산부인 제도 등에 관하여 독자들이 좀 더 이해하기 쉽도록 평석의 편제 및 내용을 다시 정리하였습니다. 그밖에 전반적으로 소소한 표현상의 오류 등을 바로 잡고 독자들이 쟁점에 대한 검색을 보다 용이하게 할 수 있도록 사항색인을 추가하였습니다.

최근 30여 년 동안 우리나라 세법 분야는 학문적으로나 실무적으로 크게 발전하였으며, 그 중심에 판례가 자리 잡고 있습니다. 이 책이 그동안 우리나라 세법 분야에서 판례가 이룩한 성과와 그 발자취를 확인하는 계기가 되고, 이를 통해 독자들이 세법의 법리를 좀 더 폭넓게 이해할 수 있게 되기를 기대해 봅니다.

머리말

필자는 2020. 8. 3. 화우 조세실무연구원 오피니언 란 '임승순의 판례산책' 코너에 처음으로 판례평석 원고를 게재한 이래 약 2년 반에 걸쳐 조세판례를 평석한 원고를 게재하여 왔습니다. 이번에 그 원고들을 모아 다시 다듬고 몇 개의 평석을 추가하여 총 107개의 판례평석과 조세법총론과 각 개별세법에 대한 개론 및 필자가 머니투데이 등에 기고한 세금에 관한 칼럼 등을 모아 단행본으로 출간하게 되었습니다. 평석의 대상이 된 판례들은 대부분 저자가 쓴 『조세법』에서 선별하였습니다. 판례평석의 경우 관련 논문 등을 참고하고 그 내용을 소개하기는 하였으나 참고한 논문을 개별적으로 인용하거나 참고문헌으로 소개하지는 않았습니다. 내용을 읽어 본 독자들은 느끼겠지만 이 책은 판례에 대한 각종 견해들을자세히 소개하는 책이 아니고 나름대로 판례의 취지와 타당성을 고민해 본 필자의 생각을 담은 글입니다. 요즘 대법원법률정보를 비롯하여 여러 판례검색 사이트에 판례의 내용과 함께 해당 판례를 다룬 여러 가지 논문들 및 참조할 판례들이 소개되어 있으므로 이 책의 내용을 넘어 대상판결에 대하여 좀 더 공부하고싶다면 그러한 자료들을 활용할 수 있을 것입니다.

원래 글을 게재하던 코너의 제목이 '임승순의 판례산책'이어서 이 책의 제목도 동일하게 하려 하였으나 치열한 고민의 대상인 판례에 '산책'이라는 용어가 너무 한가로운 느낌이 들어 『조세법』 책에서 선별한 인연을 담아 '조세법 판례백선'이라고 이름을 지었습니다. 검토대상 판결은 가능한 세법 전체 체계를 커버할 수 있도록 각 세법의 영역에서 골고루 선별하고 세법에 대한 독자들의 이해를 높일 수 있는 기본적인 사항을 다룬 중요 판결들을 선정하였습니다.

판례에 대한 편안한 접근이 책의 기본취지였지만 몇 개의 주제에 관하여는 저자의 생각을 여러 각도에서 펼치다 보니 일부 내용이 복잡하고 길어졌습니다. 경정청구와 소송물에 관한 평석들이 그것들인데 다양성도 나름의 가치가 있다고 보아 의도적으로 통일을 기하지는 않았습니다. 평석의 대부분은 판례의 취지를 좀 더 알기 쉽게 설명하는데 초점을 맞추었지만 몇몇 사안에서는 대법원 판결에 비판적인 입장을 취했습니다. 학문의 영역에서 연구대상을 비판적 시각에서 바라보는 것은 꼭 필요한 연구방법이며 변증법적 검증을 통하여 좀 더 나은 법률문화가 형성될 수 있다고 생각합니다.

세법을 잘 이해하기 위해서는 그 과세의 기초가 되는 사법상의 법률관계와 이를 규율하는 사법에 관한 정확한 이해가 필수적입니다. 또한 기업회계에 대한 정확한 이해도 필수적이며 민사소송절차를 비롯한 쟁송절차에 관한 전반적인 이해 또한 필요합니다. 이 책에서 다룬 대부분의 판결들은 이와 같은 인접 학문과의 수평적 연계에 초점을 맞추고 있습니다.

독자들이 이 책을 통해 세법에 대하여 흥미를 느끼고, 관련 법리에 관하여 조금은 더 깊은 이해를 얻을 수 있기를 기대하여 봅니다. 내용을 쉽게 이해할 수 있으면서 다른 한 편 독자의 지적 영감을 자극하여 스스로 주제에 대하여 생각해볼 수 있도록 하는, 그리고 그 결실로서 조금은 더 세법의 전문가로 커 나갈 수 있도록 이끌어 주는 그러한 책이 되었으면 좋겠습니다. "편하게 읽어가다 보니어느덧 조세전문가의 영역에 들어설 수 있었다."라고 하는 평가가 단순한 기대에 그치지 않기를 소망하여 봅니다.

저자 씀

목 차

PART 01

조세법총론

PART 02

소득세법

PART 03

법인세법

PART 04

상속세 및 증여세법

PART 05

부가가치세법

PART 06

지방세법

PART 07

국제조세법

PART

01

조세법총론

사법과 세법

조세는 사법상의 경제적 거래를 기초로 생산되는 재화나 용역에 담세력을 인정하여 부과되므로 이를 규율하는 세법은 이와 같은 경제적 거래를 규율하는 사법의 법률관계에 기초하게 됩니다. 이에 따라 특별한 사정이 없는 한 사법상 법률관계를 그 내용 그대로 존중하여야 하며, 사법상 거래가 무효이거나 해제된 경우 그 거래를 대상으로 하는 조세의 부과는 원칙적으로 허용되지 않습니다. 다른 한편 조세는 국민 모두가 부담하는 공적 부담으로서 고유의 목적과 기능을 가지므로 조세법률관계는 사법상 법률관계와 다른 특성을 지닙니다. 사법의 기본원리인 계약자유의 원칙과 소유권 보장 등의 내용은 세법의 해석과 적용에 관하여도 원칙적으로 타당하지만 다른 한편 조세공평주의에 기초한 실질과세의 원칙은 이를 제한하는 원리로 기능합니다. 나아가 거래당사자는 가능한 한 세금을 적게 내려하고 경우에 따라서는 사법상 거래형태를 조세회피 수단으로 이용하므로 현실에서는 여러 가지 사유로 세법의 적용과 해석이 사법의 법률관계로부터 이탈하여 양자 사이에 괴리가 생기는 경우가 발생하곤 합니다. 이러한 문제들을 해결하기 위해 사법으로부터 세법의 독자성을 어느 정도까지 인정할 것인가가 조세법 전체를 관통하는 중요한 과제로 되어 있습니다. 아울러 조세법은 집행절차와 쟁송절차 등 절차면에서도 사법과는 여러 가지 다른 구조 및 특성을 갖습니다.

실체면에서 사법과 세법의 관계는 결국 사법과 세법의 괴리를 실체법상 어떻게 규율한 것인가의 문제인데 구체적으로, (1) 차용개념의 해석, (2) 부당행위계산부인 규정의 해석 및 적용기준 (3) 실질과세 원칙의 적용범위 등이 주로 문제됩니다.

세법과의 관련에서 민법규정이 일반적으로 세법에 준용되는가의 문제가 있습니다. 세법은 민법상 각종 제도와 관련하여 많은 부분에 별도 규정을 두고 있고 이러한 개별규정들은 대개 별도의 준용규정을 두고 있습니다. 문제가 되는 것은 준용규정을 두지 않은 경우인데, 조세법률주의 관점에서 원칙적으로 준용을 부정하여야 할 것입니다.

한편 사법상 법률관계에 다툼이 생겨 쟁송절차로 나아가게 되면, 소득이나 비용의 실현시기 내지 귀속시기에 변동이 생기고, 과세대상에 대한 평가도 달라지며, 민사상 판결이 확정되어 과세의 기초가 된 납세자의 기존의 사법상 법률관계에 변동이 생기게 되면 국세기본법상 통상적 경정청구 이외에 후발적 경정청구 사유가 되는 등(국세기본법 제45조의2 제2항 제1호 참조), 사법상 쟁송절차가 실체적 조세법률관계에 미치는 영향도 적지 않습니다.

절차면에서 사법과 세법은 많은 유사점을 갖는 동시에 여러 가지 차이점을 갖는데 그 차이점의 중심에는 납세의무 확정의 개념이 자리 잡고 있습니다. 그 핵심 내용은 사법상 채권은 집행을 위해 사법기관의 공적 확인을 통한 집행권원이 필요하고 이는 독립된 소송절차를 통해서 이루어지는 데 반해, 조세채권은 별도의 집행권원 없이 자력집행이 가능하고 그와 같은 자력집행을 가능하도록 하기 위한 전제로서 조세채권의 '성립' 이외에 '확정'의 개념을 필요로 한다는 데 있습니다. '조세채권의 확정'은 과세관청의 입장에서는 이를 기점으로 집행에 나아갈 수 있는 한편, 납세의무자의 입장에서는 불복의 계기가 되므로 어느 쪽이든 조세절차법의 중심을 이루게 됩니다.

조세쟁송은 기본적으로 행정처분의 효력을 다투는 항고소송의 형태를 취하며 이 점에서 당사자주의에 기초한 사법상 소송절차와 뚜렷하게 대비됩니다.

조세쟁송이 과세관청의 위법한 과세권 행사에 대한 견제수단 내지 구제수단이라면 그 반대쪽에 납세자의 위법한 조세포탈행위를 규율하기 위한 조세제재법이 자리 잡고 있습니다.

01

개발부담금이 세금인가

대상결정: 헌법재판소 2016. 6. 30.자 2013헌바191 결정

[결정요지]

[다수의견] 개발부담금은 실질적으로는 조세의 성격을 가지는 금전급부로서 국가나 지방자치단체의 활동을 위한 재정수입의 원천이 되므로, 고도의 공공성과 공익성을 가져 그 징수의 확보를 보장할 필요가 있다. 심판대상조항은 개발부담금의 우선징수권을 규정하면서도, 개발부담금의 '납부 고지일 전에' 설정된 저당권 등에 의하여 담보된 채권에 대하여는 개발부담금을 우선 징수할 수 없도록 함으로써, '개발부담금 징수의 확보'라는 공익 목적과 '담보권의 보호' 사이의 조화를 도모하고 있다. 담보권을 설정하려는 금융기관 등은 납부의무자에게 개발부담금의 부과 및 체납 여부에 대한 확인서류 등을 부과관청으로부터 발급받아 줄 것을 요청하거나 납부의무자로부터 위 확인서류 발급에 관한 위임을 받아 상대방의 개발부담금 채무 존부와 범위를 확인할 수 있으므로, 현실적으로 담보권자의 예측가능성은 어느 정도 보장되고 있으며, 개발부담금 채권의 공시기능이 담보권의 공시기능에 비하여 불완전하다는 사정으로 인한 위험은 담보권설정계약 당사자들 사이의 정보 교환과 자율적 판단으로 어느 정도 회피하거나 감소시킬 수 있다. 그렇다면 심판대상조항이 개발부담금 채권과 피담보채권 사이의 우열을 가리는 기준시기를 '납부 고지일'로 정한 것은 입법재량을 일탈하여 담보권자의 재산권을 침해한다고 보기 어렵다.

[반대의견] 개발이익환수법상 개발부담금은 투기방지와 토지의 효율적 이용 및 개발이익에 관한 사회적 갈등을 조정하기 위해 정책적 측면에서 도입된 유도적,

조정적 성격을 갖는 특별부담금이다. 개발부담금은 공시되지 아니할 뿐만 아니라 일정 규모 이상의 개발사업에서 일정 수준 이상의 개발이익이 나온 경우에만 부과되어, 거래상대방으로서는 개발부담금 존재 자체를 예측하기 어렵다. 심판대상조항은 담보권자의 재산권 제한에 그치는 것이 아니라 거래안전을 포함한 기존 사법질서를 훼손할 수 있는바, 제한되는 사익 또는 사법질서의 훼손 정도가 가벼워 보이지 않고, 그럼에도 개발부담금의 징수를 확보해야 할 절실한 공익적 요청이 있다고 판단되지 아니한다. 따라서 심판대상조항은 과잉금지원칙을 위반하여 담보권자의 재산권을 침해한다.

【심판대상조문】

구 개발이익환수에관한법률(2008. 3. 28. 법률 제9045호로 전부개정되고, 2013. 3. 23. 법률 제11690호로 개정되기 전의 것) 제22조 제2항

【해설】

1. 판례백선 첫 번째 이야기는 우리가 다루는 이야기 주제인 '세금'이란 무엇인가에 관한 것입니다. 얼핏 잘 알고 있다고 생각하지만 막상 쉽게 대답하기 어려운 질문입니다.

대부분의 나라는 법에 세금에 관한 별도의 정의규정을 두지 않고 있고 우리나라도 마찬가지입니다. 법에 세금에 관한 정의규정을 두고 있는 나라로는 독일을 들 수 있는데, 독일 조세기본법 제3조 제1항은, 세금을 "**1. 국가 또는 지방자치단체가, 2. 국민에 대한 각종의 공공서비스를 제공하기 위한 자금을 조달할 목적으로, 3. 특별급부에 대한 반대급부 없이, 4. 법률에 규정된 과세요건에 해당하는 모든 자에 대하여, 5. 일반적 기준에 의하여 부과하는, 6. 금전급부**"라고 정의하고 있습니다. 이는 세금의 기능적 특성을 종합적으로 표현하고 있는 것으로 이해됩니다. 이와 같은 이해를 토대로 구체적으로 판례를 통하여 세금의 정확한 위치를 가늠해 보겠습니다. 먼저 대상결정에 대하여 살펴봅니다.

2. 이 사안은 구 개발이익환수에관한법률(2008. 3. 28. 법률 제9045호로 전부개정되고, 2013. 3. 23. 법률 제11690호로 개정되기 전의 것) 제22조 제2항에서 같은 법상의 개발부담금 징수와 관련하여 조세와 동등하게 우선권의 효력을 인정하고 담보권자와의 우열에 관하여 개발부담금 납부고지일을 기준으로 그 이전에 설정된 담보권만이 개발부담금에 우선하도록 한 규정이 담보권자의 재산권을 침해하는 위헌의 규정인지가 문제된 것입니다. 결론적으로 헌법재판소는 이 규정을 합헌으로 판단하였는데 여기에는 재판관 두 분의 반대의견이 있습니다.

다수의견은 그 논거로서, 개발부담금은 실질적으로는 조세의 성격을 가지는 금전급부로서 국가나 지방자치단체의 활동을 위한 재정수입의 원천이 되므로, 고도의 공공성과 공익성을 가져 징수의 확보를 보장할 필요가 있고 담보권자의 예측가능성도 어느 정도 보장되고 있다는 점을 들고 있습니다. 이에 반하여 반대의견의 논거는, 개발부담금은 투기방지와 토지의 효율적 이용 및 개발이익에 관한 사회적 갈등을 조정하기 위해 정책적 측면에서 도입된 유도적·조정적 성격을 갖는 특별부담금으로서 거래상대방으로서는 개발부담금의 존재를 예측하기 어려워 거래안전을 포함한 기존 사법질서를 훼손할 수 있는 반면, 개발부담금의 징수를 확보해야 할 절실한 공익적 요청이 있다고 판단되지 않으므로 해당 조항은 헌법상 과잉금지원칙을 위반하여 담보권자의 재산권을 침해한다는 데 있습니다.

다수의견은 개발부담금도 실질적으로 조세와 같아 조세와 동동하게 우선권을 부여해야 한다고 본 반면에 반대의견은 개발부담금은 징수대상의 일반성과 징수의 공익성에서 일반적인 조세에 미치지 못하므로 조세만큼의 우선권을 부여할 필요가 없다고 보고 있고, 이와 같은 견해의 차이는 심판대상조문에 대한 납세자의 예측가능성과 그에 따른 재산권 보호 및 거래안전에 대한 헌법적 평가를 달리하는 갈림길이 되고 있습니다. 이와 같은 관점의 차이는 재개발과정을 통해 아파트 가격이 상승한 경우 그 단계에서 곧바로 개발부담금 명목으로 개발이익의 일부를 환수할 것인가, 아니면 나중에 아파트를 처분하면 그때 양도소득세로 과세할 것인가 하는 정책적 문제를 다른 각도에서 바라본 것이라고 볼 수도 있습니다. 종전에 존재하던 토지초과이득세에 관하여 헌법재판소는 미실현이득에 대한 과세는 국가의 입법정책에 속하는 문제이고 그 자체로 헌법에 반하는 것은 아니라고 판단한 바 있습니다.

3. 대상결정의 반대의견은 개발부담금을 정책적 측면에서 도입된 유도적, 조정적 성격을 갖는 특별부담금으로 보았는데, 이는 개발부담금이 주로 특정 지역의 특정 주민들에게 문제가 되고, 개발과정을 거치는 동안 여러 가지 인허가 절차 등 국가의 관여나 조력을 필요로 한다는 점을 감안한 것으로 여겨집니다. 사실 세금도 유도적, 조정적 성격을 가질 수 있습니다. 일반적으로 국가가 일정한 정책목표를 달성하거나 납세자의 행위를 일정한 방향으로 유도하기 위하여 부과하는 조세를 '정책적, 유도적 조세'라고 하여 국가의 재원조달을 주된 목적으로 하는 '국고적 조세'와 구분하고 있습니다. 정책적, 유도적 조세는 전통적으로 조세의 헌법적 한계를 가늠하는 기준이 되어 온 응능부담의 원칙과 조세중립성의 원칙이 제대로 기능하기 어렵다는 특징을 갖습니다. 다른 한편 조세가 제재적 기능을 갖는다면 자의(恣意)의 금지 등 제재에 관한 헌법적 심사기준을 적용할 필요성도 있게 됩니다.

이와 같은 정책적, 유도적 조세도 부수적으로 세수목적을 가지고 있는 한 조세의 영역을 벗어나는 것은 아니나 세수목표 없이 어떤 행동을 없애버릴 의도만을 담고 있는 이른바 '압살적 조세(Erdrosselungssteuer)'가 위헌이라는 데에는 학설의 견해가 대체로 일치하고 있습니다. 어쨌든 개발부담금이 정책적, 유도적 기능을 갖고 있다는 점도 전통적 세금과의 본질적 구분사유는 되지 못하는 듯합니다. 결국 전통적 세금과의 차이는 징수대상의 일반성에서 찾을 수 있는데 이 점 역시 양적인 문제에 불과한 것으로 여겨집니다.

4. 장면을 바꾸어 구 산업재해보상보험법(2003. 12. 31. 법률 제7049호로 개정되기 전의 것) 제76조에서 규정한 산업재해보상보험료에 관한 판례를 살펴봅니다(이하, 산재보험법 및 산재보험료로 약칭합니다).

사안은, 압류선착주의를 규정한 지방세법 제34조가 위 산재보험료와 지방세 상호간에도 준용되는지, 그리고 지방세법 제31조 제2항 제1호를 공과금의 가산금 및 체납처분비에 대하여 압류선착주의를 인정한 규정으로 볼 수 있는지 여부에 관한 것입니다. 산재보험료와 조세는 급부의 대가성 등에서 차이가 있지만 모두 공익적 성격을 가지므로 징수 측면에서 양자를 동등하게 취급할 수 있는가 하는 질문입니다.

대법원 2008. 10. 23. 선고 2008다47732 판결은 이 두 가지 점 모두를 소극적으로 해석했는데, 그 내용은 다음과 같습니다.

"지방세법 제34조는 국세와 지방세 상호간 및 지방세 상호간에는 먼저 압류한 조세가 교부청구한 조세보다 우선한다는 이른바 압류선착주의를 선언함으로써 민사집행법상 평등주의의 예외를 인정하고 있고, 구 산재보험법(2003. 12. 31. 법률 제7049호로 개정되기 전의 것) 제76조는 산재보험료의 징수순위가 국세 및 지방세의 다음 순위임을 밝히고 있으며, 같은 법 제74조 제1항에서 산재보험료의 징수에 관하여 '국세체납처분의 예에 의한다'는 취지로 규정하고 있는바, 위 각 조항은 그 문언이나 법 규정의 형식상, 국세징수법 중 제3장에서 규정한 체납처분의 절차에 따라 산재보험료를 강제징수할 수 있는 자력집행권을 규정한 것일 뿐, 위 각 조항에 의하여 산재보험료와 지방세 상호간에도 압류선착주의를 규정한 지방세법 제34조가 준용된다고 볼 수는 없고, 지방세법 제31조 제2항 제1호는 그 문언이나 법 규정의 형식상, 자력집행권이 있는 공과금 관련 기관이 납세자의 재산을 압류하고 그 압류에 기하여 매각을 한 후 그 매각대금을 배분하는 경우에 한하여 지방세 우선의 원칙에 대한 예외를 인정한 것뿐이며, 위 조항을 공과금의 가산금 및 체납처분비에 대하여 압류선착주의를 인정한 규정으로 볼 수는 없다."

한 마디로 명문의 규정 없이 산재보험료를 조세와 등등하게 취급할 수 없다는 것입니다.

5. 이상 두 판례를 기초로, 일반적인 조세와 산재보험료(공과금) 및 개발부담금 세 가지를 비교해 보면, 징수권을 확보할 필요성 등 공익적, 공공적 측면에서 보면, 그 순위는, 1. 조세, 2. 산재보험료 등 공과금, 3. 개발부담금 등 순으로 보이는데, 막상 개발부담금과 담보권 사이의 징수 우선권에 관한 개발이익환수에관한법률 규정과 관련하여서는 개발부담금을 실질적 조세라고 판단한 반면, 산재보험법 규정의 해석과 관련하여서는 조세에 관한 국세징수법의 압류선착주의에 관한 규정을 산재보험료에 준용될 수 없다고 판단하고 있습니다. 전체적으로 세금의 영역을 가늠하거나 세금에 관한 법리 적용의 기준을 확인하는 일이 쉽지 않음을 보여주는 예입니다.

6. 이웃 나라 일본의 사례로는, 지방자치단체 조례에서 정한 국민건강보험료 산정방법의 적법성과 관련하여 국민건강보험료가 조세와 성격이 동일한지가 문제된 사안에서, 일본 최고재판소는 국민건강보험료가 가입과 징수가 강제되어 있지만 보험급부와 대가성이 있다는 이유 등을 들어 이를 부정한 바 있습니다(일본 최고재판소 평성 18. 3. 1. 판결).

미국에서도 조세와 금전벌 구분이 문제된 사안이 있는데(미국 연방대법원 NFIB v. Sebelius), 미국은 금전벌 제정에 관한 입법은 주(州)의 권한에 속하나, 실질이 조세에 해당하면 연방의회가 제정권한을 가지므로 양자의 구별이 중요한 의미를 가지며, 그 구별기준으로는 1) 강제성의 정도와 2) 입법의 주요 목적 등이 제시되고 있습니다.

02

과세요건 법정주의

- 포괄위임의 한계 -

대상결정: 헌법재판소 1995. 11. 30.자 94헌바40, 95헌바13 결정

【결정요지】

[1] 이 사건 토지 등의 양도 당시 시행되던 소득세법은 물론 현행 소득세법은 제4조 제1항, 제20조 제1항 제8호 및 제23조 제1항 제1호 등에서 과세대상 소득을 규정하고 각 소득별 특성에 맞는 합리적이고 공정한 과세가 이루어질 수 있도록 소득종류별로 과세표준과 세액의 산정방법을 달리 규정하고 있는바, 소득세법의 전반적 체계와 관련규정의 취지에 비추어 보면 토지 등의 부동산의 양도로 인한 소득은 사회통념에 따라 판단하여 그 양도가 수익을 목적으로 한 것이고 또 양도의 규모·회수·태양 등에 비추어 사업활동으로 볼 수 있을 정도의 계속성과 반복성이 있는 것이라고 인정되면 양도소득세 과세대상인 사업소득에 해당하고, 그렇지 않은 것이라고 인정되면 양도소득세 과세대상인 양도소득에 해당함이 분명하므로, 이 사건 산정조항은 양도소득세 과세표준인 양도소득금액의 산정에 관한 규정으로서 그 규정내용이 명확성을 결여한다고 볼 수 없다.

[2] 이 사건 위임조항이, 「대통령령이 정하는 경우에는 실지거래가액에 의한다」라고 규정하여 직접적, 명시적으로는 위임 범위를 구체적으로 규정하고 있지 않지만 소득세법의 전 체계, 양도소득세의 본질과 기준시가 과세원칙에 내재하는 헌법적 한계 및 이 사건 위임조항의 본문과의 관계 등을 종합적으로 고려하여 이 사건 위임조항의 의미를 합리적으로 해석할 때, 이 사건 위임조항은 납세의무자

가 기준시가에 의한 양도차익의 산정으로 말미암아 실지거래가액에 의한 경우보다 불이익을 받지 않도록 보완하기 위한 규정으로서 결국 실지거래가액에 의한 세액이 기준시가에 의한 세액을 초과하지 않는 범위 내에서 실지거래가액에 의하여 양도차익을 산정할 경우를 대통령령으로 정하도록 위임한 취지로 보아야 하고, 따라서 위 위임 범위를 벗어나 실지거래가액에 의하여 양도소득세의 과세표준을 산정할 경우를 그 실지거래가액에 의한 세액이 그 본문의 기준시가에 의한 세액을 초과하는 경우까지를 포함하여 대통령령에 위임한 것으로 해석한다면 그 한도 내에서는 헌법 제38조, 제59조가 규정한 조세법률주의와 헌법 제75조가 규정한 포괄위임금지의 원칙에 위반된다.

【심판대상조문】

구 소득세법(1981. 12. 31. 법률 제3472호로 개정된 후 1988. 12. 26. 법률 제4019호로 개정되기 전의 것) 제23조 제4항

【해설】

1. 이번 회에 살펴볼 주제는 조세법률주의, 그중에서도 기본인 과세요건법정주의입니다. 조세법률주의는 국민에 대한 세금은 국민의 대의기관인 의회가 만든 법률로 정하여야 한다는 원칙으로서 1688년 영국의 명예혁명 당시 의회의 승인 없는 국왕의 과세를 금지한다는 원칙이 처음 성립된 이래 죄형법정주의와 함께 근대 시민사회의 기본원리로 발전해 왔습니다. 입법은 물론 세법의 해석과 적용 등 모든 영역에서 조세공평주의와 함께 세법의 기본원리를 구성하고 있습니다. 통상 과세요건으로 납세의무자, 과세물건, 과세물건의 귀속, 과세표준, 세율 등 다섯 가지를 드는데, 헌법 제59조는 "**조세의 종목과 세율은 법률로 정한다**"고 규정하여 조세법률주의의 핵심내용을 제시하고 있습니다.

2. 그러나 현대의 고도 경제사회에서 과세요건에 관한 모든 사항을 법률로 정하는 것은 사실상 불가능하므로 위임입법이 불가피합니다. 대부분의 법률이 모법

에서는 대강의 기준만을 정하고 구체적인 내용은 시행령에 위임하여 시행령에서 모법의 내용을 보충하는 형태를 취하고 있습니다. 예컨대 고급오락장에 대한 개별소비세 중과세를 법에 규정하면서 고급오락장의 구체적인 범위는 시행령에서 규정하는 것입니다. 다만 모법에서 아무런 기준이나 범위를 정하지 않은 채 백지로 시행령에 위임하는 포괄위임은 원칙적으로 금지되며, 같은 취지에서 모법이 사용하는 용어는 우리의 경험칙상 그 개념의 범위가 어디까지인가를 알 수 있어야 합니다. 예컨대 법률이 과세요건을 규정하면서 "－－세의 과세대상은 ~ 로 정한다. 다만, 대통령령이 정하는 경우에는 예외로 한다."고 규정한다면 대통령령이 정하는 예외의 범위가 어떠한 내용인지를 예측할 수 없으므로 위 법률은 원칙적으로 포괄위임금지의 원칙에 위배되는 무효의 규정이 됩니다. 문제는 이와 같이 형식적으로 포괄위임의 형태를 띠고 있는 모든 법규가 과세요건법정주의에 위배되는 무효의 규정인가 하는 점입니다.

이에 관하여 이번 회에 검토할 조문은 구 소득세법(1981. 12. 31. 법률 제3472호로 개정된 후 1988. 12. 26. 법률 제4019호로 개정되기 전의 것) 제23조 제4항 단서 및 제45조 제1항 제1호 단서('이 사건 조문')입니다. 이 사건 조문은 "**양도소득세의 산정을 위한 양도가액 및 취득가액은 기준시가에 의한다. 다만, 대통령령이 정하는 경우에는 실지거래가액에 의한다.**"고 규정하여 포괄위임의 형태를 띠고 있습니다.

3. 이 사건 조문에 관하여 납세자의 위헌소원 제기로 헌법재판소가 먼저 효력을 판단하였습니다. 대상결정이 그것인데 대상결정은 "위 조항은 오로지 실지거래가액에 의하여 양도차익을 산정하는 경우가 기준시가에 의하여 양도차익을 산정하는 경우보다 납세자에게 유리한 경우에만 적용될 수 있고 이를 넘어서 다른 경우를 시행령에 규정할 수는 없다."고 판단하였습니다. 납세자에게 유리한 경우 실질과세 내지 과잉금지 원칙에 따라 실지거래가액에 의하여 산정한 양도차익을 적용하지만 이를 넘어 거래의 개별적 사정에 따라 적용의 예외를 두는 것은 헌법상 포괄위임금지의 원칙에 위배된다고 본 것입니다. 해당 시행령은 실지거래가액에 의한 양도차익이 기준시가에 의한 양도차익보다 적은 경우뿐 아니라 1년 이내의 단기전매 등 투기거래도 이를 적용 대상으로 규정하였는데 그와 같은 내용을 시행령에서 규정하는 것은 법규의 합헌적 해석을 넘어선다고 본 것입니다.

4. 정작 문제는 위 사안에 관하여 그 뒤에 대법원이 헌법재판소와 다른 판단을 하였다는 데 있습니다.

납세자가 위와 같은 헌법재판소 결정을 토대로 법원에 해당 과세처분의 취소를 구하자 최종적으로 대법원은 다음과 같이 판단하였습니다(대법원 1996. 4. 9. 선고 95누11405 판결).

"구 소득세법 제23조 제4항 단서 및 제45조 제1항 제1호 단서가 대통령령에 위임하는 사항의 범위를 명시적으로 특정하지는 않았더라도 그 내재적인 위임의 범위나 한계는 충분히 인정되고, 구 소득세법상 종전의 실지거래가액 과세원칙으로부터 기준시가 과세원칙으로 개정된 입법동기와 연혁, 그리고 다시 기준시가 과세원칙에 대한 예외로서 실지거래가액에 따라 과세할 수 있는 경우를 규정하게 된 입법목적을 두루 고려하여 보더라도, 위 각 조항 단서가 기준시가에 의한 과세보다 실지거래가액에 의한 과세가 납세자에게 유리한 경우만을 한정하여 대통령령에 위임한 것이라는 해석에는 도저히 이를 수 없다."

결국 동일한 법규의 해석과 관련하여, 헌법재판소는 (납세자에게 불리한 한) 조세법규의 포괄위임을 법규 형태를 중심으로 엄격하게 판단한 반면 법원은 법규 위임의 내재적 범위와 한계라는 기준에 따라 좀 더 유연하게 본 것입니다.

5. 헌법재판소와 대법원의 판단이 엇갈린 또 다른 사안을 살펴봅니다.

헌법재판소는 취득세 중과대상을 '**대통령령으로 정하는 고급주택**' 또는 '**대통령령으로 정하는 고급오락장**'으로 규정하여 대통령령에 포괄위임한 구 지방세법(1994. 12. 22. 개정 전의 것) 제112조 제2항 전단 및 후단, 제112조의2 제1항을 헌법상 조세법률주의와 포괄위임입법 금지원칙에 위배되어 위헌이라고 판정한 반면(헌법재판소 1999. 3. 25.자 98헌가11 결정 등), 대법원은 동일한 형태의 구소득세법(1998. 12. 28. 개정 전의 것) 제89조 제3호(1세대 1주택 비과세) 소정의 비과세 제외요건에 관해 위 규정의 위임에 의해 대통령령에 규정될 비과세에서 제외되는 고급주택의 범위에 관한 사항은 주택이나 부지의 면적, 시설, 가액 등에 관한 사항임을 쉽게 예측할 수 있어 조세법률주의에 반하지 않는다고 판정하였습니다(대법원 2001. 9. 28. 선고 2000두10465 판결).

이들 사례들은 과세요건법정주의에 관한 헌법적 잣대가 단지 시대의 변화뿐 아니라 판단주체에 따라서도 달라질 수 있는 어려운 문제임을 보여주는 사례라 할 수 있습니다.

6. 한편 대상판결 사안은 한정합헌결정의 효력과 관련하여서도 양 기관이 서로 판단을 달리한 사안으로 유명합니다. 대법원은 헌법재판소의 한정합헌결정은 결국 법규의 해석에 관한 것이므로 대법원이 이를 판단할 수 있는 최종기관이라고 본 반면 헌법재판소는 한정합헌결정도 법규의 위헌판단의 한 종류로 헌법재판소의 권한 내에 있다고 보았습니다.

실제로 이 사건은 대법원이 해당 사안에 대하여 최종적으로 납세자 패소판결을 내림으로써 납세자는 헌법재판소의 한정합헌결정에 불구하고 결국 판결을 통한 구제를 받지 못했습니다(상당한 기간이 경과한 후 과세관청이 과세처분을 직권취소함으로써 우여곡절 끝에 납세자가 구제를 받기는 하였습니다).

7. 위 사례에서도 알 수 있듯이 실제로 어느 법령이 포괄위임에 해당하는가를 가리는 것은 결코 쉬운 일이 아닙니다. 현행 세법을 살펴보면, 모법에는 개념이나 기본원칙만을 설정하고 구체적 내용은 시행령에 위임하면서 위임의 구체적인 기준을 제시하지 않는 경우가 많습니다. 또한 모법에서 원칙에 대한 예외규정을 설정하면서 특별한 기준을 설정함이 없이 형식적 위임규정에 의해 그 내용을 시행령에 위임하는 경우도 적지 않습니다. 이와 같은 경우 모법의 개념이 지나치게 포괄적이어서 입법취지 등을 고려하더라도 내재적 한계를 설정할 수 없다면 이는 과세요건법정주의에 반하는 위헌, 무효의 규정이 될 것입니다.

8. 다만 모법의 개념을 입법취지 및 우리의 경험칙 등과 대비하여 합리적으로 추론할 때 그 내재적 한계를 가늠할 수 있다면 세법의 전문성, 기술성에 비추어 법의 형식적 모습만을 두고 당해 조항을 포괄위임이라고 쉽게 단정할 일은 아닙니다. 이와 같이 모법의 내재적 한계를 인정할 수 있는 경우 시행령에서 그 한계를 벗어나는 내용을 규정한다면 당해 규정이 모법의 위임취지를 벗어난 무효의 규정이 됩니다(헌법재판소 2001. 9. 27.자 2001헌바11 결정). 예컨대 구 지방세법(1998. 12. 31. 개정 전의 것) 제112조 제2항(현행 제13조 제5항)은 '대통령령으로 정하는 별

장, …, 법인의 비업무용 토지'를 취득한 경우 일반세율의 5배로 중과하도록 규정하고 있었는데, 여기의 '비업무용 토지'와 관련하여 법에서 위임 범위를 명시하지 않았더라도 용어 자체의 의미에 비추어 보면 내재적 위임의 범위나 한계를 인정할 수 있으므로 위 규정 자체가 포괄위임에 해당된다고 보기는 어렵습니다(대법원 1997. 12. 9. 선고 96누8284 판결). 같은 취지에서 판례는 모법인 지방세법에서 취득세 신고·납부기한을 '등기 또는 등록을 하기 전'까지로 규정하고 별도의 위임규정을 두지 않았는데 시행령에서 이를 '등기 또는 등록 신청서를 등기·등록관서에 접수하는 날'까지로 규정하더라도 이는 모법의 취지를 구체화한 것이어서 유효하다고 판단하였습니다(대법원 2020. 10. 15. 선고 2017두47403 판결).

9. 실무를 취급하면서 특별히 느꼈던 것은, 조세입법에서 과세대상을 정하면서 당연히 예외가 인정되어야 함에도 예외조항을 설정하지 않는다든지 비과세의 예외사항을 제한적 형태로 규정함으로써 입법취지 등에 비추어 합리적으로 판단하면 마땅히 구제받아야 할 사안들이 구제영역 밖으로 밀려나는 상황이 빈번하게 발생한다는 점입니다. 몇 가지 구체적인 예를 들어봅니다. 종합부동산세법은 납세의무자가 다주택을 소유한 경우 예외 없이 과세대상으로 규정하고 있는데(같은 법 제9조 제1항), 입법취지에 비추어 개별사안에서 과세가 부당한 경우가 발생할 수 있고[예컨대 법령에 따라 의무적으로 일정기간 재고자산(상품)으로 부동산을 보유하여야 하는 부동산 건설업자 등의 경우 등], 법인세법 제55조의2 제1항 제3호는 '비사업용 토지'를 양도한 경우 법인세를 중과하도록 하고, 같은 조 제2항 제4호 다목에서는 '**토지의 이용상황, 관계 법률의 의무이행 여부 및 수입금액 등을 고려하여 법인의 업무와 직접 관련이 있다고 인정할 만한 상당한 이유가 있는 토지로서 대통령령으로 정하는 것**'이라는 형태로 예외를 규정한 다음 막상 시행령에서는 그 대상을 한정적으로 열거하거나 법원이 관련 규정을 열거적 규정으로 해석함으로써 그 범위 내에 속하지 않는 경우 법인의 주된 업무에 사용됨에도 비사업용토지로 취급되는 경우가 발생할 수 있습니다.

이와 같은 불완전한 입법으로 국민의 기본권이 침해되고 실질적 법치주의가 훼손되는 일이 없도록 조세법규의 입법과정은 물론 해석·적용의 단계에서 법원의 적극적인 자세와 노력이 필요하다고 생각됩니다.

03

'고급주택'은 세법상 명확한 개념인가?

대상판결: 대법원 2001. 9. 28. 선고 2000두10465 판결

【판결요지】

[1] 구 소득세법(1998. 12. 28. 법률 제5580호로 개정되기 전의 것) 제89조에서 "다음 각 호의 소득에 대하여는 양도소득에 대한 소득세(…)를 부과하지 아니한다."고 규정하면서 제3호에서 "대통령령이 정하는 제1세대 1주택(대통령령이 정하는 고급주택을 제외한다)과 이에 부수되는 토지로서 건물이 정착된 면적에 지역별로 대통령령이 정하는 배율을 곱하여 산정한 면적 이내의 토지의 양도로 인하여 발생하는 소득"을 들고 있는바, 여기에서 '고급주택'이란 일정한 규모, 가액, 시설을 초과하는 주거용 건물을 의미하는 것임은 쉽게 이해할 수 있으며, 위 규정의 위임에 의하여 대통령령에 규정될 비과세대상에서 제외될 고급주택의 범위에 관한 사항 역시 주택이나 부지의 면적, 시설, 가액 등에 관계되는 사항임을 쉽게 예측할 수 있으므로, 위 규정 중 고급주택의 개념이 지나치게 추상적이고 불명확하여 과세관청의 자의적인 해석과 집행을 초래할 염려가 있다고 볼 수 없을 뿐 아니라, 위 입법취지에 비추어 어떤 규모나 시설, 가액의 주택을 고급주택으로 규정하여 비과세대상에서 제외할 것인가는 국가의 경제 사정이나 국민의 소득 수준, 일반적인 주택 규모, 국민 심리 등 여러 사정에 크게 영향을 받아 이를 법률로 모두 규율하는 것은 부적당하므로, 위 규정 중 '대통령령이 정하는 고급주택' 부분이 조세법률주의에 반한다고 할 것은 아니다.

[2] 구 소득세법 시행령(1996. 12. 31. 대통령령 제15191호로 개정되기 전의 것) 제156조에서 1세대 1주택에서 제외되어 양도소득세 부과대상이 되는 고급주택의 범위를

규정하고 있으나, 이는 헌법 제75조에 따른 구 소득세법(1998. 12. 28. 법률 제5580호로 개정되기 전의 것) 제89조 제3호의 위임에 기한 것이므로, 구 소득세법 시행령(1996. 12. 31. 대통령령 제15191호로 개정되기 전의 것) 제156조가 법률에 의하지 아니하고 국민의 권리를 제한함으로써 헌법을 위반한 것이라고 볼 것은 아니다.

【참조조문】

구 소득세법(1998. 12. 28. 법률 제5580호로 개정되기 전의 것) 제89조 제3호, 구 소득세법 시행령(1996. 12. 31. 대통령령 제15191호로 개정되기 전의 것) 제156조, 헌법 제59조, 제75조

【해설】

1. 이번 회에 검토할 내용은 조세법률주의 파생원칙의 하나인 과세요건명확주의입니다.

과세요건명확주의(Prinzip der Tatbestbestimmtheit)란 과세요건과 부과 및 징수절차를 규정한 법률 또는 그 위임에 따른 명령, 규칙은 그 내용이 일의적(一義的)이고 명확하여야 하며 함부로 불확정개념이나 개괄조항을 사용하여서는 안 된다는 원칙을 말합니다. 과세관청의 자의(恣意)를 배제하고 법적 안정성과 국민의 예측가능성을 보장하기 위해서는 과세요건이 명확하게 규정될 것이 요구되며 그렇지 않을 경우 조세법률주의는 상당부분 형해화될 것입니다. 다만 세법의 규율대상인 경제현상은 천차만별이고 끊임없이 변화하므로 모든 사항을 구체적이고 개별적으로 명확하게 규정한다는 것은 입법기술상 기대하기 어렵고 그에 따라 일반적, 추상적 개념이나 개괄조항이 세법에 들어오는 것을 완전히 막는다는 것은 사실상 불가능합니다. 또한 법의 집행 단계에서 구체적 사정을 고려하여 세 부담의 공평을 도모하기 위해서는 일정한 한도 내에서 불확정개념을 사용하는 것이 필요하기도 합니다.

2. 대상판결에서는 1세대 1주택에서 제외되는 '대통령령이 정하는 고급주택'의 범위와 관련하여 '고급주택'이 세법상 명확한 개념인가가 문제되었습니다. 대상판결은 이에 관하여 구 소득세법 제89조에서 규정한 '고급주택'이란 일정한 규모, 가액, 시설을 초과하는 주거용 건물을 의미하는 것임은 쉽게 이해할 수 있으며, 위 규정의 위임에 의하여 대통령령에 규정될 비과세대상에서 제외될 고급주택의 범위에 관한 사항 역시 주택이나 부지의 면적, 시설, 가액 등에 관계되는 사항임을 쉽게 예측할 수 있고 그 입법취지에 비추어 어떤 규모나 시설, 가액의 주택을 고급주택으로 규정하여 비과세대상에서 제외할 것인가는 국가의 경제 사정이나 국민의 소득 수준, 일반적인 주택 규모, 국민 심리 등 여러 사정에 크게 영향을 받아 이를 법률로 모두 규율하는 것은 부적당하므로, 위 규정 중 '대통령령이 정하는 고급주택' 부분이 조세법률주의에 반하지 않는다고 판단하였습니다.

3. 그런데 헌법재판소는 동일한 형태로 규정된 '고급주택'의 개념에 관하여 대법원과 반대로 판단하였습니다. 즉, 구 지방세법(1994. 12. 22. 개정 전의 것) 제112조 제2항 전단 및 후단, 제112조의2 제1항에서, '대통령령으로 정하는 고급주택' 또는 '대통령령으로 정하는 고급오락장'을 취득세 중과대상으로 규정하고 있던 것에 관하여 이를 헌법상 조세법률주의와 포괄위임입법금지 원칙에 위배되어 위헌이라고 판단한 것입니다(헌법재판소 1999. 3. 25.자 98헌가11 결정 등).

쟁점은 결국 고급주택이나 고급오락장이라는 개념이 과세요건으로 명확한 것인지, 달리 표현하면 얼마나 고급스러워야 중과세나 비과세 제외 요건을 충족하는지, 그 기준이 사회통념상 명확한 것인지 여부인데, 대법원은 위 조항에 관하여 과세요건으로서의 명확성을 긍정한 반면 헌법재판소는 이를 부정한 것입니다. 헌법재판소는 만일 이를 긍정한다면 사실상 시행령이 국회의 입법을 대신하게 될 것을 우려한 것입니다.

4. 일반적으로 불확정개념에는 두 가지 종류가 있다고 설명합니다.

하나는 그 내용이 지나치게 일반적이고 불명확하기 때문에 해석으로 그 의의를 명확하게 하는 것이 곤란하여 공권력의 자의나 남용을 초래할 우려가 있는 경우입니다. 예컨대 '공익상 필요가 있는 때', '경기대책상 필요가 있는 때' 등과 같이 종국목적 혹은 가치개념을 내용으로 하는 불확정개념이 여기에 해당합니다. 조세법규가 이와 같은 불확정개념을 사용한 경우 그 규정은 과세요건명확주의에 반하여 무효라고 보아야 합니다.

다른 하나는 중간목적 혹은 경험개념을 내용으로 하는 불확정개념으로서 이것은 얼핏 불명확하게 보여도 법의 취지나 목적에 비추어 그 뜻을 확정지을 수 있는 경우입니다. 구체적으로 어느 경우가 여기에 해당하는가는 궁극적으로 법원이 판단할 법 해석의 문제인데, 구체적인 필요성과 합리성이 인정되고 합리적인 판단에 의하여 법률이 정한 의미와 내용을 객관적으로 인식할 수 있어 법적 안정성과 예측가능성을 크게 저해하지 않는다면 이와 같은 종류의 불확정개념이 사용되는 것은 과세요건명확주의에 반하지 않는다고 보아야 할 것입니다. 예컨대, 법인세법 제52조 제1항은, "**납세지 관할세무서장 또는 관할지방국세청장은 내국법인의 행위 또는 소득금액의 계산이 대통령령으로 정하는 특수관계 있는 자와의 거래로 인하여 그 법인의 소득에 대한 조세의 부담을 부당히 감소시킨 것으로 인정되는 경우에는 그 법인의 행위 또는 소득금액의 계산에 관계없이 그 법인의 각 사업연도의 소득금액을 계산할 수 있다**"고 규정하고, 이에 따라 같은 법 시행령 제88조 제1항 제1호 내지 제9호에서는 '조세의 부담을 부당히 감소시킨 것으로 인정되는 경우'를 구체적으로 열거하고 있습니다. 위 밑줄 부분의 '부당히'는 가장 전형적인 일반적, 추상적 개념에 해당되는데 법규의 취지와 목적에 비추어 경험적, 논리적 추론과정을 거치면 규정의 개념이나 의미의 외연(外延)을 한정지을 수 있습니다. 따라서 위 규정은 과세요건법정주의에 위배된다고 보기 어려우며, 그 결과 거꾸로 시행령에서 규정하는 내용들이 위와 같이 추론되는 법의 위임 범위를 벗어난다면 해당 시행령 규정이 모법에 위배되어 무효가 됩니다. 과연 고급오락장이나 고급주택에서의 '고급'은 위와 같은 개념의 한계를 규정지을 수 있는 단어일까요? 독자 여러분들께서 각자 법관이 되어서 한번 판단해 보시기 바랍니다.

04

공평과세의 원칙

대상결정: 헌법재판소 2006. 6. 29.자 2005헌바39 결정

【결정요지】

[1] 입법자는 합헌적인 부동산평가방법인 시가주의에 의한 평가액의 범위 안에서, 시가주의에 근접한 평가방법을 선택할 수 있는 입법재량을 가지므로, 입법자가 보충적 평가방법들 간의 우선적용에 있어서 더 높은 가액을 그 부동산의 평가액으로 보는 이 사건 법률조항은 납세자의 재산권을 침해하지 않는다.

[2] 시가주의 관점에서 보았을 때, 임차권이 설정된 부동산과 임차권이 설정되지 아니한 부동산 간에는 취급을 달리할 이유가 있다. 즉, 임차권에 대한 평가액도 시가를 반영하는 하나의 지표가 되는 것이므로, 이를 평가기준의 하나로 삼아 시가에 가까운 금액을 도출해 내는 것이 형평에 부합하고, 나아가 임차권 설정은 당사자의 경제적 합리성에 기반을 둔 선택에 속하는 것이므로, 임차권 설정 여부에 따라 과세상 달리 취급하는 이 사건 법률조항을 입법자의 자의적 차별이라 할 수 없다. 따라서 이 사건 법률조항은 납세자의 평등권을 침해하지 않는다.

【심판대상조문】

구 상속세 및 증여세법(2003. 12. 30. 법률 제7010호로 개정되기 전의 것) 제61조 제7항

【해설】

1. 이번 회에 검토할 내용은, 임차권이 설정된 상속재산의 평가방법을 규정한 구 상속세 및 증여세법(2003. 12. 30. 법률 제7010호로 개정되기 전의 것) 제61조 제7항('이 사건 조항', 이하 이 책에서 '상속세 및 증여세법'을 '상증세법'이라고 합니다)에 관한 헌법재판소 결정('대상결정')입니다. 구법에 관한 것이나 현재도 동일한 취지의 규정이 있으므로 상황은 현재 진행형입니다.

2. 이 사건 조항은 상속재산 가액을 평가함에 있어서 '사실상 임대차계약이 체결되거나 임차권이 등기된 재산'의 경우 임대료 등을 기준으로 평가한 가액과 개별공시지가 중 큰 금액을 그 재산의 가액으로 보도록 규정하고 있습니다. 이와 같이 동일한 재산에 대한 상속세 과세가액을 산정함에 있어서 임대차계약이 체결된 재산을 그렇지 않은 재산과 차별하는 것이 납세자의 재산권을 침해하거나 평등권을 침해하여 위헌인지 여부가 이 사건의 쟁점입니다. 이에 대하여 헌법재판소는 위 결정요지와 같은 이유로 이 사건 조항이 헌법에 위배되지 않는다고 판단하였습니다.

3. 그러나 대상결정은 다음과 같은 이유로 타당하지 않다고 판단됩니다.

개개의 국민은 각종의 조세법률관계에 있어서 평등하게 취급되어야 하고(수평적 공평), 또한 조세 부담은 국민들 사이에 담세력에 따라서 공평하게 배분되지 않으면 안 됩니다(수직적 공평). 이와 같은 원칙을 조세공평주의 또는 공평과세의 원칙이라고 합니다.

현대 복지국가에서 국민들의 경제적 부담에 대한 배분적 평등의 실현(수직적 공평)이 매우 소중하고 실천적인 가치로 자리 잡고 있으나, 국가가 과세권을 행사함에 있어서 동일한 담세력을 동일하게 취급할 것을 요구하는 수평적 공평도 그에 못지않게 중요합니다.

일반적으로 공평과세의 원칙의 위헌 여부가 문제되는 것은 주로 수평적 공평에 관한 것입니다. 실질적인 담세력은 동일한데 특정한 납세자군(群)에 대하여만 과세상 불리하게 취급하는 경우 헌법상 보장되는 평등권에 위배되기 때문입니다.

이 사건 조항은 납세자들 사이의 수평적 공평을 침해하는 규정으로 보아야 합니다. 담보권이나 임차권 설정행위는 담세력과 직접 관련이 없는 세법상 중립적 행위에 해당하는데 그와 같이 납세자가 담보권이나 임차권을 설정했다는 우연한 사정만으로 동일한 재산의 평가와 관련하여 그렇지 않은 납세자에 비하여 더 중한 세 부담을 부담시키는 것은 동일한 담세력을 가진 사람들을 과세상 차별하는 것으로서 헌법이 금지하는 불합리한 차별에 해당하기 때문입니다.

이와 같이 특정 재산에 담보권이나 임차권을 설정하는 경제행위를 과세상 불리하게 취급하게 되면 납세자는 조세부담이 예견되는 상황에서는 담보권이나 임차권을 설정하지 않으려 할 것인데 이는 조세가 사적 자치의 영역에 부당하게 영향을 끼치는 것으로서 조세법 이념 중의 하나인 '조세중립성'에 위배되는 결과를 초래합니다.

대상결정은, 입법자는 시가주의에 근접한 평가방법을 선택할 수 있는 입법재량을 가진다고 설시하고 있으나, 이는 해당 조항이 동일한 담세력을 가진 납세자들 사이에 공평하게 적용될 때만 타당한 논리입니다. 특정 납세의무자에 대한 재산의 평가방법이 그 자체로는 적정하더라도 다른 납세자와의 과세형평을 침해하면 공평과세의 원칙에 어긋나므로 허용되기 어렵습니다. 한 마디로 공평과세는 적정과세를 뛰어넘는 개념입니다. 미국이나 일본의 경우 판례상 이와 같은 법리가 확립되어 있습니다.

대상결정은, 임차권 설정은 당사자의 경제적 합리성에 기반을 둔 선택에 속하므로 그에 따라 과세상 달리 취급하는 것을 자의적 차별이라 할 수 없다고도 판단하고 있는데, 그 취지를 정확하게 이해하기 어려우나 만일 납세자가 해당 세법 규정의 내용을 알면서 임차권을 설정했으므로 불이익을 감내하여야 한다는 취지라면 이는 타당하다고 보기 어렵습니다. 모든 납세자가 세법의 재산 평가규정을 숙지하고 있다고 보기 어려울 뿐 아니라 설사 납세자가 해당 규정의 내용을 사전에 알고 임차권을 설정했더라도 그것이 '불합리한 차별'이라는 규정 자체에 존재하는 위헌성을 치유하는 사유가 될 수는 없기 때문입니다.

05

조세법의 해석방법(1)

- 사법상 사용대차는 세법상 증여인가 -

대상판결: 대법원 1996. 2. 27. 선고 95누13197 판결

【판결요지】

[1] 토지의 공유자들이 공유토지 위에 공동으로 건물을 건축하는 경우 건물의 소유관계는 건축비 출자비율에 따라 정해지며 건물의 건축비를 장차 신축할 건물의 임대료보증금으로 전액 충당한 경우 건축비의 출자비율은 보증금반환채무의 부담비율에 따라 정해진다.

[2] 토지의 소유지분이 서로 달라 제공하는 토지사용권 비율이 균등하지 않은 경우 토지사용권을 적게 제공한 공유자와 다른 공유자 사이에 그 차이 부분에 대하여 사용대차관계가 성립하나, 사용대차로 인한 이익을 증여로 의제하는 규정을 두고 있지 않은 우리 법제에서 이는 증여세 과세대상이 아니다.

【참조조문】

상속세법(1994. 12. 22. 법률 제4805호로 개정되기 전의 것) 제29조의2 제1항

【해설】

1. 세법은 행정법의 일종이지만 행정법의 여러 영역 중 아마도 사법에 가장 가까운 법이 아닌가 싶습니다. 조세채무는 국가에 대한 금전채무를 내용으로 한

다는 점에서 채권채무관계의 특성을 지니고 이러한 특성 때문에 조세법률관계를 단순한 권력관계가 아니라 채권채무관계로 설명하는 견해가 대세입니다. 세법을 잘하기 위해서는 조세법의 공법 원리를 잘 이해하는 것이 필요하지만 그에 못지 않게 사법의 기초를 잘 갖추어야 합니다.

세법과 사법이 교차하는 영역에 위치한 중요개념이 바로 차용개념입니다. 이는 세법이 사법에서 사용되는 용어를 사용하고 있을 때, 예외 없이 이를 사법에서 부여된 개념으로 이해할 것인가, 아니면 필요한 경우 세법 독자적인 입장에서 합목적적으로 이해할 것인가에 관한 논의입니다. 대상판결은 일차적으로 이 문제를 다루고 있는데 조금 더 살펴보면 그에 앞서 사법의 개념 자체를 어떻게 이해할 것인가의 문제가 중요함을 알 수 있습니다.

2. 대상판결에서는 토지를 무상으로 제공한 것이 증여세 과세대상인지 여부가 문제되었습니다. 이에 대해 대상판결은, "토지의 무상제공은 민법상 사용대차에 해당하고 사용대차로 인한 이익을 증여로 의제하는 규정을 두고 있지 않은 우리 법제 아래에서 이는 증여세 과세대상이 아니다."라고 판단하여 납세자의 손을 들어주었습니다. 이 사안은 아버지가 자신의 소유 토지 위에 아들 명의로 빌딩을 건축하면서 건축비 대부분을 건물의 임대보증금으로 충당한 사안입니다. 아버지가 아들에게 빌딩 부지를 무상으로 제공한 것이 증여가 되지 않는다면 아들은 신축건물을 사실상 무상으로 취득하고도 증여세를 내지 않게 됩니다. 아들은 자신이 건축비에 충당하기 위하여 부담한 건물 임대보증금 반환채무를 그 후 빌딩의 임대료 등 빌딩운영 수익으로 갚아 나가면 되기 때문입니다. 지금은 상증세법이 금전이나 부동산의 무상제공을 증여세 과세대상으로 규정하고 있지만 위 사안이 문제된 때에는 그와 같은 구체적인 규정을 두고 있지 않아 과세대상 여부가 문제된 것입니다.

3. 우선 사법상 증여개념을 살펴보겠습니다.

'증여'에 관하여 민법 제554조는 별도 규정을 두고 있으나, 민법의 다른 규정이 적용되는 경우에도 그것이 증여의 실질을 포함하고 있다면 증여 규정의 적용이 배제되는 것은 아닙니다. 또한 민법상 증여의 법리가 반드시 증여계약에만 적용되는 것도 아닙니다. 예컨대 채권(債權)의 무상양도에 대하여 민법은 채무자와의 관계에서 별도 규정을 두고 있으나(민법 제449조 내지 452조. 채무자와의 관계에서 채권의 양도는 단독행위임), 채권양수인과의 관계에서는 채권의 증여로서 민법 제554조가 적용됩니다. 다른 예로서, 저가양도의 경우 법적 형식은 매매이나 실질은 매매와 증여의 혼합계약이며, 이 중 증여 부분은 증여에 관한 법리가 적용되어야 합니다. 예컨대 당사자가 시가와의 차액을 증여할 의도로 10억 원짜리 물건을 1억 원에 양도한 경우 차액 9억 원은 사법상으로도 증여된 것입니다. 대지의 무상제공이나 금전의 무상대여 역시 마찬가지입니다. 민법상 전자는 사용대차에, 후자는 소비대차에 각 해당하나, 그 실질은 대지나 금전 사용권의 무상제공입니다. 특정 물건의 사용권을 표창하는 지위(콘도나 헬스 회원권 등)를 무상으로 양도하는 경우 그와 같은 사용권의 무상제공이 증여에 해당함은 별다른 의문이 없으며, 민법상으로도 증여에 관한 규정이 적용될 것입니다. 민법이 부동산의 무상제공에 관하여 사용대차에 관한 규정을 두고, 금전의 무상대여에 관하여 소비대차에 관한 규정을 둔 것은 부동산의 경우 목적물이 함께 인도되고, 금전의 경우 목적물이 대체물로서 소비되므로 이와 같은 법률관계를 함께 규율할 필요에 따른 것에 불과합니다. 해당 규정 중에서도 대지나 금전을 무상으로 사용하는 부분에 관한 당사자들의 법률관계, 예컨대 대주(貸主)의 담보책임 등에 관한 규정은 민법의 증여에 관한 규정과 내용이 다를 바 없습니다. 이와 같은 권리의 무상제공이 다른 법률관계와 함께 섞여서 다른 법적 형태로 규정되었다고 하여 이 중 증여에 해당하는 부분의 법적 실질이 달라진다고 볼 수는 없습니다.

4. 근본적으로 우리 상증세법은 다른 어떠한 법과 비교해서도 개정이 매우 빈번하게 이루어져 왔습니다. 여기에는 세법의 영역에 있어서 입법만능주의나 입법편의주의 사고가 팽배해 있는 것이 가장 큰 요인이지만 위와 같이 대법원이 증여의 개념을 너무 좁게 보아왔던 것도 일정한 역할을 담당해 온 것으로 생각됩니다. 결국 판례의 흐름을 타고 세법의 적용을 교묘하게 피해간 영리한(?) 납세자만 이익을 본 악순환이 되풀이되어 온 셈입니다.

06

조세법의 해석방법(2)

- 국세기본법 제18조 제1항의 의의 -

대상판결: 대법원 2016. 12. 29. 선고 2010두3138 판결

【판결요지】

부산광역시 강서구가 다른 지방자치단체와 달리 문화재로 지정된 토지에 대한 재산세감면조례를 두지 아니함으로 인하여 대상 토지에 대하여 종합부동산세 등이 과세된 경우 해당 과세처분이 국세기본법 제18조 제1항 등에 위반하여 위법한 처분이라고 본 사안.

【참조조문】

국세기본법 제18조 제1항

【해설】

1. 조세법은 국민에게 경제적 부담을 지우는 납세의무에 관하여 과세요건을 설정하는 침해규범이므로 법적 안정성이 강하게 요청되고, 따라서 그 내용은 명확하게 규정될 것이 요구됩니다(과세요건명확주의). 그러나 실제 입법에 있어서 모든 규정이 그처럼 만들어질 수는 없으므로 법규의 명확한 의미를 가리는 해석과정이 필요합니다. 이와 같은 조세법규의 해석에 있어서 문언에 따라 엄격하게 해석하여야 하고 법의 흠결을 유추해석으로 메우거나 행정편의적인 확장해석을 하는 것은 허용되지 않는다는 원칙이 확립되어 있는데, 이를 '엄격해석의 원칙'이라

고 하며 조세법률주의의 파생원칙으로 이해됩니다. 이와 같은 법 규정의 문언에 따른 해석은 입법부 존중의 민주주의적 사고와 납세자의 예측가능성 보호라는 자유주의적 사고가 그 밑바탕에 깔려 있습니다.

이에 따라 조세법령은 과세요건은 물론 비과세나 감면요건을 막론하고 법문대로 엄격하게 해석하여야 하고 유추나 확장해석 나아가 축소해석은 허용되지 않으며, 명령, 규칙 등과 같은 행정입법으로 법규 내용을 유추, 확장하는 해석기준을 마련하는 것도 허용되지 않는다는 것이 전통적인 판례 및 학설의 입장입니다(대법원 1983. 12. 27. 선고 83누213 판결 등).

그러나 다른 한편 조세법률주의가 지향하는 법적 안정성과 예측가능성을 해치지 않는 범위 내에서 입법의 취지와 목적 및 사회통념에 따른 목적론적 해석을 하는 것은 불가피합니다. 특히 세법상 개념의 정당한 의미를 탐색하는 과정이 유추해석 및 확장해석이라는 이름으로 제한되어서는 안 될 것입니다. 국세기본법 제18조 제1항이, "**세법을 해석·적용할 때에는 과세의 형평과 합목적성에 비추어 납세자의 재산권이 부당하게 침해되지 않도록 하여야 한다**."고 규정한 것도 이와 같은 취지를 천명한 것으로 볼 수 있습니다.

2. 대상판결 사안은 행정자치부장관이 전국의 모든 지방자치단체장에게, 종래 문화재로 지정된 주거용 부동산에 대하여만 재산세와 종합부동산세를 면제하던 것을 문화재로 지정된 상업용 부동산도 감면대상에 포함시킬 것을 내용으로 하는 '지방세 감면조례표준안'을 시달하였고, 이에 따라 다른 지방자치단체들은 모두 면제조례를 제정하였는데 유독 원고가 속한 지방자치단체만 재정 상태를 이유로 면제조례를 제정하지 않은 것이 위법한지 여부가 문제되었습니다.

원고는 위 지방자치단체 주민인데 종합부동산세를 신고·납부한 후 조세평등주의 위반을 이유로 관할관청에 신고에 대한 경정청구를 하였고 관할관청이 경정을 거부하자 그 거부처분의 취소를 소구하였습니다.

3. 이에 관하여 원심(부산고등법원 2010. 1. 13. 선고 2009누5336 판결)은, "종합부동산세는 지방교부세법에 따라 지방자치단체에 전액 교부되므로 지방세적 성격이 없다고 할 수 없는데, 구 지방세법 제7조 및 제9조에 의하여 지방세를 면제할

것인지는 각 지방자치단체가 재정사정 등을 고려하여 각각의 필요에 따라 결정할 사항이고 지방세 면제에 관한 조례를 제정할 것인지 및 그러한 조례를 어떠한 내용으로 제정할 것인지 등은 지방자치단체의 자치권에 속한다는 등의 이유로, 부산광역시 강서구가 다른 지방자치단체와 달리 문화재로 지정된 토지에 대한 재산세감면조례를 두지 않아 토지에 대해 종합부동산세 등이 과세되더라도 이를 두고 조세평등의 원칙에 반한다고 할 수 없다."고 판단하였습니다.

이에 대하여 상고심인 대상판결은, 다른 지방자치단체의 면세현황 등 여러 가지 사정을 종합하면, 이 사건 거부처분은 국세기본법 제18조 제1항 등에 위반하여 위법하다고 판단하였습니다. 판시내용이 특이한 점은 국세기본법 제18조 제1항을 과세처분의 위법성을 판단하는 직접적인 근거조문으로 내세운 점입니다. 판결의 내용대로라면 얼핏 국세기본법 제18조 제1항은 단순히 법령의 해석 · 적용에 관한 일반적 선언적 규정을 넘어 그 자체가 효력규정으로 작용하는 것이 아닌가 하는 의문이 생깁니다. 실제로 이 판시와 관련하여 판례가 국세기본법 제18조 제1항을 효력규정으로 본 것이라고 이해하는 학설의 견해도 있습니다.

4. 그러나 규정의 성격상 위 조항을 직접적인 효력규정으로 보는 것은 무리가 있다고 생각됩니다. 위 사안에서 문제가 된 것은 특정 지방자치단체가 면제조례를 제정하지 않아 본래의 과세조항에 따른 과세처분이 공평과세에 어긋나는 결과가 초래된 데 따른 것입니다. 이와 같이 특정 과세처분이 형식상 적법하더라도 실질적으로 공평과세에 어긋난다면 그 처분은 헌법에 반하는 처분이고 이 경우 납세자는 다른 구제수단과 별도로 법원에 처분이 위헌임을 이유로 과세처분이나 경정거부처분의 취소를 구할 수 있다고 할 것입니다. 조금 더 지평을 넓혀 살펴본다면 기왕에 판례가 확립한 '조세법률관계에 있어서 신의칙 법리'의 외연(外延)을 확대한 판결로도 이해할 수 있을 듯합니다. 여러 조세법의 기본원리가 교차하는 사안이니만큼 독자 여러분들께서도 나름대로 타당한 논거를 한 번 생각해 보시기 바랍니다.

07

조세법의 해석방법(3)

- 엄격해석과 합목적적 해석 -

대상판결: 대법원 1993. 3. 23. 선고 92누12070 판결

【판결요지】

구 상속세법(1990. 12. 31. 법률 제4283호로 개정되기 전의 것) 제34조의5에 의하여 준용되는 같은 법 제9조 제4항, 같은 법 시행령(1990. 12. 31. 대통령령 제13196호로 개정되기 전의 것) 제5조의2 제1, 3호에서 말하는 저당권 또는 근저당권이 설정된 재산은 증여재산 그 자체에 저당권 또는 근저당권이 설정되어 있는 경우를 의미한다고 보아 증여받은 지분이 아닌 제3자의 지분에 관하여 설정된 근저당권의 피담보채권최고액을 기초로 하여 평가한 금액을 기준으로 증여세를 부과한 것을 위법하다고 한 사례.

【참조조문】

구 상속세법(1990. 12. 31. 법률 제4283호로 개정되기 전의 것) 제9조 제4항, 같은 법 시행령(1990. 12. 31. 대통령령 제13196호로 개정되기 전의 것) 제5조의2 제1호, 제3호

【해설】

1. 조세법의 해석과 관련하여 규정의 문언해석을 기반으로 하는 엄격해석의 원칙과 입법취지와 공평과세 등 조세법이 지향하는 여러 가지 가치를 두루 고려하여야 한다는 합목적적 해석의 원칙은 서로 대립·긴장관계에 있다고 볼 수도

있고, 엄격해석의 원칙의 경직성을 합목적적 해석 방법이 보완하고 있다고 볼 수도 있습니다. 양자의 관계는 결국 조세법의 두 가지 대원칙인 조세법률주의와 조세공평주의의 적용범위와 궤도를 같이 한다고 보아야 할 것입니다. 양자의 적용영역을 정하는 구체적 기준은 궁극적으로는 경제사회적 여건을 비롯한 여러 가지 납세환경을 고려하여 사법부가 판단할 사항이지만 그 기초에는 조세법 고유의 법원리가 존재합니다.

2. 조세법규가 사용하는 용어는 크게 확정개념과 불확정개념으로 나눌 수 있는데 대체로 구체적 개념은 전자에, 추상적 개념은 후자에 속합니다. 전자에 관하여는 원칙적으로 문언의 객관적 의미에 기초하여 해석하여야 한다는 점에서 그 해석방법은 법규의 불비 등 예외적인 경우를 제외하고는 특별히 문제될 것이 없습니다. 따라서 조세법규 해석의 어려움은 결국 세법이 사용하고 있는 추상적 개념의 해석문제로 귀착됩니다.

추상적 개념의 경우 문언의 개념은 상대적이고, 세법은 규율대상 자체가 수시로 변하고 다양한 경제현상인 한편 여러 가지 경제정책적 목적 및 사회보장적 기능을 수행하므로 해석상 모호하고 의심스러운 상황이 발생하는 것을 피할 수 없습니다. 종래 이와 같이 세법규정이 모호하여 해석상 의심이 있는 경우, '국고에 유리하게 해석하여야 한다(in dubio pro fisco)'는 주장과 '납세자에게 유리하게 해석하여야 한다(in dubio contra fiscum)'는 상반된 주장이 제기되어 왔습니다. 그러나 규정의 의미를 명확하게 하는 법의 해석작용에 관하여 내용이 불분명하다는 이유를 들어 해석을 중지하고 어느 방향으로 결론을 지을 수는 없습니다. 만일 조세법상 허용되는 해석방법으로 법적 의미를 파악할 수 없다면 그 규정은 과세요건명확주의에 반하여 무효로 볼 것입니다.

세법해석의 어려움이 존재하는 또 다른 부분은 입법의 불비로 인한 부분입니다. 특별히 입법취지에 비추어 보면 합목적적 추론이 가능하지만 입법자가 간과하여 규정에 명확히 포함시키지 않은 부분의 공백을 어떻게 처리할 것인가가 문제되는데 이는 결국 법적 안정성과 구체적 타당성의 이익교량의 문제로 귀착됩니다. 이 문제에 관하여는 다음 회에서 다시 살펴보겠습니다.

3. 대상판결은, 상속 및 증여재산을 평가함에 있어서 저당권 등 담보권이 설정된 재산을 당해 재산이 담보하는 채권액 등을 기준으로 평가하도록 한 구 상속세법(1990. 12. 31. 개정 전의 것) 제9조 제4항(현행 상증세법 제66조)과 관련하여, 납세의무자가 어느 부동산의 공유지분을 증여받은 경우 증여받은 당해 지분이 아닌 같은 부동산에 관한 다른 공유자의 지분에 담보권이 설정된 경우 위 규정은 적용이 없다고 보아 수증지분을 법정평가방법인 기준시가에 의하여 평가하여야 한다고 보았습니다. 이는 문언에 따른 엄격해석의 원칙이 적용된 경우로 볼 수 있습니다. 동일한 부동산에 관하여 설정된 소유자를 달리하는 지분은 사실상 그 가치나 성격이 동일하지만 해당 규정이 증여의 대상인 당해 목적물에 담보권이 설정된 경우에만 위 규정을 적용하도록 규정하고 있으므로 제3자의 소유지분에 담보권이 설정된 경우에는 위 조항을 적용할 수 없다고 본 것입니다. 어찌 보면 결론이 비합리적으로 보이지만 이를 시정하는 것은 입법의 영역이고, 규정의 해석으로는 다른 해석을 할 수 없다고 본 것입니다. 현실적으로도 담보권이 설정되는 경위 등에 따라서 채권최고액이 시세에 비추어 지나치게 높게 설정되는 경우가 있을 수 있고 이러한 경우 납세의무자는 그러한 사실을 입증하여 위 규정의 적용에서 벗어날 수 있는데 자신이 직접 설정하지 않은 지분에 관하여 그러한 특별한 사정을 입증하는 것은 쉽지 않다는 점을 생각하여 보면, 입증책임의 관점에서 위 판결의 결론이 합리적이라고 볼 수 있는 측면도 있습니다.

4. 다른 한편 판례는 임대차가 설정된 재산에 관하여 그 임료 등을 기준으로 과세가액을 평가하도록 한 구 상속세법 시행령(1996. 12. 30. 개정 전의 것) 제5조의2 제6호(현행 상증세법 제61조 제5항 및 같은 법 시행령 제50조 제7항)의 적용과 관련하여, 토지와 건물에 대한 임료 총액은 알 수 있으나 임료 구분이 되어 있지 않은 경우 특별한 사정이 없는 한(별도의 규정이 없어도) 토지와 건물의 기준시가에 비례하여 안분하는 방식으로 토지와 건물을 평가할 수 있다고 판단하였습니다(대법원 1997. 3. 14. 선고 96누3517 판결).

대상판결 사안의 경우 과세방식과 관련하여 입법이 미비된 경우인데 이러한 경우에도 과세를 포기할 수는 없는 노릇이고, 합리적인 안분방식을 적용하는 것은 납세의무자에게 예상하지 못한 불이익을 부담시키는 것으로 보기도 어려우므로 규정을 보완하는 합목적적 보충해석은 허용될 수 있다고 판단됩니다.

앞의 판결이 엄격해석의 원칙이 적용된 사례로 볼 수 있다면 뒤의 판결은 합목적적 해석의 원리가 적용된 사례로 볼 수 있습니다. 법규의 해석이 문제되는 각각의 사안마다 어느 해석원리를 취하느냐에 따라 결론은 정반대로 이르게 되는데 그 타당한 경계선을 찾아내는 일은 조세법이 해결해야 할 영원한 숙제라고 할 수 있습니다.

08

조세법의 해석방법(4)

- 문언해석의 범위 -

대상심결: 조심 2022지1848, 2023. 8. 24

【심결요지】

지방세특례제한법 제31조의5 제1항, 제2항은, 공공주택특별법에 따른 공공주택사업자에게 임대목적주택을 건축하여 매도하기로 약정한 자가 해당 주택을 건축하기 위하여 취득하는 부동산이나 위 매도약정을 체결한 자가 해당 주택 등을 건축하여 최초로 취득하는 경우 2022. 12. 31.까지 각각 취득세의 10%를 경감하도록 규정하고 있는데 법문언상 임대주택의 매도약정이 부동산 취득보다 앞서야 되는 것처럼 규정되어 있으나 해당 규정의 입법취지나 추징규정 등 다른 관련 규정의 내용 등에 비추어 부동산의 취득이 임대주택 매도약정보다 앞선 경우에도 감경규정이 적용된다고 판단한 사례.

【참조조문】

지방세특례제한법 제31조의5 제1항, 제2항

【해설】

1. 앞에서 조세법의 해석원리인 엄격해석과 합목적적 해석의 범위 내지는 한계에 관하여 살펴보면서 세법해석의 어려움이 존재하는 부분 중 하나가 입법의 불비로 인한 경우라고 설명한 바 있습니다. 이번 회에는 이에 관하여 좀 더 자세히 살펴보겠습니다. 우선 입법의 불비 중 편집이나 표현상의 실수 등 명백한 입법

상 오류가 인정되는 경우 입법취지에 맞추어 이를 바로잡는 것은 당연히 허용됩니다. 문제는 입법취지에 비추어 보면 합목적적 추론이 가능하지만 입법자가 간과하여 규정에 명확히 포함시키지 않은 부분입니다. 대상심결이 바로 이 문제를 다루고 있습니다.

2. 최근 사회 변화속도가 점점 더 빨라짐에 따라 특별히 개정이 빈번한 세법 분야에서 입법이 사회의 변화를 미처 수용하지 못하는 경우가 많이 발생합니다. 복잡다기(複雜多岐)한 현대사회에서 이와 같은 입법의 기능과 역할 등을 고려할 때 법률규정의 문언해석만을 강조하는 것은 바람직하지 않습니다.

그렇다면 어떠한 기준에 따라 그 한계를 설정하여야 할까요? 여러 기준을 생각할 수 있겠으나 필자는, (1) 특정 조문의 문언이 같은 법률 내의 다른 관련 규정과 배치되거나 모순되고, (2) 그와 같은 내용으로 입법하여야 할 입법목적을 인정할 수 없으며, (3) 규정문언을 그대로 적용하는 것이 내용상 불합리한 경우에는, 해당 규정을 문언에 따라 기계적으로 해석·적용하여서는 안 된다고 생각합니다. 입법자가 이러한 상황을 의도할 리 없었다는 점에서 필경 입법의 소홀이나 부주의에서 기인된 것이므로 법관은 이를 입법취지 및 다른 관련 법규와의 체계에 맞추어 합리적이고 합목적적으로 해석할 필요가 있습니다.

3. 대상심결은, 청구인의 경우 쟁점부동산 취득 계약서에 의하면 해당 부동산이 민간신축 임대약정사업에 사용될 것으로 인정되고, 쟁점부동산 취득 전 서울주택도시공사에 임대약정을 위한 매도신청을 하였으며, 쟁점부동산 취득 후 곧바로 매입약정을 체결한 것으로 확인되는 점, 쟁점규정에 대한 추징규정에서 부동산 취득 후 1년 이내에 착공하지 않을 경우 추징하도록 보완규정을 두고 있는 점 등에 비추어 볼 때, 법 규정의 문언과 달리 쟁점부동산을 취득한 후에 공공주택사업자와 매입약정을 체결한 경우에도 세제혜택을 부여하는 것이 합리적이라는 이유를 들어 처분청이 청구법인의 경정청구를 거부한 처분은 잘못이라고 판단하였습니다.

필자는 대상심결의 이유와 결론에 찬성하며, 해당 사안은 앞에서 설명한 기준에 잘 들어 맞는 선례적 가치가 있는 심결로 여겨집니다.

조세심판원은 그밖에 합산배제 임대주택의 범위 요건과 관련하여, 법문에 "과세기준일 현재 임대사업자 등록을 한 자"로 되어 있음에도 심사관청의 처리기간이 불규칙한 점 등을 이유로 과세기준일 현재 임대사업자 등록신고만 이루어지면 '등록을 한 자'로 볼 수 있다고 해석한 바도 있습니다(조심 2023. 8. 21.자 2023서0616).

4. 법원의 판결 중에도 법 규정의 문언에 불구하고 법인지방소득세에 대한 외국납부세액 공제규정의 적용을 긍정하거나(대법원 2018. 10. 25. 선고 2018두50000 판결), 동일인 명의로 반복된 명의신탁에 관하여 명의신탁 증여의제규정의 적용을 제한한 판결(대법원 2017. 2. 21. 선고 2011두10232 판결; 2018. 3. 29. 선고 2012두27787 판결 등) 등은 근본적으로 같은 취지로 여겨집니다.

5. 다만 법원은 대상심결과 유사한 사안에서 문언해석에 입각한 판단을 한 바 있습니다.

즉, 구 조세특례제한법(2018. 12. 24. 개정 전의 것) 제97조의7 제1항은, '민간임대주택에관한특별법상 임대사업자'가 임대사업용으로 양도한 토지에 관하여 양도소득세를 10% 감경하도록 규정하고 있는데, 위 특별법상 임대사업자를 '같은 법상 임대사업자 등록을 한 자'로 정의하고 있음에도 판결의 대상이 된 토지의 양수인은 토지의 양도대금을 모두 지급한 후 비로소 임대사업자등록을 하였다는 이유로 납세자의 감면청구를 배척하였습니다(대법원 2024. 8. 19. 선고 2024두41687 판결, 서울고등법원 2024. 4. 24. 선고 2023누46410 판결에 대한 심리불속행 판결임).

그러나 해당 사안의 경우 민간임대주택특별법상 원칙적으로 임대사업용 부지를 취득한 후 임대사업자 등록을 하도록 되어 있고, 위 조특법 입법취지가 감면대상 토지가 공공임대주택 부지로 제공된다는 점에 있어 임대인의 임대사업자등록 시점은 특별히 문제 삼을 이유가 없으며 같은 법에 토지양수인(임대사업자)이 토지 취득 후 일정 기한까지 사업계획승인이나 건축허가를 받지 못한 경우 추징규정을 두고 있고, 토지양수인의 취득세 감면기한을 취득 후 60일로 정하고 있는 점 등에 비추어 대상심결 사안의 경우와 마찬가지로 해당 규정의 문언은 입법의 소홀 내지 불비로 인한 것으로 여겨지고 따라서 문언을 기계적으로 적용할 사안으로 보기 어렵습니다.

조세심판원은 위법 이외에 부당한 처분도 심사대상으로 삼고 있어 구제범위가 더 넓기는 하나(국세기본법 제55조), 해당 사안들은 모두 조세법규 해석의 원리에 입각하여 처분의 위법 여부를 가려낸 사안이라는 점에서 법원의 태도에는 아쉬움이 남습니다.

09

소급과세 금지의 원칙(1)

- 부칙규정의 해석 -

대상판결: 대법원 2001. 5. 29. 선고 98두13713 판결

【판결요지】

조세법령이 납세의무자에게 불리하게 개정된 경우, "이 법 시행 당시 종전의 규정에 의하여 부과하였거나 부과할 …세에 관하여는 종전의 규정에 의한다."와 같은 개정된 세법 부칙조항을 근거로 하여 납세의무자의 기득권 내지 신뢰보호를 위하여 납세의무자에게 유리한 종전 규정을 적용할 경우가 있다고 하더라도, 납세의무가 성립하기 전의 원인행위 시에 유효하였던 종전 규정에서 이미 장래의 한정된 기간 동안 그 원인행위에 기초한 과세요건의 충족이 있는 경우에도 특별히 비과세 내지 면제한다거나 과세를 유예한다는 내용을 명시적으로 규정하고 있지 않는 한 납세의무자의 종전 규정에 대한 조세감면의 신뢰는 단순한 기대에 불과할 뿐 기득권에 갈음하는 것으로서 마땅히 보호되어야 할 정도의 것으로 볼 수는 없다.

【참조조문】

구 법인세법(1988. 12. 26. 법률 제4020호로 개정되기 전의 것) 제59조의3 제1항 제14호(현행 삭제), 구 법인세법(1988. 12. 26. 법률 제4020호로 개정된 것) 제59조의3 제2항 제4호(현행 삭제), 부칙(1988. 12. 26.) 제12조 제1항, 제16조, 구 조세감면규제법(1989. 12. 30. 법률 제4165호로 개정된 것) 제59조 제5호 참조(현행 조세특례제한법 제78조 제1항 제4호), 부칙(1989. 12. 30.) 제5조 제1항, 제3항

【해설】

1. 대상판결의 내용을 살피기에 앞서 관련 법령의 개정과정부터 살펴봅니다. 1988. 12. 26. 법률 제4020호로 개정된 법인세법은 개정 전 구 법인세법 제59조의3 제1항 제14호('비과세규정')이 '산업기지개발촉진법의 규정에 의하여 지정된 지구의 사업시행자가 조성한 토지 등을 양도함으로써 발생하는 소득'에 대하여 특별부가세를 부과하지 않도록 하던 것을 특별부가세액의 100분의 50에 상당하는 금액을 면제한다는 규정(제59조의3 제2항 제4호)으로 바꾸면서 부칙에서 그 시행일인 1989. 1. 1. 이후 최초로 양도하는 분부터 적용하도록 하는 한편, **"이 법 시행 당시 산업기지개발촉진법의 규정에 의하여 지정된 지구의 사업시행자가 조성한 토지 등을 양도함으로 인하여 발생하는 소득에 대하여는 종전의 비과세규정에 의한다.**"는 경과규정(부칙 제16조, '비과세 경과규정')을 두었다가, 그 후 조세감면규제법(1989. 12. 30. 법률 제4165호)이 제정되자 위 법인세법 감면규정을 조세감면규제법으로 이전하여 규정하면서(법 제59조 제5호) 부칙으로 그 시행일인 1990. 1. 1. 이후 최초로 양도하는 분부터 적용하도록 하는 한편, 부칙 제5조 제3항에서 **"이 법 시행 당시 종전의 … 법인세법 …의 규정에 의하여 부과(…)하였거나 부과할 … 특별부가세에 관하여는 종전의 규정에 의한다.**"는 경과규정('조감법 경과규정')을 두었습니다.

2. 대상판결에서는 원고법인이 1988. 12. 31. 이전에 산업기지개발촉진법 규정에 의하여 지구지정을 받아 토지를 조성한 후 1990. 1. 1. 이후에 토지를 양도하였는데, 이러한 경우 조감법 경과규정의 해석과 관련하여 여전히 종전 법인세법상 비과세규정이 적용되는지 여부가 문제되었습니다. 조감법 경과규정에서 "… 종전의 규정에 의한다."고 한 취지를 종전 법인세법 부칙규정의 '비과세 경과규정'까지를 포함하는 의미로 볼 것인지 아니면 본문 규정만을 의미하는 것으로 볼 것인지에 관한 질문입니다.

이에 대하여, 원심인 대전고등법원 1998. 7. 3. 선고 97구70 판결은, 조감법 경과규정을 납세의무자의 기득권 내지 신뢰보호를 위하여 납세의무자에게 유리한 구법을 적용하도록 하는 특별규정으로 해석하여 이 사건에서 종전의 '비과세

경과규정'에 따라 '비과세규정'을 적용하여 특별부가세를 면제하여야 한다고 판단하였습니다.

그러나 대법원은 이와 같은 원심의 판단에 반대하여, 납세의무가 성립하기 전의 원인행위 시에 유효하였던 종전 부칙 규정에서, 장래의 한정된 기간 동안 그 원인행위에 기초한 과세요건의 충족이 있는 경우에도 특별히 비과세 내지 면제한다거나 과세를 유예한다는 내용을 명시적으로 규정하고 있지 않는 한 종전 규정이 적용되어야 하는데, 종전 비과세 경과규정에 장래 과세요건을 충족하는 경우에도 일정한 기간 내에는 특별히 비과세한다는 취지로 규정되어 있지 않으므로, 원고가 종전 규정인 '비과세 경과규정'으로 인하여 기득권에 갈음하는 신뢰를 가졌다고 보기 어렵다는 이유로 종전 비과세규정의 적용을 배척하였습니다.

3. 소급과세금지 원칙의 핵심은 과세요건이 완성되어 납세의무가 성립된 이후에 만들어진 세법 규정을 소급적용하여 과세하는 경우 납세의무 성립 당시를 기준으로 보면 결국 근거법령 없이 과세를 허용하는 셈이어서 조세법률주의가 지향하는 납세자의 예측가능성과 법적 안정성을 보호할 수 없으므로 이를 금지한다는 데 있습니다. 한편 특별히 납세의무자의 신뢰를 보호하여야 할 일정한 경우 소급과세가 예외적으로 허용된다는 점에 관하여도 학설이나 판례의 견해가 일치하고 있습니다. 죄형법정주의의 파생원칙인 형벌불소급의 원칙보다는 상대적으로 기준이 완화되어 있다고 볼 수 있습니다.

4. 소급과세금지 원칙의 적용과 관련하여 특별히 문제되는 것은 법령개정 시 경과규정에 관한 부칙규정의 해석입니다.

조세법령이 납세자에게 유리하게 개정된 경우 납세의무 성립 당시의 개정규정을 적용하면 되므로 별다른 문제가 없습니다. 조세법령이 납세자에게 불리하게 개정된 경우에도 법이 납세의무자의 신뢰보호를 위해 경과규정을 두어 원인행위 당시의 법령을 적용하도록 하는 것은 가능하며 이는 조세법령 불소급의 원칙과 관련이 없습니다.

문제는 조세법령이 납세자에게 불리하게 개정되면서 "**이 법 시행 당시 종전의 규정에 의하여 부과하였거나 부과할…세에 관하여는 종전의 규정에 따른다.**"는 형태를 취한 경우입니다. 구체적으로, 여기의 '부과하였거나 부과할 조세'의 의미가 무엇인지와 관련하여 단순히 납세의무가 확정되거나(그에 따라 이미 세금을 부과하였거나), 아니면 성립된 경우(그에 따라 세금을 부과할 상태에 있는 경우)를 의미하는 것인지, 아니면 그보다는 좀 더 넓게 원인행위 시(양도소득세에 있어서 토지의 취득이나 이 사건에서와 같은 토지의 조성행위 시)를 포함한다고 볼 것인지, 혹은 일정한 경우에 예외를 인정하는 다른 완화된 기준을 적용할 수 있는지 여부에 관한 문제입니다.

이에 관하여 대법원은 '납세의무 성립 당시 법령의 적용'이라는 원칙을 고수한 반면에 원심은 납세자의 신뢰보호를 위해 부칙 규정의 해석을 통하여 '원인행위 당시 법령의 적용'이라는 다른 기준을 적용한 것입니다. 납세자 신뢰 보호 측면에서 보면 원심의 판단도 나름대로 논거를 가지지만 기본적으로 법 문언상 '부과하였거나' '부과할' 조세는 납세의무가 확정되거나 성립된 조세를 의미한다고 보아야 하는 점과 일반적으로 납세자는 언제까지나 법이 바뀌지 않을 것이라는 기대권을 가지는 것은 아니므로 원인행위 당시 납세자가 그와 같은 행위를 함에 있어 장래에도 동일한 과세상태가 계속될 것이라고 신뢰할 만한 특별한 사정이 없는 이상 그와 같은 신뢰는 세법상 보호의 대상이 되기 어렵다는 점 등에 비추어 대법원의 견해에 찬성하고 싶습니다.

5. 한편 최근 법인지방소득세와 관련하여, 지방세법 개정으로 종전에는 법인세분 지방소득세의 산정을 단순히 법인세액의 100분의 10으로 규정하던 것을 개정 후에는 법인세 과세표준에 단계별로 100분의 10부터 100분의 22까지의 세율을 곱하여 산정하도록 하고(2014. 1. 1. 개정되어 2019. 12. 31. 개정되기 전의 구 지방세법 제103조의19 내지 21), 개정법 부칙에, "**이 법 시행 당시 종전의 규정에 따라 부과 또는 감면하였거나 부과 또는 감면하여야 할 지방세에 대하여는 종전의 규정에 따른다.**"는 경과규정을 두었는데 공교롭게도 위와 같은 규정 개정에 상응하여 종전의 조세특례제한법에 규정되어 있던 여러 가지 세액공제 규정 중 지방세 관련 부분이 지방세특례제한법으로 옮겨 가면서 위 사건에서 문제된 '연구·인력 개발비 세액공제 규정'이 지방세 재원 확충 등을 이유로 제외됨에 따라 종전 규정 시행 당시 연구·인력 개발비를 지출한 법인에 대하여 법이 당초 보장한 세액공

제기간 동안 계속 법인지방소득세에 대하여도 세액공제 혜택을 부여할 것인지가 문제된 바 있습니다.

해당 사안에서 법인세의 경우는 세액공제를 규정한 조항이 직접 연구·인력개발비를 요건에 맞게 지출하면 일정한 기간 동안 세액공제 혜택을 준다고 약속하였기 때문에 법이 연구·인력개발비 세액공제제도를 폐지하더라도 당초 유예기간 동안은 기득권에 갈음하는 납세자의 신뢰가 형성된 경우라고 보아 세액공제의 혜택을 계속 부여하여야 마땅할 것입니다. 그런데 법인세에 연동하여 법인세액의 일정비율을 부과하던 법인지방소득세의 경우 자동적으로 그러한 혜택을 함께 부여받아 왔지만 현실적으로 그러한 혜택조항을 직접 규정한 바 없고 규정체계상 규정할 수도 없었기 때문에 해당 제도의 폐지와 함께 소급과세 여부 문제가 발생하였습니다.

여러 가지 고려할 요소가 섞여 있어 판단하기가 쉽지 않은 문제인데 결론적으로 대법원은 대상판결과 같은 취지에서 소급과세금지 위반을 이유로 한 납세자의 청구를 배척하였습니다(대법원 2023. 11. 30. 선고 2020두50393 판결; 2023. 11. 30. 선고 2020두41696 판결 등).

10

소급과세 금지의 원칙(2)

- 과세요건 원인행위에 대한 신뢰보호 -

대상판결: 대법원 2018. 6. 28. 선고 2018두36172 판결

【판결요지】

2003. 12. 30. 법률 제7010호로 개정되어 2004. 1. 1. 시행된 구 상증세법에 신설된 제45조의2 제3항은, "명의신탁재산의 증여의제'에 관한 같은 조 제1항의 규정을 적용함에 있어서 주주명부 또는 사원명부가 작성되지 아니한 경우에는, 법인세법 제109조 제1항 및 제119조의 규정에 의하여 납세지 관할 세무서장에게 제출한 주주 등에 관한 서류 및 주식등변동상황명세서에 의하여 명의개서 여부를 판정한다."고 규정하고 있다. 이는 주식등변동상황명세서 등에 주식 등의 소유자 명의를 실제 소유자와 다르게 기재하여 조세를 회피하려고 하였더라도, 주주명부나 사원명부 그 자체가 없어 명의개서가 이루어지지 아니한 경우에는, 명의신탁 증여의제 규정을 적용할 수 없었던 문제점을 보완하여 그러한 경우에도 증여세를 과세하려는 것이다. 그리고 위 조항에 따른 증여의제일은 실제소유자와 명의자가 다른 주식의 변동사실이 외부에 분명하게 표시되었다고 볼 수 있는 주식등변동상황명세서 등의 제출일로 보아야 한다. 한편 구 상증세법 부칙 제10조는 "제45조의2 제3항의 개정규정은 이 법 시행 후 법인세법 제109조 제1항 및 제119조의 규정에 의하여 주주 등에 관한 서류 및 주식등변동명세서를 제출하는 분부터 적용한다."고 규정하고 있다. 이러한 관련 규정의 입법취지, 체계 및 내용에 비추어 보면, 2004. 1. 1. 이후 주식등변동상황명세서 등을 제출하고, 그에 따라 명의개서 여부가 판정되었다면, 그 제출일에 명의신탁 증여의제 요건이 완성되었다고 보아야 한다. 그리고 이로 인한 증여세 납세의무가 2004. 1. 1. 이후 성립된 경우이므

로, 명의신탁 약정의 체결이나 주식 등의 인도가 그 이전에 있었다고 하더라도, 구 상증세법 제45조의2 제3항, 제1항이 적용되어 증여세를 과세할 수 있다고 보아야 한다.

【참조조문】

구 상증세법(2005. 1. 14. 법률 제7335호로 개정되기 전의 것) 제45조의2 제1항, 제3항(현행 제45조의2 제4항 참조), 상증세법 부칙(2003. 12. 30.) 제10조

【해설】

1. 이번 회에 검토할 판결은 주식의 명의신탁을 둘러싼 소급과세금지 원칙의 적용에 관한 것입니다. 잘 아시는 바와 같이 주식을 다른 사람 앞으로 명의신탁하면 증여로 의제되어 증여세의 과세대상이 됩니다(상증세법 제45조의2). 위 규정은 오랫동안 위헌의 논의가 끊이지 않았고 그와 같은 논쟁은 이론적으로는 현재도 진행형이지만 몇 차례 헌법재판소의 합헌결정을 거치면서 실무상 규정의 효력 자체를 다투기는 어렵고 주로 조세회피목적이 있는지 여부가 다투어지고 있습니다.

한편 명의신탁 증여의제의 납세의무 성립시기는 주식의 명의개서 시인데 주주명부가 작성되지 않은 경우에도 주식등변동상황명세서에 다른 사람 이름으로 주식명의를 등재해 놓게 되면 거의 같은 법적 효과가 발생하므로 2003. 12. 30. 개정된 상증세법 제45조의2 제4항(2004. 1. 1. 시행)은 이 경우에도 증여의제 과세대상으로 삼고 주식등변동상황명세서의 등재에 의하여 명의개서 여부를 판정하도록 하였습니다.

2. 문제는 위와 같이 법을 개정하면서 부칙 제10조에서 해당 개정규정을 "**법령에 따른 주주 등에 관한 서류 및 주식등변동상황명세서를 제출하는 분부터 적용한다.**"고 규정한 데서 비롯되었습니다. 구체적으로 위 개정규정 시행 이전에 명의신탁 약정이 체결되거나 주식 등의 인도가 있었으나 규정 시행 이후에 주식등변동상황명세서가 제출된 경우 개정 증여의제규정을 적용하여 증여세를 과세할

수 있는지 여부가 문제된 것입니다. 명의신탁 약정이 체결되거나 주식 등의 인도가 있는 경우 당사자 사이에서는 명의신탁 약정이 이미 효력을 발생하고 주식등변동상황명세서의 제출은 외부에 이를 공시하는 수단에 불과한데, 이러한 경우에까지 개정법이 적용되어 증여의제 과세가 이루어진다면 소급과세금지의 원칙에 어긋나는 것이 아닌가 하는 점입니다.

이에 관하여 대상판결은, 위 개정규정에 따른 증여세 납세의무가 2004. 1. 1. 이후 성립된 이상 명의신탁 약정의 체결이나 주식 등의 인도가 그 이전에 있었다고 하더라도, 개정 규정이 적용되어 증여세를 과세할 수 있다고 보았습니다.

3. 소급과세금지 원칙의 적용 범위와 관련된 중요한 쟁점 하나가 과세요건을 이루는 납세자의 법률행위 시점(예컨대 계약체결 시)과 과세요건이 완성되는 시점(이 사건에서 문제된 증여세의 경우에는 납세의무 성립시점도 동일합니다) 사이에 시간적 간격이 존재하는 경우입니다. 이 경우 원인행위 시에 납세자가 가졌던 신뢰를 어느 범위까지 보호할 것인가가 문제됩니다. 소득실현의 원인행위 시점과 소득실현 시점이 달라지는 경우에도 비슷한 문제가 발생합니다. 예컨대 세법은 양도소득세 과세요건인 양도의 시기를 매매계약 체결 시가 아니라 매매대금청산 시나 소유권이전등기 시로 보고 있는데(소득세법 시행령 제162조 제1항), 그 중간에 법이 개정되는 경우 과세요건 완성 당시의 법령을 적용하게 되면 구법을 믿고 매매계약을 체결한 납세자의 신뢰를 보호할 수 없게 되는 문제가 발생합니다.

이에 관하여 세법은 일반적으로 위와 같은 납세자의 법률행위 당시의 신뢰보호 문제에 불구하고 과세요건 완성 내지 납세의무 성립 당시의 법령을 적용하도록 하고 있습니다. 대상판결의 경우도 이와 비슷합니다. 명의신탁 합의가 있던 당시의 법을 적용하지 않고 법이 납세의무 성립 시점으로 규정한 명의신탁 합의가 대외적으로 공개되는 시점(주식등변동상황명세서 제출 시점)의 법을 적용할 수 있도록 법이 개정규정의 적용시점을 규정할 수 있다는 취지입니다. 특히 명의신탁 증여의제에 따른 증여세는 전형적인 유도적, 제재적 조세로 이해되고 있는데 이와 같은 조세의 성격상 행위 당시 당사자의 의사가 중요하게 여겨지므로 소급과세금지의 법리가 보다 엄격하게 적용되어야 할 것 같은데도 판례는 그렇게 보지 않았습니다. 법령이 개정될 경우 미리 입법예고 등 절차를 거치는 것이 통례이고 납세자로서는 현재 시행되는 법이 언제든지 개정될 수 있다는 점을 예상하고 이를 대비하여 경제활동 내지 법률행위를 하여야 한다는 취지로 이해됩니다.

4. 본질적으로 이 쟁점은 납세자의 신뢰보호와 조세법률관계의 획일성 내지 안정성의 요청이라는 서로 다른 법익 사이의 충돌의 문제인 동시에, 사법상 계약의 성립과 세법상 납세의무의 성립 사이의 간격에서 유래하는 문제로 이해할 수 있습니다. 세법의 공공성, 공익성, 기술성에 기초한 획일성의 요청이 순수한 사법의 법리의 영역을 뛰어 넘은 부분으로 볼 수 있는데, 사실 세법의 전문가가 되기 위해서는 이 차이를 잘 이해하는 것이 필요합니다.

11

신의성실의 원칙(1)

- 과세관청의 공적 견해의 표명과 신의칙의 적용 -

대상판결: 대법원 2008. 6. 12. 선고 2008두1115 판결

【판결요지】

취득세 등이 면제되는 구 지방세법(2005. 1. 5. 법률 제7332호로 개정되기 전의 것) 제288조 제2항에 정한 '기술진흥단체'인지 여부에 관한 질의에 대하여 건설교통부장관과 내무부장관이 비과세 의견으로 회신한 경우, 공적인 견해표명에 해당한다고 한 사례.

【참조조문】

구 지방세법(2005. 1. 5. 법률 제7332호로 개정되기 전의 것) 제288조 제2항, 국세기본법 제15조

【해설】

1. 대상판결의 사안은, 구 지방세법(2005. 1. 5. 법률 제7332호로 개정되기 전의 것) 제288조 제2항에서 법이 정한 '기술진흥단체'에 해당하는 경우 취득세를 면제하도록 규정하고 있는데, 건설기술자들의 복리증진을 위해 설립된 한국건설기술인협회('원고협회')가 건설교통부장관과 내무부장관에게 원고협회가 위 법이 규정한 기술진흥단체에 해당되어 취득세 면제대상이 되는지 여부에 관해 질의한 것에 대하여 건설교통부장관과 내무부장관이 (실제로는 면제대상이 아님에도) 면제대상

의견으로 회신하였고, 그 후 원고협회가 건물을 신축하였는데 이에 대하여 과세관청이 회신 의견과 달리 취득세를 부과하자 원고협회가 신의칙 위배를 내세워 과세처분의 취소를 구한 것입니다.

2. 국세기본법 제15조는, "**납세자가 그 의무를 이행할 때에는 신의에 따라 성실하게 하여야 한다. 세무공무원이 그 직무를 수행할 때에도 또한 같다.**"고 규정하여 세법상 신의칙에 관한 일반규정을 두고 있습니다.

신의칙은 상대방의 합리적인 기대나 신뢰를 배반할 수 없다는 법 원칙으로서 신뢰보호의 원칙, 금반언의 법리 등으로도 불리며 본래 사법(私法)의 영역에서 발전하였습니다. 그러나 이는 법의 근본이념인 정의와 형평의 원리를 바탕으로 한 것이어서 공법관계에 있어서도 적용을 부정할 이유가 없습니다. 특히 조세법률관계는 사법상의 채권·채무관계와 유사한 면이 있고, 전문성·기술성을 특질로 하는 조세법규의 해석·적용과 관련하여 과세관청의 언동을 신뢰한 납세자를 보호할 필요성이 크기 때문에 신의칙의 적용가능성은 그만큼 증대되어 있습니다.

3. 학설·판례에 의하여 일반적으로 시인되는 과세관청에 대한 신의칙 적용의 요건은, (ⅰ) 과세관청이 납세자에게 공적인 견해표명을 하였을 것, (ⅱ) 납세자가 그 견해표명이 정당하다고 신뢰함에 있어 귀책사유가 없을 것, (ⅲ) 납세자가 신뢰에 기한 어떤 행위를 하였을 것, (ⅳ) 과세관청이 위 견해표명에 반하는 처분을 하여 납세자의 이익이 침해되었을 것 등 네 가지입니다(대법원 1988. 3. 13. 선고 86누101 판결 등).

4. 이 사건 원심은 건설교통부장관이나 내무부장관이 원고협회를 '기술진흥단체'로 확인해 주었다거나 피고가 종전에 원고가 취득한 재산들에 대해 등록세 등을 면제해 주었다는 사정만으로는 피고가 비과세에 관한 공적 견해표명을 하였다고 보기 어렵고, 원고협회가 취득세가 부과된다는 사정을 알았더라도 부동산의 신축을 포기하였을 것으로 보이지 아니하므로, 이 사건 각 처분이 신의칙에 반하여 위법하다는 원고의 주장은 이유가 없다고 판단하였습니다. 위 요건 중 (ⅰ)과 (ⅲ)의 요건을 갖추지 못하였다고 본 것입니다.

이에 대하여 대법원은, (원심이 판시한 여러 가지 사실관계에 의하면) 피고와 피고의 상급기관인 내무부장관은 원고에게 원고가 취득세 등을 면제받는 구 지방세법 제288조 제2항 소정의 '기술진흥단체'에 해당된다는 공적 견해를 구체적이고도 명백하게 표명하였다고 볼 여지가 충분하고, 또한 원고협회는 위와 같은 피고 및 내무부장관 등의 공적인 견해표명을 신뢰하고 이 사건 부동산을 취득하였으며, 원고 측이 위 견해표명을 신뢰한 데 대하여 어떠한 귀책사유가 있다고 볼 수도 없다는 이유로 납세자의 신의칙 주장을 받아들여 원심판결을 파기하였습니다.

5. 이 사건에서 눈을 끄는 부분은 원심이 원고협회가 취득세 부과 여부와 상관없이 어차피 이 사건 건물을 신축하였을 것이라고 판단한 점입니다. 이 부분은 구체적인 사실인정이 필요한 부분이기는 하나 통상적으로는 (원심의 판단과 같이) 전국 규모 단위의 특정 협회가 업무상 필요한 건물을 신축하는 경우 취득세의 존재가 건물의 신축 여부를 좌우할 정도의 사정이 된다고 보기는 어려울 것입니다. 따라서 취득세 부담이 있었다면 건물을 신축하지 않았으리라는 예외적인 사정에 대한 입증책임은 납세자에게 있다고 보이고, 이미 원심이 반대사실을 인정한 터이므로 대법원으로서도 원심의 판단을 번복하기 위해서는 입증책임을 비롯하여 이 부분에 관한 좀 더 상세한 판단이 필요하지 않았을까 여겨집니다.

문제가 되는 세목이 부가가치세나 관세와 같은 경우 통상적으로 비과세나 면세 여부가 납세자의 거래징수나 수입 여부에 관한 판단에 직결되므로 공적 견해의 표명과 납세자의 행위 사이에 인과관계를 쉽게 인정할 수 있는 경우가 대부분입니다. 그러나 건물의 신축과 취득세나 등록세의 관계는 그와 같이 보기 어렵다는 점에서 대상판결의 타당성에는 의문이 남습니다.

12

신의성실의 원칙(2)

- 납세자에 대한 신의칙의 적용 -

대상판결: 대법원 1997. 3. 20. 선고 95누18383 전원합의체 판결

【판결요지】

[1] [다수의견] 매매계약이 무효인 이상 그 매매대금이 양도인에게 지급되었다 하여도 양도소득세 부과대상인 자산의 양도에 해당한다거나 자산의 양도로 인한 소득이 있었다 할 수 없으므로 양도소득세 부과대상이 아니며, 또한 증여받은 것이 아니므로 증여세 부과처분도 위법하다.

[2] 조세소송에서의 신의성실의 원칙의 적용은 조세소송 절차법과 관련한 적용 및 실체법과 관련한 적용으로 나누어 볼 수 있고 조세소송의 절차법과 관련한 적용은 민사소송에서의 그것과 특별히 구분된다 할 수 없을 것이지만, 조세법률주의에 의하여 합법성의 원칙이 강하게 작용하는 조세 실체법과 관련한 적용은 사적자치의 원칙이 지배하는 사법에서보다는 제약을 받으며 합법성을 희생하여서라도 구체적 신뢰보호의 필요성이 인정되는 경우에 한하여 비로소 적용된다고 할 것이다. 더구나 납세의무자가 과세관청에 대하여 자기의 과거의 언동에 반하는 행위를 하였을 경우에는 세법상 조세감면 등 혜택의 박탈, 신고불성실·기장불성실·자료불제출가산세 등 가산세에 의한 제재, 각종 세법상의 벌칙 등 불이익처분을 받게 될 것이며, 과세관청은 실지조사권을 가지고 있는 등 세법상 우월한 지위에서 조세과징권을 행사하고 있고, 과세처분의 적법성에 대한 입증책임은 원칙적으로 과세관청에 있는 점 등을 고려한다면, 납세의무자에 대한 신의성실의 원칙의 적용은 극히 제한적으로 인정하여야 하고 이를 확대해석하여서는 안 된다.

[3] [다수의견] 실질과세의 원칙 하에서는 행위의 외형이 아니라 실질을 따져서 과세함이 원칙인 바, 등기원인이 매매라 하여도 실질이 증여이면 증여로 과세하여야 할 것이고 반대의 경우도 마찬가지라 할 수 있는데, 거래당사자가 법령상의 제한 등의 이유로 실질에 따라 등기를 하지 아니하고 실질과 달리 등기를 한 후 소송에서 그 실질이 등기부상의 등기원인과 다른 것이라고 주장한다 하여 이를 모순되는 행태라고 하기는 어렵고, 또 과세관청은 실지조사권을 가지고 있을 뿐 아니라 경우에 따라서 그 실질을 조사하여 과세하여야 할 의무가 있고 그 과세처분의 적법성에 대한 입증책임도 부담하고 있는데 적절한 실지조사권 행사를 하지 아니한 과세관청에 대하여 납세의무자 스스로 등기원인을 달리하여 등기하였음을 사전에 알리지 않고 부과처분이 있은 후 뒤늦게 다툰다는 것만으로 심한 배신행위를 하였다고 할 수도 없고, 과세관청이 등기부상의 등기원인만을 보고 이를 그대로 신뢰하였다 하더라도 이를 보호받을 가치가 있는 신뢰라고 할 수도 없다. 따라서 매매계약을 체결한 후 토지거래허가가 나지 아니하자 증여를 원인으로 한 소유권이전등기를 하였다면 그 계약은 확정적으로 무효가 되었고 그 소유권이전등기 또한 무효이어서 그에 대한 증여세 납부의무도 없다 할 것이므로, 그 무효등기의 원상복구 여부와 관계없이 증여세 납부의무를 다툰다 하여 이를 신의성실의 원칙이나 금반언의 원칙에 위반되는 것이라 할 수 없다.

[별개의견] 국토이용관리법의 규정을 잠탈하여 증여를 원인으로 하여 그 소유권이전등기를 경료한 자가 사실심 변론종결 당시까지도 그러한 외관을 제거하지 아니한 채 그에 따른 증여세부과처분취소소송을 그대로 유지하고 있다면, 실체법적으로 위 토지를 증여받지 않은 것으로 취급하는 것과는 달리 이러한 소송은 권리보호의 자격이나 이익이 없는 부당한 소송으로 소권의 남용에 해당한다고 보아야 한다.

[반대의견] 매매 농지에 관하여 국토이용관리법의 규정을 잠탈하여 증여를 원인으로 소유권이전등기를 경료하였다가 증여세가 부과되자 그 증여세 납부의무를 다투는 경우, 먼저 스스로 증여의 언동을 취하였다가 그 증여의 언동이 진실이 아니라고 주장하고 있는 점에서 객관적으로 모순적인 행태가 존재함이 명백하고, 다음 스스로 강행법규인 국토이용관리법상의 토지거래허가제도를 잠탈하기 위하

여 위법적인 법률상태(무효의 소유권이전등기)를 작출하였다고 자인하면서도 자기에게 유리한 위법적인 법률 상태는 그대로 유지한 채 자기에게 불리한 과세처분만을 제거하려고 한다는 점에서, 즉 전에 스스로 한 행위와 모순되는 행위를 하면서 자기에게 유리한 법적 지위만을 악용하려고 한다는 점에서 그 주관적 귀책가능성이 극히 무겁다고 할 것이며, 또한 토지를 매수하고도 그 거래상대방과 통모하여 증여를 원인으로 한 등기를 경료한 사안에 있어서 그 등기부상 등기원인을 신뢰한 과세관청은 선의의 제3자에 해당한다고 할 것인바, 등기의 적법추정의 법리에 비추어 보아 이는 우리 법체계상 보호받을 가치가 있는 신뢰라 할 수 있으며, 나아가 다수의견을 취한다면 오히려 국토이용관리법 잠탈행위를 용인하게 되어 투기거래를 방지하고자 하는 국토이용관리법의 입법취지를 몰각시키고 토지거래허가를 적법하게 받은 경우보다 오히려 유리하게 되는 불합리한 결과가 초래된다. 따라서 그와 같은 경우 증여세 납부의무를 다투는 자의 주장은 조세법상 납세의무자에 대하여 신의칙 등을 적용하기 위한 요건에 모두 해당하고, 나아가 그 모순의 정도와 주관적 귀책가능성의 정도 및 신뢰의 보호가치의 정도, 국토이용관리법의 입법취지 등을 종합적으로 고려하여 볼 때 신의칙 등에 위배되는 것으로서 이를 배척함이 마땅하다.

【참조조문】

소득세법 제88조 제1항, 제94조, 구 상속세법(1996. 12. 30. 법률 제5193호로 전문 개정되기 전의 것) 제29조의2 제1항 제1호(현행 상증세법 제2조 제1항 참조), 국세기본법 제15조, 민법 제2조 제1항, 국토이용관리법 제21조의3 제1항, 제7항

【해설】

1. 납세자가 신의성실 원칙을 위배했다는 이유로 과세관청이 실체에 부합하지 않는 과세처분의 효력을 주장할 수 있는가가 이번 회 검토주제입니다.

사안은, 납세자가 토지거래허가를 피하기 위해 실제는 부동산을 매도하고도 등기원인을 증여로 함에 따라 과세관청이 등기에 기재된 내용대로 증여세를 부과

하자 막상 소송절차에 이르러서는 실제 거래내용이 증여가 아니라 매매임을 주장하며 과세처분의 취소를 구한 것입니다. 과세관청이 과세의 근거로 내세운 중요한 주장은, 실제로 매매가 맞더라도 납세자가 토지거래를 회피하기 위해 증여로 등기한 후 소송에 이르러서는 자신이 한 행위를 스스로 부인하고 매매를 주장하는 것은 신의칙에 반하여 허용될 수 없다는 것입니다.

2. 대상판결은 전원합의체 판결인데 위 쟁점에 관하여 대법관들의 의견이 나뉘었습니다. 다수의견은, 1) 합법성의 원칙이 강하게 작용하는 조세실체법 분야에서 신의칙의 적용은 사적 자치의 원칙이 지배하는 사법에서보다 제약을 받으며, 2) 납세의무자가 과세관청에 대해 자기의 과거의 언동에 반하는 행위를 하였을 경우 세법상 조세감면 등 혜택의 박탈, 각종 가산세에 의한 제재 및 벌칙 부과 등 불이익처분을 받게 될 뿐 아니라, 3) 과세관청은 실지조사권을 가지는 등 세법상 우월한 지위에서 조세과징권을 행사하고 있고, 과세처분의 적법성에 대한 입증책임은 원칙적으로 과세관청에 있는 점 등을 고려한다면, 납세자에 대한 신의칙의 적용은 극히 제한적으로 인정되어야 한다는 이유로 납세자의 손을 들어 주었습니다.

이에 대하여 반대의견은, 1) 납세자가 증여의 언동을 취하였다가 세금이 부과되자 그것이 진실이 아니라고 주장한다는 점에서 객관적으로 모순적인 행태가 존재하고, 2) 스스로 강행법규인 국토이용관리법상의 토지거래허가제도를 잠탈하기 위해 위법적인 법률상태(무효의 소유권이전등기)를 작출(作出)하였다고 자인하면서도 자기에게 유리한 위법적인 법률상태는 그대로 유지한 채 자기에게 불리한 과세처분만을 제거하려고 한다는 점에서, 주관적 귀책가능성이 극히 무거우며, 3) 등기부 기재를 신뢰한 과세관청은 선의의 제3자에 해당한다는 점 등을 들어 납세자의 주장이 신의칙에 위배되어 허용될 수 없다고 판단하였습니다.

3. 납세자에 대한 신의칙의 적용은, 주로 납세자가 허위로 세무신고를 하고 과세관청이 그에 기해 과세처분을 한 경우 문제되는데, 판례는 그 기준으로, (ⅰ) 객관적으로 모순되는 행태가 존재할 것, (ⅱ) 그 행태가 납세의무자의 심한 배신행위에 기인할 것, (ⅲ) 그에 기해 야기된 과세관청의 신뢰가 보호받을 가치가 있을 것 등의 요건을 제시하고 있습니다(대법원 1999. 11. 26. 선고 98두17968 판결 등).

납세자에 대한 신의칙의 적용이 과세관청의 경우보다 더 엄격하게 적용되어야 한다는 점에 대해서는 이론이 없습니다. 기본적으로 형사절차에서 피의자나 피고인에게 자기부죄(自己負罪) 금지의 원리, 즉 자신에게 불리한 진술을 강요당하지 않을 권리가 보장되는 것과 마찬가지로 납세자에게도 자신의 납세의무와 관련하여 법이 허용하는 한도 내에서 진실한 사실관계를 드러내지 않을 권리를 가집니다.

조세법률관계가 채권채무관계인가 권력관계인가에 관하여 논쟁이 있지만 현실적으로 과세관청과 납세자의 지위는 대등하지 않으므로 양자를 순수한 채권채무관계로만 파악하면 납세자의 권리구제에 공백이 생기게 됩니다. 과세관청에게는 세무조사절차 등을 통한 실지조사권이 부여되어 있고, 과세자료와 관련된 금융전산망과 부동산전산망이 완비된 오늘날 그와 같은 실지조사권은 대단히 광범위하고 실효성 있게 행사됩니다. 또한 납세자가 협력의무를 이행하지 않을 경우 각종 가산세가 부과되고, '사기 그 밖의 부정한 행위'에 대해서는 조세포탈죄가 부과됩니다. 이러한 납세환경에서 납세자가 단순히 사실관계에 관한 주장을 진실되거나 일관되게 하지 않는다고 하여 선행 진술에 금반언(禁反言)의 효력을 부여하거나 다른 불이익을 부과할 수는 없는 노릇입니다. 결국 납세자에 대한 신의칙의 적용은 위와 같은 여러 가지 사정을 모두 고려하더라도 도저히 용납할 수 없을 정도의 배신적인 행위에 해당하여야만 가능하다고 볼 것입니다. 구체적으로 어느 경우가 여기에 해당하는지는 개별적으로 판단할 수밖에 없는데 대상판결 사안이 (반대의견의 존재가 말해 주듯이) 그 경계선에 있다는 생각이 듭니다.

4. 판례가 납세자에 대한 신의칙 적용을 부정한 사례는 대상판결 이외에도 많이 찾아볼 수 있는데 대표적인 사안으로, 피합병법인의 이월결손금 승계를 위해 피합병법인이 대손충당금을 설정하지 않고 합병 후 합병법인이 대손충당금을 설정하여 합병법인의 손금으로 인식하여도 신의칙에 위배되지 않는다고 한 사안(대법원 2015. 1. 15. 선고 2012두4111 판결)을 들 수 있습니다.

반면에 수는 적지만 판례가 납세자에 대해 신의칙 적용을 긍정한 사례도 없지는 않습니다. 구체적으로, ① 농지의 명의수탁자가 자경(自耕)의사가 있는 것처럼 소재지 관서의 증명을 받아 소유권이전등기를 마치고 소유자로 행세하는 한편 증여세 부과를 면하기 위해 자경의사가 없어 농지개혁법(현행 농지법)에 저촉됨을 이유로 등기의 무효를 주장한 경우(대법원 1990. 7. 24. 선고 89누8224 판결), ② 회사 대주주가 회사에 대한 강제집행을 면하기 위해 처남에게 회사소유 부동산을 명의신탁한 후 처남이 이를 다시 회사에 임대한 것처럼 가장하여 수년간 부가가치세 신고 및 매입세액공제를 받아오다가 임대업 폐업신고를 하게 되어 폐업 시 잔존재화 자가공급 의제규정에 따라 처남에게 부가가치세가 부과되자 위 임대차 계약이 통정허위표시로 무효라고 주장한 경우(대법원 2009. 4. 23. 선고 2006두14865 판결) 등을 찾아볼 수 있습니다.

13

실질과세의 원칙(1)

- 변리사 법인의 설립과 소득의 귀속주체 -

대상판결: 대법원 2003. 9. 5. 선고 2001두7855 판결

【판결요지】

구 변리사법(2000. 1. 28. 법률 제6225호로 개정되기 전의 것)상 법인의 형태로 변리사업무를 수행할 수 있다는 근거 규정이 없는 이상, 변리사들이 그들 명의로 변리사등록부에 등록하여 변리사업무를 수행하면서도, 그 명의로 변리사업무를 수행할 수 없는 별개의 법인을 설립하여 그 업무수행에 따른 소득을 그 법인에 귀속시키는 행위는 허용될 수 없고, 그와 같은 소득은 변리사업무의 수행에 따른 소득으로서 변리사 개인에게 귀속된다고 보아야 한다.

【참조조문】

구 변리사법(2000. 1. 28. 법률 제6225호로 개정되기 전의 것) 제3조 제1항, 제5조, 제7조의2, 제22조, 제23조, 제24조, 제25조, 변리사법 제6조의3, 국세기본법 제14조 제1항

【해설】

1. 이 사건은 법인 형태의 변리사업무 수행을 인정하지 않고 있던 구 변리사법 아래에서 변리사들이 법인을 설립하여 얻은 소득이 법인세 과세대상인 법인소득인지 아니면 개인의 사업소득인지 여부가 문제된 사안입니다.

구체적으로 변리사들인 원고 1 내지 4는 주식회사 ○○○국제특허법률사무소('이 사건 회사')를 설립한 다음, 변리사업무 수행으로 이 사건 회사가 소득을 얻었다 하여 관할 세무관서에 매년 법인세를 신고·납부하는 한편, 회사설립 이후 소속변리사들인 원고들로부터 근로소득세를 원천징수하여 납부해 왔는데, 피고(과세관청)는 1999. 6. 8.부터 같은 해 7. 14.까지 사이에, 이 사건 회사의 수입으로 계상한 변리사업무 수입금액을 원고들의 사업수입으로 보아, 원고들에게 1994.분부터 1997.분까지의 종합소득세를 부과('이 사건 처분')하였습니다. 과세소득의 산정방법에 관하여 원고들은 이익배당에 관한 세칙을 제정하여 이에 따라 영업활동에 따른 수익을 배당하여 왔는데 피고는 원고들이 이 사건 회사에 귀속되는 것으로 처리한 소득 중 위와 같은 이익배당비율에 따른 금액과 각 원고가 근로소득 명목으로 지급받은 금액을 합산한 금액이 사업소득금액에 해당하고, 위 사업소득금액은 비용을 공제하고 산출되어 각 원고에게 귀속되었다는 취지로 판단하였습니다. 그리고 대법원은 위와 같은 과세처분이 적법하다고 판단한 원심의 판단이 정당하다고 하여 이에 대한 원고들의 상고를 기각하였습니다.

2. 조세법의 해석·적용과 관련하여 가장 중요한 기본원칙이 '실질과세의 원칙'입니다. 국세기본법 제14조 제1항은, "**과세의 대상이 되는 소득·수익·재산·행위 또는 거래의 귀속이 명의일 뿐이고 사실상 귀속되는 자가 따로 있을 때에는 사실상 귀속되는 자를 납세의무자로 하여 세법을 적용한다.**"고 하여 '귀속에 관한 실질주의'를 규정하고 있고, 같은 조 제2항은, "**세법 중 과세표준의 계산에 관한 규정은 소득·수익·재산·행위 또는 거래의 명칭이나 형식과 관계없이 그 실질내용에 따라 적용한다.**"고 하여 '거래내용에 관한 실질주의'를 규정하고 있습니다. 아울러 같은 조 제3항에서는, "**간접적인 방법이나 둘 이상의 행위 또는 거래를 거치는 방법에 의하여 이 법 또는 세법의 혜택을 부당하게 받기 위한 것으로 인정되는 경우에는 그 경제적 실질에 따라 당사자가 직접 거래한 것으로 보거나 연속된 하나의 행위 또는 거래로 보아 이 법 또는 세법을 적용한다.**"고 하여 조세회피행위에 대한 규제에 관하여 규정하고 있습니다.

실질과세의 원칙과 조세회피행위 부인의 관계에 관하여 살펴보면, 국세기본법 제14조 제1항과 제2항은 조세회피행위와 관련하여 문제되기도 하지만 경우에 따라서는 조세회피행위와 무관한 조세법률관계에 적용되기도 합니다. 특히 조세회피행위와 관련이 없는 경우 납세자의 이익으로 작용할 수도 있습니다. 이에 반하여 국세기본법 제14조 제3항은 납세자의 조세회피행위 부인과 관련하여 적용 여부가 문제됩니다. 이는 다시 거래상대방에게 이익을 분여하는 경우와 그렇지 않은 경우로 구분되는데 전자는 대부분 개별세법에서 부당행위계산부인 규정으로 규율하고 있습니다. 이 글에서는 이해의 편의를 위해, 국세기본법 제14조 제1항과 제2항의 적용이 주로 문제되는 경우는 이를 '실질과세의 원칙'으로 설명하고, 국세기본법 제14조 제3항의 적용 여부가 문제되는 경우는 이를 '조세회피행위 부인'으로 구분하여 설명하고자 합니다.

3. 실질과세 원칙의 적용과 관련하여 흔히 이 사건과 같이 법인의 존재가 문제되는 것은 기본적으로 법인은 설립이 자유롭고 주식을 통하여 소유·지배된다는 특성을 가지고 있어 법인 형태를 이용하여 절세를 도모하거나 이를 남용하여 조세를 회피할 소지가 크기 때문입니다.

현재 우리나라의 실정을 보면, 그 실체가 개인기업과 다르지 않은 법인이 매우 많습니다. 상법상 영리법인은 소액의 자본금 등 기본적인 요건만 갖추면 설립이 허용되고 법인은 형식적으로 법인등기부에 등기함으로써 설립되므로 실체는 개인기업이면서 법인 형태로 운영하는 것이 얼마든지 가능합니다. 이런 경우에 법인격을 부인하고 법률상 법인에게 귀속되는 소득을 그 구성원의 소득으로 보아 과세할 수 있을까요? 이에 관하여는 자유시장경제 체제 아래에서 사업을 어떤 형태로 영위할 것인가는 기본적으로 납세자가 선택할 문제이고 그와 같은 납세자의 경제적 선택에 대해 세법은 중립적이라고 보아야 하므로 단순히 법인의 실체만을 문제 삼아 법인 형태로 영위되는 사업에서 발생한 소득을 구성원 소득으로 과세하는 것은 온당하지 않다고 보아야 합니다. 법인이란 결국 구성원들이 소득창출을 위해 만든 도구이므로 독립된 경제적 단위로 활동하는 한 반드시 일정한 인적, 물적 요소를 갖추어야 하는 것은 아닙니다. 이에 따라 1인 주주가 개인기업처럼 운영하는 법인(소위 '1인 회사')은 물론 제한된 목적을 위해 설립되어 별다른 인적, 물적 요소를 갖추지 않고 있는 특수목적법인의 경우에도 과세단위가 되는 독립된 실체로서 법인으로 취급됨이 원칙입니다. 법인세법상의 유동화전문회사(법인세법

제51조의2 참조)도 그 실질적 성격은 투자기구에 불과합니다. 다만 법인이 사업거래 주체인 것 같은 외관을 띄고 있더라도 사법상 진실한 거래 주체는 구성원인 개인 혹은 법인이거나, 그에 이르지 않더라도 세법상 실질과세 원칙에 입각하여 고찰할 때, 조세목적으로 설립된 중간 법인에 대하여 거래 내지 소득의 귀속주체를 인정하기 어려운 일정한 경우에는 예외적으로 그 배후에 있는 법인 또는 개인을 거래나 소득의 귀속주체로 보아 과세하는 것은 가능할 것입니다. 이와 관련하여 판례는 거주자나 내국법인이 거주지국인 우리나라의 조세를 회피하기 위해 조세피난처에 사업활동을 수행할 능력이 없는 외형뿐인 이른바 '기지회사(Base Company)'를 설립하여 사업을 수행한 사안에서 그 소득이 법인이 아닌 배후의 국내 지배주주에게 귀속되는 것으로 보았습니다(대법원 2015. 11. 26. 선고 2014두335 판결).

4. 그렇다면 이 사건에서 문제된 것처럼 개인들이 변리사 영업활동을 위해 법인을 설립하고 수입과 지출을 법인회계방식에 따라 처리한 경우 이를 부인할 수 있을까요? 이에 대하여 대상판결은 이를 법인소득이 아닌 변리사 개인소득으로 판단하고 있는데 그 주된 이유는 대상판결 당시 적용되던 구 변리사법(2000. 1. 28. 법률 제6225호로 개정되기 전의 것)상 법인의 형태로 변리사업무를 수행할 수 있다는 근거 규정이 없다는 데 있습니다.

그러나 대상판결의 타당성에는 의문이 있습니다. 이 사건에 적용된 구 변리사법은 변호사법이나 현행 변리사법과 달리 변리사업무를 법인을 통해 수행할 수 있는 규정을 별도로 만들어 놓고 있지 않았지만 변리사 아닌 자가 변리사의 업무를 수행할 수 없다고 규정하였을 뿐 그 업무를 수행하기 위하여 어떠한 형태로 영업을 할 것인가에 관하여는 아무런 제한을 둔 바가 없으므로 사적 자치의 원칙과 영업의 자유 및 법인설립의 자유 등에 기초하여 법인 형태로 변리사업무를 수행하는 것은 충분히 가능하다고 볼 것입니다. 물론 변리사 아닌 자는 변리사업무를 수행할 수 없음에 따라 변리사의 고유의 업무인 특허신청 등 변리사 자격에 터 잡은 대외적인 업무는 변리사 개인의 자격으로 수행할 수밖에 없고 위와 같은 대외적인 업무를 법인의 이름으로 직접 수행하는 것은 불가능하지만 이는 미처 근거법령을 마련하지 못한 입법의 미비에서 비롯된 것일 뿐 변리사업무의 수행을 법인의 이름으로 수행하지 못하도록 할 특별한 정책적 이유가 있는 것은 아닙니다. 이는 위 2000. 1. 28. 법률 개정을 통해 변리사 법인(특허법인)의 설립을 허용함으로써 현재는 변리사들이 자유롭게 법인의 형태로 영업을 수행하고 있다는 점에서도 알 수 있습니다. 기본적으로 변호사나 변리사와 같은 전문직종의 업무는 그 업무수행에 있어서 윤리적 요소가 포함되어 있지만 영리업무에 속하며 업무수행의 형태를 법인과 개인 어느 쪽으로 수행할 것인가에 관하여 국가가 특별히 개입할 이유는 없습니다. 이 점은 의료법에서 영리법인의 설치를 금지하는 것과는 성격이 다르다고 보아야 합니다.

5. 당시 변리사법이 변리사의 대외적인 업무를 변리사 개인자격에 국한하였다고 하여 위임인이 변리사 법인과 수임계약을 체결하고 실제 대외적인 업무는 그 구성원인 변리사가 수행하는 것이 법률상 불가능하다고 볼 이유는 없습니다. 이 경우 법인은 수임인 지위에서 책임을 지게 되고, 소속 변리사의 업무수행과 관련하여 사용자로서의 책임도 부담하게 됩니다. 설사 위와 같은 변리사 법인의 설립이 행정적 규제대상이 되더라도 앞에서 본 바와 같이 납세자가 어떠한 형태로 사업을 수행할 것인가에 관하여 세법은 중립적이므로 일단 변리사 법인이 설립되고 원심이 인정한 바와 같이 변리사들이 회사의 소속 변리사라는 이름 아래 사실상 공동으로 업무를 수행하여 왔으며 그에 따라 법인으로서 회계처리가 이루어진 이상 세법이 그와 같은 실체를 부인할 근거는 없습니다(특히 대상판결 사안의 경우 과세관청이 이 사건 회사를 비롯한 여러 변리사 법인에 대하여 사업자등록 신청을 받아주고 법인세와 원천징수 근로소득세를 납부받아 온 바 있습니다).

특별히 개인소득세 소득금액의 산정과 관련하여 과세관청은 회사에 유보된 채 소속 변리사들에게 현실적으로 배분되지 않은 소득금액에 대하여도 그들 사이에 약정된 이익배당비율에 따라 소득이 발생하였다고 보았고 대상판결은 실질적인 소득금액을 산정할 방안을 찾기 어렵다는 이유로 이를 수긍하였습니다. 그러나 현실적으로 법인이 존재하고 소득이 법인 단계에 유보된 채 소속 구성원에게 배분되지 않았다면 소속 구성원의 입장에서는 아직 실현되지 않은 소득으로서 과세적격을 갖지 못한다고 보아야 할 것입니다.

6. 대상판결은 변리사 법인의 설립이 정식으로 허용되지 않은 입법의 공백 상태에서 변리사 법인의 활동을 제약 없이 허용할 경우 발생할 수 있는 행정규제 차원의 부작용 등을 고려한 것으로 여겨지나 법인의 설립과 업무수행에 따른 소득의 귀속주체와 관련하여 과세원리에 부합하지 않는 측면이 있다고 판단됩니다.

14

실질과세의 원칙(2)

- 100% 자회사를 통한 주식의 취득과 과점주주 취득세 -

대상판결: 대법원 2012. 1. 19. 선고 2008두8499 전원합의체 판결

【판결요지】

[1] [다수의견] 구 국세기본법(2007. 12. 31. 법률 제8830호로 개정되기 전의 것) 제14조 제1항, 제2항이 천명하고 있는 실질과세의 원칙은 헌법상의 기본이념인 평등의 원칙을 조세법률관계에 구현하기 위한 실천적 원리로서, 조세의 부담을 회피할 목적으로 과세요건사실에 관하여 실질과 괴리되는 비합리적인 형식이나 외관을 취하는 경우에 그 형식이나 외관에 불구하고 실질에 따라 담세력이 있는 곳에 과세함으로써 부당한 조세회피행위를 규제하고 과세의 형평을 제고하여 조세정의를 실현하고자 하는 데 주된 목적이 있다.

실질과세의 원칙 중 구 국세기본법 제14조 제1항이 규정하고 있는 실질귀속자 과세의 원칙은 소득이나 수익, 재산, 거래 등의 과세대상에 관하여 귀속 명의와 달리 실질적으로 귀속되는 자가 따로 있는 경우에는 형식이나 외관을 이유로 귀속 명의자를 납세의무자로 삼을 것이 아니라 실질적으로 귀속되는 자를 납세의무자로 삼겠다는 것이고, 이러한 원칙은 구 지방세법(2005. 12. 31. 법률 제7843호로 개정되기 전의 것) 제82조에 의하여 지방세에 관한 법률관계에도 준용된다. 따라서 구 지방세법 제105조 제6항을 적용함에 있어서도, 당해 주식이나 지분의 귀속 명의자는 이를 지배·관리할 능력이 없고 명의자에 대한 지배권 등을 통하여 실질적으로 이를 지배·관리하는 자가 따로 있으며, 그와 같은 명의와 실질의 괴리가 위

규정의 적용을 회피할 목적에서 비롯된 경우에는, 당해 주식이나 지분은 실질적으로 이를 지배·관리하는 자에게 귀속된 것으로 보아 그를 납세의무자로 삼아야 할 것이다. 그리고 그 경우에 해당하는지는 당해 주식이나 지분의 취득 경위와 목적, 취득자금의 출처, 그 관리와 처분과정, 귀속 명의자의 능력과 그에 대한 지배관계 등 제반 사정을 종합적으로 고려하여 판단하여야 한다.

[반대의견] 실질과세의 원칙은 조세공평의 원칙을 실현하기 위한 조세법의 기본원리로서 과세권의 행사가 실질적인 사실관계에 반하여 이루어지는 경우 이를 배제함으로써 납세자의 권리를 보호하는 긍정적인 측면이 있지만, 반대로 과세권의 남용을 정당화하는 도구가 되어 납세자의 재산권을 침해함으로써 과세요건 법정주의와 명확주의를 핵심으로 하는 조세법률주의와 충돌할 염려가 있다.
납세의무자로서는 조세법률주의의 토대 위에서 조세의 부담을 제거하거나 완화하는 거래방법을 선택할 수 있으며, 그것이 가장행위나 위법한 거래로 평가되지 않는 한 납세의무자의 권리로서 존중되어야 한다. 그럼에도 본질적으로 불확정개념인 실질과세의 원칙을 내세워 납세의무자가 선택한 거래형식을 함부로 부인하고 법 문언에 표현된 과세요건의 일반적 의미를 일탈하여 그 적용범위를 넓히게 되면 조세법률주의가 형해화되어 이를 통해 실현하고자 하는 법적 안정성과 예측가능성이 무너지게 된다. 나아가 조세포탈죄 등의 구성요건 해당성이 과세관청의 자의에 의하여 좌우될 수 있어 죄형법정주의의 근간이 흔들릴 수도 있다. 이러한 견지에서 대법원은 부동산 취득세에 관하여 부동산 취득자가 실질적으로 완전한 내용의 소유권을 취득하는지와 관계없이 소유권 이전의 형식에 의한 부동산 취득의 경우를 과세대상으로 삼는 것으로 해석함으로써 소유권 이전의 형식을 중시하여 왔으므로, 이러한 부동산 취득세에 의제적 성격까지 보태어 납세의무자의 범위를 넓힌 구 지방세법 제105조 제6항의 부동산 등 간주취득세에 관하여는 더욱 당사자가 선택하여 취한 거래형식을 존중하여야 하며, 실질과세의 원칙을 이유로 함부로 납세의무자의 범위를 확장하거나 그 거래형식을 부인할 일이 아니다.

[2] 모회사 갑 외국법인이 100% 지분을 소유하고 있는 자회사들인 을 외국법인과 병 외국법인이 정(丁) 내국법인의 지분 50%씩을 취득하고, 을 회사가 75% 지분을 소유하고 있는 무(戊) 내국법인의 나머지 지분 25%를 병 회사가 취득하자, 관할

행정청이 갑 회사를 정 및 무 회사의 과점주주로 보고 갑 회사에 대하여 구 지방세법(2005. 12. 31. 법률 제7843호로 개정되기 전의 것) 제105조 제6항에 따라 취득세 등 부과처분을 한 사안에서, 자회사들의 설립목적과 그에 대한 갑 회사의 지배관계 및 지배의 정도, 정 및 무 회사 주식의 취득 경위와 목적 등을 심리하여 실질적인 귀속관계를 밝히고 그에 따라 갑 회사에 구 지방세법 제105조 제6항에 따른 취득세 납부의무가 있는지를 판단하였어야 함에도, 이러한 조치 없이 주식 등을 취득한 형식과 외관에만 치중하여 갑 회사에 취득세 납부의무가 없다고 단정한 원심판결에 실질과세의 원칙에 관한 법리오해 등의 위법이 있다고 한 사례.

【참조조문】

구 국세기본법(2007. 12. 31. 법률 제8830호로 개정되기 전의 것) 제14조 제1항, 제2항, 구 지방세법(2005. 12. 31. 법률 제7843호로 개정되기 전의 것) 제22조 제2호(현행 지방세기본법 제47조 제2호 참조), 제82조(현행 지방세기본법 제147조 참조), 제105조 제6항(현행 제7조 제5항 참조), 구 지방세법 시행령(2005. 12. 31. 대통령령 제19254호로 개정되기 전의 것) 제6조 제1항 제12호(현행 지방세기본법 시행령 제24조 제12호 참조), 제78조 제2항(현행 제11조 제2항 참조)

【해설】

1. 대상판결은 우회거래나 다단계거래에 관한 국세기본법 제14조 제3항이 2007. 12. 31. 신설되기 이전에 발생한 사안을 대상으로 한 것으로서 국세기본법 제14조 제1항의 실질귀속자 원칙에 입각하여 과점주주의 부동산 취득 여부를 판단하였으나 판결 선고 당시 국세기본법 제14조 제3항이 신설되었던 사정이 판결의 결론에 상당한 영향을 미친 것으로 여겨집니다.

2. 대상판결은 경제적 실질에 따른 실질과세 원칙의 적용범위를 크게 넓힌 획기적인 판결로 여겨집니다. 대상판결의 논거 및 그 타당성에 대한 설명은 다수의견과 반대의견에 집약되어 있고 그로써 해설을 가름해도 될 정도입니다. 여기서

는 보충하는 의미에서 몇 가지 문제점을 짚어 보고자 합니다.

3. 대상판결 사안의 경우 조세회피지역에 위치하지 않은 본사가 사실상 자회사가 취득한 주식을 통해 대상회사를 지배하는 과점주주가 된다고 본 것이므로 (그 판단의 당부는 별론으로 하더라도) 과점주주 취득세의 요건 중 특수관계나 과점주주의 내용을 확대해석하였다고 보기는 어려울 듯합니다.

다음 조세회피행위 부인과 관련하여서는 몇 가지 전제사실을 살펴볼 필요가 있습니다. 기본적으로 조세를 적게 부담하는 지역에 본사를 두고 영업을 하는 것은 납세자가 선택할 수 있는 영업의 자유에 속하고, 법인이 사회적 경제적 단위로 활동하는 한 반드시 인적, 물적 시설을 상당 부분 갖추어야 하는 것도 아닙니다. 다만 조세회피지역을 이용하여 조세를 절감하고자 한다면 실제로 회사를 그곳에서 (적어도 일부라도) 운영하여 그에 따른 불편함이 있더라도 이를 감내하여야 할 것입니다. 그와 같이 한다면 이 경우 조세 절감은 적법한 사업목적의 범위를 벗어나는 것이 아닐 것입니다. 그런데 위와 같은 불편함은 감내함이 없이 오로지 조세를 회피할 목적으로 (본사든 자회사든 지점이든) 회사를 운영하는 시늉만 하고 실제 회사경영이나 영업활동은 다른 곳에서 한다면 그것은 독일 조세기본법에서 말하는 '법 형성가능성의 남용'에 해당하여 조세법상 용인될 수 없을 것입니다. 이 점이 바로 다수의견의 핵심논거입니다.

4. 대상판결 사안의 경우, 1) 조세회피지역에 소재한 자회사들은 대체로 조세회피목적 이외에 다른 사업목적이 없을 가능성이 크고, 2) 자회사를 통한 주식의 취득도 모회사가 해당 회사를 지배하기 위한 수단으로 인정되며, 3) 모회사가 자회사의 100% 주주로서 자회사를 완전히 지배할 수 있는 상태이므로 그와 관련하여 거래 당사자가 아무런 경제적 위험부담이나 지위변동의 가능성도 없어 보입니다. 다만 조세회피지역에 소재한 자회사들이 대상판결의 사안만을 위해 급조된 회사가 아니고 유사한 다른 거래나 부수적인 사업목적을 수행할 가능성을 배제하기 어려우므로 이에 관한 최종적인 판단은 법인의 기능과 역할의 관점에서 살펴보아야 할 구체적인 사실인정의 영역에 속하는 문제로 여겨집니다(대상판결의 소수의견은 주로 이 점을 반대논거로 제시하였습니다).

5. 판례는 명의신탁의 경우에 명의신탁자를 기준으로 과점주주 여부를 판단하고 있는데(대법원 2018. 11. 9. 선고 2018두49376 판결), 이 역시 대상물건에 대한 법률적 소유권의 귀속과 과점주주의 판단기준인 사실상 지배력을 별도로 본 경우입니다.

대상판결 사안에서는 자회사가 단체법상 독자적인 회계처리에 따라 자회사 소유의 주식을 취득한 것으로 보아야 하는데 이러한 경우에도 (법인의 기능과 역할에 대한 별도의 고려 없이) 명의신탁의 경우처럼 경제적 관점에서 실질소유자 개념을 원용할 수 있는지 여부가 이 사건의 궁극적인 쟁점이며 이는 정말 어려운 문제가 아닐 수 없습니다.

15

조세회피행위의 부인(1)

- 사법상 가장행위와 조세회피행위의 구별 -

대상판결: 대법원 1991. 12. 13. 선고 91누7170 판결

【판결요지】

매도인이 건설회사가 아파트 건축을 위하여 토지를 매수한다는 사실을 알면서도 법인 앞으로 양도하게 되면 실지거래가액에 따른 양도소득세를 부담하게 된다는 이유로 회사의 대표이사 개인 명의로의 양도를 고집하여 그와 같은 내용의 계약서를 작성하고 대표이사 개인 앞으로 소유권이전등기를 마쳤다가 후에 회사 앞으로 소유권이전등기를 이전한 경우, 매도인과 대표이사 개인 간에 체결된 계약과 그로 인한 소유권이전등기는 회사가 부동산을 실질적으로 매수함에 있어 매도인이 양도소득세의 중과를 피할 목적에서 대표이사 개인 명의를 중간에 개입시킨 가장매매행위라 보아 매도인이 법인에게 부동산을 양도한 것으로 판단한 사례.

【참조조문】

구 소득세법 시행령 제170조 제4항 제1호(1989. 8. 1. 대통령령 제12767호로 삭제되기 전의 것)

【해설】

1. 이번 회에 검토할 내용은 사법상 가장행위와 세법의 관계, 좀 더 구체적으로는 사법상 가장행위와 조세회피행위의 구분에 관한 것입니다. 우선 대상판결의 내용을 살펴보겠습니다.

사안의 쟁점은, 양도소득세 과세와 관련하여 기준시가에 의하여 과세가액을 산정하는 것을 원칙으로 하면서 일부 예외적인 경우에만 실지거래가액으로 과세가액을 산정하도록 한 구 소득세법 아래에서, 법인과의 거래를 실지거래가액 과세대상으로 규정한 구 소득세법 시행령 제170조 제4항 제1호(1989. 8. 1. 대통령령 제12767호로 삭제되기 전의 것)의 적용 여부입니다.

사안에서는, 매도인이 건설회사가 아파트 건축을 위하여 토지를 매수한다는 사실을 알면서도 실지거래가액에 따른 양도소득세 부담을 회피하기 위하여 회사의 대표이사 개인 명의로의 양도계약 및 그에 따른 소유권이전등기를 하였다가 후에 회사 앞으로 소유권이전등기를 한 경우 매도인과 대표이사 개인 간에 체결된 계약과 그로 인한 소유권이전등기가 법적인 측면에서 매도인과 법인 사이에 이루어진 것으로 볼 수 있는지, 만약 그와 같이 볼 수 있다면 그 논거는 무엇인지가 문제되었습니다.

이에 관하여 대상판결은, 이 경우 매도인과 법인 대표이사 사이의 거래는 법인이 부동산을 실질적으로 매수하면서 양도소득세 중과를 피할 목적으로 대표이사 개인 명의를 중간에 개입시킨 사법상 가장행위라고 보고, 이를 매도인과 법인 사이의 거래로 재구성한 후 과세처분을 정당하다고 보았습니다.

2. 납세자는 흔히 세금을 적게 부담하기 위해 여러 형태의 행위를 취하는데, 이는 절세행위, 조세회피행위, 조세포탈행위 및 가장행위로 구분됩니다.

가장행위는 밖으로 표시된 행위 자체가 당해 납세자의 진의에 기하지 않은 경우로서 민법 제108조 소정의 통정허위표시가 그 대표적인 예입니다. 이는 사법상 무효이므로 세법상으로도 의미를 갖지 않으며, 이 점에서 사법상 유효한 행위를 대상으로 하는 조세회피행위의 부인과 성격을 달리합니다.

어느 행위가 사법상 가장행위인지 여부를 가리는 것은 세법상으로도 매우 중요합니다. 왜냐하면 외견상 조세회피행위로 보이는 경우에도 그 배후의 실질을 파악하면 당사자가 취한 거래형식이 법적 실체와 다른 경우가 대부분이고 이는 진정한 법적 실체를 규명하는 사실인정의 문제로 귀착되어 조세회피행위에 관한 논의로 나아갈 필요가 없기 때문입니다.

조세회피행위 부인이 법적 형식과 경제적 실질이 불일치할 때 경제적 실질에 따라 과세하는 도구개념이라면 사법상 가장행위는 거래 당사자의 의사표시와 관련하여 법적 형식과 법적 실질이 불일치하는 현상을 의미합니다.

3. 대상판결 사안과 같이 매도인 측에서 목적부동산의 실질적인 매수인이 법인이라는 사정을 알면서 조세를 회피 내지는 절감할 목적으로 법인의 대표이사와 매매계약을 체결한 경우 이를 사법상 통정허위표시로 볼 수 있을지 여부는 매우 어려운 문제입니다. 법인과의 거래 여부가 문제된 유사한 사안에서 판례는, 매도인의 의사, 거래형태, 협력의 정도 등 구체적인 사실관계에 따라 대표이사 개인과의 거래가 아닌 법인과의 거래로 보기도 하고(대법원 1991. 8. 9. 선고 91누1882 판결), 대표이사 개인과의 유효한 거래로 보아 과세처분을 취소하기도 하였습니다(대법원 1991. 3. 27. 선고 90누7371 판결; 1991. 8. 13. 선고 91누2129 판결 등). 또한 비슷한 시기에 판례는 갑과 을이 서로 토지를 교환하고 각자 교환취득한 토지를 다시 병은행에 양도한 경우, 중간의 교환거래가 과중한 양도소득세 부담을 회피하기 위한 것이더라도 교환행위 자체가 유효한 이상 실질과세의 원칙을 내세워 이를 무시할 수 없다고도 았습니다(대법원 1991. 5. 14. 선고 90누3027 판결). 이 경우 중간의 교환행위는 사법상 가장행위로 볼 수 없어 세법상으로도 그 효력을 부인할 수 없다는 취지입니다.

4. 다만 이들 판례들은 2007. 12. 31. 국세기본법 제14조 제3항이 신설되기 이전이고 또한 앞에서 본 과점주주 취득세에 관한 대법원 전원합의체 판결이 선고되기 이전의 사례들입니다. 비록 국세기본법 제14조 제3항은 이를 확인적 규정으로 이해하더라도 조세회피를 목적으로 한 우회거래나 다단계거래의 세법상 효력을 부인하는 위 규정이 명시적으로 신설됨으로서 앞의 사례들은 모두 위 규정의 사정거리 내에 들어온 것으로 여겨집니다. 우회나 다단계 거래의 중간에 낀 거래가 오로지 조세를 회피할 목적으로 이루어진 경우 이를 사법상 가장행위로 보기 어렵더라도 국세기본법 제14조 제3항에 따라 세법상 그 효력을 부인하여 법률관계를 재구성할 수 있을 것입니다.

위 규정 신설 이후 판례는, 주주들이며 남매 사이인 을과 병 및 병의 배우자가 각자 소유 중인 갑 회사 주식을 을은 병 부부의 직계비속들에게, 병 부부는 을

의 직계비속들에게 교차증여하자, 과세관청이 각자가 자신의 직계비속들에게 직접 증여한 것으로 보아 을과 병 부부의 직계비속들에게 증여세 부과처분을 한 사안에서, (위와 같은 증여행위의 사법상 효력을 부인하지 않은 상태에서) 상증세법 제2조 제4항에 따라 실질에 맞게 재구성하여 과세할 수 있다고 보았는데(대법원 2017. 2. 15. 선고 2015두46963 판결), 이와 같은 판례의 태도도 같은 취지로 이해됩니다.

5. 사법상 계약 형태를 남용하는 것뿐 아니라 파생상품과 같은 금융기법을 이용하여 당사자가 의도한 경제적 효과는 물론 사실상 법률관계를 전혀 다른 형태로 변경시키는 사례도 찾아볼 수 있습니다. 주식 양도소득세 과세대상인 대주주 지위를 회피하기 위해 주식소비대차계약의 형태를 통해 주식의 소유명의를 일시 이전한 경우에 관한 대법원 2010. 4. 29. 선고 2007두11092 판결이나 이자소득세를 회피하기 위해 스왑(swap)계약을 이용한 대법원 2011. 4. 28. 선고 2010두3961 판결 등을 그 예로 들 수 있습니다.

이러한 경우 세법은 지속적으로 이를 과세대상으로 포착하는 입법적 보완조치를 취하는 한편 실무상 실질과세 원칙의 적용범위도 점차 넓혀 가는 추세이나, 그와 별도로 이와 같은 행위들을 어디까지 사법상 가장행위로 볼 것인지 여부에 대한 선제적 검토가 필요합니다. 사법상 가장행위와 세법상 조세회피행위 그리고 이들 행위와 절세행위의 거리는 매우 가깝고 또한 그 경계선은 애매하기만 합니다.

16

조세회피행위의 부인(2)

- 우회, 단계적 거래와 조세회피행위 부인 -

대상판결: 대법원 2011. 4. 28. 선고 2010두3961 판결

【판결요지】

[1] 납세의무자가 경제활동을 할 때에는 동일한 경제적 목적을 달성하기 위하여서도 여러 가지의 법률관계 중 하나를 선택할 수 있으므로, 그것이 과중한 세금의 부담을 회피하기 위한 행위라고 하더라도 가장행위에 해당한다고 볼 특별한 사정이 없는 이상 유효하다고 보아야 하며, 실질과세의 원칙에 의하여 납세의무자의 거래행위를 그 형식에도 불구하고 조세회피행위라고 하여 효력을 부인할 수 있으려면 조세법률주의 원칙상 법률에 개별적이고 구체적인 부인규정이 마련되어 있어야 한다.

[2] 갑 은행과 고객들이 엔화정기예금과 선물환거래를 함께 가입하는 '엔화스왑예금계약'을 체결한 사안에서, 위 선물환계약은 엔화정기예금계약과는 구별되는 별개의 계약으로 인정되고, 법률행위의 효력이 없는 가장행위에 해당한다거나 엔화정기예금계약에 포함되어 일체가 되었다고 보기 어려우며, 위 선물환거래로 인한 선물환차익은 예금의 이자 또는 이에 유사한 것으로 보기 어려울 뿐만 아니라 채권 또는 증권의 환매조건부 매매차익 또는 이에 유사한 것으로 보기도 어려우므로, 구 소득세법(2006. 12. 30. 법률 제8144호로 개정되기 전의 것) 제16조 제1항 제3호, 제9호, 제13호에서 정한 이자소득세의 과세대상에 해당하지 않는다고 본 원심판결을 수긍한 사례.

【참조조문】

구 소득세법(2006. 12. 30. 법률 제8144호로 개정되기 전의 것) 제16조 제1항 제3호, 제9호(현행 제16조 제1항 제8호 참조), 제13호(현행 제16조 제1항 제12호 참조), 구 소득세법 시행령(2005. 2. 19. 대통령령 제18705호로 개정되기 전의 것) 제24조

【해설】

'조세회피행위'란 납세자가 합리적인 거래형식에 의하지 않고 우회행위, 다단계적 행위 그 밖의 비정상적인 거래형식을 취함으로써 통상적인 행위형식에 의한 경우와 같은 경제적 목적을 달성하면서도 조세의 부담을 부당히 감소시키는 행위를 의미합니다. 규제목적적 관점에서 보면, 탈세와 절세의 중간 영역에 속합니다.

조세회피행위 부인의 적용과 관련하여서는 항상 사적 자치의 존중과 과세권 보호라는 공공의 이익이 충돌하며 '사적 자치의 한계가 어디까지인가'라는 근본적 문제를 제기합니다.

거래의 안정과 납세자의 예측가능성을 도모하기 위해 가능한 사적 자치 및 그에 기초한 납세자의 거래형성의 자유를 존중하여야 함은 당연합니다. 그러나 오로지 조세를 회피할 의도로 행하는 명백한 조세회피행위에 대해서까지 사적 자치의 이름으로 허용한다면 국가의 정당한 과세권이 침해됨은 물론 그런 방법을 취하지 않은 일반 납세자와의 형평이 어긋납니다. 따라서 사적 자치를 일부 양보하더라도 국가의 과세권을 보호할 필요가 있는 일정한 경우에 실질과세 원칙에 따라 세법적 측면에서 그 행위효과를 부인할 필요가 있습니다. 특별히 현대사회에서 전자통신의 비약적 발달과 복잡해진 금융거래 등 거래의 실질을 쉽게 파악하기 어려워진 납세환경은 조세회피행위에 대한 규제를 더욱 어렵게 만드는 요소가 되고 있습니다.

조세회피행위에는, (1) 이익이 어느 한 당사자로부터 다른 당사자 쪽으로 분여되는 경우와, (2) 다른 당사자 쪽으로 이익이 분여되지 않은 채 납세자 본인의 조세를 회피하는 경우가 있습니다. 이 중 (1)의 경우는 이익을 분여하는 쪽에서는 소득세나 법인세의 부당행위계산부인과 기부금 규정의 적용이 문제되고 이익을

받는 쪽에서는 분여받은 이익에 대한 증여세 과세가 문제됩니다. 어느 쪽이든 대부분 법이 구체적인 규정을 두고 있으므로 결국 해당 규정을 둘러싼 법규의 해석 및 적용이 주로 문제가 됩니다(부당행위계산부인에 관한 구체적인 사안 및 관련 쟁점은 법인세법 부분에서 다시 살펴보겠습니다). (2)의 경우는 법규의 해석 측면에서는 해당 규정을 얼마나 합목적적으로 해석할 것인가의 문제이고, 규정의 적용 측면에서는 당사자가 취한 우회나 단계적 행위의 세법상 효력과 관련하여 실질과세 원칙의 적용범위 내지는 한계가 어디까지인가를 결정하는 문제입니다. 우회행위나 단계적 행위의 경우 그와 같은 우회나 단계적 행위가 개입되지 않았더라면 일정한 과세요건이 완성되어 당사자가 세금을 납부하게 되는 결과가 발생하여야 합니다. 그와 같은 조세부담을 우회행위나 단계적 행위를 통하여 회피하는 것을 세법상 허용할 것인가가 실질과세 원칙의 가장 핵심적인 쟁점의 하나입니다.

3. 먼저 조세회피행위 부인에 관한 외국의 입법 예를 살펴보면, 독일 연방조세기본법 제42조는, "법 형성가능성의 남용에 의해 납세의무를 회피할 수 없다. 남용이 있는 경우에는 경제적 사실에 적합한 법적 형성의 경우와 동일하게 과세하여야 한다."고 규정하고 있습니다.

우리 국세기본법은 제14조 제1항에서 '소득 내지 거래의 귀속'에 관하여, 제2항에서 '과세표준의 계산'에 관하여, 제3항에서 '우회나 단계적 행위'에 관하여 각 실질에 따른 과세원칙을 규정하고 있습니다. 이 중 제3항은 대상판결 사안이 문제된 후인 2007. 12. 31. 신설된 조항입니다. 한편 일본의 경우는 우리 국세기본법 제14조 제1항과 비슷한 취지의 규정을 소득세법에 두고 있고 그와 별도로 동족회사 행위 부인에 관한 규정과 법인의 조직개편, 연결납세와 관련된 부당행위계산부인 규정을 두고 있습니다.

독일이 가장 광범위한 조세회피행위 부인에 관한 일반적 규정을 두고 있다면 우리는 이를 유형별로 나누어 규정하고 있고, 일본이 가장 좁은 범위에서 실질과세원칙을 규정하고 있는 셈입니다. 다만 우리 국세기본법 제14조 제1항은 소득의 실질귀속을 가리는 규정인데 반하여, 같은 조 제3항은 거래나 행위의 수단, 방법을 따지는 규정이므로 그 적용영역은 충돌하지 않는다고 보아야 합니다.

4. 구체적으로 국세기본법 제14조 제3항은, **"간접적인 방법이나 둘 이상의 행위 또는 거래를 거치는 방법에 의하여 이 법 또는 세법의 혜택을 부당하게 받기 위한 것으로 인정되는 경우에는 그 경제적 실질에 따라 당사자가 직접 거래한 것으로 보거나 연속된 하나의 행위 또는 거래로 보아 이 법 또는 세법을 적용한다."** 고 규정하고 있습니다(국제조세조정에관한법률 제2조의2 제3항에도 동일한 취지의 규정이 있습니다).

중간 거래의 사법상 효력이 부인되지는 않으므로 위 규정의 적용범위가 사법상 가장행위와 일치하지는 않으나 중간 거래는 최종 거래목적에 도달하기 위한 수단이나 단계로서만 의미를 지닐 뿐 세법상 독립된 존재의의가 부인된다는 점에서 일종의 '세법상 가장행위'를 규정한 것으로 볼 수 있습니다.

조세회피행위 부인의 적용요건으로서 국내외 학설이나 입법 예에서 제시하고 있는 여러 내용들을 종합하여 보면 대체로, (i) 중간의 거래를 거치는 것에 관하여 조세회피목적 이외에 다른 사업목적이 없고, (ii) 중간의 거래는 거래의 최종목적을 위한 수단으로서만 이용되며, (iii) 중간의 거래와 관련하여 거래 당사자가 아무런 경제적 위험부담이나 지위변동의 가능성이 없어야 한다는 세 가지 요건으로 정리할 수 있습니다. 이는 국세기본법 제14조 제3항의 적용요건이자 조세회피행위 부인 대상 여부를 판가름하는 '리트머스 시험지'라고 볼 수 있습니다.

5. 대상판결 사안은, 은행과 고객이 엔화정기예금과 선물환거래를 함께 가입하는 '엔화스왑예금계약'을 체결하여 고객은 자신 소유의 원화를 엔화로 바꾸어 은행에 예치하고(만기에 엔화예금 이자는 거의 없음), 예금계약 체결일에 미리 엔/원 선물환율과 현물환율의 차이를 일정한 방식으로 산정한 스왑 포인트(swap point)에 따른 확정비율을 정하여 만기에 그 비율에 따른 금원을 지급받기로 하는 선물환계약을 체결한 후 만기에 해당 금원을 고객이 은행으로부터 원금과 함께 지급받은 경우에 그로 인한 소득을 소득세법이 규정한 이자소득으로 볼 수 있을 것인가에 관한 것입니다.

이에 관하여 대법원은 위 선물환계약은 엔화정기예금계약과 구별되는 별개의 계약으로서 가장행위에 해당한다거나 엔화정기예금계약에 포함되어 일체가 되었다고 보기 어려우며, 선물환거래로 인한 선물환차익은 예금의 이자 또는 이에 유사한 것으로 보기 어려울 뿐만 아니라 채권 또는 증권의 환매조건부 매매차익 또는 이에 유사한 것으로 보기도 어려우므로, 구 소득세법(2006. 12. 30. 개정 전의 것) 제16조 제1항 제3호, 제9호, 제13호에서 정한 이자소득세 과세대상에 해당하지 않는다고 판단하였습니다.

6. 그러나 앞서 살펴 본 기준에 입각하여 대상판결 사안을 검토하여 볼 때, 위와 같은 결론은 타당하다고 보기 어렵습니다. 대상판결 사안은 국세기본법 제14조 제3항이 신설되기 이전의 사안이나 앞서 본 대법원 2012. 1. 19. 선고 2008두8499 전원합의체 판결의 사안과 마찬가지로 위 기준을 적용하여 거래의 실질을 가리는 것은 가능하다고 생각됩니다(위 전원합의체 판결이 국세기본법 제14조 제1항의 소득 귀속의 실질을 따진 것이라면 대상판결은 같은 조 제2항의 거래행위의 실질을 따진 것으로 볼 수 있습니다).

대상판결 사안에서 예금가입자와 은행은 형식상 3개의 계약(원화와 엔화의 교환계약, 엔화 예금계약, 엔화 선물환계약)을 체결하였으나 그 목적은 오로지 고객이 은행에 원화를 예치하고 장래 일정시점에 고객과 은행과의 사이에 사전에 약정된 확정금원을 지급받는 데에 있습니다. 3개의 계약은 동시에 체결되어 전체로서 '확정비율에 따른 금원의 지급'이라는 하나의 경제적 목적(금융이자의 수취)에 봉사합니다. 고객이 원화와의 교환계약에 따라 취득한 엔화 소유권을 사전에 은행과 약정한 용도 이외에 사용할 가능성은 없으며, 엔화예금계약은 오로지 엔화선물계약을 체결하기 위한 수단으로만 기능합니다. 이와 같이 만기에 수수되는 금원이 원본에 대한 확정비율에 따른 금원으로서 금전의 사용대가로서의 성격을 지니고 투자위험이 전혀 없다면 당사자가 취한 거래형식에 불구하고 그 실질은 '이자'에 다름 아닙니다.

다만 소득세법은 소득세 과세대상에 관하여 열거주의를 취하고 있으므로 위 소득이 구체적으로 소득세법이 이자소득에 규정하고 있는 항목 중 어느 것에 해당하여야 합니다. 대상 사안의 경우 중간의 거래의 세법상 효과를 부인하고 나면 결국 남는 것은 고객이 은행에 일정한 금액의 돈을 예치하였다는 사실이므로 그와 같은 예금행위에 따라 은행으로부터 원본을 넘어서 수령하는 금원은 최소한 판례가 언급한 구 소득세법 제16조 제1항 제13호 소정의 '**제1호 내지 제12호의**

소득과 유사한 소득으로서 금전의 사용에 따른 대가의 성격이 있는 것'에 해당된다고 보아야 할 것입니다. 비슷한 시기에 선고된 위 전원합의체 판결의 사안에 비하면 당사자가 취한 거래형태의 이상성(異常性)은 좀 더 현저하다고 볼 수 있습니다.

7. 대상판결 사안과의 비교 검토를 위해 최근 법원이 당사자가 취한 조세 목적의 행위를 세법상 부인하기 어렵다고 본 다른 사안을 살펴봅니다.

사안은, A가 배우자 B에게 주식을 증여하고 단기간 내에 배우자 B가 이를 주식 발행회사에 양도하여 소각함으로써 A와 B 사이의 증여에 대하여는 배우자 공제에 따라 증여세의 혜택을 받는 한편 B의 주식소각에 따른 의제배당 소득의 산정에 있어서는 전 단계 증여에 따라 주식의 취득가액을 증여 당시의 시가로 산정함으로써 의제배당 소득에 대한 과세를 면하고자 한 것에 대하여, 과세관청이 이를 A가 직접 회사에 양도한 것으로 보아 과세한 것입니다. 이에 관하여 법원은, ① 이 사건 주식양도대금이 실질적으로 배우자 B에게 귀속된 것으로 보여지는 점, ② A가 B에게 자산을 증여하고자 할 당시 이미 회사의 자기주식 취득 및 소각이 예정되었다고 하더라도 선택이 가능한 여러 법률행위 중 조세부담이 적은 거래방식을 선택하여 동일한 경제적 효과를 거두고자 하는 것은 납세의무자의 합리적 이유가 있는 통상적인 행태에 부합한다는 점, ③ B의 주식양도행위와 관련하여 의제배당 소득이 없게 된 것은 소득세법상 의제배당 소득 산정방식에서 기인한 것일 뿐, 배우자 증여재산공제제도나 주식 양도에 따른 소각을 배당소득으로 보는 것 등과는 직접 관련이 없고, 소득세법은 주식과 달리 토지 등 다른 자산을 이 사건처럼 증여받은 후 일정 기간 내에 양도하는 경우에, 증여에 의한 자산이전은 인정하되 다만 증여자의 취득가액을 수증자의 취득가액으로 간주하는 이른바 이월과세 방식을 채택하고 있을 뿐인 점, ④ A의 B에 대한 증여로 B의 배우자 증여재산 공제한도 6억 원은 소진되고, B는 향후 10년간 원고로부터 증여받을 경우 그에 대한 증여세를 면할 수 없는 손실을 입게 된 점 등을 이유로 위와 같은 증여거래의 실질을 세법상으로도 부인할 수 없다고 보았습니다(수원고등법원 2024. 4. 5 선고 2023누14332 판결).

이 경우 비록 위와 같은 일련의 과정이 주로 조세목적으로 이루어졌다고 하더라도 납세자가 선택한 중간의 증여행위의 법적 실체 및 경제적 실질을 부인할 수 없는 이상 세법상으로도 실질과세의 원칙을 적용하여 중간 단계의 배우자에 대한 증여행위를 부인하기는 어렵다고 생각됩니다. 전 회에 살펴 본 조세회피행위 리트머스 세 가지 적용요건 중 (ⅰ)의 요건은 충족하지만 (ⅱ), (ⅲ)의 요건은 충족한다고 보기 어렵기 때문입니다.

위 판결에서도 인용된 바 있지만, 판례 또한 실질과세 원칙의 적용 한계로, 여러 단계 거래를 거친 후의 결과에는 손실 등의 위험부담에 대한 보상과 외부적인 요인이나 행위 등이 개입되어 있을 수 있으므로, 그 여러 단계 거래를 거친 후의 결과만을 가지고 그 실질이 하나의 행위 또는 거래라고 쉽게 단정하여 과세대상으로 삼아서는 안 된다는 법리를 일찍부터 제시한 바 있습니다(대법원 2023. 11. 30. 선고 2020두37857 판결, 대법원 2017. 12. 22. 선고 2017두57516 판결 등).

위 판결도 지적하고 있는 것처럼 배우자 증여공제를 이용하는 거래는 부동산에 관하여도 동일하게 발생할 수 있는데 소득세법은 이 경우 배우자가 증여에 의하여 부동산을 취득한 시기를 배우자 양도소득 과세에 관한 취득시기로 소급하는 별도의 규정을 두고 있습니다(법 제101조 제2항). 이 규정을 다른 유사한 사안에서도 그대로 적용이 가능한 확인적 규정으로 이해하기는 어려울 것입니다.

17

조세회피행위의 부인(3)

- 토지의 분할매도와 실질과세 원칙의 적용한계 -

대상결정: 조심 2021전5626, 2022. 5. 24.

【결정요지】

조세특례제한법상 자경농지에 대한 양도소득세 감면한도액 제한규정을 회피하기 위하여 양도대상 토지를 분할한 후 분할된 토지를 과세연도를 달리하여 2회에 걸쳐 매매한 것에 대하여 쟁점 각 토지는 물리적으로 하나의 토지로 인식되고 청구인과 매수인은 같은 날 각 토지에 대한 매매계약을 체결하였으며 매매대금도 동일 당사자 간에 수수되는 등 쟁점 토지 각각의 매매계약을 독립된 거래로 보기 어려우므로, 뒤에 매도된 토지의 대금청산일에 해당 각 토지를 일괄 양도한 것으로 보아 양도소득세 과세처분을 유지한 사안.

【참조조문】

국세기본법 제14조 제3항

【해설】

1. 우선 사안의 내용과 쟁점을 정리해 봅니다.

청구인은 쟁점 과수원 토지를 각각 1977. 8. 27.과 1988. 9. 7. 매수하였다가, 2019. 9. 11. 이를 합병한 후 2019. 10. 14. 다시 3필지로 분할하여 쟁점토지 ①은 2019. 11. 1.에, 쟁점토지 ②는 2020. 1. 7.에 동일인에게 각 양도하고 각 과세기간별로 조세특례제한법 제69조에 따른 자경농지에 대한 양도소득세 감면을 적용하여 양도소득세를 신고하였습니다. 이에 대하여 처분청은 청구인이 쟁점토지를 8년 이상 자경한 사실은 인정한 후, 쟁점토지 ①·②의 양도거래를 하나의 양도거래로 보아 최종 소유권 이전일인 2020. 1. 7.을 양도시기로 하여 양도소득세 감면한도 1억 원을 적용하고 2019년 과세기간 양도소득세 신고분(쟁점토지 ① 양도거래)을 2020년 과세기간에 대한 양도소득세 신고분(쟁점토지 ② 양도거래)과 합산·고지하였습니다.

관련법령을 보면, 조세특례제한법 제133조 제1항 제1호는 자경농지로 감면받을 양도소득세 합계액이 1 과세기간별로 1억 원을 초과하는 경우 초과금액에 대하여 감면을 배제하도록 하고 있고, 같은 항 제2호 나목에서는 5개 과세기간에 걸친 양도소득세액의 합계액이 2억 원을 초과하는 경우 초과금액에 대한 감면을 배제하도록 규정하고 있습니다.

조세심판원은, 쟁점토지 ①과 쟁점토지 ②는 당초 하나의 토지에서 지번이 분할되어 물리적으로 하나의 토지로 인식되고 청구인과 매수인은 같은 날(2019. 9. 20.) 쟁점토지 ①·②에 대한 매매계약을 체결하였으며 매매대금도 동일 당사자 간에 수수되는 등 쟁점토지 각각의 매매계약을 독립된 거래로 보기 어려운 점과 매수인의 사업계획과 자금부족에 대한 청구인의 입증이 부족한 반면, 매수인의 자금사정으로 인해 과세기간을 달리하여 쟁점토지의 매매대금을 수수하더라도 하나의 계약으로 가능한 매매거래를 굳이 두 개의 매매계약으로 나누어 과세기간을 달리하여 거래할 특별한 사유를 발견하기 어려운 점 등에 비추어, 처분청이 쟁점토지의 분할 양도거래의 형식을 부인하고 국세기본법 제14조 제3항의 실질과세 원칙을 적용하여 쟁점토지 ②의 대금청산일에 쟁점토지 ①·②를 일괄 양도한 것으로 보아 양도소득세를 부과한 처분은 잘못이 없다고 판단하였습니다.

사안의 쟁점은 토지를 분할하여 과세연도를 달리하여 2회에 걸쳐 매매한 거래를 실질과세 원칙을 적용하여 하나의 거래로 볼 수 있는지 여부입니다.

2. 사법상 법률관계와 달리 조세법률관계는 항상 사적 자치의 존중과 과세권 보호라는 공공의 이익이 충돌하며 사적 자치의 한계가 어디까지 인가라는 근본적 문제를 제기합니다. 조세는 사법상 거래나 행위를 기초로 그 경제적 성과를 대상

으로 삼아 부과되기 때문에 거래의 안정과 납세자의 예측가능성을 도모하기 위해 가능한 사적 자치 및 그에 기초한 납세자의 거래형성의 자유를 존중하여야 합니다. 그러나 다른 사업목적 없이 오로지 조세를 회피할 의도로 행하는 조세회피행위까지 사적 자치의 이름으로 허용한다면 국가의 정당한 과세권이 침해됨은 물론 그런 방법을 취하지 않은 일반 납세자와의 공평이 어긋나므로 사적 자치를 일부 양보하더라도 과세권을 보호할 필요가 있는 일정한 경우에 세법적 측면에서 납세자가 취한 행위효과를 부인할 필요가 있습니다. 다만 법은 그 적용요건으로 '부당성'이나 '경제적 실질'과 같은 추상적 기준만을 제시하고 있어 납세자가 그 내용을 예측하기 어려우므로 보다 구체적 기준을 설정할 필요가 있습니다.

3. 대상심결 사안의 경우 조세심판원의 판단근거는, 기본적으로 대상토지의 분할과 관련하여 납세자에게 조세를 감면받기 위한 목적 이외에 다른 목적을 인정하기 어렵다는 점, 즉 대상토지를 분할한 목적에 초점이 모아져 있습니다. 조세회피목적 이외의 다른 사업목적이 존재하지 않으므로 실질과세 원칙을 적용하여 거래를 부인할 수 있다는 취지입니다. 그러나 계약관계 등 채권적 법률관계를 조세회피목적으로 우회하는 경우와 달리 자신이 소유하는 토지를 분할하여 매도할 것인지 아니면 하나의 토지로 매도할 것인지의 문제는 계약관계에 있어서 사적 자치의 문제와 달리 토지소유자의 배타적, 독점적 소유권의 행사와 관련된 것으로서 설사 그것이 양도소득세를 적게 내기 위한 목적에서 비롯되고 과세와 무관한 통상적인 경우라면 그와 같은 형태를 취하지 않을 개연성이 높다고 하더라도 '실질과세'라는 이름으로 그 행위나 거래의 효력을 세법상 부인할 수 있을지 의문입니다. 기본적으로 사적 자치가 지배하는 자유경제 체제 아래에서 과세권자에게 납세자로 하여금 세금을 적게 내는 길을 막을 권리가 있다고 볼 수는 없기 때문입니다.

대상토지의 경우 2필지를 1필지로 합병하였다가 다시 3필지로 분할하여 이 중 2필지를 과세기간을 달리하여 약 2개월의 간격을 두고 매도한 경우로 확인되는데 나머지 1필지를 다른 매수인에게 양도하는 경우 그와 같은 분할매도가 오로지 조세목적으로 이루어진 것이라고 하더라도 양도인이 상대방의 협력이나 동의 없이 세금을 적게 내는 방식을 선택한 경우로 평가된다면 세법상 이를 부인하기는 어려워 보입니다. 만일 조세 목적 차원에서 이와 같은 토지분할 행위를 규제할 필요가 있다면 애당초 감면 규정을 마련할 당시 관련 규제장치를 함께 마련하였어야 할 것입니다.

4. 각도를 달리하여 대상심결 사안의 경우 만일 양도인과 양수인 사이에 전체적으로 하나의 토지를 대상으로 단일한 매매거래를 체결할 의사의 합치 아래 계약을 체결하면서 단지 양도인의 양도소득세를 회피할 목적으로 형식적으로 이를 두 개의 계약을 체결하는 것인 양 가장한 것이라면 이는 사법상 가장행위에 해당하므로 그 효력을 부인하고 당사자의 진실한 거래의사에 기초하여 전체적으로 하나의 양도계약을 체결한 것으로 취급할 수 있을 것입니다(이 경우 조세심판원이 인정한 바와 같이 먼저 양도한 토지의 잔대금은 전체 토지 매매계약의 중도금의 성격을 띠게 될 것입니다). 다만 이는 사실인정의 영역에 속하는 것으로서 조세회피행위 부인 이전 단계에서 검토되어야 할 사항입니다(이와 관련된 자세한 내용은 본 판례백선 15회를 참고하시기 바랍니다).

조세심판원은 거래와 무관하게 이미 분할되어 있던 토지를 조세절감의 목적으로 과세기간을 달리하여 양도한 경우에는 조세회피행위에 해당하지 않는다고 보았는데(조심 2022인1866, 2022. 6. 29.), 애당초 위와 같은 토지의 분할매도 효력을 세법상 부인할지 여부가 조세회피행위 부인이 아닌 사법상 가장행위 여부의 문제라고 본다면 당사자의 거래의사 및 형태가 판단의 중심이 되어야 하고 토지분할의 시기는 중요한 판단요소가 되지 못할 것입니다.

5. 실질과세 원칙의 적용 한계로 볼 수 있는 유사한 경우로는, 1) 공부상 소유명의를 존중할 필요가 있거나(대법원 2017. 12. 28. 선고 2017두56827 판결; 2017. 11. 9. 선고 2016두40139 판결 등), 2) 가족법상 행위가 개입된 경우(대법원 2017. 9. 7. 선고 2016두35083 판결) 등을 들 수 있습니다.

18

과세요건론

- 양도와 상속의 교차 -

대상판결: 대법원 1993. 3. 23. 선고 91누4980 판결

【판결요지】

구 소득세법(1988. 12. 26. 법률 제4019호로 개정되기 전의 것) 제27조와 같은 법 시행령(1987. 5. 8. 대통령령 제12154호로 개정되기 전의 것) 제53조는 자산의 양도시기에 관하여 대금을 청산하기 전에 소유권이전등기를 하는 경우 등 예외적인 경우를 제외하고는 대금을 청산한 날을 양도시기로 보도록 규정하고 있으므로 매매계약을 체결하였다고 하더라도 대금을 모두 지급받지 아니한 이상 소득세법이 규정한 양도가 있었던 것으로 볼 수 없다(피상속인이 부동산을 양도하고 잔대금을 지급받기 전에 사망한 경우 양도소득세 과세요건이 충족되지 아니하였다고 한 사례).

【참조조문】

구 소득세법(1988. 12. 26. 법률 제4019호로 개정되기 전의 것) 제27조, 같은 법 시행령(1987. 5. 8. 대통령령 제12154호로 개정되기 전의 것) 제53조 제1항

【해설】

1. 우리나라 조세판례 중 필자에게 가장 큰 영향을 미친 판례를 하나 꼽으라면 아마도 대상판결을 꼽을 것 같습니다. 해당 사안은, 피상속인이 쟁점토지를 매도하고 중도금까지 지급받은 상태에서 사망하여 상속이 개시되고, 그 후 상속인

이 매수인에게 쟁점토지에 관한 소유권이전등기를 마쳐주고 나머지 잔대금을 지급받은 경우에 관한 것입니다. 이 경우 피상속인의 토지매도에 따른 양도소득세를 과세할 수 있는지 여부가 쟁점입니다. 지극히 평범하고 단순하게 여겨지나 중요한 세법의 기본원리가 그 속에 담겨있습니다.

2. 얼핏 보면, 피상속인의 매도행위(양도계약)가 있었고 그에 따른 양도소득이 상속인들에게 귀속되었으므로 상속의 포괄승계 법리에 따라 당연히 양도소득세 과세대상이 된다고 생각하기 쉽습니다. 그렇게 보지 않으면 피상속인의 보유기간 중에 발생한 양도소득(자본이득)이 과세영역에서 증발되어 버리기 때문입니다. 그런데 대상판결은 이 경우 소득세법이 규정한 양도가 없다는 이유로 양도소득세 과세를 부정하였습니다.

즉, 양도계약이 체결되고 일부 대금까지 지급받았어도 법이 규정한 과세요건(잔대금 청산 또는 소유권이전등기)이 완성되기 전에 계약당사자가 사망하고 상속이 개시되었다면 세법상 양도는 없는 것으로 종결된다는 것입니다.

3. 이 법리를 좀 더 잘 이해하기 위해서는 조세법에 있어서 과세요건이 무엇이고 과세요건이 완성된다는 것이 무엇을 의미하는가와 우리 세법상 상속과 양도가 어떠한 관계를 가지는가를 잘 따져 볼 필요가 있습니다. 먼저 과세요건에 관하여 살펴보겠습니다.

과세요건(Steuertatbestand)이란 납세의무의 성립요건, 즉 그 요건이 충족됨으로써 납세의무의 성립이라고 하는 법률효과를 발생시키는 법률요건을 말합니다. 법률의 규정에 따라 당연히 성립하고 요건이 충족된다는 점에서 사법상의 채권채무관계가 당사자의 의사표시에 의하여 성립하는 것과 대비됩니다.

각 조세에 공통된 과세요건으로서는, 납세의무자 · 과세물건 · 과세물건의 귀속 · 과세표준 · 세율의 5가지를 들 수 있습니다.

이 중 과세물건의 귀속과 관련하여서는, 상속세나 취득세와 같이 기간과세가 아닌 조세는 과세물건에 해당하는 특정한 행위가 완성되거나 사실이 발생하였을 때 법이 정한 납세의무자에게 과세물건이 귀속되어 납세의무가 성립하나 소득세나 법인세와 같은 기간과세에 있어서는 단순히 소득이 개인이나 법인에게 발생하였다고 하여 곧바로 납세의무가 성립하는 것이 아니고 그 과세기간이 종료하여야 비로소 납세의무가 성립합니다(국세기본법 제21조 제1항 제1호 참조). 따라서 위와 같은 기간과세에 있어서는 과세물건의 귀속과 관련하여 귀속연도의 결정이 중요한 과세요건을 이루게 됩니다. 예컨대 법인세나 소득세에 있어서는 소득이 언제 발생하였는가, 부가가치세에 있어서는 언제 재화나 용역의 공급이 있었는가 하는 점이 특정한 과세연도에 과세요건이 충족되었는지 여부를 결정하는 요소가 됩니다. 납세의무 성립과 확정의 의의에 관한 보다 자세한 설명은 이 다음 면을 참고하시기 바랍니다.

4. 다시 대상판결 사안으로 돌아와 양도와 상속의 관계에 관하여 살펴봅니다.

우선 이에 관한 입법례로는 상속이나 증여 등 무상이전 시 이를 양도나 새로운 취득으로 보지 않고 나중에 상속인이 해당 자산을 양도할 때 당초 피상속인의 취득가액을 기준으로 양도소득을 산정하여 양도소득세를 과세하는 취득가액 승계방식(과세를 긍정하는 방식)과 위와 같은 무상이전에 의해 새로운 취득이 일어나는 것으로 보고 그 이전에 피상속인이 보유하던 기간 동안 발생한 자본이득에 대하여는 상속세나 증여세 이외에 양도소득세를 과세하지 않는 신취득가액방식(과세를 부정하는 방식)이 있습니다. 우리나라는 이 중 후자의 방식을 채택하고 있습니다. 이와 같은 신취득가액방식에 의하면, 상속개시 직후 자산을 양도하면 (양도가액과 취득가액의 평가시점 및 평가방법이 사실상 동일하여) 양도소득세는 부담하지 않고 상속세만 부담하지만, 상속에 앞서 자산을 양도하고 양도대가를 상속하게 되면 양도소득세와 상속세를 함께 부담하면서 단지 피상속인이 부담한 양도소득세를 상속세 과세가액에서 공제하게 되어(상증세법 제14조 제1항 제1호 참조) 양쪽의 세 부담이 달라집니다. 이러한 입법례 아래에서는 자산을 상속받은 후 양도하는 편이 양도한 후 상속받는 편보다 과세상 유리하므로 납세자로서는 가능한 피상속인의 사망 시까지 자산의 처분을 미루려는 요인을 갖게 됩니다.

5. 사안의 경우 비록 피상속인이 양도계약을 체결하고 그에 따라 계약이 모두 이행되었지만 피상속인의 사망 시를 기준으로 소득세법상 양도요건이 충족되지 못한 상태에서 상속이 개시됨에 따라 양도소득세를 과세할 수 없게 된 것입니다.

이 경우 상속재산은 여전히 부동산 그 자체이고 다만 피상속인이 지급받은 계약금과 중도금은 상속채무로서 공제하게 됩니다. 물론 해당 금원이 현금으로 상속되면 당연히 다시 상속재산에 포함됩니다.

6. 이 사안은 필자가 대법원 재판연구관 시절 직접 다루었던 사안인데, 오랫동안 민법의 사고에 젖어 있던 필자에게 세법의 독립된 법리를 확인시켜준 고마운 사건입니다. 필자는 평소에 세법을 잘 하기 위해서는 민법의 기초이론에 대한 탄탄한 지식이 필요하다고 강조하고 있는데 진정한 세법 전문가가 되기 이해서는 거기에서 더 나아가 공법의 특수한 법리와 그 적용영역을 잘 이해하는 것이 필수적이라 하겠습니다.

납세의무의 성립과 확정

1. 조세법률관계는 민사법 관계나 다른 행정법 관계와 비교하여 여러 가지 특성을 갖습니다. 그 가운데 중요한 것으로 민사법 관계와 비교하여서는 조세채권은 자력집행권을 갖는다는 점을, 행정법 관계와 비교하여서는 금전 채권채무관계라는 점을 각각 들 수 있습니다.

2. 조세채무는 각 세법이 정하는 과세요건이 충족되면 성립합니다(국세기본법 제21조 제1항). 법은 조세채무 대신에 납세의무라는 표현을 쓰고 있습니다.

조세채무, 즉 납세의무가 성립하면 신고납세방식의 조세는 그 채무의 확정을 위한 납세자의 신고가 필요하고, 부과과세방식의 조세는 국가가 납세자에 대하여 조세를 부과할 수 있게 됩니다.

3. 납세의무의 성립시기는 납세의무 성립과 동시에 내용이 확정되는 조세의 확정시기(국세기본법 제22조 제4항), 출자자 등의 제2차 납세의무요건으로서 과점주주의 판정기준시기(같은 법 제39조 제2호) 등의 기준이 됩니다. 법령불소급 원칙을 규정한 국세기본법 제18조 제2항도 적용기준 시점을 납세의무 성립시점으로 정하고 있습니다. 또한 납세의무 승계에 관한 규정(같은 법 제23조, 제24조)과 확정 전 보전압류에 관한 규정(국세징수법 제31조 제2항) 등의 적용을 위해서도 납세의무 성립이 필요하다는 데 이론이 없습니다.

납세의무 성립시기는 원칙적으로 과세요건의 기초가 된 사실이나 행위의 완성시점과 때를 같이 하나 기간과세의 경우 과세기간이 종료되어야 합니다. 그 성립시기는 세목별로 국세는 국세기본법에서, 지방세는 지방세기본법에서 각각 규정하고 있습니다(국세기본법 제21조 제2, 3항 및 지방세기본법 제34조).

4. 과세요건이 충족된 것만으로는 아직 납세의무가 추상적으로 성립한 상태에 불과하고 국가가 이에 대하여 징수절차에 나아가기 위해서는 납세의무가 자동적으로 확정되는 일부 조세를 제외하고는 채무의 내용을 확정하는 절차를 별도로 밟아야 합니다. 이 확정절차가 바로 납세의무자의 신고행위 또는 과세관청의 부과처분입니다.

국세기본법 제22조 제1항은, "**국세는 해당 세법의 절차에 따라 그 세액이 확정된다**"고 규정하고 있습니다. 조세채무의 확정은 조세의 납부 또는 징수를 위하여 세법이 정하는 바에 따라 납부할 세액을 납세의무자 또는 세무관청의 일정한 행위나 절차를 거쳐서 구체적으로 확정하는 것으로서(국세기본법 기본통칙 22－0…1), 그 실질은 객관적으로 존재하는 해당 과세물건의 과세표준과 세액의 정확한 크기를 찾아내는 것입니다.

5. 조세채무 성립이 실체법상 개념이라면 조세채무 확정은 절차법상 개념에 속합니다. 조세채권은 확정절차를 통하여 곧바로 징수절차에로 나아가게 되는데 자력집행권을 갖는 조세채권의 특성상 사법상 집행권원의 획득절차에 갈음하는 조세채무의 확정절차는 매우 중요한 의미를 갖습니다.

조세채무가 성립된 상태에서의 조세채무를 추상적 조세채무, 확정된 상태에서의 조세채무를 구체적 조세채무라고 부릅니다. 납세의무자 쪽에서 보면, 전자는 신고확정의무가, 후자는 납부의무가 뒤따르며, 과세관청의 입장에서는, 전자는 부과할 수 있는 상태(부과적격), 후자는 징수할 수 있는 상태(징수적격)로 파악할 수 있습니다. 개념상 전자는 부과권의 제척기간, 후자는 징수권의 시효기간과 각각 연결됩니다.

납세의무가 확정된 조세채권은 조세채권 집행을 위한 일종의 보호막이 형성된 상태입니다. 납세의무자가 '확정'이라는 보호막을 깨뜨리고 조세채권의 집행을 막기 위해서는 수정신고나, 경정청구 또는 조세쟁송절차에 의하여야 합니다. 납세자가 위와 같은 권리구제수단을 강구하기 위해서 조세채무가 확정되어야 한다는 점에서 보면 납세의무의 확정은 납세자 권리구제의 시발점이라고 할 수 있습니다.

19

법인의 과점주주의 제2차 납세의무의 범위

대상판결: 대법원 2019. 5. 16. 선고 2018두36110 판결

[판결요지]

국세기본법 제39조에 규정된 제2차 납세의무는 조세징수의 확보를 위하여 원래의 납세의무자인 법인의 재산에 대하여 체납처분을 하여도 징수하여야 할 조세에 부족이 있다고 인정되는 경우에 사법질서를 어지럽히는 것을 최소화하면서 실질적으로 법인의 운영을 지배할 수 있는 출자자에 한하여 법인으로부터 징수할 수 없는 액을 한도로 하여 보충적으로 납세의무를 부담케 하는 제도이다. 한편 위 조항의 취지는, 회사의 경영을 사실상 지배하는 실질적인 운영자인 과점주주는 회사의 수익은 자신에게 귀속시키고 손실은 회사에 떠넘김으로써 회사의 법인격을 악용하여 이를 형해화시킬 우려가 크므로 이를 방지하여 실질적인 조세평등을 이루려는 데 있다. 그러나 과점주주의 제2차 납세의무는 사법상 주주유한책임의 원칙에 대한 중대한 예외로서 본래의 납세의무자가 아닌 제3자에게 보충적인 납세의무를 부과하는 것이기 때문에 그 적용 요건을 엄격하게 해석하여야 한다. 그런데 위 조항은 법인에 대한 제2차 납세의무자로 과점주주만을 규정하고 있을 뿐 그 법인의 과점주주인 법인('1차 과점주주')이 제2차 납세의무자로서 체납한 국세 등에 대하여 1차 과점주주의 과점주주('2차 과점주주')가 또다시 제2차 납세의무를 진다고 규정하지 않고 있다. 따라서 2차 과점주주가 단지 1차 과점주주의 과점주주라는 사정만으로 1차 과점주주를 넘어 2차 과점주주에까지 보충적 납세의무를 확장하여 위 조항에서 규정한 과점주주에 해당한다고 보는 것은 앞서 본 위 조항의 취지와 엄격해석의 필요성에 비추어 특별한 사정이 없는 한 허용되지 않는다고 봄이 타당하다.

【참조조문】

국세기본법 제39조 제2호

【해설】

1. 이번 회에 살펴볼 주제는 법인의 과점주주가 부담하는 제2차 납세의무에 그 법인이 다른 법인의 과점주주로서 부담하게 된 제2차 납세의무에 따른 조세도 포함되는가에 관한 것입니다.

세법의 해석과 적용에 있어서 가장 어려운 부분 중의 하나가 사법과 세법의 괴리가 생기는 부분입니다. 지금까지 검토해 온 조세회피행위 부인이나 부당행위계산부인 등이 대표적인 경우이지만 이번에 검토하는 제2차 납세의무에 관한 부분도 넓은 의미에서 여기에 포함됩니다. 사법상 연대채무나 보증채무, 물적 담보 등에 관한 사항들은 세법에서도 그 내용이 크게 다르지 않지만 유독 문제가 많이 되는 제2차 납세의무에 관한 사항은 사법에는 없는 세법 독자적인 제도입니다. 그런데 이와 같은 제2차 납세의무제도 역시 조세를 징수하는 단계에서의 조세회피행위 부인과 무관하지 않습니다.

2. 국세기본법상 제2차 납세의무는 크게 법인과 주주 사이에 성립하는 경우와 사업양도의 경우에 성립하는 경우가 있습니다. 전자는 법인제도가 조세회피 수단으로 남용되는 경우에 사법상 인정되는 주주유한책임에 대하여 세법상 예외를 인정하여 납세의무를 주주단계에서 법인단계로 혹은 법인단계에서 주주단계로 확대하는 것이고, 후자는 사업의 양도가 조세징수를 회피하기 위한 수단으로 남용되는 것을 방지하기 위하여 사업양수인에게 사업양도인으로부터 징수하지 못한 사업과 관련된 세금에 관한 보충적 납세의무를 부담시키는 제도입니다. 어느 경우나 사법상 확립되어 있는 주주유한책임의 법리나 계약자유의 원칙 내지 자기책임의 원칙에 대한 예외를 인정하는 것이어서 이를 엄격하게 제한하여 해석·적용할 필요성이 있습니다.

판례는 일찍이 법인이 사업양수인으로서 사업양도인에게 부과된 당해 사업에 관한 국세·가산금에 대해 제2차 납세의무를 지게 된 때에는 그에 따른 세금도 해당 법인의 과점주주가 제2차 납세의무를 지는 "그 법인에게 부과되거나 그 법인이 납부할 국세·가산금"에 포함된다고 보아(대법원 1993. 5. 11. 선고 92누10210 판결), 대상판결과 상반된 결론을 낸 바 있습니다.

3. 양쪽 모두 단계적으로 제2차 납세의무를 부담하는 경우인데 결론이 상반된 것을 어떻게 이해하여야 할까요. 대상판결은 "쟁점조항은 법인에 대한 제2차 납세의무자로 과점주주만을 규정하고 있을 뿐 그 법인의 과점주주인 법인(1차 과점주주)이 제2차 납세의무자로서 체납한 국세 등에 대하여 1차 과점주주의 과점주주(2차 과점주주)가 또다시 제2차 납세의무를 진다고 규정하지 않고 있다."고 판시 이유를 제시하였는데 사업양수인의 제2차 납세의무에 관한 규정도 규정체계는 다르지 않으므로 그 취지에 비추어 보면 실질적으로 판례를 변경한 것으로 이해되기도 하고, 다른 한편 사업양수인의 제2차 납세의무와 관련하여서는, 사업양도인이 사업양도를 조세징수 회피의 수단으로 남용하는 것에 대하여 사업양수인도 일정한 역할을 하는 경우가 많고, 과점주주(사업양수인) 입장에서 제2차 납세의무의 발생을 어느 정도 예견할 수 있는 반면 법인이 다른 법인의 과점주주로서 제2차 납세의무를 부담하는 경우 해당 조세는 법인격 남용 내지 주주유한책임의 법리에 대한 남용이라고 보기 어려운 측면이 있고, 그 성립범위 등에 관하여 예측가능성도 적으므로 사업양수인의 제2차 납세의무의 경우와 구별한 것으로 이해되기도 합니다.

어쨌든 법인이 다른 법인의 과점주주로서 부담하는 제2차 납세의무는 법인의 영업활동과는 무관하게 발생한 조세채무로서 법에 의하여 납세의무가 확대된 것이므로 제도의 취지상 단계적 2차 납세의무의 성립을 부정한 대상판결의 태도는 타당하다고 생각됩니다.

4. 한편 사업양수인의 제2차 납세의무에 관하여는 2020년 개정법령에서, 법인의 과점주주의 제2차 납세의무에 관하여는 2021년 개정법령에서 각각 그 성립범위가 축소되었습니다. 전자에 관하여는 규정의 적용대상인 사업양수인 범위를 조세회피방지 관점에서 재구성하여 사업의 양수인이, 1. 양도인과 법이 규정하는 특

수관계에 있거나, 2. 양도인의 조세회피를 목적으로 사업을 양수한 경우에 한하여 제2차 납세의무를 인정하도록 하였고(국세기본법 시행령 제22조), 후자에 관하여는 제2차 납세의무 적용대상에서 대통령령이 정하는 상장법인을 제외하고, 제2차 납세의무 대상이 되는 과점주주의 범위를 '법인 경영에 지배적인 영향을 행사하는 경우'로 제한하였습니다(국세기본법 제39조).

이러한 입법의 방향은 앞에서 살펴본 제2차 납세의무제도의 취지에 비추어 볼 때 바람직한 것으로 여겨집니다. 남은 궁금한 점은 이와 같이 적용범위가 대폭 축소되어 본래의 납세의무자와 제2차 납세의무자 사이의 거리가 좁혀진 상황에서도 앞에서 살펴본 단계적 2차 납세의무에 관한 대상판결의 취지가 계속 유지될 것인지, 특히 사업양수인의 제2차 납세의무와 관련하여 어떻게 판단할 것인지에 관한 것입니다. 향후 법원 판결의 추이가 궁금합니다.

20

상속세 경정청구에 관한 고찰

대상판결: 대법원 2004. 8. 16. 선고 2002두9261 판결

【판결요지】

납세자가 국세기본법상 경정청구권에 기하여 당초신고한 상속세액을 감액하여 달라는 경정청구를 할 수 있는지에 관하여 이를 긍정하는 전제에서, 납세자가 경정청구를 함에 있어 경정청구 사유로 상속세 과세표준 신고 당시 상속재산의 공제대상인 채무가 누락되었음을 주장하다가 거부처분 취소소송에 이르러 상속재산가액 산정의 위법을 주장하는 것이 허용된다고 한 사안.

【참조조문】

구 국세기본법(2000. 12. 29. 법률 제6303호로 개정되기 전의 것) 제45조의2 제1항 제1호, 제3항

【해설】

1. 대상판결의 드러난 판결요지는 납세자의 감액경정청구에 대하여 과세관청이 거부한 경우 그 거부처분 취소소송에서 당초 납세자가 경정청구사유로 주장하였던 사유 이외의 사유도 청구원인으로 새로이 주장할 수 있다는 것으로서 이 주제 역시 감액경정거부처분 취소소송의 성격과 관련하여 중요한 논점이므로 뒤에서 다시 살펴보겠습니다(본 판례백선 41회 참조).

대상판결을 검토 대상으로 선정한 것은 대상판결이 '신고 후 부과과세방식 조세'인 상속세에 관하여 국세기본법상 신고세액에 대한 통상적 (감액)경정청구가 허용된다고 본 데에 있습니다. 상속세에 관한 감액경정청구는 현재 과세실무상 광범위하게 이용되고 있는 실정입니다(뒤에 불복수단의 경합과 관련하여 검토하는 대법원 2014. 6. 26. 선고 2012두12822 판결 역시 같은 취지임). 아래에서는 해당 논점을 중심으로 경정청구제도 전반에 관하여 살펴보도록 하겠습니다.

2. 국세기본법 제22조 제1항은, "**국세는 해당 세법의 절차에 따라 그 세액이 확정된다.**"고 규정하고 있습니다.

우리 세법상 납세의무의 확정방식은 세목에 따라 신고납세방식, 부과과세방식, 자동확정방식으로 분류할 수 있습니다. 이 중 자동확정방식의 경우 납부하여야 할 세액은 납세의무의 성립과 동시에 특별한 절차를 거치지 않고 법규가 정한 바에 따라 확정되므로(국세기본법 제22조 제4항) 그 이후에는 징수의 문제만 남는 데 반하여 신고납세방식 조세와 부과과세방식 조세의 경우에는 조세채무 확정을 위한 절차로 신고, 수정신고, 조세부과처분, 경정처분의 모든 단계 또는 일부 단계를 거치게 됩니다.

이 중 조세부과처분('과세처분')은 국가 또는 지방자치단체가 조세라는 공법상의 금전급부채무, 즉 납세의무를 확정하는 행정처분을 말합니다. 과세처분은 부과과세방식의 조세와 신고납세방식 조세에서 납세의무자가 신고하지 않거나 신고 내용에 오류·탈루 등이 있을 때 해당 조세의 과세표준과 세액을 확정하기 위하여 행하게 됩니다. 세법은 과세관청이 최초로 과세표준과 세액을 정하는 것을 '결정'으로, 과세관청이 행한 과세처분이나 납세자의 신고의 오류를 바로잡기 위하여 행하는 결정을 '경정'으로 구분하고 있습니다. 경정은 세무서장이 독자적으로 행하는 경우와 납세자의 경정청구에 기하여 행하는 경우가 있는데, 세액을 증가시키는 경정을 '증액경정', 감소시키는 경정을 '감액경정'이라고 부르며, 경정 후 과세관청이 재차 과세표준과 세액을 변경하는 처분을 '재경정'이라고 부릅니다. 경정은 특별한 사정이 없는 한 부과제척기간 이내인 한 몇 번이라도 반복하여 행할 수 있습니다.

3. 종전에 신고납세방식 조세에 있어서 신고납부를 잘못하였을 때 구제방법으로는 구 국세기본법(1994. 12. 22. 개정 전의 것) 제45조의 수정신고제도가 있었으나 이는 신고기한이 지나치게 짧아 구제 범위가 매우 좁았고, 그 범위 밖에서는 신고행위가 당연무효의 경우에만 무효확인의 소나 부당이득반환 법리에 따른 민사상 구제가 허용되는 것으로 해석 · 운용되어 왔습니다. 이와 같은 구조는 납세자의 구제에 매우 불충분하였으므로 1994. 12. 22. 개정된 국세기본법은 같은 법 제45조의2로 경정청구제도를 마련하였고 그 후 수차례 개정을 통해 경정청구기한과 청구대상을 늘임으로써 납세자의 권리구제 범위를 확대하여 왔습니다.

경정청구권에 관한 규정 신설 전 국세기본법 제45조는 세액의 증액 및 감액신고를 모두 포함하였으나 규정 신설과 함께 종전 제45조는 세액의 증액신고만을 규율하고 감액신고는 법 제45조의2의 경정청구대상이 되었습니다.

경정청구제도는 과세관청의 자기시정을 통한 납세자 권리구제를 도모하기 위한 것으로서 사법기관에 의한 권리구제수단인 조세쟁송절차와 함께 조세법률관계에 있어서 납세자 권리구제 확보를 위한 중요한 두 축으로 기능합니다. 나아가, 경정청구가 거부되면 그 거부처분이 사법적 쟁송수단이 된다는 점에서 사법적 권리구제절차로 통하는 연결고리로서의 역할을 합니다. 경정청구제도는 국가가 납세자에게 베푸는 시혜가 아니라 과세관청의 경정권한에 대응하여 납세자에게 부여된 필수적이고 본질적인 권리구제수단이므로 납세자의 권리행사가 충분히 보장되도록 설계되어야 합니다. 다만 기존의 권리구제수단이나 납세의무 확정의 법리 등과 잘 조화될 수 있도록 신중하고 치밀한 검토가 필수적으로 요구되는 어려운 분야이기도 합니다.

4. 경정청구는 과세표준신고서에 기재된 과세표준과 세액 등에 잘못이 있는 경우에 하는 경정청구(국세기본법 제45조의2 제1항)와 후발적 사정으로 과세표준과 세액 등의 계산의 기초에 변동이 생겼음을 이유로 하는 경정청구(같은 조 제2항)가 있습니다. 전자를 '감액경정청구' 또는 '통상적 경정청구', 후자를 '후발적 사유에 의한 경정청구'라고 부릅니다.

통상적 경정청구가 주로 신고납세방식 조세에서 신고세액의 잘못을 바로 잡는 기능을 하는 데 반해 후발적 경정청구는 모든 조세에 관하여 후발적으로 담세력에 영향을 미치는 사유가 발생한 경우 이를 시정하는 역할을 합니다. 양자는 위법한 처분의 시정이라는 점에서 취지를 같이 하나 위법의 태양이나 시정방법을 달리하고 그에 따라 법률적 쟁점도 다르게 나타납니다. 전자가 주로 당초신고와 증액처분이 교차하는 경우 불복기간에 관한 문제가 쟁점이 되는 데 반하여 후자는 청구사유가 어느 범위까지 미치는지와 경정에 따른 손익의 귀속시기가 어떻게 되는지 등이 문제되고 있습니다.

5. 통상적 경정청구에 관한 국세기본법 제45조의2 제1항은, "**과세표준신고서를 법정신고기한까지 제출한 자 및 제45조의3 제1항에 따른 기한후과세표준신고서를 제출한 자는 다음 각 호의 어느 하나에 해당할 때에는 최초신고 및 수정신고한 국세의 과세표준 및 세액의 결정 또는 경정을 법정신고기한이 지난 후 5년 이내에 관할 세무서장에게 청구할 수 있다. 다만 결정 또는 경정으로 인하여 증가된 과세표준 및 세액에 대하여는 해당 처분이 있음을 안 날**(처분의 통지를 받은 때에는 그 받은 날)부터 90일 이내(법정신고기한이 지난 후 5년 이내로 한정한다)에 경정을 청구할 수 있다."고 규정하고, 그 제1호로서, '과세표준신고서 또는 기한후과세표준신고서에 기재된 과세표준 및 세액(각 세법에 따라 결정 또는 경정이 있는 경우에는 해당 결정 또는 경정 후의 과세표준 및 세액을 말한다)이 세법에 따라 신고하여야 할 과세표준 및 세액을 초과할 때'를 그 제2호로서, '**과세표준신고서 또는 기한후과세표준신고서에 기재된 결손금액 또는 환급세액(각 세법에 따라 결정 또는 경정이 있는 경우에는 해당 결정 또는 경정 후의 결손금액 또는 환급세액을 말한다)이 세법에 따라 신고하여야 할 결손금액 또는 환급세액에 미치지 못할 때**'를 각각 규정하고 있습니다.

부과과세방식 조세의 경우, 납세자가 세금을 납부하지 않은 경우라면 과세처분을 기다려 쟁송대상으로 삼을 수도 있지만, 일단 과세처분이 있게 되면 취소소송 등을 제기해도 효력이 정지되지 않아 강제징수로 이어지게 되므로 그러한 위험에 빠지지 않기 위해 사전에 신고의 오류를 시정할 필요가 있고, 세금을 납부한 경우에도 과세관청이 과세처분을 하지 않는 경우 오류를 시정하는 유효적절한 수단이 될 수 있습니다. 국세기본법 제45조의2 제1항에서 "**결정을 청구할 수 있다.**"고 한 것은 바로 이러한 소송형태를 명시적으로 규정한 것으로 이해됩니다(다만 이와 같은 형태의 결정청구를 성격이 다른 국세기본법상 경정청구에 관한 조항에 함께 규정하는 것이 적절한지는 의문입니다).

과세관청이 납세자의 결정청구를 거부한 경우 납세의무자가 제기하는 결정청구거부처분 취소소송은 실질이 위와 같은 납세의무 확정을 위한 과세처분의 부존재확인청구에 다름 아닙니다. 다만 법문상 적법한 신고가 선행되어야 하므로 부과과세방식 중에도 신고의무가 부과되어 있는 신고 후 부과과세방식 조세에 관하여만 적용이 있습니다. 대상판결에서 문제된 상속세나 증여세의 경우, 납세의무자는 상속(증여)개시일이 속하는 달의 말일부터 6개월(증여세의 경우에는 3개월) 이내에 상속(증여)재산의 과세가액 및 과세표준을 신고하고 정당한 산출세액을 납세지관할세무서 등에 납부하여야 하지만, 납세자의 신고의무는 협력의무로서 그로써 세액 확정의 효력은 없으며 세무서장 등은 신고가 없거나 신고한 과세표준과 세액에 탈루 · 오류가 있는 경우는 물론 그렇지 않은 경우에도 납세의무자의 신고에 기초하여 상속세(증여세) 과세표준과 세액을 조사·결정하여 납세의무자에게 통지함으로써 납세의무를 확정하여야 합니다(상증세법 제67조, 제68조, 제77조, 제78조. 국세기본법 제22조 제1항 내지 제3항 참조). 즉, '신고 후 부과과세방식의 조세'에 해당합니다.

이와 같은 '신고 후 부과과세방식 조세'의 경우, 1) 납세의무자가 과세관청에 대해 결정을 청구하는 것을 넘어 신고내용을 납세자가 원하는 내용으로 감액해 달라고 요구할 수 있는지, 2) 납세의무자의 신고에 대해 과세관청의 부과처분이 있는 경우 납세의무자의 불복수단 및 불복기한은 어떻게 되는지 등이 문제됩니다. 대상판결은 비록 정면으로 판시하지는 않았으나 상속세를 대상으로 1)의 점에 관하여 이를 긍정하고 있습니다. 2)의 점에 관하여는 그 후속판결이라고 할 수 있는 대법원 2014. 6. 26. 선고 2012두12822 판결에서, 당초신고세액을 증액하는 부과처분에 대한 불복기한이 도과되어도 당초신고에 대한 경정청구기간이 남아 있으면 당초신고 부분에 대한 불복이 가능한 것으로 해석한 바 있습니다(이에 관한 자세한 내용은 본 판례백선 38회를 참조하시기 바랍니다). 이와 같은 판례의 태도에 힘입어 상속세나 증여세와 같은 신고 후 부과과세방식 조세에 관하여 현재 실무상 별 의문 없이 신고납세방식의 조세와 동일하게 통상적 경정청구가 활용되고 있는 실정입니다.

6. 그러나 상속세나 증여세와 같은 '신고 후 부과과세방식 조세'에 관하여 납세자의 신고세액을 납세자가 원하는 특정한 세액으로 감액하여 달라는 경정청구를 허용하는 것은 법리상 문제가 있다고 판단됩니다.

먼저 '경정'이라는 용어 사용과 관련하여 상속세나 증여세와 같은 부과과세방식 조세에서 신고의무는 협력의무에 불과할 뿐 신고로서 납세의무가 확정되는 것이 아닌데 확정되지도 않은 조세채무를 경정한다는 것은 법리상 모순됩니다. 이는 '결정 또는 경정으로 인하여 증가된 과세표준 및 세액'을 경정대상으로 규정한 국세기본법 제45조의2 제1항 후문 규정과 관련하여서도 동일하게 문제됩니다. 따라서 상속세나 증여세와 같은 신고 후 부과과세방식의 조세는 경정청구 대상이 아닌 결정청구 대상으로만 보아야 할 것입니다.

이같이 결정청구대상으로 볼 경우 단순히 과세관청의 결정만을 청구할 수 있는 것인지(이 경우에는 일종의 부작위위법확인소송에 해당함), 아니면 특정 세액의 결정을 청구할 수 있는 것인지(이 경우에는 그 실질이 의무화소송에 해당함)가 다시 문제됩니다. 일반적으로 신고납세방식 조세에서 신고세액에 대한 경정청구는 납세의무를 특정한 세액으로 감액하여 달라고 주장하는 것이므로 거부처분이 내려질 경우 그에 대한 소송상 불복의 실질은 의무화소송으로 볼 수 있습니다. 현재 우리 행정소송법은 의무화소송을 허용하지 않고 있지만 국세기본법에서는 사실상 경정청구와 관련하여 의무화소송을 허용하고 있는 셈입니다(그 입법적 합헌성 내지 타당성 여부는 또 다른 검토를 필요로 하는 주제인데 일단 여기에서는 논외로 하겠습니다). 만약 위 규정의 '결정청구'를 특정세액으로의 감액결정을 청구할 수 있는 것으로 본다면 그 실질은 경정청구와 동일하고 현행 판례나 과세실무도 이러한 관점에서 접근하고 있는 것으로 이해됩니다. 그러나 문언상 단순히 '결정을 청구할 수 있다'고 되어 있는 규정을 특정 세액으로의 결정을 청구할 수 있는 것으로 볼 수 있는지 의문일뿐더러 근본적으로 부과과세방식 조세에 관하여 조세부과처분 절차를 생략하고 납세자가 의무화소송의 형태로 특정세액으로의 감액결정을 청구하고 그 거부처분에 대하여 다투도록 하는 것은 우리 세법 체계상 허용되기 어렵다고 생각됩니다. 이 점에 관하여 항을 바꾸어 좀 더 자세히 살펴보겠습니다.

7. 상속세나 증여세는 신고의무가 부과되어 있기는 하나 앞에서 본 바와 같이 법문상 명확하게 부과과세방식 조세로 규정되어 있어 과세관청의 과세표준과 세액의 부과결정으로 납세의무가 확정되며 납세자의 신고행위는 이와 같은 과세관청의 세액확정행위(부과처분)에 대한 협력의무에 불과합니다. 그렇기 때문에 상속세나 증여세의 신고에 대하여 일반적인 신고납세방식 조세에서는 인정되지 않는 신고세액공제를 인정하기까지 합니다(상증세법 제69조 제1항, 제2항). 그런데 이에 대하여 경정청구를 인정한다는 것은 납세자에게 아직 확정도 되지 않은 세액의 경정권한을 인정하는 것이 되어 이중의 모순을 드러냅니다. 납세자에게 세액의 경정청구권을 인정한다는 것은 실체법상 사유가 정당하면 과세관청이 청구 내용에 따라야 한다는 점에서 납세자를 세액확정 및 경정의 주체로 보아야 하는데 이는 상속세나 증여세를 부과과세방식으로 규정한 입법체계와 정면으로 모순됩니다.

이 점은 과세관청의 상속세나 증여세 부과결정이 있는 경우 모순이 더욱 현저해 집니다. 위에서 본 바와 같이 상속세나 증여세는 부과과세방식의 조세이고, 이에 따라 과세관청은 원칙적으로 상속세의 경우는 상속세과세표준 신고기한부터 9개월, 증여세는 증여세과세표준 신고기한으로부터 6개월 내에 과세표준과 세액을 결정하여 납세자에게 통지하여야 합니다(상증세법 제76조 제3항, 동시행령 제78조 제1항). 상속세나 증여세에 대한 결정청구권을 단순히 과세관청의 부과결정을 청구할 수 있다는 취지로 이해하면 이미 과세관청의 부과결정이 있었던 이상 이 단계에서 이미 납세자의 결정청구권은 소멸합니다. 이와 달리 위 결정청구를 특정세액으로의 감액청구로 이해하면 이 경우에는 이미 과세관청의 부과결정이 있었고 (납세자의 신고가 아니라) 그 부과결정에 의하여 과세표준과 세액이 일차적으로 확정되었으므로 당연히 그 부과결정의 취소를 구하여야 하지 그 부과결정을 제쳐두고 세액확정의 효력도 없는 납세자의 당초의 신고세액을 기초로 다시 특정세액으로의 감액결정을 청구할 수는 없는 노릇입니다.

8. 과세관청의 조세부과처분이 있는 경우 그에 대한 불복은 과세처분 자체의 취소나 무효확인을 구하는 항고소송의 형태를 취하여야 합니다(행정소송법 제3조 제1호). 국세기본법은 위와 같은 불복에 대하여 과세관청에 대한 이의신청 내지 감사원이나 조세심판원과 같은 심사, 심판기관의 판단을 전심절차로서 거치도록

규정하고 있습니다(국세기본법 제55조 내지 제81조). 납세자가 그 판단에 불복하는 경우에는 여전히 당초처분을 불복대상으로 삼아 부과처분의 취소를 구하는 행정소송을 제기하여야 하고, 그 과정에서 중간에 있었던 과세관청이나 심판기관들의 결정이나 재결 등의 판단은 불복의 대상이 되지 않습니다(국세기본법 제55조 제1항 단서, 제5항, 제6항).

그런데 증액처분에 대한 경정청구를 인정하는 경우 위 규정에 대한 예외를 허용하는 것이 됩니다. 왜냐하면 과세처분에 대한 경정청구는 그 과세처분의 전부 또는 일부를 취소하여 달라는 이의신청의 성격을 가지는데 그에 대한 거부처분에 대하여 경정청구를 인정하게 되면 결국 납세자의 이의신청(경정청구)에 대한 과세관청의 기각결정(거부처분)을 불복의 대상으로 삼도록 허용하는 결과가 되기 때문입니다.

9. 마지막으로 상증세법에는 상속세와 증여세에 관하여 별도의 경정청구권 특례조항이 있습니다(상증세법 제79조 제1항, 제2항, 같은 법 시행령 제81조 제2항, 제3항). 그 사유는 국세기본법상 경정청구에 관한 사항 전반에 걸치고 있는데 만약 입법자가 국세기본법상 경정청구 대상에 상속세나 증여세와 같은 신고 후 부과과세방식 조세가 포함되는 것으로 이해하였다면 상증세법상 경정청구권 규정을 별도로 마련하지 않았을 것입니다. 따라서 위 규정 역시 입법자가 상속세나 증여세를 국세기본법상 통상적 경정청구 대상으로 보지 않았다는 점을 뒷받침하는 증거라고 볼 것입니다.

21

양도대금의 감액과 경정청구

대상판결: 대법원 2018. 6. 15. 선고 2015두36003 판결

【판결요지】

[1] 구 소득세법(2012. 1. 1. 법률 제11146호로 개정되기 전의 것) 제95조 제1항은 "양도소득금액은 제94조에 따른 양도소득의 총수입금액('양도가액')에서 제97조에 따른 필요경비를 공제하고, 그 금액에서 장기보유 특별공제액을 공제한 금액으로 한다."라고 정하고 있다. 여기서 양도소득금액의 계산을 위한 양도가액은 양도재산의 객관적인 가액을 가리키는 것이 아니고, 구체적인 경우에 현실의 수입금액을 가리키는 것이다. 따라서 주식을 매매계약에 의하여 양도한 경우 당초 약정된 매매대금을 어떤 사정으로 일부 감액하기로 하였다면, 양도재산인 주식의 양도로 발생하는 양도소득의 총수입금액, 즉 양도가액은 당초의 약정대금이 아니라 감액된 대금으로 보아야 한다.

[2] 양도인이 주식을 양도하면서 약정된 매매대금에 기초하여 양도소득세를 법정신고기한까지 신고하였더라도 사후에 매매대금이 감액되어 주식의 양도가액이 줄어들게 되면, 당초의 신고는 정당한 과세표준 및 세액을 초과한 것이므로, 특별한 사정이 없는 한 양도인은 대금감액을 이유로 구 국세기본법(2013. 1. 1. 법률 제11604호로 개정되기 전의 것) 제45조의2 제1항 제1호에 따른 경정청구를 하여 당초의 신고를 바로잡을 수 있다. 이러한 법리는 주권 등의 양도를 과세대상으로 하는 증권거래세의 경우에도 마찬가지로 적용된다.

【참조조문】

구 소득세법(2012. 1. 1. 법률 제11146호로 개정되기 전의 것) 제95조 제1항, 구 국세기본법(2013. 1. 1. 법률 제11604호로 개정되기 전의 것) 제45조의2 제1항 제1호

【해설】

1. 대상판결은 국세기본법상 경정청구제도가 신설된 이후 양도대금의 일부감액이 양도소득세 과세에 미치는 영향을 다루고 있습니다. 대상판결은 대금감액의 원인에는 초점을 맞추지 아니한 채 "어떠한 사정으로 대금을 감액하기로 합의하였다면 이는 국세기본법상 통상적 경정청구 대상이 된다."고 판단하고 있습니다. 이는 위와 같은 매매대금의 감액합의가 별도의 사후약정에 불과하여 국세기본법상 경정청구사유에 해당하지 않는다고 판단한 원심판결을 파기 환송한 것입니다.

2. 매매계약이 이행된 후 당사자들의 합의에 따라 대금이 일부 감액된 경우 그 법적 성질은 매매계약의 일부해제에 해당한다고 볼 수 있습니다.

이와 관련하여, 국세기본법 제45조의2 제2항 제5호, 같은 법 시행령 제25조의2 제2호는, "**최초의 신고·결정 또는 경정을 할 때 과세표준 및 세액의 계산근거가 된 거래 또는 행위 등의 효력과 관계되는 계약이 해제권의 행사에 의하여 해제되거나 해당 계약의 성립 후 발생한 부득이한 사유로 해제되거나 취소된 경우**"를 후발적 경정청구사유로 규정하고 있습니다.

매매대금 감액을 계약의 일부 해제로 보는 경우 위 요건에 따라 후발적 경정청구사유에 해당하는지 여부를 가려야 할 터인데 대상판결은 그와 같은 사유가 통상적 경정청구사유에도 해당된다고 본 것입니다. 이는 계약해제의 소급적 효력에 기하여 납세자의 당초신고가 납부하여야 할 정당한 세액을 초과한다고 본 것으로 이해됩니다.

3. 민법 제548조 제1항은 계약해제에 관하여, "**당사자 일방이 계약을 해제한 때에는 각 당사자는 그 상대방에 대하여 원상회복의 의무가 있다. 그러나 제삼자**

의 권리를 해하지 못한다."고 하여 계약해제가 당사자 사이의 법률관계를 원상으로 회복시키는 소급적 효력을 지닌다는 점과 그와 같은 소급효를 제3자에 대항하지 못한다는 점을 규정하고 있습니다.

조세법률관계의 기초가 된 매매계약이나 증여계약의 해제가 조세법률관계에 어떠한 영향을 미치는가에 관하여는 각 세목별로 여러 가지 논의가 있어 왔습니다. 논의의 대상이 된 주요 세목으로는 양도소득세, 증여세, 부가가치세, 취득세 등이 있으며, 그와 같은 논의는 1994년에 국세기본법에 경정청구제도가 신설되기 이전과 그 이후에 양상을 달리합니다(지방세 경정청구제도는 2011. 1. 1. 지방세기본법 신설 시 처음 마련되었습니다).

개략적으로 살펴보면, 국세에 관한 경정청구제도 신설 이전 판례는 양도소득세와 부가가치세에 관하여 과세의 기초가 된 계약이 해제된 경우 해제의 원인과 시점을 묻지 않고(즉, 법정해제인지, 합의해제인지, 그리고 계약의 이행시점이나 부과처분 시점을 묻지 않고) 이를 부과처분 취소사유로 보았으며(법정해제에 관하여 대법원 1985. 3. 12. 선고 83누243 판결, 약정해제에 관하여 대법원 1986. 7. 8. 선고 85누709 판결, 계약이행시점에 관한 대법원 1990. 7. 13. 선고 90누1991 판결, 부과처분 시점에 관한 대법원 1992. 12. 22. 선고 92누9944 판결 등), 증여세에 관하여는 상증세법에 아래에서 보는 수증재산의 합의반환에 관한 규정이 신설되기 이전의 사안에서 법정해제는 과세처분 취소사유로 보되 합의해제에 관하여는 판례와 학설의 견해가 나뉘었습니다. 이에 반하여 취득세에 관하여는 유통세라는 이유로 어느 경우이든 계약해제의 효력이 과세처분에 영향을 미치지 않는다고 보았습니다.

국세에 관한 경정청구제도 신설 이후에도 판례는 대체로 종전의 태도를 유지하여 왔는데(즉 양도소득세, 부가가치세에 관하여는 계약이 해제되면 비과세, 취득세에 관하여는 계약해제에 불구하고 과세), 다만 증여세에 관하여는 1997. 1. 1. 상증세법의 전면개정에 맞추어 수증재산의 합의반환에 관한 규정(구 상증세법 제31조 제4항, 현행 제4조 제4항)이 신설됨에 따라 그 규정에 의하여 증여계약 해제의 효력을 판단하여 왔습니다.

4. 그러나, 경정청구제도 이전은 별론으로 국세기본법에 계약해제를 해제권 행사에 의한 법정해제와 합의해제를 구분하여 합의해제의 경우에는 부득이한 사

유에 의한 경우에만 이를 경정청구사유로 규정한 이후에는 양도계약의 해제도 그 것이 전부해제이든, 아니면 일부해제이든 위 규정에 따라 해결해야 할 것입니다. 근본적으로 계약의 합의해제는 일부해제를 포함하여 일종의 새로운 계약이고, 국세기본법 시행령 제25조의2 제2호는 해제권 행사에 의한 해제 이외에 '부득이한 사유로 인한 계약의 해제'를 후발적 경정청구사유로 규정하고 있으므로 해제권 행사로 인한 경우 이외의 양도계약의 해제가 납세의무 성립에 영향을 미치는지 여부는 그것이 부득이한 사유로 인한 것인지 여부에 따라야 할 것입니다. 이는 계약의 일부해제로 평가할 수 있는 대금 감액의 경우에도 마찬가지입니다. '계약의 성립 후 발생한 부득이한 사유로 인하여 해제되거나 취소된 경우'란 합의해제의 경우를 포함하여 사정변경에 의하여 계약내용에 구속력을 인정하는 것이 부당한 경우를 의미하는 것으로 이해됩니다.

특별히 대립당사자 사이에 체결되는 양도계약의 경우 계약의 해제는 증여의 경우와 달리 명칭이나 형식에 불구하고 계약의 어느 일방 또는 쌍방의 위약과 관련하여 분쟁 해결의 수단으로 이루어지는 경우가 대부분이므로 계약관계가 종료되거나 변경된 경우 합의해제의 형태를 취한 경우에도 그 내용을 살펴보는 것이 필요합니다. 실제로 대상판결 사안도 계약 당사자 사이에 매매대금에 관한 분쟁이 발생하여 매매목적물을 일부 변경하고 그에 따라 양도대금도 일부 감액하기로 한 사안에 관한 것입니다. 아울러 법정신고기한 내 합의해제를 허용한 증여세(상증세법 제4조 제4항)나 법상 취득일로부터 60일 이내에 해제를 허용한 취득세(지방세법 시행령 제20조 제1항 및 제2항 제2호)와의 균형도 고려해야 합니다. 이러한 점을 감안하면 양도소득세의 경우도 계약해제에 따른 경정청구사유를 비교적 폭넓게 인정할 필요가 있습니다.

5. 한 가지 강조하고 싶은 점은, 여기의 대금감액에 해당하는지 여부는 그 실질에 따라 판단하여야 할 것이라는 점입니다. 당사자들이 그 명목을 손해배상으로 정했다고 하더라도 그것이 계약을 해제하고 매매대금의 반환과 별도로 지급하는 손해배상이 아니라 목적물의 하자에 따른 분쟁을 해결하기 위하여 계약은 그대로 유지하면서 받은 대금의 범위 내에서 일부를 반환하는 것이라면 그 실질은 계약의 일부해제에 해당하는 대금감액으로 보아야 합니다. 우리 민법은 이를 하

자담보책임의 한 형태로 규정하고 있는데(민법 제570조 내지 제583조 참조), 이는 곧 법이 정한 계약의 일부 해제권의 행사로서 국세기본법 시행령 제25조의2 제2호 내지 제4호의 후발적 경정청구사유에 해당한다고 볼 것입니다.

6. 한편 법인소득세와 관련하여 사업상 정당한 사유로 당초 매매대금이나 용역대금을 감액한 경우도 여기에 해당되는데(대법원 2013. 12. 26. 선고 2011두1245 판결), 이 경우 세액을 경정할 귀속연도는 원칙적으로 당초 손익의 귀속연도이지만, 다만 법에서 계약해제로 말미암아 실현되지 못한 소득금액을 해제일이 속하는 사업연도 소득금액에 대한 차감사유로 규정하고 있거나(법인세법 시행령 제69조 제3항 참조), 경상적, 반복적으로 발생하는 상품판매계약 등의 해제에 대하여 납세의무자가 기업회계기준이나 관행에 따라 해제일이 속한 사업연도의 소득금액을 차감하는 방식으로 법인세를 신고하여 왔다는 등의 특별한 사정이 있다면 계약의 해제는 (귀속연도로 효력이 소급하는) 후발적 경정청구사유가 될 수 없다는 것이 판례의 태도입니다(대법원 2014. 3. 13. 선고 2012두10611 판결).

22

위법소득의 반환과 후발적 경정청구

대상판결: 대법원 2015. 7. 16. 선고 2014두5514 전원합의체 판결

【판결요지】

형법상 뇌물, 알선수재, 배임수재 등의 범죄에서 몰수나 추징을 하는 것은 범죄행위로 인한 이득을 박탈하여 부정한 이익을 보유하지 못하게 하는 데 목적이 있으므로, 이러한 위법소득에 대하여 몰수나 추징이 이루어졌다면 이는 위법소득에 내재되어 있던 경제적 이익의 상실가능성이 현실화된 경우에 해당한다. 따라서 이러한 경우에는 소득이 종국적으로 실현되지 아니한 것이므로 납세의무 성립 후 후발적 사유가 발생하여 과세표준 및 세액의 산정기초에 변동이 생긴 것으로 보아 감액을 청구할 수 있도록 함이 타당하다. 그리고 이러한 후발적 경정청구사유가 존재함에도 과세관청이 당초에 위법소득에 관한 납세의무가 성립하였던 적이 있음을 이유로 과세처분을 하였다면 이러한 과세처분은 위법하므로 납세자는 항고소송을 통해 취소를 구할 수 있다.

【참조조문】

구 소득세법(2008. 12. 26. 법률 제9270호로 개정되기 전의 것) 제21조 제1항 제23호, 제24호, 국세기본법 제45조의2 제2항

【해설】

1. 대상판결은 재건축정비사업조합 조합장이 사업수행과 관련하여 뇌물을 받

은 것에 대하여 과세관청이 소득세법 제21조 제1항 제23호가 정한 기타소득에 해당한다고 보아 종합소득세 과세처분을 하였는데, 후에 위 조합장이 형사처벌을 받으면서 뇌물 상당액의 추징을 선고받고 해당 금액을 모두 납부한 후 부과처분의 취소를 구한 경우를 다루고 있습니다.

2. 먼저 위법소득에 대한 과세일반에 관하여 살펴봅니다.

세법상 위법소득은 일반적으로 횡령, 수뢰 등 형사상 처벌되는 행위나 민사상 무효 또는 취소할 수 있는 행위로 인한 소득 및 법률상 요구되는 허가 등을 받지 않고 영업을 하여 얻은 소득 등을 포괄하는 개념으로 사용됩니다. 우리 세법은 위법소득에 대한 과세 여부에 관하여 별도의 규정을 두지 않고 있으나 학설과 판례는 일치하여 위법소득도 소득의 수령자가 이를 배타적으로 지배, 보유하는 한 담세력이 있다고 보아 과세를 긍정하고 있습니다. 그리고 이와 같은 사정은 미국, 독일, 일본 등 외국의 경우에도 마찬가지입니다.

위법소득에 대한 과세를 긍정하더라도 이를 과세대상으로 삼기 위해서는 세법상 그 수입이 과세소득을 구성하여야 합니다. 특히 소득세법은 과세소득을 열거하고 있어 거기에 해당하지 않으면 과세가 불가능합니다. 이 사건에서 문제된 뇌물(소득세법 제21조 제1항 제23호)이나 알선수재 등에 의하여 받는 금품(같은 항 제24호) 등은 소득세법상 기타소득에 해당하나 횡령으로 인한 이익은 과세대상 소득으로 규정하고 있지 않으므로, 회사 임원이 회사재산을 횡령한 경우 인정상여로 인정되지 않는 한 원칙적으로 소득과세는 불가능하다고 보아야 합니다.

3. 다음 위법소득에 대한 과세 후 소득이 반환되어 경제적 이익이 상실된 경우 대상판결은 이를 국세기본법 제45조의2 제2항의 후발적 경정청구사유로 보았습니다. 대상판결이 명시하지 않았으나 구체적으로는 같은 항 제5호 및 같은 법 시행령 제25조의2 제4호의 '**제1호부터 제3호까지의 규정과 유사한 사유**'에 해당할 것입니다.

판례는 일반적으로 소득과세 및 상속과세와 관련하여 일단 납세의무가 성립하였더라도 그 이후에 발생한 사정으로 인하여 담세력이 소멸한 경우 이를 후발적 경정청구사유로 보고 있습니다. 이자소득과 관련하여 소득의 원인이 된 채권이 채무자의 도산 등으로 인하여 회수불능이 되어 소득의 실현가능성이 전혀 없게 된 경우에 관한 대법원 2014. 1. 29. 선고 2013두18810 판결이나 피상속인의 연대보증채무에 관하여 상속개시 당시에는 주채무자의 변제자력 상태가 확실하지 않아 이를 상속재산가액에서 공제하지 못했으나 그 후 주채무자가 변제불능상태에 빠져 상속인들이 구상권을 행사할 수 없게 된 경우에 관한 대법원 2010. 12. 9. 선고 2008두10133 판결 등을 그 예로 찾아볼 수 있습니다. 이 사건 대상판결도 이러한 판결들과 맥락을 같이 하는 판결입니다.

한 가지 생각해 볼 점은, 위 사안들은 공통적으로 일단 납세의무가 성립·확정된 이후 후발적 사정이 발생하여 당초의 담세력이 소멸하였으나 당초 소득의 발생원인과 그 후 담세력이 소멸한 사정 사이에 직접적인 관련성은 존재하지 않는다는 점입니다. 위법소득의 경우를 보면 소득발생의 원인이나 사유가 소멸한 것이 아니라 별도의 몰수나 추징사유에 기하여 대상물건 내지 소득이 반환된 경우이고, 이자소득이나 피상속인의 연대보증채무에 관한 사안도 사후에 발생한 채무자의 도산이나 변제불능 사정이 청구사유가 된 경우입니다. 이 점은 매매계약의 해제로 대금이 반환된 경우와는 다르고 어찌 보면 상속받은 재산이 단기간 내에 화재로 소멸한 경우와 가깝다고도 볼 수 있습니다. 후자의 경우에 관하여 상증세법은 사망 후 6개월을 기한으로 하여 별도로 재해손실공제를 인정하고 있습니다(상증세법 제23조 제1항 참조).

소득의 발생과 담세력의 소멸 사이에 어느 정도의 관련성을 요구할 것인가가 후발적 경정청구 사유의 판단에 있어서 검토되어야 할 주요사항의 하나라고 여겨집니다.

4. 외국의 입법 예를 보면, 미국은 행위자가 절도 등에 의해 얻은 금품을 반환하거나 손해를 배상하면 반환하는 연도의 소득에서 반환 금액을 공제하는 것을 허용하고[미국 내국세입법 §165(a), 165(c)(2)], 처분에 제한을 받지 않은 상태에서 어떤 금액을 받으면 권리에 관한 다툼이 있더라도 소득이 발생한 것으로 보며[청구권이론, claim of right], 이를 반환하면 원칙적으로 반환한 연도의 소득세에 반영하되 일정한 경우에는 납세자가 수익을 얻은 연도의 이익을 재계산할 수 있도록 하고 있습니다(같은 법 §1341). 이에 반하여 독일은 위법소득을 반환하는 경우 손

실에 대한 취급의 예를 따를 뿐 별도의 규정을 두지 않고 있어 당초 얻은 연도의 소득을 줄일 법적 근거는 없는 것으로 설명되고 있습니다. 한편 일본은 소득세법에 소득으로 산입한 연도의 과세표준과 세액을 경정한다는 규정을 두고 있습니다(일본 소득세법 제152조, 같은 법 시행령 제274조).

23

사해행위취소와 후발적 경정청구

대상판결: 대법원 2020. 11. 26. 선고 2014두46485 판결

【판결요지】

채권자취소권 행사로 사해행위가 취소되고 일탈재산이 원상회복되더라도, 채무자가 일탈재산에 대한 권리를 직접 취득하는 것이 아니고 사해행위취소의 효력이 소급하여 채무자의 책임재산으로 회복되는 것도 아니므로(대법원 2000. 12. 8. 선고 98두11458 판결; 2006. 7. 24. 선고 2004다23127 판결; 2012. 8. 23. 선고 2012두8151 판결 등 참조), 수증자가 사망하여 증여받은 재산을 상속재산으로 한 상속개시가 이루어졌다면, 이후 사해행위취소 판결에 의하여 그 증여계약이 취소되고 상속재산이 증여자의 책임재산으로 원상회복되더라도, 수증자의 상속인은 국세기본법 제45조의2 제2항이 정한 후발적 경정청구를 통하여 상속재산에 대한 상속세 납세의무를 면할 수 없다.

【참조조문】

국세기본법 제45조의2 제2항

【해설】

1. 채권자취소권이란 채무자가 채권자를 해함을 알고 재산권을 목적으로 한 법률행위를 한 경우에 모든 채권자를 위하여 채무자의 책임재산을 보전하기 위해

그 취소를 법원에 청구할 수 있는 권리를 말합니다(민법 제406조, 제407조). 채권자취소권의 행사에 의해 사해행위가 취소되는 경우 현재 통설과 판례는 상대적 무효설을 취하고 있습니다. 즉, 채권자취소권은 채무자의 사해행위를 채권자와 수익자 또는 전득자 사이에서 상대적으로 취소하고 채무자의 책임재산에서 일탈된 재산을 회복하여 채권자의 강제집행이 가능하도록 하는 권리로 봅니다.

2. 대상판결은 이와 같은 민법상 채권자취소권의 상대적 효력설에 근거하여, 재산을 증여받은 수증자가 사망하여 증여받은 재산을 상속재산으로 한 상속개시가 이루어졌다면, 이후 사해행위취소 판결에 의하여 그 증여계약이 취소되고 상속재산이 증여자의 책임재산으로 원상회복되었다고 하더라도, 수증자의 상속인은 국세기본법 제45조의2 제2항이 정한 후발적 경정청구를 통하여 상속재산에 대한 상속세 납세의무를 면할 수 없다고 보고 있습니다.

판례는 위 판결과 동일한 취지에서 사해행위를 이유로 증여행위를 취소하고 원물반환에 갈음하여 그 목적물 가액의 배상을 명함에 있어서 수익자에게 부과된 증여세액과 취득세액을(그 과세의 효력이 변하지 않으므로) 공제하지 않아야 한다고 보았습니다(대법원 2003. 12. 12. 선고 2003다40286 판결).

3. 그러나 사해행위취소의 효력에 관한 사법의 법리가 담세력을 기초로 하는 과세논리와 반드시 일치하는지는 의문입니다. 상속세나 증여세의 담세력이 결국 상속인이나 수증인이 상속이나 증여를 통하여 재산을 무상으로 취득하는 데에 있다고 본다면, 사해행위취소 판결을 통하여 궁극적으로 그와 같은 경제적 이익이 상실되었다면 사해행위취소 판결의 효력에 관한 사법상의 논리구성과 별도로 상속세나 증여세 과세는 온당하지 않다고 생각됩니다.

4. 앞에서 후발적 경정청구 사유를 논하는 데 있어서, 1) 후발적 사유발생으로 인한 담세력의 상실과 2) 당초 소득의 발생사실과 후발적 사유발생 사이의 견련관계가 중요한 판단요소라고 하였는데, 대상판결 사안의 경우 수증 및 상속의 대상이 된 재산이 원상으로 회복되어 당초 발생한 수익자의 담세력이 소멸하였고, 그 소멸원인이 당초의 법률행위(증여)의 하자(사해행위)에 기인되었다는 점에

서 위 두 가지 요건을 모두 충족하므로 세법의 측면에서 이를 후발적 경정청구사유로 인정함에 부족이 없어 보입니다.

수익자의 입장에서 보면 사해행위취소 판결의 효력이 수익자와 채무자 사이에 직접 미치는지 여부가 아니라 과세의 대상이 된 재산이 그의 지배를 떠나 채무자의 소유(책임재산)로 다시 환원되었다는 점이 중요합니다.

전 회에서 살펴 본 이자소득 후 채무자가 도산하거나 위법소득이 몰수나 추징 등에 의해 환원된 경우 소득의 발생과 소멸 사이에 직접적인 인과관계가 인정되지 않음에도 현실적으로 담세력이 소멸하였다는 사정에 기초하여 후발적 경정청구사유로 인정한 것과의 균형도 맞지 않습니다.

대상판결이 인용한 판결 중 대법원 2012. 8. 23. 선고 2012두8151 판결은, 주식의 명의신탁으로 인한 증여세 과세 후 소송절차에서 명의신탁이 사해행위에 해당한다는 이유로 신탁자 명의로 회복되더라도 원상회복 효력은 채권자와 수익자 사이에만 미쳐 수탁자에게 부과한 증여세의 후발적 경정청구사유에 해당하지 않는다고 본 것으로서 명의신탁 증여의제의 경우 명의신탁 자체에 대한 징벌적 과세로서 증여에 따른 담세력을 과세의 기반으로 삼은 것이 아니므로 이를 평면적으로 비교하기에는 무리가 있어 보입니다.

5. 다른 한편 판례는 물상보증인이 경매로 담보목적물의 소유권을 상실하였으나 채무자의 무자력으로 채무자에게 구상권을 행사할 수 없게 된 경우 물상보증인의 양도소득세에 관한 후발적 경정청구사유가 되는가에 관하여 이를 부정하였습니다(대법원 2021. 4. 8. 선고 2020두53699 판결). 판례는 그 이유로서 경매의 기초가 된 근저당권이 제3자의 채무에 대한 물상보증이더라도 양도인은 물상보증인이고 매각대금은 경매목적 부동산의 소유자인 물상보증인의 양도소득으로 귀속되며, 물상보증인의 채무자에 대한 구상권은 매각대금이 채무자의 피담보채무 변제에 충당됨에 따른 대위변제의 효과로서 발생하는 것이지 경매의 대가가 아니라는 점을 들고 있습니다. 이 경우 물상보증인의 채무자에 대한 구상권은 소득의 발생기초가 아니므로 소득의 발생기초가 된 채권 자체가 회수불능이 된 경우와 구별하여야 한다는 취지입니다.

이 경우 물상보증인은 자신 소유의 부동산을 경매절차를 통해 상실하였을 뿐 실질적으로 소비할 수 있는 경제적 가치를 얻은 것이 없으므로 순수한 담세력 측면에서 본다면 소득세 과세가 부당하다고 여길 수도 있습니다. 결과만 놓고 본다면 물상보증인이 채무자에게 채무변제액 상당을 무상으로 공여한 것일 뿐 유상양도의 실질은 없다고도 볼 수 있습니다.

그러나 양도소득세는 소유자산에 대한 위험과 지위가 변동되는 경우 이를 자산의 보유기간 동안 발생한 미실현 자본이득에 대한 과세의 계기로 삼는 조세로서 경매나 공매에 의한 소유권 이전을 양도소득세 과세대상으로 삼는 한 자산의 소유자에게 그로 인한 양도차익에 대하여 양도소득세를 과세하는 것은 불가피합니다. 부동산 소유자는 담보권설정계약을 통하여 채권자에게 피담보채무가 변제되지 않으면 담보로 제공된 부동산의 경매대금을 피담보채무의 변제에 충당할 것을 약정하였으므로 경매대금의 변제충당은 곧 담보를 제공한 부동산 소유자가 집행기관으로부터 경매대금을 받아 채권자에게 피담보채무를 변제한 것과 동일하게 평가할 수 있습니다. 그리고 물상보증인이 채무자에 대하여 구상권을 취득하는 것은 위와 같은 양도소득이 발생한 다음 단계의 결과에 해당하므로 그 구상권을 행사할 수 없게 되었다고 하여 이미 발생한 양도소득이 소멸하였다고 보기는 어렵습니다. 따라서 같은 취지의 위 판결은 타당합니다. 다만 이론을 떠나 현실적으로 부동산 소유권을 상실한 부동산 소유자에게 양도소득세까지 과세하는 것은 가혹한 측면이 있으므로 이 경우 입법적으로 양도소득세 감면조치를 강구하는 것은 가능할 것입니다. 실제로 개인사업자의 경우 구상채권에 대하여 대손을 인정하고 있고(소득세법 시행령 제55조 제1항 제16호 및 제2항), 상속세의 경우에도 상속개시 후 일정기간 내에 상속재산이 멸실·훼손되는 경우 재해손실공제(상증세법 제23조 제1항, 같은 법 시행령 제20조 제1항)를 인정하고, 일정한 사유로 상속재산 가액이 현저히 하락되는 경우 상속세 경정청구권에 관한 특례규정을 두고 있습니다(상증세법 제79조 제1항, 같은 법 시행령 제81조 제2항, 제3항).

24

형사확정판결과 후발적 경정청구

대상판결: 대법원 2020. 1. 9. 선고 2018두61888 판결

【판결요지】

[1] 관세법 제38조의3 제3항에서 규정한 후발적 경정청구사유 중 관세법 시행령 제34조 제2항 제1호의 '거래 또는 행위 등이 그에 관한 소송에 대한 판결에 의하여 다른 것으로 확정된 경우'는 최초의 신고 등이 이루어진 후 과세표준 및 세액의 계산근거가 된 거래 또는 행위 등에 관한 분쟁이 발생하여 그에 관한 소송에서 판결에 의하여 거래 또는 행위 등의 존부나 법률효과 등이 다른 내용의 것으로 확정됨으로써 최초의 신고 등이 정당하게 유지될 수 없게 된 경우를 의미한다.

[2] 형사사건의 재판절차에서 납세의무의 존부나 범위에 관한 판단을 기초로 판결이 확정되었다 하더라도, 이는 특별한 사정이 없는 한 관세법 제38조의3 제3항 및 관세법 시행령 제34조 제2항 제1호에서 말하는 '최초의 신고 또는 경정에서 과세표준 및 세액의 계산근거가 된 거래 또는 행위 등이 그에 관한 소송에 대한 판결에 의하여 다른 내용의 것으로 확정된 경우'에 해당한다고 볼 수 없다.

【참조조문】

관세법 제38조의3 제3항, 제94조 제4호, 관세법 시행령 제34조 제2항 제1호

【해설】

1. 대상판결에서는 원고(관련 형사사건의 피고인)가 인터넷 온라인 쇼핑몰을 운영하면서 영국 현지에서 신발 등을 구입하여 온라인 쇼핑몰을 통해 제품을 주문한 국내 소비자들에게 이를 배송, 판매한 경우 그 수입주체가 원고인지 아니면 국내 소비자들인지가 문제되었습니다. 수입주체를 제품을 구입한 국내 소비자로 보는 경우 관세 감면대상이 됨에 따라 원고의 유무죄 여부가 다툼이 된 것인데, 이에 관하여 관련 형사사건의 원심은 수입주체를 원고로 보아 관세법 위반 사실을 유죄로 인정하였으나, 상고심인 대법원은 수입주체를 국내 소비자들로 보아 원고에게 무죄를 선고하였습니다.

2. 대상판결의 쟁점은, 위와 같이 납세자가 조세포탈이 없다고 하여 관세법 위반사실에 관하여 무죄 확정판결을 받은 사유가 관세법상 관세에 관한 후발적 경정청구사유가 되는지에 관한 것입니다. 관세법은 경정청구제도에 관하여 별도의 규정을 두고 있으나, 그 내용은 국세기본법상 경정청구제도와 대동소이합니다. 국세기본법 및 관세법상 경정청구제도에는 통상적 경정청구(감액경정청구)와 후발적 경정청구가 있는데(국세기본법 제45조의2 제1항, 제2항, 관세법 제38조의3 제2항, 제3항), 통상적 경정청구가 주로 신고납세방식 조세에서 당초신고한 세액의 잘못을 바로 잡는 기능을 하는 데 반하여 후발적 경정청구는 모든 조세에 관하여 후발적으로 담세력에 영향을 미치는 사유가 발생한 경우 이를 시정하는 역할을 담당합니다.

구체적으로 대상판결에서는 관세법 제38조의3 제3항 및 관세법 시행령 제34조 제2항 제1호("이 사건 쟁점조항")에서 경정청구 사유로 규정한 '**최초의 신고·결정 또는 경정에서 과세표준 및 세액의 계산근거가 된 거래 또는 행위 등이 그에 관한 소송에 대한 판결(판결과 같은 효력을 가지는 화해나 그 밖의 행위를 포함한다)에 의하여 다른 것으로 확정되었을 때**'의 의미와 관련하여, 조세포탈에 관한 형사확정판결이 여기의 '판결'에 해당하는지 여부가 문제되었습니다.

국세기본법상 후발적 경정청구는, 1) 과세의 기초를 이루는 법률관계가 실체적으로 변동하거나(국세기본법 제45조의2 제2항 제5호, 같은 법 시행령 제25조의2 제1

호, 제2호, 제4호 등), 2) 판결 등을 통하여 과세의 기초가 된 사실상태나 법률관계가 절차법적 측면에서 다른 내용으로 확정된 경우(같은 항 제1호, 제3호), 3) 세액의 모순확정이 있는 경우(같은 항 제2호, 제4호)를 대상으로 합니다. 이 중 3)의 경우는 양립할 수 없는 세액의 모순확정이 있는 경우 납세자가 이중의 과세를 당할 수는 없으므로 그 현상 자체를 경정청구사유로 삼아 먼저 확정된 조세채무를 취소하도록 한 것이고 나머지 두 경우는 과세의 기초가 된 법률관계가 변동되는 경우를 대상으로 한 것입니다. 다만 1)의 경우 계약의 해제나 면허의 취소와 같이 실체적 사유로 법률관계가 변동되는 데 반하여, 2)의 경우는 판결 등의 효력을 통해 절차법적으로 법률관계가 변동된다는 점이 다릅니다. 대상판결의 사안은 이 중 2)와 관련된 것입니다.

3. 대상판결은 관련 형사사건의 확정판결이 이 사건 쟁점조항상의 '판결'에 해당하지 않는다고 판단하였는데 그 논거의 요지는 다음과 같습니다.

① 형사소송은 국가 형벌권의 존부 및 처벌범위의 확정을 목적으로 하는 것으로서 과세표준 및 세액의 계산근거가 된 거래 또는 행위 등에 관해 발생한 분쟁의 해결을 목적으로 하는 소송으로 보기 어렵고, 형사사건 확정판결만으로는 사법상 거래 또는 행위가 무효로 되거나 취소되지도 아니한다. 따라서 형사판결은 그에 의하여 '최초의 신고 또는 경정에서 과세표준 및 세액의 계산근거가 된 거래 또는 행위 등의 존부나 법률효과 등이 다른 내용의 것으로 확정'되었다고 볼 수 없다.

② 조세포탈죄의 성립 여부 및 범칙소득금액을 확정하기 위한 형사소송절차라고 하더라도 과세절차와는 목적이 다르고 그 확정을 위한 절차도 별도로 규정되어 서로 상이하다. 형사소송절차에서는 대립 당사자 사이에서 과세표준 및 세액의 계산근거가 된 거래 또는 행위의 취소 또는 무효 여부에 관하여 항변, 재항변 등 공격·방어방법의 제출을 통하여 이를 확정하는 절차가 마련되어 있지도 않다.

③ 형사소송절차에는 엄격한 증거법칙 아래에서 증거능력이 제한되고 무죄추정의 원칙이 적용된다. 따라서 형사무죄판결은 그러한 증명이 없다는 의미일 뿐 공소사실의 부존재가 증명되었다는 의미가 아니다.

4. 이에 관하여 학설의 논의는 형사판결도 위 조항에서 말하는 '판결'에 해당한다는 설(적극설)과 해당하지 않는다는 설(소극설)로 나뉘어져 있습니다. 적극설의 논거로는 위 조항에서 '판결'이라고만 하고 있을 뿐 판결의 구체적인 내용에 관하여는 규정하지 않고 있으므로, 형사판결에서도 범죄행위의 기초가 된 사법상 거래나 행위의 효력이 공소사실에 포함되어 있는 경우 형사판결 주문이 그에 관한 판단을 전제로 하고 있다면 그와 같은 판단내용을 담은 형사확정판결 역시 여기의 '판결'에 해당하는 것으로 보아야 하고, 형사사건에서 조세포탈사실이 없다고 하여 무죄로 판단받았는데 그에 관한 세금은 여전히 납부해야 한다면 실체적 진실에 반하고 납세자 입장에서도 수긍하기 어렵다는 점 등이 제시되고 있습니다.

5. 필자는 대상판결의 견해(소극설)에 찬성합니다. 이 사건 쟁점조항의 핵심내용인 '판결에 의하여 다른 것으로 확정되었을 때'의 내용 중 '확정'은 단순히 '모든 판결의 확정'이 아니라 '판결에 의한 사법상 법률관계의 확정'을 의미한다고 보아야 하기 때문입니다. 그리고 이와 같이 당사자 사이에 사법상 법률관계를 확정하는 효력은 원칙적으로 민사판결에 고유한 효력이기 때문입니다(민사소송법 제216조 제1항 참조). 반대로 적극설을 취하여 여기의 판결을 민사판결 이외에 형사판결이나 행정판결까지를 의미한다고 본다면 해당 판결의 당부를 떠나 그 판결에서 판단한 과세표준 및 세액의 근거가 된 거래 또는 행위에 관하여 다른 조세사건 재판부가 해당 판결에 기속되는데 이는 다른 재판부에 대한 관계에서 당해 판결의 최종심인 대법원의 판단, 그것도 주문을 이유 있게 만드는 판단만이 당해 사건의 하급심을 기속할 수 있다는 법리(민사소송법 제436조 제2항, 행정소송법 제8조 제2항 참조)에 정면으로 반합니다. 틀리기 쉬운 내용 중 하나가 이 조항에서 '판결 등'이 후발적 경정청구사유가 된다는 취지를 후속 조세재판부가 해당 '판결 등'의 내용에 구속되는 것이 아니라 단지 납세자가 그 판결 등에서 심리·판단된 사실관계의 당부를 다시 심리해 달라고 요구할 수 있는 권리를 갖는다는 것으로 오해하는 것입니다. 그러나 이 규정 취지는 해당 '판결 등'의 당부를 다시 심리·판단하라는 것이 아닙니다. 이미 확정된 판결의 당부를 다른 재판부가 다시 심리·판단한다는 것은 그 자체가 법리상 허용될 수 없습니다. 현실적으로도 구체적인 형사소송이나 행정소송에서 당사자가 하는 변론이나 그에 관한 재판부의 판단이 부실

하거나 다른 이유 등으로 진실에 부합하지 않는 경우가 흔히 발생하는데 같은 쟁점을 심리하는 후속 조세재판부가 그 당부에 대한 판단을 하지 못한 채 선행 판결의 확정 자체를 후발적 경정청구 사유로 보아 무조건 그 판단에 따르도록 하는 것은 여러 경우에 부당한 결과를 낳습니다. 물론 민사판결도 기속력과 관련하여서는 같은 입장이지만 민사판결이 후발적 경정청구사유가 된다는 것은 선행 판결의 기속력이나 그 판결을 한 재판부의 판단이 정당하다는 보증에 터 잡은 것이 아니라 민사판결의 기판력에 터 잡아 납세자와 그 상대방 사이에 해당 법률관계에 관하여 더 이상 다툴 수 없는 상태가 되었다는 절차적 효력에 기인한 것이므로 양자는 논의의 차원을 달리합니다. 형사판결에서 판단한 사항은 특별한 사정이 없는 한 다른 민사재판이나 행정재판에서 존중되어야 하지만 이는 사실인정 내지 증거법칙과의 관계에서 그러한 것이지 그 판단이 법적으로 민사재판이나 행정재판을 기속하는 것은 아닙니다. 다만 판결 등에 의해 특정 과세처분이 취소되고 그 내용이 다른 과세처분의 요건사실을 변경시켜 감액요소를 이루는 경우(예컨대 비상장주식 평가방법이 문제된 사안에서 그 평가 산식의 요소를 구성하는 법인세액이 다른 판결이나 심판결정에 의하여 변경된 경우. 상증세법 시행령 제55조 제1항 참조)에는 과세가액의 기초를 이루는 세액 자체가 다른 판결이나 결정의 효력에 의해 변동되었으므로 이는 후발적 경정청구사유에 해당합니다.

이와 관련하여 국세기본법 제45조의2 제2항 제2호는 "**소득이나 그 밖의 과세물건의 귀속을 제3자에게로 변경시키는 결정 또는 경정이 있을 때**"를, 같은 항 제4호는 "**결정 또는 경정으로 인하여 그 결정 또는 경정의 대상이 된 과세표준 및 세액과 연동된 다른 세목(같은 과세기간으로 한정한다)이나 연동된 다른 과세기간(같은 세목으로 한정한다)의 과세표준 또는 세액이 세법에 따라 신고하여야 할 과세표준 또는 세액을 초과할 때**"를 각각 후발적 경정청구사유로 규정하고 있고 이와 같은 결정이나 경정은 다른 조세사건 판결의 형성력에 의해서도 발생하므로 다른 행정판결이 여기에 포함되는 경우가 있는 것처럼 보입니다. 그러나 이는 온전히 세액의 모순확정을 바로 잡는 규정일 뿐 행정판결의 기속력과는 무관합니다. 오히려 만일 같은 항 제1호의 '판결'이 행정판결을 포함한다면 위 제2호나 제4호의 경우 중 판결에 기하여 해당 결정 또는 경정이 이루어지는 경우는 모두 제1호에 포함되므로 이를 제외하는 규정을 별도로 두었을 것입니다.

6. 만일 적극설의 입장과 같이 과세관청이나 법원과 조세심판원 등 쟁송기관이 후속 절차에서 형사확정판결에서 인정한 법률관계와 다른 판단을 하는 것이 금지된다면 거꾸로 형사확정판결이 유죄로 인정된 경우 납세자 입장에서도 후속 절차에서 그와 상반된 주장을 하지 못한다고 보아야 하는데 우리 법의 해석과 관련하여 그와 같은 입장을 취하는 견해는 없는 듯합니다(참고로 미국은 제도적으로 납세자나 과세관청 모두 조세소송절차에서 이미 확정된 관련 형사판결의 내용에 반하는 주장을 할 수 없도록 하고 있습니다). 이 점과 관련하여 국세기본법 제26조의2 제6항 제5호(2018. 12. 31. 신설)에서는 특례제척기간의 적용과 관련하여, "**최초의 신고·결정 또는 경정에서 과세표준 및 세액의 계산근거가 된 거래 또는 행위 등이 그 거래·행위 등과 관련된 소송에 대한 판결(판결과 같은 효력을 가지는 화해나 그 밖의 행위를 포함한다)에 의하여 다른 것으로 확정된 경우 판결이 확정된 날부터 1년 이내에 경정이나 기타 필요한 처분을 할 수 있다.**"고 규정하고 있습니다. 동일한 사유를 요건으로 하는 후발적 경정청구가 과세 측면에서 납세자에게 유리하게 판결이 확정된 경우를 대상으로 하는 데 반하여 여기에서 '판결이 확정된 경우'란 과세측면에서 납세자에게 불리하게 판결이 확정된 경우, 즉 과세를 적법하게 만드는 사유를 의미하는 것으로 이해되고 그러한 의미에서 여기에서의 '판결' 또한 원칙적으로 민사판결만을 의미한다고 보아야 할 것입니다. 이는 후발적 경정청구사유에서와 마찬가지로 민사판결만이 과세표준 및 세액의 계산근거가 된 거래 또는 행위를 (사법상) 다른 것으로 변경시키기 때문입니다. 사법상 법률관계 자체를 변경시킬 수 없는 다른 재판부의 판단이 입법적으로나 해석의 측면에서 가장 엄격할 수밖에 없는 부과제척기간의 적용에 대한 예외를 인정할 수는 없을 것입니다. 나아가 우리의 경우 거꾸로 과세처분이 판결 등에 의해 취소된 경우 조세포탈죄를 유죄로 인정한 형사확정판결의 재심사유가 된다는 것이 판례의 입장이므로(대법원 2015. 10. 29. 선고 2013도14716 판결), 납세자로서는 형사절차에서 유죄로 확정되었더라도 후속 행정재판에서 과세처분을 취소하는 판결을 받아 형사판결의 결론을 뒤집을 수 있습니다.

7. 납세자의 권리구제 측면에서 보더라도 관련 형사나 행정쟁송절차가 진행되는 동안 납세자는 통상적 경정청구절차를 통해 충분히 당해 조세사건의 위법성을

다툴 수 있습니다. 통상적 경정청구기간은 부과제척기간에 맞추어 5년으로 정해져 있는데 과세의 기초가 된 과거의 사실관계의 위법성 여부와 관련하여 후발적 경정청구를 인정한다는 것은 실질적으로 그 경정청구기간을 연장하는 것이 됩니다. 그러나 과세의 기초가 된 사실관계에 관하여는 과세관청보다 납세자가 더 잘 알므로 통상의 경정청구기간을 부과제척기간보다 더 연장할 이유는 없습니다. 형사판결이나 행정판결을 후발적 경정청구사유로 인정한다는 것은 정작 당해 조세사건에 관하여는 5년간 다투지 않고 이를 방치하면서 기능이 다른 재판절차에 기대어 조세구제를 도모하는 것이어서 보호할 가치가 있다고 보기 어렵습니다. 납세자로서는 본인이 가장 잘 알고 있는 사실관계에 기초하여 법이 부여한 기간 내에 본래의 구제수단으로 인정된 통상적 경정청구절차를 취했어야 마땅합니다. 단지 권리행사를 소홀히 했다는 이유만으로 아예 실체적 권리관계를 상실시키는 시효제도도 단기시효나 상사시효 등 5년 이내로 설정되어 있는데 진실을 가리는 불복수단인 경정청구기간을 5년을 넘어서까지 인정할 이유는 별로 없으며, 이는 공법상 법률관계의 안정을 위하여 불복기간을 둔 취지에도 반합니다. 형평의 측면에서 보더라도 동일하게 신고나 과세처분의 위법사유를 주장하는 상황에서 어느 한쪽의 납세자에게 형사재판절차가 수반되었다고 하여 그렇지 않은 납세자와 비교하여 제소기간에서 더 유리하게 취급할 이유는 없습니다.

그 밖에 긍정설 중 그 논거를 판례가 형사부수판결인 몰수판결이 후발적 경정청구사유가 된다고 본 점(대법원 2015. 7. 16. 선고 2014두5514 전원합의체 판결)을 드는 견해도 있으나, 위 판결취지는 형사판결에 기하여 과세표준 및 세액의 계산 근거가 된 거래 또는 행위 등이 다른 것으로 확정되었기 때문이 아니라 실체적인 담세력이 변경·소멸하였기 때문에 이를 후발적 경정청구사유로 본다는 것(즉 국세기본법 제45조의2 제2항 제1호 사유가 아니라 같은 항 제5호의 사유로 본 것)이므로 그 논거를 전혀 달리합니다.

8. 한편 2022. 12. 31. 개정된 국세기본법 제45조의2 제2항 제1호에서는, **'최초의 신고·결정 또는 경정에서 과세표준 및 세액의 계산근거가 된 거래 또는 행위 등이 그에 관한 제7장에 따른 심사청구, 심판청구, 감사원법에 따른 심사청구에 대한 결정이나 소송에 대한 판결(판결과 같은 효력을 가지는 화해나 그 밖의 행위**

를 포함한다)에 의하여 다른 것으로 확정되었을 때'를 후발적 경정청구사유의 하나로 규정하고 있습니다.

여기서 '**과세표준 및 세액의 계산근거가 된 거래 또는 행위 등이 그에 관한 심사청구, 심판청구, 감사원법에 따른 심사청구에 대한 결정에서 다른 것으로 확정된 때**'라는 것이 과세의 기초사실에 관한 것을 의미한다면(규정의 체계나 문언상 그와 같이 해석됩니다) 위 규정은 특정 조세사건 판결이나 결정의 기속력을 다른 조세사건에 근거 없이 확장하는 것이 되어 위에서 검토한 것과 똑같은 이유로 매우 부당한 입법이 아닐 수 없습니다. 위 규정에 따른다면 예컨대 과세관청이 특정한 용역의 공급을 이유로 부가가치세 부과처분과 법인세 부과처분을 한 경우 납세자는 부가가치세 부과처분만을 다투고 그 취소판결을 받아 다시 (당초 부과처분에 대한 제소기간과 관계없이) 후발적 경정청구사유를 들어 법인세 부과처분을 다툴 수 있다는 것이 되고, 심지어 법인세 부과처분과 부가가치세 부과처분이 서로 다른 날짜에 이루어져 심판부나 재판부를 달리하는 경우 선행 사건의 재결이나 판결이 확정되면 후행 사건 심판부나 재판부는 선행 확정 재결이나 판결에 기속되어 스스로의 판단과 관계없이 부과처분을 취소하여야 한다는 매우 부당한 결론에 이르게 됩니다. 입법의 정비가 필요하다고 생각됩니다.

25

장기부과제척기간 요건인 '사기, 그 밖의 부정한 행위'

대상판결: 대법원 2017. 4. 13. 선고 2015두44158 판결

【판결요지】

[1] 구 국세기본법(2011. 12. 31. 법률 제11124호로 개정되기 전의 것) 제47조의2 제2항 제1호, 제47조의3 제2항 제1호, 구 국세기본법 시행령(2012. 2. 2. 대통령령 제23592호로 개정되기 전의 것) 제27조 제2항 제6호의 입법취지는 국세의 과세표준이나 세액 계산의 기초가 되는 사실의 발견을 곤란하게 하거나 허위의 사실을 작출하는 등의 부정한 행위가 있는 경우에 과세관청으로서는 과세요건사실을 발견하고 부과권을 행사하기 어려우므로 부정한 방법으로 과세표준 또는 세액의 신고의무를 위반한 납세자를 무겁게 제재하는 데 있다. 따라서 구 국세기본법 시행령 제27조 제2항 제6호가 부당한 방법의 하나로 들고 있는 '사기, 그 밖의 부정한 행위'라고 함은 조세의 부과와 징수를 불가능하게 하거나 현저히 곤란하게 하는 위계 기타 부정한 적극적인 행위를 말하고, 적극적 은닉의도가 나타나는 사정이 덧붙여지지 않은 채 단순히 세법상의 신고를 하지 아니하거나 허위의 신고를 함에 그치는 것은 여기에 해당하지 않는다. 또한 납세자가 명의를 위장하여 소득을 얻더라도, 명의위장이 조세포탈의 목적에서 비롯되고 나아가 여기에 허위 계약서의 작성과 대금의 허위 지급, 과세관청에 대한 허위의 조세 신고, 허위의 등기·등록, 허위의 회계장부 작성·비치 등과 같은 적극적인 행위까지 부가되는 등의 특별한 사정이 없는 한, 명의위장 사실만으로 구 국세기본법 시행령 제27조 제2항 제6호에서 정한 '사기, 그 밖의 부정한 행위'에 해당한다고 볼 수 없다.

[2] 갑이 을 주식회사의 주식 일부를 병 등에게 명의신탁한 후 명의수탁자인 병 명의 주식의 양도에 관하여 양도소득세를 신고하지 아니하고, 명의신탁 주식과 관련된 이자 및 배당소득에 관하여 명의수탁자 명의로 종합소득세 신고를 한 사안에서, 명의신탁이 누진세율의 회피 등과 같은 조세포탈의 목적에서 비롯되었다고 볼 만한 사정이 발견되지 않는 점 등 제반 사정에 비추어, 갑의 주식 명의신탁 행위로 양도소득세가 과세되지 못하고 종합소득세와 관련하여 세율 구간 차이에 따라 산출세액에서 차이가 발생하였더라도, 갑의 주식 명의신탁행위와 이에 뒤따르는 부수행위를 조세포탈의 목적에서 비롯된 부정한 적극적인 행위로 볼 수 없다는 이유로, 양도소득세 부당무신고가산세 부과처분 중 일반무신고가산세액을 초과하는 부분과 종합소득세 부당과소신고가산세 부과처분 중 일반과소신고가산세액을 초과하는 부분은 위법하다고 본 원심판단이 정당하다고 한 사례.

【참조조문】

구 국세기본법(2011. 12. 31. 법률 제11124호로 개정되기 전의 것) 제47조의2 제2항 제1호(현행 제47조의2 제1항 제1호 참조), 제47조의3 제2항 제1호(현행 제47조의3 제1항 제1호 참조), 구 국세기본법 시행령(2012. 2. 2. 대통령령 제23592호로 개정되기 전의 것) 제27조 제2항 제6호(현행 제12조의2 제1항 및 조세범처벌법 제3조 제6항 참조)

【해설】

1. 대상판결은 부당무신고가산세 및 부당과소신고가산세("부당가산세")의 요건인 '사기 그 밖의 부정한 행위'의 적용범위에 관한 문제를 다루고 있는데 국세기본법 및 조세범처벌법상 '사기 그 밖의 부정한 행위'를 구성요건으로 하는 경우는 세 가지가 있습니다. 부당가산세 이외에 장기부과제척기간과 조세범처벌법상 조세포탈죄의 적용요건이 바로 그것입니다. 이번 회에는 주로 위 세 규정의 상관관계에 관하여 살펴보고자 합니다.

2. 우선 대상판결 당시의 각 조문의 내용을 간략하게 살펴보면, 부당가산세의 경우는 구 국세기본법 제47조의2(2011. 12. 31. 개정 전의 것) 제2항에서, "**제1항의 규정에 불구하고 부당한 방법(납세자가 국세의 과세표준 또는 세액 계산의 기초가 되는 사실의 전부 또는 일부를 은폐하거나 가장하는 것에 기초하여 국세의 과세표준 또는 세액의 신고의무를 위반하는 것으로서 대통령령이 정하는 방법을 말한다)으로 무신고한 과세표준(괄호 생략)이 있는 경우에는 다음 각 호의 금액을 합한 금액을 납부할 세액에 가산하거나 환급받을 세액에서 공제한다.**"고 규정하고, 같은 법 시행령 제27조에서는, "**법 제47조의2 제2항 각 호 외의 부분에서 "대통령령으로 정하는 방법"이란 다음 각 호의 어느 하나에 해당하는 방법을 말한다.**"고 한 후 제1호(이중장부의 작성 등 장부의 거짓 기록)부터 제5호(재산의 은닉이나 소득·수익·행위·거래의 조작 또는 은폐)까지 개별적 행위태양을, 제6호에서 '그 밖에 국세를 포탈하거나 환급·공제받기 위한 사기, 그 밖의 부정한 행위'를 각각 규정하고 있었습니다.

다음 장기부과제척기간에 관하여는 국세기본법 제26조의2(국세 부과의 제척기간) 제1항에서, "**국세는 다음 각 호에 규정된 기간이 끝난 날 후에는 부과할 수 없다. 다만, 조세의 이중과세를 방지하기 위하여 체결한 조약에 따라 상호합의 절차가 진행 중인 경우에는 「국제조세조정에 관한 법률」 제25조에서 정하는 바에 따른다.**"고 하여, 그 제1호에서 '**납세자가 사기나 그 밖의 부정한 행위로 국세를 포탈하거나 환급·공제받은 경우에는 그 국세를 부과할 수 있는 날부터 10년간**'이라고 규정하였으나 '사기나 그 밖의 부정한 행위'의 의의에 관하여는 별도의 규정을 두지 않았습니다.

이에 반하여 현행 법령은 먼저 장기부과제척기간에 관하여, 국세기본법 제26조의2 제2항 제2호에서, "**납세자가 대통령령으로 정하는 사기나 그 밖의 부정한 행위("부정행위")로 국세를 포탈(逋脫)하거나 환급·공제를 받은 경우: 그 국세를 부과할 수 있는 날부터 10년**"이라고 규정하고, 같은 시행령 제12조의2(부정행위의 유형 등) 제1항에서, "**법 제26조의2 제2항 제2호 전단에서 '대통령령으로 정하는 사기나 그 밖의 부정한 행위'란 조세범처벌법 제3조 제6항에 해당하는 행위를 말한다.**"고 규정한 후, 부당무신고가산세에 관하여는 국세기본법 제47조의2 제1항 제1호에서, 위 규정의 '부정행위' 개념에 터 잡아 "**부정행위로 법정신고기한까지 세법에 따른 국세의 과세표준 신고를 하지 아니한 경우: 100분의 40(역외거래)에**

서 발생한 부정행위인 경우에는 100분의 60"으로 가산세율을 규정하고 있습니다.

한편 조세포탈죄에 관하여는, 이 사건 당시나 현행법령 모두 조세범처벌법 제3조 제1항에서, "**사기나 그 밖의 부정한 행위로써 조세를 포탈하거나 조세의 환급·공제를 받은 자는 2년 이하의 징역 또는 포탈세액, 환급·공제받은 세액**("포탈세액 등")**의 2배 이하에 상당하는 벌금에 처한다. 다만,** …"으로 규정하고, 같은 조 제6항에서, "**제1항에서 '사기나 그 밖의 부정한 행위'란 다음 각 호의 어느 하나에 해당하는 행위로서 조세의 부과와 징수를 불가능하게 하거나 현저히 곤란하게 하는 적극적 행위를 말한다.**"고 하여 그 제1호(이중장부의 작성 등 장부의 거짓 기장) 내지 제7호(그 밖에 위계에 의한 행위 또는 부정한 행위)에서 구체적인 행위태양을 규정하고 있습니다.

전체적으로 보면, 구법 하에서는 부당가산세와 장기부과제척기간, 그리고 조세포탈죄의 적용요건들이 상호 분명하게 연결되지 않았다가 현행 법령에 이르러서는 부당가산세와 장기부과제척기간은 규정형식상 양자를 통합하는 한편 부당가산세의 요건을 조세포탈죄의 구성요건으로 연결시켜 결과적으로 규정형태상 세 경우를 통합하여 규정하고 있음을 알 수 있습니다.

3. 판례 또한 전통적으로 세 경우 요건을 동일하게 해석하여 왔습니다(대법원 2014. 2. 27. 선고 2013두19516 판결; 2018. 3. 29. 선고 2017두69991 판결 등). 그러나 세 가지 제도는 각각 그 입법취지를 달리하므로 위와 같은 해석이 제도의 취지에 부합하는지에 관하여는 많은 의문이 있습니다. 특별히 형사범인 조세포탈범의 구성요건을 질서벌의 성격을 갖는 중가산세나 과세권 행사에 관한 장기부과제척기간과 동일하게 해석할 수 있는지 의문입니다. 이 점은 우리 판례가 조세포탈죄의 성립범위 특히 고의의 인정과 관련하여 그 범위를 매우 넓게 인정하여 온 것과 무관하지 않다고 생각됩니다.

어쨌든 구법 하에서 장기부과제척기간의 적용요건은 단지 '사기, 그 밖의 부정한 행위'로 되어 있는데 '사기, 그 밖의 부정한 행위'가 그 자체만으로 조세법의 기본원리인 조세법률주의 내지 과세요건명확주의의 요청에 제대로 부응한다고 보기 어려우므로 이 규정을 인접한 부당가산세 규정의 '사기, 그 밖의 부정한 행위'와 동일하게 이해하는 것은 조문의 체계적인 해석상 불가피한 것으로 여겨집니다. 부당가산세 구성요건에서의 '사기, 그 밖의 부정한 행위'는 '과세요건 사실의 은폐나 가장'과 같은 보다 구체적인 용어 및 이중장부의 작성 등과 같은 구체적인 행위태양에 의하여 그 의미가 좀 더 명확하게 설정되어 있기 때문입니다. 규정형태상 가장 완결적인 것은 조세포탈죄의 경우인데 조세포탈죄는 형사범이므로 죄형법정주의의 요청에 따라 구성요건을 명확히 규정하는 것은 필수적인 사항입니다. 구법에서는 부당가산세나 장기부과제척기간 규정이 규정형식상 조세포탈죄로 직접 연결되지 않았음에도 판례는 원칙적으로 세 경우를 동일하게 해석하였는데 현행 법령에서는 아예 이들을 통합하는 형태로 규정한 것입니다(다만 현행 법령에서 부당가산세나 장기부과제척기간의 적용요건이 규정형식상 조세포탈죄의 구성요건과 완전히 일치하는지에 관하여는 여전히 논의의 여지가 남아 있습니다).

4. 대상판결은 구법 아래에서 부당가산세 적용요건이 원칙적으로 조세포탈죄의 구성요건과 동일하다는 점을 확인한 판결입니다. 대상판결이, "부당가산세에서의 '사기 그 밖의 부정한 행위'라고 함은 조세의 부과와 징수를 불가능하게 하거나 현저히 곤란하게 하는 위계 기타 부정한 적극적인 행위를 말하고, 적극적 은닉의도가 나타나는 사정이 덧붙여지지 않은 채 단순히 세법상의 신고를 하지 아니하거나 허위의 신고를 함에 그치는 것은 여기에 해당하지 않는다."고 한 판시는 조세포탈죄의 구성요건에 관한 판례의 해석과 동일합니다. 조세의 포탈이라는 결과반가치를 넘어 행위반가치를 요구하고 그것도 단순한 조세포탈결과의 인식을 넘어 구체적인 행위가 적극적 은닉의도를 수반하여 이루어지는 정도에 이르러야 한다는 취지입니다. 국가에게 세무조사권 등 세금을 부과 · 징수하기 위한 여러 가지 권한을 부여하는 것에 대응하여 국민에게는 일정한 범위의 협조의무를 부과하지만 그와 같은 협조의무를 이행하지 않았다고 하더라도 법이 규정한 일반 가산세 등의 불이익을 넘어서 형사처벌이나 중과세 등의 조치를 취하지는 않겠다는 취지로 이해됩니다.

5. 그런데 구법상 부당가산세와 장기부과체적기간의 적용요건과 관련하여 최근에 흥미로운 판결이 선고되었습니다. 대법원 2021. 2. 18. 선고 2017두38959 전원합의체 판결은, 법인의 대표자나 사실상 대표자가 아닌 사용인 등의 부정한 행

위가 납세자(법인) 본인의 이익이나 의사에 반하여 자기 또는 제3자의 이익을 도모할 목적으로 납세자를 피해자로 하는 사기, 배임 등 범행의 일환으로 행하여지고, 거래상대방이 이에 가담하는 등으로 인하여 납세자가 이들의 부정한 행위를 쉽게 인식하거나 예상할 수 없었던 경우, 사용인 등의 배임적 부정한 행위로 인한 과소신고에 대하여 납세자에게 부정한 행위를 이유로 구 국세기본법 제47조의3 제2항 제1호의 중과세율을 적용한 부당과소신고가산세의 제재를 가할 수는 없으나, 사용인 등의 배임적 부정행위가 같은 법 제26조의2 제1항 제1호의 장기부과제척기간에서 말하는 '부정한 행위'에는 포함된다고 본 것입니다. 구법 하에서 본인이 아닌 제3자의 부정행위라는 예외적 사항에 관하여 부당가산세의 적용요건을 장기부과제척기간의 적용요건보다 엄격하게 제한해석한 것인데 이 판결의 구체적인 내용 및 의의에 관하여는 다음 기회에 좀 더 자세히 살펴보겠습니다.

26

원천징수분 법인세 징수권의 소멸시효

대상판결: 대법원 2020. 11. 12. 선고 2017두36908 판결

【판결요지】

갑 영국법인이 말레이시아에 설립된 을 회사로부터 병 은행의 주식을 양수하고 대금을 지급하면서 '대한민국과 말레이시아 정부 간 소득에 대한 조세의 이중과세회피 탈세방지를 위한 협약'에 따라 주식의 양도로 발생한 양도차익에 대한 법인세를 원천징수하지 않자 관할 세무서장이 갑 법인에 위 양도소득에 대한 원천징수분 소득세 징수처분 및 가산세 부과처분(1차 징수처분)을 하였다가 이를 취소하는 판결이 확정되고 소멸시효 기간 5년이 지난 뒤에 다시 위 양도소득에 대한 원천징수분 법인세 징수처분 및 가산세 부과처분(이 사건 2차 징수처분)을 한 사안에서, 세목은 부과처분에서는 물론 징수처분에서도 납세의무의 단위를 구분하는 본질적인 요소이므로 근거 세목이 '소득세'인 1차 징수처분과 근거 세목이 '법인세'인 이 사건 2차 징수처분은 처분의 동일성이 인정되지 않아 1차 징수처분이나 응소행위 등은 같은 양도소득에 대한 원천징수분 법인세 징수권의 소멸시효를 중단하는 '납세고지'에 해당하지 않는다고 본 원심판단이 정당하다고 한 사례.

【참조조문】

구 국세기본법(2007. 12. 31. 법률 제8830호로 개정되기 전의 것) 제21조 제2항 제1호(현행 제21조 제3항 제1호 참조), 제22조 제2항 제3호(현행 제22조 제4항 제2호 참조), 제26조 제3호, 제27조, 제28조 제1항 제1호, 구 국세기본법 시행령(2007. 2. 28. 대통령령 제19893호로 개정되기 전의 것) 제12조의4 제2항 제1호(현행 삭제), 구 법인세

법(2005. 12. 31. 법률 제7388호로 개정되기 전의 것) 제93조 제10호(현행 제93조 제9호 참조), 제98조 제1항 제4호(현행 제98조 제1항 제7호 참조), 민법 제168조 제1호, 제170조 제1항

【해설】

1. 본 판결은 원천징수의무자에 대한 원천징수세액 고지(1차 징수처분) 취소소송 절차에서 심리결과 원천징수 상대방(원천납세의무자)이 외국투자단체 개인이 아니라 그 배후의 법인임이 밝혀지자 과세관청이 원천징수분 소득세 징수처분을 원천징수분 법인세 징수처분으로 처분사유를 변경하고자 하였으나 원천납세의무 세목이 달라지는 경우에는 처분의 동일성을 인정할 수 없어 처분사유 변경이 허용되지 않는다고 법원이 판단함에 따라 과세관청이 패소하고 그 판결(대법원 2014. 9. 4. 선고 2014두3068 판결, 이하 '종전 판결'이라고 합니다)이 확정된 후 판결의 취지에 따른 재처분을 허용하는 특례제척기간 규정에 따라 과세관청이 다시 원천징수분 법인세 징수처분(이 사건 2차 징수처분)을 하였는데 이 사건 2차 징수처분 역시 징수권 소멸시효가 완성된 후에 이루어진 것으로서 무효라고 판단한 사안입니다.

2. 대상판결은 종전 판결의 취지를 이어받아 과세관청의 2차 징수처분에 관하여도 1차 징수처분과 처분의 동일성이 인정되지 않는다고 보아 시효중단 등 시효에 관한 과세관청의 주장을 모두 배척하고 아울러 대상판결은 부과권 제척기간에 관한 법 규정에 불구하고 원천징수의무자에 대한 고지처분을 징수고지처분으로 재차 확인하고 있습니다.

3. 그러나 과세의 기초사실의 동일성이라는 것은 기본적으로 실체적 법률관계에 터 잡은 개념입니다. 원천징수의무의 경우 소득을 누구에게 지급하였는가, 즉 당사자 사이의 계약에 기초하여 볼 때 당해 소득의 정당한 수령자가 누구인가만이 원천징수의무 과세의 기초사실을 구성합니다. 만일 원천납세의무의 내용이 원천징수의무자에 대한 과세의 기초사실의 동일성에 영향을 준다면 그 대상은 당연히 납세의무자가 누구인지 여부가 되어야 합니다. 원천납세의무를 기준으로 보면

법상 납세의무자가 누구인가는 실체적 사실관계를 달리하는 내용인 데 반하여 그 납세의무자에게 귀속되는 소득을 어떠한 방식으로 과세할 것인가의 문제는 그와 같은 실체적 사실관계에 터 잡아 세법이 정하는 과세방법에 불과합니다. 따라서 배후의 원천납세의무자가 개인인지 법인인지 여부에 관계없이 양자 모두 동일한 거래관계 및 지급사실에 기초하고 있다는 점에서 양자 사이에 처분사유 변경을 허용하는 것이 마땅하고 원천징수의무자에 대한 징수고지는 어느 쪽이든 징수권 소멸시효의 중단사유가 된다고 볼 것입니다. 이 중 처분사유 변경과 관련하여서는 뒤에서 좀 더 자세히 살펴보겠습니다(본 판례백선 48회 참조).

4. 한편 국세기본법은 부과권 제척기간의 기산일에 관하여, "**원천징수의무자 또는 납세조합에 대하여 부과하는 국세의 경우 해당 원천징수세액 또는 납세조합 징수세액의 법정 납부기한의 다음 날**"로 규정하고 있습니다(국세기본법 시행령 제12조의3 제2항 제1호).

위와 같이 법은 원천징수세액에 관하여 이를 부과제척기간 적용대상으로 보아 그 기산일을 '**법정 납부기한의 다음 날**'로 규정한 한편, 국세기본법 제27조 제4항 제1호는 납부고지한 원천징수세액에 대하여 국세징수권을 행사할 수 있는 때를 '**그 고지에 따른 납부기한의 다음 날**'로 규정하고 있습니다.

그러나 원천징수하는 국세는 소득금액을 지급하는 때에 자동적으로 성립 및 확정되고(국세기본법 제22조 제4항 제2호), 원천징수의무자에 대한 납부고지는 징수고지의 성격을 가지므로(대법원 1984. 3. 13. 선고 83누686 판결; 2016. 12. 1. 선고 2014두8650 판결 등) 이를 전제로 하는 한 제척기간에 관한 위 규정은 용어에 불구하고 국가가 징수고지권을 행사할 수 있는 기간으로 이해할 수밖에 없습니다. 한편 징수권 기산일에 관한 위 규정은 원래는 부과제척기간과 동일하게 '법정 납부기한의 다음 날'로 규정되어 있던 것을 2007. 2. 28. 시행령 개정 시 위와 같이 바뀌었다가 2019. 12. 31. 법 개정 시 아예 법으로 자리를 옮겼습니다. 그러나 국가가 징수고지를 하게 되면 징수시효가 중단되고 그때부터 시효기간이 새로 기산되므로 징수권에 관한 위 규정은 사실상 무용한 규정으로 여겨집니다.

5. 입법론으로는 독일과 같이 원천징수의무를 불이행한 원천징수의무자의 원천징수 및 납부의무 확정방식을 과세관청의 결정고지방식에 의하는 편이 합리적이라고 여겨집니다.

원천징수의무자의 납세의무는 원천징수세액을 징수한 상태에서는 별도의 부과처분 없이 국가에 대한 납부의무가 자동적으로 확정된다고 볼 것이지만 원천징수세액을 징수하지 못한 상태에서는 자신의 책임재산으로 새로운 납세의무를 부담하는 것이 되므로 국가의 부과고지를 기다려 납세의무가 확정된다고 보는 것이 법리상 옳기 때문입니다(이에 관한 보다 자세한 내용은 본 판례백선 62회를 참고하시기 바랍니다).

6. 이 사건의 경우 과세의 기초사실이 동일하고 제1차 징수처분과 제2차 징수처분은 양립할 수 없는 관계로서 과세관청이 동시에 처분권을 행사할 수 없었다는 점에서 쟁송 중 과세관청의 처분사유 변경이나 원천징수의무자에 대한 징수고지에 따른 징수권 소멸시효 중단은 물론 판결 후에도 '판결확정일로부터 1년간'이라는 특례제척기간이 적용되어야 마땅한 사안입니다. 미흡한 법률 체계와 난해한 법리적 공방으로 인하여 국가의 과세권이 부당하게 일실되고 그에 따라 납세자가 부당하게 과세상 이득을 취한 사안으로 여겨져 사뭇 아쉬움이 남는 판결입니다.

27

가산세 부과범위

대상판결: 대법원 2019. 7. 11. 선고 2017두68417 판결

【판결요지】

법인의 대주주인 갑이 법인의 임원인 을 앞으로 명의신탁한 주식을 갑의 아들인 병에게 이전하고 병이 을로부터 주식을 증여받은 것을 원인으로 증여세를 신고·납부하였는데, 과세관청이 구 상증세법(2007. 12. 31. 법률 제8828호로 개정되기 전의 것) 제45조의2의 명의신탁 증여의제 규정을 적용하여 병(명의수탁자)에게 증여세와 함께 부당무신고가산세 및 납부불성실가산세를 결정·고지하면서 갑(명의신탁자)에게도 연대납부를 명한 사안에서, 구 상증세법 제68조 제1항, 같은 법 시행령(2008. 2. 22. 대통령령 제20621호로 개정되기 전의 것) 제65조 제1항, 구 국세기본법(2007. 12. 31. 법률 제8830호로 개정되기 전의 것) 제47조의2 제1항에 비추어, 증여세 납세의무자가 법정신고기한 내에 증여세 과세표준을 관할 세무서장에게 신고한 경우에는 설령 증여자를 잘못 신고하였더라도 이를 무신고로 볼 수는 없으므로 부당한 방법으로 무신고하였는지에 관한 부분에 더 나아가 판단할 필요 없이 무신고가산세 부과처분이 위법하고, 병의 증여세 신고가 유효한 이상 증여세 납부의 효력도 유지된다는 이유로 납부불성실가산세 부과처분도 위법하다고 한 사안.

【참조조문】

구 상증세법(2007. 12. 31. 법률 제8828호로 개정되기 전의 것) 제45조의2, 제68조 제1항, 구 국세기본법(2007. 12. 31. 법률 제8830호로 개정되기 전의 것) 제47조의2 제1항, 구 상증세법 시행령(2008. 2. 22. 대통령령 제20621호로 개정되기 전의 것) 제65조 제1항

【해설】

1. 가산세란, '**국세기본법 및 세법에서 규정하는 의무의 성실한 이행을 확보하기 위하여 세법에 따라 산출한 세액에 가산하여 징수하는 금액**'을 말하며(국세기본법 제2조 제4호), 정부는 세법에서 규정한 의무를 위반한 자에게 이 법 또는 세법에서 정하는 바에 따라 가산세를 부과합니다(국세기본법 제47조 제1항).

조세법률관계에서 자칫 소홀히 하기 쉽지만 중요한 이슈가 바로 가산세입니다. 얼핏 미납부 세금에 대한 이자 정도로 생각하기 쉽지만 결코 그렇지 않습니다. 가산세는 거의 모든 세금에 따라 붙는 본세와는 별도의 세금인데다가 액수도 기본적으로 본세의 10%에서 많게는 40%에 이르기까지 고액이고 납부지연가산세의 경우 미납부기간이 길어질수록 가산세액도 많아집니다.

2. 세계 대부분 국가들은 납부할 세금의 과세표준과 세액의 크기를 일차로 납세의무자 스스로 정하는 신고납세방식을 택하고 있는데 이와 같은 신고납세방식을 취하는 경우 제대로 신고납부하지 않는 납세의무자에게 정확한 신고를 담보할 정도의 제재를 가하는 것은 신고납세제도를 제대로 운용하기 위한 필수적 요소라고 볼 수 있습니다.

우리나라 가산세 비율과 관련하여 부담비율이 높다는 이유로 위헌심판제청이 된 경우가 몇 차례 있었으나 위헌으로 판정된 적은 없었습니다. 그와 같은 배경에는 가산세 제도의 취지와 기능이 자리 잡고 있습니다. 실제로 우리나라의 가산세 비율은 외국에 비하여 그다지 높은 편이 아닙니다.

3. 우리 법상 가산세는 국세기본법에 규정된 것과 각 개별세법에 규정된 것이 있는데 가장 기본적인 것은 국세기본법상의 신고·납부 불성실가산세입니다(법 제47조의2 내지 5).

가산세에 관한 우리 법의 체계는 기본적으로 세법상의 의무위반의 정도에 따라 가산세를 차등하여 부과하되 정당한 사유가 있는 경우 가산세를 부과하지 않는다는 것으로 요약됩니다.

입법 예에 따라서는 악의의 경우와 그렇지 않은 경우를, 그리고 법인과 개인에 따라 각각 가산세율을 달리 정하는 경우가 있으나, 우리 법은 일반적인 의무해태와 부당한 의무해태를 구분하는 이외에 다른 구분은 하지 않고 있습니다.

4. 실무상 가산세에 관한 논의는 크게 세 가지가 있습니다. 하나는 가산세의 성립요건을 비롯한 가산세에 관한 일반적인 논의이고, 또 하나는 어느 경우에 '사기 기타 부정한 행위'를 기준으로 하는 부당가산세가 부과되는가에 관한 것이며, 또 다른 하나는 반대로 어느 경우에 가산세가 감경되는가, 특히 가산세 감면사유인 '정당한 사유'의 기준을 어떻게 정할 것인가에 관한 것입니다. 이 중 두 번째와 세 번째 이슈는 납세자가 어떠한 이유로 세금을 제 때에 신고·납부하지 못하였는가를 가산세 제도의 취지에 비추어 판단하는 문제로서 궁극적으로는 법원이 그 기준선을 어떻게 정할 것인가에 관한 가치판단의 문제입니다. 이는 각 사안에 따라 개별적, 구체적으로 판단할 문제이며 두 이슈 모두 판례들이 많이 쌓여 있습니다.

5. 대상판결의 주제는 이 중 첫 번째 이슈인 가산세 성립요건과 관련하여 절차상 일부 정확하지 않은 부분이 있지만 결과적으로 납세의무자가 납부할 세액이 납부된 경우 가산세를 부과할 수 있는가 하는 점을 다루고 있습니다. 대상판결 사안의 경우 법상 납세의무자인 수증자가 증여대상 물건을 제대로 신고하였는데 증여자를 제대로 신고하지 않은 것이 법에 따른 증여세 신고에 해당하는지 여부가 문제되었습니다.

문제의 초점은 결국 납세의무자가 과세요건 사실을 제대로 신고하였는가에 달려 있습니다. 그런데 과세대상인 '증여'의 기초사실은 '증여의 목적물이 무엇이고 납세의무자가 누구인가'에 관한 것이고, 누가 그것을 증여하였는가는 원칙적으로 과세요건 사실이 아니라고 보아야 합니다. 과세관청 입장에서도 단순히 증여자를 변경하는 것은 과세의 기초사실이 동일하므로 굳이 재처분을 하지 않고 소송절차 내에서 처분사유의 변경절차에 의하여서도 이를 바로잡는 것이 가능합니다(대법원 1997. 2. 11. 선고 96누3272 판결 참조).

이와 같이 과세관청이 처분사유의 변경과 별도의 과세처분 중 어느 한 쪽을 임의로 선택할 수 있는 경우에 어느 한 쪽을 선택하는 것이 납세자에게 불이익을 준다면 과세관청의 자의를 허용할 위험이 있게 됩니다. 따라서 대상판결이 해당 사안의 경우 신고납부불성실 가산세 부과대상이 아니라고 본 것은 타당하다고 사료됩니다.

6. 그런데 이와 같이 세액이 제대로 납부되었다면 경위가 어떠하든 언제나 적법하게 신고된 것으로 보아야 할까요? 이와 관련하여 판례는, 병원에서 근로자로 근무하면서 근로소득을 얻었음에도 자신이 직접 병원을 운영하여 사업소득을 얻은 것처럼 종합소득 신고·납부를 한 사안에서 신고 및 납부 불성실가산세 부과처분을 당연무효로 보았습니다(대법원 2019. 5. 16. 선고 2018두34848 판결).

그러나 위 사안은 신고의 주체를 기준으로 볼 때 납세의무자를 허위로 신고한 것이고, 사업장을 중심으로 보더라도 과세대상(과세물건)인 소득의 발생형태를 허위로 신고한 것이어서 가산세 부과대상이 된다고 여겨집니다. 법은 적정과세를 도모하기 위하여 납세의무자에게 '세법에 따른 과세표준신고서'를 제출하도록 규정하고 있는데, 적정한 과세를 위한 적법한 과세신고가 되기 위해서는 최소한 과세요건인 납세의무자와 과세대상에 관한 기본적 사실관계가 제대로 신고되어야 할 것입니다.

28

납세자 협력의무의 한계

- 의무규정에 대한 최소침해성 판단 기준 -

대상결정: 헌법재판소 2006. 6. 29.자 2002헌바80 결정 등

【결정요지】

[다수의견]

[1] 어떤 법률의 입법목적이 정당하고 그 목적을 달성하기 위해 국민에게 의무를 부과하고 그 불이행에 대해 제재를 가하는 것이 적합하다고 하더라도 입법자가 그러한 수단을 선택하지 아니하고도 보다 덜 제한적인 방법을 선택하거나, 아예 국민에게 의무를 부과하지 아니하고도 그 목적을 실현할 수 있음에도 불구하고 국민에게 의무를 부과하고 그 의무를 강제하기 위하여 그 불이행에 대해 제재를 가한다면 이는 과잉금지원칙의 한 요소인 "최소침해성의 원칙"에 위배된다.

[2] 부동산을 공급하는 경우에는 법인에게 계산서 교부, 합계표 제출의무를 부과하지 아니하더라도 각 과세관청은 부동산등기법이나 부동산등기특별조치법에 의하여 등기소나 검인관청으로부터 거래자료를 송부받아 그 거래 내용을 파악하고 관리할 수 있는 방도를 법적으로 확보하고 있다. 그러함에도 불구하고, 납세자들로 하여금 부가적으로 위와 같은 의무를 부담하게 하고, 이를 이행하지 아니하는 경우 공급가액의 1%에 이르는 가산세를 부과하는 구 법인세법(1998. 12. 28. 법률 제5581호로 개정되기 전의 것) 제41조 제14항 제1호 중 "제66조 제1항의 규정에 의하여 계산서를 교부하지 아니한 경우" 부분, 제2호 중 "제66조 제2항의 규정에 의하여 매출 … 처별 계산서합계표를 동조에 규정된 기간 내에 제출하지 아니하거나" 부분과 구 법인세법(2001. 12. 31. 법률 제6558호로 개정되기 전의 것) 제76조

제9항 제1호 중 "제121조 제1항 … 의 규정에 의하여 계산서를 교부하지 아니한 경우" 부분, 제2호 중 "제121조 제3항의 규정에 의하여 매출 … 처별 계산서합계표를 동조에 규정된 기간 내에 제출하지 아니하거나" 부분 중 토지 또는 건축물의 공급에 관련된 부분("이 사건 법률조항")은 법익침해의 최소성 원칙에 어긋나 납세자의 재산권을 침해한다.

[반대의견] 이 사건 법률조항은 법인의 담세능력을 정확히 파악하여 올바로 과세하려는 것으로서, 법률로 규정되고 납세의무를 제대로 이행시키기 위한 입법목적이 인정되는 한 헌법 제38조에 의하여 허용되는 것이고, 거래내역을 가장 잘 아는 거래당사자에게 거래내역에 관한 자료를 제출하도록 요구하는 것은 담세능력의 파악과 과세행정의 효율성을 도모하기 위하여 필요하다. 그리고 검인계약서에 의하여 거래 당사자가 누구인지는 파악할 수 있지만 실제 거래금액까지도 정확하게 파악하기 어렵고, 부동산거래의 대금이 계약서에 정해진 시기와 다른 때에 지급되는 경우가 많아서 실제 거래금액과 법인 수익의 시기·금액을 제대로 파악하기 위해서 이 사건 법률조항에 의한 계산서와 합계표를 제출받을 필요성이 있다. 그리고 부동산거래에 관한 계산서 등을 교부하지 않거나 거래처별 합계표를 제출하지 아니한 경우에 가산세로 부과하는 기준을 거래금액의 1%로 정한 것도 헌법 제38조에 의하여 부과된 납세의무의 올바른 이행을 확보하기 위한 것으로서 과잉금지의 원칙에 위반된다고 보기 어렵다.

【심판대상조문】

구 법인세법(1998. 12. 28. 법률 제5581호로 개정되기 전의 것) 제41조 제14항 제1호 중 "제66조 제1항의 규정에 의하여 계산서를 교부하지 아니한 경우" 부분 등

【해설】

1. 과잉금지의 원칙 또는 비례의 원칙은 국민의 기본권을 제한하는 법이 헌법적으로 인정을 받으려면 목적의 정당성, 수단의 적합성, 침해의 최소성, 법익의

균형성 등 4가지 요건을 모두 갖춰야 한다는 헌법상의 원칙을 말합니다. 헌법 제37조 제2항은, “국민의 모든 자유와 권리는 국가안전보장·질서유지 또는 공공복리를 위하여 필요한 경우에 한하여 법률로써 제한할 수 있으며, 제한하는 경우에도 자유와 권리의 본질적인 내용을 침해할 수 없다.”고 규정하고 있는데 과잉금지의 원칙은 위와 같은 기본권 제한의 한계와 관련하여 구체적 기준을 제시한 것으로 이해되고 있습니다. 과잉금지의 원칙은 침익적 행정과 수익적 행정 등 모든 행정영역에 적용되며 기본권 제한 법률의 위헌성 심사에서 핵심적 지위를 점하고 있습니다.

2. 구 법인세법(1998. 12. 28. 법률 제5581호로 개정되기 전의 것) 제41조 제14항, 제121조 제1항 내지 제3항은, 재화나 용역을 공급하는 법인으로 하여금 공급받는 자에게 계산서를 교부하게 하고, 각 매출처별 또는 매입처별 계산서합계표를 과세관청에 제출하도록 의무지운 후, 그 의무불이행에 대한 제재로써 그 공급가액의 100분의 1에 상당하는 금액을 가산세를 부과하도록 규정하고 있습니다. 이 사건의 쟁점은 위와 같은 가산세 부과규정이 헌법이 규정하는 국민의 행동의 자유나 재산권 보장 등 기본권을 본질적으로 침해한 것인지 여부, 구체적으로는 이 사건 법률조항이 헌법상 기본권 침해에 관한 심사기준인 과잉금지의 원칙을 위배하였는지 여부입니다.

3. 이에 대하여 다수의견은 이 사건 법률조항이 과잉금지의 원칙 중 목적의 정당성과 수단의 적절성 요건은 충족하지만 이미 각 과세관청은 부동산등기법 제68조의3과 부동산등기특별조치법 제3조에 의하여 등기소나 검인관청으로부터 검인계약서 등 거래자료를 송부 받아 그 거래 내용을 파악하고 관리할 수 있는 방도를 법적으로 확보하고 있으므로 이 사건 규정은 최소침해성의 원칙을 위배하여 헌법에 위반된다고 보았습니다. 이에 반하여 반대의견은 부동산거래에 관한 검인계약서에 실제 거래금액이 기재되지 않거나 부동산거래 대금이 계약서에 정해진 시기와 다른 때에 지급되는 경우가 많은 것이 우리 사회의 실정이어서 실제 거래금액과 법인 수익의 시기·금액을 제대로 파악하기 위해서 이 사건 법률조항에 의해 계산서와 합계표를 제출받을 필요성이 있다고 보았습니다.

4. 법인세법은 거래 당사자 쌍방의 신고 내용을 대조하여 법인의 담세능력을 정확히 파악하기 위한 목적으로 법인에게 계산서 및 계산서합계표 제출의무를 부과하고 있습니다(법 제121조 제1항, 제5항). 이는 부가가치세법상 세금계산서 제도와 그 취지를 같이하므로 법은 부가가치세법에 따라 세금계산서 및 매출·매입처별 세금계산서합계표를 제출하면 위 계산서 등을 제출한 것으로 봅니다(같은 조 제6항). 한편 현행 규정은 이 사건에서 문제된 부동산 매각의 경우 등 법인이 계산서 등을 발급하는 것이 적합하지 않다고 인정되는 일정한 경우에 관하여 위 규정을 적용하지 않도록 규정하고 있는데(같은 조 제4항), 이와 같은 내용은 이 사건 거래 당시에는 존재하지 않았지만 이 사건 결정 당시에는 이미 존재하고 있었습니다(2001. 12. 31. 개정된 법인세법 제121조 제4항, 1999. 5. 24. 개정된 구 법인세법 시행규칙 제79조 제8호 참조). 다수의견은 위와 같은 부동산거래에 관한 예외규정의 존재를 판단의 주요 논거로 삼은 반면, 반대의견은 위와 같은 규정의 개정 내지 정비는 부동산거래에 관한 과세환경과 과세정책의 변경으로 말미암은 것이지 (이 사건 거래 당시를 기준으로) 원래 필요하지 않은 것을 잘못 요구하였기 때문이 아니라고 판단하고 있습니다. 아래에서 반대의견이 제시한 논점들을 중심으로 이 사건 결정의 타당성에 관하여 살펴보겠습니다.

5. 문제 해결의 관건은, 첫째로 이 사건 결정 당시 부동산등기법 등에 의한 부동산거래 검인계약서제도가 다수의견의 견해와 같이 법인세법상 계산서 및 합계표 교부, 제출의무에 관한 규정취지를 온전히 대체할 수 있었는지 여부이고, 둘째로 만일 반대의견과 같이 (이 사건 부동산거래 당시) 그와 같은 규제수단의 대체가 제대로 이루어지지 않고 있었다면, 법인으로 하여금 계산서나 합계표를 교부, 제출하도록 하는 것이 납세자에게 미치는 부담의 크기와 납세자에게 위와 같은 협력의무를 이행하도록 함으로써 과세행정이 얻을 수 있는 이익의 크기 중 어느 것을 우선시할 것인지에 달려 있을 듯합니다. 첫 번째 쟁점이 과잉금지의 원칙 중 최소침해성의 원칙에 관한 것이라면, 두 번째 쟁점은 과잉금지원칙의 또 다른 내용인 법익의 균형성에 관한 것으로 볼 수 있습니다.

6. 우선 첫 번째 쟁점에 관하여 다수의견이 반대의견에서 제시된 거래의 실태 등에 관한 정확한 사실관계의 파악 등에 관한 실증적 고찰을 거침이 없이 단순히 그 이후 법규의 변동상황 등의 사정만을 들어 이 사건 법률조항이 최소침해성의 원칙에 반하지 않는다고 판단한 것은 조금 성급한 것이 아닌가 하는 생각이 듭니다. 다음 법익의 균형성과 관련하여서도 법인으로 하여금 계산서나 합계표를 교부, 제출하도록 하는 것이 법인에게 일부 부담을 안길 수 있지만 그 부담의 크기는 법인의 사무처리 절차와 관련된 제한적인 것이므로 만일 반대의견이 제시하고 있는 거래의 실태에 관한 내용이 제대로 된 사실관계를 반영한 것이라면 양자를 비교형량할 때 다수의견과 반대의 결론을 도출할 수도 있을 것입니다.

7. 한편 제4항에서 반대의견이 지적한 부동산 거래에 관한 과세환경과 과세정책의 변경 중 눈에 띄는 것으로 소득세법 제97조 제7항의 신설을 들 수 있습니다. 1998. 12. 28. 신설된 소득세법 제97조 제7항은 부동산 등의 양도차익을 실지거래가액으로 산정함에 있어서 양도인이 취득 당시 법령이 정하는 방법으로 거래가액을 확인한 사실이 있으면 그 확인가액을 양수인의 취득가액으로 보도록 규정하여 검인계약서의 적정성을 담보하는 장치를 마련한 바 있습니다.

8. 다만 이 사건 대상판결도 판시하고 있는 바와 같이 납세의무자가 조세채권자인 국가나 지방자치단체를 해롭게 함을 알면서 신탁을 설정하는 경우 이는 사해신탁으로서 국가나 지방자치단체는 채권자취소권을 행사하여 납세의무자가 행한 법률행위를 취소하고 이탈된 재산을 본래의 책임재산으로 원상회복하는 것이 가능합니다.

이 사건과 같이 상속이 개시되기 전이나 또는 그 직후에 국가나 지방자치단체의 압류에 앞서 상속인에게 부과될 상속과세를 피하기 위하여 상속재산에 신탁을 설정하는 것은 십중팔구 사해행위에 해당되어 취소의 대상이 될 것입니다. 사해행위 취소에 관한 규정은 민법에도 일반적인 규정이 있지만(민법 제406조), 국세기본법(제35조 제6항)이나 국세징수법(제25조) 및 신탁법(제8조) 등에서도 별도의 규정을 두고 있습니다.

29

사용인의 배임적 부정행위를 이유로 한 부당과소신고가산세와 장기부과제척기간

대상판결: 대법원 2021. 2. 18. 선고 2017두38959 전원합의체 판결

[판결요지]

[1] 구 국세기본법(2011. 12. 31. 법률 제11124호로 개정되기 전의 것) 제26조의2 제1항 제1호의 장기부과제척기간에서 말하는 '부정한 행위', 제47조의3 제2항 제1호의 부당과소신고가산세에서 말하는 '부당한 방법'(이하 통틀어 "부정한 행위" 혹은 "부정행위"라 한다)에는 납세자 본인의 부정한 행위뿐만 아니라, 특별한 사정이 없는 한 납세자가 스스로 관련 업무의 처리를 맡김으로써 그 행위영역 확장의 이익을 얻게 되는 납세자의 대리인이나 사용인, 그 밖의 종업원("사용인 등")의 부정한 행위도 포함된다.
위와 같은 법리의 적용 범위와 관련하여 납세자 본인이 사용인 등의 부정한 행위를 방지하기 위하여 상당한 주의 또는 관리·감독을 게을리 하지 아니하였다면, 이들의 부정한 행위를 장기부과제척기간, 부당과소신고가산세에서 말하는 '부정한 행위'에 포함시켜 납세자 본인에게 해당 국세에 관하여 부과제척기간을 연장하고, 중과세율이 적용되는 부당과소신고가산세를 부과하는 것은 허용되지 아니한다.

[2] [다수의견] 법인의 대표자나 해당 법인을 실질적으로 경영하면서 사실상 대표하는 자가 아닌 납세자의 대리인이나 사용인, 그 밖의 종업원("사용인 등")의 부정한 행위가 납세자 본인의 이익이나 의사에 반하여 자기 또는 제3자의 이익을 도모할 목적으로 납세자를 피해자로 하는 사기, 배임 등 범행의 일환으로 행하여지

고, 거래상대방이 이에 가담하는 등으로 인하여 납세자가 이들의 행위를 쉽게 인식하거나 예상할 수 없었던 특별한 사정이 있는 경우라면, 사용인 등의 부정한 행위로 납세자의 과세표준이 결과적으로 과소신고 되었을지라도 이들의 배임적 부정행위로 인한 과소신고를 구 국세기본법 제47조의3 제2항 제1호의 '납세자가 부당한 방법으로 과소신고한 경우'에 포함된다고 볼 수는 없으므로, 이때에는 납세자에게 부정한 행위를 이유로 중과세율을 적용한 부당과소신고가산세의 제재를 가할 수 없다.

그러나 부정한 행위를 이유로 과세관청의 부과권을 연장해 주는 장기부과제척기간의 경우에는, 사용인 등의 부정한 행위가 납세자 본인을 피해자로 하는 사기, 배임 등 범행의 수단으로 행하여졌더라도 사용인 등의 부정한 행위로써 포탈된 국세에 관하여 과세관청의 부과권 행사가 어렵게 된 것은 분명하므로, 특별한 사정이 없는 한 이러한 사용인 등의 배임적 부정행위는 위 규정의 부정한 행위에 포함된다. 따라서 납세자 본인에 대한 해당 국세에 관하여는 부과제척기간이 10년으로 연장된다.

[반대의견] 장기부과제척기간과 부당과소신고가산세 모두 국세기본법에서 함께 규율하고 있는 제도로서 '납세자의 부정한 행위'라는 요건이 동일하게 규정되어 있으므로, 사용인 등의 위와 같은 배임적 부정행위를 이유로 납세자에게 부당과소신고가산세를 부과할 수 없다면 장기부과제척기간도 적용할 수 없다고 해석하는 것이 옳다.

【참조조문】

구 국세기본법(2011. 12. 31. 법률 제11124호로 개정되기 전의 것) 제26조의2 제1항 제1호(현행 제26조의2 제2항 제2호), 제3호(현행 제26조의2 제1항), 제47조의2 제2항(현행 제26조의2 제2항 제2호, 제47조의2 제1항 제1호), 제47조의3 제1항(현행 제47조의3 제1항 제2호), 제2항 제1호(현행 제47조의3 제1항 제1호), 구 국세기본법 시행령(2012. 2. 2. 대통령령 제23592호로 개정되기 전의 것) 제27조 제2항(현행 제12조의2 제1항, 조세범처벌법 제3조 제6항)

【해설】

1. 관계법령의 내용

우선 대상판결 당시의 각 조문의 내용을 살펴보면, 부당과소신고가산세의 경우는 구 국세기본법 제47조의2(2011. 12. 31. 개정 전의 것) 제2항에서 그 요건을 **"부당한 방법(납세자가 국세의 과세표준 또는 세액 계산의 기초가 되는 사실의 전부 또는 일부를 은폐하거나 가장하는 것에 기초하여 국세의 과세표준 또는 세액의 신고의무를 위반하는 것으로서 '대통령령이 정하는 방법'을 말한다)."**으로 규정하고, 같은 법 시행령 제27조에서는, **"법 제47조의2 제2항 각 호 외의 부분에서 "대통령령으로 정하는 방법"이란 다음 각 호의 어느 하나에 해당하는 방법을 말한다."**고 한 후 제1호부터 제5호까지 개별 행위유형을 예시하고 제6호에서 **'그 밖에 국세를 포탈하거나 환급·공제받기 위한 사기, 그 밖의 부정한 행위'**를 규정하고 있었습니다.

다음 장기부과제척기간에 관하여는 국세기본법 제26조의2(국세 부과의 제척기간) 제1항 제1호에서 그 요건을 **'납세자가 사기나 그 밖의 부정한 행위로 국세를 포탈하거나 환급·공제받은 경우에는 그 국세를 부과할 수 있는 날부터 10년간'**이라고 규정한 이외에 '사기나 그 밖의 부정한 행위'의 의의나 유형에 관하여는 별도의 규정을 두지 않았습니다.

한편 형사상 조세포탈죄에 관하여는, **"사기나 그 밖의 부정한 행위로써 조세를 포탈하거나 조세의 환급·공제를 받은 자는 2년 이하의 징역 또는 포탈세액, 환급·공제받은 세액("포탈세액등")의 2배 이하에 상당하는 벌금에 처한다. 다만, 다음 각 호의 어느 하나에 해당하는 경우에는 3년 이하의 징역 또는 포탈세액등의 3배 이하에 상당하는 벌금에 처한다."**고 규정하고 있었습니다(2012. 1. 26. 개정 전 구 조세범처벌법 제3조 제1항).

2. 기존 판례의 해석

위와 같은 규정내용에 터 잡아 판례는 대체로 위 세 요건을 동일하게 해석해 왔습니다. 그러나 기본적으로 형사범인 조세포탈범과 부당과소신고가산세 및 장기부과제척기간은 서로 입법취지 및 기능을 달리하므로 기존 법령의 해석과 관련하여 이들을 동일하게 해석할 수 있는지 의문입니다.

판례가 장기부과제척기간 규정의 해석과 관련하여 제시한 구체적인 기준을 보면, 다른 행위의 수반 없이 단순히 세법상 신고를 하지 않거나 허위신고를 하는 것은 부정행위에 해당하지 않지만, 과세대상의 미신고나 과소신고와 아울러 수입이나 매출 등을 고의로 장부에 기재하지 않는 행위 등 적극적 은닉의도가 나타나는 사정이 더해지면 이에 해당하고(대법원 2015. 9. 15. 선고 2014두2522 판결), 단순히 명의위장 사실만으로는 여기에 해당하지 않고, 여기에 누진세율 회피, 수입의 분산, 감면특례의 적용, 무자력자의 명의사용 등과 같은 조세회피 목적과 허위 매매계약서 작성과 대금의 허위 지급, 허위 양도소득세 신고, 허위의 등기·등록, 허위 회계장부 작성·비치 등과 같은 적극적 행위가 부가되어야 사기나 부정한 행위에 해당한다(대법원 2018. 12. 13. 선고 2018두128 판결 및 위 2013두7667 판결 등)는 것으로 요약할 수 있습니다.

위 기준에 따라 판례는, ① 명의신탁한 비상장법인 주식을 양도하고 명의자들 명의로 양도소득세를 신고하였는데, 과세관청이 주식 배당금이 실질적으로 명의신탁자에게 귀속되고, 양도가액이 과소신고되었다는 이유로 명의신탁자에게 종합소득세 및 양도소득세 부과처분이 된 사안에서, 주식 명의신탁행위와 이에 뒤따르는 부수행위를 조세포탈의 목적에서 비롯된 부정한 적극적인 행위로 볼 수 없다는 이유로 부과제척기간을 5년으로 보았고(대법원 2018. 3. 29. 선고 2017두69991 판결). ② 법인의 대표자가 법인 자금을 횡령하는 과정에서 법인 장부를 조작하는 등의 행위를 한 것은 그 횡령금을 빼돌린 사실을 은폐하기 위한 것일 뿐, 그 횡령금에 대하여 향후 과세관청의 소득처분이 이루어질 것까지 예상하여 그로 인해 자신에게 귀속될 상여에 대한 소득세를 포탈하기 위한 것으로 보기 어려우므로, 국세기본법 제26조의2 제1항 제1호에서 정한 '납세자가 사기 기타 부정한 행위로써 국세를 포탈한 경우'에 해당하지 않는다고 보았습니다(대법원 2010. 1. 28. 선고 2007두20959 판결).

이와 같은 판단기준은 부당과소신고가산세나 형사상 조세포탈죄와 관련해서도 동일하게 적용되어 왔습니다. 장기부과제척기간과 부당과소신고가산세의 적용요건을 분명하게 구분한 것은 대상판결이 처음일 것입니다.

대조적인 것은 현행 규정 자체는 장기부과제척기간이나 부당과소신고가산세의 적용요건과 관련하여 그 규정형태를 조세포탈죄의 적용요건과 동일하게 규정한 반면(이는 같은 취지의 판례의 입장을 존중한 것으로 여겨집니다), 장기부과제척기간의 구체적인 유형과 관련하여서는 적용범위를 넓히는 쪽으로 변경되어 왔다는 점입니다. 즉, 2019. 12. 31. 신설된 국세기본법 제26조의2 제7항은, 판결 등에 의하여 명의대여 사실이 확인된 경우에는 판결 등이 확정된 날로부터 1년 이내에 실제로 사업을 경영한 자를 상대로 부과권을 행사할 수 있도록 규정하고, 소득처분과 관련하여서도 위 개정 시, (대법원 판례의 입장과 반대로) 소득처분된 금액에 대한 소득세를 법인세의 경우와 동일하게 장기부과제척기간 적용대상으로 규정하였습니다. 위와 같은 입법취지를 그대로 적용한다면 위에서 본 ②의 사안의 경우는 물론 ①의 사안의 경우에도 장기부과제척기간의 적용을 긍정하여야 합니다. 또한 타인의 명의차용의 경우에도 종전 판례는 그 자체만으로는 장기부과제척기간의 적용대상이 아니라고 보았으나, 상속세와 증여세의 장기부과제척기간에 관한 규정이나 위 신설규정 등을 고려하면 대부분의 명의차용의 경우 앞으로 그 적용을 긍정하여야 할 것입니다. 부동산실명제나 금융실명제 실시 등으로 인하여 과세관청의 과세자료 획득이 종전보다 많이 용이해 졌지만 타인의 명의사용의 경우 그 진위를 밝히는 것은 대부분의 경우 용이한 일이 아니므로 특별한 사정이 없는 한 과세권 행사에 지장을 가져오는 행위로서 적어도 장기부과제척기간과 관련하여서는 그 적용을 긍정함이 상당할 것입니다.

3. 대상판결의 의의 및 향후의 전망

장기부과제척기간의 적용과 관련하여, 종전에도 판례는 납세의무자가 스스로 관련 업무의 처리를 위탁함으로써 행위영역 확장의 이익을 얻게 되는 납세의무자의 대리인이나 이행보조자 등의 '부정한 행위'도 다른 특별한 사정이 없는 한 위 규정의 부정행위에 포함된다고 보았는데(대법원 2015. 9. 10. 선고 2010두1385 판결), 대상판결은 여기에서 한 걸음 더 나아가 이를 사용자 관계로까지 확대하는 한편 이와 같은 예외적인 상황에 관하여는 부당과소신고가산세와 장기부과제척기간의 적용요건을 구분하였습니다. 장기부과제척기간의 경우 제도의 취지상 조세의 부과와 징수가 불가능 또는 현저히 곤란하게 되고 그것이 납세자의 책임 영역에서 발생하였다면 납세자 본인의 행위반가치성에 대한 판단은 상대적으로 완화할 필요가 있다는 것이 대상판결 다수의견의 기본적인 입장으로 이해됩니다. 반대의견이 법 체계를 중시하였다면 다수의견은 부과제척기간 제도의 취지를 중시하였다고 볼 수 있습니다.

특별히 규정형태가 통일된 현행 규정의 해석과 관련하여 구체적인 사안에서 위 세 가지 경우를 모두 통일적으로 운용할지 여부에 관하여 향후 판례의 입장이 주목됩니다. 대상판결의 취지에 의할 때 구체적인 경우 적어도 장기부과제척기간과 부당과소신고가산세를 구별하여야 할 경우가 적지 않게 발생할 것으로 예상되기 때문입니다.

한 가지 예를 들어 판례는 법인이 작업진행률을 조작하여 익금을 과다하게 계상하였다가 그 이후 과세연도에 위와 같이 과다산입한 익금액을 공제하여 각 사업연도의 익금을 실제보다 적게 산출한 내용의 재무제표를 제출함으로써 법인세를 과소신고한 행위와 관련하여 부당과소신고가산세의 적용을 부정하였습니다(대법원 2013. 11. 28. 선고 2013두12362 판결).

그런데 이 경우 당해 과세연도에 과세권 행사가 납세자의 부정한 행위에 의하여 지장을 받은 것은 분명합니다. 대상판결의 취지에 의할 때, 이와 같이 납세자의 귀책사유에 의하여 과세권 행사가 지장을 받았음이 분명한 경우에까지 장기부과제척기간의 적용이 배제될 수 있다고 보기는 어려울 것입니다.

30

과세처분 취소소송의 제기와 오납한 국세환급청구권의 시효중단

대상판결: 대법원 1992. 3. 31. 선고 91다32053 전원합의체 판결

【판결요지】

[다수의견] 일반적으로 위법한 행정처분의 취소, 변경을 구하는 행정소송은 사권을 행사하는 것으로 볼 수 없으므로 사권에 대한 시효중단사유가 되지 못하나, 다만 오납한 조세에 대한 부당이득반환청구권을 실현하기 위한 수단이 되는 과세처분의 취소 또는 무효확인을 구하는 소는 그 소송물이 객관적인 조세채무의 존부확인으로서 실질적으로 민사소송인 채무부존재확인의 소와 유사할 뿐 아니라, 과세처분의 유효 여부는 그 과세처분으로 납부한 조세에 대한 환급청구권의 존부와 표리관계에 있어 실질적으로 동일 당사자인 조세부과권자와 납세의무자 사이의 양면적 법률관계라고 볼 수 있으므로, 위와 같은 경우에는 과세처분의 취소 또는 무효확인청구의 소가 비록 행정소송이라고 할지라도 조세환급을 구하는 부당이득반환청구권의 소멸시효중단사유인 재판상 청구에 해당한다.

[반대의견] 오납금환급청구권의 경우 그 환급청구권의 이행청구나 확인청구를 구하는 경우만이 아니라 과세처분의 취소 또는 무효확인을 구하는 행정소송의 제기가 환급청구권의 소멸시효를 중단시키는 재판상 청구에 해당한다고 해석하는 것은 타당하지 아니하다.

【참조조문】

행정소송법 제1조, 민법 제166조, 제168조 제1호, 제741조, 국세기본법 제51조, 제54조

【해설】

1. 먼저 대상판결의 사실관계에 관하여 살펴봅니다.

원고회사가 원고회사에 부과된 법인세 부과처분 취소소송을 제기한 결과 해당 과세처분이 아무런 근거 없이 이루어져 무효라는 취지의 취소판결이 선고되어 확정되었음에도 과세관청이 환급청구권이 소멸시효가 완성되어 소멸하였다는 이유로 원고회사가 납부한 세금을 환급하여 주지 않자 다시 민사소송으로 납부한 세금의 반환을 청구하였습니다. 민사소송에서 피고인 국가는 앞선 과세처분 취소소송에서 과세처분이 당연무효로 판시되었음을 근거로 삼아, 원고회사가 납부한 세금은 무효의 과세처분에 기한 것으로서 납부 시부터 소멸시효가 진행되는데 위 민사소송은 소멸시효가 완성된 후에 제기되어 환급청구권이 시효로 소멸하였다고 항변하였고(이 사건 환급청구권은 공법상 청구권으로서 소멸시효기간이 5년인데 앞선 과세처분 취소소송이 장기화됨에 따라 원고회사가 세금을 납부한 때로부터 5년이 지난 후에 위 민사소송이 제기됨), 원고회사는 이에 대하여 해당 과세처분 취소소송의 제기 자체로 원고회사가 납부한 세금의 환급청구권 시효가 중단되었다고 재항변한 것입니다.

2. 법률상 재판상 청구는 시효중단사유에 해당하지만(민법 제170조), 일반적으로 전소와 후소 사이에 견련관계가 존재하여도 양자의 소송물이 다른 경우에는 전소의 제기에 의하여 후소에서 구하는 청구권의 시효는 중단되지 않습니다. 예를 들어 건물의 불법점유를 이유로 제기한 명도청구는 동일한 불법점유를 원인으로 한 손해배상청구권의 소멸시효의 진행을 중단시키지 못합니다. 그러나 소송물이 달라도 전소가 기본적 법률관계의 확인을 구하는 소송이고, 후소가 그 법률관계로부터 파생되는 청구권의 실행을 위한 경우에는 전소의 제기는 후소에서 구하

는 청구권의 시효중단사유가 된다는 것이 일반적인 견해입니다. 예를 들어 보험계약 존부확인 소송의 제기에 의해 보험금지급청구권의 소멸시효가 중단된다고 보는 것입니다.

3. 다른 한편 대상판결 이전에 판례는, 과세처분 취소소송을 비롯한 행정소송의 제기는 관련된 민사청구권의 시효중단사유가 되지 못한다고 판시하여 왔습니다(대법원 1979. 2. 13. 선고 78다1500,1501 판결; 1987. 7. 7. 선고 87다카54 판결 등). 그리고 이와 같은 판단은 행정소송과 민사소송의 소송물이 서로 다르다는 점에서 별다른 의심 없이 타당한 것으로 받아들여져 왔습니다. 그런데 이 사건 대상판결이 판단하는 바와 같이 오납한 조세에 대한 부당이득반환청구권을 실현하기 위한 수단이 되는 과세처분의 취소 또는 무효확인의 소는 그 소송물이 객관적인 조세채무의 존부확인으로서 실질적으로 민사소송인 채무부존재확인의 소와 유사합니다. 그렇다면 과세처분 취소나 무효확인의 소의 제기와 관련하여, 행정소송이라는 형태를 중시할 것인가, 아니면 조세채무 존부확인이라는 실질을 중시할 것인가에 따라 해당 행정소송의 제기가 오납한 세금의 반환청구권의 시효중단사유가 될 수 있는가에 대한 판단도 달라질 것입니다. 다만 과세처분은 당연무효가 아닌 한 취소되기 전까지는 공정력을 가지므로 통상의 과세처분취소소송의 경우에는 취소판결이 확정되어야 납세자가 오납한 세금의 반환을 청구할 수 있고, 따라서 장기간 소송이 진행된다고 하여 오납한 세금의 환급청구권 소멸시효가 완성되는 법은 없으나, 이 사건은 과세처분 취소소송임에도 대법원이 당해 과세처분이 당연무효라고까지 판시한 데서 문제가 비롯되었습니다.

4. 대상판결에는 반대의견이 있는데 반대의견은, 권리의 이행청구나 확인청구를 넘어 권리가 발생한 기본적 법률관계의 확인청구를 하는 경우 그 청구가 기본적 법률관계로부터 발생한 권리의 실현수단이 될 수 있을 때에는 시효중단사유인 재판상 청구로 볼 수 있지만, 그러한 법리를 과세처분 효력을 다투는 행정소송과 오납한 세금의 환급청구권의 관계로까지 확대시킬 수는 없다고 판단하고 있습니다. 이는 법상 재판상 청구의 범위를 엄격하게 해석하여야 한다는 전제에서 과세처분 취소나 무효확인소송의 형태 쪽을 중시한 것으로 볼 수 있습니다.

5. 그러나 조세채권 등 공권도 시효의 대상이 되는 권리에 해당하는 이상 시효중단에 관한 민법상의 일반적인 논의가 행정법의 영역에 적용되지 못하리라는 법은 없습니다. 예컨대 파면처분 무효확인의 소의 제기가 파면기간 동안의 보수청구권의 시효중단사유가 되는가를 논하는 데 있어서 당사자가 사립학교 직원인가 아니면 국공립학교 직원인가에 따라 결론이 달라질 이유는 없을 것입니다. 독일 민법 제202조에서, "**어느 청구권이 행정재판소 또는 행정관청에서 실행할 것인 경우에도 일반 민사상의 청구권에 관한 시효중단 규정을 준용한다.**"고 규정한 것도 바로 이와 같은 법리를 설시한 것으로 이해됩니다.

조세법률관계의 성질에 관하여는 전통적으로 권력관계설과 채권채무관계설의 대립이 있는데, 조세쟁송단계에서는 궁극적으로 조세채무의 존부와 범위가 다툼이 대상이 된다는 점에서 항고소송이라는 소송형태에도 불구하고 채권채무관계의 실질이 더 중시되어야 하며, 이는 조세쟁송이 다른 일반 행정쟁송과 현저하게 구분되는 특질로 볼 수 있습니다.

6. 대상판결은 그 후 입법에 반영되어 현행 국세기본법 제54조 제2항(2014. 12. 23. 개정)은, "**제1항의 소멸시효에 관하여는 이 법 또는 세법에 특별한 규정이 있는 것을 제외하고는 민법에 따른다. 이 경우 국세환급금과 국세환급가산금을 과세처분의 취소 또는 무효확인청구의 소 등 행정소송으로 청구한 경우 시효의 중단에 관하여 민법 제168조 제1호에 따른 청구를 한 것으로 본다.**"고 규정하고 있습니다.

31

중복세무조사의 금지

대상판결: 대법원 2018. 6. 19. 선고 2016두1240 판결

【판결요지】

[1] 세무조사의 성질과 효과, 중복세무조사를 원칙적으로 금지하는 취지, 증여세 과세대상 등을 고려하면, 증여세에 대한 후속 세무조사가 조사의 목적과 실시 경위, 질문조사의 대상과 방법 및 내용, 조사를 통하여 획득한 자료 등에 비추어 종전 세무조사와 실질적으로 같은 과세요건사실에 대한 것에 불과할 경우에는, 구 국세기본법(2013. 1. 1. 법률 제11604호로 개정되기 전의 것) 제81조의4 제2항에 따라 금지되는 재조사에 해당한다.

[2] 구 국세기본법 시행령(2016. 2. 5. 대통령령 제26946호로 개정되기 전의 것) 제63조의2 제2호 전단에서 말하는 각종 과세자료란 세무조사권을 남용하거나 자의적으로 행사할 우려가 없는 과세관청 외의 기관이 직무상 목적을 위하여 작성하거나 취득하여 과세관청에 제공한 자료로서 국세의 부과·징수와 납세의 관리에 필요한 자료를 의미하고, 이러한 자료에는 과세관청이 종전 세무조사에서 작성하거나 취득한 과세자료는 포함되지 않는다.

【참조조문】

구 국세기본법(2013. 1. 1. 법률 제11604호로 개정되기 전의 것) 제81조의4 제2항 제5호(현행 제81조의4 제2항 제7호 참조), 구 국세기본법 시행령(2016. 2. 5. 대통령령 제26946호로 개정되기 전의 것) 제63조의2 제2호

【해설】

이번 회 검토주제는 실무상 많이 문제되는 중복세무조사에 관한 것입니다.

1. 먼저 대상판결의 사안을 살펴봅니다.

사안은 관할 과세관청이 갑 회사에 대한 1차 세무조사에서 갑 회사 주주명부 기재가 진실하다고 믿고 그 내용에 따라 갑 회사 대주주인 을의 아들 병에 대한 주식의 증여에 대하여 부과제척기간이 경과하였다는 이유로 증여세를 부과하지 않았는데, 그 후 감사원의 '감사결과 처분요구'에 따라 재차 세무조사를 실시한 결과 위 주주명부가 허위로 작성된 것임을 확인하고 장기부과제척기간을 적용하여 병에게 증여세(가산세 포함) 부과처분("이 사건 과세처분")을 한 것입니다.

국세기본법은, 세무공무원은 법이 규정한 예외사유에 해당하지 않는 한 같은 세목 및 같은 과세기간에 대하여 재조사를 할 수 없음을 규정하고 있고(법 81조의4 제2항), 그 위임에 따른 구 국세기본법 시행령(2016. 2. 5. 개정 전의 것) 제63조의2 제2호에서는 '각종 과세자료의 처리를 위한 재조사'를 그 예외사유의 하나로 규정하고 있었는데, 대상판결에서는 '감사원의 감사결과 처분요구'가 여기의 '각종 과세자료'에 해당하는지가 문제되었습니다.

2. 중복세무조사 금지에 관한 국세기본법의 위 규정은, 같은 세목 및 과세기간에 대한 중복세무조사는 납세자의 영업의 자유나 법적 안정성을 심각하게 침해하고 세무조사권 남용으로 이어질 우려가 있으므로 원칙적으로 이를 금지한다는 '세무조사 최소한의 원칙'을 천명한 것입니다. 위 규정은 세무공무원을 기속하며 이에 위배된 세무조사를 통하여 이루어진 과세처분은 위법하게 됩니다(대법원 2010. 12. 23. 선고 2008두10461 판결 등).

한편 국세기본법은 '세무조사'를 "**국세의 과세표준과 세액을 결정 또는 경정하기 위하여 질문을 하거나 해당 장부·서류 또는 그 밖의 물건을 검사·조사하거나 그 제출을 명하는 활동**"으로 정의하고 있습니다(법 제2조 제21호). 따라서 법이 금지하는 중복세무조사인지 여부를 가리기 위해서는 먼저 과세관청의 특정한 조사활동이 위와 같이 법에서 규정한 '세무조사'에 해당되는지 여부를 가려야 합니다.

3. 이와 관련하여 국세청 훈령에서 중복조사금지 대상에 해당하지 않는다고 본 '현장확인'이 자주 문제됩니다(같은 규정 제3조 및 제12조 제1항 단서). 과세관청이 위 규정에 기대어 현장확인이라는 이름으로 사실상 세무조사활동을 하는 경우가 흔히 있기 때문입니다. 이에 관하여 판례는, 세무공무원의 조사행위가 사업장의 현황 확인, 장부 기재 여부의 확인, 특정 매출사실의 확인, 행정민원서류의 발급을 통한 확인, 납세자 등이 자발적으로 제출한 자료의 수령 등과 같이 단순한 사실관계 확인이나 통상적으로 이에 수반되는 간단한 질문조사에 그치는 것이어서 납세자로서도 손쉽게 응답할 수 있거나 납세자의 영업의 자유 등에 큰 영향이 없는 경우에는 원칙적으로 재조사가 금지되는 '세무조사'로 보기 어렵지만, 조사행위가 실질적으로 과세표준과 세액을 결정·경정하기 위한 것으로서 납세자 등의 사무실·사업장·공장 또는 주소지 등에서 납세자 등을 직접 접촉하여 상당한 시일에 걸쳐 질문하거나 일정 기간 동안 장부·서류·물건 등을 검사·조사하는 경우에는 특별한 사정이 없는 한 재조사가 금지되는 '세무조사'로 보아야 한다고 판단하였습니다(대법원 2017. 3. 16. 선고 2014두8360 판결 등).

4. 이 사건 쟁점과 관련하여, 판례는 위 조항에서의 '각종 과세자료'란 '세무조사권을 남용하거나 자의적으로 행사할 우려가 없는 과세관청 외의 기관이 직무상 목적을 위하여 작성하거나 취득하여 과세관청에 제공한 자료'를 의미하고, 여기에 과세관청이 종전 세무조사에서 작성하거나 취득한 과세자료는 포함되지 않는다고 판단한 바 있는데(대법원 2015. 5. 28. 선고 2014두43257 판결), 대상판결은 구체적으로 감사원의 '감사결과 처분요구'가 위 조항이 규정하는 '각종 과세자료'에 해당하지 않는다고 보아 위와 같은 법리를 재확인하였습니다. 이와 같은 판례의 태도는 그 후 법 개정을 통해 동일한 취지로 입법이 되었습니다(2019. 2. 12. 개정된 국세기본법 시행령 제63조의2).

5. 세무조사절차에 있어서 중복조사의 금지는, 납세자의 쟁송절차상 권리보장 내지 과세관청의 경정권한의 제한 측면에서도 중요한 의미를 갖습니다. 쟁송절차와 관련하여 과세관청의 과세자료의 확보절차, 특히 세무조사절차에 관하여 일정한 제약을 설정하는 것은 납세자의 절차상 권리보장을 위해 긴요한 장치가 됩니

다. 중복세무조사 금지에 관하여 일정한 기준이 설정되면, 과세관청이 쟁송 중 동일한 과세단위 안에서 기초적 사실관계가 다른 사항에 관하여 재처분을 하거나 처분사유를 변경하는 것이 크게 제한될 것이기 때문입니다. 구체적으로 쟁송절차 진행 중 처분사유 변경을 통해 기존 부과세액을 유지할 목적으로 같은 과세기간 내 같은 세목의 다른 항목에 관하여 중복하여 세무조사를 하는 것은 허용되지 않을 것입니다. 이와 같은 사유는 우리 법이 허용하는 중복조사 사유에 해당되지 않기 때문입니다.

6. 적정과세를 위한 과세관청의 세무조사와 그에 따르는 납세자의 인권침해의 소지를 어떻게 조정할 것인가는 현실적으로 납세자가 힘들게 직면하는 매우 중요한 문제입니다. "모든 길은 로마로 통한다."는 말이 있듯이 조세법률관계 전반에 걸쳐서 납세자와 과세관청의 다툼은 세무조사를 어떻게 규율할 것인가의 문제로 연결된다고 보아도 큰 무리가 없을 것입니다.

32

세무조사권을 남용한 과세처분의 효력

대상판결: 대법원 2016. 12. 15. 선고 2016두47659 판결

【판결요지】

국세기본법 제81조의4 제1항은 "**세무공무원은 적정하고 공평한 과세를 실현하기 위하여 필요한 최소한의 범위에서 세무조사를 하여야 하며, 다른 목적 등을 위하여 조사권을 남용해서는 아니 된다.**"라고 규정하고 있다. 이 조항은 세무조사 요건으로 객관적 필요성, 최소성, 권한 남용 금지 등을 규정하고 있는데, 이는 법치국가원리를 조세절차법 영역에서도 관철하기 위한 것으로서 그 자체로서 구체적인 법규적 효력을 가진다. 따라서 세무조사가 과세자료 수집 또는 신고내용의 정확성 검증이 아니라 부정한 목적을 위해 행하여진 경우 세무조사에 중대한 위법사유가 있고 이러한 세무조사에 의해 수집된 과세자료를 기초로 한 과세처분 역시 위법하다. 세무조사가 국가의 과세권을 실현하기 위한 행정조사의 일종으로서 과세자료의 수집 또는 신고내용의 정확성 검증 등을 위해 필요불가결하며, 종국적으로 조세의 탈루를 막고 납세자의 성실신고를 담보하는 중요한 기능을 수행하더라도 그 남용이나 오용을 막지 못하면 납세자의 영업활동 및 사생활의 평온이나 재산권을 침해하고 나아가 과세권의 중립성과 공공성 및 윤리성을 의심받게 되기 때문이다.

【참조조문】

헌법 제59조, 소득세법 제170조, 법인세법 제122조, 부가가치세법 제74조, 국세기본법 제81조의2 제2항 제1호, 제81조의4 제1항

[해설]

1. 이번 회에도 지난 회에 이어 세무조사절차, 그중에서도 세무조사권 남용에 관한 내용을 살펴봅니다. 사안은 세무공무원 갑이 을과 토지 관련 분쟁관계에 있던 병의 부탁을 받고 을을 압박하여 분쟁 토지 소유권을 병에게 반환하도록 하기 위한 방편으로 세무조사를 행하도록 하고, 세무조사 담당부서가 조사 직후 을에게 증여세 포탈 혐의를 인정할 수 없다는 결론을 내렸음에도 합리적 이유 없이 서울지방국세청으로 하여금 을이 경영하는 회사에 대한 포괄적인 법인세 통합조사로 조사범위를 확대하도록 관여, 유도하여 서울지방국세청이 조사한 결과 을이 그 소유의 위 회사 주식을 원고에게 명의신탁한 사실을 확인하고 피고에게 과세자료를 통보하여 피고가 명의신탁재산의 증여의제 규정에 따라 원고에게 증여세를 결정·고지한 것입니다.

2. 일반적으로 세무조사절차에 위법이 있는 경우 그 절차에서 얻은 과세자료에 기한 과세처분의 효력에 관하여 납세자의 권익보호의 측면에서 절차위배의 위법성을 강조하는 견해와 반대로 과세행정의 공익성과 안정성을 보다 강조하는 견해로 나눌 수 있으나, 학설의 대세는 세무조사절차에 중대한 위법이 있는 경우 해당 조사절차에서 획득한 과세자료에 기초한 과세처분 역시 위법하다고 보고 있고 우리 판례도 같은 입장입니다.

우리 판례가 여기의 '중대한 위법사유'에 해당된다고 본 것으로, 대상판결이 천명한 세무조사권 남용의 경우 이외에도 세무조사 대상자 선정사유의 부존재(대법원 2014. 6. 26. 선고 2012두911 판결), 중복조사금지 원칙 위반(대법원 2011. 5. 26. 선고 2008두1146 판결) 등이 있습니다. 이에 반하여, 납세자 권리헌장의 미교부, 조사사무 처리규정에 따른 세무조사기간의 제한, 세무조사기간의 연장절차, 납세자 권리헌장 교부절차, 사전통지 안내절차 등의 위반은 그러한 사유만으로 그 절차에 기초한 과세처분의 취소사유가 되지 않는다고 봅니다(대법원 2009. 4. 23. 선고 2009두2580 판결 등).

3. 대상판결은 세무조사권 남용금지를 규정한 국세기본법 제81조의4 제1항의 법규적 효력을 인정함으로써 세무조사 절차의 위법성 판단에 관한 새로운 기준을 제시한 것으로 평가됩니다. 형사소송법상 증거법칙 중에 '고문이나 불법 도청 등 위법한 방법으로 수집한 증거는 증거로 사용할 수 없다'는 독수독과(毒樹毒果) 이론이 있는데, 대상판결을 '세법의 독수독과 판결'이라고 부를 만합니다.

한편 우리 판례는 세무조사개시 결정 자체를 항고소송의 대상으로 보았는데(대법원 2011. 3. 10. 선고 2009두23617 판결), 이 역시 납세자의 절차상 권익옹호 측면에서 매우 중요한 판결입니다. 위 판시취지에 따라, 납세자는 세무조사 대상 선정절차에 위법이 있는 경우 세무조사결정 자체의 취소를 구할 수도 있고, 그 세무조사에 기초한 과세처분의 위법을 다툴 수도 있어서 권리구제의 폭이 크게 신장되었습니다.

33

과세 전 적부심사 청구 전에 한 과세처분의 효력

대상판결: 대법원 2016. 12. 27. 선고 2016두49228 판결

【판결요지】

사전구제절차로서 과세 전 적부심사제도가 가지는 기능과 이를 통해 권리구제가 가능한 범위, 이러한 제도가 도입된 경위와 취지, 납세자의 절차적 권리 침해를 효율적으로 방지하기 위한 통제 방법과 더불어, 헌법 제12조 제1항에서 규정하고 있는 적법절차의 원칙은 형사소송절차에 국한되지 않고, 세무공무원이 과세권을 행사하는 경우에도 마찬가지로 준수하여야 하는 점 등을 고려하면, 국세기본법 및 그 시행령이 과세 전 적부심사를 거치지 않고 곧바로 과세처분을 할 수 있거나 과세 전 적부심사에 대한 결정이 있기 전이라도 과세처분을 할 수 있는 예외사유로 정하고 있다는 등의 특별한 사정이 없는 한, 과세예고 통지 후 과세 전 적부심사 청구나 그에 대한 결정이 있기도 전에 과세처분을 하는 것은 원칙적으로 과세 전 적부심사 이후에 이루어져야 하는 과세처분을 그보다 앞서 함으로써 과세 전 적부심사제도 자체를 형해화시킬 뿐만 아니라 과세 전 적부심사 결정과 과세처분 사이의 관계 및 불복절차를 불분명하게 할 우려가 있으므로, 그와 같은 과세처분은 납세자의 절차적 권리를 침해하는 것으로서 절차상 하자가 중대하고도 명백하여 무효이다.

【참조조문】

헌법 제12조 제1항, 국세기본법 제81조의15 제1항 제2호, 제3항, 제8항, 국세기본법 시행령 제63조의14 제4항

【해설】

1. 과세 전 적부심사는 세무조사 결과에 따른 과세처분을 하기 전에 과세할 내용을 미리 납세자에게 통지하여 그 내용에 이의가 있는 납세자로 하여금 과세의 적법심사를 청구할 수 있도록 하는 절차로서 과세처분 이전의 단계에서 납세자 권리구제의 실효성을 제고하기 위하여 마련된 제도입니다.

적부심사를 청구할 수 있는 자는, 국세기본법 제81조의12에 따른 세무조사결과에 대한 서면통지나 같은 법 제81조의15 제1항 각 호에 따른 과세예고통지를 받은 자입니다. 청구기한은 통지를 받은 날부터 30일 이내이고, 해당 세무서장 또는 지방국세청장에 대하여 하되, '대통령령으로 정하는 사항'에 대하여는 국세청장에게 청구할 수 있습니다(국세기본법 제81조의15 제2항).

'과세예고통지'란, 세무서장 또는 지방국세청장이, 1. 세무서 또는 지방 국세청에 대한 지방 국세청장 또는 국세청장의 업무감사 결과(현지에서 시정조치하는 경우 포함)에 따라 세무서장 또는 지방 국세청장이 과세하는 경우, 2. 세무조사에서 확인된 것으로 조사대상자 외의 자에 대한 과세자료 및 현지 확인조사에 따라 세무서장 또는 지방 국세청장이 과세하는 경우, 3. 납부고지하려는 세액이 100만 원 이상인 경우(다만 감사원법 제33조에 따른 시정요구에 따라 세무서장 또는 지방 국세청장이 과세처분하는 경우로서 시정요구 전에 과세처분 대상자가 감사원의 지적사항에 대한 소명안내를 받은 경우는 제외함)에 미리 납세자에게 그 내용을 서면으로 통지하는 것을 말합니다(같은 조 제1항).

위 제2항에서 규정하는 국세청장에게 직접 청구할 수 있는 경우란, 1. 법령과 관련하여 국세청장의 유권해석을 변경하여야 하거나 새로운 해석이 필요한 것 2. 국세청장의 훈령·예규·고시 등과 관련하여 새로운 해석이 필요한 것 3. 세무서 또는 지방 국세청에 대한 국세청장의 업무감사 결과(현지 시정조치 포함)에 따라 세무서장 또는 지방 국세청장이 하는 과세예고 통지에 관한 것 4. 위 각 호에 해당하지 않는 사항 중 과세 전 적부심사 청구금액이 10억 원 이상인 것 5. 감사원법 제33조에 따른 시정요구에 따라 세무서장 또는 지방 국세청장이 과세처분하는 경우로서 시정 요구 전에 과세처분 대상자가 감사원 지적사항에 대한 소명안내를 받지 못한 것 등이며(국세기본법 시행령 제63조의15), '납부기한 전 징수나 수시부과

사유가 있는 경우' 등 법이 정한 일정한 사유가 있는 경우에는 과세 전 적부심사 청구가 허용되지 아니합니다(국세기본법 제81조의15 제3항 제1호 내지 제4호, 같은 법 시행령 제63조의15 제3항 제1호 및 제2호).

2. 대상판결은 과세예고 통지 후 과세 전 적부심사 청구나 그에 대한 결정이 있기 전에 과세처분을 한 경우 그 처분은 단순한 위법을 넘어 무효라고 판단하였습니다. 과세 전 적부심사는 법이 납세자에게 부여한 권리구제의 중요한 수단의 하나로서 납세자가 그 구제수단을 강구할 기회를 박탈하는 것은 제도 자체를 형해화하는 것이므로 과세처분의 타당성 여부를 떠나 절차적으로 허용될 수 없으며 그 위법은 납세자가 어느 단계에서든 다툴 수 있어야 한다는 취지입니다. 최근에도 같은 취지 판결이 반복하여 선고되었습니다(대법원 2023. 11. 2. 선고 2021두37748 판결; 2023. 11. 9. 선고 2020두51181 판결).

판례는 납부고지서 기재가 법이 정한 내용을 누락한 경우 동일한 절차를 반복하더라도 그 자체로 위법하다고 판단하였는데(대법원 1999. 11. 26. 선고 98두10738 판결) 납세자의 권리구제와 관련된 절차적 제도보장은 내용의 타당성과 무관하게 지켜져야 한다는 것이 일반적으로 시인되는 조세법 원리의 하나입니다.

소득금액변동통지도 쟁송의 대상이 되므로(대법원 2006. 4. 20. 선고 2002두1878 전원합의체 판결) 세무조사결과에 따라 소득금액변동통지를 하는 경우 세무조사결과통지 후 그에 대한 과세 전 적부심사 청구나 청구에 대한 결정이 있기 전 또는 청구기간 도과 전에 한 소득금액변동통지 역시 효력이 발생하지 않습니다(대법원 2020. 10. 29. 선고 2017두51174 판결). 다만 소득금액변동통지는 과세처분 자체는 아니므로 국세기본법 제81조의15 제1항에서 규정한 과세예고 통지대상에는 해당하지 않습니다(대법원 2021. 4. 29. 선고 2020두52689 판결).

'납부기한 전 징수사유가 있는 경우' 과세 전 적부심사 청구가 허용되지 않는데, 납세자가 과세 전 적부심사를 청구할 당시에는 '납부기한 전 징수의 사유'가 없더라도 과세 전 적부심사 결정이 있기 전에 납부기한 전 징수사유가 발생한 경우 과세처분을 할 수 있습니다(대법원 2012. 10. 11. 선고 2010두19713 판결). 이는 납세고지서 하자의 경우 납세자의 절차적 권리보호에 장애가 없다면 추완을 인정하는 판례(대법원 2020. 10. 29. 선고 2017두51174 판결)와 그 취지를 같이 합니다.

3. 판례가 '중대한 위법사유'가 있는 경우 그 절차에 기초한 과세처분이 위법하다고 본 그 밖의 사안으로, 세무조사 대상자 선정사유의 부존재(대법원 2014. 6. 26. 선고 2012두911 판결), 중복조사금지 원칙 위반(대법원 2006. 6. 2. 선고 2004두12070 판결; 2011. 5. 26. 선고 2008두1146 판결 등), 세무조사권의 남용(대법원 2016. 12. 15. 선고 2016두47659 판결), 과세예고 통지절차 누락(대법원 2016. 4. 15. 선고 2015두52326 판결) 등이 있습니다.

34

신탁과 국세의 우선권

대상판결: 대법원 1996. 10. 15. 선고 96다17424 판결

【판결요지】

신탁법 제21조 제1항은 신탁재산에 대하여 '신탁 전의 원인으로 발생한 권리 또는 신탁사무의 처리상 발생한 권리'에 기한 경우에만 강제집행 또는 경매를 허용하고 있는바, 신탁대상 재산이 신탁자에게 상속됨으로써 부과된 국세라 하더라도 신탁법상의 신탁이 이루어지기 전에 압류를 하지 아니한 이상, 그 조세채권이 신탁법 제21조 제1항 소정의 '신탁 전의 원인으로 발생한 권리'에 해당된다고 볼 수 없다.

【참조조문】

신탁법 제21조 제1항

【해설】

1. 대상판결은 판결의 결론에 이르는 과정에서 몇 가지 전제 사항에 대하여 판단하고 있는데 그 내용은 다음과 같습니다.

(1) 납세자가 아닌 제3자의 재산을 대상으로 한 압류처분은 그 처분의 내용이 법률상 실현될 수 없는 것이어서 당연무효이다(대법원 1993. 4. 27. 선고 92누12117 판결 참조).

(2) 신탁법에 의한 신탁관계가 설정되면 신탁재산은 수탁자에게 귀속되므로

위탁자에 대한 조세채권에 기하여 수탁자 명의의 신탁재산에 대하여 압류할 수 없다.

(3) 국세의 우선권에 기하여도 이미 제3자 앞으로 소유권이 이전된 재산권을 압류할 수 없고, 이는 당해 재산에 대하여 부과된 국세('당해세')의 경우도 마찬가지이다.

2. **"'신탁'이란 신탁을 설정하는 위탁자와 신탁을 인수하는 수탁자간의 신임관계에 기해 위탁자가 수탁자에게 특정 재산을 이전하거나 담보권의 설정 또는 그 밖의 처분을 하고 수탁자로 하여금 수익자의 이익 또는 특정 목적을 위해 그 재산의 관리·처분·운용·개발·그 밖에 신탁 목적의 달성을 위해 필요한 행위를 하게 하는 법률관계**"를 말합니다(신탁법 제2조).

신탁재산은 법률상 수탁자의 소유이나 수탁자의 고유재산과 구별되어 독립된 역할과 기능을 갖습니다(신탁법 제22조 내지 제25조). 신탁재산은 등기·등록하거나 증권과 신탁원부에 기재하여야 제3자에게 대항할 수 있습니다(신탁법 제3조). 신탁은 법인격이 없으나 이와 같은 신탁재산의 독립성으로 인해 그 기능과 역할에서 법인과 자주 비교됩니다. 현행 신탁법은 사업을 신탁할 수 있는 사업신탁과 수익증권발행신탁 및 한정책임신탁, 유언대용신탁, 수익자연속신탁 등을 허용하고 있는데 이러한 제도를 결합하면 신탁을 통해 회사제도와 동일한 효과를 달성할 수 있습니다.

3. 세법상 신탁의 성격 내지 기능과 관련하여서는 신탁실체설과 신탁도관설의 대립이 있습니다. 신탁실체설은 신탁 자체를 독립된 실체 내지 과세단위로 보는 견해이고, 신탁도관설은 말 그대로 신탁재산을 수익자에게 신탁수익을 분배하기 위한 도관으로 보는 견해입니다.

우리 법상 신탁소득에 대한 과세는 원칙적으로 신탁의 이익을 받을 수익자에게 당해 소득이 귀속되는 것으로 보아 과세하고(소득세법 제2조의3 제1항, 법인세법 제5조 제1항), 소득 발생 당시 소득의 내용에 따라 과세하므로(소득세법 제4조 제2항) 전체적으로 그 실질을 중시하는 신탁도관설의 입장을 취하고 있는 것으로 설명됩니다. 다만 2021년 개정법에서 수탁자가 신탁재산에 관하여 법인세를 납부하도록 하는 법인과세신탁제도가 새로 도입되었는데 이는 신탁실체설 쪽으로 한 발짝 더 나아간 것으로 평가할 수 있습니다. 상증세법 역시 신탁재산을 위탁자 또는 수익자의 재산으로 파악할 뿐 수탁자의 재산으로 취급하지 않습니다(상증세법 제9조, 제33조). 이에 반하여 재산세(지방세법 제107조 제1항 제3호, 대법원 2014. 11. 17. 선고 2012두26582 판결)와 같은 보유과세나 취득세(대법원 2012. 6. 14. 선고 2010두2395 판결)의 경우 신탁의 경제적 측면보다 법적 실체가 강조되어 수탁자 과세가 원칙입니다.

신탁과 관련하여 가장 복잡한 규정을 둔 곳은 부가가치세입니다. 이는 신탁재산의 운용단계에서 이루어지는 거래와 관련하여 항상 부가가치세가 문제되고 납세의무자를 누구로 볼 것인지와 관련하여 거래의 형태와 실질 중 어느 쪽을 중시할 것인지를 결정하기가 쉽지 않기 때문입니다. 위탁자와 수탁자 중 누구를 납세의무자로 볼 것인가와 관련하여 입법과 판례가 수차례 입장을 바꾸다가 2021년 개정법에서 신탁재산별로 수탁자를 납세의무자로 규정하고 수익자를 제2차 납세의무자로 규정하는 한편 신탁재산에 대한 실질적인 지배·통제 권한이 위탁자에게 있는 경우 등 예외적인 경우에는 위탁자를 납세의무자로 보도록 하면서 이 경우 수탁자에 대한 물적 납세의무를 인정하는 쪽으로 체계를 정비하였습니다(부가가치세법 제3조 제2항, 제3항, 제3조의2, 제52조의2).

4. 이상 신탁재산과 관련된 세법상 문제점에 관하여 간략하게 살펴보았는데, 다만 이와 같은 신탁과세와 관한 논의와 이 사건 대상판결이 다루고 있는 신탁에 따른 소유권 이전을 어떻게 볼 것인가의 논의는 구분하여야 합니다.

사법상 신탁재산의 소유권은 수탁자에게 귀속되는데 이와 같은 소유권 귀속의 효과는 세법에도 동일하게 미치며 이는 세법상 납세의무자를 누구로 볼 것인가의 논의와는 관계가 없습니다. 이 사건 대상판결은 제3자 소유물건에 대한 압류는 그 내용이 실현될 수 없다는 점, 즉 그 압류절차에 기하여 공매처분이 되어도 경락인이 소유권을 취득할 수 없다는 의미에서 당연무효라고 판단하고 있는데, 이와 같은 법리는 신탁재산에 대하여도 동일하게 적용됩니다. 한마디로 신탁을 설정하는 경우 그 경제적 효과는 여전히 신탁자의 직·간접적인 지배 아래에 있지만 법률적으로는 소유권을 이전하는 다른 처분행위와 다를 바가 없습니다.

5. 이 사건에서 문제된 신탁법 제21조의 규정도 위와 같은 법리를 당연한 전제로 하고 있습니다. 앞서 본 바와 같이 신탁재산은 위탁자나 수탁자의 재산과는 구분되는 독립된 재산이므로 신탁재산이 강제집행이나 경매, 공매 등의 절차에서 책임재산이 되는 경우란 신탁사무의 처리상 발생한 권리에 기한 경우(앞에서 본 법인과세신탁이나 신탁재산의 보유 및 운용과정에서 발생한 취득세, 재산세, 부가가치세 등은 여기에 포함될 것입니다)이거나 신탁이 설정되기 전의 원인으로 발생한 권리(이는 신탁 설정 전에 당해 재산에 대하여 설정된 근저당권과 같은 물권을 의미하며 단순한 채권은 여기에 해당하지 않습니다)에 기한 경우뿐입니다. 국가의 조세채권 역시 신탁 설정 전에 압류가 이루어지지 않는 한 설사 그 성립 및 확정시기가 신탁의 설정 전이라고 하더라도 원칙적으로 신탁재산에 대하여 추급할 수 없고, 그와 같은 법리는 당해세의 경우라 해도 달라지지 않습니다(대법원 2012. 7. 12. 선고 2010다67593 판결).

35

가산세와 납부고지

대상판결: 대법원 2012. 10. 18. 선고 2010두12347 전원합의체 판결

【판결요지】

[1] 구 국세징수법(2011. 4. 4. 법률 제10527호로 개정되기 전의 것)과 개별 세법의 납세고지에 관한 규정들은 헌법상 적법절차의 원칙과 행정절차법의 기본원리를 과세처분의 영역에도 그대로 받아들여, 과세관청으로 하여금 자의를 배제한 신중하고도 합리적인 과세처분을 하게 함으로써 조세행정의 공정을 기함과 아울러 납세의무자에게 과세처분의 내용을 자세히 알려주어 이에 대한 불복 여부의 결정과 불복신청의 편의를 주려는 데 그 근본취지가 있으므로, 이 규정들은 강행규정으로 보아야 한다.

[2] 가산세 부과처분에 관하여 국세기본법이나 개별 세법에 납세고지의 방식 등에 관하여 따로 정한 규정은 없으나 가산세는 본세와 별개의 과세처분으로서 같은 세목에 관하여 여러 종류의 가산세가 부과되면 그 각 가산세 부과처분도 종류별로 각각 별개의 과세처분이라고 보아야 하는 점과 행정상 제재에 해당하는 가산세의 성격 등에 비추어 하나의 납세고지서에 의하여 본세와 가산세를 함께 부과할 때에는 납세고지서에 본세와 가산세 각각의 세액과 산출근거 등을 구분하여 기재하고, 가산세가 여러 종류인 경우에는 가산세 상호 간에도 종류별로 세액과 산출근거 등을 구분하여 기재함으로써 납세의무자가 납세고지서 자체로 각 과세처분의 내용을 알 수 있도록 하여야 한다.

【참조조문】

구 국세징수법(2011. 4. 4. 법률 제10527호로 개정되기 전의 것) 제9조 제1항, 구 상증세법(2010. 1. 1. 법률 제9916호로 개정되기 전의 것) 제77조, 상증세법 시행령 제79조 제1항, 행정절차법 제3조 제2항 제9호, 행정절차법 시행령 제2조 제5호, 국세기본법 제47조 제2항, 구 상증세법(2006. 12. 30. 법률 제8139호로 개정되기 전의 것) 제78조

【해설】

1. 납부의 고지는 일차적으로, 법 규정에 따라 성립한 조세채무의 내용을 구체적으로 확정하여 이를 납세의무자에게 통지하는 절차로서 개별 세법에서 "과세관청이 과세표준과 세액을 결정 또는 경정한 때에는 납부고지서에 의하여 이를 통지하여야 한다."라고 규정한 것(법인세법 제70조, 같은 법 시행령 제109조 참조)은 바로 이와 같은 '부과고지'를 규정한 것입니다.

부과고지는, (1) 신고납세방식 조세에서 신고세액이 정당 세액에 미치지 못하여 과세관청이 증액하는 경우와 (2)－① 부과과세방식 조세에서 납세의무를 최초로 확정짓거나, (2)－② 부과고지를 하였으나 고지한 세액이 정당 세액에 미치지 못하여 이를 증액하는 경우로 구분됩니다. 이 중 (2)－①의 경우를 '결정', (1)과 (2)－②의 경우를 '(증액)경정'이라고 부릅니다. 일반적으로 납세고지의 하자를 논하는 경우는 이와 같은 부과고지에 관한 것입니다.

2. 한편 국세징수법 제6조 제1항은, "**관할 세무서장은 납세자로부터 국세를 징수하려는 경우 국세의 과세기간·세목·세액·산출근거·납부하여야 할 기한(납부고지를 하는 날부터 30일 이내의 범위로 정한다) 및 납부장소를 적은 납부고지서를 납세자에게 발급하여야 한다. 다만 국세기본법 제47조의4에 따른 납부지연가산세 및 같은 법 제47조의5에 따른 원천징수납부 등 불성실가산세 중 지정납부기한이 지난 후의 가산세를 징수하는 경우에는 납부고지서를 발급하지 아니할 수 있다.**"고 규정하고 있습니다. 지방세에 관하여도 동일한 규정이 있습니다(지방세징수법 제12조 제1항, 같은 법 시행령 제20조 제1호, 제2호).

이와 같은 국세징수법상 납부의 고지는 기본적으로 조세채무의 이행을 구하는 징수고지로서의 성격을 갖습니다. 이는 곧 사법상 이행의 최고에 해당합니다.

사법상 이행의 최고가 적법한 권원에 기해 적법한 방식에 따라 이루어져야 하듯이 세법상 징수고지 역시 적법하게 확정된 세액에 관하여 적법한 고지방식에 따라 이루어져야 합니다. 납세자가 고지된 세액을 임의로 납부하지 않은 경우 독촉과 압류, 압류재산의 매각, 매각대금의 충당이라는 일련의 강제징수절차가 이루어지며 징수고지에 의해 징수권 소멸시효가 중단되는 등(국세기본법 제28조 제1항, 관세법 제23조 제1항, 지방세기본법 제40조 제1항), 징수고지 역시 세법상 일정한 효력을 발생시킵니다. 사법상 이행의 최고의 경우와 다른 점은 세법상 부과고지의 위법사유는 그 사유가 당연무효사유가 아닌 한 원칙적으로 징수고지의 위법여부에 영향을 미치지 않는다는 점입니다.

우리 법은 부과고지와 징수고지를 하나의 납부고지서에 의하여 행하도록 규정하고 있어 현행법상 납부고지서에 의한 납부고지는 양자의 성질을 동시에 갖습니다. 판례는 양도소득세가 부과과세방식으로 있던 구 소득세법 아래에서 과세관청이 양도소득세 산출세액이 자진납부세액과 동일하여 별도 고지세액이 없다는 내용의 결정통지를 한 경우(대법원 1984. 3. 27. 선고 82누383 판결; 1997. 4. 11. 선고 96누19352 판결) 이를 부과처분으로 보았는데 이 경우 납부고지는 납세의무를 확정하는 부과고지의 성격만을 갖습니다. 반대로 신고납세방식 조세에서 납세의무자가 과세표준과 세액의 신고만 하고 세액을 납부하지 않아 정부가 해당 세액을 징수하고자 할 경우 또는 성립과 동시에 자동적으로 확정되는 원천징수소득세의 원천징수의무자에게 납부고지를 하는 경우의 납부고지는 조세의 징수를 위한 징수고지의 성격만을 갖습니다.

3. 납부고지서에 관한 규정들은 단순한 훈시규정이 아니라 처분청으로 하여금 자의를 배제하고 신중하고 합리적인 처분을 하게 하여 조세행정의 공평을 기함과 동시에 납세의무자에게 과세처분의 내용을 상세하게 알려 불복 여부의 결정 및 그 불복신청에 편의를 주기 위한 취지에서 나온 강행규정입니다(대법원 1997. 8. 22. 선고 96누14272 판결). 따라서 납부고지서 기재에 하자가 있을 경우 처분은 위법하게 되고, 이는 무용한 과세처분을 되풀이함으로써 경제적 · 시간적 · 정신적 낭비

만을 초래한다는 등의 이유로 정당화되지 않습니다(대법원 1985. 12. 10. 선고 84누243 판결 등). 기본적으로 실체법상 적법한 행정처분도 그 절차가 위법하면 위법한 행정처분이 되는데('적법절차의 원칙') 이와 같은 적법절차의 원칙은 세법상 납부고지의 방식과 관련하여서도 그대로 타당합니다.

4. 한편 가산세란 국세기본법 및 세법에서 규정하는 의무의 성실한 이행을 확보하기 위하여 세법에 따라 산출한 세액에 가산하여 징수하는 금액을 말합니다(국세기본법 제2조 제4호).

국세기본법 제47조는, "**정부는 세법에서 규정한 의무를 위반한 자에게 이 법 또는 세법에서 정하는 바에 따라 가산세를 부과할 수 있다(1항). 가산세는 해당 의무가 규정된 세법의 해당 국세의 세목으로 한다. 다만 …(2항)**"이라고 규정하여 가산세가 조세의 한 종목으로서 과징되는 것임을 밝히고 있습니다. 이처럼 가산세는 본세와 별개의 조세로서 가산세 납세의무는 가산할 본세의 납세의무가 성립하는 때에 성립하고(국세기본법 제21조 제2항 제11호), 그 과세표준과 세액을 정부가 결정하는 때에 확정됩니다(같은 법 제22조 제1항, 제2항).

가산세는 본세와 독립하여 불복대상이 되며, 본세와 따로 가산세 부과처분의 취소를 구하는 경우 별도의 전심절차를 거쳐야 합니다.

5. 대상판결의 사실관계를 살펴보면, 피고는 원고들에 대해 증여세와 신고불성실가산세 및 납부불성실가산세를 부과하면서 납세고지서에 증여세에 대하여는 '과세표준, 세율, 세액'을 상세히 기재하였지만 신고불성실가산세와 납부불성실가산세에 대하여는 '세액의 합계'만을 기재하였을 뿐, 가산세의 종류, 종류별 세액, 산출근거 등을 기재하지 않았습니다. 이처럼 가산세의 합계만을 기재하는 경우 납세의무자로서는 어떤 종류의 가산세가 부과되었는지, 가산세 종류별로 세액이나 산출근거는 어떻게 되는지 알기 어렵습니다.

대상판결의 원심은 "본세의 과세표준이 명시되어 있고, 관련 상속세 및 증여세법령에서 가산세율 및 세액산출방식에 관하여 구체적으로 규정하고 있으므로 납세의무자가 가산세의 종류별 세액 및 그 산출근거를 용이하게 파악할 수 있다."는 이유로 가산세 납세고지에 하자가 존재하지 않는다고 판단하였습니다. 대법원

2009. 8. 27.자 2009두7608 심리불속행 기각 판결도 같은 취지의 원심을 유지하여 같은 입장을 취한 바 있는데 대상판결의 원심은 이와 같은 기존 판례의 입장을 따른 것입니다.

이에 대하여 대상판결은 기존의 태도를 바꾸어 원심의 판단이 부당하다고 지적하면서 그 핵심 논거로 헌법상 적법절차의 원칙을 들었습니다. "납세의무자가 스스로 세법 규정을 잘 살펴보면 무슨 가산세가 부과된 것이고 산출근거가 어떻게 되는지를 알아낼 수 있다고 하는 것으로 그 기재의 흠결을 정당화할 수는 없다. 과세처분의 상대방인 납세의무자에게 알아서 법전을 찾아보라고 하는 행정편의적인 발상이 법치의 광장에서 용인되어서는 안 된다."는 것입니다.

6. 대상판결이 선고된 후 2012. 12. 14. 국세징수법 시행규칙 [별지 제10호 서식]이 대상판결의 취지를 반영하여 가산세를 종류별로 구분하여 '대상금액, 세율, 세액'을 기재하는 것으로 개정되었습니다.

대상판결은 조세 영역에서 헌법상 적법절차의 원칙을 엄격하게 적용하여 수십 년간 지속된 가산세 납세고지에 관한 실무관행을 바꾸고 법령의 개정까지 이끌어 낸 의미 있는 판결로 평가됩니다.

36

공동상속인에 대한 납부고지

대상판결: 대법원 1993. 12. 21. 선고 93누10316 전원합의체 판결

[판결요지]

[1] 공동상속인의 연대납세의무는 다른 공동상속인이 각자 납부할 상속세를 납부하지 아니할 것을 요건으로 하여 성립하는 것이 아니므로, 공동상속인에 대하여 각자의 납세의무를 구체적으로 확정시키는 효력을 지니는 납세고지는 공동상속인별로 각자에게 개별적으로 납부하여야 할 세액을 구분·특정하여 하여야 할 것이지만, 각 공동상속인에 대하여 확정된 조세채무의 이행을 청구하는 효력을 지니는 징수고지는 연대납세의무가 있는 상속세 전부에 대하여 할 수 있다.

[2] 과세관청이 공동상속인에 대하여 상속세 등을 부과하는 과세처분을 함에 있어서 납세고지서에 납부할 총세액과 그 산출근거인 과세표준과 세율 공제세액 등을 기재함과 아울러 공동상속인 각자의 상속재산점유비율(상속분)과 그 비율에 따라 산정한 각자가 납부할 상속세액 등을 기재한 연대납세의무자별 고지세액명세서를 그 납세고지서에 첨부하여 납세고지서에 납세자로 표시된 공동상속인에게 각기 교부하였다면, 납세고지서에 납부할 총세액을 기재한 것은 상속세법 제18조 제1항에 따라 공동상속인이 연대하여 납부할 의무가 있는 총세액을 징수고지액으로 표시한 것이고, 공동상속인 각자가 납부하여야 할 세액은 납세고지서에 첨부되어 교부된 연대납세의무자별 고지세액명세서에 의하여 개별적으로 부과고지되었다고 봄이 상당하므로, 위와 같은 방식에 따라서 공동상속인에 대하여 한 납세고지는 적법한 부과고지와 징수고지로서의 효력을 아울러 가진다.

【참조조문】

상속세법 제18조, 제25조의2, 같은 법 시행령 제19조, 국세징수법 제9조, 같은 법 시행규칙 제6조

【해설】

1. 상증세법상 공동상속인은 전체 상속재산을 과세표준으로 하여 산정한 상속세액에 관하여 각자 상속재산 점유비율에 따른 고유의 납세의무를 부담하면서(상증세법 제3조의2 제1항), 다른 한편 전체 상속세액에 관하여 각자가 받았거나 받을 재산을 한도로 연대납부의무를 부담하는(같은 조 제3항) 이중적 형태의 납세의무를 부담하고 있습니다.

세법은 조세징수의 실효성을 확보하고 공평과세를 실현하기 위한 취지에서 제2차 납세의무(국세기본법 제38조 내지 제41조, 지방세기본법 제45조 내지 제48조)나 물적 납세의무(국세기본법 제42조 제1항, 상증세법 제4조의2 제9항, 부가가치세법 제3조의2), 원천징수의무(소득세법 제127조 제1항, 법인세법 제73조 제1항)와 같이 본래의 납세의무에 연동되어 있는 여러 가지 납세의무제도를 마련하고 있으며 연대납세의무에 관한 규정도 이 중의 하나에 해당합니다. 이러한 경우를 통상 '납세의무의 확장'이라고 부릅니다.

세법상 연대납세의무에 관한 규정으로는 위에서 본 공동상속인의 연대납부의무 이외에 공유물·공동사업자에 대한 연대납세의무(국세기본법 제25조) 및 증여자의 연대납부의무(상증세법 제4조의2 제5항) 등이 있습니다.

2. 우선 위와 같이 본래의 납세의무에서 확장된 납세의무가 언제 어떻게 확정되어 집행적격을 갖는가가 문제됩니다. 기본적으로 납세의무의 확정이란 과세요건이 충족되었다는 사실 및 그와 같이 충족된 과세요건에 기한 과세표준과 세액을 공적으로 확인하는 절차를 의미합니다. 제2차 납세의무를 예로 들면, 제2차 납세의무가 발생하기 위해서는, (1) 주된 납세의무자의 조세의 체납이 있고, (2) 그에 대하여 강제징수를 집행하여도 징수할 금액에 부족이 있어야 합니다. 따라서

제2차 납세의무의 확정이란 제2차 납세의무자에 대한 납부통지를 통하여 위와 같은 과세요건이 충족되었는지 여부 및 그에 따라 납부하여야 할 과세표준 및 세액을 공적으로 확인하는 의미를 갖습니다. 이처럼 제2차 납세의무는 제2차 납세의무자에 대한 납부통지에 의해 구체적으로 확정됩니다(국세기본법 제22조 제3항, 국세징수법 제7조 제1항, 대법원 1990. 4. 13. 선고 89누1414 판결). 한편 원천징수의무자의 소득세나 법인세의 원천징수의무에 관하여는 소득금액을 지급하는 때에 납세의무가 자동적으로 성립·확정된다는 별도 규정을 두고 있습니다(국세기본법 제21조 제3항 제1호).

3. 제2차 납세의무가 납부고지로 과세표준과 세액이 확정된다는 점은 연대납부의무와 비교해 중요한 의미를 가지므로 이에 관해 좀 더 살펴봅니다.

국세징수법 제7조 제1항은, 일반적인 납부의 고지절차를 규정한 같은 법 제6조 제1항에 이어 '제2차 납세의무자 등에 대한 납부고지'라는 제목아래, "**관할 세무서장은 납세자의 체납액을 다음 각 호의 어느 하나에 해당하는 자(이하 이 조에서 "제2차 납세의무자등"이라 한다)로부터 징수하는 경우 징수하려는 체납액의 과세기간, 세목, 세액, 산출 근거, 납부하여야 할 기한(납부고지를 하는 날부터 30일 이내의 범위로 정한다), 납부장소, 제2차 납세의무자등으로부터 징수할 금액, 그 산출 근거, 그 밖에 필요한 사항을 적은 납부고지서를 제2차 납세의무자등에게 발급하여야 한다. 1. 제2차 납세의무자 2. 보증인 3. 국세기본법 및 세법에 따라 물적납세의무를 부담하는 자**"라고 규정하고 있습니다.

먼저 분명히 할 것은 납세고지에 관한 위 규정은 국세징수법에 위치하고 있고 제목도 '징수의 고지'로 되어 있지만 실제로는 납세의무를 확정짓는 부과고지의 기능도 아울러 갖는다는 점입니다. 기능과 성격만을 놓고 본다면 납세의무를 확정짓는 부과고지는 실체법인 국세기본법에 규정되어야 하겠지만 법은 부과고지에 관한 사항 역시 납세고지서 또는 서면으로 통지하도록 규정하고 있으므로(소득세법 제83조, 같은 법 시행령 제149조, 법인세법 제70조, 같은 법 시행령 제109조 제1항, 상증세법 제77조 등) 과세 및 징세의 편의를 위해 하나의 납세고지서에 부과고지와 징수고지에 관한 사항을 함께 기재하여 고지하는 방법을 취한 것입니다. 실제로 징수고지는 납세의무가 확정된 세액에 대한 이행의 최고에 해당하므로 과세표준과 세액의 산출근거까지 명기할 필요는 없고 전체 납부할 세액과 납부기한 및 미납부시 가산세에 관한 규정 등만을 포함시켜도 충분합니다. 예컨대 신고납세방식의 조세에서 납세의무자가 과세표준과 세액을 신고만 하고 납부를 하지 않아 그 납부(이행)를 최고하는 납부고지의 경우 이는 징수고지의 기능만을 갖는데 이 경우 전체 납부할 세액과 납부기한만을 기재해도 무방합니다. 납부고지서에 과세표준과 세액의 산출근거를 명기하지 않으면 위법하다는 법리는 부과고지에 관한 것입니다. 따라서 국세징수법 제7조 제1항이 제2차 납세의무자 등에 대한 납부통지와 관련하여 과세표준과 세액의 산출근거 등을 기재하라고 요구한 것은 그 납부통지가 부과고지로서의 기능을 아울러 갖고 있음을 말해줍니다.

이에 반하여 세법상 연대납부의무에 관하여는 국세기본법이 연대채무에 관한 민법 제413조부터 제416조까지, 제419조, 제421조, 제423조 및 제425조부터 제427조까지의 규정을 준용하도록 규정하고 있는 이외에(국세기본법 제25조의2), 별도의 규정을 두지 않고 있습니다. 이처럼 세법상 연대납부의무는 (민법상 연대채무가 원칙적으로 당사자의 계약에 의하여 성립되는 것과 달리 법의 규정에 의하여 성립된다는 점만 다를 뿐) 기본적으로 민법상 연대채무와 그 성격 및 내용을 같이 하므로, 본래의 납세의무가 확정되어 집행적격을 갖게 되면 연대납세의무 역시 별도의 절차 없이 집행적격을 갖는 것으로 이해됩니다.

공동상속인의 연대납부의무도 이와 마찬가지로 공동상속인이라는 신분관계에 의하여 성립하고 과세표준 및 세액도 본래의 납세의무와 동일하므로 본래의 납세의무 이외에 연대납부의무의 확정 여부를 다시 따질 필요는 없다고 보아야 합니다. 즉 본래의 납세의무가 성립·확정되면 연대납부의무 역시 별도의 확정절차 없이 집행단계로 넘어가는 것으로 이해됩니다. 다만 공동상속인의 납세의무의 경우 각 상속인 별로 고유의 납세의무 확정을 위해 상속인들 각자에 대하여 별도의 납세고지가 이루어져야 합니다(상증세법 제77조). 사법상 연대채무의 경우 이행의 최고는 절대적 효력을 갖고(민법 제416조) 이는 공동상속인에 대한 납세고지의 경우에도 타당하나 상속인 각자의 고유의 납세의무의 확정은 별개로 이루어져야 하는 것입니다. 실무상은 위와 같은 고유의 납세의무분과 전체 징수세액을 함께 기재한 납부고지서를 모든 상속인들에게 개별적으로 통지하는 방식으로 상속인들 각자의 고유의 납세의무에 대한 통지가 이루어지고 있습니다.

4. 대상판결이 공동상속인에 대한 상속세부과처분 납세고지서에 납세의무자 각자의 상속분에 따라 부과세액을 구분·특정함과 아울러 전체 세액에 대한 산출근거 내지 계산명세를 기재 또는 첨부하여야 한다고 판단한 것은 이와 같은 공동상속인의 납세의무의 이중적 성격과 납부고지서가 부과고지 및 징수기능을 함께 가지고 있음을 감안한 것입니다. 대상판결은 상속인별 개별세액의 구분·특정을 연대납세의무자별 고지세액 명세서로 갈음할 수 있고 이 경우 납세고지서에 기재된 총 세액은 연대납세의무가 있는 징수세액이고, 각자 납부할 세액은 위 고지세액 명세서에 의하여 개별적으로 고지된 것으로 보게 된다고 판단하고 있는데, 이는 공동상속인의 연대납세의무는 상속인 각자의 납세의무 확정에 대응하여 당연히 발생하고 별도의 확정절차를 필요로 하지 않으며 고유의 납세의무자에 대한 이행청구 없이 곧바로 연대납세의무자에 대한 전부의 이행청구가 가능하다는 법리를 전제하고 있습니다.

5. 다만 공동상속인의 연대납세의무의 경우 상속인 각자의 고유의 납세의무분이 별도로 존재하고 그에 대해 다른 공동상속인들 전체가 연대납세의무를 부담하는 한편 그 한도액이 각자의 상속분에 국한된다는 특징을 갖고 있고 이와 같은 특징으로 인하여 현실적으로 납세의 고지를 비롯하여 세액의 징수절차 전반에 관하여 상당히 복잡한 문제가 발생합니다.

예컨대 공동상속인 A, B, C가 전체 상속재산 30억 원을 10억 원씩 상속하였다고 하고, 전체 상속세액이 12억 원, 각자 상속분에 따른 고유의 상속세액이 각 4억 원이라고 할 경우, 각 상속인은 각자의 상속재산 10억 원의 범위 내에서 자신의 상속세 4억 원에 대하여는 고유의 납세의무를, 다른 상속인들의 상속세 8억 원에 대하여는 연대납세의무를 각 부담하게 됩니다.

만일 과세관청이 B, C에 대한 집행의 어려움 등을 이유로 일차적으로 A의 상속재산 10억 원에 대하여 강제징수를 하였다면 이 중 4억 원은 A 본인의 고유의 납세의무분에 먼저 충당된다고 보아야 합니다.

위 사안에서, 징수고지의 방식에 관하여 여러 견해가 있을 수 있으나 어쨌든 집행의 대상과 단계에 따라서 여러 가지 복잡한 양상이 전개될 수밖에 없다는 점은 분명합니다. 이러한 점을 감안한다면 대상판결이 적법성을 인정한 공동상속인에 대한 납세고지 방식이 나름대로 합리성을 지니고 있는 것으로 여겨집니다. 공동상속인의 상속세 연대납세의무는 그 담세력의 기초를 상속재산에 두고, 과세관청은 공동상속인들의 상속분이 내부적으로 어떻게 정해지는가에 관계없이 상속재산으로 담보되는 전체 상속세액을 징수할 필요성이 있기 때문입니다. 상속인 각자는 다른 공동상속인들의 납세의무를 연대하여 납부할 의무를 부담하므로 전체 상속세액과 고유의 납부의무에 따른 세액을 구분하여 전체 상속세액을 징수고지세액으로 표시하되 다만 상속인 각자가 부담할 연대납부세액은 각자의 고유의 상속세액과 합하여 각자 받은 상속재산 한도액에 그치므로 상속인 각자는 집행의 어느 단계에서든 그 한도액을 주장할 수 있다고 볼 것입니다.

만일 공동상속인에 대한 징수고지가 공동상속인 각자의 한도액에 대한 고지나 안내 없이 공동상속인이 연대하여 납부할 전체 세액만을 기재하였다면 그와 같은 징수고지는 공동상속인 각자에 대하여 위 한도액 범위 내에서만 유효하다고 보아야 합니다(대상판결 사안도 여기에 해당합니다). 과세관청은 구체적으로 독촉 등 그 이후의 집행단계에서는 각 상속인별로 각자의 책임한도액 범위 내에서 징수세액을 특정하여 절차를 진행하여야 할 것입니다.

납세의무를 확정하는 부과고지와 달리 징수세액의 초과고지는 그 초과분의 범위 내에서는 효력이 발생하지 않는다는 의미에서 당연무효로 보아야 하고, 납세자는 어느 단계에서든지 그 위법을 다툴 수 있다고 보아야 합니다. 징수할 세액의 초과고지는 초과고지된 부분에 대하여는 이행고지로서의 효력이 발생하지 않으며 납세자로서는 추가적인 징수절차의 불이익을 피하기 위하여 무효확인 의미에서의 취소청구를 할 수 있을 것입니다.

이와 같은 초과 징수고지를 방지하기 위해서는 대상판결 사안에서 상속인들에게 통지된 납부고지서에 "고지된 징수세액은 각 상속인별로 해당 상속인이 상속받은 재산 범위 내로 제한된다."는 안내 문구를 기재하는 것이 한 방법으로 여겨집니다. 실제로 현재는 이와 같은 방식으로 공동상속인에 대한 납세고지가 이루어지고 있습니다.

6. 판례 또한, 과세관청이 공동상속인에게 확정된 세액에 관한 징수고지를 하면서 연대납부의무의 한도를 명시하지 아니한 경우, 연대납부의무의 한도가 없는

징수고지를 한 것으로 보아야 하며, 공동상속인은 상속재산 중 받았거나 받을 재산을 한도로 연대납부의무를 부담하므로 이를 초과하는 상속세 징수고지를 받은 경우 이를 다툴 수 있다고 보았습니다(대법원 2016. 1. 28. 선고 2014두3471 판결).

위 판결의 사안은 상속세 신고가 이루어지지 않은 상태에서 과세관청이 공동상속인 중 1인에게 '납세고지서' 및 '상속인별 납부할 상속세액 및 연대납부의무자 명단'을 송달하면서, 납세고지서에 징수할 총 세액과 함께 "귀하는 연대납세자 6인 중 1인입니다. 전체 연대납세자 중 한 분만 납부하시면 됩니다."라는 문구를 기재하고, 연대납부의무자 명단에 원고를 비롯한 공동상속인 6명 각자의 이름, 주민등록번호, 피상속인과의 관계, 상속비율, 납부할 세액 등을 기재한 경우입니다.

원심은, 피고가 납세고지서에 납부할 총세액을 기재한 것은 원고를 비롯한 공동상속인 6인이 연대하여 납부할 의무가 있는 총세액의 징수고지를 한 것이고 공동상속인 6인 각자가 납부하여야 할 세액은 연대납부의무자 명단에 의하여 개별적으로 부과고지된 것으로 보아야 하는데, 다른 공동상속인이 고유의 상속세 납부의무를 이행하면 원고가 실제로 이행할 연대납부의무의 범위가 변동될 수 있는 점, 피고가 원고에 대해 독촉이나 압류 등 징수절차를 진행하면 원고는 그 단계에서 자신의 연대납부의무 한도에 관하여 징수처분을 다툴 수 있는 점 등에 비추어 피고가 원고의 연대납부의무 한도에 관하여 어떠한 처분을 하였다고 볼 수 없다는 이유로, 피고가 원고의 연대납부의무의 한도를 초과하는 부분에 관하여 별도의 처분을 하였다고 보아 그 처분의 취소 또는 부존재 확인을 구하는 원고의 소는 부적법하다고 판단하였습니다.

이에 대하여 상급심인 대법원은 "국세징수법상 독촉이나 압류 등의 체납처분은 확정된 세액의 납부를 명하는 징수고지를 전제로 이루어지는데, 확정된 세액에 관한 징수고지가 있고 세액이 미납된 경우 과세관청은 확정된 세액 전부에 관하여 독촉이나 압류에 나아갈 수 있으므로 과세관청이 확정된 세액에 관한 징수고지를 하면서 연대납부의무 한도를 명시하지 아니하였다면 연대납부의무 한도가 없는 징수고지를 한 것으로 보아야 하는 한편 징수절차상 고유의 하자가 있는 경우 독촉이나 압류 등의 체납처분뿐만 아니라 징수고지 자체를 다툴 수도 있으므로 연대납부의무의 한도를 다투려는 공동상속인은 위 징수고지를 대상으로 항고소송을 제기할 수 있다."고 하여 원심판결을 파기환송하였습니다.

징수처분도 행정처분으로서 불복 대상이 되고 현실적으로 집행을 면하기 위해 무효확인 의미에서의 취소소송을 제기하는 것은 가능하므로 위 대법원 판결은 법리상 타당하다고 볼 것입니다. 다만 위와 같은 초과고지의 무효는 어느 단계에서든 납세자가 이를 주장하여 위법한 집행을 막을 수 있고 현실적으로 과세관청이 한도액 초과고지 부분에 대해 독촉 이후의 집행단계로 나아갈 가능성도 거의 없으므로 쟁송의 구체적인 실익이 있는지는 의문입니다.

7. 한편 위와 같은 징수처분의 위법이 아니라 공동상속인으로서 연대납부의무를 부담하는 상속인이 다른 상속인의 고유의 납세의무에 대한 부과처분의 위법을 어떻게 다투어야 하는지가 문제됩니다.

이 경우 공동상속인은 다른 사람의 납세의무에 대하여 직접 연대납부의무를 부담하고 다른 불복수단이 존재하지도 않으므로 해당 부과처분을 직접 다툴 소의 이익이 있다고 보아야 할 것입니다(제3자의 원고적격). 판례도 같은 취지입니다(대법원 2001. 11. 27. 선고 98두9530 판결).

제2차 납세의무의 경우 동일한 취지의 명문의 규정을 두었는데(국세기본법 제55조 제2항 제1호 참조), 판례는 제2차 납세의무자는 본래의 납세의무자에 대한 부과처분이 위법함을 이유로 제2차 납세의무자에 대한 고지처분의 효력을 직접 다툴 수도 있다고 보았습니다(대법원 2009. 1. 15. 선고 2006두14926 판결). 연대납세의무에 관하여는 별도의 규정이 없으나 제3자 원고적격의 요건이 되는 법률상 직접적이고도 구체적인 이익의 존부와 관련하여 양자를 달리 볼 이유는 없어 보입니다. 다른 상속인의 고유의 납세의무에 대한 불복절차 역시 일반 제소기간 제한의 적용을 받게 되나 이 경우 기산일은 연대납부의무를 부담하는 공동상속인이 다른 공동상속인의 고유의 납세의무에 대한 부과고지가 있는 것을 알게 된 때(특별한 사정이 없는 한 연대납부의무를 부담하는 공동상속인에게 그와 같은 부과고지 사실이 통지된 때)로부터 진행된다고 볼 것입니다.

한편 이와 같이 제3자의 원고적격이 인정된다면 하자승계에 대한 원칙으로 돌아가 연대납세의무에 기초한 징수고지에 대한 불복절차에서 그 기초가 된 다른 공동상속인에 대한 부과처분의 적법 여부를 다툴 수 없을 것입니다. 공동상속인이 자신의 고유의 납세의무에 대한 불복절차에서 승소하여 해당 부과처분이 취소된다면 다른 공동상속인의 연대납부의무도 소멸하나 해당 불복절차에서 패소하여 판결이 확정되더라도 그 판결의 효력은 다른 공동상속인에게 미치지 않고 다른 공동상속인은 자신의 연대납세의무와 관련하여 여전히 본래의 납세의무의 위법 여부를 다툴 수 있을 것입니다.

8. 대상판결 사안의 경우 납부고지서에 전체 징수세액의 기재만 있을 뿐 공동상속인 각자의 연대납부책임 한도액(각자가 받은 상속재산 범위 내의 금액)의 기재가 없어 징수고지액 중 각자의 책임 한도액을 초과하는 부분은 효력이 없으나 정당세액 범위 내의 징수고지는 유효하게 이루어졌다고 보아야 하고 같은 취지의 대상판결은 타당하다고 사료됩니다.

37

회생절차와 조세채권

대상판결: 대법원 2012. 3. 22. 선고 2010두27523 전원합의체 판결

【판결요지】

[다수의견] 회생절차에서 조세채권이 회생채권과 공익채권 중 어디에 해당하는지는 채권자·주주·지분권자 등 다른 이해관계인에게 미치는 영향이 지대하므로, 회생채권과 공익채권은 객관적이고 명확한 기준에 의하여 구분되어야만 한다. 그럼에도 만일 구 채무자 회생 및 파산에 관한 법률(2009. 10. 21. 개정 전의 것) 제179조 제9호의 '납부기한'을 법정납부기한이 아닌 지정납부기한으로 보게 되면, 과세관청이 회생절차개시 전에 도래하는 날을 납부기한으로 정하여 납세고지를 한 경우에는 회생채권이 되고, 회생절차개시 후에 도래하는 날을 납부기한으로 정하여 납세고지를 한 경우에는 공익채권이 될 터인데, 이처럼 회생절차에서 과세관청의 의사에 따라 공익채권 해당 여부가 좌우되는 결과를 가져오는 해석은 집단적 이해관계의 합리적 조절이라는 회생절차의 취지에 부합하지 않고, 조세채권이 갖는 공공성을 이유로 정당화되기도 어렵다. 따라서 이 사건 조항이 규정하는 납부기한은 원칙적으로 지정납부기한이 아니라 개별 세법이 객관적이고 명확하게 규정하고 있는 법정납부기한을 의미하는 것으로 보아야 한다.

[반대의견] 이 사건 조항상 '납부기한'은 법정납부기한과 지정납부기한을 모두 포함하는 것으로 보아야 한다. 다만 과세관청의 자의적인 시기 조정 등으로 인하여 공익채권으로 되는 조세채권의 범위가 부당하게 확장되는 것은 불합리하므로, 위와 같은 특별한 사정이 있다면 신의칙 등을 적용하여 과세관청이 당초 지정할 수 있었던 납부기한을 기준으로 공익채권에 해당하는지를 판단하여야 한다.

【참조조문】

구 채무자 회생 및 파산에 관한 법률(2009. 10. 21. 법률 제9804호로 개정되기 전의 것) 제179조 제9호, 국세기본법 제21조 제1항 제7호, 구 부가가치세법(2010. 1. 1. 법률 제9915호로 개정되기 전의 것) 제17조의2

【해설】

1. 채무자 회생 및 파산에 관한 법률("채무자회생법")은 회생절차가 개시되면 회생회사에 대한 채권을 '회생채권'과 '공익채권'으로 구분하여 전자는 회생절차 내에서 정해진 절차와 비율에 따라 변제를 받고 후자는 그러한 제한 없이 변제받을 수 있도록 규정하고 있습니다. 법은 '공익채권'의 한 종류로서, "**회생절차개시 당시 아직 납부기한이 도래하지 아니한 원천징수하는 조세(다만 법인세법 제67조의 규정에 의하여 대표자에게 귀속된 것으로 보는 상여에 대한 조세는 원천징수된 것에 한함), 부가가치세 · 개별소비세 · 주세 및 교통 · 에너지 · 환경세, 본세의 부과징수의 예에 따라 부과징수하는 교육세 및 농어촌특별세, 특별징수의무자가 징수하여 납부하여야 하는 지방세**"를 규정하고 있습니다(같은 법 제179조 제9호, "이 사건 조항").

일반적으로 회생개시결정 전에 납세의무가 성립된 조세채권은 '회생절차개시 전의 원인으로 생긴 것'으로서 다른 일반채권과 마찬가지로 회생채권이 됩니다(채무자회생법 제118조 제1호, 대법원 1994. 3. 25. 선고 93누14417 판결). 그런데 이 사건 조항이 규정한 조세들을 다른 조세와 구분하여 특별히 공익채권으로 규정한 취지는, 이들 조세는 법적인 납세의무자 이외에 실질적인 담세자가 따로 존재하고, 법상 납세의무자가 납부하는 조세는 사실상 징수기관의 지위에서 담세자로부터 징수하여 국가 또는 지방자치단체를 위해 보관하는 금전이라는 데 있습니다. 다만 이를 아무런 제한 없이 모두 공익채권으로 인정할 경우에는 회생절차에 관련된 다수 이해관계인에게 끼치는 영향이 크고 채무자의 재건이라는 회생절차의 목적에 비추어 적절하지 않기 때문에 그 인정범위를 회생절차개시 당시 아직 '납부기한'이 도래하지 않은 것으로 제한한 것이며, 이러한 법 규정의 기본적인 취지에 관하여는 대상판결의 다수의견과 반대의견의 견해가 일치합니다.

2. 그러나 양쪽의 의견은 결론과 그 논거를 서로 달리합니다. 이 가운데 필자는 대상판결의 반대의견에 찬동하고 싶습니다.

각각의 논지에 대한 검토에 앞서 대상판결의 사안을 간단히 살펴보면, 부도가 난 갑 회사에 대한 회생절차개시결정 전 갑 회사의 공급자들이 위 회생절차개시로 인하여 갑 회사로부터 회수하지 못한 대금채권에 대하여 대손세액공제를 받자 과세관청이 갑 회사에 대해 그 대손세액공제에 따른 부가가치세 부과처분을 한 사안에서, 회생절차개시결정일 전에 이미 법정납부기한은 도래하였으나 지정납부기한은 도래하지 않은 위 부가가치세 채권이 회생채권인지 공익채권인지가 문제되었습니다.

대상판결 다수의견의 논지는, 이 사건 조항이 규정한 '납부기한'이 지정납부기한을 의미(또는 포함)한다고 보면 과세관청이 자의로 납부기한을 정할 위험이 있다는 것입니다. 이에 반해 반대의견은 여러 가지 논거를 제시하고 있는데 그 요지는 다음과 같습니다.

(1) 이 사건 조항이 공익채권으로 규정한 조세는 법상 납세의무자가 징수기관으로서 실질적인 담세자로부터 징수하여 과세권자를 위해 보관하는 금전의 성격을 갖기 때문에 이들을 다른 조세로부터 구분하여 별도로 규정한 것이다(이 부분은 다수의견도 취지를 같이함).

(2) 이 사건 조항의 '납부기한'을 법정납부기한으로 제한하게 되면 해당 조세의 납세의무 성립일과 법정납부기한이 수십일 정도밖에 차이가 나지 않아 사실상 규정의 실익이 없게 된다.

(3) 이 사건 조항이 규율하는 부가가치세와 같은 신고납세방식 조세의 경우 납세의무자가 법정기한 내에 신고를 하지 않거나 신고내용에 오류·탈루가 있는 경우 과세관청이 새로이 납부기한을 정하여 납세고지를 하여야만 조세를 강제징수할 수 있는데 이 사건 조항의 '납부기한'을 법정납부기한으로 제한해석하면 과세관청이 강제징수에 나아갈 수 없었음에도 회생채권으로 분류되어 규정취지에 반하고, 회생절차상으로도 과세관청은 회생채권으로 신고할 기회를 충분히 갖지 못하거나 구체적인 조세채권의 존재를 알지 못한 채 징수권을 상실할 위험이 있다.

3. 필자가 이 사건 조항이 규정한 '납부기한'에 지정납부기한이 포함된다고 보는 이유도 대체로 반대의견의 논지와 같습니다.

우선 조세법규의 해석은 원칙적으로 문언해석에 기초하여야 하는데 세법이 규정하는 '납부기한'은 개념상 법이 정한 법정납부기한과 과세관청이 지정하는 지정납부기한을 모두 포함한다는 점입니다. 경우에 따라 법정납부기한을 단순히 납부기한으로 표시할 수 있지만 이는 조문의 앞 뒤 내용이나 체계에 비추어 그것이 법정납부기한을 의미하는 것임이 분명하게 확인될 수 있는 경우에 한합니다. 관련 법 규정을 살펴보아도, 현행 국세징수법(2020. 12. 29. 전면개정된 것) 제2조 제1항 제1호는 '납부기한'이 법정납부기한과 지정납부기한 양자를 모두 포함하는 것임을 분명히 하고 있고, 이와 같은 정의규정이 신설되기 이전 구 국세징수법 제9조 내지 제11조의 해석으로도 이 점은 마찬가지입니다.

내용상으로도 양자는 본질을 같이 합니다. 즉 '납부기한'이란 확정된 조세를 납세의무자가 과세관청에 납부하여야 하는 기한을 의미하며, 이 중 법정납부기한은 법이 신고기한과 함께 미리 규정한 자진납부기한인데 반하여, 지정납부기한은 (이 사건에서 문제된 부가가치세와 같은 신고납세방식 조세의 경우) 납세자가 신고를 하지 않거나 신고에 오류·탈루가 있는 경우 과세관청이 납세의무를 확정하는 부과고지를 하면서 그 세액(여기에는 신고·납부의무 불이행에 따른 가산세가 추가됨)의 납부기한을 다시 지정하는 것이기 때문입니다.

4. 이와 같은 논의의 중심에는 납세의무의 '확정'이라는 개념이 자리 잡고 있습니다. 납세의무의 확정은 내용상 '납세의무자가 납부할 구체적인 과세표준과 세액을 공적으로 계산·확인하는 절차'에 불과하지만, 납세의무가 확정되면 과세관청은 자력집행권에 기초하여 (법원의 판결 없이) 곧바로 세액의 강제집행절차에 나아갈 수 있고, 납세의무자 측에서도 과세관청의 집행에 대응하여 세액 확정행위(신고나 부과처분)의 위법성을 다툴 수 있는 단계로 들어서기 때문에 절차법적 의미에서 매우 중요한 의미를 갖습니다.

과세관청의 자력집행권을 빼고 생각하면 '납세의무의 확정시기'란 결국 사법상 채권의 이행기 내지 변제기를 의미합니다. 그와 같은 조세채무의 이행기를 법이 미리 정해 둔 것이 법정납부기한이고 그 절차를 이행하지 않은 납세의무자에 대하여 과세관청이 직접 납세의무를 확정하면서 다시 지정하는 납부기한이 지정 납부기한입니다.

5. 대상판결의 다수의견과 반대의견이 모두 지적하는 바와 같이 이 사건 조항이 공익채권(그 용어에 불구하고 내용은 채권의 행사에 회생절차의 제한을 받지 않는다는 것으로 '공익'과는 그다지 관련이 없습니다)으로 규정한 조세들은 실질적인 담세자가 따로 있어 법상 납세의무자는 이들로부터 세금을 징수하여 보관·납부하는 지위에 있습니다. 이 사건 조항 단서에서 법인세법 제67조(소득처분)에 의하여 대표자에게 귀속된 것으로 보는 상여에 대한 조세를 원천징수된 것에 한하도록 제한한 것도 이러한 취지를 반영한 것입니다. 이 사건 회생회사가 납부할 부가가치세는 회생회사의 매입세액 공제가 부정됨에 따라 발생한 것인데 회생회사는 실제로 매입에 따른 부가가치세를 부담한 바 없으므로 매입세액 공제가 부정됨은 당연합니다.

이 사건 조항의 취지는, 해당 조세들은 내용상 공익채권으로 취급되어야 하는데, 다만 이미 납세의무가 확정되어 변제기가 도래한 조세채권은 과세관청이 그 즉시 강제집행에 착수하여 회생회사의 재산을 압류하는 등 채권회수 절차를 취할 수 있었으므로 별도로 공익채권으로 보호할 필요성이 적다는 데서 이를 납부기한이 도래하지 않은 조세와 구분한 것입니다. 납세의무가 확정되지 않은 상태에서도 과세관청이 납세의무자의 책임재산을 압류할 수 있는 '확정 전 보전압류' 제도가 있으나(국세징수법 제31조 제2항 참조), 이는 극히 예외적인 조항이므로 논외로 합니다. 입법의 취지가 그러하므로 규정이 적용되어야 할 필요성은 지정납부기한도 다를 바가 없고 따라서 이 사건 조항의 '납부기한'을 굳이 법정납부기한으로 제한해석할 이유는 없을 것입니다.

6. 대상판결 다수의견의 논거는 조세법규의 해석에 있어서 과세관청의 자의를 허용하는 방향으로 해석하면 안 된다는 데 있고 이는 매우 중요한 조세법규의 해석원리임에 틀림이 없습니다. 그러나 보다 근본적인 해석 원리는 문언해석 및 입법의 취지 등을 두루 살피는 합목적적 해석이고, 양 측면에서 일정한 내용으로 해석이 귀결됨에도 그 결과가 (입법의 미비나 소홀 등으로 인하여) 과세관청의 자의

를 허용할 위험이 있다면 반대의견이 지적하는 바와 같이 특정 사안별로 신의칙 법리 등을 통해 해결하여야 할 것입니다.

나아가 이 사건 조항을 반대의견과 같이 해석한다고 하여 과세관청이 자의적으로 납부기한을 정할 수 있다고 단정하기도 어렵습니다. 이 사건에 적용된 구 법령은 물론 현행 법령에서도 납부고지서는 징수결정 즉시 발급하도록 규정하고 있고(구 국세징수법 제10조 제2호 및 현행 법 제8조), 납부기한도 납부고지를 하는 날부터 30일 이내의 범위로 정하도록 규정하고 있어(구 국세징수법 제11조 및 현행 법 제6조 제1항 본문 괄호), 납부기한의 지정과 관련하여 과세관청의 자의가 개입될 위험성은 별로 없기 때문입니다.

조세법의 케이프 혼 - 조세소송의 소송물

1. 조세소송은 조세법률관계에 관한 쟁송을 법원이 심리·판단하는 재판절차를 말합니다.

조세소송은 행정소송의 일종으로서 과세처분이나 경정거부처분의 효력을 다투는 항고소송이 주종(主從)을 이루나 과세처분은 일반 행정처분에 비하여 대량·반복적으로 이루어지고, 내용면에서도 전문성·기술성·복잡성 등의 특성을 지니며, 그 실질이 조세채무의 존부확인소송이라는 점에서 민사소송은 물론 일반 행정소송과도 소송물 이론을 비롯하여 몇 가지 다른 특성을 지닙니다. 구체적으로 조세소송의 경우 과세관청은 언제든지 (증액)경정처분이 가능하여 소송대상 자체가 유동적이라는 측면에서 소송대상(소송물)이 고정되어 있는 민사소송이나 원칙적으로 경정처분이 이루어지지 않는 일반 행정소송과 심리의 대상과 범위 및 판결의 효력 등에서 다른 특성을 지닙니다. 일반적인 행정처분은 처분일자가 다르면 별개의 행정처분으로 보는 데 반하여 조세경정처분은 처분일자와 형태가 달라도 하나의 과세단위를 대상으로 세액만을 증감하는 것이어서 조세쟁송절차에서는 특별히 이와 같은 '형태상 복수의 처분'과 '내용상 단일한 과세단위'라는 양쪽 측면을 어떻게 조화시킬 것인지가 문제됩니다.

2. 조세소송 분야의 논의 현황은, (1) '심리의 대상'과 관련하여 당초신고나 당초처분에 대하여 증액경정처분이 있는 경우 형식적으로 수개의 행정행위가 있게 되는데 이 경우 소송의 대상이 무엇인가가 오래된 쟁점이고, (2) '심리의 범위'와 관련하여 민사소송은 당사자의 방어권 행사 및 기판력과의 관계가 중요하나, 조세소송은 과세관청의 처분사유 변경의 범위 내지 한계를 어떻게 정할 것인가가 중요한 논의대상이며, (3) '판결의 효력'과 관련하여 과세관청의 입장에서는 재처분과의 관계에서 기속력 혹은 기판력의 차단효가 문제되고, 납세의무자 입장에서는 주로 부과처분 취소소송에서 패소 확정 후 여전히 신고세액에 대한 경정청구

가 가능한가가 문제됩니다.

대등한 당사자 사이의 권리관계에 관한 분쟁을 대상으로 하는 민사소송은 양 당사자 사이의 공평이 소송의 중요한 이념으로 자리 잡고 있으나 조세소송은 적정과세의 실현과 납세자의 절차적 권리보장이라는 서로 다른 이익의 조화가 중요합니다. 이것은 조세소송이 (1) 조세의 공공성에 기초한 적정과세의 실현이라는 공익적 요청이 강하고, (2) 증거와의 거리에서 납세자가 과세관청보다 상대적으로 우월한 지위에 있으며, (3) 법원의 심리의 범위와 관련하여 이념적으로는 총액주의를 기초로 하나 현실적으로는 쟁점주의적으로 운영될 수밖에 없는 특성 등에 기인한 것입니다.

3. 조세소송의 대상은 크게 과세처분과 경정거부처분 두 가지가 있으며, 이 중 과세처분에 대한 취소소송은 순수한 항고소송에 속합니다.

소송의 대상과 관련하여 당초처분에 대하여 증액경정처분이 행하여진 경우 당초처분이 증액경정처분에 흡수·소멸된다는 흡수설과 당초처분과 증액경정처분이 병존한다는 병존설의 다툼이 있습니다.

처분사유의 변경은 총액주의에 기반하여 원칙적으로 자유롭게 허용되나 판례는 기초적 사실관계가 달라지는 경우 처분사유의 변경은 허용되지 않는다고 봅니다. 처분사유의 변경이 가능함에도 과세관청이 처분사유 변경을 하지 않은 경우 제척기간(특례제척기간 포함) 내에 다른 처분사유로 재처분을 하는 것은 원칙적으로 가능합니다.

법원의 심리는 이념적으로는 총액주의에 기반을 두지만 현실적으로는 쟁점주의적으로 운영되고 있습니다. 판결 후 탈루소득에 대한 재처분이 가능한가와 관련하여 판례 및 학설의 다수는 기판력 차단효의 적용이 없다고 보고 있습니다. 이에 따르면 민사소송과 달리 조세소송에서는 법원의 심리의 범위와 과세관청 패소판결의 효력은 직접 연관성이 없게 됩니다.

다음 신고세액에 대하여 (감액)경정청구를 하였으나 과세관청이 이를 거부한 경우 납세자는 경정거부처분 취소소송을 제기할 수 있습니다.

경정거부처분 취소소송은 항고소송의 외형을 띠나 그 실질은 (부작위위법확인소송을 넘어서) 의무이행소송에 해당합니다. 즉 납세자 승소 시 과세관청은 납세자가 원하는 내용으로 신고된 세액에 대한 감액경정처분을 하여야 합니다. 이처럼 증액경정처분 취소소송은 순수한 항고소송의 실질을 가지는 데 반하여 신고세액에 대한 경정거부처분 취소소송은 의무이행소송의 실질을 가지므로 양자는 불복의 성격과 방법, 기간을 완전히 달리합니다. 종전에 판례는 신고가 증액경정처분에 흡수된다고 보았으나 경정청구제도가 마련된 이상 그와 같이 보기 어려울 것입니다. 경정거부처분 후 90일의 제소기간이 경과하여 불가쟁력이 발생하였어도 동일한 사유를 이유로 다시 경정청구를 하는 것은 가능하지만 납세자 패소판결이 확정된 후에는 동일한 사유를 이유로 다시 경정청구를 하는 것은 판결의 기판력에 의하여 불가능합니다.

납세자는 과세처분 취소소송에서 동일한 과세단위 내인 한 당초 주장한 청구사유 이외에 처분의 다른 위법사유를 폭넓게 주장할 수 있습니다(총액주의). 우리 판례는 이와 같은 총액주의가 경정거부처분 취소소송의 경우에도 동일하게 적용된다고 보나 여기에는 반론의 여지가 있습니다(자세한 내용은 본 판례백선 41회 참조). 어느 견해에 의하든 최초의 경정거부처분 취소소송이 패소확정된 후 동일한 과세단위에 관하여 다른 사유를 이유로 다시 경정청구를 하는 것은 가능하다는 것이 중론인데 이는 과세처분 취소소송의 경우와 양상을 달리합니다.

4. 조세소송에서는 전치절차와 관련된 행정소송법의 일부 조항(행정소송법 제18조 제1항 본문, 제2항, 제3항, 제20조 제2항, 제3항)의 적용이 배제되나(국세기본법 제56조 제2항, 제3항, 관세법 제119조 제6항, 제120조 제2항), 국세기본법, 관세법, 지방세법 등 조세법규에 특별한 규정이 있는 경우를 제외하고는 일반법인 행정소송법과 민사소송법이 적용 또는 준용됩니다(행정소송법 제8조 제1항, 제2항 참조).

38

당초처분과 경정처분의 관계

대상판결: 대법원 2009. 5. 14. 선고 2006두17390 판결

[판결요지]

2002. 12. 18. 법률 제6782호로 개정된 국세기본법에서 신설된 제22조의2는 '경정 등의 효력'이라는 제목으로 그 제1항에서, "**세법의 규정에 의하여 당초 확정된 세액을 증가시키는 경정은 당초 확정된 세액에 관한 이 법 또는 세법에서 규정하는 권리·의무관계에 영향을 미치지 아니한다.**"고 규정하고 있는바, 증액경정처분은 당초신고하거나 결정된 세액을 그대로 둔 채 탈루된 부분만을 추가하는 것이 아니라 증액되는 부분을 포함시켜 전체로서 하나의 세액을 다시 결정하는 것인 점, 부과처분취소소송 또는 경정거부처분취소소송의 소송물은 과세관청이 결정하거나 과세표준신고서에 기재된 세액의 객관적 존부로서 청구취지만으로 그 동일성이 특정되므로 개개의 위법사유는 자기의 청구가 정당하다고 주장하는 공격방어방법에 불과한 점과 국세기본법 제22조의2 제1항의 주된 입법취지는 증액경정처분이 있더라도 불복기간의 경과 등으로 확정된 당초신고 또는 결정에서의 세액만큼은 그 불복을 제한하려는 데 있는 점 등을 종합하여 볼 때, 위 규정의 시행 이후에도 증액경정처분이 있는 경우 당초신고나 결정은 증액경정처분에 흡수됨으로써 독립된 존재가치를 잃는다고 보아야 하므로, 원칙적으로는 당초신고나 결정에 대한 불복기간의 경과 여부 등에 관계없이 증액경정처분만이 항고소송의 심판대상이 되고, 납세의무자는 그 항고소송에서 당초신고나 결정에 대한 위법사유도 함께 주장할 수 있다고 해석함이 타당하다.

【참조조문】

국세기본법 제22조의2 제1항, 행정소송법 제19조

【해설】

1. 이번 회에 검토할 주제는 당초신고나 당초처분에 대하여 증액경정처분이 있는 경우 조세소송의 대상이 무엇인가에 관한 것입니다. 어렵다고 하는 조세소송의 소송물에 관한 논의 중에서도 가장 어렵고도 논란이 많은 주제라고 할 수 있습니다.

2. 과세표준과 세액(이하 단순히 '세액'이라고 합니다)의 경정은 당초처분이나 당초신고에 의해 일차로 확정된 세액에 오류나 탈루가 있는 경우 이를 바로잡기 위해 하는 행정처분으로서 세무서장이 독자적으로 행하는 경우와 납세자의 경정청구에 기하여 행하는 경우가 있습니다. 세액의 경정은 세액의 확정을 전제로 하며, 세액의 확정은 이를 계기로 과세관청에 대하여는 집행적격을, 납세자에 대하여는 쟁송적격이 부여되는 조세법률관계에서 아주 중요한 개념입니다.

세액의 경정에는 세액을 증액하는 경정처분과 세액을 감액하는 경정처분이 있습니다. 이 중 감액경정처분이 단순히 당초 확정된 세액을 감액하는 성격을 갖는다는 데에는 별다른 이론이 없습니다(대법원 1991. 9. 13. 선고 91누391 판결 등). 문제는 당초처분이나 당초신고된 세액을 증액하는 증액경정처분(이하, '증액처분'이라고 합니다)의 경우입니다. 증액처분은 당초신고나 당초처분에 의해 잠정적으로 확정된 과세표준과 세액을 다시 확정짓는 효력을 갖는데 이때 쟁송대상을 당초처분(당초신고)과 증액처분 중 어느 것으로 할 것인지가 문제되는 것입니다.

당초처분과 증액처분의 관계에 대하여 종래 여러 가지 견해가 제기되었으나, 현재 실무상 의미 있는 견해는, ① 당초처분은 증액처분에 흡수되어 소멸하고 증액처분의 효력은 다시 조사·결정한 과세표준 및 세액 전체에 미친다고 보는 흡수설과, ② 양자는 서로 독립하여 별개로 존재하고 증액처분은 그 처분에 의해 추가로 확정된 과세표준 및 세액 부분에만 효력이 미친다는 병존설 두 가지입니다.

예를 들어 과세관청이 어느 과세대상에 관하여 2021. 4. 15. 1억 원의 부과처분(당초처분)을 하였다가 2022. 4. 1. 당초 세액을 1억 5천만 원으로 증액하는 처분을 한 경우 흡수설에 따르면 2022. 4. 1.에 1억 5천만 원이라는 하나의 부과처분이 있게 되는 반면 병존설에 따르면 2021. 4. 15.자 1억 원의 부과처분과 2022. 4. 1.자 5천만 원의 부과처분이 병존하게 됩니다.

흔히 흡수설은 증액처분을 대상으로 전체 세액의 정당성을 따져본다는 점에서 총액주의를 기반으로 하는 데 반하여 병존설은 각 처분의 정당성을 따로 따로 따져본다는 점에서 쟁점주의와 연결된다고 설명되고 있습니다. 그러나 총액주의가 반드시 흡수설과, 그리고 쟁점주의가 병존설과 연결된다고 보기는 어렵습니다. 병존설을 취하는 경우에도 그 대상이 당초신고나 당초처분이든 아니면 증액처분이든 심리의 범위 내에서 여전히 총액주의와 쟁점주의의 대립이 있을 수 있기 때문입니다.

3. 우리 판례는 심리의 대상과 관련하여서는 흡수설을(대상판결 및 대법원 1992. 5. 26. 선고 91누9596 판결; 2001. 12. 27. 선고 2000두10083 판결 등), 심리의 범위와 관련하여서는 총액주의를 각각 취하여 왔습니다(대법원 2004. 5. 14. 선고 2003두12615 판결 등). 다만 현실적으로 재판실무는 쟁점주의적으로 운용되고 있고 특히 과세관청의 처분사유의 변경과 관련하여 판례는 순수한 총액주의로부터 이탈하고 있습니다. 아울러 판결의 효력과 관련하여서도 특히 과세관청의 판결 후 재처분의 범위와 관련하여 판례는 쟁점주의적 태도에 입각하고 있습니다. 이들 문제들에 관하여는 뒤에 다시 살펴보겠습니다.

한편 판례에 의하면, 흡수설은 신고납세방식 조세에서 신고와 경정 사이에서도 타당합니다. 판례는 납세 신고내용에 오류나 탈루가 있어 증액경정을 한 경우, 신고부분이 증액부분에 포함되어 전체 과세표준과 세액을 다시 결정하는 것이므로 납세자는 증액처분 취소소송에서 신고에 의해 확정된 과세표준과 세액도 다툴 수 있다고 보았습니다(대법원 1991. 7. 26. 선고 90누8244 판결 등). 이 경우 납세의무자는 당초신고 및 증액처분에 대하여 경정청구(국세기본법 제45조의 2 제1항 참조)를 제기하여 구제를 도모할 수도 있어 구제수단이 중복되어 있는 상황입니다. 이와 관련된 문제점 역시 다음 기회에 다시 살펴보겠습니다.

4. 흡수설은 당초처분(신고)과의 관계에서 내용상, '취소를 구할 수 있는 세액의 무제한'과 '주장할 수 있는 공격방어방법의 무제한'이라는 두 가지 특성을 갖습니다. 이는 기본적으로 당초처분(신고)에 대하여 제소기간이 도과되어 불가쟁력이 발생한 후에도 마찬가지인데 이와 같은 흡수설의 특성은 현실적으로 원래 다툴 수 없었던 당초처분(신고)의 위법성을 증액처분을 기화로 다시 다툴 수 있도록 하여 납세자 측에서 이를 남용하는 상황이 발생하였습니다. 이에 이와 같은 상황에 대처하기 위하여 2010. 1. 1. 국세기본법 제22조의3 규정이 신설되었습니다. 이 중 증액처분에 관하여 같은 조 제1항은, "**세법에 따라 당초 확정된 세액을 증가시키는 경정은 당초 확정된 세액에 관한 이 법 또는 세법에서 규정하는 권리·의무관계에 영향을 미치지 아니한다.**"고 규정하였는데 이 규정의 해석과 관련하여 종전에 실무상 남용이 문제되었던 쟁점, 즉 당초처분(신고)에 대하여 불가쟁력이 발생한 후 증액처분이 있는 경우 당사자가 경정부분을 넘어 당초처분이나 신고의 위법성 및 세액을 다시 다툴 수 있는가, 즉 이 경우에도 흡수설의 두 가지 특징인 '취소를 구할 수 있는 세액의 무제한'과 '주장할 수 있는 공격방어방법의 무제한'의 원칙이 여전히 유효한지 여부가 문제되었고 이 어려운 쟁점을 최초로 다룬 판결이 바로 대상판결입니다.

5. 위 쟁점에 관하여 대상판결은 당초신고나 당초처분에 대한 불복기간 경과 여부에 관계없이 증액처분만이 심리대상이고, 납세의무자는 그 소송에서 당초신고나 당초처분에 대한 위법사유도 주장할 수 있다고 판단하면서 다만 불복기간 경과 등으로 확정된 신고세액이나 결정세액의 크기(범위)는 더 이상 다툴 수 없다고 보았습니다. 즉, 흡수설의 두 가지 특징 중 '주장할 수 있는 공격방어방법의 무제한'은 그대로 유지하고 그 근거가 흡수설에 따른 것임을 다시 확인하는 한편 다만 규정취지에 따라 '취소를 구할 수 있는 세액의 무제한'의 원칙은 그 적용이 제한된다고 판단한 것입니다.

대상판결은 위 규정에 불구하고 흡수설을 계속 유지하여야 하는 이유로, 납세자의 일반적 인식이 하나의 과세단위에 대해 하나의 세금을 납부한다고 생각하고 처분의 이유보다는 총 세액에 더 큰 관심을 가진다는 점과 오랫동안 유지되어 온 실무관행을 존중할 필요성 및 분쟁의 일회적 해결의 필요성 등을 들었습니다. 대상판결은 대체로 학설의 지지를 받았으며, 후속 판결인 대법원 2011. 4. 14. 선고 2008두22280 판결과 대법원 2013. 4. 18. 선고 2010두11733 전원합의체 판결 등에 의해 확립된 판례가 되었습니다.

6. 그러나 흡수설은 당초처분이 증액처분에 흡수·소멸된다고 보고 있는데 과세관청이 당초처분을 취소하지 아니한 채 증액부분만을 별도로 고지한 경우 실체법적으로 당초처분과 증액처분은 각각 유효하게 존속한다고 보아야 할 것입니다. 당초처분의 경우 과세관청은 하나의 과세단위를 기준으로 일단 전체 세액을 고지했다고 보아야 하지만 그 후 증액 사유를 추가로 확인하여 증액처분을 하는 경우까지 증액부분만을 별도로 고지하는 것이 불가능하다고 볼 이유는 없습니다. 이 점은 특히 당초처분에 대하여 압류나 납부 등이 행하여진 경우 그러합니다. 이들 실체법상 효력이 증액처분이 있다고 하여 소멸한다고 보는 것은 현실적으로 부당하고 과세권자의 의사에도 반하기 때문입니다. 기본적으로 실체법상 행정처분의 개수는 처분권자의 의사와 처분의 객관적 형태에 의하여 구분된다고 보아야 하는데 현재 과세실무는 증액처분의 경우 증액분만을 고지하며 특히 납세고지서의 필수적 기재사항인 당초처분이나 당초신고에 관한 세액의 산출근거를 별도로 기재하지 않습니다. 뒤에서 다시 살펴보지만 흡수설은 특히 신고에 대한 경정청구제도가 신설된 이후 신고와 경정 사이에서는 제대로 기능할 수 없게 된 것이 부인할 수 없는 현실입니다. 신고에 대한 경정청구와 증액처분에 대한 취소소송은 불복수단 및 기간을 달리하고 전자는 경정거부처분 취소소송의 형태를 취하는 반면 후자는 원칙적으로 부과처분 취소소송의 형태를 취하여 청구취지 자체도 다르게 구성되므로 소송물이 동일하다고 보기 어려운 점 등 당초신고가 증액처분에 흡수·소멸된다고 보게 되면 설명하기 어려운 여러 가지 문제가 발생합니다.

소송물이론은 결국 소송대상을 어떻게 정하는 것이 납세자에게 편리하고 분쟁의 합리적 해결을 위하여 적당한가의 관점에서 논의되어야 하는데, 이러한 관점에서 보면 최소한 경정청구제도가 신설된 이후 신고와 경정 사이에서는 병존설에 의하는 것이 타당하다고 여겨집니다. 아울러 국세기본법 제22조의3 제1항의 신설과 함께 당초처분과 증액처분 사이에서도 굳이 흡수설을 고집할 이유가 없어졌습니다.

7. 국세기본법 제22조의3 제1항의 해석과 관련하여 판례가 이끌어 낸 '주장할 수 있는 공격방어방법의 무제한' 원칙과 관련하여 보면, 이처럼 제소기간이나 부과제척기간 등 불변기간이 도과된 경우 해당 세액에 관하여 납세자가 이를 다투거나 과세관청이 부과처분을 하는 것이 불가능하더라도 어떠한 경위에서든 해당 세액이 포함된 과세단위에 관하여 쟁송절차상 다툼이 벌어진 경우 정당한 세액을 다투기 위한 범위에서 납세자나 과세관청이 해당 세액에 관련된 쟁점을 다시 다투거나 주장할 수 있다고 보는 것은 미국이나 독일 등 외국에서도 법규나 판례를 통해 일반적으로 인정되는 법리입니다.

독일의 경우 포괄적 경정규정인 조세기본법 제177조와 세액의 모순확정에 관한 조세기본법 제174조 등이 이를 규정하고 있고, 미국은 판례를 통해 형성된 공제의 원칙(Equitable Recoupment)과 상계의 원칙(Equitable Setoff) 및 내국세입법상 기간제한 완화규정(IRC §1311~§1314) 등이 이 기능을 수행합니다. 청구의 병합과 함께 당초처분과 경정처분, 당초신고와 경정처분 사이에서 이러한 공제나 상계이론을 받아들이게 되면 무리하게 흡수설의 논리에 기대지 않더라도 과세단위별로 분쟁의 적정한 해결은 얼마든지 가능합니다.

8. 제도의 운용 측면이나 법 규정상 흡수설은 이미 많은 예외가 인정되는데 이를 정리해보면 다음과 같습니다.

(1) 당초신고와의 관계에서 앞에서 본 불복기간에 관한 판결이나 대상판결의 사안 등과 같이 흡수설로서는 논리적으로 설명하기 어려운 경우가 발생하며, 특히 음(陰)의 신고의 경정청구를 설명할 방법이 없다.

(2) 흡수설은 국세기본법 제22조의3 제1항과 내용이 저촉된다.

(3) 후술하는 바와 같이 기초적 사실관계를 달리하는 경우 처분사유의 변경을 불허한 판례의 입장은 흡수설의 기초인 총액주의와 잘 조화되지 않는다.

(4) 판례는 확정판결이 있는 경우 그 소송절차에서 다루어지지 않았던 사실관계를 기초로 하는 재처분이 가능하고(즉 앞의 판결의 기판력 내지 기속력이 미치지 않고), 이 경우 당초처분은 재처분에 흡수되지 않고 병존한다고 판단하고 있는데(대법원 2004. 12. 9. 선고 2003두4034 판결), 이 역시 흡수설 및 총액주의의 논리로는 제대로 설명하기 어렵다.

9. 이상 논증한 바를 토대로 살펴볼 때, 흡수설과 병존설 중 병존설 쪽이 과세 실무에 적합하고 쟁송수단에 관한 법의 규정 및 행정행위와의 관계에서 보다 논리적이며 납세자가 이해하기 쉽다고 생각됩니다.

39

경정청구와 부과처분 취소

- 조세쟁송 불복수단의 경합 -

대상판결: 대법원 2014. 6. 26. 선고 2012두12822 판결

【판결요지】

경정청구제도에 관한 국세기본법의 개정 경과와 경정청구제도의 취지 및 관련 법리 등에 비추어 보면, 과세표준신고서를 법정신고기한 내에 제출한 납세자가 그 후 이루어진 과세관청의 결정이나 경정으로 인한 처분에 대하여 소정의 불복기간 내에 다투지 아니하였더라도 3년의 경정청구기간 내에서는 당초신고한 과세표준과 세액에 대한 경정청구권을 행사하는 데에는 아무런 영향이 없다고 보아야 한다.

【참조조문】

구 국세기본법(2007. 12. 31. 법률 제8830호로 개정되기 전의 것) 제45조의2 제1항, 구 국세기본법(2010. 1. 1. 법률 제9911호로 개정되기 전의 것) 제22조의2 제1항, 구 국세기본법(2010. 12. 27. 법률 제10405호로 개정되기 전의 것) 제45조의2 제1항

【해설】

1. 지난 회에는 대법원 판례가 당초처분(당초신고)과 증액처분이 있는 경우 조세소송의 심리의 대상과 관련하여 당초처분(당초신고)이 증액처분에 흡수되어 소멸한다는 흡수설을 취하고 있고, 이와 같은 판례의 입장은 국세기본법 제22조의3 제1항의 신설 이후에도 당초처분(당초신고)의 위법성을 다투는 범위에서는 여전히

유지된다는 점을 살펴본 바 있습니다.

2. 그런데 흡수설에 의하는 경우 당초신고에 대한 증액처분이 있을 때 제소기간과의 관계에서 곤란한 문제가 발생합니다. 왜냐하면 당초신고에 대한 경정청구기간은 법정신고기한으로부터 5년[대상판결에 적용된 구 국세기본법(2007. 12. 31. 개정 전의 것)상 경정청구기간은 3년]인 데 반하여 증액처분에 대한 제소기간은 납세자가 '처분이 있는 것을 안 날'로부터 90일(이하, 90일로 약칭합니다)이어서, 당초신고가 증액처분에 흡수·소멸되면 흡수설의 논리를 일관하는 경우 전체 세액에 대한 불복기간이 90일로 제한되기 때문입니다. 현실적으로 납세신고에 대한 경정청구기간을 부과처분 취소에 대한 제소기간보다 장기간으로 설정한 것은 과세처분과 달리 납세신고는 내용에 오류가 있어도 납세자 스스로 이를 발견하기가 쉽지 않다는 점과 과세처분 부과제척기간과의 균형을 맞춘다는 점 등에 있고, 이와 같은 사정은 증액처분이 있다고 해서 달라질 이유가 없는데 흡수설의 논리에 따라 전체 세액에 대한 불복기간을 90일로 제한해 버리면 이와 같이 신고에 대하여 장기간의 경정청구기간을 둔 입법취지가 몰각되는 것입니다.

대상판결은 이 점에 관하여 불복기간의 관점에서는 흡수설의 논리를 포기하고, 당초신고에 대한 경정청구기간이 증액처분에 의하여 영향을 받지 않는다고 판단한 것입니다.

3. 애당초 국세기본법 제22조의3 조항이 신설될 당시 입법자의 의도는 당초처분(당초신고)의 효력이 이에 대한 증액처분에 의하여 영향을 받지 않도록 하기 위한 데에 있었고 이는 다분히 당초처분(신고)와 증액처분의 관계에서 흡수설에서 병존설 쪽으로 이동하는 취지의 입법이었던 것으로 여겨집니다. 그런데 지난 회에 검토한 바와 같이 판례가 당초처분과 증액처분의 관계와 관련하여 쟁송절차상 흡수설의 장점 및 납세자의 인식 등을 고려하여, '다툴 수 있는 세액의 무제한' 측면에서만 흡수설의 적용을 제한하고, '공격방어방법의 무제한'의 측면에서는 흡수설의 기조를 그대로 유지함에 따라 당초신고와 증액처분과의 관계에 이르러 불복기간의 측면에서 흡수설의 논리가 벽에 부딪히게 된 것입니다.

4. 이와 같은 문제는 사실상 국세기본법상 경정청구제도가 신설되면서 예상되었던 사항입니다.

판례가 취한 흡수설에 따르는 경우 종전에는 잘못된 납세신고를 시정하기 위해서는 증액처분을 기다려 그에 대하여 다투거나 아니면 납세신고가 당연무효임을 이유로 민사상 부당이득반환청구에 의하여 납부한 세액을 반환받을 수밖에 없었는데(대법원 1995. 2. 28. 선고 94다31419 판결 등), 경정청구제도가 신설되면서 납세자가 납세신고에 대하여 다툴 수 있는 권리구제의 폭이 크게 확대됨과 동시에 납세신고에 대하여 과세관청이 증액처분을 한 경우 납세자는 증액처분에 대하여 불복하여 그 쟁송절차에서 신고부분의 위법을 다투어도 되고, 신고세액의 경정을 청구하여 과세관청이 이를 거부하면 거부처분취소소송을 제기하여도 되는(대법원 2013. 4. 18. 선고 2010두11733 전원합의체 판결 참조), 쟁송절차상 매우 이례적인 복수의 불복방법이 병행하는 사태가 벌어지게 된 것입니다.

현실적으로 납세자는 경정청구제도를 보다 많이 이용하고 있는데 양쪽 불복기간의 적용과 관련하여 대상판결은, 과세처분 취소소송의 불복기간이 도과하였어도 과다신고 부분에 대한 감액경정청구는 경정청구기간이 도과되지 않는 한 여전히 가능하다고 판단하여 당초신고가 증액처분에 흡수·소멸된다는 흡수설의 핵심적인 논리를 포기한 것입니다.

5. 한편 당초신고에 대하여 증액처분이 있어 그에 대한 불복을 위해 경정청구제도를 이용하는 경우 그 쟁송절차에서 신고세액 이외에 증액처분 부분에 대하여는 다투지 못하게 한다면, 납세자가 당초신고뿐 아니라 증액경정 부분에 대하여도 불복사유가 있는 경우 당초신고에 대한 경정청구와 별도로 해당 부분에 대한 취소소송을 별도로 제기할 수밖에 없게 되고 이는 쟁송절차상 당초신고 부분과 증액경정 부분이 분리되는, 흡수설과는 정면으로 배치되는 상황으로 이어지게 됩니다. 이러한 문제점을 의식하여 2014. 12. 23. 개정된 국세기본법은 각 세법에 따라 결정 또는 경정이 있는 경우 경정청구 대상을 당초신고된 세액이 아니라 해당 결정 또는 경정 후의 세액으로 규정하였습니다(같은 법 제45조의2 제1항 단서). 다만 신고된 부분이 아닌 결정 또는 경정된 부분에 대한 경정청구기간은 그 불복기간을 90일로 제한함으로써 해당 과세처분에 대하여 직접 취소를 구하는 경우와

의 균형을 맞추었습니다.

예컨대 당초신고분 100억 원에 대하여 과세관청이 10억 원을 증액한 경우 쟁송의 일회적 해결을 도모하기 위한 취지에서 양쪽을 함께 경정청구의 대상으로 삼을 수 있고 그 경정을 거부한 경우 경정거부처분 취소소송의 제기도 가능하도록 규정한 것입니다. 불복의 형태와 관련하여 보면 증액경정 부분이 신고 부분에 거꾸로 흡수되는 모양새를 취하는 셈인데 구체적으로 청구취지의 구성과 관련하여서는 여전히 논의할 내용이 남아 있습니다.

예컨대 납세자가 취득세 10억 원에 대하여 50% 감면규정에 따라 5억 원의 세액을 신고·납부하였다가 그 취득의 기초가 된 계약이 취소되었다고 주장하여 신고·납부한 세액 5억 원에 대하여 경정청구를 하였는데 과세관청이 계약취소 사실을 인정하지 않고 경정청구를 거부하면서 오히려 위 사안이 감면규정이 적용될 사안이 아니라고 보아 5억 원의 증액처분을 한 경우 납세자가 과세관청의 처분에 대하여 전부 불복한다면 소장의 청구취지를 어떻게 기재하면 될까요? 다음과 같은 5가지 방안을 생각해 볼 수 있을 것입니다.

(1) 10억 원의 부과처분 취소(전통적인 흡수설에 따르는 경우)
(2) 10억 원에 대하여 경정청구를 하고 경정거부처분을 받아 10억 원에 대한 경정거부처분 취소소송 제기(국세기본법 제45조의2 제1항 본문. 이 경우 당초신고분 5억 원에 대하여는 중복하여 경정청구를 제기하게 됨)
(3) 추가로 증액고지된 5억 원에 대하여 경정청구를 하여 거부처분이 있게 되면 당초 5억 원에 대한 경정거부처분과 함께 취소소송 제기(이 경우 거부처분 일자가 달라져 청구취지를 두 개로 나누어 적게 됨)
(4) 추가로 고지된 5억 원에 대하여는 별도의 경정청구 없이 당초의 경정거부처분 일자에 10억 원의 경정거부처분이 있다고 보아 경정거부처분 취소소송 제기(이 경우 5억 원에 대하여는 경정청구 및 거부처분 자체가 존재하지 않음에도 거부처분 쟁송대상으로 삼게 됨)
(5) 당초신고분 5억 원에 대한 경정거부처분 취소소송+추가고지분 5억 원에 대한 부과처분취소 소송(병존설에 의하는 경우)

이 중 (1)과 (5)는 이론상 별 문제가 없으나 경정청구제도에 의하는 한 (2), (3), (4)는 모두 나름대로의 문제점이 발생함을 알 수 있습니다. 이는 근본적으로 경정청구의 대상이 될 수 없는 (증액)부과처분을 경정청구 대상으로 삼았기 때문에 발생하는 문제점입니다.

6. 애당초 흡수설은 하나의 과세단위를 두고 당초처분과 증액처분이라는 복수의 행정처분이 있는 경우 양자의 관계를 어떻게 볼 것인가에 관한 이론이고, 납세신고에 대하여 별도의 구제수단이 마련되지 않은 상태에서 당초처분이 경정처분에 흡수된다는 논리를 당초신고와 경정처분 사이에도 동일하게 적용하였던 것인데, 신고행위에 대한 경정청구제도가 마련되면서 더 이상 납세신고와 경정처분 사이에 흡수설이나 총액주의의 논리를 본래의 형태 그대로 유지할 수 없게 된 것이 피할 수 없는 현실입니다. 당초신고와 증액처분은 불복방법 및 불복기간을 서로 달리하고 청구취지 구성도 다를 수밖에 없는데 이와 같이 불복의 태양이 서로 다른 상태에서 어느 한 쪽이 다른 쪽에 흡수된다고 보는 것은 논리적으로 타당하다고 보기 어렵습니다.

7. 경정청구제도와 과세처분 취소를 두 축으로 하는 현행 조세쟁송체계는 분쟁의 일회적 해결과 판결의 모순·저촉 방지, 납세자의 절차적 권리보장과 실체적 진실(정당세액)의 발견이라는 여러 가지 조세쟁송법상 이념을 둘러싸고 심리의 대상과 범위, 불복기간 등 여러 방향에서 상호 긴장관계를 형성하고 있으며 이 점을 어떻게 조화롭게 해석·운용할 것인지가 향후 조세쟁송 분야의 가장 중요한 현안입니다.

40

신고에 대한 증액경정청구 불복기간 경과 후의 불복방법

대상판결: 대법원 2024. 6. 27. 선고 2021두39997 판결

【판결요지】

구 국세기본법(2019. 12. 31. 법률 제16841호로 개정되기 전의 것, 이하 같다) 제45조의2 제1항의 문언, 체계 및 경정청구제도의 취지 등을 종합하여 보면, 과세표준신고서를 법정신고기한 내에 제출한 납세자가 그 후 이루어진 과세관청의 결정이나 경정으로 인한 처분에 대하여 소정의 불복기간 내에 다투지 아니하였더라도 5년의 경정청구기간 내에서는 경정청구권을 행사하는 데에는 아무런 영향이 없다.

그리고 통상의 과세처분 취소소송에서와 마찬가지로 감액경정청구에 대한 거부처분 취소소송 역시 그 거부처분의 실체적·절차적 위법사유를 취소 원인으로 하는 것으로서 그 심판의 대상은 과세표준 및 세액의 객관적인 존부이므로, 그 과세표준 및 세액의 인정이 위법하다고 내세우는 개개의 위법사유는 자기의 청구가 정당하다고 주장하는 공격방어방법에 불과한 점, 과세처분에 대한 취소소송과 경정청구는 모두 정당한 과세표준 및 세액의 존부를 정하고자 하는 동일한 목적을 가진 불복수단이므로, 납세자로 하여금 과세관청의 증액경정사유에 대하여는 취소소송으로써, 과다신고사유에 대하여는 경정청구로써 각각 다투게 하는 것은 납세자의 권익보호나 소송경제에 부합하지 않는 점 등에 비추어 보면, 납세자는 감액경정청구에 대한 거부처분 취소소송에서 당초 신고에 대한 과다신고사유뿐만 아니라 과세관청의 증액경정사유도 함께 주장하여 다툴 수 있다. 다만 증액경정처분에 대한 불복기간이 경과한 경우에는 구 국세기본법 제45조의2 제1항 단서에 따라 '경정으로 인하여 증가된 과세표준 및 세액'에 관하여는 취소를 구할 수

없고, 당초 신고한 과세표준 및 세액을 한도로 하여서만 취소를 구할 수 있을 따름이다.

【참조조문】

구 국세기본법(2019. 12. 31. 법률 제16841호로 개정되기 전의 것, 이하 같다) 제45조의2 제1항 단서

【해설】

1. 먼저 대상판결 사안을 살펴봅니다.

원고는 자동차부품 제조업을 영위하는 내국법인으로, 중국에 2개의 자회사를 두고 있는데, 중국 자회사는 2014 사업연도에 원고에게 2008년 이후 잉여금을 재원으로 한 배당금('이 사건 배당금')을 지급하면서, 「대한민국 정부와 중화인민공화국 정부 간의 소득에 대한 조세의 이중과세회피와 탈세방지를 위한 협정」 제10조 제2항 가목에서 정한 5%의 제한세율에 따라 계산한 세액을 원천징수하여 중국에 납부하였습니다.

그 후 원고는 중국에 납부한 위 세액을 구 법인세법(2014. 12. 23. 법률 제12850호로 개정되기 전의 것) 제57조 제1항 제1호에서 정한 외국법인세액으로 공제하고, 2006년 체결된 「대한민국 정부와 중화인민공화국 정부 간의 소득에 대한 조세의 이중과세회피와 탈세방지를 위한 협정의 제2의정서」 제5조 제1항 후문에 따라 이 사건 배당금에 추가로 5%의 간주외국납부세율을 적용한 금액 중 외국납부세액 공제한도 내 금액인 684,467,059원을 간주외국납부세액으로 공제하여 2015. 3. 31. 2014 사업연도 법인세 554,866,321원을 신고·납부하였습니다.

과세관청(피고)은 2015. 12. 22. 원고에게 간주외국납부세액을 공제한 것이 부당하다는 등의 사유로 2014 사업연도 법인세 2,290,534,244원(가산세 포함)의 증액경정처분을 하였습니다.

원고는 피고의 증액경정처분에 대하여는 90일의 제소기간 내에 이를 다투지

않았으나 2016. 7. 20. 피고에게 이 사건 배당금에 대하여 간주외국납부세액공제가 적용되어야 한다고 주장하면서 2014 사업연도 법인세 554,866,321원의 환급을 구하는 경정청구를 하였으나, 피고는 2016. 9. 12. 이를 거부하였습니다('이 사건 거부처분').

이에 대하여 대상판결은, 납세자는 감액경정청구에 대한 거부처분 취소소송에서 당초신고에 대한 과다신고사유뿐만 아니라 과세관청의 증액경정사유도 함께 주장하여 다툴 수 있다고 보면서, 다만 증액경정처분에 대한 불복기간이 경과한 경우에는 국세기본법 제45조의2 제1항 단서규정에 따라 '경정으로 인하여 증가된 과세표준 및 세액'에 관하여는 취소를 구할 수 없고, 당초 신고한 과세표준 및 세액을 한도로 하여서만 취소를 구할 수 있을 따름이라고 판단하여 같은 취지로 판시한 원심의 판단을 그대로 유지하였습니다.

2. 대상판결은 증액경정청구 자체에 대한 불복기간을 연장한 것이 아니라 납세신고에 대한 증액경정처분이 있는 경우 신고에 대한 경정거부처분 취소소송에서 90일의 불복기간이 도과한 증액경정처분의 위법사유를 함께 주장하여 신고세액의 감액을 구할 수 있다는 취지입니다. 어떠한 처분에 위법사유가 있음에도 당해 처분에 대한 불복기간이 경과한 경우 그와 같은 불복기간 경과의 효력(불가쟁력)을 피할 수는 없으나 동일한 과세단위 내의 다른 다툴 수 있는 세액의 범위 내에서 해당 위법세액의 공제 내지 상계를 주장할 수는 있다는 것입니다. 앞에서 살펴본 것처럼 이와 같은 상계 내지 공제의 사상은 미국이나 독일 등에서 조세쟁송절차상 적정과세 및 형평의 이념에 입각하여 널리 인정되는 법리입니다. 그 기본 구조는 당초처분이나 당초신고에 대한 대한 증액처분이 있는 경우 어느 한쪽의 불복기간이 도과하였어도 다른 쪽 불복기간이 남아 있는 한 그에 대한 불복절차를 통해 해당 세액 범위 내에서 다른 쪽 위법사유를 주장할 수 있다는 것입니다.

3. 국세기본법 제45조의2 제1항 단서는 납세신고 후 증액경정이 있는 경우 증액경정 부분은 해당 처분이 있음을 안 날(처분의 통지를 받은 때에는 그 받은 날)부터 90일(법정신고기한이 지난 후 5년 이내로 한정) 이내에 경정을 청구하도록 하고 있습니다. 예컨대 당초신고된 100억 원에 대해 10억 원이 증액된 경우 쟁송의 일

회적 해결을 도모하기 위해 함께 경정청구 및 경정거부처분취소소송 대상으로 삼을 수 있게 한 것입니다. 형태상으로 경정 부분이 신고 부분에 거꾸로 흡수되는 모양새를 취합니다.

위 규정에 의할 때, 예컨대 납세자가 10억 원의 세액을 신고하였는데 과세관청이 1억 원을 증액하고 납세자가 신고세액과 증액분 합계 11억 원의 취소를 구하는 경우 납세자는 11억 원 전체에 대한 경정청구를 하여 거부처분취소소송 형태로 구제를 도모할 수 있고, 법원도 11억 원에 대한 거부처분 취소판결을 할 수 있습니다. 이 경우 증액분 1억 원에 대한 판단은 그 형식은 거부처분 취소이지만 실질은 부과처분 취소이고, 판결의 기속력도 부과처분 취소판결과 동일하게 보아야 할 것입니다. 이와 달리 납세자가 신고세액 10억 원에 대한 경정거부처분 취소소송과 1억 원의 증액처분 취소소송을 병합하는 형태의 소송도 가능하며, 당초 신고에 대한 감액경정거부처분 취소소송 도중 증액처분이 있다면 그 절차 내에서 청구취지를 변경하거나 아니면 증액처분 취소로 청구취지를 바꾸는 것도 가능할 것입니다.

4. 대상판결이 제시한 논거는, (1) 과세표준신고서를 법정신고기한 내에 제출한 납세자가 그 후 이루어진 과세관청의 결정이나 경정으로 인한 처분에 대하여 소정의 불복기간 내에 다투지 아니하였더라도 5년의 경정청구기간 내에서는 경정청구권을 행사하는 데에 아무런 영향이 없고(대법원 2014. 6. 26. 선고 2012두12822 판결), (2) 통상의 과세처분 취소소송과 마찬가지로 감액경정청구 거부처분 취소소송 역시 심판의 대상은 과세표준 및 세액의 객관적인 존부이고 개개의 위법사유는 공격방어방법에 불과하며(대법원 2020. 6. 25. 선고 2017두58991 판결 참조), (3) 납세자로 하여금 과세관청의 증액경정사유에 대하여는 취소소송으로 다투게 하고, 과다신고사유에 대하여는 경정청구로 다투게 하는 것은 납세자의 권익보호나 소송경제에 부합하지 않는 점(대법원 2013. 4. 18. 선고 2010두11733 전원합의체 판결) 등 입니다.

그런데 이중 (1)의 점은 신고부분에 대한 경정청구기간이 증액처분 부분에 대한 불복기간 경과에 영향을 받지 않는다는 것이어서 증액 부분의 위법사유를 신고 부분 세액을 다투기 위해 주장할 수 있다는 것과는 직접 관련이 없고, (2) 감액경정거부처분 취소소송에서 개개의 위법사유가 공격방어방법에 불과하다는 점은 그 법리적 타당성은 별론으로 하더라도 증액처분의 불복기간이 도과한 상태에서 그 위법사유를 형태가 다른 신고 부분에 대한 감액사유로 주장할 수 있다는 논거로는 부족하며, (3)의 증액처분과 신고 부분의 쟁송방법을 분리하는 것이 납세자의 권익보호나 소송경제에 부합하지 않는다는 점 역시 실증적 타당성은 별론으로 하더라도 이를 함께 다투게 하는 것과 이 사건 쟁점이 어떻게 관련된다는 것인지 분명하지 않습니다. 이와 같은 개념과 논리구성의 부정확함은 무엇보다도 성격이 전혀 다른 납세신고와 증액처분을 하나의 쟁송수단으로 통일하려는 데서 발생하는 것으로 여겨집니다.

5. 조금 더 구체적으로 살펴보면, 판례의 입장에 따르게 되면, 예컨대 신고세액이 20억 원이고 증액처분 세액이 5억 원인데 신고세액에 대한 경정청구기간이 도과한 경우 증액처분에 대한 불복기간이 남아 있는 한 5억 원 범위 내에서 신고세액에 대한 위법사유를 주장하여 증액처분을 다툴 수 있고, 반대로 증액처분에 대한 불복기간이 도과하였어도 신고세액에 대한 불복기간이 남아 있는 한 증액처분에 대한 위법사유를 주장하여 그에 해당하는 신고세액의 감액을 주장할 수 있습니다. 판례는 당초처분과 증액처분의 관계에서 흡수설을 유지함을 전제로 국세기본법 제22조의3 제1항의 규정을 이와 동일하게 해석하였는데(대법원 2013. 4. 18. 선고 2010두11733 전원합의체 판결; 2014. 6. 26. 선고 2012두12822 판결 등) 이를 당초신고와 증액처분의 관계에서도 동일하게 해석한 것입니다.

당초처분과 증액처분의 경우 당초처분의 불복기간이 지난 상태에서 그에 대한 위법사유를 증액처분의 위법을 다투기 위해 주장하는 데 반하여, 당초신고와 증액처분의 경우에는 거꾸로 증액처분의 위법사유를 당초신고의 위법사유를 다투는 데 주장할 수 있도록 하는 점이 다르지만 어느 경우에나 불복기간이 먼저 도과한 쪽의 위법사유를 불복기간이 남아 있는 부분의 감액사유로 주장할 수 있도록 한다는 점에서 공통됩니다. 우리 판례는 전자는 흡수설의 일부논리에 기대고, 후자는 경정거부처분 취소소송의 소송물이나 심리의 범위 내지 청구의 변경범위의 문제로 접근하여 문제를 해결하고자 하고 있는데 이는 본질이 서로 다른 것을 동일한 평면에서 취급하는 것으로서 정확한 해답을 얻기 어렵다고 생각됩니다.

6. 필자의 생각으로는 우리도 현재와 같이 신고에 대한 경정청구와 부과처분 취소라는 이원적 불복수단을 유지하는 한 국세기본법 제22조의3이나 제45조의2의 규정을 독일이나 미국과 같이 상계나 공제의 관점에서 보완입법하거나 관련 규정을 그와 같은 방향으로 해석하는 것이 법리적으로 타당하고 전체 세법 체계를 일관성 있게 가져갈 수 있을 것으로 여겨집니다. 이와 같은 상계나 공제의 법리는 적정과세의 이념과 과세관청과 납세자 모두 스스로 쟁송의 마당을 제공하였다면 그에 따른 불이익을 감수하여야 한다는 형평의 이념에 터 잡은 것이므로 소송물 개념과 무관하게 채용될 수 있다고 봅니다. 위에서 본 예는 과세관청이 증액처분을 통해 납세자에게 쟁송 마당을 제공한 경우이지만 반대로 납세자 측이 당초처분에 대한 취소소송을 제기하여 쟁송마당을 펼쳤다면 과세관청은 그 소송절차에서 이미 부과제척기간이 도과하여 별도의 증액경정처분이 불가능하더라도 납세자가 구하는 취소세액에 상응한 증액경정사유를 상계의 방법으로 주장하는 것은 형평의 관점에서 허용함이 상당합니다.

41

감액경정거부처분 취소소송의 소송물

대상판결: 대법원 2004. 8. 16. 선고 2002두9261 판결

【판결요지】

감액경정청구를 받은 과세관청으로서는 과세표준신고서에 기재된 과세표준 및 세액이 세법에 의하여 신고하여야 할 객관적으로 정당한 과세표준 및 세액을 초과하는지 여부에 대하여 조사·확인할 의무가 있다 할 것이므로, 통상의 과세처분 취소소송에서와 마찬가지로 감액경정청구에 대한 거부처분 취소소송 역시 그 거부처분의 실체적·절차적 위법 사유를 취소 원인으로 하는 것으로서 그 심판의 대상은 과세표준신고서에 기재된 과세표준 및 세액의 객관적인 존부라 할 것이고, 그 과세표준 및 세액의 인정이 위법이라고 내세우는 개개의 위법사유는 자기의 청구가 정당하다고 주장하는 공격방어방법에 불과한 것이므로, 감액경정청구를 함에 있어 개개의 위법 사유에 대하여 모두 주장하여야 하는 것은 아니고, 감액경정청구 당시 주장하지 아니하였던 사항도 그 거부처분 취소소송에서 새로이 주장할 수 있다.

【참조조문】

구 국세기본법(2000. 12. 29. 법률 제6303호로 개정되기 전의 것) 제45조의2 제1항 제1호, 제3항

【해설】

1. 이번 회에 검토할 사안은 감액경정거부처분 취소소송의 소송물에 관한 것입니다. 소송물에 관한 다른 논의와 논의 순서가 바뀐 느낌이 있으나 조금은 독립적인 주제로 여겨져 뒤에 배치하였습니다.

대상판결 사안은, 납세자가 당초 경정청구 시에는 상속세과세표준신고 당시 상속재산의 공제대상인 채무 8억 5,200만 원이 누락되었다는 주장을 하다가 소송 진행 도중에 당초의 청구 시에는 주장하지 않았던 상속재산가액 산정의 위법을 추가로 주장한 것입니다. 원심은 위 사유는 당초 경정청구 시에는 주장하지 않았던 사유로서 피고의 거부처분 사유를 구성하지 않으므로 위와 같은 처분사유의 변경이 위법하다고 보아 원고의 청구를 기각하였는데 대법원은 원심의 판단이 잘못되었다고 하여 원심판결을 파기한 것입니다(대상판결도 20회 사안과 마찬가지로 부과과세방식인 상속세에 대한 경정청구를 허용한 사안입니다).

2. 일반 행정처분에 있어서 거부처분 취소소송의 소송물은 거부처분의 위법여부이고 그 당부는 거부처분의 대상이 된 납세자의 신청사유가 적법·타당한지 여부에 달려 있습니다. 그런데 대상판결은 조세경정거부처분에 대한 취소소송에서 당사자는 경정청구 당시 주장하였던 사유 이외에 거부처분의 다른 위법사유(경정청구를 이유 있게 하는 사유)를 주장할 수 있고, 과세관청 또한 당초 거부사유 이외에 다른 거부사유를 소송에서 새로 주장할 수 있다고 보고 있습니다(같은 취지: 대법원 2008. 12. 24. 선고 2006두13497 판결; 2022. 2. 10. 선고 2019두50946 판결 등). 그 논거로 거부처분의 적법 여부는 과세표준신고서에 기재된 과세표준 및 세액이 정당한 과세표준 및 세액을 초과하느냐의 여부에 따라 판단되는 것으로서 감액경정청구를 받은 과세관청으로서는 과세표준신고서에 기재된 과세표준 및 세액이 세법에 의하여 신고하여야 할 객관적으로 정당한 과세표준 및 세액을 초과하는지 여부에 대하여 조사·확인할 의무가 있고 당사자 또한 사실심 변론종결 시까지 객관적인 조세채무액을 뒷받침하는 주장과 자료를 제출할 수 있다는 점을 들고 있습니다. 한 마디로 이 경우에도 그 실질이 채무부존재확인소송이고 총액주의가 타당하다는 것입니다.

3. 그러나 경정거부처분 취소소송에서 과세관청의 처분사유 변경은 납세자의 경정청구 범위 내에서 그 거부사유만을 변경하는 것이므로 이를 넓게 허용해도 문제가 없지만 납세자의 경정청구사유의 변경은 애당초 과세관청은 당사자의 경정청구사유를 대상으로 청구의 당부를 판단할 수밖에 없다는 점에서 대상판결의 태도에는 의문이 있습니다. 경정청구에 대하여 거부처분이 있기 전까지 납세자가 청구사유를 추가·변경하는 것은 가능하지만 일단 경정청구에 대한 거부처분이 있게 되면 별도의 감액사유가 있다고 하여 이미 행한 거부처분의 정당성이 소멸한다고 보기 어렵습니다. 대상판결은, 감액경정청구를 받은 과세관청으로서는 과세표준신고서에 기재된 과세표준 및 세액이 세법에 의하여 신고하여야 할 객관적으로 정당한 과세표준 및 세액을 초과하는지 여부에 대하여 조사·확인할 의무가 있다고 보나 과세관청이든 법원이든 납세자가 주장하는 경정청구사유의 당부를 넘어 (납세자가 주장하지도 않은) 납세자의 당초신고에 또 다른 위법사유가 있는지를 조사·확인할 의무가 있다고 보기는 어렵습니다. 경정청구거부처분 취소소송에서 당초신고에 어떠한 위법사유가 있는지에 관한 주장·입증책임은 일차적으로 납세자에게 있다고 보아야 하고, 과세관청이 납세자가 주장하지도 않는 사유까지 전반적으로 당초신고의 위법성을 조사·확인하라고 하는 것은 현실적으로 불가능을 요구하는 것과 다를 바가 없습니다.

4. 경정거부처분 취소소송에서 납세자의 청구사유 변경을 허용하기 어렵다는 점은 기판력과의 관계에서도 뒷받침됩니다. 동일한 과세대상에 관하여 납세자가 당초 제기한 경정청구가 인용된 경우는 물론 납세자 패소판결이 확정되어 불가변력이 발생한 이후에도 경정청구기한이 남아 있는 한 납세자는 다시 다른 사유를 이유로 경정청구를 할 수 있다고 보는 것이 일반적인 견해입니다(물론 납세자 패소판결 확정 후 동일한 사유를 이유로 다시 경정청구를 하는 것은 판결의 기판력에 반하여 허용되지 않습니다. 대법원 2020. 6. 25. 선고 2017두58991 판결). 그와 같은 다른 경정청구사유가 앞의 소송에서 납세자가 주장할 수 있었던 잠재적 심판범위에 있었음에도 전의 납세자 패소확정판결의 기판력은 뒤의 소송에 미치지 않는다고 보는 것입니다. 이 점은 과세처분에 대한 취소소송의 원고(납세자) 패소 확정판결의 기판력이 뒤의 동일한 과세처분을 대상으로 한 취소소송이나 무효확인소송에 미친

다고 보는 것(대법원 1996. 6. 25. 선고 95누1880 판결)과 다릅니다. 똑같이 청구를 이유 있게 하는 사유임에도 양자를 달리 보는 것은 거부처분의 특수성 말고는 설명이 되지 않습니다.

감액경정거부처분 취소소송은 외형상 항고소송이나 실질은 의무이행소송에 해당합니다. 납세자 승소 시 과세관청은 판결의 효력에 의해 납세자가 원하는 내용으로 신고세액을 감액하여야 하기 때문입니다. 이 점에서 감액경정거부처분 취소소송과 부과처분 취소소송은 근본적으로 불복의 성격과 방법을 달리한다고 보아야 합니다.

5. 납세자로서는 경정청구사유를 달리하는 경우 별도로 경정청구를 하여 과세관청의 판단을 기다린 후 과세관청이 이를 거부하면 그 거부처분에 대하여 취소청구를 하여 기왕의 소송에 병합(청구취지 내지 청구원인 추가)하면 될 것입니다. 만일 심급을 달리하게 된다면 판결 확정 후 재차 경정청구를 하는 경우와 마찬가지로 소송을 각기 진행하여 두 개의 판결을 받을 수밖에 없을 것입니다. 어찌 보면 절차가 번잡해지는 듯하지만 사유별로 처분청에 재도의 기회를 부여한다는 점에서 필요한 절차로 여겨지고 무엇보다도 여러 가지 경우에 법리적으로 모순 없는 해결이 가능합니다.

6. 한편 과세관청이 납세자의 당초신고를 경정하면서, 사유별로 감액 및 증액하였으나 전체적으로 감액처분을 한 경우 납세자가 증액부분을 다툴 수 있는가에 관하여 종전 판례는 이를 부정하였습니다(대법원 2012. 4. 13. 선고 2009두5510 판결. 과세관청이 법인의 소득처분 상대방에 대한 소득처분을 경정하면서 증액과 감액을 동시에 한 결과 전체로서 소득처분금액이 감소된 경우에 관한 사안입니다). 이 역시 과세단위 전체를 소송물로 보는 총액주의적 사고를 기반으로 하고 있는 듯 합니다. 그러나 이는 감액경정 속에 증액경정이 숨어 있는 형태로서 감액경정이 수반되었다고 하여 증액부분에 대한 납세자의 권리구제이익이 사라질 이유가 없으므로 이 역시 반대로 이해함이 상당합니다. 예컨대 2020. 1. 1.자 100만 원의 당초신고가 있는데, 과세관청이 같은 해 7. 1.자로 30만 원의 증액사유와 50만 원의 감액사유를 반영하여 전체 세액을 80만 원으로 감액한 경우 단순히 당초신고를 감액한 것이

아니므로 납세자는 증액된 30만 원의 취소를 구할 수 있어야 합니다. 위 예에서 증액경정과 감액정정이 순차로 이루어진 경우 어느 것이 먼저이든 납세자는 증액 부분을 다툴 수 있는데 양자가 동시에 이루어졌다고 하여 결론이 달라질 이유는 없습니다. 마찬가지로 납세자의 감액경정청구에 대해 과세관청이 청구사유를 배척하면서 다른 사유로 직권으로 감액처분한 경우에도 납세자는 감액범위에 관계 없이 경정거부처분 취소소송을 제기할 이익이 있다고 볼 것입니다.

42

당초처분에 관한 확정판결 후 재처분이 있는 경우 당초처분과 재처분의 관계

대상판결: 대법원 2004. 12. 9. 선고 2003두4034 판결

【판결요지】

당초의 과세처분에 대한 취소소송에서 청구기각판결이 확정된 경우에는 당초처분은 그 적법성이 확정되어 효력을 유지하게 되므로, 그 후 과세관청이 납세자의 탈루소득이나 재산누락을 발견하였음을 이유로 당초처분에서 인정된 과세표준과 세액을 포함하여 전체의 과세표준과 세액을 새로이 결정한 다음 당초처분의 세액을 공제한 나머지를 추가로 고지하는 내용의 재처분을 하였을 경우, 추가된 재처분 외에 다시 당초처분 부분의 취소를 구하는 것은 확정판결의 기판력에 저촉되어 허용될 수 없고, 당초처분이 재처분에 흡수되어 소멸된다고 할 수도 없다.

【참조조문】

헌법 제59조, 제75조, 구 조세감면규제법(1998. 12. 28. 법률 제5584호 조세특례제한법으로 전문 개정되기 전의 것) 제55조 제1항 제1호(현행 조세특례제한법 제69조 제1항 참조), 구 조세감면규제법 시행령(1994. 12. 31. 대통령령 제14477호로 개정되기 전의 것) 제54조(현행 조세특례제한법 시행령 제66조 참조), 구 산업입지및개발에관한법률(1993. 8. 5. 법률 제4574호로 개정되기 전의 것) 제17조, 제21조 제1항, 행정소송법 제19조

【해설】

1. 먼저 대상판결의 사안을 간략하게 살펴봅니다.

1995. 12. 30. 대통령령 제14869호로 개정된 조세감면규제법 시행령("개정 시행령") 제54조 제1항 제1호에 의하면, "**취득한 때부터 양도할 때까지의 사이에 8년 이상 자경 농지로서, 양도일 현재 특별시·직할시 또는 시에 있는 농지 중 도시계획법에 의한 주거지역 등의 안에 있는 것으로 이들 지역에 편입된 날로부터 3년이 지나지 아니한 농지의 양도는 양도소득세가 면제되는 것**"으로 규정하고 있고, 그 부칙 제1조는, "**이 영은 1996. 1. 1.부터 시행한다.**", 동 제3조는 "**제54조 제1항의 개정 규정은 이 영 시행 후 최초로 결정하는 분부터 적용한다.**"고 각 규정하고 있는데, 대상판결 사안에서는 원고에 대한 양도소득세 부과와 관련하여, 당초처분은 1996. 1. 1. 전에 이루어지고 (증액)재처분은 그 이후에 이루어졌으며 중간에 원고가 당초처분에 대하여 취소소송을 제기하였으나 패소로 확정된 상황에서 원고가 재처분에 대하여 다시 취소소송을 제기한 경우 개정 시행령 규정의 적용여부가 문제되었습니다.

2. 통상은 양도소득세 과세에 있어서 면세규정이 신설되거나 개정된 경우 그 적용 여부는 과세요건과 마찬가지로 양도 당시(원칙적으로 대금청산일)를 기준으로 판단합니다(대법원 1991. 5. 28. 선고 90누1584 판결 참조). 그런데 개정 시행령 부칙 규정에서, "**개정 시행령 시행일 이후에 양도하는 분부터 적용한다.**"고 하지 않고 "**이 영 시행 후 최초로 결정하는 분부터 적용한다.**"고 함에 따라 당초처분일과 경정처분일이 개정 시행령 전후로 나뉘어져 있는 대상판결 사안에서 개정 시행령 규정의 적용 여부가 문제된 것입니다. 입법자는 개정된 면세규정의 적용과 관련하여 시행일 이전에 양도한 경우도 부과 전이면 입법취지를 존중하여 면제대상으로 보호해주겠다는 의도로 위와 같은 형태의 부칙 경과규정을 둔 것으로 이해됩니다.

3. 대상판결 이유에 의하면, 원고는 두 번째 소송에서 이 사건 당초처분은 개정 시행령 시행일 이전에 이루어졌지만 재처분이 시행일 이후에 이루어졌고 당초처분은 재처분에 흡수되어 처분성을 상실하였으므로 해당 양도소득세에 관하여

는 개정 시행령이 적용되어 양도소득세가 면제되어야 한다고 주장한 것으로 여겨집니다. 이에 대하여 원심(서울고등법원 2003. 4. 8. 선고 2002누3227 판결)과 대법원은 모두 원고의 주장을 배척하였는데 그 이유는 서로 달랐습니다. 즉, 원심은, 부칙 경과규정이, (최초로 결정·경정하는 분부터 적용한다고 하지 않고) '최초로 결정하는 분'부터 적용한다고 하였으므로 최초 결정일이 개정 시행령 규정 이전에 있었던 이상 개정 시행령 적용대상이 아니라고 보았던 반면, 대법원은 위 부칙규정의 최초 결정일을 당초처분일로 보는 근거로 확정판결의 기판력 논리를 든 것입니다. 예컨대 중간에 원고패소 확정판결이 없이 당초결정일과 증액결정일이 개정 시행령 규정 시행일 전후로 나뉜 경우라면 원심의 판단으로는 면제대상이 아닌데 대법원의 판단에 따르면 면제대상에 해당하는 것으로 이해됩니다.

위 부칙규정의 해석과 관련하여서는 오히려 원심의 판단이 옳지 않은가 생각합니다. 당초처분과 증액재처분이 있는 경우 흡수설에 따라 당초처분이 증액처분에 흡수되어 그 효력이 소멸되더라도 당초처분이 특정 시점에 있었다는 역사적 사실 자체가 없어지는 것은 아니므로 부칙규정의 적용시점과 관련하여서는 그와 같은 역사적 사실을 기초로 판단하여야 할 것이기 때문입니다. 대법원의 판단 논리라면 대상판결 사안에서 재처분에 의해 증액된 부분에 대하여는 여전히 개정시행령 규정이 적용되어야 하는 것 아닌가 하는 의문이 남습니다.

4. 다만 이번 회 검토주제로 대상판결을 선정한 것은, 대상판결이 당초처분에 대한 원고패소 확정판결이 있은 후에 증액재처분이 있는 경우 당초처분이 재처분에 흡수되지 않고 존속한다는 점을 명시적으로 밝힌 판결이기 때문입니다. 이와 관련하여 오늘은 당초처분에 관하여 원고패소판결이 확정된 이후에 과세관청의 증액재처분이 어떻게, 어느 범위에서 가능한가, 그리고 그 경우 원고가 증액재처분에 대한 취소소송에서 당초처분에 존재한 (앞서 확정판결에서 주장하지 않은) 위법사유를 다시 주장할 수 있는가, 주장할 수 있다면 그 범위는 어디까지인가 하는 점에 관하여 살펴보겠습니다.

5. 민사소송에서의 기판력이란 확정된 종국판결의 효력과 관련하여, 뒤에 동일사항이 문제되면 당사자는 그에 관하여 되풀이하여 다투는 것이 허용되지 않으

며(반복금지효), 다른 법원도 그에 관하여 모순·저촉되는 판단을 해서는 안 된다는 효력(모순금지효)을 말합니다. 이와 같은 내용은 행정소송이나 조세소송에 있어서도 기본적으로 동일합니다.

다만 조세소송에 있어서는 심리의 범위와 관련하여 원칙적으로 총액주의가 타당하지만 쟁송의 현실적인 모습은 상당부분 쟁점주의적으로 이루어진다는 특성을 갖습니다. 현실적으로 법원은 진정한 세액을 확정하거나 과세처분의 적법성에 관한 모든 사유를 판단하는 데 나아가지 않고 해당 사건에서 다투어지는 부과세액의 적정성과 그에 관한 쟁점을 중심으로 판단하며, 심리대상이 되는 과세처분 자체도 수시로 증감·변동됩니다.

물론 조세소송에서도 부과처분 취소나 무효확인 소송의 경우 기판력은 법원에 의하여 구체적으로 심리의 대상이 되었던 사항뿐 아니라 잠재적 심리범위 내에 있었던 사항에 관하여도 미칩니다(대법원 1996. 6. 25. 선고 95누1880 판결). 다만 부과처분 취소소송의 경우 납세자인 원고가 패소한 경우에는 어차피 납세자는 제소기간 도과로 인하여 재소송 자체가 불가능한 상태가 되고, 납세자가 승소하여 과세처분이 취소된 경우에는 취소판결의 기속력 내지 형성력으로 인하여 과세관청이 법원의 판단을 다시 다툴 수 없게 되므로 어느 쪽이든 기판력을 논의할 실익 자체는 적습니다. 이와 달리 납세자가 경정청구를 거쳐 경정거부처분 취소소송을 제기한 경우에는 당해 소송에서 패소하여 판결이 확정되더라도 납세자가 다른 위법사유를 이유로 재차 경정청구를 하고 그 거부처분에 대하여 취소소송을 제기할 수 있는 것으로 이해되지만 이는 신고세액의 적정성을 다투는 경정청구 및 그 거부처분의 특성에 따른 것으로 여겨집니다(이에 관한 자세한 논의는 전 회를 참고하시기 바랍니다).

6. 문제는 당초처분에 대한 쟁송절차에서 판결이 확정되더라도 판례(대법원 2004. 12. 9. 선고 2003두4034 판결 등)와 학설의 지배적인 견해는 판결의 결론에 상관없이 과세관청은 동일한 과세대상에 관하여 탈루소득 등과 같은 새로운 사실관계에 기초하여 재처분하는 것이 원칙적으로 가능하다고 보는 데에 있습니다. 이는 복수의 과세처분 사이에서 조세소송의 기판력에 관한 논의가 민사소송의 기판력 논의와는 평면을 달리한다는 것을 의미합니다. 앞선 논의에서 조세소송의 대

상은 과세단위가 아니라 과세처분의 형태 및 내용에 따라 결정되어야 하고, 심리의 범위 중 납세자가 주장할 수 있는 과세처분의 위법사유나 과세관청이 이를 방어하는 과세처분을 적법하게 만드는 사유는 소송의 대상 전반에 미치지만(총액주의), 현실적으로는 납세자나 과세관청이 제기한 쟁점 위주로 심리가 진행될 수밖에 없다는 점을 살펴보았습니다. 이와 같은 잠재적 심판범위와 현실적 심판범위의 괴리는 실무적 관점에서 조세소송의 가장 현저한 특성으로 여겨집니다.

이와 같이 잠재적 심판범위와 현실적 심판범위가 괴리됨에 따라 판결의 기판력이나 기속력의 범위를 어떻게 인정할 것인가가 문제됩니다. 본래 민사법상 기판력 이론에 의하면 잠재적 심판범위까지 미쳐야 하지만 조세소송은 이와 같은 원칙을 관철하게 되면 과세권이 부당하게 유실되는 결과가 초래됩니다. 납세자가 한 번 소송을 벌였다는 이유만으로 부과제척기간이 남아 있는데도 불구하고 과세권이 소멸한다는 것은 현 조세소송의 운영실태에 비추어 명백히 부당하기 때문입니다. 이에 따라 판례와 학설은 당초처분이나 당초신고에 대한 불복쟁송절차에서 판결이 확정되더라도(그것이 납세자 승소판결이든, 아니면 패소판결이든 관계없이) 그와 별도의 새로운 사실에 기초한 과세처분은 부과제척기간 내인 한 여전히 가능하다고 보았습니다. 대상판결은 납세자 선행 패소판결과 관련하여 이를 정면으로 다룬 선례적 판결입니다. 이는 결국 하나의 과세단위 안에서 수 회의 증액처분이 가능한 과세처분의 특성상 조세소송의 기판력이나 기속력에 관한 논의가 민사소송과 사뭇 다를 수밖에 없다는 점을 나타냅니다.

대상판결도 판시하고 있는 바와 같이 당초처분(신고)과 증액처분과의 관계에서 흡수설을 취하는 경우 판결 확정 후 증액재처분이 가능한 경우를 설명하기 위해서는 흡수설의 예외를 인정할 수밖에 없습니다. 이에 반하여 병존설을 취하는 경우에는 당초처분(신고)과 증액처분의 처분일자와 처분의 내용이 달라 소송물 자체가 달라지므로 위와 같은 판례의 결론은 당연한 것이 됩니다. 기판력과의 관계에서도 병존설이 흡수설보다 설명이 간명함을 알 수 있습니다.

7. 이번 회의 마지막 주제인 당초처분에 대한 판결 확정 후 증액재처분이 이루어진 경우 납세자가 당초처분에 대하여 앞의 소송에서 미처 주장하지 못했던 다른 위법사유를 다시 주장할 수 있는가에 관하여 살펴보겠습니다.

결론적으로 납세자는 당해 과세처분과 관련하여 스스로 제소하여 다시 쟁송마당을 펼칠 수는 없지만 과세관청이 재처분(증액처분)을 하여 그에 관하여 다시 쟁송마당이 펼쳐지면 그 절차에서는 증액된 세액을 다투는 범위 내에서 당초처분의 위법성을 주장할 수 있다고 보는 것이 공평의 견지에서 타당합니다. 이에 관한 실정법상 논거로는 현행 국세기본법 제23조의2의 규정과 그에 관한 대법원의 해석(대법원 2011. 4. 14. 선고 2008두22280 판결)을 들 수 있습니다.

지난 회에 검토한 바와 같이 국세기본법 제23조의2 제1항은, "**세법에 따라 당초 확정된 세액을 증가시키는 경정은 당초 확정된 세액에 관한 이 법 또는 세법에서 규정하는 권리의무관계에 영향을 미치지 아니한다.**"고 규정하고 있고, 이에 대하여 대법원은 이 경우에도 여전히 흡수설이 적용되므로 납세자는 증액처분을 다투기 위하여 당초처분에 존재하던 위법사유를 주장할 수 있되, 다만 그 불복범위만 당초 확정된 세액을 한도로 제한된다고 보았습니다.

증액처분이 있고 그에 관하여 새로이 쟁송마당이 펼쳐진 경우에 납세자의 입장에서 당초처분에 관하여 제소기간이 도과하여 불가쟁력이 발생한 경우와 납세자 패소판결이 확정되어 불가변력(기판력)이 발생한 경우를 구별할 이유는 별로 없어 보입니다.

이 경우에 당초처분의 위법사유로 다툴 수 있는 세액의 범위를 당초 확정된 세액을 하한으로 하는 논리가 국세기본법 제23조의2 제1항에 관한 대법원 판례의 해석을 통해 도출되었으므로 그와 같은 논리를 당초처분에 관하여 납세자 패소판결이 확정된 경우에까지 적용하여도 형평의 견지에서 별 무리가 없고 기판력의 반복금지 효력에 반한다고 보기도 어렵습니다.

다만 국세기본법 제23조의2의 해석과 관련하여 대법원 2008두22280 판결은 당초처분에 존재하던 위법사유를 재차 다툴 수 있는 논거로 흡수설을 끌어 왔는데 대상판결 사안과 같이 당초처분에 대하여 납세자 패소판결이 확정된 경우에는 (대상판결도 판단하고 있는 바와 같이) 증액처분이 있다고 하여 당초처분이 증액처분에 흡수된다고 보기는 어렵습니다.

결국 이 경우까지 포함하여 당초처분에 존재하는 위법사유를 증액부분 세액의 존부를 다툴 수 있는 사유로 인정하기 위해서는 흡수설의 논리를 뛰어 넘어 미국의 판례나 학설에서 인정하고 있는 바와 같이 과세관청과 납세자 모두에 대하여 일정한 범위 내의 세액 공제권한 내지 상계권한을 인정하는 것이 필요합니다. 과세관청의 경우에도 납세자에 대한 경우와 동일한 논리에서, 예컨대 제척기간 도과로 인하여 별도의 과세처분을 통해 과세권을 행사할 수 없더라도 진행 중인 소송에서 처분사유의 추가·변경을 통해 납세자가 취소를 구하는 세액과의 상계를 주장하여 기존 부과세액을 유지하는 것이 허용되어야 할 것입니다.

43

소득금액변동통지의 쟁송적격

대상판결: 대법원 2006. 4. 20. 선고 2002두1878 전원합의체 판결

【판결요지】

[다수의견] 과세관청의 소득처분과 그에 따른 소득금액변동통지가 있는 경우 원천징수의무자인 법인은 소득금액변동통지서를 받은 날에 그 통지서에 기재된 소득의 귀속자에게 당해 소득금액을 지급한 것으로 의제되어 그때 원천징수하는 소득세의 납세의무가 성립함과 동시에 확정되고, 원천징수의무자인 법인으로서는 소득금액변동통지서에 기재된 소득처분의 내용에 따라 원천징수세액을 그 다음 달 10일까지 관할 세무서장 등에게 납부하여야 할 의무를 부담하며, 만일 이를 이행하지 아니하는 경우에는 가산세의 제재를 받게 됨은 물론이고 형사처벌까지 받도록 규정되어 있는 점에 비추어 보면, 소득금액변동통지는 원천징수의무자인 법인의 납세의무에 직접 영향을 미치는 과세관청의 행위로서, 항고소송의 대상이 되는 조세행정처분이라고 봄이 상당하다.

[반대의견 1] 소득금액변동통지란 과세관청이 내부적으로 법인의 사외유출된 소득에 대하여 법인세법 제67조 및 구 법인세법 시행령(2001. 12. 31. 대통령령 제17457호로 개정되기 전의 것) 제106조가 정하는 바에 따라 소득의 귀속자와 소득의 종류 등을 확정하는 소득처분을 한 다음, 그 소득처분의 내용 중 법인의 원천징수의무 이행과 관련된 사항을 기재하여 원천징수의무자에게 고지하는 절차로서, 법인의 원천징수의무를 성립·확정시키기 위한 선행적 절차에 불과하여 원천징수의무자의 법률적 지위에 직접적인 변동을 가져오는 것은 아니므로, 이를 항고소송의 대상이 되는 행정처분이라고 할 수 없다.

[반대의견 2] 소득금액변동통지는 그 실질이나 기능을 직시한다면 행정처분으로 보는 것이 타당하나, 현재 대통령령으로 규정되어 있는 소득금액변동통지를 부과처분과 유사한 행정처분으로 볼 경우 구 소득세법 시행령(2000. 12. 29. 대통령령 제17032호로 개정되기 전의 것) 제192조 제2항은 조세법률주의에 위배된 명령으로 위헌으로 볼 수밖에 없고, 소득금액변동통지를 행정처분으로 보지 않고 단순히 조세징수에 관한 절차적 규정으로 보는 종전의 판례가 법령의 문언에 정면으로 반한다든가 심히 불합리하다든가 하는 점은 찾아보기 어려우므로, 현행 법령의 해석으로는 종전 판례를 유지하여 위헌 문제를 피하는 것이 현명할 것으로 본다.

[다수의견에 대한 보충의견] 소득금액변동통지는 원천징수의무자인 법인의 납세의무에 직접 영향을 미치는 과세관청의 행위로서 항고소송의 대상이 되는 조세행정처분이라고 볼 이론적 근거가 충분하고, 또 종전의 판례 아래에서 소득금액변동통지를 받은 원천징수의무자는 그 원천징수의무의 성립 여부나 범위에 관하여 다투기 위해서는 당해 원천세액을 자진 납부하지 아니하고 납부불성실가산세의 제재를 받으면서 징수처분이 있기를 기다렸다가 그 징수처분에 대한 취소소송으로 다툴 수밖에 없었는데, 이는 납세자의 권리보호에 미흡하고 형평에도 맞지 않으므로 소득금액변동통지 자체를 항고소송의 대상으로 삼아 불복청구를 할 수 있도록 보장하여 주는 것이 납세자의 권리보호와 조세정의에 부합한다.

【참조조문】

행정소송법 제2조, 법인세법 제67조, 구 법인세법 시행령(2001. 12. 31. 대통령령 제17457호로 개정되기 전의 것) 제106조, 구 소득세법(2000. 12. 29. 법률 제6292호로 개정되기 전의 것) 제17조 제1항 제4호, 제20조 제1항 제1호 다목, 제21조 제1항 제20호, 제127조 제1항, 제128조, 제135조 제4항, 제158조, 구 소득세법 시행령(2000. 12. 29. 대통령령 제17032호로 개정되기 전의 것) 제42조 제1항 제2호, 제192조 제1항, 제2항, 구 소득세법 시행규칙(2002. 4. 13. 재정경제부령 제259호로 개정되기 전의 것) 제100조 제24호, 국세기본법 제21조 제2항, 제22조 제2항, 조세범처벌법 제11조, 헌법 제59조

【해설】

1. 이번 회의 검토주제는 소득처분, 그중에서도 소득금액변동통지의 쟁송적격에 관한 것입니다. 소득처분은 실체법적인 측면에서 까다로운 내용을 포함하고 있을 뿐 아니라 거의 예외 없이 원천징수와 연결됨으로써 쟁송법적으로도 어려운 논점을 제기합니다. 대상판결이 다수의견과 2개의 반대의견, 다수의견에 대한 보충의견 등 견해가 복잡하게 나뉜 것도 무리가 아닙니다.

2. 법인이 세무조정을 하여 익금이 산출되는 경우 해당 금액이 누구에게 귀속되는지를 밝히는 것이 소득처분입니다. 소득처분을 하는 이유는, 법인의 세무상 자본을 정확히 계산하고, 익금에 산입된 소득이 법인 밖으로 유출된 경우 해당 귀속자에 대한 배당·상여 및 기타소득으로 취급하여 소득세를 과세하기 위한 것입니다(법인세법 제67조). 소득처분은 기업회계에 의한 이익금액과 법인세법상 과세소득금액 간의 차액의 귀속에 대한 세무회계상 결정으로서 신고납세방식 아래에서는 원칙적으로 법인 자신이 행하나 법인 스스로가 법령상 요구되는 소득처분을 하지 않을 경우에는 과세권자가 소득처분을 하게 되며 이는 법인에 대한 소득금액변동통지의 형태로 이루어집니다. 과세관청은 법인세법에 따른 소득처분을 하는 경우 그 결정일 또는 경정일부터 15일 내에 소득금액변동통지서를 해당 법인에 통지해야 하며(소득세법 시행령 제192조 제1항), 해당 소득처분을 받은 자가 그 소득금액변동통지서를 받은 날에 각 그 소득금액을 지급한 것으로 보게 됩니다(소득세법 제131조 제2항, 제135조 제4항, 제145조의2).

3. 한편 국내에서 거주자나 비거주자에게 배당소득금액, 근로소득금액, 기타소득금액을 지급하는 자는 그 자에 대한 소득세를 원천징수하여 그 징수일이 속하는 달의 다음 달 10일까지 납부하여야 하고(소득세법 제127조 제1항, 제128조), 원천징수하는 소득세는 소득금액을 지급하는 때에 원천징수의무자의 원천징수의무가 성립 및 확정되므로(국세기본법 제21조 제3항 제1호 및 제22조 제4항 제2호), 결국 소득처분의 경우 해당 법인은, (1) 사외유출된 소득을 귀속자에 따라 (원천징수의 대상인) 배당이나 상여 등으로 취급하는 규정과, (2) 소득처분을 받은 자가 소득

금액변동통지를 받은 날에 소득금액을 지급한 것으로 보는, 두 차례의 의제규정을 거쳐서 해당 소득에 대한 원천징수의무를 부담하고, 그에 따라 해당 원천징수세액을 소득금액변동통지를 받은 날이 속하는 달의 다음 달 10일까지 관할 과세관청에 납부하여야 합니다.

4. 이 사건 대상판결의 쟁점은 위와 같은 역할과 기능을 갖는 소득금액변동통지가 쟁송적격을 갖는가에 관한 것입니다. 우선 대상판결 당시에는 법인이 소득금액변동통지를 받은 때에 소득금액을 지급한 것으로 보는 내용이 소득세법 시행령 제192조 제2항에 규정되어 있었으나 이와 같은 규정형태가 조세법률주의에 위반된다는 지적에 따라 현재는 모법인 소득세법으로 자리를 옮겼습니다. 대상판결의 반대의견 중 하나는 바로 이 점에 착안하여 소득금액변동통지를 납세자의 권리의무에 변동을 가져오는 행정처분으로 본다면 이를 모법이 아닌 시행령에 규정한 것은 위헌으로 볼 수밖에 없으므로 그 처분성을 부정한 종전 판례를 유지하여 위헌의 문제를 피하는 것이 현명하다고 판단하고 있습니다. 다만 오늘 논의할 사항은 이 부분 쟁점과는 직접 관련이 없습니다.

5. 앞에서 본 바와 같이 소득금액변동통지가 있으면 그때 소득의 귀속자에 대하여 법이 규정한 내용의 소득의 지급이 있는 것으로 의제됩니다. 그런데 소득금액변동통지는 본래 소득처분에 의하여 그 귀속자의 소득금액이 변동되었다는 사실 내지 관념의 통지로서 의제의 대상인 소득의 지급행위 자체가 사실행위이므로 내용상으로나 형태상 쟁송대상이 되기 어렵습니다. 이와 같이 소득금액변동통지는 단지 원천징수의무자의 소득금액 지급사실 및 지급시기를 의제할 뿐이지만 대상판결 다수의견이 지적하는 바와 같이 소득금액변동통지에 의해 원천징수의무자의 원천징수의무가 (자동적으로) 성립 및 확정하고, 다른 행위의 개입 없이 곧바로 과세관청의 징수절차가 개시되므로 소득금액변동통지에 의해 원천징수의무자의 법률적 지위가 직접적으로 영향을 받는다는 점도 분명합니다.

판례는 소득금액변동통지는 국세기본법 시행령 제63조의14 제2항 제3호가 규정하는 '납세고지'에 해당하지 않으므로 소득금액변동통지 이전에 '과세예고통지'는 필요하지 않다고 본 반면(대법원 2021. 4. 29. 선고 2020두52689 판결), 과세전적부심사 청구 또는 그에 대한 결정이 있기 전에 이루어진 소득금액변동통지는 위법하다고 보았는데(대법원 2020. 10. 29. 선고 2017두51174 판결), 이와 같은 두 갈래 판례는 소득금액변동통지의 이중적 성격을 잘 말해 줍니다.

6. 소득금액변동통지에 관한 논의가 이와 같이 복잡하게 된 근저에는 국세기본법이 원천징수의무자의 원천징수의무를 그 법적 성질에 반하여 소득의 지급 시에 자동적으로 성립·확정된다고 규정한 것이 자리 잡고 있습니다. 이처럼 납세의무의 확정을 자동확정방식으로 규정함에 따라, 원천납세의무자의 원천납세의무가 없다고 믿고 원천징수세액을 징수하지 못한 원천징수의무자는 그에 대한 다툼을 벌일 기회도 갖지 못한 채 곧바로 징수절차를 맞게 되는 불합리한 상황이 발생하고, 이와 같은 불합리한 구도가 소득처분에 따른 원천징수절차로까지 연결된 것입니다.

7. 원천징수하는 소득세에 있어서 납세의무의 성립 및 확정시기를 소득의 지급 시로 규정한 것은 기본적으로 국가의 징수업무를 대행하는 원천징수의무자가 소득의 지급 시에 소득의 원천에서 곧바로 원천징수세액을 징수하도록 하기 위한 것입니다. 만일 현행 법 체계와 달리 소득의 지급 시에는 원천납세의무자의 원천납세의무만 자동적으로 성립·확정되고, 원천징수의무자의 원천징수·납부의무는 소득의 지급 시(소득처분의 경우에는 소득처분변동통지 시)에 원천징수세액을 징수한 경우에는 그 징수세액을 일정기한까지 납부하도록 하고, 소득의 지급 시에 원천징수세액을 징수하지 못한 경우에는 그와 같은 징수불이행으로써 원천징수납부의무가 성립하고, 원천징수의무자의 신고 또는 과세관청의 납세고지라는 별도의 확정절차에 의하여 납부할 세액이 확정되는 구조라면, 단순히 소득의 지급사실이나 지급시기만을 의제하는 소득금액변동통지에 쟁송적격이 부여될 이유가 없을 것입니다.

8. 대상판결의 다수의견이나 반대의견 모두 논리구성이 자연스럽지 못한 것은 근본적으로 우리 세법이 원천징수의무자가 원천세액을 징수하지 못한 경우에도 자신의 책임재산으로 원천징수세액을 납부할 책임을 지도록 하면서 다른 한편 그

와 같은 납부책임이 소득의 지급 시에 자동적으로 확정된다고 규정한 데서 비롯된 것으로 여겨집니다. 지난 회에도 언급한 바와 같이 납세의무의 확정은 과세관청에 대하여는 집행적격을, 납세자에 대하여는 쟁송적격을 부여하는 조세절차법상 매우 중요한 계기를 이룹니다. 그런데 소득의 원천에서 곧바로 세액을 징수할 필요가 있는 원천납세의무자의 원천납세의무와 달리 국가가 별도의 징수절차를 밟아야 하는 원천징수의무자의 원천징수의무는 이를 자동확정방식으로 규정할 필요가 없음은 물론 그와 같은 자동확정방식은 대상판결의 보충의견도 지적하는 바와 같이 필연적으로 납세자의 쟁송절차상 권리를 침해하는 결과로 이어집니다. 이와 같은 논의는 소득처분에 관련된 부분뿐 아니라 원천징수 일반에 관하여도 그대로 타당합니다.

9. 결론적으로 원천징수의무자의 쟁송절차상 권리를 법리에 충실하게 제대로 보장하기 위해서는 현재와 같이 소득금액변동통지에 쟁송적격을 인정하는 해석론적 접근이 아니라 원천징수의무의 확정방식에 대한 근본적인 입법의 정비가 필요하다고 여겨집니다.

44

재조사결정의 불복방법 및 불복기간

대상판결: 대법원 2010. 6. 25. 선고 2007두12514 전원합의체 판결

【판결요지】

[다수의견] 이의신청 등에 대한 결정의 한 유형으로 실무상 행해지고 있는 재조사결정은 처분청으로 하여금 하나의 과세단위의 전부 또는 일부에 관하여 당해 결정에서 지적된 사항을 재조사하여 그 결과에 따라 과세표준과 세액을 경정하거나 당초처분을 유지하는 등의 후속 처분을 하도록 하는 형식을 취하고 있다. 이에 따라 재조사결정을 통지받은 이의신청인 등은 그에 따른 후속 처분의 통지를 받은 후에야 비로소 다음 단계의 쟁송절차에서 불복할 대상과 범위를 구체적으로 특정할 수 있게 된다. 이와 같은 재조사결정의 형식과 취지, 그리고 행정심판제도의 자율적 행정통제기능 및 복잡하고 전문적·기술적 성격을 갖는 조세법률관계의 특수성 등을 감안하면, 재조사결정은 당해 결정에서 지적된 사항에 관해서는 처분청의 재조사결과를 기다려 그에 따른 후속 처분의 내용을 이의신청 등에 대한 결정의 일부분으로 삼겠다는 의사가 내포된 변형결정에 해당한다고 볼 수밖에 없다. 그렇다면 재조사결정은 처분청의 후속 처분에 의하여 그 내용이 보완됨으로써 이의신청 등에 대한 결정으로서의 효력이 발생한다고 할 것이므로, 재조사결정에 따른 심사청구기간이나 심판청구기간 또는 행정소송의 제소기간은 이의신청인 등이 후속 처분의 통지를 받은 날부터 기산된다고 봄이 타당하다.

[별개의견] 재조사결정은 단지 효율적인 사건의 심리를 위하여 처분청에 재조사를 지시하는 사실상의 내부적 명령에 불과하다고 보아야 할 것이므로 그로써 이의신청 등에 대한 결정이 있었다고 할 수 없고, 후속 처분에 의하여 그 효력이 발

생한다고 의제할 수도 없다. 따라서 이의신청인 등에게 재조사결정이나 후속 처분이 통지되었다고 하더라도 그 후 다시 재결청이 국세기본법에 규정된 유형의 결정을 하여 이의신청인 등에게 이를 통지할 때까지는 심사청구기간 등이 진행하지 않는다고 보아야 한다.

【참조조문】

구 국세기본법(2007. 12. 31. 법률 제8830호로 개정되기 전의 것) 제56조 제3항, 제61조 제2항, 제65조 제1항, 제66조 제6항, 제68조 제2항, 제81조

【해설】

1. 이번 회에는 조세불복절차에서 흔히 행하여지는 재결기관의 '재조사결정'에 대하여 살펴보겠습니다. 먼저 현행 규정에 관하여 살펴봅니다.

조세불복절차인 심사나 심판청구절차에서 불복청구에 대한 재결기관의 결정은 각하와 기각 및 인용으로 구분되고, 인용에는 취소와 경정 및 필요한 처분의 결정이 있으며(국세기본법 제65조 제1항), 재결기관은 취소·경정 또는 필요한 처분을 하기 위하여 사실관계 확인 등 추가적으로 조사가 필요한 경우에는 처분청으로 하여금 이를 재조사하여 그 결과에 따라 취소·경정하거나 필요한 처분을 하도록 하는 재조사결정을 할 수 있습니다(국세기본법 제65조 제1항 제3호 단서). 재조사결정에 해당하는지 여부는 문구에 불구하고 해당 결정에서 경정기준을 제시하였는지 여부에 따르며(대법원 2016. 9. 28. 선고 2016두39382 판결), 재조사결정에도 불이익변경금지의 원칙이 적용되고(위 2016두39382 판결), 재결의 기속력도 동일하게 인정됩니다(대법원 2017. 5. 11. 선고 2015두37549 판결).

한편 국세기본법 제55조 제1항은, "**이 법 또는 세법에 따른 처분으로서 위법 또는 부당한 처분을 받거나 필요한 처분을 받지 못함으로 인하여 권리나 이익을 침해당한 자는 이 장의 규정에 따라 그 처분의 취소 또는 변경을 청구하거나 필요한 처분을 청구할 수 있다. 다만, 다음 각 호의 처분에 대해서는 그러하지 아니하다.**"고 규정하고, 그 제4호로서, "**이의·심사·심판의 청구에 대하여 처분청 또**

는 재결청이 내린 처분[제65조 제1항 제3호 단서(제81조에서 준용하는 경우를 포함한다)의 재조사결정에 따른 처분청의 후속처분은 제외한다]"이라고 규정하고 있습니다. 또한 국세기본법 제56조 제4항에서는, "**제2항 단서(재조사결정에 관한 조항임)에 따른 행정소송은 행정소송법 제20조에도 불구하고 다음 각 호의 기간 내에 제기하여야 한다.**"고 하여 제1호로서 직접 행정소송을 제기하는 경우를, 제2호로서 다시 심사 또는 심판청구를 거치는 경우를 규정하면서 각각의 제소기간을 '처분청의 처분결과 통지를 받은 날' 및 '심사 또는 심판청구에 대한 결정의 통지를 받은 날'로부터 90일로 정하고 있습니다(국세기본법 제56조 제6항).

2. 불복절차와 관련된 위와 같은 국세기본법의 규정내용은 이 사건 대상판결을 계기로 하여 2016. 12. 20. 법 개정 시 채택된 내용입니다. 결론적으로 재조사결정에 대하여 처분청의 재조사에 따른 처분이 있게 되면 납세자는 직접 행정소송을 제기할 수도 있고, 다시 심사나 심판청구를 제기할 수도 있게 되었습니다. 그 내용을 분석해보면, 직접 행정소송을 제기할 수 있도록 한 부분은 재조사결정에 따른 처분청의 처분이 있으면 그로써 심사나 심판결정이 일단 완성된다는 대상판결의 다수의견을 반영한 것이고 다시 재결절차를 거칠 수 있도록 한 부분은 재조사결정을 재결기관 내부결정으로 본 대상판결의 별개의견을 따른 것으로 볼 수 있습니다.

3. 뒤에서 보는 바와 같이 이와 같은 대상판결의 결론은 타당합니다. 다만 다수의견은 재결기관과 별개기관인 처분청의 처분을 재결의 일부로 본다는 점에서 이론상 무리한 부분이 있고, 재결청의 재처분이 당초 재결취지에 반하여 납세자가 다시 재결을 거칠 필요가 있는 경우에도 이를 거칠 수 없는 난점이 있는 반면, 별개의견은 당초처분과 재조사결정에 따른 재처분은 어쨌든 형식상 별개의 처분임에도 이를 쟁송절차상 하나의 처분으로 취급한다는 점에서 이론상 난점이 있어 보입니다. 현행 규정은 재조사결정에 대한 납세자의 불복절차를 보장하기 위한 방편으로 다수의견과 별개의견의 단점들을 보완하여 납세자가 곧바로 행정소송을 제기할 수도 있고, 다시 재결절차를 거칠 수도 있도록 한 것으로 이해됩니다.

근본적으로 조세심판원의 재조사결정은 일종의 변형결정으로서 주문의 명확성 요청에 반하고 재결의 기속력의 범위와 관련하여서도 어려운 문제를 제기합니다. 대상판결의 별개의견과 같이 이를 재결기관의 내부적 명령에 불과하다고 보지 않으려면 절차적으로 좀 더 보완하거나 아예 제도를 폐지하는 것도 생각해 볼 필요가 있습니다.

4. 종전 대법원 판결은 일관되게 재조사결정을 일종의 감액결정(일부 취소결정)인 종국결정으로 보아 그때로부터 제소기간이 진행된다고 보았습니다(대법원 2009. 5. 28. 선고 2006두16403 판결 등). 그런데 현실적으로 재조사결정을 받은 납세자로서는 일단 큰 틀에서 권리구제가 이루어졌다고 믿고 제소단계로 나아가지 않은 채 처분청의 재처분을 기다리기 마련입니다. 이러한 상황에서 과세관청이 재조사결정을 거쳐 원처분을 유지하는 결정을 다시 내리게 되면 납세자로서는 궁극적으로 재결절차에서 패소하고도 뜻하지 않게 불복수단까지 상실하는 부당한 결과에 이르게 됩니다. 특히 당초 재조사결정문에 그것이 종국결정이라는 점과 불복기간 등을 명시하지 않았던 종전의 실무처리 관행에 비추어 보면 그 부당함은 더욱 분명해 집니다. 이러한 점에서 이를 바로잡은 대상판결의 결론은 때늦은 감이 있지만 지극히 타당하다고 볼 것입니다.

45

재조사결정과 불이익변경금지원칙

대상판결: 대법원 2016. 9. 28. 선고 2016두39382 판결

【판결요지】

심판청구에 대한 결정의 한 유형으로 실무상 행해지고 있는 재조사결정은 재결청의 결정에서 지적된 사항에 관해서 처분청의 재조사결과를 기다려 그에 따른 후속 처분의 내용을 심판청구 등에 대한 결정의 일부분으로 삼겠다는 의사가 내포된 변형결정에 해당하고, 처분청의 후속 처분에 따라 내용이 보완됨으로써 결정으로서 효력이 발생하므로, 재조사결정의 취지에 따른 후속 처분이 심판청구를 한 당초처분보다 청구인에게 불리하면 국세기본법 제79조 제2항의 불이익변경금지원칙에 위배되어 후속 처분 중 당초처분의 세액을 초과하는 부분은 위법하게 된다.

【참조조문】

국세기본법 제65조 제1항, 제79조 제2항, 제81조

【해설】

1. 기왕에 조세심판원의 재조사결정의 성격에 대하여 특히 불복기간과의 관계에서 논란이 많았으나 대법원 2010. 6. 25. 선고 2007두12514 전원합의체 판결에서, “재조사결정은 재결청의 결정에서 지적된 사항에 관해서 처분청의 재조사결과를 기다려 그에 따른 후속 처분의 내용을 심판청구 등에 대한 결정의 일부분으

로 삼겠다는 의사가 내포된 변형결정에 해당하고, 처분청의 후속 처분에 따라 내용이 보완됨으로써 결정으로서 효력이 발생한다."는 내용으로 정리된 바 있습니다. 대상판결은 이를 기초로 재조사결정과 관련된 두 가지 사항을 판단하고 있습니다. 하나는 조세심판원 결정이 종국결정인지 아니면 중간적 성격의 재조사결정인지 여부에 대한 판단을 결정주문의 형식을 기준으로 할 것인지(형식설) 아니면 실질적 내용에 의할 것인지(실질설)에 관한 것이고, 다른 하나는 재조사결정에 국세기본법 제79조 제2항의 불이익변경금지 원칙이 적용되는지 여부에 관한 것입니다.

2. 대상판결은 첫 번째 쟁점에 관하여, "주문에서 과세처분의 재조사를 직접 명시하지 않은 채 경정을 명하고 있다고 하더라도 과세표준과 세액을 산정하기 위한 구체적인 경정기준을 제시하지 아니한 채 경정을 명하는 경우에는 재조사결정"이라고 봄으로써 실질설을 취하고 있습니다. 이와 같이 재조사결정인지 여부를 실질에 따라 판단하여야 한다는 것은 제도의 취지상 당연하고 이에 관하여는 학설도 이의가 없는 것으로 보입니다. 대상판결의 판단대상이 된 당초의 조세심판원 결정은 당초처분이 실지조사에 의하여 과세표준과 세액을 산정한 것에 대하여 소득금액을 추계조사하여 과세표준과 세액을 경정할 것을 명하였는데 이는 곧바로 경정이 가능하지 않고 과세관청이 재조사를 거쳐야 경정이 가능하다는 점에서 대상판결은 이를 재조사결정에 해당한다고 본 것입니다.

3. 대상판결이 다룬 주된 쟁점은 재조사결정에 불이익변경금지의 원칙이 적용되는지 여부입니다. 이에 관하여 국세기본법 제79조 제2항은, "**조세심판관회의 또는 조세심판관합동회의는 제81조에서 준용하는 제65조에 따른 결정을 할 때 심판청구를 한 처분보다 청구인에게 불리한 결정을 하지 못한다.**"고 규정하고 있습니다. 대상판결은 재조사결정의 내용에 따라 후속 과세처분도 심판결정의 일부를 구성하므로 재조사결정이 당초처분보다 불이익하면 결과적으로 심판결정이 당초처분보다 불리하게 될 수밖에 없으므로 재조사결정에도 불이익변경금지의 원칙이 적용된다고 보았고 이는 규정문언상 당연한 결론으로 여겨집니다. 그 후 2016. 12. 10. 국세기본법 개정 시 재조사결정이 국세기본법 제65조에서 제시된

결정의 한 형태로 정식으로 규정됨으로써(국세기본법 제65조 제1항 제3호 단서, 제81조) 입법으로도 정리되었습니다.

4. 문제는 불이익변경금지원칙의 적용과 관련하여 그 적용범위에 관한 것입니다. 이는 과세관청은 제척기간의 범위 내에서는 쟁송절차의 진행 여부와 무관하게 과세자료의 수집이 위법하다는 등의 특별한 사정이 없는 한 원칙적으로 증액경정처분을 할 수 있다는 점과 관련된 것입니다. 이 점은 조세소송의 소송물 이론과 과세처분 사유의 추가·변경, 조세소송 판결의 기판력과 기속력, 판결확정 후 재처분과 관련된 특례제척기간의 적용범위, 과세자료 수집절차의 적법성 등 여러 쟁점들과 연관이 되어 있는 어려운 문제인데 이곳에서는 지면관계상 간략하게 요지만을 살펴보겠습니다.

5. 우선 쟁송절차 진행 중 쟁송절차 밖에서 과세관청이 동일한 과세단위 내지 과세대상에 관하여 재처분하는 경우를 생각해보겠습니다. 기본적으로 과세관청은 제척기간 범위 내이고 과세자료 수집이 적법한 이상 동일한 과세단위 안에서 증액경정을 비롯한 재처분이 가능합니다. 증액경정처분에는 동일한 기초사실에 관하여 과세방법이나 법률적 판단만을 달리하는 경우와 기초사실 자체가 다른 경우가 있습니다. 이 사건과 같이 실지조사에 의한 과세처분과 추계에 의한 과세처분은 동일한 기초사실을 대상으로 과세방법만을 달리하는 경우인데 만일 재조사결정에 따라 이루어진 추계에 의한 과세처분액이 당초 실지조사에 의한 세액보다 많아진다면 결과적으로 납세자는 심판절차를 통하여 당초처분보다 더 불리한 처분을 받게 됩니다.

이 경우 납세자는 증액경정처분에 대하여 다시 쟁송을 하는 것이 가능하지만(대법원 2012. 11. 29. 선고 2010두7796 판결), 대상판결은 아예 이와 같은 재조사결정에 따른 증액경정처분은 재조사결정의 취지에 반하므로 허용되지 않는다고 판단한 것입니다.

6. 한편 쟁송절차 내에서 과세과청의 처분사유 추가·변경이 허용되는 범위에 관하여 보겠습니다. 이 경우에도 기초적 사실관계가 동일한 경우와 다른 경우로

나눌 수 있는데 판례는 후자의 경우 별도의 경정절차에 의하여야 하고, 처분사유의 변경은 허용되지 않는다고 판단한 바 있습니다(대법원 2016. 12. 15. 선고 2016두50495 판결. 법인세상 별도의 익금항목으로 처분사유를 변경한 경우로서 서울고등법원 2016. 8. 24. 선고 2016누32208 판결에 대한 심리불속행 판결임. 본 판례백선 47회 참조). 다만 어차피 별도의 경정처분이 가능한 이상 납세자로서도 동일한 소송절차 내에서 판단을 받는 것이 소송경제상 유리한 경우가 있을 것이므로 납세자가 이의하지 않으면 이의권을 포기한 것으로 보아 처분사유의 변경을 허용해도 무방할 것입니다(행정소송법 제8조 제2항, 민사소송법 제151조). 전자의 기초적 사실관계가 동일한 경우 과세관청의 처분사유 변경은 물론 가능하나 대상판결 사안과 같이 별도의 조사절차를 거쳐야 하는 경우라면 중복조사금지 제한 등 절차적 제한을 받는다고 할 것입니다.

7. 이 사건에서 문제된 재조사결정은 조세심판원이 쟁송절차 진행 도중 과세관청에 대하여 처분사유 변경을 명한 경우로 볼 수 있습니다. 이와 같이 재조사결정에 따라 재조사를 하는 경우는 당연히 중복조사금지원칙의 적용대상은 아니며, 다만 불이익변경금지 원칙의 적용대상이 된다는 점은 앞에서 살펴보았습니다. 쟁송 중인 과세처분을 직권으로 취소하고 새로운 사유에 기하여 별도의 과세처분을 하는 것은 원칙적으로 허용되지만 재조사의 계기가 조세심판원의 재조사결정이라면 그 조사결과에 따른 새로운 사유에 기한 재처분은 여전히 허용되지 않는다고 보아야 할 것입니다(다만 행정해석은 이와 반대의 입장임. 국세기본법 기본통칙 제79−0…1). 재조사결정과 무관하게 별도의 과세자료 수집절차에 기하여 과세처분을 하는 경우 중복세무조사 등 그 요건을 별도로 갖추어야 할 것임은 물론입니다.

8. 한편 제1항에서 본 동일한 과세단위에 관하여 쟁송절차 밖에서 재처분을 하는 경우와 관련하여 판결 확정 후 당초 쟁송에서 심리·판단되었던 사항이 아닌 새로운 사실에 기초하여 재처분을 하는 것이 가능한지와 국세기본법상 특례제척기간이 적용되는 사안에서 재처분을 하는 경우 불이익변경금지 원칙의 적용이 있는지의 문제가 있습니다. 전자에 관하여 재처분이 가능하다는 것이 판례이고(대법원 2004. 12. 9. 선고 2003두4034 판결), 학설의 다수도 이를 찬성하고 있습니다.

후자의 경우 판례는 위 규정이 오로지 납세자에게 유리한 결정이나 판결을 이행하기 위하여만 허용되는 것은 아니라고 보아, 불이익변경금지 원칙의 적용이 없는 것으로 보았습니다(대법원 1996. 5. 10. 선고 93누4885 판결). 비록 특례제척기간 조항에 의해 부과제척기간이 연장됨으로써 부과처분이 가능하게 되었지만 이는 종전의 부과처분의 연장선상에 있는 것이 아니라 종전의 부과처분과 다른 새로운 부과처분으로 보아야 하므로 위와 같은 판례의 태도는 타당하다고 사료됩니다.

46

심판결정의 기속력

대상판결: 대법원 2010. 9. 30. 선고 2009두1020 판결

[판결요지]

갑이 재촌자경(在村自耕)을 이유로 양도소득세 감면신청을 한 것을 과세관청이 받아들이지 않은 채 토지에 대한 양도소득세를 부과하였다가, 갑이 이의신청을 하자 재촌자경 사실을 받아들여 처분을 직권으로 취소한 후, 다시 갑의 토지가 대규모 개발사업지역과 관련한 양도소득세의 예외적 감면 대상이 아니라는 이유로 종전과 동일한 내용의 과세처분을 한 사안에서, 위 토지가 대규모 개발사업지역에 속하는지 여부에 관한 사항은 종전 처분을 직권으로 취소할 당시 판단의 대상이 되었던 사유이므로, 과세관청이 특별한 사유 없이 종전 처분을 직권으로 취소한 것을 번복하고 다시 종전과 동일한 내용으로 한 위 과세처분이 위법하다고 한 사례.

[참조조문]

구 국세기본법(2007. 12. 31. 법률 제8830호로 개정되기 전의 것) 제55조 제1항, 제3항, 제66조 제1항, 제4항, 제6항

[해설]

1. 행정소송법 제30조 제1항은 '취소판결등의 기속력'이란 제목 아래, "**처분등을 취소하는 확정판결은 그 사건에 관하여 당사자인 행정청과 그 밖의 관계행정청을 기속한다.**"고 규정하고 있고, 국세기본법 제80조에서도, '결정의 효력'이라는

제목 아래 "**제80조의2에서 준용하는 제65조에 따른 결정은 관계 행정청을 기속한다.**"(제1항), "**심판청구에 대한 결정이 있으면 해당 행정청은 결정의 취지에 따라 즉시 필요한 처분을 하여야 한다.**"(제2항)고 하여 동일한 취지를 규정하고 있습니다. 명시적인 규정은 없지만 이의신청 결정에도 기속력은 인정됩니다(대법원 2014. 7. 24. 2011두14227 판결). 또한 기속력은 취소소송뿐만 아니라 그 밖의 항고소송, 당사자소송, 민중소송 및 기관소송에 준용됩니다(행정소송법 제38조 제1·2항, 제44조 제1항, 제46조 제1항).

민사소송법상 기속력은 판결을 한 법원에 대한 구속력을 의미하는데, 행정쟁송에서 기속력은 이보다 넓게 쟁송의 대상이 된 처분 등을 행한 행정청에 대한 구속력을 포함하는 뜻으로 사용됩니다. 이는 행정쟁송 특히 조세쟁송에서는 제도적으로 재결이나 판결 확정 후에도 과세관청이 동일한 과세대상에 관하여 재처분을 하는 것이 가능하기 때문에 그 한계를 명백히 설정할 필요가 있기 때문입니다. 구체적으로 재결이나 판결의 취지에 반하는 재처분은 허용되지 않으나 그 취지에 따른 재처분은 특례제척기간의 범위 내에서 가능합니다. 다만 과세관청 역시 앞의 쟁송에서 당사자 지위에 있었고 그 지위에서 쟁송 대상이 된 과세처분을 취소하는 확정판결의 효력에 구속된다는 측면에서 보면 기속력이란 결국 과세관청에 대한 기판력을 다른 측면에서 바라본 것으로 이해할 수도 있습니다.

2. 기속력은 앞의 재결이나 판결에서 구체적으로 판단된 사항에 관하여 미치는 것은 물론이고 과세의 기초가 된 사실관계에 관한 것이라면 특정한 쟁점 등에 관하여 전의 심판이나 소송절차에서 심리·판단되지 않았더라도 과세처분 취소판결 확정 후 과세관청이 동일한 과세물건에 관하여 해당 사유를 이유로 다시 과세처분을 하는 것 또한 기속력에 반하여 허용되지 않습니다. 대상판결 사안이 바로 여기에 해당하는 경우인데, 그 밖에, ① 갑의 부동산 양도에 관하여 과세관청이 법인세 및 방위세를 부과하였다가 소송절차에서 법인세가 비과세소득에 해당한다는 이유로 양자가 모두 취소된 후, 과세관청이 동일한 양도 건에 대하여 방위세는 방위세법 조항에 의하여 독자적으로 과세대상에 해당된다는 이유로 다시 방위세 부과처분을 한 것(대법원 1989. 2. 28. 선고 88누6177 판결), ② 갑이 창업벤처중소기업에 해당한다는 이유로 세액감면을 신청하였으나 과세관청이 이를 받아들

이지 않고 과세처분을 하였다가 갑이 불복하여 조세심판원에서 갑의 주장이 받아들여져 과세처분이 취소된 후, 상급관청의 감사 지적에 따라 갑이 창업중소기업 등에 대한 세액감면기한이 만료되어 세액감면대상이 될 수 없다는 이유로 다시 과세처분을 한 것(대법원 2019. 1. 31. 선고 2017두75873 판결) 등은 모두 기속력에 반하여 위법한 처분이 됩니다. 확정판결의 기속력에 위반한 처분은 당연무효가 됩니다(대법원 1990. 12. 11. 선고 90누3560 판결).

3. 흥미로운 사안으로, 판례는 특수관계인 사이의 주식의 포괄적 교환에 따른 수증익의 산정과 관련하여, 과세관청이 자본거래에 관한 구 상증세법(2010. 1. 1. 개정 전의 것) 제42조 제1항 제3호를 적용하여 과세하였는데, 조세심판원에서 해당 사안은 주식의 저가양도(손익거래)에 해당한다는 이유로 부과처분을 취소하였고, 이에 과세관청이 심판결정에 따라 저가양도에 관한 같은 법 제35조를 적용하여 다시 부과처분을 하자 납세의무자가 이에 불복하여 재차 쟁송절차가 진행되던 도중, 다른 동종의 사건에서 심판결정과 달리 주식의 포괄적 교환은 자본거래에 해당하므로 (당초 과세관청이 적용한) 같은 법 제42조 제1항 제3호를 적용하여야 한다는 대법원 판결이 선고되자, 과세관청이 진행 중인 소송절차에서 위 조항을 처분의 근거규정으로 추가한 사안에서, 위와 같은 처분사유의 추가·변경 역시 심판결정의 기속력에 위배되어 허용될 수 없다고 판단하였습니다(대법원 2016. 10. 27. 선고 2016두42999 판결). 이는 우리 조세쟁송법이 필요적 전심제도를 채택하고 있고 과세관청에 대한 관계에서 과세처분을 취소하는 조세심판원 재결이 최종적인 효력을 갖는 데서 발생하는 결과인데 재결의 취지에 반하는 과세관청의 재처분이 허용되지 않는다고 보는 이상 같은 사유를 이유로 소송절차 내에서 처분사유를 추가·변경하는 것 역시 실질적으로 재처분과 동일하게 보아 기속력에 반하는 것으로서 허용될 수 없다고 보아야 할 것입니다.

4. 판결의 기속력이 문제된 다른 사안 하나를 살펴봅니다. 해당 사안은 소위 '금지금 판결'로 불리는 일련의 사건의 연장선 상에 있는 사건으로 갑 회사 등이 부가가치세 환급세액신고에 대한 차감고지세 부과처분 취소청구소송에서 승소 확정판결을 받았음을 이유로 국가를 상대로 그 미지급 환급세액 상당의 부당이득

반환을 구한 것이 신의성실원칙에 반한다거나 불법원인급여의 반환을 구하는 것으로 볼 수 없다고 한 것입니다(대법원 2012. 8. 30. 선고 2012다21546 판결).

판례는 금지금 매입 후 부가가치세를 미납한 채 잠적, 폐업하는 소위 폭탄업체의 거래에 관여된 금지금 매입도 부가가치세 과세대상인 재화의 공급에 해당하므로, 그 과정에서 교부받은 세금계산서는 사실과 다른 세금계산서에 해당하지 않지만(대법원 2008. 12. 11. 선고 2008두9737 판결), 영세율 거래에 해당하여 매출세액을 납부하지 않은 수출업자가 그 전 단계에 위와 같은 폭탄업체의 부정거래가 있었음을 알았거나 고의에 가까운 정도로 주의의무를 현저히 위반하여 이를 알지 못한 채 금지금을 매입한 후 매입세액의 공제·환급을 구하는 것은 신의성실의 원칙에 반하여 허용되지 않는다고 보았습니다(대법원 2011. 1. 20. 선고 2009두13474 전원합의체 판결).

전원합의체 판결이 선고되기 전 판례는 대체로 유사한 거래에 관하여 매입세액 공제를 허용하여 왔는데(대법원 2010. 5. 13. 선고 2009두15869 판결 등), 위 검토 판결의 사안 역시 원고들이 일차적으로 과세관청의 차감고지세 부과처분 취소청구소송에서 승소 확정판결을 받았고, 그에 따라 과세관청에 해당 세액의 환급을 구하였으나 과세관청이 그 후 선고된 위 전원합의체 판결의 취지에 따라 환급을 거부한 것이 발단이 된 것입니다.

이에 대하여 대법원은 이 사건 차감고지세 부과처분 취소판결이 확정됨에 따라 원고들은 피고에 대하여 그 존재와 범위가 확정된 쟁점세액 상당 금액의 환급을 구할 수 있고, 피고도 확정판결의 기판력 또는 기속력으로 인하여 위와 같이 확정된 환급세액의 존부나 범위를 더 이상 다툴 수 없을 뿐 아니라 쟁점세액 상당의 금원을 원고들에게 환급할 의무가 있으며, 위와 같은 법률상 지위에 있는 원고들이 확정판결의 취지에 따라 쟁점세액의 환급이행을 소구하는 것을 민법상 신의성실의 원칙에 반하는 권리행사로 볼 수 없고, 이는 종전 소송에서 확정된 조세법률관계가 실체적 법률관계와 일치하지 않는다거나 당시 원고들 주장이 신의성실의 원칙상 용인되지 않는다고 볼 여지가 있었더라도 마찬가지이며, 원고들이 피고에게 직접 매입세액을 납부한 바 없으므로 쟁점세액의 환급이행을 구하는 것을 불법원인급여의 반환을 구하는 것으로 볼 수도 없다고 하여 반대취지의 원심판결을 파기하였습니다.

47

쟁송절차상 과세처분사유의 추가 · 변경(1)

대상판결: 서울고등법원 2016. 8. 24. 선고 2016누32208 판결
(대법원 2016. 12. 15. 선고 2016두50495 심리불속행 판결)

【판결요지】

법인세 과세처분 취소소송에서, 피고(과세관청)가 원고의 부당행위계산부인에 따른 익금누락을 주장하다가 소송이 진행되던 도중 원고가 보험차익금을 익금에서 누락시켰음을 이유로 처분사유를 추가한 것에 대하여, 사실관계를 달리하여 별개의 세무조사를 거쳐 별개의 증액처분을 해야 하는 사안이라면, 법원으로서는 과세관청이 적법한 절차에 따라 종전처분을 변경하는 재처분을 하도록 한 다음, 그에 따른 청구취지 변경절차를 거쳐 변경된 처분을 그 심판대상으로 삼아야 하고, 새로운 처분사유의 추가를 허용할 것이 아니라고 한 사안.

【참조조문】

민사소송법 제262조 제1항, 행정소송법 제8조 제2항

【해설】

1. 사인 간의 분쟁을 다루는 민사소송에서는 원고가 권리의 강제적 실현을 위해 청구취지와 청구원인을 특정하여 소송을 제기하며 그와 같이 특정되어 심리대상이 되는 단위를 '소송물'이라고 합니다. 이에 반하여 행정소송에서는 특정한 공법적 법률관계나 사실상태의 실현을 원하는 처분청이 먼저 행정처분을 행하고 그

상대방인 국민이 처분의 위법성을 다투는 이른바 항고소송의 형태를 취합니다. 이는 행정처분이 공정력을 지님에 따라 처분청이 처분을 집행하기 위해서 법원의 힘을 빌릴 필요가 없고 오히려 당사자가 처분의 집행을 막기 위해 처분의 위법성을 다투어야 하기 때문입니다. 이 경우 소송 및 심리의 대상이 되는 행정처분은 처분의 내용 및 처분사유에 의하여 소송물로서 특정됩니다.

2. 민사소송에서 청구원인을 추가·변경하는 것이 허용되는 것과 마찬가지로 행정소송의 일종인 조세소송에서도 피고인 과세관청의 과세처분 사유의 추가·변경이 허용됩니다(민사소송법 제262조 제1항. 행정소송법 제8조 제2항). 민사소송에서 청구원인의 추가·변경이 소송물의 범위 내에서 가능한 것과 마찬가지로 조세소송에서도 과세처분 사유의 추가·변경은 소송물의 범위 내에서 가능합니다. 결국 쟁송단계에서 과세처분 사유의 추가·변경은 과세처분 취소소송의 소송물이 무엇인가의 논의로 귀속되고, 이는 심리의 대상과 범위를 어떻게 볼 것인가의 문제로 연결됩니다.

이 중 심리의 대상과 관련하여서는 흡수설과 병존설, 심리의 범위와 관련하여서는 총액주의와 쟁점주의의 대립이 있는데, 우리 판례는 기본적으로 흡수설과 총액주의를 취하고 있습니다.

심리의 범위와 관련하여 납세자 측면에서는 처분의 위법사유를 어느 범위에서 주장할 수 있는가가 문제되고 그 반대 측면에 과세관청의 처분사유의 변경을 어느 범위까지 허용할 것인가의 문제가 자리 잡고 있습니다. 후자의 문제는 곧 과세관청이 처분을 적법하게 유지하기 위한 사유를 어느 범위까지 주장할 수 있는가의 문제이기 때문입니다. 만약 소송에서 한판주의를 지향하는 총액주의가 일관되게 분쟁의 일회적 해결을 도모하고자 한다면 납세자가 처분을 위법하게 만드는 일체의 사유를 주장할 수 있는 것과 마찬가지로 과세관청에 대하여도 기초적 사실관계의 유무에 불구하고 소송의 대상이 된 과세처분을 적법하게 유지하기 위한 모든 처분사유의 추가나 변경을 허용함이 옳을 것입니다. 그러나 대법원은 기초적 사실관계가 달라지면 처분사유 추가·변경이 허용되지 않는다고 판단하였습니다(대법원 2016. 12. 15. 선고 2016두50495 판결). 결국 위와 같은 처분사유의 추가·변경은 조세부과처분 취소소송이 채무부존재확인소송으로서의 실질을 가지고 있다는 점과 분쟁의 일회적 해결 요청, 납세자의 방어권 보장 등 여러 가지 이익들을 어떠한 지점에서 조화시킬 것인가에 관한 이익형량의 관점에서 논의되어야 할 성질의 것이고 단순히 총액주의라는 논리만으로 해결되는 것은 아니라는 점을 말해 줍니다. 다만 위와 같은 잠재적 심판범위에 관한 문제와 별도로 현실적으로 조세쟁송은 심판단계는 물론 소송단계에 이르러서도 제기된 처분사유와 이를 둘러싼 쟁점을 중심으로 절차가 진행될 수밖에 없습니다. 쟁송절차 밖에서 과세관청의 재처분의 범위가 매우 광범위하게 인정되고 있는 것도 이러한 쟁송실무를 반영한 것으로 여겨집니다.

3. 결국 남는 논점은 쟁송절차와 관련하여 가지는 납세자의 절차적 권리보장의 문제이며, 이와 관련하여 과세의 기초가 된 기본적 사실관계가 동일한 경우에만 처분사유의 추가·변경을 허용할 것인지, 아니면 기본적 사실관계가 다르더라도 동일한 과세단위 내에서는 처분사유의 추가·변경을 허용할 것인지가 문제됩니다. 특히 일반 행정처분에 대한 쟁송절차에서 처분사유의 추가·변경은 기본적 사실관계가 동일한 경우에만 허용된다고 보는 것이 일반적인데 조세소송도 행정소송의 일종이므로 동일하게 보아야 하지 않는가 하는 점이 문제가 됩니다. 이 점에 관하여 대상판결은 조세소송에서도 행정소송과 마찬가지로 기본적 사실관계가 동일한 경우에만 처분사유의 추가·변경이 허용된다고 본 것으로 이해됩니다. 다만 대상판결은 명시적으로 '기본적 사실관계의 동일성'이라는 표현을 쓰지 않은 채 다른 여러 가지 사유들을 처분사유의 변경을 허용하지 않는 이유로 제시하고 있어서 그 취지가 반드시 명확하지만은 않습니다. 대상판결은 조세소송에 있어서 처분사유의 추가·변경의 법리를 다룬 선례적 판결임에도 과세관청이 상고하였으나 심리불속행 판결로 종결되어 아쉬움이 많이 남습니다.

4. 어차피 과세관청과 납세의무자가 동일한 과세대상을 두고 정당한 세액을 확정하기 위한 쟁송마당을 벌이고 있는데 그와 관련된 다툼을 별도의 마당에서 해결하라고 요구하는 것은 분쟁의 일회적 해결 측면에서 비효율적이므로 처분사유 추가·변경을 불허하기 위해서는 그에 상응한 납세자의 소송절차상 이익 내지 방어권을 보호할 필요가 있어야 할 것입니다. 문제는 과세관청은 일단 과세처분

(당초처분)을 한 이후에도 원칙적으로 제척기간 범위 내에서 횟수에 관계없이 경정처분이 가능하고 과세관청이 동일한 과세대상 내에서 경정처분을 하게 되면 납세자는 새로운 소송을 제기하든 아니면 진행 중인 소송절차에서 청구취지를 변경하든 어쨌든 그 경정처분을 다시 쟁송대상으로 삼을 수밖에 없다는 점입니다(이 점은 대상판결도 당연한 전제사항으로 삼고 있습니다).

5. 과세관청 입장에서는 쟁송대상이 된 당초처분을 증액시키고자 한다면 별도의 경정처분이 필요하겠지만 당초 부과세액을 유지하는 범위 내에서는 처분사유 추가·변경절차를 통하여 납세자와의 분쟁을 해결하는 쪽이 보다 간편할 것입니다. 한편 납세자는 과세의 원인된 사실관계 및 그에 관한 증거자료를 지배·관리하는 쪽이므로 증거자료 확보를 위해 절차보장을 강조할 이유는 별로 없으며, 어차피 별도의 경정처분이 가능하고 이미 법원에서 관련 쟁점이 대부분 심리된 상태일 것이므로 기존의 소송경과를 모두 무시하고 쟁송절차를 다시 진행한다는 것이 실질적으로 납세자에게 어떠한 이익을 가져다줄지도 의문입니다.

6. 근본적으로 어떠한 범위에서 처분사유의 추가·변경을 허용할 것인가는 쟁송단계에 이르러 과세관청의 새로운 사실관계 주장이나 과세자료 제출을 어떠한 범위에서 허용할 것인가의 문제와도 관련되어 있습니다. 독일의 경우 기존 부과세액을 유지하는 범위 내에서는 과세관청에 광범위한 상계권한이 부여되어 있고(독일 조세기본법 제177조 참조. 다만 새로운 사실이나 과세자료가 발견된 경우 등 과세관청의 경정권한은 일정한 범위로 제한됩니다. 같은 법 제173조 참조), 미국의 경우 과세단위나 당사자 관련성을 넘어서까지 과세관청에게 기존 부과세액 유지를 위한 광범위한 상계권한이 부여되어 있습니다.

7. 우리나라의 경우 현재 중복세무조사에 관한 법규나 판례의 입장이 쟁송 중에 과세관청이 동일한 과세단위 내의 새로운 사실관계에 관하여 추가로 과세자료를 확보하여 쟁송자료로 삼는 데에 많은 제한을 가하고 있으나 과세관청이 기왕에 확보한 과세자료를 뒤늦게 사용하는 것에 대한 논의는 별로 이루어지지 않고 있습니다. 어차피 과세의 기초적 사실관계가 달라지는 경우는 일정한 과세자료가

필요한 경우라고 볼 때 처분사유의 추가·변경에 일정한 제한을 가하는 것은 나름의 이유가 있어 보입니다. 또한 납부지연가산세나 소송비용의 부담 등 부수적 사항이나 재판과 관련하여 납세자의 이해관계에 영향을 미치는 상황도 발생할 수 있습니다. 조세부과처분 취소소송에서 처분사유의 추가·변경을 어디까지 허용할 것인가는 결국 이러한 점을 모두 고려한 정책적 판단에 달려 있다고 볼 것입니다.

48

쟁송절차상 과세처분사유의 추가 · 변경(2)

대상판결: 대법원 2012. 5. 24. 선고 2010두7277 판결

【판결요지】

과세관청이 갑이 을 회사 주식을 취득한 것과 관련하여 구 상증세법(2003. 12. 30. 법률 제7010호로 개정되기 전의 것) 제45조 제1항에 의해 취득자금을 증여받은 것으로 추정하여 갑에게 증여세 부과처분을 하였다가, 갑이 제기한 취소소송에서 을 회사의 실질적인 운영자 병이 갑에게 주식을 명의신탁함으로써 같은 법 제41조의2에 의해 증여로 의제된다는 점을 예비적 처분사유로 추가한 사안에서, 당초처분사유와 추가된 처분사유는 동일한 주식에 관하여 원고 앞으로 명의개서가 이루어진 하나의 객관적 사실관계에 관하여 과세요건의 구성과 법적 평가만을 달리할 뿐 과세원인이 되는 기초사실을 달리하는 것은 아니므로 피고가 예비적 처분사유를 추가한 것은 처분의 동일성이 유지되는 범위 내에서 이루어진 처분사유의 추가·변경에 해당하여 허용된다고 한 사안(처분사유의 추가를 인정하지 않은 원심판결을 파기환송함).

【참조조문】

구 상증세법(2003. 12. 30. 법률 제7010호로 개정되기 전의 것) 제41조의2 제1항(현행 삭제), 제45조 제1항

[해설]

1. 이번 회에도 전 회에 이어 과세처분사유의 추가·변경에 관해 살펴봅니다.

대상판결의 논점은, 과세관청이 당초에는 갑이 을로부터 주식 취득자금을 증여받은 것으로 추정하여 증여세를 과세하였다가 소송 도중 취득자금을 증여받은 것이 아니라면 갑은 주식의 명의수탁자이므로 증여의제 규정에 따라 증여세 부과대상이라는 사유를 추가하는 것이 허용되는지 여부입니다.

2. 일반적으로 납세의무의 성립요건을 이루는 과세요건으로는, 납세의무자·과세물건·과세물건의 귀속·과세표준·세율의 다섯 가지를 드는데, 이 중 '과세물건'이란 과세의 대상이 되는 물건이나 행위 또는 사실을 의미합니다. 그런데 주식 취득자금에 대한 증여세 과세는 금전을 증여한 것에 대하여 과세하는 것이고, 해당 주식에 대한 명의신탁 증여의제 과세는 주식을 명의신탁한 것에 대하여 증여로 의제하여 과세하는 것입니다. 과세물건이 전자는 '금전+증여행위'이고, 후자는 '주식+명의신탁행위'이므로 양자는 과세물건을 달리합니다. '과세물건'의 측면에서만 보면 통상의 증여와 명의신탁 증여의제는 증여와 양도보다도 그 간격이 더 크다고 볼 수 있습니다. 증여와 양도는 양자 모두 대내외적으로 소유권이 이전된다는 측면에서는 공통되고 다만 그것이 무상양도인지 유상양도인지 여부만 다르나, 증여와 증여의제는 소유권 이동의 대상 자체를 달리하기 때문입니다. 이처럼 증여와 증여의제는 과세요건이 다르므로 실체법상으로는 과세단위 그리고 쟁송절차법상으로는 소송물이 다르다고 보아야 하는데 이와 같이 소송물이 다른 경우에도 과세의 원인이 된 기초사실 중 일정한 부분이 공통된다면 처분사유의 추가·변경을 허용할 수 있는지 여부가 문제된 것입니다.

3. 증여와 증여의제는 과세물건을 달리하는데도 대상판결이 양자 사이에 처분사유의 추가·변경이 가능하다고 본 것은 아마도 '본질(本質)'과 '형상(形相)'의 괴리, 즉 증여와 증여의제는 본질은 달라도 형상이 동일하다는 점에 있지 않았나 생각됩니다. 본질이 다르므로 과세의 내용이 동일할 수 없음에도 세법은 주식의 명의신탁을 증여로 의제하여 증여세 과세대상으로 삼고 납세의무자도 명의를 이전

받은 수증자로 규정함에 따라 과세물건 이외의 나머지 과세요건이 일치하게 되었습니다. 명의신탁을 증여로 의제하는 것이 헌법이나 법률에 합치하는가에 관하여는 많은 논의가 있지만 어쨌든 명의신탁을 증여로 의제하여 과세의 내용이 동일하게 된 이상 양자 사이에 처분사유의 추가·변경을 허용하는 것이 분쟁의 일회적 해결의 요청에 부합한다는 사고가 대상판결의 바탕이 되었을 것입니다.

4. 기본적으로 명의신탁 증여의제에 따른 증여세는 제재적·유도적 조세로서 이와 같은 제재적·유도적 조세가 조세의 본질에 적합한가에 관한 논의는 차치하고라도, 조세로서 규율하는 경우에도 그 실질에 맞게 '명의신탁세'를 부과하였다면 아마도 명의신탁 증여의제와 관련하여 현재 발생하고 있는 많은 문제가 해결되었을 것입니다. 실제로 2018. 12. 31. 상증세법 개정 시 명의신탁 증여의제의 제재적 특성을 감안하여 증여세 납세의무자를 명의수탁자에서 명의신탁자로 변경하여 납세의무자 자체가 달라짐에 따라(같은 법 제4조의2 제2항 참조), 현행 규정 아래서는 양자 사이에 처분사유의 추가·변경이 허용될 여지는 없게 되었습니다.

5. 소송물에 관한 실천적 과제는 쟁송절차상 납세자의 방어권 보장과 분쟁의 일회적 해결의 이념 중 어느 것을 중시할 것인지에 놓여 있습니다.

실체법상 명의신탁 증여의제는, (납세의무자가 증여자로 바뀌기 전의 종전 규정상) 명의수탁자에게 증여세가 부과되는 것은 동일하지만 증여자가 아무런 제한 없이 연대납세의무를 부담하고(구 상증세법 제45조의2 제5항 제4호 참조), 부당무신고 가산세나 장기제척기간의 적용 여부, 범칙 성립 여부 등과 관련하여 규정내용이나 판단요소들을 달리할 뿐 아니라 납부지연가산세나 소송비용 재판 등에도 영향을 미치므로 납세자에게 납세고지를 비롯하여 적법한 절차에 따라 새로운 부과처분을 받을 이익이 없다고 단정하기 어렵습니다.

6. 대상판결과 비교되는 사안을 살펴봅니다. 원천징수의무자의 원천징수의무의 존부가 다투어진 사안에서 원천납세의무자의 동일성 내지 원천납세의무 소득의 구분이 원천징수의무자에 대한 납부처분의 위법성을 다투는 소송의 처분사유의 동일성을 좌우하는 사유인지 여부에 관한 것입니다.

판례는, "원천징수하는 법인세에 대한 징수처분 취소소송에서 과세관청이 소득금액 또는 수입금액의 수령자를 변경하여 주장하더라도 그로 인하여 소득금액 또는 수입금액 지급의 기초 사실이 달라지는 것이 아니라면 처분의 동일성이 유지되는 범위 내의 처분사유 변경으로서 허용된다."고 판단하고 있습니다(대법원 2013. 7. 11. 선고 2011두7311 판결). 해당 판결은 그 이유로서, "징수처분의 취소를 구하는 항고소송에서도 과세관청은 처분의 동일성이 유지되는 범위 내에서 처분사유를 교환·변경할 수 있는데 과세관청의 원천징수의무자에 대한 징수처분은 소득금액 또는 수입금액의 수령자가 부담하는 원천납세의무의 존부나 범위에는 아무런 영향을 미치지 아니하고, 구 국세징수법(2011. 4. 4. 법률 제10527호로 개정되기 전의 것) 제9조 제1항은 국세의 징수를 위한 납세고지서에 '세액의 산출근거'를 명시하도록 규정하고 있으나, 여기에서 말하는 '산출근거'에 소득금액 또는 수입금액의 수령자가 포함된다고 보기도 어려우므로, 원천징수하는 법인세에서 소득금액 또는 수입금액의 수령자가 누구인지는 원칙적으로 납세의무의 단위를 구분하는 본질적인 요소가 아니라고 봄이 타당하다."고 판시하고 있습니다. 위와 같은 판단은 원천징수의무자에 대한 징수처분의 본질이 부과고지에 해당한다는 점에 비추어 보면 그 타당성을 보다 분명하게 확인할 수 있습니다. 원천징수의무자에 대한 납세고지가 독립적인 부과처분의 실질을 갖는다면 원천납세의무자가 누구인가는 그것이 지급의 기초사실 자체를 변경하는 것이 아니어서 양도소득세에 있어서 양도의 상대방이나(대법원 1995. 5. 24. 선고 92누9265 판결), 증여세에 있어서 증여자 등의 경우(대법원 1997. 2. 11. 선고 96누3272 판결)와 마찬가지로 처분의 동일성을 좌우할 사정이 되지 못하기 때문입니다.

그런데 여기에서 더 나아가 판례는 원천납세의무자가 달라지나 변경 전, 후 원천납세의무 세목이 동일한 경우 처분사유의 변경을 허용하면서(대법원 2013. 7. 11. 선고 2011두7311 판결), 원천납세의무 세목이 달라지는 경우에는 처분사유 변경을 불허하였습니다(대법원 2014. 9. 4. 선고 2014두3068 판결). 그러나 두 사안 모두 외국투자단체의 국내주식 양도소득에 대한 원천징수를 둘러싸고 원천납세의무자가 단체인가 아니면 구성원인가가 문제된 것으로서 동일한 거래관계 및 그에 따른 지급사실에 기초하고 있다는 점에서 후자의 경우에도 처분사유 변경이 허용되어야 할 것입니다.

7. 한편 대상판결은 과세처분사유를 예비적으로 추가하는 것이 허용되는가의 관점에서도 논의의 필요가 있습니다. 소송절차 밖에서 과세관청이 과세처분을 예비적으로 할 수 없음은 과세권의 본질에 비추어 당연하고 쟁송도중 과세관청이 재처분을 하는 경우에도 기존 과세처분을 취소하고 재처분을 하여야 할 터인데 왜 처분사유 변경절차를 통해서는 예비적 과세가 허용되는지에 대한 검토가 필요합니다. 예컨대 금전을 대여하고 이자를 받은 것이 사업소득인지 아니면 이자소득인지 여부의 문제는 동일한 과세대상에 관하여 단지 법률적 구성만을 달리하는 경우로서 분쟁의 효율적 해결을 위해 주위적·예비적 주장이 가능하다고 볼 수 있겠지만 대상판결 사안과 같이 과세의 기초사실이 일부 동일하더라도 과세물건 자체가 달라지는 경우에는 이와 동일하게 취급하기 어려운 측면이 있습니다. 이와 같은 경우 판결확정 후 별도의 처분을 통해 과세권을 행사하도록 하더라도 특별한 사정이 없는 한 특례제척기간의 적용 등을 통해 과세권 일실의 위험은 없다고 볼 것입니다.

8. 근본적으로 과세관청에게 세무조사권을 비롯한 과세요건 사실에 대한 각종의 조사권한이 부여되어 있고 횟수에 관계없이 언제든지 경정처분을 할 수 있는 한편 그와 같은 조사권한과 부과권한을 적정하게 행사하도록 세무조사절차에 관한 여러 가지 제약과 부과제척기간의 설정 등 제도적 제한이 마련되어 있다는 점을 고려하면, 과세관청은 적법한 조사절차를 통해 가능한 사실관계를 정확하게 파악하여 과세하되 그와 같은 조사결과에 오류가 있어 과세의 기초사실 및 과세요건이 달라지는 경우에는 새로운 과세처분을 통하여 이를 바로잡는 것이 법의 취지에 부합하는 것이 아닐까 생각해 봅니다.

49

취득세 신고행위의 무효 여부

대상판결: 대법원 2009. 2. 12. 선고 2008두11716 판결

[판결요지]

취득세 신고행위는 납세의무자와 과세관청 사이에 이루어지는 것으로서 취득세 신고행위의 존재를 신뢰하는 제3자의 보호가 특별히 문제되지 않아 그 신고행위를 당연무효로 보더라도 법적 안정성이 크게 저해되지 않는 반면, 과세요건 등에 관한 중대한 하자가 있고 그 법적 구제수단이 국세에 비하여 상대적으로 미비함에도 위법한 결과를 시정하지 않고 납세의무자에게 그 신고행위로 인한 불이익을 감수시키는 것이 과세행정의 안정과 그 원활한 운영의 요청을 참작하더라도 납세의무자의 권익구제 등의 측면에서 현저하게 부당하다고 볼 만한 특별한 사정이 있는 때에는 예외적으로 이와 같은 하자 있는 신고행위가 당연무효라고 함이 타당하다.

[참조조문]

지방세법 제120조, 행정소송법 제4조, 제19조

[해설]

1. 대상판결은 그 결론에 이르는 과정에서 신고행위의 무효에 관한 몇 가지 법리를 단계적으로 제시하고 있습니다. 그 내용은, 1) 취득세는 신고납부방식의 조세로서 이러한 유형의 조세는 원칙적으로 납세의무자가 스스로 과세표준과 세

액을 정하여 신고하는 행위에 의하여 납세의무가 구체적으로 확정되고 신고행위가 당연무효라고 하기 위해서는 그 하자가 중대하고 명백하여야 함이 원칙이다. 2) 신고행위의 하자가 중대하고 명백하여 당연무효에 해당하는지 여부는 신고행위의 근거가 되는 법규의 목적, 의미, 기능 및 하자 있는 신고행위에 대한 법적 구제수단 등을 목적론적으로 고찰함과 동시에 신고행위에 이르게 된 구체적 사정을 개별적으로 파악하여 합리적으로 판단하여야 한다(대법원 1995. 2. 28. 선고 94다31419 판결; 2006. 1. 13. 선고 2004다64340 판결 등 참조). 3) 취득세 신고행위는 신고행위의 존재를 신뢰하는 제3자 보호가 특별히 문제되지 않아 신고행위를 당연무효로 보더라도 법적 안정성이 크게 저해되지 않는 반면, 과세요건 등에 관한 중대한 하자가 있고 그 법적 구제수단이 국세에 비하여 상대적으로 미비함에도 위법한 결과를 시정하지 않고 납세의무자에게 신고행위로 인한 불이익을 감수시키는 것이 현저하게 부당하다고 볼 만한 특별한 사정이 있는 때에는 예외적으로 이와 같은 하자 있는 신고행위가 당연무효라고 함이 타당하다는 것입니다.

2. 대상판결 및 원심판결(서울고등법원 2008. 6. 25. 선고 2007누27334 판결) 이유를 살펴보면, 원고는 소외인과 목적 부동산에 관한 매매계약을 체결한 후 매매대금을 지급하지 않은 상태에서 매매계약을 해제한 것으로 인정됩니다(그 밖에 원고는 소외인에게 부과된 양도소득세 부과처분에 대하여 소외인이 부과처분 취소를 신청하여 과세관청이 이를 취소한 사정이 있음을 주장하고 있습니다).

원심은 무효와 취소의 구별에 관한 전통적인 중대명백설의 기준에 입각하여 원고의 청구를 기각하였는데 대상판결은 위에서 본 이유를 들어 원심판결을 파기하였습니다.

3. 대상판결은 판례가 취해 온 과세처분 무효사유와 취소사유 구분에 관한 전통적인 중대명백설에서 벗어나 신고행위의 경우 하자가 중대하기만 하면 이를 무효로 볼 수 있다는 법리를 제시하고 있습니다. 대상판결이 이와 같은 태도를 취한 가장 중요한 이유는 신고행위의 하자와 관련하여 납세자의 구제수단이 마땅치 않다는 데 있습니다. 이와 같은 구제수단의 불비라는 특별한 사정이 판결의 배경이 되고 있어 대상판결이 기존 판례의 태도를 바꾼 것이라고 보기에는 무리가 있습

니다. 현재는 지방세에 관하여도 국세와 거의 동일한 내용으로 경정청구권이 인정되고 있지만 2010. 12. 31.까지 적용된 구 지방세법에는 경정청구제도를 두고 있지 않았으며, 2011. 1. 1.부터 적용된 지방세기본법에 비로소 납세자의 경정청구권 규정이 신설되었습니다(지방세기본법 제50조). 이와 관련하여 당시 판례는 국세의 경정청구권에 관한 규정은 지방세에 준용되지 않는다고 보았으며, 조리상 경정청구권도 인정하지 않았습니다(대법원 1999. 7. 23. 선고 98두9608 판결).

그 중간인 1997. 8. 30. 개정된 지방세법에 지방세 신고행위를 행정처분으로 의제하는 규정이 신설되어(구 지방세법 제72조 제1항 본문 괄호) 납세자의 구제수단이 일부 마련되었으나 이 경우 90일의 불복기한 제한이 있어 여전히 구제수단은 충분하지 않았습니다. 내용을 특정하여 고지하는 부과처분과 달리 납세자가 신고행위의 하자를 신고 후 90일 내에 스스로 발견한다는 것은 결코 용이한 일이 아니기 때문입니다.

4. 이처럼 대상판결은 신고행위 구제수단의 미비라는 당시의 입법이 배경이 되어 있었던 까닭에 내용의 중요성에도 불구하고 그 후 사례에서 적용 범위를 넓게 인정받지 못하였습니다. 예컨대 판례는 본래 취득세 과세대상이 아닌 재산분할에 따른 부동산 취득세 신고행위를 당연무효로 보지 않았습니다(대법원 2018. 11. 19. 선고 2015다221026 판결).

과세처분 무효와 취소의 구별기준에 관한 중대명백설은 오래 전부터 학설의 비판을 받아 왔으며 이는 현재 진행형으로 볼 수 있습니다. 반론의 대표적인 것으로 대상판결이 제시한 바와 같이 무효사유로 하자의 중대성만이 필요하다는 중대설과 주로 법령의 해석 측면에서의 목적론적, 이익형량적 접근을 들 수 있는데 이에 관하여는 다음 회에 다시 살펴보도록 하겠습니다.

50

법규의 위법한 해석 · 적용과 과세처분의 무효 여부

대상판결: 대법원 2018. 7. 19. 선고 2017다242409 전원합의체 판결

[판결요지]

[다수의견] 과세처분이 당연무효라고 하기 위하여는 그 처분에 위법사유가 있다는 것만으로는 부족하고 그 하자가 법규의 중요한 부분을 위반한 중대한 것으로서 객관적으로 명백한 것이어야 하며, 하자가 중대하고 명백한지를 판별할 때에는 과세처분의 근거가 되는 법규의 목적·의미·기능 등을 목적론적으로 고찰함과 동시에 구체적 사안 자체의 특수성에 관하여도 합리적으로 고찰하여야 한다. 그리고 어느 법률관계나 사실관계에 대하여 어느 법령의 규정을 적용하여 과세처분을 한 경우에 그 법률관계나 사실관계에 대하여는 그 법령의 규정을 적용할 수 없다는 법리가 명백히 밝혀져서 해석에 다툼의 여지가 없음에도 과세관청이 그 법령의 규정을 적용하여 과세처분을 하였다면 그 하자는 중대하고도 명백하다고 할 것이나, 그 법률관계나 사실관계에 대하여 그 법령의 규정을 적용할 수 없다는 법리가 명백히 밝혀지지 아니하여 해석에 다툼의 여지가 있는 때에는 과세관청이 이를 잘못 해석하여 과세처분을 하였더라도 이는 과세요건사실을 오인한 것에 불과하여 그 하자가 명백하다고 할 수 없다.

[반대의견] 과세처분에 납세의무에 관한 법령을 잘못 해석한 중대한 하자가 있고, 그로써 납세의무 없는 세금이 부과·납부된 경우, 그 과세처분의 효력을 무효로 보지 않는 것은 잘못된 법령 해석으로 인한 불이익을 과세관청이 아닌 납세의무자에게 전가시키는 결과가 되어 납득할 수 없다.
과세관청이 어느 법률관계나 사실관계에 대하여 법령의 규정을 적용할 수 있다는

해석론에 기초하여 과세처분을 하였으나, 그 해석론이 잘못되었다는 법리가 뒤늦게나마 분명하게 밝혀져 과세처분에 정당성이 없다는 사정이 확인되었으면, 국가는 충분한 구제수단을 부여하여 이를 바로잡을 필요가 있을 뿐 아니라 바로잡는 것이 마땅하다. 국가가 그러한 구제수단을 마련하지 않거나 구제수단을 제한한 채 납부된 세액의 반환을 거부하고 그 이익을 스스로 향유한다면, 국민의 권리와 재산을 지킨다는 본연의 존립 목적에 반하는 것이다.
과세처분이 무효로 인정되기 위하여 하자의 중대성과 명백성을 모두 갖추어야 한다고 보더라도, 적어도 과세처분에 적용된 과세법리가 납세의무에 관한 법령을 잘못 해석·적용한 데에서 비롯되었음이 대법원판결로 확인된 경우까지 그 판결 선고 이전에 하자의 명백성 요건이 결여되었다는 점을 내세워 하자가 무효사유가 될 수 없다고 하여서는 안 된다.

【참조조문】

국세기본법 제51조, 제52조, 민법 제387조 제2항, 제390조, 제397조 제1항, 제741조, 제748조

【해설】

1. 일반적으로 행정처분은 주체·내용·절차·형식 등이 법이 정한 요건을 구비하지 못하면 위법하게 되고, 공익목적에 적합하지 않으면 부당한 처분이 되어 완전한 효력을 보유하지 못하게 됩니다. 이와 같은 행정처분의 하자가 처분의 효력에 미치는 영향에 대하여 통설 및 판례는 하자를 크게 취소원인과 무효원인으로 구별하여, 전자는 처분에 의하여 공정력이 생기고 권한 있는 행정기관이나 사법기관에 의해 취소될 때까지는 효력을 가지므로 행정소송인 취소소송의 배타적 영역에 속하고 전심절차와 제소기간의 제약을 받는 반면 후자는 처음부터 법률효과를 발생하지 않으므로 시기에 관계없이 민사소송의 선결문제로서 행정행위의 효력을 다툴 수 있을 뿐 아니라 행정소송절차 내에서도 제소기간이나 필요적 전치주의 등 절차적 제한을 받지 않는 것으로 이해하고 있습니다. 따라서 현실적으

로 무효와 취소사유의 구별기준이 중요한 문제로 대두되는데, 종래의 다수설과 판례는 행정행위의 하자 중 중대하고 명백한 하자를 무효사유로 보고 그 이외의 하자는 취소사유에 해당한다는 중대명백설(단순히 명백설이라고도 합니다)을 지지하여 왔고 이는 과세처분과 관련하여서도 동일하였습니다. 즉, "과세처분이 당연무효라고 하기 위해서는 하자가 중요한 법규에 위반되고 객관적으로 명백하여야 하며, 하자가 중대하고도 명백한 것인가의 여부는 당해 과세처분의 근거가 된 법규의 목적, 의미, 기능 등을 목적론적으로 고찰함과 동시에 사안의 구체적 특수성에 관하여도 합리적으로 고찰함을 요하고"(대법원 1995. 1. 24. 선고 94다47797 판결 등), "과세대상인지 여부가 사실관계를 정확히 조사하여야 밝혀질 수 있는 경우라면 하자가 중대하더라도 외관상 명백하다고 할 수 없어 과세처분을 당연무효라고 할 수 없다."(대법원 1998. 6. 26. 선고 96누12634 판결 등)고 판단하였습니다. 다만 판례는 전체적으로 하자의 중대성에 좀 더 무게를 두면서 일부 사안에 있어서는 이익형량적 관점에 입각하여 판단하는 경향을 보여 주고 있으며, 학설로서도 무효사유 요건으로서 하자의 명백성은 요구하지 않고 중대하기만 하면 무효로 보는 중대설도 유력하게 제기되어 있습니다.

2. 종전 판례가 무효로 본 사안으로는, 과세권이 미치지 않는 치외법권자에 대한 과세처분이나 법령에 규정되지 않은 자나 공부상 납세의무자 아닌 자에 대한 과세처분, 예컨대 비과세법인에 대한 과세처분(대법원 1975. 11. 25. 선고 74다1623 판결), 학교법인의 교육시설인 학교에 대한 과세처분(대법원 1971. 10. 25. 선고 71누129 판결), 일시급수 신청인인 회사의 주주에게 한 일시급수사용료 부과처분(대법원 1983. 4. 26. 선고 82누540 판결), 등기부상 토지 소유자 아닌 자에 대한 종합토지세 부과처분(대법원 1999. 10. 12. 선고 98두13140 판결), 납세의무자 아닌 자에 대한 강제징수처분(대법원 1986. 7. 8. 선고 86누61 판결), 체납자 아닌 제3자 소유물건에 대한 압류처분(대법원 1993. 4. 27. 선고 92누12117 판결), 법상 근거가 없는 추징처분(대법원 2002. 9. 24. 선고 2001다52735 판결) 등을 들 수 있습니다. 판례는 재건축조합 조합원들이 법원의 가처분결정에 따라 재건축한 공동주택에 입주하고 소유권보존등기를 마치자, 구청장이 위 공동주택의 사용승인 이후부터 소유권보존등기 시까지 조합을 공동주택의 사실상 소유자라고 보아 조합에 재산세 부과처분

을 한 것을 당연무효로 보았습니다(대법원 2016. 12. 29. 선고 2014두2980 판결).

그러나 납세의무자 아닌 자를 대상으로 하더라도 그 사유가 법령해석이 애매하거나 외형상 권리관계가 명백하지 않은데 기인한 경우 판례는 이를 취소사유로 보았습니다. 예컨대 자산을 유상으로 취득하였는데 사실을 오인하여 한 증여세 부과처분(대법원 1974. 11. 26. 선고 74누76 판결)이나 피상속인이 사망 전에 부동산을 처분하여 상속받은 사실이 없음에도 상속받은 사실이 있는 것으로 오인하고 한 상속세 부과처분(대법원 1977. 6. 7. 선고 76누195 판결) 등은 무효로 보지 않았습니다. 납세의무자가 아니라는 사유는 중대한 하자에 해당하나 무효사유로 되기 위해서는 별도로 명백성의 요건을 갖추어야 한다는 취지입니다.

과세처분 내용과 관련하여서는 과세의 근거자료가 외형상 상태성을 결여하는 등 객관적으로 성립이나 내용의 진정을 인정할 수 없는 경우(대법원 1985. 11. 12. 선고 84누250 판결), 과세처분 취소판결 확정 후의 경정처분(대법원 1989. 5. 9. 선고 88다카16096 판결), 소멸시효완성 후의 과세처분(대법원 1988. 3. 22. 선고 87누1018 판결), 부과제척기간 경과 후의 과세처분이나 신고·납부 행위(대법원 2020. 8. 13. 선고 2019다300361 판결) 등은 무효입니다.

그 밖에 판례가 무효로 본 사안으로, 취득세와 등록세 신고·납부에 있어서 무상취득에 의할 것을 유상취득임을 전제로 신고·납부한 경우(대법원 2006. 1. 13. 선고 2004다64340 판결), 관할권 없는 세무서장에게 양도소득세를 신고·납부하였는데, 관할 세무서장이 동일한 양도소득세를 다시 납부고지한 경우 이에 기한 징수고지 및 공매처분(대법원 2001. 6. 1. 선고 99다1260 판결) 등이 있습니다. 과세처분 이후 조세 부과의 근거 법률규정에 대하여 위헌결정이 내려진 경우 당해 과세처분에 대하여 쟁송절차를 거치지 않았더라도 그 조세채권의 집행을 위한 후속 강제징수는 허용되지 않는다는 것이 판례의 입장입니다(대법원 2012. 2. 16. 선고 2010두10907 전원합의체 판결). 과세처분의 절차 및 형식과 관련하여, 과세예고 통지 후 과세전적부심사 청구나 그에 대한 결정이 있기 전에 한 과세처분(대법원 2020. 10. 29. 선고 2017두51174 판결), 납부고지서를 부적법한 송달장소로 송달한 경우(대법원 1990. 4. 13. 선고 89누1414 판결) 등도 무효입니다.

판례는 2014. 2. 21. 개정 전의 구 상증세법 시행령 제31조 제6항과 2016. 2. 5. 개정 전의 같은 시행령 규정은 각각 그 모법인 구 상증세법 제41조 제1항의 규정취지에 반하고 그 위임범위를 벗어난 것으로서 무효라고 보았는데, 그에 근거한 행정처분은 위 시행령의 내용 등에 비추어 하자가 명백한 것은 아니어서 무효사유가 되는 것은 아니라고 보았습니다(대법원 2022. 3. 11. 선고 2019두 56310 전원합의체 판결).

일본 판례 중에는 소득의 귀속을 잘못 판단한 양도소득세 부과처분을 중대, 명백설이 아닌 이익형량적 측면에서 판단하여 무효로 본 일본 최고재판소 판결(소화 40. 4. 26. 일본 판례백선 제6판 207면 참조)이 보입니다.

3. 이 사건은 종합부동산세액에서 공제되는 재산세액 산정범위를 정한 시행령 규정의 내용을 과세관청이 잘못 해석한 경우 그에 기초한 과세처분이 무효가 되는가에 관하여 다수의견과 반대의견이 각각 그 견해를 달리하면서 여러 가지 논거를 제시하고 있습니다.

다수의견 논거의 요지는, 어느 법률관계나 사실관계에 대하여 어느 법령의 규정을 적용하여 과세처분을 한 경우에 그 법률관계나 사실관계에 대하여 그 법령의 규정을 적용할 수 없다는 법리가 명백히 밝혀져서 해석에 다툼의 여지가 없음에도 과세관청이 그 규정을 적용하여 과세처분을 하였다면 그 하자는 중대하고도 명백하다고 할 것이나, 그 법률관계나 사실관계에 대하여 그 법령의 규정을 적용할 수 없다는 법리가 명백히 밝혀지지 아니하여 해석에 다툼의 여지가 있는 때에는 과세관청이 이를 잘못 해석하여 과세처분을 하였더라도 이는 과세요건사실을 오인한 것에 불과하여 그 하자가 명백하다고 할 수 없다는 것과 납세자가 조세쟁송 과정에서 과세처분에 적용된 법리가 잘못된 법령 해석에 기인한 것이어서 과세처분이 위법하다고 주장하는 경우, 이를 모두 무효사유로 본다면 이는 실제에 있어 조세행정과 관련한 하자의 대부분을 무효사유로 보자는 것과 별반 다르지 않아 항고소송을 중심으로 형성되어온 조세행정의 현실에 큰 충격을 가져온다는 점입니다.

이에 반하여, 반대의견의 논거는 과세처분에 납세의무에 관한 법령을 잘못 해석한 중대한 하자가 있고, 그로써 납세의무 없는 세금이 부과·납부된 경우, 그 과세처분의 효력을 무효로 보지 않는 것은 잘못된 법령 해석으로 인한 불이익을 과세관청이 아닌 납세의무자에게 전가시키는 것이어서 허용될 수 없다는 것입니다.

4. 전통적인 중대명백설에 의하는 한 다수의견의 논거는 충분한 설득력이 있습니다. 그러나 현실적으로 대상판결과 같은 사안에서 대부분 납세자는 제소기간인 90일 이내에 불복절차를 취하기 어렵습니다. 불복기간이 조세행정의 안정성을 도모하기 위한 것이지만 그 기본적 전제는 납세자가 불복절차를 취하는 데 필요하고 충분한 기간이어야 한다는 것입니다. 그렇지 않다면 납세자의 권리구제는 공염불이 되고 맙니다. 납세자가 불복할 사유를 통상인의 기준으로 제소기간 내에 확인할 수 없었거나 확인할 가능성이 극히 적었다면 납세자로 하여금 불복기간의 제약으로부터 벗어나게 하는 것이 합당합니다. 그와 같은 취지에서 필자는 취소와 무효의 구별기준은 납세자가 객관적인 측면에서 볼 때 법이 정한 제소기간 내에 불복수단을 취할 가능성이 있었는가 여부에 따라 판단하여야 한다고 생각합니다. 대상판결의 경우 재산세 산정방식이 문제된 것인데 이와 같은 경우 납세자는 과세관청의 처분을 일단 신뢰할 수밖에 없습니다. 동일하게 법규해석이 문제된 경우라도 구체적인 상황에 있는 특정한 납세자나 납세자군(群)에 대하여만 과세된 경우에는 그 법규의 해석에 대한 오류가 명백한지 여부를 떠나 납세자가 불복절차를 취할 가능성이 높지만 재산세와 같이 일반적인 납세자를 상대로 획일적으로 부과되는 조세에 관하여는 납세자가 불복절차를 취할 가능성은 희박하기 마련입니다.

5. 무효사유로 본다는 것은 불복기간의 제약에서 해방시켜 준다는 의미를 지닙니다. 판례는 법규의 해석에 대한 오류가 명백한 경우 그에 기초한 행정처분을 무효로 보았으나(대법원 2014. 5. 16. 선고 2011두27094 판결), 오류가 명백하다면 오히려 납세자의 불복가능성은 그만큼 높아지기 때문에 굳이 불복기간의 제약에서 해방시켜 줄 필요성은 적다고 볼 수 있습니다. 오히려 대상판결 반대의견도 지적하고 있는 바와 같이 법규의 해석이 복잡하고 어려울수록 납세자가 그에 기초한 과세처분의 하자를 발견하기 어려워 불복가능성이 적어지므로 구제의 필요성은 더 커지기 마련입니다. 필자의 생각으로는 법규의 해석에 대한 오류가 누구에게나 명백한 경우 이를 무효로 보는 것이 맞다면 이는 명백성의 요건으로 별도로 구분할 것이 아니라 잘못이 큰 경우이므로 중대한 하자에 해당하여 무효로 보아야 할 것입니다.

법규의 해석이 어려운 경우라도 개별적, 구체적 사정에 따라 법령의 해석이 좌우되는 경우(예를 들어 구체적 사안에서 정당한 사유에 관한 규정의 해석이 문제되는 경우)에는 납세자의 불복가능성은 그만큼 커지므로 불복기간과 관련하여 구제의 필요성은 상대적으로 적어진다고 볼 수 있습니다. 법적 안정성을 위한 제소기간의 취지 등을 함께 고려하여 볼 때, 일반적, 객관적 기준에서 납세자의 불복가능성이 매우 적은 경우에 한하여 불복기간의 제약에서 해방시켜 이를 무효로 보아야 할 것입니다. 특히 앞의 대법원 2009. 2. 12. 선고 2008두11716 판결이 설시하고 있는 바와 같이 신고나 과세처분은 납세의무자와 과세관청 사이에 이루어지는 것으로서 그 존재를 신뢰하는 제3자의 보호가 특별히 문제되지 않는다는 측면도 함께 고려할 필요가 있습니다. 다만 납세자의 불복가능성에 대한 고려는 사실관계와 관련하여서는 원칙적으로 해당이 없고, 법규의 해석과 관련하여 사안별로 객관적인 불복가능성 여부를 살펴보아야 할 것입니다.

이 점에서 앞서 본 상증세법 시행령 규정이 무효인 사안에 관한 대법원 판결의 태도에는 의문이 있습니다. 판례는 해당 규정의 무효 여부가 명백하지 않아 명백성 요건을 결여하여 무효가 아니라고 보았으나 법원에 대하여서조차 명백하지 않은 시행령의 무효 여부를 납세자가 미리 판단하여 불복할 것을 기대한다는 것은 기대가능성 측면에서 온당하지 않다고 판단됩니다.

6. 결론적으로 필자는 대상판결 반대의견의 결론에 찬성하나 다만 그 논거는 취소사유에 제소기간의 제약을 둔 제도의 취지에 입각하여 납세자의 불복가능성 측면에서 접근하는 것이 타당하다는 생각입니다.

51

판결에 기해 과세처분이 취소된 경우 조세포탈죄의 재심사유가 되는가?

대상판결: 대법원 2015. 10. 29. 선고 2013도14716 판결

【판결요지】

과세처분을 취소하는 행정판결이 확정된 경우 부과처분의 효력은 처분 시에 소급하여 효력을 잃게 되어 그에 따른 납세의무가 없으므로, 그에 앞선 형사절차에서 조세포탈에 관한 유죄의 형사판결이 확정되었어도 후속 행정판결은 조세포탈에 대한 '무죄 내지 원심판결이 인정한 죄보다 경한 죄를 인정할 명백한 증거'에 해당되어 형사소송법 제420조 제5호의 재심사유에 해당한다.

【참조조문】

형사소송법 제383조 제3호, 제384조, 제420조 제5호

【해설】

1. 대상판결은 조세행정판결과 조세형사판결의 관계를 다루고 있습니다. 과세관청이 세무조사절차에서 납세의무자의 조세포탈사실을 발견하게 되면 과세관청은 납세의무자에 대하여 과세처분을 함과 아울러 그 태양이 중한 경우 조세포탈범으로 고발하여 조세행정사건과 조세형사사건이 동시에 진행되는 경우가 많습니다. 이 경우 조세형사사건이 먼저 진행되어 유죄로 확정되었는데 그 후 조세행정사건에서 과세처분이 위법하다고 판단되어 그 판결에 따라 과세처분이 취소된

경우 그 과세처분 취소의 효력이 확정된 형사판결에 어떠한 영향을 미치는가가 문제됩니다. 대상판결은 이 경우 과세처분이 처분 시에 소급하여 효력을 잃게 되어 그에 따른 납세의무가 없게 되므로 형사판결의 재심사유가 된다고 보았는데 이와 같은 결론이 타당한지 여부가 검토주제입니다.

2. 대상판결 이외에도 판례는 같은 취지에서, "조세포탈에 관하여 원심판결이 있은 후에 그 조세부과처분을 취소하는 행정소송판결이 확정된 경우에는 형사소송법 제420조 제5호 소정의 재심사유에 해당하며 재심청구사유가 있는 때에는 상고이유로 삼을 수 있고 이는 상고이유서에 포함되지 아니한 때에도 직권으로 심판할 수 있다."고 판단한 바 있고(대법원 1985. 10. 22. 선고 83도2933 판결), 더 나아가 동일한 법리가 조세포탈죄로 공소제기된 처분사유가 아닌 다른 사유로 과세관청이 당초 부과처분을 취소한 경우에도 마찬가지로 적용된다고 보았습니다(대법원 2020. 12. 30. 선고 2018도14753 판결). 뒤의 사안은 조세심판원에서 조세포탈죄로 의율된 사항 이외의 다른 사항에 대한 과세관청의 손금불산입 처분이 위법하다고 판단되어 당해 연도에 해당 법인이 결손이 남에 따라 과세처분이 전부 취소된 경우입니다.

3. 우선 문제가 되는 것은, 대상판결이 행정판결에 기한 과세처분 취소가 형사판결의 재심사유가 된다고 본 취지가, 행정판결의 효력(형성력)을 논거로 한 것인지, 아니면 과세처분 취소의 효력에 따른 것인지에 관한 것입니다. 만일 전자라면 과세처분이 판결절차가 아니라 과세관청의 직권취소의 경우에는 재심사유나 상고사유가 되지 못하게 되는 반면 후자라면 이 경우에도 재심 및 상고사유가 될 것입니다. 판시 이유에 비추어 볼 때, 대상판결의 취지는 판결 자체의 효력보다는 그 판결에 기하여 과세처분이 취소된 데 따른 효력에 중점이 있는 것으로 보입니다. 대상판결의 사안 자체도 조세심판원의 재조사결정에 따라 과세관청이 재조사를 실시하여 그 후속조치로 과세처분을 직권으로 취소한 경우에 관한 것입니다.

4. 원래 법률에 별도의 규정이 없는 이상 사물관할이 서로 다른 법원 사이에서 어느 한 법원의 재판의 효력은 그 재판의 전제가 된 사실에 관한 다른 법원의

판단에 법적인 영향을 미치지 않습니다. 행정법원이 조세쟁송에 관한 전문법원이나 그 판단이 기초 사실관계에 관한 다른 법원의 판단에 법적인 기속력을 갖지는 않습니다. 위법한 과세처분에 따른 세무공무원의 불법행위를 원인으로 한 국가배상청구소송에서 민사법원은 행정법원의 판단과 별도로 과세처분의 위법성 여부를 독자적으로 판단할 수 있습니다.

5. 그렇다면 다음 문제로 과세처분이 취소되어 납세의무자의 납세의무가 소멸된 것이 형사판결에 법적인 영향을 미칠 사유가 될까요? 과세처분이 취소되면 납세의무자가 국가의 과세권으로부터 자유롭게 되는 것은 당연합니다. 그런데 조세포탈죄의 전제가 된 납세의무의 존부와 관련하여 해당 과세처분이 판결이나 과세관청의 처분으로 취소만 되면 설사 담당 형사재판부가 증거조사절차를 통하여 피고인에게 납세의무가 있다는 확실한 심증을 얻더라도 그와 같은 판단에 배치하여 반드시 피고인에게 무죄를 선고하여야만 할까요? 단적으로 과세관청이 자의적으로 과세처분을 취소하였다거나 또는 납세의무자의 기망으로 인하여 과세처분이 취소되었는데 부과권제척기간이 도과되어 재부과처분이 불가능한 경우와 같이 객관적으로 과세처분의 취소가 명백히 잘못되었다고 판단되는 경우에도 여전히 납세의무자가 납세의무를 면했다는 이유로 형사처벌로부터 자유로워야 할까요?

6. 사안의 경우와 반대로 납세의무자가 쟁송절차를 통해 과세처분에 대하여 다투었으나 기각된 경우나 혹은 제소기간 도과로 불가쟁력이 발생한 경우와 같이 납세의무의 존재가 공권적으로 확정된 경우는 어떠할까요? 이 경우에도 일률적으로 형사절차에서 피고인이 납세의무의 존재 내지 무죄를 다툴 권리를 부인하는 것은 실체적 진실주의를 지향하는 형사소송절차의 이념에 배치될 것입니다. 세금납부에 관하여는 다투지 않지만 형사처벌에 관하여는 납세의무의 존재를 다투겠다고 하는 경우가 얼마든지 있을 수 있고, 이러한 경우 피고인의 형사절차상 방어권을 제한할 법적인 근거는 없습니다.

7. 판례의 입장을 따르는 한 계약이 해제된 경우나 위법소득이 반환되거나 몰수, 추징된 경우와 같이 후발적 경정청구 사유가 있는 경우 납세자가 이를 다투어

납세의무가 소멸한 경우에도 포탈세액 자체가 존재하지 않는다는 점에서 형사재심사유나 상고이유가 된다고 볼 여지가 있습니다. 이 경우 행위 당시의 위법성이 사후에 발생한 사정에 의해 소멸하는 것은 아니라는 이유로 반대의 견해를 취한다면(실제로 이와 같은 견해를 취하는 학설이 있습니다), 과세처분 취소의 경우와의 구분이 어렵게 되고 논의의 양상은 매우 복잡하게 전개될 수밖에 없습니다.

8. 마지막으로 설사 과세처분이 취소된 사정이 진행 중인 형사사건 재판부의 납세의무 존부에 관한 법적인 판단을 기속한다고 보더라도 그것이 이미 확정된 형사판결의 재심사유가 될 것인지에 관하여는 또 다른 검토가 필요합니다. 대상판결은 재심사유가 된다고 본 근거로 그것이 형사소송법 제420조 제5호의 재심사유인 '유죄를 선고받은 자에 대하여 무죄 또는 면소를, 형의 선고를 받은 자에 대하여 형의 면제 또는 원판결이 인정한 죄보다 가벼운 죄를 인정할 명백한 증거가 새로 발견된 때'에 해당한다고 보았는데 여기의 '증거'는 기본적으로 사실인정에 관한 자료라고 볼 때, 과세처분을 취소한 과세관청의 처분이나 행정판결이 여기에서 말하는 '증거'에 해당한다고 볼 것인지도 의문입니다.

9. 명문의 규정이 없는 상태에서 현실적으로 납세의무가 소멸되었다고 하여 그와 같은 사유가 조세포탈 여부에 관한 형사법원 재판부의 판단을 법적으로 기속하는 것인지, 더 나아가 재심사유로 인정할 수 있는지에 관하여는 형벌의 이념이나 조세포탈죄의 취지 등을 비롯하여 여러 각도에서 좀 더 심도 있는 검토가 필요합니다. 미국의 경우 대상판결취지와 반대로 조세포탈과 관련하여 형사절차에서 확정된 사실을 납세자가 후속 조세소송절차에서 다시 다투는 것은 허용되지 않는데 이와 같은 사례를 비롯하여 외국의 입법이나 실무 예 등을 충분히 살펴보아야 할 것입니다.

52

조세포탈죄의 '사기 기타 부정한 행위'

대상판결: 대법원 1999. 4. 9. 선고 98도667 판결

[판결요지]

[1] 조세범처벌법 제9조, 특정범죄가중처벌등에관한법률 제8조가 규정하는 조세포탈죄에 있어서의 '사기 기타 부정한 행위'라고 함은 조세의 포탈을 가능하게 하는 행위로서 사회통념상 부정이라고 인정되는 행위, 즉 조세의 부과징수를 불능 또는 현저히 곤란하게 하는 위계 기타 부정한 적극적인 행위를 말하는 것이므로, 과세권자가 조세채권을 확정하는 부과납부방식의 소득세와 증여세에 있어서 납세의무자가 조세포탈의 수단으로서 미신고·과소신고의 전(후)단계로서 '적극적인 소득 은닉행위'를 하는 경우에 '사기 기타 부정한 행위'에 해당한다.

[2] 일반적으로 다른 사람 명의의 예금계좌를 빌려 예금하였다 하여 그 차명계좌 이용행위 한 가지만으로써 구체적 행위의 동기, 경위 등 정황을 떠나 어느 경우에나 적극적 소득은닉 행위가 된다고 단정할 것은 아니라 할 것이나, 과세대상의 미신고나 과소신고와 아울러 장부상의 허위기장 행위, 수표 등 지급수단의 교환반복행위 기타의 은닉행위가 곁들여져 있다거나, 차명계좌의 예입에 의한 은닉행위에 있어서도 여러 곳의 차명계좌에 분산 입금한다거나 순차 다른 차명계좌에의 입금을 반복하거나 단 1회의 예입이라도 그 명의자와의 특수한 관계 때문에 은닉의 효과가 현저해지는 등으로 적극적 은닉의도가 나타나는 사정이 덧붙여진 경우에는 조세의 부과징수를 불능 또는 현저히 곤란하게 만든 것으로 인정할 수 있다.

[3] 사기 기타 부정한 행위로 조세를 포탈함으로써 성립하는 조세포탈범은 고의범이지 목적범은 아니므로 피고인에게 조세를 회피하거나 포탈할 목적까지 가질

것을 요하는 것이 아니며, 이러한 조세포탈죄에 있어서 범의가 있다고 함은 납세 의무를 지는 사람이 자기의 행위가 사기 기타 부정한 행위에 해당하는 것을 인식하고 그 행위로 인하여 조세포탈의 결과가 발생한다는 사실을 인식하면서 부정행위를 감행하거나 하려고 하는 것이다.

[4] 정치자금 성격의 활동비 지원에 대하여 이를 증여 또는 이자로 보고 전례 없이 증여세 또는 종합소득세를 부과하면서 조세포탈죄로 처벌하는 경우 수사기관으로서는 금품 수수의 목적과 경위에 관한 실체적 진실을 밝혀내기보다는 적용이 용이한 조세포탈죄를 적용 처단함으로써 자의적 법 운용이 이루어질 가능성이 있을 뿐만 아니라, 알선 대가인 활동비에 대하여는 법정형이 낮은 알선수재죄로 처벌하고 알선 대가가 아닌 활동비에 대하여는 법정형이 높은 조세포탈죄로 처벌하는 결과가 초래된다고 하더라도, 알선수재죄와 조세포탈죄는 각각 구성요건을 달리하는 것으로서 각 죄의 법정형을 어떻게 정할 것인지 여부는 입법정책의 문제이므로, 위 각 사유는 어느 것도 범죄의 성립을 조각할 사유라 할 수 없다.

【참조조문】

형사소송법 제254조, 제298조, 제383조, 특정범죄가중처벌등에관한법률 제3조, 제8조, 구 조세범처벌법(2010. 1. 1. 법률 제9919호로 전부개정되기 전의 것) 제9조(현행 조세범처벌법 제3조)

【해설】

1. 대상판결은 우리나라 조세포탈죄의 구성요건과 성립범위에 관한 전체적인 방향의 설정과 관련하여 상당히 중요한 역할을 한 판결로 여겨집니다.

우선 대상판결 선고 당시 구 조세범처벌법(2010. 1. 1. 법률 제9919호로 전부개정되기 전의 것) 제9조 제1항은, "**사기 기타 부정한 행위로써 조세를 포탈하거나 조세의 환급·공제를 받은 자는 다음 각 호에 의하여 처벌한다.**"고 하는 이외에 '사기 기타 부정한 행위'의 구체적인 유형에 관하여는 별도의 규정을 두지 않았습니다(비교법적으로 우리와 유사한 법체계를 가지고 있는 일본도 소득세법 등 개별세법에 유사한 개괄적 내용을 규정한 이외에 다른 규정을 두지 않고 있습니다). 위 규정에 관하여 판례는 '사기 기타 부정한 행위'를 "조세의 포탈을 가능하게 하는 행위로서 사회통념상 부정이라고 인정되는 행위, 즉 조세의 부과징수를 불능 또는 현저히 곤란하게 하는 위계 기타 부정한 적극적인 행위를 말하는 것"이라고 해석하였습니다(이는 일본 최고재판소의 견해와 동일합니다). 위와 같은 판례의 해석은 그 후 정식으로 입법이 되었습니다. 즉 현행 조세범처벌법 제3조 제6항은, "**제1항에서 '사기나 그 밖의 부정한 행위'란 다음 각 호의 어느 하나에 해당하는 행위로서 조세의 부과와 징수를 불가능하게 하거나 현저히 곤란하게 하는 적극적 행위를 말한다.**"고 규정하고 있습니다.

2. 대상판결의 원심은, "피고인이 현직 대통령의 아들로서 공소외인들로부터 활동비·이자 명목으로 거액의 금원을 교부받게 되자 과세관청의 자금출처조사 및 세금부과를 회피할 의도로 위와 같이 교부받은 금원들을 차명계좌에 분산 입금케 하거나 미리 자금세탁된 헌 수표를 전달받아 이 중 일부를 다시 차명계좌에 분산 입금시키는 등의 부정한 방법으로 증여재산 혹은 이자소득을 은닉하고 그에 대한 과세표준신고를 하지 아니하였다."는 사실을 인정한 다음, "위와 같이 증여세 또는 이자소득세(종합소득세)의 대상이 되는 금원을 '금융자산의 차명거래'의 방법을 이용하거나 '자기앞수표의 반복적 유통'의 방법을 이용하여 적극적으로 은닉한 것은, '사기 기타 부정한 행위'에 해당한다."고 판단하였습니다. 그리고 대법원은 위와 같은 원심의 판단을 그대로 수용하여 이를 다투는 피고인의 상고를 기각하였습니다.

3. 대상판결의 전체적인 판시취지를 보면, 조세포탈에 관한 피고인의 고의에 관하여 (목적범의 목적은 아니지만) 단순히 '자기의 행위가 사기 기타 부정한 행위에 해당하는 것을 인식하는 것'을 넘어 '그 행위로 인하여 조세포탈의 결과가 발생한다는 사실을 인식하면서 부정행위를 감행하거나 하려고 하는 것'이라고 하여 '적극적 은닉의사'를 요구하고 있지만 실제적으로는 과세대상 소득이나 재산의 사전은익행위의 객관적 위법성, 즉 은닉행위의 수단과 방법, 태양 및 그 행위 자체

의 위법성의 강도 등에 보다 높은 비중을 두면서 조세포탈에 관한 피고인의 고의가 위와 같은 행위를 통하여 어떻게 입증되었는지에 관한 구체적인 판단은 제시하지 않고 않습니다. 아마도 위와 같은 사전은닉행위를 통하여 피고인의 조세포탈의 고의가 추정된다고 판단한 것으로 여겨집니다.

4. 판례가 '적극적 은닉의도'라고 표현한 '조세회피의 의도나 목적'은 구성요건적 행위 자체에 내재하는 주관적 위법성 요소인 데 반하여 목적범에서의 목적은 구성요건적 행위와 별도로 요구되는 초과주관적 위법요소라는 점에서 양자는 구별되므로 이에 관한 대법원의 판단은 별다른 문제가 없습니다.

그러나 조세포탈죄의 성립 여부를 은닉행위의 방법이나 태양 내지 그 강도 등을 주된 판단기준으로 삼는 것은 문제가 있다고 생각됩니다. 대상판결의 판시내용에 의하면 단순한 차명행위는 조세포탈죄의 구성요건을 충족하기 부족하지만 여기에 차명계좌에의 분산 입금 등 별도의 은닉행위가 추가되면 피고인의 고의를 비롯하여 구성요건이 충족되어 범죄가 성립한다는 취지인데 이와 같은 판단이 형사범의 고의에 관한 법리, 특히 조세포탈범의 고의에 관한 법리로서 충분한 것인지에 관하여는 의문이 남습니다.

5. 조세포탈죄의 구성요건에 관한 최근 학설의 지배적 견해는, 조세포탈죄의 '사기 기타 부정한 행위'는 중가산세나 장기부과제척기간의 구성요건적 행위와는 입법목적이 다르므로 다르게 해석되어야 하고, 형사범죄의 구성요건적 행위로서 고의가 명확히 입증되어야 한다는 점으로 모아집니다. 이는 미국이나 일본 등 외국의 입법 예나 판례에서도 확인됩니다. 현재 우리나라처럼 세 경우를 동일한 기준으로 취급하게 되면 행정상 제제와 형사처벌을 동일하게 취급하게 되어 무죄추정의 원칙 등 형벌법규에 고유한 형사법 원리가 제대로 작동할 수 없고 다른 한편 중가산세나 장기부과체적기간의 구성요건을 지나치게 엄격하게 요구하게 되어 고의 포탈범과 과실로 세금을 포탈하는 사람을 동일하게 취급하게 되는 등 형평에 어긋나는 결과가 초래됩니다.

6. 기본적으로 조세포탈죄는 신고납세방식 조세의 경우 신고기한까지 무신고나 과소신고, 부과과세방식 조세의 경우 납부기한 경과까지 무납부나 과소납부로 범죄의 기수가 되는데(조세범처벌법 제3조 제5항 제1호 및 제2호), 단순히 신고기한이나 납부기한이 경과하였다고 하여 범죄가 성립하는 것이 아니라 어떠한 형태로든지 사전은닉행위가 존재하여야 합니다. 이와 같은 사전은닉행위가 존재하지 않는 단순한 무신고나 무납부 행위만으로는 행위의 주관적 요소나 객관적 요소 어느 쪽이든 범죄의 구성요건을 충족한다고 보기 어렵습니다.

이와 같은 사전은닉행위는 그 방법이나 태양을 떠나 과세관청이 통상적인 조사방식으로 내용을 발견하기 어렵다면 범죄의 객관적 구성요건 요소를 충족한다고 보아야 할 것입니다. 대상판결은 차명행위만으로는 원칙적으로 조세포탈죄의 구성요건을 충족하지 못한다고 보았는데 차명행위만으로도 그것이 무신고나 허위과소신고와 결합될 경우 충분한 은닉효과가 발생한다는 점에서 일률적인 판단에는 무리가 있습니다.

조세포탈죄는 결국 과세관청(국가)을 기망하여 조세를 포탈하는 범죄이고 이는 사기죄의 구성요건과 그 형태가 매우 유사합니다. 그런데 사기죄에 있어서 외부로 나타난 행위들은 결국 사기죄의 고의 내지 범의를 인정하기 위한 간접증거로서의 역할을 합니다. 조세포탈죄의 경우에도 사전은닉행위의 초점은 그것이 조세포탈을 적극적으로 의도하여 이루어진 것이라는 주관적 요소(고의)와의 연관관계에 중점이 있다고 보아야 합니다.

7. 보다 중요한 사항은, 조세포탈 고의에 관한 증명이 엄격하게 이루어져야 한다는 점입니다. 이는 조세포탈죄가 형사범죄 그것도 무거운 형사처벌 대상이기 때문에 당연한 요구입니다. 물론 과세대상 소득이나 재산에 관한 사전은닉행위가 있고 그 행위를 용인한다면 조세포탈 결과가 발생하는 경우 납세자가 그와 같은 사전은닉행위가 조세포탈 이외의 다른 목적을 위하여 이루어졌다는 점을 입증하지 못한다면 조세포탈의 고의는 추정된다고 볼 수 있습니다. 그러나 납세자가 위와 같은 사전은닉행위가 조세포탈 이외의 다른 뚜렷한 목적을 가지고 이루어졌다는 점을 입증한다면 이 경우 그와 같은 행위가 조세포탈의 고의도 함께 수반하여 이루어졌다는 점을 다시 과세관청이 입증하여야 하고 그 입증은 보다 명확한 증

거에 입각하여 이루어져야 할 것입니다. 최근의 우리 판례 역시 차명행위와 같은 부정한 행위태양이 있어도 그것이 경영권 방어 등 조세포탈과 다른 뚜렷한 목적을 가지고 이루어진 경우 조세포탈죄의 성립을 부정하였는데(대법원 2017. 4. 13. 선고 2015두44158 판결; 2018. 4. 12. 선고 2016도1403 판결 등) 이는 결국 조세포탈죄의 고의에 관한 입증이 충분하지 않았다는 판단으로 여겨집니다. 이와 같은 조세포탈의 고의가 인정된다면 사전은닉행위의 방법이나 태양 내지 강도는 그것이 과세관청을 기망하기에 충분한지 여부를 기준으로 판단하면 될 것입니다.

8. 이 사건에서 피고인은 문제가 된 판시 금원을 정치자금 명목으로 교부받았는데 불법정치자금이므로 이를 공개하지 못할 나름의 이유가 있었다고 여겨집니다. 이 경우 조세포탈 이외의 다른 동기가 불법적인 것이기는 하나 그것은 그 자체 위법성 판단기준에 따라 처벌할 사항이고 다른 동기가 불법적이라고 하여 더 쉽게 조세포탈의 고의로 연결될 수는 없을 것입니다. 이와 같이 피고인이 불법정치자금을 은닉한 데 대하여 분명한 다른 동기나 이유가 있었다면 별도의 조세포탈의 고의에 대한 구체적인 입증책임은 과세관청에 있다고 여겨지는데 이 사건에서 과세관청이 과연 그와 같은 입증을 제대로 한 것인지 의문이 듭니다. 대상판결도 판시하고 있는 바와 같이 불법정치자금을 받은 것을 증여세 포탈죄로 의율한 전례가 없었다면 그에 관한 일반인의 사회통념이나 피고인의 사회적 지위 등에 비추어 과연 피고인이 위와 같은 정치자금을 받을 때 증여세를 포탈한다는 적극적인 의도는 차치하고 증여세 존재에 관한 인식 자체가 있었는지 의문입니다.

PART

02

소득세법

소득과세 일반론

소득세(income tax)는 개인의 소득에 대하여 부과하는 조세로서 법인에 대한 소득세인 법인세와 대비됩니다. 소득세는 개인의 담세력을 직접적으로 표창하는 소득을 과세물건으로 하여 누진세율과 인적 공제제도를 적용하여 과세하기 때문에 응능부담의 원칙을 실현하기에 가장 적합한 세목으로 이해되고 있습니다.

소득세의 역사는 비교적 새로우며 1799년 영국에서 나폴레옹 전쟁의 비용을 마련하기 위해 처음 채용된 이래 세계 각국에 보급된 것은 20세기에 들어와서입니다.

소득세가 처음 탄생할 당시 일반 군중들은 소득세에 대하여 우호적이지 않았습니다. 소득세를 과세하기 위해서는 국가가 개인의 삶을 들여다보아 누가 얼마를 버는가를 파악하여야 하고, 이는 곧 개인의 사생활 내지는 자유의 침해로 인식되었기 때문입니다. 이러한 점에서 소득세 발전의 역사는 공평과 자유라는 두 가지 이념의 긴장과 대립의 역사라고 말합니다. 소득세의 역사는 민주주의 발전의 역사이며, 오늘날과 같은 전체 국민들을 대상으로 한 소득세가 정립된 것은 공평의 요구가 자유의 항변을 극복해 온 과정으로 이해됩니다.

소득세 발전의 배경에는 20세기에 들어와서 기존의 자유주의 경제체제의 모순이 노출되면서 새롭게 노동문제라든가 빈곤문제 등이 대두되고 그에 따라 세계 각국이 사회정책 등을 실시할 필요성에 봉착되어 그 경비팽창에 따른 새로운 세원을 탐구하여야만 한 시대적 상황이 가로 놓여 있습니다. 그 이전의 주요 세원인 관세, 소비세, 재산세 등은 노동자나 농민 등과 같은 저소득층에 불리한 역진세로서 세제상 불평등을 시정할 필요가 있었는데 그와 같은 필요에 부응하여 자본주의의 융성과 함께 출현한 산업자본가나 금융자본가의 소득을 대상으로 삼은 것이 바로 소득세였습니다. 소득세는 이와 같이 가진 자의 부(富)를 규제하고 사회적 부의 재분배를 도모한다는 사회정책적 동기를 가지고 등장하였지만 제2차 세계대

전 이후 여러 가지 과정과 경험을 거치면서 소득세의 경기조정적 역할이 중시되고 그 작동구조도 점점 정교해 졌습니다. 그 과정에서 납세자 수도 증대하여 현재는 일부 저소득자를 제외하고는 대부분의 사람들이 소득세제 안에 포함되어 대중과세로 불릴 상황에 이르렀습니다.

세수기여도 측면에서도 소득세는 각국의 세제에서 중추적 지위를 차지하고 있습니다. 2021년도 우리나라 총 국세수입 약 344조 원 중 소득세는 약 114조 원으로서 전체 세수액의 약 33% 가량을 차지하여 법인세 및 부가가치세와 함께 세수의 중심이 되고 있습니다. 납세의무자도 근로소득자를 포함한 원천납세의무자를 합하여 1천만 명을 넘어서고 있습니다.

소득세는 조세체계상 국세(내국세), 직접세, 보통세, 인세, 종가세로 분류되며, 원천징수되는 소득세를 제외하면, 일차적으로 납세자의 신고에 의해 조세채무가 확정되는 신고납세방식의 조세입니다.

소득세는 기간과세에 속하며, 특정 과세연도의 개인의 모든 소득을 합산하여 과세하는 종합소득과세(global taxation)와 소득의 원천에 따라 구분하여 과세하는 분류소득과세(schedular taxation)의 두 가지 방식으로 대별됩니다. 각 납세의무자의 담세력은 소득을 모두 합산하여 평가하는 것이 타당하므로 종합소득과세방식이 이상적이나, 현행 소득세법은 종합소득과세를 기본으로 하면서 양도소득과 퇴직소득 및 금융투자소득에 대하여는 소득의 특성을 고려하여 다른 종합소득과 별도로 분류하여 과세하고 있습니다.

소득세는 인적 공제제도와 누진세율구조를 통하여 소득재분배의 기능을 수행합니다. 나아가 소득세는 위와 같은 인적 공제제도와 초과누진세율구조로 인하여 조세의 소득탄력성이 크게 나타나 경기가 과열될 때에는 세수를 올려 사경제부분에서 통화를 흡수함으로써 경기억제효과를 가지고, 경기가 침체할 때에는 세수를 감소시켜 경기촉진효과를 갖는 이른바 내재적 경기조절기능(built-in stabilizer)을 지닙니다. 특히 원천징수제도와 예납제도는 소득 발생시점과 세액 납부시점의 시차를 단축시킴으로써 경기조절기능을 강화하는 요인으로 작용합니다.

소득세는 또한 그 대중적 성격으로 인하여 시장가격기구에 큰 충격을 주지 않으면서 많은 세수를 조달할 수 있는 조세입니다. 반면에 과세물건을 파악하기가 쉽지 않고 인적 공제 등 세무행정이 복잡하며 그에 따라 탈세 내지는 조세회피행위가 이루어질 소지가 큽니다. 또한 직접세로서의 납세자에 대한 심리적 중압감과 경제성장에 대한 저해효과 등도 문제점으로 지적됩니다. 특히 소득세의 집행과 관련하여 최근 금융거래의 발달로 인한 금융상품의 다양화·대량화와 신탁과 특정목적회사, 투자법인 등 각종 투자수단의 발달, 컴퓨터 발달에 수반한 전자상거래의 급속한 발전 등으로 인하여 소득의 포착과 소득 성격의 구분 및 집행의 어려움은 점점 더 커지고 있는 실정입니다.

모든 과세는, (1) 누구에게 (2) 어떠한 담세력을 대상으로 (3) 어떻게 과세할 것인가의 문제이고 이는 소득세에서도 마찬가지입니다.

이 중 (1)의 문제로는 과세단위가 문제되는데, 소득세법은 개별과세의 원칙과 예외적으로 공동사업에 대한 가족단위 합산과세방식을 채택하고 있습니다.

(2)의 과세대상이 되는 소득의 범위 및 (3)의 과세방법과 관련하여서는 원칙적으로 담세력 있는 모든 소득을 원천에 따라 8가지로 구분하여 이 중 양도소득과 퇴직소득은 분류과세하고, 나머지 이자, 배당, 사업, 근로, 연금, 기타소득은 원칙적으로 합산하여 초과누진세율 방식으로 종합과세합니다.

마지막으로 언제 과세할 것인가의 문제는, 소득세가 기간과세이고 원칙적으로 실현된 소득에 대하여 과세한다는 특성상 결국 소득이 어느 과세연도에 실현 내지는 확정되었다고 볼 것인가의 문제입니다.

소득세 과세원칙으로는 크게, 1. 응능부담의 원칙 2. 기간과세의 원칙 3. 혼인과 가족생활의 보호원칙 등 세 가지를 들 수 있고, 이 중 응능부담의 원칙은 다시, 가. 종합과세의 원칙, 나. 순소득과세의 원칙, 다. 최저생활보장의 원칙, 라. 누진과세의 원칙, 마. 실질과세의 원칙 등으로 세분할 수 있습니다.

53

부부자산소득 합산과세의 위헌 여부

대상결정: 헌법재판소 2002. 8. 29.자 2001헌바82 결정

【결정요지】

[1] 헌법 제36조 제1항은 "**혼인과 가족생활은 개인의 존엄과 양성의 평등을 기초로 성립되고 유지되어야 하며, 국가는 이를 보장한다.**"라고 규정하여 혼인과 가족생활을 스스로 결정하고 형성할 수 있는 자유를 기본권으로서 보장하고 혼인과 가족에 대한 제도를 보장한다. 이는 적극적으로는 적절한 조치를 통해서 혼인과 가족을 지원하고 제삼자에 의한 침해 앞에서 혼인과 가족을 보호해야 할 국가의 과제를 포함하며, 소극적으로는 불이익을 야기하는 제한조치를 통해서 혼인과 가족을 차별하는 것을 금지해야 할 국가의 의무를 포함한다. 이러한 헌법원리로부터 도출되는 차별금지명령은 헌법 제11조 제1항에서 보장되는 평등원칙을 혼인과 가족생활영역에서 더욱 더 구체화함으로써 혼인과 가족을 부당한 차별로부터 특별히 더 보호하려는 목적을 가진다. 이때 특정한 법률조항이 혼인한 자를 불리하게 하는 차별취급은 중대한 합리적 근거가 존재하여 헌법상 정당화되는 경우에만 헌법 제36조 제1항에 위배되지 아니한다.

[2] 부부간의 인위적인 자산 명의의 분산과 같은 가장행위 등은 상증세법상 증여의제규정 등을 통해서 방지할 수 있고, 부부의 공동생활에서 얻어지는 절약가능성을 담세력과 결부시켜 조세의 차이를 두는 것은 타당하지 않으며, 자산소득이 있는 모든 납세의무자 중에서 혼인한 부부가 혼인하였다는 이유만으로 혼인하지 않은 자산소득자보다 더 많은 조세부담을 하여 소득을 재분배하도록 강요받는 것은 부당하며, 부부 자산소득 합산과세를 통해서 혼인한 부부에게 가하는 조세부

담의 증가라는 불이익이 자산소득합산과세를 통하여 달성하는 사회적 공익보다 크다고 할 것이므로, 소득세법 제61조 제1항이 자산소득합산과세의 대상이 되는 혼인한 부부를 혼인하지 않은 부부나 독신자에 비하여 차별취급하는 것은 헌법상 정당화되지 아니하기 때문에 헌법 제36조 제1항에 위반된다.

【심판대상조문】

구 소득세법(1994. 12. 22. 법률 제4803호로 전문 개정된 것) 제61조 제1항

【해설】

1. 이 사건 위헌결정의 대상이 된 구 소득세법(1994. 12. 22. 법률 제4803호로 전문 개정된 것) 제61조 제1항은, "**거주자 또는 그 배우자가 이자소득·배당소득 또는 부동산임대소득("자산소득")이 있는 경우에는 당해 거주자와 그 배우자 중 대통령령이 정하는 주된 소득자("주된 소득자")에게 그 배우자("자산합산대상배우자")의 자산소득이 있는 것으로 보고 이를 주된 소득자의 종합소득에 합산하여 세액을 계산한다.**"고 규정하였는데 대상결정은 위 규정이 혼인과 가족생활의 보호를 규정한 헌법 제36조 제1항에 위배된다고 판단하였습니다. 헌법재판소는 그 후 동일한 취지에서 종합부동산세 과세와 관련하여 부부의 부동산 보유의 합산과세를 규정한 구 종합부동산세법(2005. 12. 31. 법률 제7836호로 개정된 것) 제7조 제1항 역시 헌법에 위배된다고 판단하였습니다[헌법재판소 2008. 11. 13.자 2006헌바112, 2007헌바71·88·94, 2008헌바3·62, 2008헌가12(병합) 결정 등].

2. 이 사건 위헌결정에 따라 해당 규정은 삭제되고 현재 우리나라는 개인과세주의를 원칙으로 하면서 예외적으로 가족이 경영하는 공동사업소득에 대해 일정한 조건 아래 가족합산과세주의를 채택하고 있습니다(소득세법 제43조 제3항, 같은 법 시행령 제100조 제4항). 그리고 현재의 종합부동산세법 제7조 제1항은, "**과세기준일 현재 주택분 재산세의 납세의무자는 종합부동산세를 납부할 의무가 있다.**"고 규정하고, 같은 법 제12조 제1항은 토지분 종합부동산세 납세의무자에 관하여

동일한 취지를 규정하고 있으며, 지방세법 제107조 제1항은, 재산세 납세의무자에 관하여, "**재산세 과세기준일 현재 재산을 사실상 소유하고 있는 자는 재산세를 납부할 의무가 있다. 다만**, …"이라고 규정하여 현행 종합부동산세법이나 지방세법 역시 부부가 보유한 부동산을 합산하지 않고 개인별로 과세표준 및 세액을 산정하도록 하고 있습니다.

3. 그렇다면 대상결정의 취지를 이어 받아 혼인한 부부의 소득세에 관하여 개인단위 과세주의를 취하고 있는 현행 입법의 태도는 전적으로 타당할까요? 이에 관하여는 여러 가지 견해가 있겠으나 필자는 단순한 개인단위 과세는 결혼생활의 특성을 무시한 것으로서 부당한 측면이 있다고 생각합니다. 이는 무엇보다도 현행 세제 아래에서 누진과세를 회피하기 위해 부부 사이에 인위적인 자산의 분산이 성행하고 있는 현실에 기초한 것입니다. 현행 상증세법상 부부사이의 재산의 무상이전은 6억 원까지 증여세 과세가액에서 공제하여 주는데(같은 법 제53조 제1호), 이를 이용하여 부동산이나 금융자산의 명의를 부부 사이에 분산시켜 종합부동산세나 금융소득에 대한 누진과세를 회피하는 일이 비일비재합니다. 부부가 가족이라는 하나의 소비 공동체를 구성하여 생활을 영위해 나가는 한에 있어서는 세대가 보유하는 복수의 부동산이나 금융자산 소유명의를 부부 중 어느 일방의 단독명의로 할 것인지, 아니면 부부 사이에 분산할 것인지에 따라 실질적인 담세력의 차이가 있다고 보기 어려운데도 과세의 크기를 납세자가 인위적으로 조정할 수 있도록 하여 조세의 중립성을 해치고 동일한 담세력을 지닌 납세자군 사이에 과세의 형평에 반하는 결과를 초래하고 있습니다.

4. 부부가 혼인하여 하나의 경제적 공동생활체를 이루고 공동으로 자녀를 양육한다는 것은 미혼인 경우와 생활 및 소비 형태를 전혀 달리하는 것이므로 그에 맞추어 소득도 하나의 단위로 구성하는 것이 적합합니다. 소득에 대해 과세하는 것은 궁극적으로 소득이 소비라는 경제적 효용을 가져다주기 때문인데 혼인은 소비 형태를 근본적으로 바꾸는 사건입니다. 각자 월 1천만 원의 금융소득이 있던 남녀가 혼인한 경우 이를 합산과세할 것인지 여부는 같은 부부의 혼인 전 과세내용과 비교함과 아울러 어느 일방만이 월 2천만 원의 금융소득이 있던 남녀가 혼

인한 경우와 비교하는 것 또한 필요합니다. 현행 입법의 태도는 전자의 경우와의 형평은 유지하지만 후자의 경우와의 형평에는 위배되는 측면을 지니고 있습니다. 다만 대상결정도 판시하고 있는 바와 같이 혼인과 가족생활의 보호를 천명한 우리 헌법 규정에 비추어 동일한 소득이나 재산을 가지고 있는 사람이 혼인으로 인하여 세제상 더 불리한 취급을 받게 된다면 이 또한 헌법정신에 반하는 것임이 분명합니다.

5. 소득세 과세단위에 관한 외국의 입법 예를 살펴보면, 미국은 개인단위과세와 합산분할과세방식[2분2승제(二分二乘制)]을 함께 채택하여 개인단위과세를 선택하는 기혼자, 합산분할과세를 선택하는 기혼자, 독신자, 독신세대주 등 4종의 납세의무자에 대하여 각각 다른 세율로 과세하고, 독일은 부부의 경우 개인단위의 분리과세와 합산분할과세방식(2분2승제) 중 선택하도록 하는 선택적 2분2승제를 채택하고 있습니다. 이에 반해 일본은 순수한 개인단위방식을 채택하고 있습니다.

여기서 주목할 내용은 2분2승제입니다. 2분2승제란 부부의 소득을 합산한 후(그것에 대해 바로 누진세율을 적용하는 것이 아니라) 이것을 다시 2로 나누어 그 금액에 세율을 적용해서 세액을 계산하고 이렇게 산출된 세액에 다시 2를 곱하여 납부세액을 산정하는 방식입니다. 이렇게 하면 전체적으로 소득의 합산과정을 통하여 인위적인 조세회피를 방지할 수 있는 한편 혼인에 따른 전체 소득의 증가로 누진과세가 적용되는 것을 막음으로써 혼인으로 인한 불리한 차별대우 논란도 피해갈 수 있게 됩니다. 보유부동산의 경우에도 배우자 일방의 단독명의로 보유한 자산이라고 하더라도 그 자산으로부터의 수익과 처분이익은 명의자 단독에게 귀속되지 않으므로 종합부동산세 역시 부부를 과세단위로 하는 것이 경제적 실질을 반영하는 과세라고 할 수 있습니다.

6. 부부의 부동산 보유를 각별로 파악하여 누진과세에서 제외하는 현재의 규정은 종합부동산세법이 주택에 관하여 장기보유 공제와 고령자 공제를 적용함에 있어서 원칙적으로 소득세법상 1세대 1주택의 경우만을 대상으로 함으로써(같은 법 제9조 제5항 및 제6항) 부부가 각자 보유한 주택의 경우 이를 공제 적용대상에서 제외하고 있는 것과도 모순됩니다. 동일한 세목 안에서의 세제의 일관성도 유지

하지 못하고 있는 셈인데 현재 제기되는 있는 부동산보유세 체계에 관한 각종 문제점들(과세주체, 과세표준의 크기 및 산정, 누진세율, 다주택 보유자에 대한 중과세, 비과세 및 감면 등)과 함께 보다 발전적인 세제의 정비를 통하여 하루빨리 예측가능하고, 공평하며 조세중립성에 반하지 않고, 국민의 주거권 및 행복추구권을 보장하는 소득과세 및 보유과세 체계가 이루어지기를 기대해 봅니다.

54

근로소득의 범위

대상판결: 대법원 1997. 12. 26. 선고 97누4456 판결

【판결요지】

법인의 수익이 사외유출되어 대표자의 소득으로 귀속된 경우 그 소득이 소득세법상 어떠한 종류의 소득에 해당하는가의 문제는 원칙적으로 지급자 및 귀속자의 의사, 귀속자와 법인 사이의 기본적 법률관계, 소득금액, 소득의 귀속경위 등을 종합하여 판단될 문제로서 간접사실에 의한 추인의 여지를 배제하는 것은 아니며, 법인의 대표이사가 그 지위에서 자신에 대한 가공가수금의 변제 등으로 법인의 수익을 사외유출시켜 대표이사 자신에게 확정적으로 귀속시켰다면, 특별한 사정이 없는 한 이를 대표이사에 대한 상여 내지 이와 유사한 임시적 급여로서 근로소득에 해당하는 것으로 추인할 수 있다.

【참조조문】

구 법인세법(1994. 12. 22. 법률 제4804호로 개정되기 전의 것) 제32조 제5항, 구 법인세법 시행령(1993. 12. 31. 대통령령 제14080호로 개정되기 전의 것) 제94조의2 제1항, 소득세법 제20조 제1항

【해설】

1. 이번 회 검토 대상은 소득세법상 근로소득의 범위에 관한 것입니다. 소득세법은 근로소득의 종류를 한정적으로 열거하고 있기 때문에 임, 직원에게 귀속된

경제적 이익이 근로소득에 해당하는지 여부는 원칙적으로 규정내용을 정확하게 해석하면 되는 일입니다. 문제는 대상판결에서 제기된 쟁점이 세법의 어려운 주제 중 하나인 소득처분과 관련되어 있다는 점입니다.

2. 이 문제는 헌법재판소가 소득처분에 관한 구 법인세법(1994. 12. 22. 법률 제4804호로 개정되기 전의 것) 제32조 제5항이 포괄위임금지 원칙에 위배되어 위헌이라고 선고한 데서 비롯되었습니다(헌법재판소 1995. 11. 30.자 94헌바14 결정 및 93헌바32 결정). 대상판결은 위 법의 하위 법령인 법인세법 시행령(1993. 12. 31. 대통령령 제14080호로 개정되기 전의 것) 제94조의2 제1항이 헌법재판소가 위헌으로 판단한 위 법인세법 제32조 제5항 이외에 다른 위임근거를 찾아볼 수 없으므로, 헌법재판소의 위헌결정으로 인하여 모법과 함께 그 효력을 상실하였다고 판단하는 한편 과세표준과 세액이 동일한 원천징수 갑종근로소득세의 세목 아래에서 의제소득을 현실소득의 귀속으로 바꾸어 주장하는 것은 동일한 소송물 범위 내로서 처분사유 변경이 허용된다는 전제 아래 원고법인의 대표이사가 자신에 대한 가공가수금의 변제로서 법인의 자금을 인출하여 이를 소외인의 개인 예금계좌에 입금한 것을 근로소득인 대표이사에 대한 상여 내지 이와 유사한 임시적 급여에 해당한다고 보았습니다(같은 취지 판결로 대법원 1999. 9. 17. 선고 97누9666 판결이 있습니다).

3. 그렇다면 대상판결의 결론은 타당하다고 볼 수 있을까요?

소득세법은 근로소득의 개념에 관하여 별도의 규정을 두지 않은 채 그 종류를 구체적으로 규정하고 있는데, 이에 의하면 근로소득은, 1. 근로를 제공함으로써 받는 봉급·급료·보수·세비·임금·상여·수당과 이와 유사한 성질의 급여, 2. 법인의 주주총회·사원총회 또는 이에 준하는 의결기관의 결의에 따라 상여로 받는 소득, 3. 법인세법에 따라 상여로 처분된 금액, 4. 퇴직함으로써 받는 소득으로서 퇴직소득에 속하지 아니하는 소득, 5. 종업원등 또는 대학의 교직원이 지급받는 직무발명보상금(제21조 제1항 제22호의2에 따른 직무발명보상금은 제외한다) 등을 말합니다(소득세법 제20조 제1항 제1호 내지 제5호). 소득세법은 과세대상 소득에 관하여 열거주의를 취하고 있으므로 이 규정은 당연히 제한적으로 해석하여야 합니다.

여기의 제1호 및 제2호의 경우가 통상적인 의미에서의 근로소득에 해당하는

데, 제1호의 경우 회사의 피용자가 회사에 근로를 제공하고 그 대가로 받는 일체의 금원으로서 지급형태나 대상은 특별히 문제가 안 되지만 근로와 대가적 상관관계가 있어야 하고, 제2호 상여의 경우 근로와의 대가성 이외에 법인의 주주총회·사원총회 또는 이에 준하는 의결기관의 결의에 따라 지급되어야 합니다. 그리고 어느 경우나 법인이나 사업주가 그 의사에 따라 임의로 지급한 것이어야 합니다.

그렇지 않고 회사의 임, 직원이 법인이나 사업주체의 의사에 반하여 임의로 법인의 자산을 사외로 유출시켜 자신에게 경제적 이익을 귀속시킨 경우에는 설사 그 행위주체가 법인의 대표이사라 하더라도 법인의 의사에 따라 지급된 것이 아니어서 이를 근로의 대가인 근로소득으로 보기 어렵습니다. 법적으로 이는 회사의 재산을 횡령한 것에 해당하는데 회사 재산을 횡령한 자는 회사에 대하여 반환채무나 손해배상채무를 부담한다는 점에 비추어 보아도 그러합니다. 대상판결 사안의 경우 사실관계가 분명하지는 않지만 최소한 회계장부상 가수금이 가공가수금에 해당한다면 그 변제명목으로 지급된 금원은 법인의 의사에 반하여 지급된 금원일 가능성이 높습니다. 소득세법상 뇌물(법 제21조 제1항 제23호)이나 알선수재 등에 의하여 받은 금품(같은 항 제24호) 등은 기타소득에 해당하지만 횡령으로 인한 이익은 기타소득으로도 규율하고 있지 않습니다.

4. 헌법재판소의 위헌판결 대상이 된 해당 법인세법 규정은 소득처분의 형태와 종류 등 구체적인 내용이 법의 구체적인 위임 없이 시행령에 규정된 것이 문제된 것인데 현재는 인정상여를 비롯하여 소득처분의 내용이 모두 법에 규정되어 있어서 대표이사에 대한 소득처분에 따른 인정상여를 굳이 임시적 급여로 볼 필요가 없게 되었습니다.

특히 대표이사에 대한 소득처분에 따른 인정상여의 경우 소득세법 시행령은 그 귀속시기를 당초 소득이 유출된 연도로 보는 취지의 규정을 두고 있고(시행령 제49조 제3호) 판례도 그와 같은 취지로 이해하고 있기 때문에(대법원 2008. 4. 24. 선고 2006두187 판결 등), 귀속시기의 관점에서도 법인으로부터 사외유출된 금원을 인정상여와 별도로 임시적 급여로 인정할 필요가 없습니다(소득처분에 따른 인정상여의 귀속시기에 관하여는 본 판례백선 63회를 참고하시기 바랍니다).

5. 대상판결은 입법의 변천기에 헌법재판소 결정에 따른 일시적 과세공백 상태에서 이루어진 것이기는 하나 소득세 과세대상에 관하여 열거주의를 취하고 있는 우리 소득세법 체계 아래에서 통상적 의미의 근로소득의 범위를 지나치게 넓게 인정함으로써 결과적으로 조세법규의 합목적적 해석의 허용범위를 벗어난 것이 아닌가 여겨집니다.

55

이자소득의 실현 여부

대상판결: 대법원 1991. 11. 26. 선고 91누3420 판결

【판결요지】

소득세법상 이자소득의 발생 여부는 그 소득 발생의 원천인 원금채권의 회수가능성 여부를 떠나서 논할 수 없으므로, 채권의 일부 회수가 있는 경우 그 회수 당시를 기준으로 나머지 채권의 회수가 불가능함이 객관적으로 명백하게 된 경우에는 그 회수금원이 원금에 미달하는 한 당해 과세연도에 있어서 과세요건을 충족시키는 이자소득 자체의 실현은 없었다고 볼 수밖에 없고 이 경우 민법 제479조 제1항의 변제충당에 관한 규정은 그 적용의 여지가 없다.

【참조조문】

소득세법 제17조 제1항, 제28조, 민법 제479조 제1항

【해설】

1. 대상판결은 꽤 오래된 판결이지만 소득세법이나 법인세법상 소득의 실현과 관련하여 관련 규정의 변천과정을 살펴보는 데 적당하다고 생각되어 골라보았습니다. 특별히 대상판결은 필자가 대법원 재판연구관 시절 직접 검토·보고하였던 추억의 사건이기도 합니다.

2. 소득의 실현은 기업회계와 세무회계에서 동일하게 문제되는데 기업회계가

발생주의에 기초를 둔 실현주의 및 수익비용대응의 원칙에 따라 수익과 비용을 계산하여 당기순이익을 산정하는 데 반하여, 세무회계는 순자산증가설과 권리의무 확정주의에 따라 기업의 익금과 손금을 산정하여 기업의 각 사업연도 과세소득을 산출하게 됩니다.

양자는 회계목적을 달리하므로 내용이 일치하는 것은 아니나 소득의 실현은 법인이 영업활동을 통하여 획득한 수익이 기업회계 목적이나 세무회계(과세) 목적에 적합한 상태로 성숙한 단계를 의미하고 세무회계도 원칙적으로 기업회계를 존중하여야 하므로 법에서 특별히 예외를 규정한 내용을 제외하고는 대부분 공통됩니다.

3. 소득의 실현과 관련하여, 법인세법 제40조 제1항은, "**내국법인의 각 사업연도의 익금과 손금의 귀속 사업연도는 그 익금과 손금이 확정된 날이 속하는 사업연도로 한다.**"고 규정하고 있고, 소득세법 제39조 제1항도 동일한 취지를 규정하여 우리 법이 '권리의무 확정주의'를 채택하고 있음을 나타내고 있습니다. 소득세법은 이와 별도로 각 소득별로 수입시기(受入時期)를 규정하고 있는데(소득세법 시행령 제45조 내지 제50조 및 제50조의2), 이에 의하면 통상적인 이자소득에 해당하는 비영업대금의 이익은 '약정에 의한 상환일'이 수입시기가 됩니다(소득세법 시행령 제45조 제9의2호). 이는 이자는 통상 지급약정일에 지급될 개연성이 높으므로 이자 약정일이 도래하면 현실적으로 이자를 수령하지 않더라도 이자소득이 발생한 것으로 본다는 취지입니다. 참고로 종합소득에서 분리과세되는 양도소득의 경우 수입시기와 달리 양도소득 과세표준 산정의 기준이 되는 양도차익의 산정을 위한 취득시기 및 양도시기에 관하여 규정하고 있는데(소득세법 제98조, 같은 법 시행령 제162조 제1항. 그 시기는 원칙적으로 대금청산일임), 그와 같은 취득 및 양도시기가 동시에 '양도'라는 과세요건의 완성시기 및 양도소득의 실현시기 내지 귀속연도를 결정하는 기준시점이 되기도 합니다(대법원 1991. 5. 28. 선고 90누1584 판결 참조). 이와 관련하여 1982. 12. 31. 개정되기 전 구 소득세법 아래에서는 양도소득도 다른 소득과 마찬가지로 '수입시기'에 관하여 규정하면서 그 시기를 잔대금청산 시가 아니라 '양도자산에 대한 계약금 이외의 대가의 일부를 영수한 날'로 규정하고 있었습니다(구 소득세법 시행령 제57조 제7항). 이러한 점에 비추어 보면 세법상 소

득의 실현시기 내지 과세요건 완성시기도 입법정책에 의해 영향을 받는다는 점을 확인할 수 있습니다.

4. 문제는 법이 '약정에 의한 상환일'을 이자소득의 수입시기로 규정하고 있더라도, 막상 대상판결 사안과 같이 채권자가 지급약정일에 해당 이자를 수령하지 못하고 종국적으로 채무자의 파산으로 이자를 수령할 가능성도 없어진 경우에까지 소득의 실현이 있었다고 보아 과세대상으로 삼을 수 있는지 여부입니다. 이에 대한 최초의 판결이 바로 대상판결인데, 소득의 실현이라는 것이 결국 담세력을 전제로 한다는 점에서 소득의 수입시기 당시 담세력이 없는 것임이 명백히 확인된 경우 소득의 실현이 없다고 본 대상판결의 입론은 타당하다고 볼 것입니다.

5. 대상판결이 선고될 당시에는 위와 같이 권리의무 확정주의나 소득의 수입시기에 관한 규정이 있었을 뿐 막상 소득의 수입시기에 이르러 소득이 실현될 가능성이 없거나 또는 그 당시에는 실현가능성이 있었으나 그 이후 소득의 실현가능성이 없게 된 경우에 어떻게 처리한다는 명문의 규정이 없었습니다.

그러다가 1998. 12. 31. 대통령령 제15969호로 소득세법 시행령이 개정되면서 제51조 제7항에 "**법 제16조 제1항 제11호에 따른 비영업대금의 이익의 총수입금액을 계산할 때 해당 과세기간에 발생한 비영업대금의 이익에 대하여 법 제70조에 따른 과세표준확정신고 전에 해당 비영업대금이 법인세법 시행령 제19조의2 제1항 제8호에 따른 채권에 해당하여 채무자 또는 제3자로부터 원금 및 이자의 전부 또는 일부를 회수할 수 없는 경우에는 회수한 금액에서 원금을 먼저 차감하여 계산한다. 이 경우 회수한 금액이 원금에 미달하는 때에는 총수입금액은 이를 없는 것으로 한다.**"는 규정이 신설되었습니다(현행 규정도 내용이 대동소이합니다). 이는 소득의 수입시기(법문상은 과세표준확정신고 전)에 이미 담세력이 상실된 경우 소득이 실현되지 않은 것으로 보도록 한 것으로서 일부 시차는 있지만 입법이 대상판결의 취지를 수용한 것입니다.

6. 다른 한편 위 개정에 앞선 1994. 12. 22.에 이르러 국세기본법에 경정청구제도가 신설되고 그 유형의 하나로 후발적 사유에 의한 경정청구제도가 도입되었

습니다. 위와 같은 후발적 경정청구제도에 의하면, 일단 납세의무가 성립·확정되어도 그 이후 발생한 후발적 사정에 의하여 담세력이 소멸한 경우 소득의 발생연도에 소급하여 과세소득을 경정할 수 있게 됩니다. 이와 관련하여 판례는 대상판결과 유사한 사안에서, "납세의무 성립 후 소득의 원인이 된 채권이 채무자의 도산 등으로 회수불능이 되어 장래 그 소득이 실현될 가능성이 전혀 없음이 객관적으로 명백하게 되었다면, 이는 국세기본법 시행령 제25조의2 제2호에 준하는 사유로서 특별한 사정이 없는 한 같은 조 제4호가 규정한 후발적 경정청구사유에 해당한다."고 판단하여 그와 같은 법리를 확인하였습니다(대법원 2014. 1. 29. 선고 2013두18810 판결). 지속적인 영업활동을 수행하는 법인이나 사업체의 소득에 관하여는 일단 법인의 수익으로 처리하고 위와 같은 사유가 발생한 연도에 이를 다시 대손으로 처리할 수 있으나 이자소득이나 양도소득과 같은 경우에는 그와 같은 처리가 불가능합니다.

참고로 일본에서도 회수불능사정이 발생한 경우 이를 소득에서 제외하고 과세기간 경과 후에는 후발적 경정청구사유로 규정하여 우리와 동일한 입장을 취하고 있습니다(일본 소득세법 제64조, 제152조).

56

소득의 확정시기

대상판결: 대법원 2004. 2. 1. 선고 2001두7176 판결

【판결요지】

[1] 권리확정주의란 소득의 원인이 되는 권리의 확정시기와 소득의 실현시기와의 사이에 시간적 간격이 있는 경우 소득이 실현된 때가 아닌 권리가 발생한 때를 기준으로 하여 그때 소득이 있는 것으로 보고 당해 연도의 소득을 산정하는 방식으로, 실질적으로는 불확실한 소득에 대하여 장래 그것이 실현될 것을 전제로 하여 미리 과세하는 것을 허용하는 것으로서 납세자의 자의에 의하여 과세연도의 소득이 좌우되는 것을 방지하고자 하는 데 그 의의가 있다. 이와 같은 과세대상 소득이 발생하였다고 하기 위하여는 소득이 현실적으로 실현되었을 것까지는 필요 없다고 하더라도 소득이 발생할 권리가 그 실현의 가능성에 있어 상당히 높은 정도로 성숙, 확정되어야 하고, 따라서 그 권리가 이런 정도에 이르지 아니하고 단지 성립한 것에 불과한 단계로서는 소득의 발생이 있다고 할 수 없으며, 여기서 소득이 발생할 권리가 성숙, 확정되었는지 여부는 일률적으로 말할 수 없고 개개의 구체적인 권리의 성질과 내용 및 법률상·사실상의 여러 사항을 종합적으로 고려하여 결정하여야 한다.

[2] 소득의 원인이 되는 채권이 발생된 때라 하더라도 그 과세대상이 되는 채권이 채무자의 도산 등으로 인하여 회수불능이 되어 장래 그 소득이 실현될 가능성이 전혀 없게 된 것이 객관적으로 명백한 때에는 그 경제적 이득을 대상으로 하는 소득세는 그 전제를 잃게 되고, 그와 같은 소득을 과세소득으로 하여 소득세를 부과할 수 없다고 할 것이나, 이때 그 채권의 회수불능 여부는 구체적인 거래내용과

그 후의 정황 등을 따져서 채무자의 자산상황, 지급능력 등을 종합하여 사회통념에 의하여 객관적으로 평가하는 방법으로 판정하여야 한다.

【참조조문】

구 소득세법(1998. 9. 16. 법률 제5552호로 개정되기 전의 것) 제24조, 제25조 제1항, 제39조, 구 소득세법 시행령(1998. 12. 31. 대통령령 제15969호로 개정되기 전의 것) 제47조

【해설】

1. 소득세법은 과세대상 소득을 소득의 발생원천에 따라 이자소득·배당소득·사업소득·근로소득·연금소득·기타소득·퇴직소득과 양도소득의 8종으로 구별하고 있습니다. 이 중 퇴직소득과 양도소득을 제외한 나머지 6가지 유형의 소득을 합산한 것이 종합소득입니다(법 제4조 제1항). 따라서 소득은 종합소득과 종합소득이 아닌 위 두 가지 소득으로 구분되는데 이 사건에서 문제된 부동산임대소득은 사업소득으로 분류되어 거주자의 종합소득으로 합산과세됩니다.

한편 소득세는 기간과세이므로 소득의 귀속시기를 정하는 것이 필요한데 소득세법 제39조 제1항은, "**거주자의 각 과세기간의 총수입금액과 필요경비의 귀속연도는 총수입금액과 필요경비가 확정된 날이 속하는 과세기간으로 한다**."고 규정하고 있습니다. 이는 소득세법이 총수입금액과 필요경비의 귀속시기를 '권리의무 확정주의'에 의하도록 한 것인데 권리의무 확정주의는 기업회계상 실현주의를 법적인 측면에서 파악한 것으로 볼 수 있습니다.

소득세법 시행령에서는 소득의 확정시기를 '총수입금액의 수입시기'라고 하여 소득과 거래의 유형별로 규정하고 있는데(같은 시행령 제45조 내지 제50조의2), 사업소득 중 이 사건에서 문제된 '자산의 임대로 인하여 발생하는 소득'은 '계약 또는 관습에 따라 정해진 지급일(계약 또는 관습에 따라 지급일이 정해지지 아니한 경우에는 지급을 받은 날)'(같은 시행령 제48조)을 수입시기로 정하고 있습니다.

2. 지난 회에 검토한 바와 같이 판례는 채무자의 도산으로 이자채권이 회수불능이 되어 실현가능성이 없게 된 것이 객관적으로 명백한 때에는 소득세를 부과할 수 없다고 판단하였고(대법원 1996. 12. 10. 선고 96누11105 판결), 이와 같은 판례의 태도는 그 후 입법에 반영되었습니다(소득세법 시행령 제51조 제7항).

이에 반하여 대상판결은, 임대차약정을 하고 임료 지급기일이 도래된 이상 설사 그 후 임료를 지급받지 못하고 임대보증금 채권까지 상실하였다고 하더라도 여전히 임대소득이 발생하였다고 판단하고 있습니다. 앞서 이자소득에 관한 사안과 비교할 때 납세자가 종국적으로 얻은 경제적 이익이 없는 점은 동일한데 왜 양자를 달리 보는 것일까요?

본래 권리가 구체적으로 확정되면 소득이 실현되었다고 본다는 것이 권리확정주의 요체입니다. 대상판결은 이에 관하여 "권리확정주의란 소득의 원인이 되는 권리의 확정시기와 소득의 실현시기와의 사이에 시간적 간격이 있는 경우 과세상 소득이 실현된 때가 아닌 권리가 발생한 때를 기준으로 당해 연도의 소득을 산정하는 방식으로서 실질적으로는 불확실한 소득에 대해 장래 실현을 전제로 미리 과세하는 것"이라고 판단하고 있습니다.

그런데 이러한 원칙을 모든 경우에 관철하면 구체적 타당성에 반하는 결과가 초래됩니다. 비영업대금 이자소득의 경우 채무자의 자력이 악화되어 이자는 물론 원본채권까지 상실하게 된 채권자에게 세금까지 내라고 하는 것은 누가 보아도 부당합니다. 사업성이 없는 이자소득의 경우 위와 같은 손실을 대손 등 다른 방법으로 보충할 수도 없습니다. 이에 반하여 부동산임대소득이나 동일하게 이자를 수취하여도 대금업(貸金業)과 같이 사업상 이를 행하는 경우에는 채권을 회수하지 못하는 경우 일정한 요건 아래 이를 대손금으로 비용처리하는 것이 가능합니다.

이와 같이 다른 구제수단이 마련되어 있는지 여부가 임대소득과 비영업대금 이자소득 사이에 소득의 실현 여부에 관한 판단이 달라진 중요한 이유입니다. 판례는 매매대금 채권이 매수인의 도산으로 회수불능이 된 경우 양도소득의 실현이 없다고 보았는데(대법원 2002. 10. 11. 선고 2002두1953 판결), 이 역시 다른 구제수단이 없다는 점에서 이자소득에 관한 판례와 취지를 같이 합니다.

3. 다른 구제수단의 존부가 소득의 확정 내지 실현 여부에 관한 판단에 영향을 미친 다른 사례를 살펴봅니다. 토지거래허가구역 내 토지를 허가 없이 매도하고 대금을 수수한 경우 양도가 있다고 볼 것인가에 관하여 판례는 처음에는 계약이 무효라는 이유로 예외를 두지 않은 채 양도가 없다고 보았다가(대법원 1997. 3. 20. 선고 95누18383 전원합의체 판결), 그 후 입장을 바꾸어 토지거래허가를 배제하거나 잠탈할 목적으로 등기원인을 가장하거나 전매한 경우에는 양도가 있다고 보았습니다(대법원 2011. 7. 21. 선고 2010두23644 전원합의체 판결). 위와 같은 판례의 입장 변화에는 과세의 필요성에 따른 정책적 고려가 주요한 역할을 하고 있는데 그 중심에는 두 사안 사이에 국세기본법상 경정청구라는 구제수단이 마련되었다는 점이 자리 잡고 있습니다. 즉, 일단 과세를 하였다가 토지거래허가를 받지 못하여 확정적으로 무효가 되어 등기나 대금지급 등이 원상으로 회복된 경우 경정청구라는 수단을 통해 납세자 구제수단이 마련되었으므로 과세의 필요성이 인정되는 일정한 경우 과세를 허용한 것입니다.

4. 권리의 확정 여부는 특별히 소송 중인 권리에서 문제가 됩니다. 판례는 "채권의 존부 및 범위에 관하여 소송상 다툼이 있는 경우 그 경위 및 성질에 비추어 납세자에게 책임 있는 분쟁이 아닌 이상 채권의 확정은 판결 등이 확정된 때"로 본 한편(대법원 1993. 6. 22. 선고 91누8180 판결; 2018. 9. 13. 선고 2017두56575 판결 등), 수급자가 가집행선고부 승소판결에 의해 지급자로부터 실제로 지연손해금에 상당하는 금전을 수령하였다면 본안판결 확정 전이라도 소득이 실현되었다고 보았습니다(대법원 2019. 5. 16. 선고 2015다35270 판결).

57

이혼 시 재산분할이 양도소득세 과세대상인가?

대상판결: 2003. 11. 14. 선고 2002두6422 판결

【판결요지】

민법 제839조의2에 규정된 재산분할제도는 그 법적 성격, 분할대상 및 범위 등에 비추어 볼 때 실질적으로는 공유물분할에 해당하는 것이어서 공유물분할에 관한 법리가 준용되어야 할 것인바, 공유물의 분할은 법률상으로는 공유자 상호간의 지분의 교환 또는 매매라고 볼 것이나 실질적으로는 공유물에 대하여 관념적으로 그 지분에 상당하는 비율에 따라 제한적으로 행사되던 권리, 즉 지분권을 분할로 인하여 취득하는 특정 부분에 집중시켜 그 특정 부분에만 존속시키는 것으로 소유형태가 변경된 것뿐이어서 이를 자산의 유상양도라고 할 수 없으며, 이러한 법리는 이혼 시 재산분할의 방법으로 부부 일방의 소유명의로 되어 있던 부동산을 상대방에게 이전한 경우에도 마찬가지라고 할 것이고, 또한 재산분할로 인하여 이전받은 부동산을 그 후에 양도하는 경우 그 양도차익을 산정함에 있어서는 취득가액은 최초의 취득 시를 기준으로 정할 것이지 재산분할을 원인으로 한 소유권이전 시를 기준으로 할 것은 아니다.

【참조조문】

민법 제839조의2, 소득세법 제94조 제1항 제1호, 제95조 제1항, 제96조 제1항, 제97조 제1항 제1호, 제98조, 소득세법 시행령 제162조 제1항

【해설】

1. 소득세법 제88조는 "**'양도'란 자산에 대한 등기 또는 등록과 관계없이 매도, 교환, 법인에 대한 현물출자 등을 통하여 그 자산을 유상으로 사실상 이전하는 것을 말한다**."고 규정하고 있습니다. 그렇다면 이혼 시 재산분할을 원인으로 배우자 일방 명의의 부동산을 상대방 배우자에게 양도하여 준 경우 여기의 '양도'에 해당할까요? 이에 대하여 대상판결은 이혼 시 재산분할의 실질이 공유물분할에 해당하는 것이어서 소득세법상 '양도'에 해당하지 않는다고 판단하고 있습니다. '본래 자기 것을 찾아온 것'이므로 세법상 양도가 아니라는 것입니다.

2. 이 쟁점을 정확하게 이해하기 위해서는 먼저 양도소득 과세의 본질이 무엇인가? 즉 왜 자산의 양도에 대하여 양도소득세를 과세하는가의 문제를 살펴볼 필요가 있습니다. 자산의 양도에 대하여 세금을 매기는 것은 보유기간 중에 발생한 미실현 자본이득, 즉 자산의 소유자가 보유한 기간 동안 발생한 가치증가익이 실현된 것으로 보기 때문입니다. 그렇다면 구체적으로 언제 이와 같이 자본이득이 실현된다고 볼 수 있을까요? 일단 우리 법은 그 요건을 '자산을 유상으로 사실상 이전하는 것'으로 규정하고 있습니다.

3. 자산을 유상으로 사실상 이전하는 가장 대표적인 경우가 자산의 소유권을 이전하는 경우일 것입니다. 한 가지 유의할 점은 자본이득이 실현되었다고 하여 언제나 소유자에게 곧바로 금전적 이익이 발생하는 것은 아닙니다. 법이 양도의 전형적인 경우로 규정하고 있는 '교환'의 경우를 보면, A가 어느 부동산이나 골프회원권을 가지고 있다가 이를 동종, 등가의 다른 부동산이나 골프회원권과 교환하여 목적물의 소유권이 이전되더라도 그로써 당장 A의 금전적 소비능력이 증가하는 것은 아니지만 법은 이러한 경우에도 자본이득이 실현되었다고 보아 양도소득세를 과세합니다. 결국 양도소득 과세의 기본취지는 목적물의 소유권이 이전되는 등의 사유로 '투자수익율과 위험도에 대한 포지션'이 달라지는 경우 이를 미실현 자본이득에 대한 과세의 계기로 삼는다는 데 있습니다. 다만 목적물에 대한 법률상 소유권이 이전되면 투자수익율이나 위험도에 대한 포지션이 달라지는 경우

가 대부분이지만 양자가 반드시 일치하는 것은 아닙니다. 명의신탁의 경우나 이 사건에서 문제된 재산분할청구의 경우 법률상 소유권은 이전되지만 투자수익율과 위험도는 달라진다고 볼 수 없습니다. 소득세법이 양도소득세 과세요건을 '소유권 이전'으로 규정하지 않고 '유상으로 사실상 이전하는 것'으로 규정한 취지도 여기에 있는 것으로 이해됩니다.

4. 재산분할청구와 관련하여 민법은 부부가 혼인 중에 형성한 재산을 법률상 부부의 공유로 하지 않고 그 명의자인 부부 일방의 소유로 보며(부부별산제), 다만 그 소유가 불분명한 경우에만 이를 부부의 공유로 추정합니다(민법 제 830조 제1항 및 제2항). 별도로 부부재산 공유계약을 체결하는 것은 가능하지만 이는 혼인 전에 체결되어야 하고 제3자에게 대항하기 위해서는 등기하여야 하는 등 일정한 요건이 필요합니다(민법 제829조). 이와 같이 부부가 혼인 중에 공동의 노력으로 형성한 재산이라도 그 소유명의를 어느 일방의 명의로 등기한 경우 그 재산은 법률상 명의자의 특유재산이 된다고 볼 때 부부가 이혼하여 부부 일방의 재산분할청구권 행사에 따라 그 소유권이나 소유지분이 이전된다면 이를 소득세법상 양도로 보아야 하는 것이 아닌가 하는 의문이 발생합니다.

5. 이와 관련하여 일본 최고재판소는 우리 판례와 달리 이혼 시 재산분할에 따른 소유권 이전은 분할의무의 소멸이라고 하는 경제적 이익이 수반되므로 소득세법상 양도로 보아야 한다고 판시한 바 있는데(일본 최고재판소 소화 50. 5. 27. 판결), 그 요지는 다음과 같습니다.

"재산분여의 권리의무는 이혼의 성립에 의하여 발생하고 실체적 권리의무로서 존재하게 된다. … 재산분여에 관하여 당사자의 협의 등이 행하여져 그 내용이 구체적으로 확정되면 그것에 따라서 금전이 지불되거나 부동산의 양도 등 분여가 완료되고 그에 따라 재산분여의무는 소멸하며 그와 같은 재산분여의무의 소멸은 그 자체로 하나의 경제적 이익이라고 말할 수 있다. 이와 같이 재산분여에 의하여 부동산 등의 자산을 양도하는 경우 분여자는 그에 의하여 분여의무의 소멸이라고 하는 경제적 이익을 향유하므로 이는 소득세법상 양도에 해당한다."

6. 기본적으로 재산분할은 부부가 혼인 중에 형성한 재산에 대한 청산을 의미합니다. 우리 법상 부부가 혼인 중에 형성한 재산은 법률적으로는 명의자 일방의 재산이지만 경제적으로는 공동으로 형성한 재산으로서 배우자가 그에 대한 잠재적 지분권을 가지고 있습니다. 그와 같은 잠재적 지분권이 재산분할청구를 통하여 현실화된 경우 이를 우리 판례와 같이 경제적 실질에 따라 공유물 분할과 동일하게 볼 것인가 아니면 일본 판례와 같이 전체 재산에 대한 잠재적 재산분할에 따른 청산의무를 해당 부동산으로 이행한 것으로 보아(즉 재산분할의무의 소멸이라는 반대급부가 존재한다고 보아) 양도가 발생한 것으로 볼 것인지가 결국 이 사건의 쟁점입니다. 다른 예를 든다면, 판례는 위자료 지급을 위해 부부 어느 일방의 명의로 되어 있던 부동산을 양도한 경우 위자료 지급채무의 소멸이라는 반대급부가 있다고 보아 이를 양도소득세 과세대상으로 보고 있는데(대법원 1995. 11. 24. 선고 95누4599 판결), 재산분할이 이 경우와 법률적 성격이 동일한 것인지 아니면 다른 것인지를 따지는 문제로 볼 수 있습니다.

7. 우리의 상식이나 경험칙에 입각하여 볼 때, 입법 예를 떠나서 움직일 수 없는 기초는 혼인 중에 부부가 공동으로 형성한 자산은 실질적으로 부부의 공유재산이라는 사실입니다. 이혼 시 재산분할청구권 행사에 의해 부부가 혼인 중에 형성한 재산 전체에 대해 가지던 배우자 일방의 잠재적 권리가 실체적 권리로 전환되고 그것이 계약이나 판결, 조정 등을 통해 각 재산에 대한 구체적인 분할청구권으로 특정됩니다. 따라서 그와 같은 내용대로 부동산에 대한 권리를 이전하는 것은 본래 자신의 것을 찾아가는 과정에 불과합니다. 재산분할청구권을 행사한 부부 일방의 입장에서는 남의 것을 새로 취득한 것이 아니라 본래 자신의 것을 찾아온 것이고, 다른 일방은 이를 양도한 것이 아니라 본래의 주인에게 돌려 준 것입니다. 이처럼 재산분할청구는 실질적 공유재산의 청산이므로 세법상 유상양도나 무상양도로 취급하여 양도소득세나 증여세를 부과할 수 없고 이 점에서 이혼 시 위자료로 부동산을 양도하는 것과는 본질이 다르다고 보아야 합니다. 참고로 앞서 본 일본 판례에 대하여는 학설의 비판이 많았고 이를 반영하여 현재 일본의 과세실무 역시 재산분할에 따른 재산의 이전을 원칙적으로 양도소득세 과세대상으로 보지 않고 있습니다(일본 상속세법 기본통달 9-8).

8. 대상판결은 재산분할로 이전받은 부동산을 그 후에 양도하는 경우 그 양도차익을 산정하기 위한 취득가액 산정시점은 재산분할을 원인으로 소유권을 취득한 시점이 아니라 최초의 취득 시가 된다고 판단하고 있습니다. 이는 재산분할이 소득세법상 양도에 해당하지 않고 소유자가 보유한 기간 동안 발생한 자본이득이 재산분할에 불구하고 청산된 바 없으므로 당연한 결론입니다. 이와 관련하여 한 가지 언급할 점은 소득세법이 무상양도인 상속이나 증여의 경우 상속인이나 수증자의 취득가액을 시가로 보아 이를 새로운 취득으로 취급하면서도(소득세법 시행령 제162조 제1항 제5호 참조), 상속인이나 증여자의 보유기간 동안 발생한 자본이득에 대하여 아무런 과세규정을 두지 않고 있다는 점입니다. 상속인이나 수증자에 대하여는 상속세나 증여세가 부과되지만 상속, 증여세와 양도소득세는 과세의 취지를 달리하므로 이론적으로 볼 때 우리 입법체계는 문제가 있습니다. 독일이나 미국의 경우 상속세에 관하여 상속인이 피상속인의 최초의 취득가액을 승계하도록 규정하고 있으며(승계취득가액방식, carry over basis), 일본의 경우 수증자에 대한 증여세 과세와 별도로 증여자에 대하여 양도소득세 과세를 하고 있습니다.

9. 헌법재판소도 이혼 시 재산분할에 따른 재산의 취득이 상속세법상 상속세 인적 공제액을 초과하더라도 증여세 과세대상에 해당하지 않는다고 판단한 바 있습니다(헌법재판소 1997. 10. 30.자 96헌바14 결정). 이 역시 재산분할로 배우자 사이에 이전된 재산은 본래 배우자의 몫이어서 이를 증여로 볼 수 없다는 것이므로 대상판결과 취지를 같이 합니다. 다만 취득세에 관하여는 취득세와 등록세가 별도로 부과되던 구 지방세법에서는 비과세대상이었으나 양자가 통합된 현재는 저율의 특례과세대상으로 규정하고 있습니다(지방세법 제15조 제1항 제6호).

58

명의신탁된 부동산의 양도에 따른 양도소득세 납세의무자

대상판결: 대법원 1997. 10. 10. 선고 96누6387 판결

【판결요지】

[1] 부동산을 제3자에게 명의신탁한 경우 명의신탁자가 부동산을 양도하여 그 양도로 인한 소득이 명의신탁자에게 귀속되었다면, 국세기본법 제14조 제1항 및 구 소득세법(1994. 12. 22. 법률 제4804호로 전문 개정되기 전의 것) 제7조 제1항 등에서 규정하고 있는 실질과세의 원칙상 당해 양도소득세의 납세의무자는 양도의 주체인 명의신탁자이지 명의수탁자가 그 납세의무자가 되는 것은 아니다.

[2] 명의신탁된 부동산의 양도로 인한 자산양도차익 예정신고·납부를 명의수탁자 명의로 한 경우 이를 적법한 신고·납부로 볼 수 없다 하여 예정신고납부세액공제를 배제하고 신고·납부불성실가산세를 부과한 처분을 적법하다고 판단한 사례.

【참조조문】

국세기본법 제14조 제1항, 구 소득세법(1994. 12. 22. 법률 제4803호로 전문 개정되기 전의 것) 제7조 제1항, 제23조(현행 제94조 참조), 구 소득세법(1994. 12. 22. 법률 제4803호로 전문 개정되기 전의 것) 제7조 제1항, 제98조 제1항(현행 제108조 제1항 참조), 제121조 제1항, 제3항(현행 제81조 제1항, 제3항 참조)

【해설】

1. 국세기본법 제14조 제1항은 '실질과세'라는 제목 아래, "**과세의 대상이 되는 소득, 수익, 재산, 행위 또는 거래의 귀속이 명의일 뿐이고 사실상 귀속되는 자가 따로 있을 때에는 사실상 귀속되는 자를 납세의무자로 하여 세법을 적용한다.**"고 규정하고 있고, 이 사건 당시 적용되던 구 소득세법(1994. 12. 31. 개정되기 전의 것) 제7조 제1항도, "**소득의 귀속이 명목뿐이고 사실상 그 소득을 얻은 자가 따로 있는 경우에는 국세기본법 제14조 제1항에 의하여 사실상 그 소득을 얻은 자에게 이 법을 적용하여 소득세를 부과한다. 다만** …"이라고 규정하고 있습니다.

실질과세의 원칙은 조세법률관계 전반을 지배하는 세법의 해석·적용의 원칙으로 기능하는데 특별히 '소득의 귀속'과 관련하여 법은 국세기본법과 소득세법 양쪽에서 이를 규정하고 있습니다.

2. 소득의 귀속에 관한 실질과세와 관련하여 실무상 많이 문제되는 경우가 명의신탁된 목적물의 양도로 인한 양도소득세 납세의무자를 신탁자와 수탁자 중 누구로 볼 것인가에 관한 것입니다. 이에 관하여 판례는 일관되게 법상 소유권의 귀속과 관계없이 실질적인 소득의 귀속자인 명의신탁자를 납세의무자로 보고 있으며 대상판결도 이를 확인한 판결입니다.

3. 종래 부동산에 관한 명의신탁은 이를 증여로 의제하여 명의수탁자에게 증여세가 부과되었는데 1995. 3. 30.「부동산 실권리자 명의 등기에 관한 법률('부동산실명법')」이 시행되면서 부동산에 관한 명의신탁약정을 전면적으로 무효로 함에 따라 부동산의 명의신탁은 증여의제 규정 적용대상에서 제외되고 현재는 과징금과 강제이행금 및 벌칙의 부과대상으로 규율되고 있습니다(같은 법 제5조 내지 제7조). 대상판결은 부동산실명법 시행 이전의 사안인데 판례는 이와 같은 명의신탁자 과세의 법리는 명의수탁자가 자신에게 부과된 증여세를 납부하였다거나(대법원 1993. 9. 24. 선고 93누517 판결), 명의신탁자에 대한 부과처분에 앞서 명의수탁자에게 잘못 부과된 양도소득세부과처분이 제소기간 도과로 확정되었어도 마찬가지라고 보며(대법원 1995. 11. 10. 선고 95누4551 판결), 이는 각자 특정매수한 부

분에 관하여 상호명의신탁 관계에 있는 구분소유적 공유관계에 있어서도 동일하다고 보았습니다(대법원 1987. 10. 10. 선고 87누554 판결). 다만 소득의 지배관리 원칙에 입각하여 수탁자가 신탁자의 승낙 없이 임의로 수탁재산을 양도하고 그 소득이 신탁자에게 환원되지 않았다면 양도주체는 수탁자이고(대법원 1999. 11. 26. 선고 98두7084 판결). 이 경우 명의신탁자가 소송을 통해 양도대가를 회수하더라도 양도소득이 환원된 것은 아니라고 보았습니다(대법원 2014. 9. 4. 선고 2012두10710 판결).

4. 이와 같은 부동산 양도소득 과세와 관련한 실질귀속자 과세의 법리는 부동산실명법 시행 이후에도 다르지 않습니다.

부동산 명의신탁은 크게 이를 부동산 소유자가 곧바로 타인에게 명의를 신탁하는 '양자간 명의신탁'과 부동산을 제3자로부터 매수하면서 이를 타인에게 명의신탁하는 '3자간 명의신탁'으로 구분할 수 있고, 후자는 다시 명의신탁자가 매매계약의 당사자로 되는 경우(중간생략형 명의신탁)와 명의수탁자가 매매계약의 당사자로 되는 경우(계약명의신탁)로 나눌 수 있습니다.

명의신탁약정이 부동산실명법상 무효로 취급됨에 따라(부동산실명법 제4조 제1항), 위 각 경우에 매수인은 명의신탁자에 대한 관계에서는 물론 대외적으로도 소유권을 취득할 수 없게 되는데, 다만 판례는 예외적으로 계약명의신탁에서 매도인이 선의인 경우(즉 명의수탁자를 실질적인 매수인으로 알았던 경우)에는 명의신탁약정의 무효에도 불구하고 거래의 안전을 위하여 명의수탁자가 대내적, 대외적으로 목적부동산의 소유권을 취득한다고 보았습니다(대법원 2005. 1. 28. 선고 2002다66922 판결 등). 아래에서 위와 같은 부동산실명법 이후에 여러 형태의 명의신탁의 경우 소득과세가 어떻게 처리되는가를 살펴보고, 명의신탁과 다른 조세의 관계에 관하여도 간단하게 살펴보겠습니다.

5. 우선 어느 형태의 명의신탁이든 명의수탁자가 목적부동산을 양도한 경우 그 양도로 인한 소득이 명의신탁자에게 귀속되었다면 양도소득세 납세의무자는 명의신탁자가 됩니다. 이 경우 명의수탁자 명의의 등기는 무효이지만 제3자는 선의, 악의를 불문하고 적법하게 소유권을 취득합니다(부동산실명법 제4조 제3항).

다음 3자간 명의신탁 중 계약명의신탁의 경우 매도인이 선의이면 명의수탁자가 유효하게 소유권을 취득하므로 매도인에 대하여 해당 양도거래에 따른 양도소득세가 과세될 것입니다. 이 경우 매도인이 악의이면 양도는 무효가 되고, 명의수탁자 명의의 등기는 말소대상이 되며 매도인이 명의신탁자로부터 수령한 양도대금은 명의신탁자에게 반환되어야 하나 만약 당사자들이 위와 같은 계약 및 등기 상태를 그대로 용인한다면 일단 매도인에게 양도소득세를 과세하고 그 후에 매도인에게 목적물이 반환되면 국세기본법상 후발적 경정청구(국세기본법 제45조의2 제2항 제5호, 같은 법 시행령 제25조의2 제5호 참조)에 의하여 해결하게 될 것입니다. 목적물이 반환되지 않은 상태에서 명의수탁자로부터 제3자 앞으로 다시 소유명의가 이전되면 제3자는 선의, 악의에 불구하고 유효하게 소유권을 취득하고 이 경우 그 양도로 인한 양도소득세 납세의무자는 원칙적으로 소득의 실질귀속자인 명의신탁자가 될 것임은 앞에서 설명한 바와 같습니다.

6. 부동산 명의신탁은 취득세와 재산세에 관하여도 명의신탁자와 수탁자 중 누구를 납세의무자로 볼 것인가가 문제되고 특히 취득세에 있어서는 제3자 명의신탁의 경우 취득거래가 한 번 있는지, 두 번 있는지, 한 번 있다면 어느 단계에서 취득이 있다고 볼 것인지 여부 등이 문제됩니다. 납세의무자와 관련하여서는 취득세와 재산세 모두 사실상 취득하거나 사실상 소유한 자가 납세의무자가 되므로 일차적으로 명의신탁자를 납세의무자로 볼 것인데, 다만 계약명의신탁에서 매도인이 선의이어서 명의수탁자가 대내적, 대외적으로 적법하게 소유권을 취득하게 되는 경우에는 명의수탁자를 납세의무자로 보아야 할 것입니다(관련논의는 본 판례백선 102회를 참고하시기 바랍니다).

부동산 명의신탁이 부가가치세에서 문제될 경우는 흔하지 않지만 부가가치세의 경우 실질과세 원칙의 적용이 있더라도 실질적 소유권의 귀속보다 재화나 용역 공급의 기초가 된 계약의 효력이 누구에게 귀속될 것인가를 기준으로 납세의무자를 판단하여야 합니다. 예컨대 명의수탁자가 거래의 주체가 되어 사업상 양도한 부동산의 부가가치세 납세의무자는 명의수탁자입니다.

59

토지거래허가와 양도소득세 과세

대상판결: 대법원 2011. 7. 21. 선고 2010두23644 전원합의체 판결

【판결요지】

[다수의견] 국토계획법이 정한 토지거래허가구역 내 토지를 매도하고 대금을 수수하였으면서도 토지거래허가를 배제하거나 잠탈할 목적으로 매매가 아닌 증여가 이루어진 것처럼 가장하여 매수인 앞으로 증여를 원인으로 한 이전등기까지 마친 경우 또는 토지거래허가구역 내 토지를 매수하였으나 그에 따른 토지거래허가를 받지 않고 이전등기를 마치지도 않은 채 토지를 제3자에게 전매하여 매매대금을 수수하고서도 최초 매도인이 제3자에게 직접 매도한 것처럼 매매계약서를 작성하고 그에 따른 토지거래허가를 받아 이전등기까지 마친 경우, 이전등기가 말소되지 않은 채 남아 있고 매도인 또는 중간 매도인이 수수한 매매대금도 매수인 또는 제3자에게 반환하지 않은 채 그대로 보유하고 있는 때에는 예외적으로 매도인 등에게 자산의 양도로 인한 소득이 있다고 보아 양도소득세 과세대상이 된다고 보는 것이 타당하다(반대취지의 대법원 1997. 3. 20. 선고 95누18383 전원합의체 판결, 대법원 2000. 6. 13. 선고 98두5811 판결 변경).

[반대의견] 토지거래허가구역 내 토지에 관한 매매계약이 처음부터 허가를 배제하거나 잠탈할 목적으로 이루어진 경우에는 확정적으로 무효이고, 이와 같이 매매계약이 무효인 이상 매매대금이 양도인에게 지급되었다고 하더라도 이것이 양도소득세 과세대상인 자산의 양도에 해당한다거나 매도인 등에게 자산의 양도로 인한 소득이 있었다고 할 수는 없다. 나아가 구 소득세법 제105조 제1항 제1호 단서는 국토계획법상의 토지거래허가구역 내에 있는 토지를 양도함에 있어서 토

지거래허가를 받기 전에 대금을 청산한 경우 허가일이 속하는 달의 말일부터 2월 이내에 양도소득 과세표준 예정신고를 하도록 규정하고 있고, 제110조 제1항은 제105조 제1항 제1호 단서의 규정에 해당하는 경우 토지거래허가일이 속하는 연도의 다음 연도 5월 1일부터 5월 31일까지 확정신고를 하도록 규정하고 있다. 위 규정에 의하면 토지거래허가구역 내에 있는 토지를 양도함에 있어서 허가를 받기 전에 대금을 청산한 경우 토지거래허가를 받은 후에 예정신고 및 확정신고를 하도록 되어 있으므로, 토지거래허가를 받기 전에는 원칙적으로 양도소득세를 부과할 수 없다고 보아야 한다. 그럼에도 불구하고 다수의견과 같이 대금청산이 있고 이전등기가 되었다는 이유만으로 토지거래허가를 받지 않은 경우에도 양도소득세를 부과할 수 있다고 보는 것은 위 규정의 문언내용 및 취지에 반하는 해석으로서 허용될 수 없다.

[다수의견에 대한 보충의견] 양도소득에 관하여 양도행위가 무효로 되거나 취소된 경우 매매대금이 양도인에게 지급되었다 하여도 자산의 사실상 이전이 있다거나 자산의 양도로 인한 소득이 있다고 볼 수 없어 양도소득세를 부과할 수 없다는 종래의 판례는, 무효인 거래행위에 대하여 과세가 이루어진 이후에 원상회복으로 소득을 상실한 경우 그 하자가 중대하고 명백함을 증명하여 부당이득의 법리에 따라 세액의 반환청구를 구하는 방법 외에는 마땅한 구제수단이 없어 거래당사자에게 가혹한 결과를 초래할 수도 있다는 점이 고려된 것이다. 그러나 1994. 12. 22. 개정된 구 국세기본법 제45조의2로 경정청구제도가 신설된 이후에는 신고납부 또는 부과처분 후 무효에 따른 원상회복이 되어 소득을 상실한 경우 구 국세기본법 제45조의2 제2항 소정의 후발적 경정청구사유에 해당한다고 볼 수 있을 것이므로 종래의 판례 법리를 굳이 고집할 필요는 없다.
구 소득세법 제105조 제1항 제1호 단서 및 제110조 제1항 괄호 부분은 토지거래허가를 받은 이후에 양도소득 과세표준에 대한 예정신고 및 확정신고를 하도록 규정하고 있다. 위 규정은 문언상 토지거래허가가 있는 경우에 한하여 적용됨을 명백히 하고 있고, 당초부터 토지거래허가를 배제하거나 잠탈할 목적으로 계약을 체결하는 경우에는 위 규정이 적용된다고 볼 수 없으므로 이를 근거로 다수의견이 드는 두 경우에 양도소득세 과세대상이 아니라고 보는 논거는 성립되기 어렵

다. 무엇보다도 반대의견에 의하면 법을 준수한 경우에는 세금을 납부하여야 하고 법을 침탈한 경우에는 세금을 납부하지 않아도 되는 결과를 초래하게 되어 균형이 맞지 않고 조세정의에도 반한다. "누구도 자신의 잘못으로부터 이득을 취할 수 없다."는 법언에 비추어 보더라도 다수의견은 정당하다.

【참조조문】

구 소득세법(2006. 12. 30. 법률 제8144호로 개정되기 전의 것) 제4조 제1항 제3호, 제88조 제1항

【해설】

1. 국토이용관리법상 규제구역("토지거래허가구역") 내의 토지에 대하여 허가받을 것을 전제로 체결한 계약의 효력에 관하여 판례는 '유동적 무효'라는 특수한 지위를 부여하고 있습니다(대법원 1991. 12. 24. 선고 90다12243 전원합의체 판결 외 다수). 이 경우 거래계약은 관할관청의 허가를 받아야만 효력이 발생하고 허가를 받기 전에는 물권적 효력은 물론 채권적 효력도 발생하지 않지만, 허가를 배제하거나 잠탈하는 내용의 계약이 아닌 한 일단 허가를 받으면 그 계약은 소급하여 유효가 되고 불허가가 된 때에는 무효로 확정된다고 보고 있습니다.

이와 같이 토지거래허가구역 내 토지를 허가받지 않은 채 매도하고 대금을 수수한 경우 세법상 양도가 있다고 볼 것인가가 이번 회의 검토주제입니다. 이에 관하여 대상판결은 토지거래허가를 배제하거나 잠탈할 목적으로 등기원인을 가장하거나 전매한 경우 등에 한하여 예외적으로 이를 긍정하였습니다. 이는 토지거래 허가 없이 체결된 매매계약은 언제나 무효이어서 양도소득세 과세대상이 될 수 없다고 한 대법원 1997. 3. 20. 선고 95누18383 전원합의체 판결, 대법원 2000. 6. 13. 선고 98두5811 판결 등을 변경한 것입니다.

2. 일반적으로 계약이 무효이거나 취소, 해제되어 소득이 환원되는 경우 이를 위법소득에 관한 법리로 접근하고 있습니다. 즉 일단 양수인이 소득을 지배할 수

있는 상태(통상적인 양도의 경우 대금을 지급받은 상태)에 이르면 과세를 긍정하고, 그 후에 무효나 취소를 사유로 소득이 반환되면 경정청구나 부당이득 반환 법리에 의해서 해결하는 것입니다. 이러한 위법소득의 관점에서 이해하면, 토지거래허가 없는 거래의 경우 유동적 무효라는 계약의 특수한 성격으로 인하여 토지거래허가 전에 대금이 먼저 지급되어도 양수인이 소유권을 바로 이전받는 것은 불가능하고, 설사 목적물이 인도되더라도 당초 예정된 토지거래허가가 뒤따르면 그 때 과세하여도 별다른 어려움이 없으며 토지거래허가를 받는 과정에 어려움이 있다면 그만큼 원상회복 가능성이 커지므로 어느 경우나 대금청산 시에 곧바로 과세하는 것이 부적당하다고 볼 수 있습니다. 이와 같은 경우 양도인이 보유하는 매매대금은 토지거래허가가 나지 않으면 반환하기로 당사자 사이에 양해된 금원으로서 일종의 해제조건부 보유이므로 위법소득 과세의 요체인 실질적 소득의 관리·지배가 없다고 볼 수 있습니다.

3. 그런데 대상판결 사안은, 토지거래허가를 전제로 계약을 체결한 것이 아니라 아예 당사자들이 처음부터 토지거래허가를 예정하지 않은 채 탈법적 방법으로 소유명의를 이전하고자 한 경우입니다. 대상판결은 이 경우에는 예외적으로 매도인에게 양도소득세 과세대상인 자산의 양도로 인한 소득이 있다고 보았습니다. 판례는 이 경우 사법상 유동적 무효가 아니라 확정적 무효로 보는데, 세법상으로는 위법소득에 대한 일반적인 논리, 즉 사법상 법률행위가 무효인 경우에도 그 법률행위에 따라 양수인이 대상 재산을 경제적으로 관리·지배하고 있으면 과세대상인 소득이 발생하였다고 보는 논리가 타당하다고 본 것입니다. 일단 과세 후 무효에 따른 원상회복이 되어 소득을 상실하면 국세기본법 제45조의2 제2항 소정의 후발적 경정청구에 의해 해결하게 될 것입니다(다수의견에 대한 보충의견 참조). 이상의 논리는 토지소유권 이전과 관련하여 문제될 수 있는 다른 세금들, 예컨대 취득세나 부가가치세(토지가 재고자산으로 공급된 경우) 등의 경우에도 동일하게 적용될 것입니다.

4. 이와 관련하여 소득세법 제105조에서는 양도소득과세표준 예정신고에 관하여, 같은 법 제110조는 양도소득과세표준 확정신고에 관하여, 각각 토지거래허

가 대상 토지를 양도할 때 토지거래허가를 받기 전에 대금을 청산한 경우 그 허가일이 속하는 달의 말일부터 2개월과 그 허가일이 속하는 과세기간의 다음 연도 5월 1일부터 5월 31일까지 각각 예정신고와 확정신고를 하도록 하는 예외를 인정하고 있습니다. 대상판결의 반대의견은 위 규정에 의하면 토지거래허가구역 내에 있는 토지를 양도함에 있어서 그 허가를 받기 전에 대금을 청산하더라도 토지거래허가를 받은 후에 예정신고 및 확정신고를 하도록 되어 있어, 토지거래허가를 받기 전에는 원칙적으로 양도소득세를 부과할 수 없다는 점을 과세불가의 논거로 내세우고 있습니다.

그러나 위 규정의 취지는, 토지거래허가를 받지 않은 상태에서 대금을 모두 지급받더라도 납세의무 성립 여부가 불분명하여 납세의무자의 납세신고에 지장을 초래하는 점을 고려하고, 과세관청의 입장에서도 부과권 제척기간이 도과하는 것을 막기 위한 것입니다. 따라서 대상판결의 사안과 같이 당사자가 아예 처음부터 예정신고나 확정신고를 할 것을 예정하지 않고 있는 경우에 위 규정의 적용을 배제하는 것은 규정취지에 반한다고 볼 수 없으므로 이를 과세불가의 논거로 삼는 것은 적당하지 않을 것입니다. 다수의견에 대한 보충의견도 같은 취지를 설시하고 있습니다.

60

양도소득세 부당행위계산부인에 관한 구 소득세법 시행령 제167조 제5항의 효력

- 개인의 상장주식 양도 시 시가의 산정방법 -

대상판결: 대법원 2020. 6. 18. 선고 2016두43411 전원합의체 판결

【판결요지】

[다수의견]

(가) 구 소득세법 시행령(2012. 2. 2. 대통령령 제23588호로 개정되기 전의 것) 제167조 제5항("시행령 조항")이 구 상증세법(2011. 12. 31. 법률 제11130호로 개정되기 전의 것)의 상장주식 시가평가 조항을 준용한 것을 두고 법률의 위임 범위를 벗어남으로써 조세법률주의에 위배되었다고 평가하기는 어렵다.

구 소득세법(2012. 1. 1. 법률 제11146호로 개정되기 전의 것) 제101조 제5항이 대통령령에서 정할 것을 위임한 '부당행위계산에 필요한 사항'에는 부당행위계산의 기준으로 양도자산의 '시가'에 관한 평가 규정이 포함되며, 시행령 조항은 법률의 위임 범위 내에서 위임취지를 실현한 것이다.

(나) 시행령 조항 중 '거래일 이전·이후 각 2개월 동안 공표된 매일의 한국거래소 최종 시세가액("종가") 평균액을 상장주식의 시가로 간주하는 규정'의 합리성과 정당성을 인정할 수 있고, 시행령 조항이 상장주식의 시가평가와 관련하여, 구 법인세법 시행령(2012. 2. 2. 대통령령 제23589호로 개정되기 전의 것) 제89조 제1항을 준용하지 않고 구 상증세법의 상장주식 시가평가 조항을 준용한 것은 합리적인 입법재량의 범위 내에 있다고 봄이 타당하다.

[반대의견]

(가) 시행령 조항 중 구 상증세법 제60조 제1항 후문, 제63조 제1항 제1호 가목 및 나목, 제63조 제3항("준용 규정")에 의하면, 최대주주 등이 해당 법인의 발행주식총수 등의 100분의 50을 초과하여 보유하는 상장주식의 양도가액은 구 소득세법 제95조 제1항에 정한 실지거래가액이 아니라 구 상증세법 제63조 제3항에 따라 양도일 이전·이후 각 2개월 동안 공표된 종가의 평균액에 할증률 30%를 가산한 금액으로 보게 된다. 이는 국민의 납세의무에 관한 본질적 사항인 과세요건이므로 조세법률주의 원칙에 따라 마땅히 국회가 법률로써 정하여야 할 사항이다.

(나) 준용 규정에 의하면, 양도한 자산이 상장주식인 경우 그 '시가'는 양도일 현재 종가가 아니라 양도일 이전·이후 각 2개월 동안 공표된 종가의 평균액에 의하여야 한다. 이는 자산의 양도가액은 양도 당시를 기준으로 한다는 구 소득세법 제96조 제1항에 위배되며, 구 소득세법 제101조 제1항에 정한 부당행위계산 대상 여부의 판단 기준시점은 거래 당시라는 원칙에도 반한다.
상장회사 최대주주 등의 보유주식이라 하더라도 당해 회사의 재무구조, 경영여건 등에 따라 회사의 경영권에 별도의 가치가 형성되지 않은 경우나 당해 상장주식 양도가 이른바 '경영권 프리미엄'의 이전을 수반하지 않는 경우도 있다. 그럼에도 불구하고 이러한 경우까지 일률적으로 할증평가액을 '시가'로 보아 양도차익을 의제하는 것은 소득세법상 부당행위계산 제도의 취지에 반한다. 그리고 이는 특정 납세의무자를 합리적 이유 없이 불리하게 차별하는 것이고, 재산권을 부당하게 침해하는 것으로서 헌법상 조세평등원칙 및 국세기본법 제18조 제1항에 위배된다.

(다) 이처럼 시행령 조항이 상장주식의 양도로 인한 양도소득세 과세요건인 양도차익을 계산하는 데 상증세법상 재산의 평가에 관한 규정을 준용한 부분은 헌법 제40조, 제75조에 규정된 위임입법의 한계, 헌법 제38조, 제59조에 규정된 조세법률주의 원칙에 위배되고, 헌법 제11조 제1항, 국세기본법 제18조 제1항에 규정된 조세평등원칙, 납세자 재산권보장 원칙에 위배되며, 모법인 구 소득세법 제96조 제1항 등의 규정에도 위배되므로, 이는 결국 무효라고 볼 수밖에 없다.

【참조조문】

헌법 제11조 제1항, 제23조 제1항, 제38조, 제40조, 제59조, 제75조, 구 소득세법(2012. 1. 1. 법률 제11146호로 개정되기 전의 것) 제96조 제1항, 제101조 제1항, 제5항, 구 소득세법 시행령(2012. 2. 2. 대통령령 제23588호로 개정되기 전의 것) 제167조 제3항, 제5항, 구 상증세법(2011. 12. 31. 법률 제11130호로 개정되기 전의 것) 제35조 제1항, 제60조 제1항, 제63조 제1항 제1호 가목, 나목(현행 제63조 제1항 제1호 가목 참조), 제3항, 구 법인세법(2013. 1. 1. 법률 제11603호로 개정되기 전의 것) 제52조, 구 법인세법 시행령(2012. 2. 2. 대통령령 제23589호로 개정되기 전의 것) 제89조 제1항, 국세기본법 제18조 제1항

【해설】

1. 대상판결 사안은 다음과 같습니다.

원고가 특수관계자인 형 갑에게 주권상장법인 A의 발행 주식 116,022주(총 발행주식 400만 주 중 약 2.9%. "이 사건 주식")를 시간외 대량매매 방식으로 매도하면서 매매대금을 당일 한국거래소 종가인 1주당 65,500원(합계 약 75억 원)으로 정하였고, 갑은 위 주식을 매수함으로써 A법인의 최대주주가 되었습니다. 원고는 위 매매대금을 양도가액으로 하여 양도소득세 신고를 하였다가 과세관청의 안내에 따라 이 이 사건 주식의 시가를 상증세법에 따라 평가기준일 전후 2개월 간 종가평균액에 최대주주 할증률 30%를 가산한 83,431원으로 수정신고를 한 후 피고에게 당초신고된 내용으로 경정청구를 하였으나 피고가 이를 거부하여 그 거부처분의 취소를 구한 것입니다.

이 사건의 쟁점은 이 사건 주식의 양도가액이 상증세법 평가방법에 따라 평가기준일 전후 2개월간 종가 평균액에 최대주주 할증률을 가산한 금액("상증세법상 평가금액")인지, 아니면 거래일 당시의 종가인지 여부이고, 구체적으로는 전자의 내용을 규정한 소득세법 시행령 제167조 제5항("이 사건 시행령 조항")이 모법의 적법한 위임에 따른 유효한 것인지 여부입니다.

2. 먼저 각 세법의 시가판정 기준에 관하여 살펴봅니다. 상증세법은 시가의 적용순서를, ① 본래의 시가, ② 수용가격, 공매가격, 감정가격 등 간주시가, ③ 법정(보충적) 평가방법에 의한 평가액 순으로 정하고 있는데, 상장주식에 관한 법정 평가는 본래의 시가 개념에 포함되는 것으로 봅니다(상증세법 제60조 제1항 단서). 상장주식의 시가 산정은, '거래일 이전·이후 각 2개월 동안 공표된 매일의 종가 평균액'으로 하며, 최대주주가 양도하는 주식에 대하여는 위 평균액에 구 상증세법 제63조 제3항에 의한 할증률(30%)을 가산합니다.

다음 법인세법 제52조 제2항은 부당행위계산부인의 판단기준으로 '시가'를 규정하고 있는데 법인세법 시행령 제89조 제2항은 그 산정순서를, ① 시가, ② 시가가 불분명한 경우 감정평가법인의 감정가액, ③ 상증세법상 보충적 평가방법에 의한 평가액의 순에 의하도록 하고 있습니다. 특히 주식의 평가에 관하여 거래일(상장주식) 또는 평가기준일(비상장주식)을 기준으로 삼도록 하여, 원칙적으로 거래일이나 평가기준일 이전·이후 2개월 평균가액을 기준으로 삼는 상증세법과 큰 차이가 있습니다.

소득세법은 일반 부당행위계산부인 규정 및 자산의 취득가액에 관하여는 시가의 산정을 법인세법 시행령 제89조를 준용하도록 한 반면(소득세법 시행령 제98조 제3항 및 제89조 제1항 제3호), 양도소득세의 부당행위계산부인은 시가의 산정기준을 상증세법 규정을 준용하도록 하여(소득세법 제101조 제1항, 같은 법 시행령 제167조 제5항), 그 근거법령을 달리하고 있습니다.

3. 대상판결에 적용된 구 소득세법 시행령 제167조 제3항은, "**구 소득세법 제101조 제1항에서 '조세의 부담을 부당하게 감소시킨 것으로 인정되는 때'란 다음 각 호의 어느 하나에 해당하는 때를 말한다. 다만 시가와 거래가액의 차액이 3억원 이상이거나 시가의 100분의 5에 상당하는 금액 이상인 경우에 한한다.**"고 하여 그 제1호로서 '**특수관계 있는 자로부터 시가보다 높은 가격으로 자산을 매입하거나 특수관계 있는 자에게 시가보다 낮은 가격으로 자산을 양도한 때**'를 규정하고 있고, 같은 조 제4항은, "**제98조 제1항 각 호의 규정에 의한 특수관계 있는 자와의 거래에 있어서 토지등을 시가를 초과하여 취득하거나 시가에 미달하게 양도함으로써 조세의 부담을 부당히 감소시킨 것으로 인정되는 때에는 그 취득가액**

또는 양도가액을 시가에 의하여 계산한다.", 동 제5항은, "**제3항 및 제4항의 규정을 적용함에 있어서 시가는 상증세법 제60조 내지 제64조와 동시행령 제49조 내지 제59조 및 조세특례제한법 제101조의 규정을 준용하여 평가한 가액에 의한다.**", 동 제6항은, "**개인과 법인 간에 재산을 양수 또는 양도하는 경우로서 그 대가가 법인세법 시행령 제89조의 규정에 의한 가액에 해당되어 당해 법인의 거래에 대하여 법인세법 제52조의 규정이 적용되지 아니하는 경우에는 법 제101조 제1항의 규정을 적용하지 아니한다. 다만, 거짓 그 밖의 부정한 방법으로 양도소득세를 감소시킨 것으로 인정되는 경우에는 그러하지 아니하다.**"고 규정하고 있습니다.

여기서 문제가 된 것은 위 시행령 제4항과 제5항에서 규정한 '시가'의 의미와 규정의 효력 여부인데 그 발단은 우리 개별세법이 규정한 시가의 내용이 구구각색이라는 데 있습니다. 위에서 본 바와 같이 세법상 시가는 크게는 상증세법상 시가와 법인세법상 시가로 구분되는데, 기본적으로 상증세법상 시가는 역사적 거래가액이 존재하지 않는 상속 및 증여재산의 과세가액 산정을 위한 것인 반면 법인세법상 시가는 역사적 거래가액을 대상으로 그것이 적정한지를 가늠하기 위한 도구적 개념입니다.

문제는 소득세법상 시가 역시 기본개념은 법인세법상 시가와 동일한데 일반적인 부당행위계산부인에 관하여는 법인세법상 시가를 준용하도록 하면서(소득세법 시행령 제98조 제3항), 유독 양도소득의 부당행위계산부인과 관련하여서는 시가를 법인세법이 아닌 상증세법을 따르도록 하고 규정 형태도 모법이 아닌 시행령에서 규정한 데 있습니다. 이에 따라 상장주식의 경우 법인이 양도하면 '양도일 당일의 거래소 종가'가 시가가 되는 데 반하여(구 법인세법 제52조 제1항, 같은 법 시행령 제89조 제1항), 양도한 주주가 거주자 등인 경우 상증세법에 따라 '양도일 이전·이후 각 2개월 동안 공표된 종가의 평균액'이 시가가 되고 거래당사자 사이에 법상 특수관계가 있으면 할증률 30%를 가산한 금액으로 보게 되는(구 상증세법 제60조 제1항 후문, 제63조 제1항 제1호 가목 및 나목, 제63조 제3항), 큰 차이가 발생하는 것입니다.

이러한 차이점을 완화하기 위한 규정이 위 시행령 제6항인데 판례는 같은 항 본문의 해석과 관련하여, 이는 특수관계에 있는 개인과 법인 사이의 주식 등 재산양도에서 '그 대가가 법인세법 시행령 제89조에서 정한 시가에 해당'함을 전제로 하여, 해당 법인의 거래에 대하여 부당행위계산부인에 관한 법인세법 제52조가 적용되지 않는 경우 그 상대방인 개인에 대하여도 양도소득의 부당행위계산부인에 관한 소득세법 제101조 제1항을 적용하지 않는다는 취지라고 해석한 바 있습니다(대법원 2021. 5. 7. 선고 2016두63439 판결).

4. 대상판결은 전원합의체 판결로서 이 사건 시행령 조항을 유효라고 본 다수의견과 무효로 본 반대의견 모두 논지를 상세히 밝히고 있는데 필자는 이 중 반대의견의 견해에 찬동하고 싶습니다. 우선 부당행위계산부인 규정의 적용에 있어서 그 판단기준을 시가로 보는 것은 법리상 당연한 내용을 확인한 것이므로 이를 시행령에서 규정하였더라도 규정 형태만을 문제 삼아 무효로 볼 것은 아닙니다. 그러나 그 시가의 내용을 역사적 거래가액이 아닌 상증세법이 별도로 규정한 평가가액을 기준으로 한다는 것은, 규정 대상이 과세가액의 크기나 과세요건 해당 여부를 가리는 핵심적인 사항이고 그 내용 역시 자산의 양도가액은 양도 당시를 기준으로 산정하여야 한다는 구 소득세법 제96조 제1항과 부당행위계산 대상 여부의 판단 기준시점을 거래 당시로 규정한 구 소득세법 제101조 제1항에 반하는 등 모법이 일반적으로 예상하지 않은 특별한 사항이므로 적어도 이를 시행령에서 규정할 수는 없다고 보아야 합니다.

소득세법의 부당행위계산부인은 역사적 거래가액이 시가를 벗어났는지 여부가 판단의 대상인데 상장주식의 경우 그와 같은 거래가액이 형성되는 시장이 존재하므로 그 시장가격을 시가로 보는 것이 원칙이고, 만일 경영권 프리미엄 등을 별도로 평가하여 이를 달리 규정할 필요가 있다면 그 내용은 법에서 규정함이 옳을 것입니다.

5. 내용상으로도 위 시행령 규정은 문제가 있습니다.

우선 위 규정은 법인주주와 개인주주를 차별하고 있는데 그와 같은 차별이 합리적이라고 보기 어렵습니다. 만약 상장주식의 양도인은 개인이고 양수인은 그와 특수관계에 있는 법인인 경우 양도인에게는 상증세법상 평가액이 시가가 되고, 양수인은 법인세법 시행령에 따른 가액이 시가가 됩니다.

소득세법은 이와 같은 경우 양수도 대금을 법인세법 시행령 제89조의 규정에 의한 가액으로 정하여 법인주주에게 법인세법상 부당행위계산부인 규정을 적용할 수 없는 경우에는 그와 거래한 개인주주에게도 소득세법상 부당행위계산부인 규정을 적용하지 않도록 하고 있습니다(동 시행령 제167조 제6항. 판례는 이 규정을 특수관계에 있는 개인과 법인 사이의 주식 등 재산 양도에서 '그 대가가 법인세법 시행령 제89조에서 정한 시가에 해당'함을 전제로 한 규정이라고 해석하였습니다. 대법원 2021. 5. 7. 선고 2016두63439 판결). 그런데 동일한 상장주식을 법인이 아닌 개인에게 매각하는 경우에는 예외 없이 소득세법상 부당행위계산부인 규정이 적용됩니다. 그렇다면 당장 한 개인이 특수관계에 있는 법인과 개인에게 각각 같은 날짜에 상장주식을 시간외 대량매매 방식으로 거래할 경우 매매대금을 어떻게 산정하여야 하는지가 문제됩니다. 특히 상증세법 규정에 따르면 거래당사자는 거래일 이후 2개월까지의 종가를 미리 예측하여 거래하여야 하는데 이는 사실상 불가능한 일을 요구하는 것입니다.

다음 주식의 평가에 관하여 최대주주가 양도하는 주식의 경우 일률적으로 30%의 할증률을 가산하도록 한 상증세법 규정이 내용상 합리적인지 여부도 문제됩니다. 최대주주가 그 소유주식을 경영권과 함께 양도하는 경우에 그 주식의 가치에 경영권 프리미엄이 붙는 것은 당연합니다. 그런데 경영권이 수반되지 않는 개별 주식의 양도의 경우에도 일률적으로 할증률을 가산하는 것은 합리적이라고 보기 어렵고, 특히 법인이 양도한 경우와 차별하는 것은 별다른 근거를 찾기 어려우므로 헌법상 평등원칙에 위배되는 것이 아닌가 하는 의문이 제기됩니다.

상증세법상 평가규정은 본래 상속세나 증여세를 대상으로 합니다. 상속세의 경우에는 피상속인이 보유하던 주식 전체가 상속인에게 상속되고 피상속인이 최대주주로서 그 소유주식에 경영권이 화체되어 있는 경우 주식의 상속은 곧 경영권의 상속을 의미하므로 그 평가는 경영권 프리미엄을 포함시켜야 할 것입니다. 증여의 경우 상속과 같이 반드시 주식 전체의 무상양도가 이루어지지는 않지만 대부분 상속에 대비하여 사전에 대량으로 이루어지므로 이 역시 같은 각도에서 볼 수 있습니다. 그런데 최대주주가 유상으로 특수관계인에게 양도하는 주식에 대하여는 양도의 경위, 규모, 시점 등에 관계없이 언제나 경영권이 화체되어 있다고 보기는 어렵습니다. 대상판결의 반대의견이 이 경우 주식의 평가를 시장(거래소)의 '거래가격'으로 평가하여야 한다는 것도 바로 이 점을 지적한 것입니다. 근본적으로 거래소에서 활발하게 거래되는 기업의 주식까지 경영권 프리미엄을 일률적으로 30%로 정하는 것이 온당한지 의문입니다.

6. 한편 2021. 2. 19. 개정 시 신설된 소득세법 시행령 제167조 제7항은, "**제5항에도 불구하고 주권상장법인이 발행한 주식의 시가는 법인세법 시행령 제89조 제1항에 따른 시가로 한다. 이 경우 제3항 각 호 외의 부분 단서는 적용하지 않는다.**"는 규정을 신설하여 양도소득에 관한 부당행위계산부인 규정의 적용에 있어서도 상장주식에 관하여는 법인세법과의 통일을 기하였습니다. 아울러 위 개정과 함께 같은 달 17. 법인세법 시행령 제89조 제1항을 개정하여 종전 상장주식을 거래소에서 거래하는 경우 예외 없이 거래일 종가를 시가로 보던 것을 증권시장 밖에서 거래하거나 대량매매 등의 방식으로 장내에서 거래하는 경우에 한하여 거래일 종가를 시가로 하고, 그 이외의 경우는 상증세법상 평가규정에 따르도록 하는 한편 기획재정부령으로 정하는 바에 따라 사실상 경영권의 이전이 수반되는 경우에는 상증세법 제63조 제3항을 준용하여 그 가액의 100분의 20을 가산하도록 하였습니다(위 개정에 앞서 상증세법 제63조 제3항은 2019. 12. 31. 법 개정으로 종전 특수관계인인 최대주주 등의 주식보유비율이 전체 발행주식 총수의 100분의 50을 초과하는 경우 할증률을 100분의 30으로 가중하던 것을 다른 경우와 마찬가지로 100분의 20으로 통일한 바 있습니다). 대상판결 사안과 같은 시간외 대량매매의 경우 반대의견의 견해와 같이 거래일 종가를 시가로 보도록 하면서 할증평가에 관한 내용을 일부 보완한 것입니다.

61

자산의 양도차익 산정시기에 관한 소득세법 규정의 의의

대상판결: 대법원 1991. 5. 28. 선고 90누1854 판결

【판결요지】

[1] 구 소득세법(1982. 12. 21. 법률 제3576호로 개정되기 전의 것) 제27조 제1항은 자산의 양도 또는 취득시기에 관한 의제규정이기는 하나, 자산의 양도 또는 취득일을 양도차익을 계산함에 있어서는 구 소득세법 제27조 제1항의 규정에 따라 정하면서도 다른 관점에서는 위 규정에 따르지 아니하고 사안에 따라서 자산의 사실상 이전시점을 찾아서 정하여야 한다면 동일한 과세처분 내에서조차 자산의 양도 또는 취득시기를 경우에 따라 달리 보게 되어 그 개념의 혼란을 초래함은 물론 과세요건과 면세요건의 명확성을 요구하는 조세법률주의 정신에도 반하게 되므로 양도차익을 계산함에 있어서만 위 제27조 제1항에 따라 계약금 외 일부를 양수한 날을 양도시기로 볼 것이 아니라 과세요건과 면세요건에 해당하는지 여부를 판단함에 있어서의 양도시기도 위와 같이 보아야 할 것이다.

[2] 주식의 양도가 구 소득세법(1982. 12. 21. 법률 제3576호로 개정되기 전의 것) 제23조 제1항 제3호 소정의 '기타 자산'의 양도에 해당하는지 여부를 판단함에 있어서의 구 소득세법 시행령(1990. 12. 31. 대통령령 제13194호로 개정되기 전의 것) 제44조의2 제1항 제1호의 (가) 소정의 자산총액이나 부동산 등의 시가평가 기준시기로서의 양도시기도 같은 법 제27조 제1항 소정의 양도차익계산 시의 양도시기로 보아야 한다.

【참조조문】

구 소득세법(1982. 12. 21. 법률 제3576호로 개정되기 전의 것) 제27조 제1항, 제23조 제1항 제3호, 구 소득세법 시행령(1990. 12. 31. 대통령령 제13194호로 개정되기 전의 것) 제44조의2 제1항 제1호의 (가)

【해설】

1. 소득세법은 양도소득세 과세대상인 '양도'의 개념에 관하여, "'**양도'란 자산에 대한 등기 또는 등록과 관계없이 매도, 교환, 법인에 대한 현물출자 등으로 인하여 그 자산이 유상으로 사실상 이전하는 것을 말한다.**"(법 제88조 제1호 전문)고 규정하고 있습니다. 그런데 구체적으로 언제 자산이 사실상 이전하는가 달리 표현한다면 '양도'가 과세요건 행위로서 완성되느냐에 관하여는 별도의 규정을 두지 않고 있습니다. 당사자는 자산을 양도하기 위하여 매매계약을 체결하고, 계약금과 중도금 및 잔대금을 순차로 교부받으며 대개는 잔대금 수령과 상환으로 등기나 등록 등 대상자산의 소유권 이전에 필요한 절차를 이행하게 되는데 구체적으로 이 중 어느 단계에서 '자산이 사실상 이전'되어 양도소득이 실현되는지에 관하여 명시적인 규정을 두지 않고 있는 것입니다.

2. 이와 관련하여 소득세법 제98조는, "**자산의 양도차익을 계산할 때 그 취득시기 및 양도시기는 대금을 청산한 날이 분명하지 아니한 경우 등 대통령령으로 정하는 경우를 제외하고는 해당 자산의 대금을 청산한 날로 한다.**"고 하여 원칙적으로 대금청산일을 기준으로 자산의 양도가액 및 취득가액을 산정하도록 규정하고 있습니다.

오늘 검토할 주제는 양도차익 산정에 관한 위 소득세법 규정이 양도소득세 과세요건이나 면세요건 등을 판정하는 일반적인 기준시기로 적용되는지 여부에 관한 것입니다. 대상판결은 주로 조세법률주의의 관점에서 이를 긍정하고 있습니다.

3. 대상판결이 이 점을 최초로 판시한 것은 아닙니다. 소득세법이 1982. 12. 21. 법률 제3576호로 개정되기 이전에는 자산의 양도차익 산정을 위한 자산의 양도시기를 '**당해 계약을 체결하고 그 계약금 이외의 대가의 일부를 영수한 날**'로 규정하고 있었는데(같은 법 제27조), 위 규정의 적용과 관련하여 판례는, 1가구 1주택 여부를 판정하는 주택의 양도시기에 관하여도 위 규정이 적용된다고 보았습니다(대법원 1984. 12. 11. 선고 84누182 판결). 참고로 소득세법상 양도시기를 언제로 볼 것인가는 반드시 고정된 것은 아니고 시대상황에 따라 달리 정할 수 있는 입법사항입니다. 위 법 개정 이전에는 중도금 지급 시를 그 시점으로 정했다가 법 개정으로 잔대금 지급 시로 변경한 것이 이를 잘 말해줍니다. 사법상 중도금을 지급하면 계약 당사자 일방이 임의로 계약을 해제하는 것이 불가능하므로 개정 전 입법은 이 점에 착안하여 중도금 지급 시에 양도소득이 실현된 것으로 본 것으로 여겨집니다. 계약금과 중도금 이외의 나머지 대금채권은 금전채권으로 매도인에게 귀속되었다고 본 것으로 이해할 수 있습니다.

4. 소득세법은 왜 자산의 양도차익 산정에 관하여만 기준시기를 규정하고, 과세요건이나 면세요건 등을 판정하는 일반적인 기준시기에 관하여는 별도의 규정을 두지 않은 것일까요? 아마도 이는 양도소득세가 기간과세라는 특성 때문이었을 것입니다. 납세의무 성립시기에 관한 국세기본법 제21조 제1항은, "**국세를 납부할 의무는 이 법 및 세법에서 정하는 과세요건이 충족되면 성립한다.**"고 하고, 그 제2항은, "**제1항에 따른 국세를 납부할 의무의 성립시기는 다음 각 호의 구분에 따른다. 1. 소득세 · 법인세: 과세기간이 끝나는 때(단서 생략). 2. 상속세: 상속이 개시되는 때, 3. 증여세: 증여에 의하여 재산을 취득하는 때(4호 이하 12호 생략) 등**"으로 규정하고 있습니다. 기간과세가 아닌 상속세나 증여세의 경우 상속이 개시되는 때, 증여에 의하여 재산을 취득하는 때 등으로 납세의무 성립시기를 법이 명확히 규정하고 있는 데 반하여, 기간과세인 소득세의 경우 '과세기간의 종료'라는 별도의 요건이 납세의무 성립요건으로 추가되어 있어 과세요건을 이루는 사건이나 행위가 언제 완성되는지에 관하여는 미처 규정을 두지 못한 것이 아닌가 여겨집니다. 양도소득과 관련하여 보면, '양도라는 과세요건 행위가 완성(충족)되는 시기=양도소득의 실현시기=과세요건이나 비과세요건의 판정 기준시기'의 등

식이 성립되는데 원래는 납세의무 성립시기도 이와 동일하여야 하나 양도소득세가 기간과세인 관계로 이와 달라지고 국세기본법은 일단 납세의무 성립시기를 중심으로 규정한 것으로 이해됩니다.

5. 그런데 앞에서 본 바와 같이 소득세법은 과세요건이나 면세요건 여부를 판정하기 위한 양도시기에 관하여는 별도의 규정을 두지 않았지만 양도차익의 크기를 산정하기 위한 기준시기에 관하여는 규정을 두었습니다. 과세표준의 산정방법은 세액의 크기를 산정하는 기본요소로서 반드시 법률로 규정하여야 할 사항이기 때문입니다. 원래 과세표준의 산정 내지 과세대상의 평가는 납세의무가 성립하는 때(기간과세의 경우에는 과세요건의 기초를 이루는 구체적 행위나 사실이 완성 내지는 실현되는 때)를 기준으로 하여야 하며 이는 세법의 기본원리를 구성한다고 볼 수 있습니다. 상속세나 증여세 과세대상에 대한 평가의 기준시점이 '상속'이라는 사건이나 '증여'라는 행위가 발생한 '상속개시일' 및 '증여일'로 규정된 것(상증세법 제60조 제1항)이나 취득세의 과세표준을 '취득 당시의 가액'으로 하는 것(지방세법 제10조 제1항 본문)은 바로 이와 같은 법리에 기초한 것입니다. 나아가 양도소득 이외의 종합소득이나 퇴직소득에 있어서 각 소득별로 소득의 귀속시기를 정하는 총수입금액의 수입시기를 규정하고 있는데(소득세법 제39조 제1항, 동시행령 제45조 내지 제50조의2), 여기의 소득의 수입시기는 곧 소득의 실현시기를 의미하며 해당 수익의 크기 또한 이를 기준으로 결정됩니다.

이와 같이 소득세법이 과세표준의 크기와 관련된 양도차익 산정에 관한 기준시기만을 규정하였더라도 그 시점은 과세요건이나 면세요건을 정하는 경우에도 동일하여야 하므로 같은 취지의 대상판결은 타당합니다.

6. 다만 대상판결은 판결이유로서, "자산의 양도 또는 취득일을 양도차익을 계산함에 있어서는 구 소득세법 제27조 제1항의 규정에 따라 정하면서도 다른 관점에서는 위 규정에 따르지 아니하고 사안에 따라서 자산의 사실상 이전시점을 찾아서 정하여야 한다면 동일한 과세처분 내에서조차 자산의 양도 또는 취득시기를 경우에 따라 달리 보게 되어 그 개념의 혼란을 초래함은 물론 과세요건과 면세요건의 명확성을 요구하는 조세법률주의 정신에도 반하게 된다."는 점을 논거

로 들고 있는데, 과세표준이나 과세가액 산정의 기준시기와 납세의무 성립시기(기간과세에 있어서는 과세요건의 기초를 이루는 행위나 사건의 완성시점)가 일치하여야 한다는 점이 세법의 기본원리라는 점을 좀 더 명확하게 판시하지 않은 점은 일말의 아쉬움이 남습니다.

62

원천징수의 법률관계

대상판결: 대법원 1984. 3. 13. 선고 83누686 판결

【판결요지】

원천징수하는 소득세 등에 있어서는 소득금액 또는 수입금액을 지급하는 때에 납세의무가 성립함과 동시에 자동적으로 확정되는 것으로서 과세관청의 납세고지는 징수처분이라 볼 것이므로 납세고지서에 필요한 사항의 일부기재를 누락한 것은 징수처분의 하자에 해당한다.

【참조조문】

국세기본법 제21조, 국세징수법 제9조, 소득세법 제128조, 제131조, 제142조, 제143조, 소득세법 시행령 제183조, 법인세법 제37조, 법인세법 시행령 제99조, 행정소송법 제12조

【해설】

1. 원천징수(tax withholding)란 소득금액 또는 수입금액을 지급하는 자("원천징수의무자")가 법이 정하는 바에 의해 지급받는 자("원천납세의무자")가 부담할 세액을 정부를 대신하여 징수하는 것을 말하며, 현행 세법상 소득세와 법인세에 관하여 인정되고 있습니다(소득세법 제127조 이하; 법인세법 제73조, 제98조).

원천징수의무자의 국가에 대한 납세의무는 이론상 국가의 원천납세의무자에 대한 징세권을 원천징수의무자가 대신 행사하는 것을 전제로 하나, 현행법상 현

실적으로 원천징수행위가 있었는가에 관계없이 법에 정해진 바에 따라 일정한 세액을 원천징수의무자 본인의 납부의무로서 독립적으로 이행하는 구조로 되어 있습니다. 이와 같이 원천징수의무가 원천납세의무를 전제로 하면서도 원천징수의무자의 독립된 조세책임이라는 데에 원천징수의무의 이론적 어려움이 있고 원천납세의무와의 어려운 관계도 여기에서 비롯된다고 볼 수 있습니다.

2. 원천징수가 인정되는 경우는 크게 두 가지입니다. 하나는 원천징수의무자가 원천납세의무자에게 실제로 소득을 지급하면서 그 지급액에서 원천납세의무자가 납부할 세액을 징수하여야 하는 경우이고, 다른 하나는 법인의 소득이 사외로 유출되어 그 귀속자에게 인정상여나 인정배당 등으로 소득처분이 이루어지는 경우입니다. 전자가 징수의 편의에 기초하고 있다면 후자는 소득의 사외유출을 막지 못한 책임을 묻는 쪽에 중점이 있습니다.

전자와 관련하여서는 주로 거래상대방에게 지급한 소득이 원천징수대상인지 여부(특히 국제거래에 있어서 국내원천소득인지 여부)가 문제되는 데 반하여, 후자의 경우에는 소득의 사외유출과 관련된 원천납세의무와 원천징수의무의 존부 및 성립시기, 원천징수의무와 원천납세의무의 관계 등이 문제됩니다. 여기서 검토할 내용은 이 중 후자에 관한 것입니다.

3. 국세기본법은, "**원천징수하는 소득세는 그 소득금액 또는 수입금액을 지급하는 때에 납세의무가 성립되고, 또한 특별한 절차를 거침이 없이 당해 납세의무가 성립되는 때에 확정된다.**"고 규정하고 있습니다(국세기본법 제21조 제3항 제1호, 제22조 제4항 제3호).

위 규정이 일차적으로 원천징수의무자를 대상으로 한다는 데에 판례나 학설의 이론이 없습니다. 대상판결은 위 규정에 터 잡아 원천징수의무자가 원천납세의무자로부터 원천징수세액을 징수하지 못한 경우에도 국가의 원천징수의무자에 대한 납세고지를 확정된 납세의무의 이행을 최고하는 징수고지로 보고 그 전제에서 납세고지서 하자가 징수처분의 위법을 가져온다고 판단하고 있습니다.

4. 그런데 위 규정이 원천징수의무자와 원천납세의무자 중 누구를 대상으로 하는지는 명확하지 않습니다. 규정의 형태만 놓고 보면 "소득금액을 지급하는 때"라고 하여 소득의 지급자를 주체로 하고 있다는 점에서 입법자는 원천징수의무자의 원천징수의무를 염두에 두고 규정한 것으로 볼 여지가 많습니다.

원천징수의무자의 원천징수 및 납부의무가 문제되는 경우는 두 가지입니다. 하나는 원천징수의무자가 원천납세의무자로부터 징수세액을 징수한 경우이고 다른 하나는 원천징수대상이 아니라고 보아 징수하지 못한 경우입니다. 전자의 경우 원천징수의무자가 원천징수한 세액은 국가를 위하여 이를 보관하고 있는 것이므로 굳이 납세의무 성립시기나 확정시기를 논할 필요 없이 보관하고 있는 세액을 국가에 납부할 기한만을 정해두면 됩니다. 소득세법과 법인세법은 이와 같이 "원천징수한 세액"의 납부기한을 원천징수한 날이 속하는 달의 다음 달 말일부터 10일까지로 정하고 있습니다(소득세법 제128조, 법인세법 제73조).

이와 달리 원천징수의무자가 소득의 지급 시에 원천징수세액을 징수하지 못한 경우에는 어떻게 될까요? 실제로 실무상 문제되는 것은 대부분 이 경우입니다. 이 경우에도 원천징수의무자가 정해진 기한까지 원천징수세액을 납부하여야 하고 그 이후에는 납부지연가산세를 부담한다고 보는 데에 판례 및 학설의 이의가 없는 듯합니다. 대상판결이 국가가 원천징수의무자에게 하는 납세고지를 징수고지라고 본 것도 이를 전제한 것으로 이해됩니다.

그러나 소득세법과 법인세법에서 원천징수의무자에 대하여 소득의 지급 시에 원천징수의무가 있다고 규정하고 있기는 하나(소득세법 제127조 제1항, 법인세법 제73조 제1항), 그와 같은 의무의 이행절차에 관하여는 위에서 본 바와 같이 '원천징수한 세액'을 정해진 기한까지 납부하도록 규정하고 있을 뿐, 세액을 원천징수하지 못한 경우에 관하여는 별도의 규정을 두지 않고 있습니다. 원천징수 납부지연가산세의 경우 그 대상을 '원천징수하여야 할 세액'으로 규정하고 있기는 하나(국세기본법 제47조의 5 제1항), 그와 같은 가산세 규정만으로 원천징수하지 못한 세액의 납부의무 및 납부기한을 규정하였다고 보기는 어렵습니다.

5. 이와 같은 우리 법 규정의 해석론상 의문점과 별도로 입법론상으로 볼 때 원천징수의무자의 원천징수세액 납부의무를 자동확정방식으로 규정하는 것이 타

당한지에 관하여 근본적인 의문이 있습니다. 왜냐하면 원천징수의무자가 원천징수세액을 징수하지 않은 경우는 기본적으로 원천징수의무자가 원천납세의무 존재 자체를 모르거나 이를 다투는 경우이므로 국가의 원천징수의무자에 대한 납부고지는 그 실질이 원천징수의무자가 원천징수의무를 부담한다는 사실을 법적으로 확인하여 고지하는 성격을 갖기 때문입니다.

우리 법은 법인의 과점주주 등에게 제2차 납세의무를 인정하고 있는데 이러한 제2차 납세의무는 납세의무자 본인으로부터 세액을 징수하지 못한 경우에 보충적으로 부과하는 납세의무임에도 그 납세의무 확정을 위해서는 제2차 납세의무자 본인에 대한 별도의 납부고지가 필요합니다(국세기본법 제22조 제1항, 제2항).

원천징수의무자의 원천징수의무는 제2차 납세의무보다 한층 더 엄격한 원천징수의무자 본인의 원천납부세액 징수 및 납부책임이고, 원천징수의무자가 원천징수세액을 징수하지 않은 경우는 대부분 원천징수의무자 본인이 징수 및 납부책임을 진다는 사실을 모르기 때문에 징수를 못한 경우입니다. 이와 같이 본인이 징수 및 납부책임을 진다는 사실을 알지 못하는 상태에서 납세의무가 자동적으로 확정된다는 것은 매우 불합리합니다. 원천납세의무자의 책임과 달리 원천징수세액을 징수하지 못한 원천징수의무자의 국가에 대한 납세의무가 '소득금액을 지급하는 때'에 미리 확정되어야 할 현실적인 필요성도 별로 없습니다.

6. 원천징수의무자의 징수 및 납부책임이 다투어지는 경우 그 쟁점은 대부분 원천납세의무의 존부이고 원천징수의무자는 당연히 원천납세의무의 존부를 다툴 수 있어야 합니다. 그런데 원천징수의무자에 대한 납부고지를 징수고지로 보게 되면, 전통적인 하자의 승계이론인 '당연무효가 아닌 한 실체법상 하자는 절차법에 승계되지 않는다'는 법리에 따르는 한 원천징수의무자는 그 고지처분에 대한 불복절차에서 원천납세의무의 존부를 다툴 수 없게 됩니다. 우리 판례가 원천징수의무자에 대한 납세고지를 징수처분으로 보면서도 위와 같은 하자의 승계이론에 반하여 그에 대한 쟁송절차에서 원천납세의무의 위법성을 다툴 수 있다고 본 것(대법원 1974. 10. 8. 선고 74다1254 판결)은 원천징수의무자에 대한 납세고지의 실질을 납세의무를 확정짓는 부과고지의 성격을 갖는다고 본 것에 다름 아닙니다. 판례가 소득처분과 관련하여 원천징수의무자에 대한 소득금액변동통지의 쟁송적격을 인정한 이후

에는 소득금액변동통지를 일종의 부과고지로 보아 소득금액변동통지 이후의 원천징수의무자에 대한 납세고지에 대한 불복절차에서 원천납세의무의 위법성을 다툴 수 없다고 본 것(대법원 2012. 1. 26. 선고 2009두14439 판결)도 같은 맥락입니다.

또한 국세기본법의 자동확정방식에 관한 규정은, 현실적으로 경정청구권의 행사나 징수권 소멸시효 등과 관련하여서도 권리구제에 미흡하거나 부당한 결과를 초래합니다. 구체적으로 국세기본법은 원천징수의무자에 대한 납세고지를 부과권 제척기간 쪽에서 규정하고 있고(국세기본법 제26조의 제2항, 동시행령 제12조의3 제2항 제1호), 납부고지한 원천징수세액의 징수권 소멸시효에 관하여도 '그 고지에 따른 납부기한의 다음 날'을 기산일로 규정하고 있습니다(같은 법 제27조 제4항 제1호). 또한 원천징수하는 조세에 관하여 법리상 자동확정방식과 양립하기 어려운 경정청구권을 인정하고 있기도 합니다(국세기본법 제45조의2 제5항).

7. 돌이켜 보면, 이와 같은 혼선이 발생하게 된 근본적인 이유는 원천징수하는 조세의 납세의무가 소득의 지급 시에 자동으로 성립 및 확정된다는 법리는 원래 원천납세의무자로부터 그 지급액(소득의 원천)에서 특별한 절차 없이 세액을 징수하도록 하기 위해 필요한 것인데 이를 원천징수의무자를 중심으로 규정한 데서 비롯된 것이 아닌가 여겨집니다. 비교법적으로 살펴보아도, 독일의 경우 소득세의 선납절차로서의 근로자의 근로소득세 납세의무는 근로자에게 근로소득이 지급되는 시점에 성립한다고 보는 반면 원천징수의무를 불이행한 원천징수의무자의 원천징수납부의무는 '확정력 있는 조세신고 및 납부'에 의하여 확정된다고 규정하고 있습니다(독일 소득세법 제38조 내지 제42조).

이렇게 보면 입법론적인 측면에서는, 원천징수의무자의 원천징수의무는 소득금액을 지급하는 때에 실제로 원천징수를 하였는지에 관계없이 성립하지만 세액을 원천징수한 경우는 별론으로(이 경우에는 민사상 부당이득반환 법리에 의한 해결이 가능함) 세액을 원천징수하지 못한 경우는 과세관청이 이와 같은 사실을 공적으로 확인하는 납부고지 절차에 의해 납세의무가 확정된다고 규정함이 상당합니다. 가산세는 징수하지 못한 것에 대하여는 원천징수불이행가산세를 부과하고 납부지연가산세는 (세액을 원천징수한 경우와 달리) 위 부과고지에 의한 납부기한 다음 날부터 기산된다고 보아야 할 것입니다.

8. 다음 위 규정이 원천징수의무자의 원천징수의무 이외에 원천납세의무자의 원천납세의무도 함께 규율한 것인지도 문제가 됩니다. 이에 관하여는 학설이나 판례의 논의 자체가 없는데 아마도 위 규정이 원천납세의무와는 직접 관련이 없다고 본 이유 때문이 아닌가 여겨집니다. 그러나 이론상 원천징수의무자가 소득을 지급하는 때에 소득의 원천에서 원천징수세액을 징수하려면 원천납세의무가 성립 및 확정되어 있지 않으면 안 됩니다. 앞에서 살펴본 것처럼 납세의무가 확정되어야 비로소 징수적격을 갖게 되기 때문입니다. 소득세나 법인세는 기간과세로서 통상의 경우 납세의무는 소득이 발생한 과세연도 과세기간이 종료 시에 성립하고(국세기본법 제21조 제2항 제1호), 해당 과세표준과 세액을 납세자가 신고하거나 (납세자의 신고가 없거나 신고에 오류가 있는 경우) 정부가 부과할 때 확정됩니다(같은 법 제22조 제1항, 제2항).

원천징수하는 소득세나 법인세를 위와 같은 본래의 납세의무 성립 및 확정시기보다 앞당겨서 징수하기 위해서는 원천징수 시에 미리 납세의무가 성립 및 확정될 필요가 있고 이는 법률에 별도로 규정될 사항이라는 점에서 위 국세기본법 규정을 그 근거규정으로 이해할 수 있다고 생각됩니다.

9. 우리 법상 원천징수와 유사한 제도로 부가가치세에 관한 거래징수제도가 있는데 양자는 납세의무자를 달리한다는 점에서 성격을 달리합니다. 즉, 부가가치세에서 거래징수는 그 납세의무가 재화나 용역을 제공한 자(사업자)에게 있고 거래상대방(소비자)은 담세자에 불과하여 사업자의 거래징수를 수인할 의무를 부담할 뿐이지만 원천징수에서 원천납세의무자는 단순히 원천징수를 수인할 의무만을 부담하는 것이 아니라 원천납세의무를 스스로 부담하는 자입니다. 다른 예로, 잠정적 성격의 예정신고납부의 경우에도 세액의 징수를 위하여 확정신고납부와 별도로 납세의무의 성립 및 확정시기를 법에 규정하고 있는데(국세기본법 제21조 제3항 제2호. 제22조 제2항 참조), 원천납세의무에 관하여 법에 성립 및 확정시기를 규정하지 않아도 된다고 보기는 어려울 것입니다.

이 논점은 소득처분의 경우 인정상여나 인정배당 등에 대한 납세의무 성립시기 문제와도 연결되는데 이에 관하여는 다음 회에서 살펴보겠습니다.

63

소득처분에 따른 인정상여 소득의 귀속시기 및 납세의무 성립시기

대상판결: 대법원 2006. 7. 27. 선고 2004두9944 판결

[판결요지]

[1] 과세관청이 사외유출된 익금가산액이 임원 또는 사용인에게 귀속된 것으로 보고 상여로 소득처분을 한 경우 당해 소득금액의 지급자로서 원천징수의무자인 법인에 대하여는 소득금액변동통지서가 당해 법인에게 송달된 날에 그 원천징수의무가 성립하는 것(소득세법 제135조 제4항, 같은 법 시행령 제192조 제2항, 국세기본법 제21조 제2항 제1호)과는 달리, 그 소득의 귀속자에 대하여는 법인에 대한 소득금액변동통지가 송달되었는지 여부와 상관없이 소득처분이 있게 되면 소득세법 제20조 제1항 제1호 다목 소정의 '법인세법에 의하여 상여로 처분된 금액'에 해당하여 근로소득세의 과세대상이 되고, 당해 소득금액은 부과처분의 대상이 되는 당해 사업연도 중에 근로를 제공한 날이 수입시기가 되므로(소득세법 제39조 제1항, 같은 법 시행령 제49조 제1항 제3호), 소득의 귀속자의 종합소득세(근로소득세) 납세의무는 국세기본법 제21조 제1항 제1호가 정하는 바에 따라 당해 소득이 귀속된 과세기간이 종료하는 때에 성립한다.

[2] 구 소득세법 시행령(2005. 2. 19. 대통령령 제18705호로 개정되기 전의 것) 제134조 제1항이 종합소득 과세표준 확정신고기한 경과 후에 소득처분에 의하여 변동이 생긴 소득금액에 대한 과세표준 및 세액의 추가 신고·납부기한을 소득금액변동통지서를 받은 날이 속하는 달의 다음 달 말일까지로 유예하여 주고 있는 취지와 납부불성실가산세는 납세의무자가 법정 납부기한까지 그 납부를 게을리한 데

대한 행정상의 제재로서 부과되는 것인 점 등에 비추어 보면, 종합소득 과세표준 확정신고기한 경과 후에 소득처분에 의하여 변동이 생긴 소득금액에 대한 세액의 추가 납부불이행에 대한 제재로서 부과되는 납부불성실가산세는 그 법정 추가 납부기한인 소득금액변동통지서를 받은 날이 속하는 달의 다음달 말일의 다음날부터 기산하여 산정하는 것이 타당하다.

【참조조문】

[1] 소득세법 제20조 제1항 제1호 다목, 제39조 제1항, 제135조 제4항, 소득세법 시행령 제49조 제1항 제3호, 제192조 제2항, 국세기본법 제21조 제1항 제1호, 제2항 제1호
[2] 구 소득세법 시행령(2005. 2. 19. 대통령령 제18705호로 개정되기 전의 것) 제134조 제1항, 제192조 제1항

【해설】

1. 우선 소득처분에 관하여 알아봅니다.

세무조정을 하여 익금과 손금의 항목과 금액을 산출하는 경우 해당 금액이 누구에게 귀속되는지를 밝히는 것이 소득처분입니다. 예컨대 어느 법인에서 어느 회계연도에 법인세 과세이전 단계에서 50억 원이 법인 밖으로 유출되었다고 할 때, 해당 금원을 법인의 과세소득에 환원시킴과 동시에(익금산입), 해당 금원이 주주나 임원에게 정식으로 지급되었다면 법인의 원천징수절차를 통하여 그 귀속자에 대한 배당소득이나 근로소득으로 과세되었을 것이므로 귀속자에 대하여 동일하게 해당 소득으로 의제하여 소득세를 과세하는 조치가 바로 소득처분입니다.

소득처분은 신고납세방식 아래에서는 원칙적으로 법인 자신이 행하지만 법인 스스로가 법령상 요구되는 소득처분을 하지 않을 경우 과세권자가 법인에 대한 소득금액변동통지라는 형식으로 하게 됩니다. 소득처분이라는 용어에 불구하고 본래의 행정처분과는 성격이 다르지만 우리 판례는 소득금액변동통지의 법률적 효과에 착안하여 그 쟁송적격을 인정함으로써(대법원 2006. 4. 20. 선고 2002두1878

전원합의체 판결) 현실적으로 행정처분과 유사한 취급을 받고 있습니다. 우리 법상 소득처분 제도는 귀속불명의 경우 대표자에 대한 상여로 의제하는 등 다른 어느 나라의 제도보다 적용범위가 넓게 설계되어 있어 납세자에게 지나치게 불리하다는 비판을 받고 있지만 다른 한편 조세회피행위를 방지하고 공평과세의 확립에 기여하는 기능을 수행해 온 측면도 있습니다.

2. 과세관청의 익금산입액에 대한 소득처분이 있게 되면 대부분의 경우 해당 소득에 관하여 법인에 대한 원천징수의무가 뒤따릅니다. 이와 관련하여 그 원천징수의무가 언제 성립, 확정하는지, 그리고 그에 대응하는 원천납세의무는 언제 성립, 확정하는지가 문제됩니다.

원천납세의무 성립시기와 관련하여 소득세법 시행령에서는 소득의 귀속자(원천납세의무자)에 대한 소득의 귀속시기에 관하여 소득이 유출된 과세연도로 보는 규정을 두고 있습니다(소득세법 시행령 제46조 제6호, 제49조 제1항 제3호, 제50조 제1항 제2호). 소득의 귀속시기와 납세의무 성립시기는 일치한다고 볼 때, 위 시행령 규정에 의하면 소득처분의 경우 소득의 귀속자(원천납세의무자)에 대한 소득세 납세의무 성립시기 역시 현실적으로 유출된 소득(자산)이 누군가에게 귀속된 과세연도가 될 수밖에 없습니다. 판례 및 행정해석도 이와 동일하며(대상판결 및 대법원 2008. 4. 24. 선고 2006두187 판결. 소득세법기본통칙 39－0…15). 다수의 학설도 동일하게 설명하고 있습니다.

3. 그러나 여기에는 조금 더 생각해 볼 부분이 있습니다.

우선 우리 법상 소득처분은 소득의 성격 등을 묻지 않고 법상 특정 소득으로 의제하는 것으로서 소득의 성격을 새로 규정짓는 것이므로 실체적 법률관계를 변동시키는 행위입니다. 그리고 이를 대외에 공시하는 소득금액변동통지는 위와 같은 실체적 효력을 처분의 형식으로 뒷받침하는 절차적 규정으로서 형성적 효력을 갖는 행정처분에 해당합니다.

따라서 사외유출된 법인소득이 특정인에게 귀속된 경우 귀속자의 순자산을 증가시키나 그 자체로 법상 특정 소득을 구성한다고 보기는 어렵습니다. 특히 귀속불명 소득에 대한 대표자 인정상여의 경우 소득 귀속 자체를 의제하므로(법인세법 시행령 제106조 제1항 제1호 단서) 소득의 현실 귀속을 관념할 수도 없습니다.

과세요건으로서 인정상여 등 소득처분을 주장하는 경우 과세관청은 익금산입액의 유출사실과 귀속 상대방만을 특정하면 되고 소득의 성격 및 유출시점을 주장, 입증할 필요가 없습니다. 구체적으로 소득처분에 의한 의제소득의 경우 과세관청은, ① 매출누락 등 익금에 추가 산입할 금액이 있다는 사실, ② 그 익금가산액이 사외로 유출된 사실, ③ 사외유출된 금액에 대하여 법인세법 제67조 및 동법 시행령 제106조가 정하는 절차와 방법에 따라 소득처분을 하였다는 사실만을 주장·입증하면 되지만, 현실의 귀속에 따른 소득을 주장하는 경우에는 위 ①, ②의 사실 이외에도, ③ 사외유출된 소득이 대표자 등에게 현실적으로 귀속된 사실과 ④ 그 소득이 어떠한 종류의 소득인지 등을 구체적으로 주장·입증하여야 합니다(대법원 2003. 11. 27. 선고 2002두2673 판결 등).

이와 같은 소득처분 및 소득금액변동통지의 법적 성격에 비추어, 원천납세의무 성립시기를 해당 유출재산이 납세의무자에게 현실적으로 귀속된 때로 보는 것은 납세의무를 소급시키는 위헌적 해석으로 볼 여지가 있습니다.

4. 나아가 지난 회에 검토한 바와 같이 통상의 원천징수의무의 경우 일반적인 납세의무 성립시점보다 앞 당겨 소득의 지급 시에 원천납세의무가 성립 및 확정된다고 본다면, 소득처분의 경우에도 법이 소득의 지급 시로 의제하는 소득금액변동통지 시에 인정상여 등의 원천납세의무가 성립 및 확정된다고 보는 것이 법리적으로 일관성이 있습니다.

특별히 납세의무가 성립하면 조세채권은 신고 및 부과적격을 갖게 되는데 소득처분의 경우 소득이 귀속된 과세연도에는 이와 같은 신고 및 부과가 애당초 불가능합니다. 이에 따라 법은 소득금액변동통지 시를 기준으로 원천납세의무자의 추가신고납부에 관한 규정을 두고 있고(소득세법 시행령 제134조 제1항), 소득세 부과처분에 대한 제척기간을 소득금액변동통지시를 기준으로 설정하고 있습니다(국세기본법 제26조의2 제2항 제2호 후문). 대상판결도 판시하고 있는 바와 같이 소득의 귀속자에 대한 납부불성실가산세 역시 소득금액변동통지시점을 기준점으로 삼을 수밖에 없습니다.

납세의무 성립시기를 논하는 가장 중요한 이유가 신고나 부과처분을 통해 납세의무를 확정하기 위한 데에 있다고 볼 때 위와 같은 입법적 보완조치는 매우 중요한 시사점을 보여준다고 생각합니다.

이에 반하여 소득의 귀속시기는 소득이 언제 실현되었는가를 따지는 것으로서 예컨대 쟁송 중에 있는 경우 현실적인 소득의 지배와 관계없이 쟁송이 종결된 때를 소득의 귀속시점으로 볼 수 있습니다. 소득처분에 따른 인정상여 등의 경우 현실적인 소득의 귀속 시점에는 아직 소득세법상 소득이 아니고, 그 이후 소득처분을 통해 비로소 소득세법상 소득으로 인정되는 것이므로 그 시기를 당초의 귀속시점으로 소급시키는 것은 이와 같은 소득의 실현개념에도 맞지 않는 측면이 있습니다.

판례는 소득금액변동통지 당시 이미 원천납세의무자가 사망하였다면 원천징수의무도 성립하지 않는다고 보았는데(대법원 1992. 7. 14. 선고 92누4048 판결 등), 소득처분의 경우 소득의 귀속시점에 소급적으로 납세의무가 성립한다고 보면 그 당시에는 원천납세의무자가 생존해 있었으므로 판례의 결론과 달리 그 납세의무가 상속인들에게 상속되고, 그에 따른 원천징수의무도 계속 존속한다고 보아야 법리에 맞을 것입니다.

5. 결론적으로 귀속시기를 당해 연도 유출시점으로 규정한 시행령 규정에 의할 때 대상판결의 결론은 불가피하나 위 시행령 규정의 효력이 납세의무 성립시기를 규정한 국세기본법 규정과 충돌하는지 여부, 그에 따라 그 효력을 인정할 수 있는지 여부에 관하여는 좀 더 검토가 필요하고 필요하면 입법적 보완이 뒤따라야 할 것으로 생각됩니다.

64

원천징수의 대리, 위임

대상판결: 대법원 2018. 2. 8. 선고 2017두48550 판결

【판결요지】

[1] 구 법인세법(2013. 1. 1. 법률 제11607호로 개정되기 전의 것) 제73조 제1항 제1호, 제4항의 문언과 취지 등을 종합하면, 구 법인세법 제73조 제4항에 따라 '원천징수의무자를 대리하거나 그 위임을 받은 자로서 그 수권이나 위임의 범위에서 원천징수의무를 부담하는 자'는 같은 조 제1항 제1호의 이자소득금액을 지급해야 할 자로부터 원천납세의무자에 대한 소득금액의 지급과 아울러 원천징수업무, 즉 원천납세의무자로부터 법인세를 원천징수하는 업무와 원천징수한 법인세를 관할 세무서에 납부할 업무 등을 수권 또는 위임받은 자를 말한다고 봄이 타당하다. 이러한 원천징수업무의 위임은 묵시적으로 이루어질 수도 있으나, 원천징수의 성격과 효과 등에 비추어 볼 때 묵시적 위임이 있다고 하려면 명시적 위임이 있는 경우와 동일시할 수 있을 정도로 위임 의사를 추단할 만한 사정이 있어야 한다.

[2] 갑 은행이 기업어음 발행기업들과 당좌예금계약을 체결하고 발행기업들에게 기업어음용지를 교부하였는데, 할인되어 한국예탁결제원에 예탁된 기업어음의 소지인들이 통상적인 어음금 결제 과정과는 달리 만기 전에 기업어음을 인출한 뒤 한국예탁결제원을 거치지 않고 자신이 거래하는 일반 시중은행에 직접 지급제시하여 어음금을 지급받음으로써 한국예탁결제원 등에 의하여 어음할인에 따른 이자소득이 원천징수되지 않자, 과세관청이 위 어음금 할인액에 대한 원천징수의무가 지급은행인 갑 은행에 있다는 이유로 갑 은행에 대하여 원천징수납부불성실가산세 등 부과처분을 한 사안에서, 갑 은행은 구 법인세법 제73조 제4항에 따른

원천징수의무를 부담하지 않는다고 본 원심판단을 수긍한 사례.

【참조조문】

구 법인세법(2013. 1. 1. 법률 제11607호로 개정되기 전의 것) 제73조 제1항 제1호, 제4항

【해설】

1. 예컨대 A가 B를 상대로 계약의 위약을 이유로 한 위약금청구소송을 제기하여 그 지급을 명하는 승소판결을 받았는데 해당 위약금이 원천징수대상 소득에 해당하여 B의 변호인인 C가 B로부터 A에 대한 판결에 따른 위약금의 지급 및 그 원천징수업무를 위임받았다고 한다면 이 경우 과세관청에 대한 관계에서 법상 원천징수의무자는 B인가, 아니면 C인가? 다시 말하면 C가 위와 같이 B로부터 원천징수절차를 위임받았음에도 그 징수 및 납부업무를 제대로 이행하지 않았다면 국가는 원천징수세액에 대한 납부고지를 B에게 하여야 하는가, 아니면 C에게 하여야 하는가가 이번 회의 검토주제입니다.

2. 먼저 계약관계의 포괄적 이전 등을 통하여 원천징수를 할 법적 지위 역시 이전된다고 봄에는 의문이 없습니다. 문제는 제3자(대리인)가 본래의 원천징수의무자(본인)와 체결한 일정한 계약상 지위에 기해 본인을 대신하여 소득을 지급하거나 본인을 위해 소득지급의 원인이 되는 법률행위를 대리하면서 원천징수절차의 이행까지 위임받았다면 이 경우 국가에 대한 원천징수납세의무자가 본인인가(본인설) 아니면 대리인인가(대리인설) 하는 점입니다. 이에 관하여 이 사건에 적용된 구 법인세법(2013. 1. 1. 법률 제11607호로 개정되기 전의 것) 제73조 제1항에서는, **"다음 각 호의 금액(괄호 생략)을 내국법인에 지급하는 자("원천징수의무자")가 그 금액을 지급하는 경우에는 지급하는 금액에 100분의 14(괄호 생략)의 세율을 적용하여 계산한 금액에 상당하는 법인세를 원천징수하여 그 징수일이 속하는 달의 다음 달 10일까지 납세지 관할 세무서등에 납부하여야 한다.**"고 규정하고, 같은

조 제4항에서는, “**원천징수의무자를 대리하거나 그 위임을 받은 자의 행위는 수권 또는 위임의 범위에서 <u>본인 또는 위임인의 행위로 보아</u> 제1항을 적용한다.**”고 규정하고 있는데(현행 법인세법 제73조 제1항, 제4항 및 소득세법 제127조 제1항, 제2항의 내용도 대동소이함), 여기 밑줄 부분인 ‘본인 또는 위임인의 행위로 보아’의 의미를 어떻게 이해하여야 하는가가 문제됩니다.

3. 이에 관하여 우리 판례는 대리인설을 취하고 있고(대상판결 및 대법원 2014. 7. 24. 선고 2010두21952 판결 등), 학설도 대체로 같은 견해로 보입니다. 판례는 그 논거로 법인세법 제73조 제1항 및 제4항의 문언과 취지를 들고 있으며, 이 경우 원천징수업무의 위임은 묵시적으로도 이루어질 수 있고, 묵시적 위임은 명시적인 경우와 동일시할 수 있을 정도로 위임 의사를 추단할 만한 사정이 있어야 하지만 소득금액을 지급하여야 할 자를 대리하거나 그로부터 위임을 받아 원천징수대상 소득의 발생 원인이 되는 법률행위 등을 하고 소득금액을 지급한 경우에는 특별한 사정이 없는 한 원천징수업무의 묵시적인 위임이 있었다고 봄이 당사자의 의사에 부합한다고 판시하고 있습니다(위 2010두21592 판결). 대상판결이 직접 언급하지는 않았지만 위와 같은 판단의 배경에는 법인세법 제73조 제5항에서 “**제1항을 적용할 때 대통령령으로 정하는 금융회사 등이 내국법인이 발행한 어음이나 채무증서를 인수·매매·중개 또는 대리하는 경우에는 금융회사 등과 그 내국법인 간에 대리 또는 위임의 관계가 있는 것으로 보아 제1항을 적용한다.**”고 규정한 것도 영향을 미쳤을 것입니다.

4. 그러나 아래와 같은 이유로 본인설이 타당하다고 생각합니다. 첫째, 법상 정해진 요건에 따라 성립된 공적인 원천징수의무가 당사자의 사법상 위임행위만으로 소득의 법상 지급주체인 본인으로부터 대리인에게 이진된다고 보는 것은 조세법률관계의 본질에 어긋나는 점, 둘째, 대리인설을 취하는 경우 원친징수행위를 무자력자에게 위임하는 방법으로 본인이 쉽게 원천징수의무를 벗어나게 되어 조세회피 요인이 될 수 있는 점, 셋째, 법상 원천징수의무자의 지위에 서게 되는 ‘소득을 지급하는 자’란 그 지급과 관계된 경제적 효과의 귀속주체를 의미한다고 보아야 하고, ‘수임인의 행위를 수권의 범위에서 위임인의 행위로 본다’는 법 문

언은 대리의 일반적인 원칙에 따라 그 이행 또는 불이행의 효과가 본인에게 미친다는 의미로 이해할 수 있는 점, 넷째, 법은 원천징수의무가 수임인 등에게 이전되는 경우 수임인 등이 '원천징수하여야 한다'고 명시하고 있는 점(법인세법 제73조 제8항 참조), 다섯째 대리인설을 취할 정책적 목적을 인정하기 어렵고, 원천징수제도를 채택하고 있는 미국이나 일본의 경우에도 원천징수의무의 기초가 된 지급행위나 원천징수행위의 위임에 기해 원천징수의무가 이전된다는 규정이나 해석을 찾아볼 수 없는 점 등입니다.

5. 본인설을 취하는 경우 법인세법 제73조 제4항은 대리의 일반원칙에 관한 당연한 내용을 규정한 것이 되고, 특히 특정 금융기관의 수임행위를 규정한 같은 조 제5항의 입법취지를 이해하기 어렵게 되나 이들을 대리인 행위의 효력이 본인에게 미친다는 내용의 확인적 규정으로 이해함으로써 조세법률관계에 합당한 해석을 도출하는 것이 옳다고 생각됩니다.

실제로 판례는 묵시적 위임관계의 존재를 매우 엄격하게 인정하며 앞의 사안들 역시 위임관계의 존재를 부인한 것입니다. 대상판결은 물론 대법원 2014. 7. 24. 선고 2010두21952 판결의 사안 역시, 변호사 A가 지주들로부터 하천편입토지에 대한 보상금 청구사건 및 보상금 수령절차를 위임받아 소외 B에게 지주들과의 사전약정에 따른 수고비 명목의 금원을 지급하면서 원천징수절차를 이행하지 않아 과세관청이 A에게 원천징수세액 및 가산세 부과처분을 한 사안에서, A가 지주들로부터 B에 대한 수고비 지급 및 그에 대한 원천징수업무를 묵시적으로라도 위임받았다고 볼 사정이 없다는 이유로 이를 인정한 원심판결을 파기한 사안입니다. 이는 판례가 대리인설을 취하면서도 현실적인 부당함을 위임관계의 존부라는 사실인정의 문제로 피해간 것이 아닌가 여겨집니다.

PART

03

법인세법

법인, 그 빛과 그림자

1. 법인은 말 그대로 법이 만들어낸 인격체입니다. 자체의 감정만 가지고 있지 않을 뿐 의사결정기구를 통하여 모든 의사를 결정하고 집행기관을 통해 이를 실행하며 영리활동의 주체가 되어 이익을 창출하고 그에 대하여 세금을 납부합니다. 법인에 대한 소득과세가 이루어진 것은 세계적으로 19세기 중반에 이르러서이며 회사제도와 복식부기를 비롯한 기업회계의 발전이 그 기초가 되었습니다. 우리나라 2023년도 법인세의 총 징수액은 약 80.4조 원으로서 우리나라 전체 징수세액의 24% 가량을 차지합니다. 다른 한편 법인의 경영이 부실하여 결손이 나고 폐업에 이르는 경우 채권자들에게 피해를 주고 사회경제적으로 큰 부담이 되기도 합니다.

법인은 그 자체가 소득의 최종 향유주체가 아니라 법인을 통해 창출된 소득은 모두 주주에게 귀속되고 주주 단계에서 다시 소득세가 부과됩니다. 이에 따라 법인과세는 이중과세의 문제를 야기하는 한편 법인이라는 단체 및 그 발행주식을 통한 부당한 부의 이전 등 각종 조세회피의 수단이 되기도 합니다. 조세법적 관점에서 바라보면 법인은 과세대상인 부를 창출하는 수단이자 다른 한편 각종 조세회피의 수단이 되기도 하는, 빛과 그림자의 양면성을 지니고 있습니다. 아래에서 출자부터 출자의 회수에 이르기까지 법인과 주주 사이에 일어나는 여러 가지 거래 내지는 경제적 관계를 과세 측면에서 개괄적으로 살펴봅니다.

2. 우선 법인세법은 법인을 주주와 별개의 납세의무자로 보아 과세하지만 법인이란 결국 주주의 총합체를 의미합니다. 법인세법이 자본거래, 즉 법인의 자본을 매개로 하는 법인과 주주 사이의 거래를 법인세 과세대상에서 제외하고 있는 것(법 제17조 및 제20조)은 그 본질이 전체로서의 주주와 일부 주주 사이의 거래이기 때문입니다. 주주의 출자나 출자의 환급은 이러한 자본거래에 해당하므로 법

인의 손익에 영향을 미치지 않습니다. 다만 출자의 환급은 환급금액이 출자금액을 초과하는 범위 내에서 주주에 대하여 배당소득(의제배당)으로 과세됩니다(소득세법 제17조 제2항 제1호). 청산은 주주 전체에 대한 자본의 환급이므로 법인에 대해 청산소득이 과세되는 이외에 주주에 대해 동일하게 의제배당 과세문제가 발생합니다(소득세법 제17조 제2항 제3호). 주주가 출자금을 회수하기 위해서는 주주의 지위를 제3자에게 양도하거나 법인에게 이전(환급)하여야 합니다. 그 대가 중 취득가액을 초과하는 부분은 주주에 대한 소득을 구성합니다. 전자의 경우 소득세법상 제한적 범위에서 양도소득세가 부과되고(소득세법 제94조 제1항 제3호 가목 및 나목 참조), 후자의 경우는 의제배당에 따른 배당소득세가 부과됩니다. 우리 법은 양자에 대한 과세상 취급을 다르게 하고 있어 조세중립성이 침해되고 납세자에 대한 조세회피유인을 제공한다는 문제점이 지적되고 있습니다.

3. 법인의 사업연도 중 당기순이익이 발생하면 그에 대하여 법인세가 과세되고, 그와 같이 과세된 이익을 주주에게 배당하면 주주에 대하여 배당소득세가 과세됩니다. 이와 같은 두 단계 과세는 법인소득의 이중과세 문제를 발생시키므로 법은 주주 단계에서 이를 조정하기 위한 배당세액 공제제도를 마련하고 있습니다(소득세법 제17조 제3항 단서, 제56조 제1항). 다만 법인세율을 일률적으로 10%로 잡고 있어 공제범위는 제한적입니다.

4. 법인이 이익잉여금을 배당하지 않고 자본에 전입하면 법은 그에 기하여 주주에게 교부되는 주식의 액면가액 범위 내에서 배당으로 의제합니다. 다만 주식의 액면초과발행금과 같이 법인의 자본거래로 인해 발생한 자본준비금을 자본전입하여 주주에게 무상주를 교부하는 경우에는 의제배당으로 과세하지 않습니다(소득세법 제17조 제2항 본문 및 단서, 법인세법 제16조 제1항 제2호 본문 및 단서). 법인에 결손이 발생하면 결손금은 그 이후 15년간 법인의 사업연도 이익(과세표준)에서 공제되므로(법인세법 제13조 제1항 제1호) 결손금은 자산으로서의 성격을 갖습니다. 주주는 유한책임을 부담하므로 자본이 잠식되어 채권자에게 손해가 발생해도 이에 대해 주주로서 제2차 납세의무를 부담하는 등의 예외적 경우가 아닌 한 출자금 이외에 주주 개인 재산으로 책임을 부담하지 않습니다.

5. 법인은 주주 소득에 대한 조세회피 수단으로 이용되는 경우가 많고 이에 대응하여 법 또한 이를 규율하기 위한 장치를 마련하고 있습니다. 구체적으로 불균등 증자나 감자 또는 불공정한 합병 등을 통하여 주주인 법인의 이익이 특수관계인인 다른 주주에게 분여되는 경우 부당행위계산부인의 대상이 됩니다(법인세법 시행령 제88조 제1항 제8호 및 제8호의2). 이는 법인체를 매개로 한 부당한 자본거래를 통하여 주주 사이에 이익이 분여되는 것을 규제하기 위한 것입니다. 또한 특수관계인인 법인 사이에 불공정한 합병·분할 등으로 양도손익을 감소시킨 경우 역시 부당행위계산부인의 대상이 되는데(같은 법 시행령 제88조 제1항 제3의2호), 이는 현행법이 합병을 피합병법인이 합병법인에게 자산을 양도하는 손익거래로 인식하고 있기 때문입니다.

65

구 법인세법 시행령 제11조 제9호의2 가목의 무효 여부

대상판결: 대법원 2021. 7. 29. 선고 2020두39655 판결

【판결요지】

[1] 법규명령이 법률의 위임 범위를 벗어났는지는 직접적인 위임 법률조항의 형식과 내용뿐만 아니라 법률의 전반적인 체계와 목적 등도 아울러 고려하여 법률의 위임 범위나 한계를 객관적으로 확정한 다음 법규명령의 내용과 비교해서 판단해야 한다. 법규명령의 내용이 위와 같이 확정된 법률의 위임 범위 내에 있다고 인정되거나 법률이 예정하고 있는 바를 구체적으로 명확하게 한 것으로 인정되면 법규명령은 무효로 되지 않는다. 나아가 어느 시행령 규정이 모법의 위임 범위를 벗어난 것인지를 판단할 때 중요한 기준 중 하나는 예측 가능성이다. 이는 해당 시행령의 내용이 이미 모법에서 구체적으로 위임되어 있는 사항을 규정한 것으로서 누구라도 모법 자체로부터 위임된 내용의 대강을 예측할 수 있는 범위에 속한다는 것을 뜻한다. 이러한 예측 가능성의 유무는 해당 조항 하나만을 가지고 판단할 것은 아니고 법률의 입법취지 등을 고려하여 관련 법조항 전체를 유기적·체계적으로 종합하여 판단하여야 한다.

[2] 구 법인세법 시행령(2019. 2. 12. 대통령령 제29529호로 개정되기 전의 것) 제11조 제9호의2 가목이 구 법인세법(2018. 12. 24. 법률 제16008호로 개정되기 전의 것) 제15조 제3항의 위임 범위를 벗어난 것인지 문제된 사안에서, 구 법인세법 제15조 제3항이 대통령령으로 정할 것을 위임한 사항에는 제1항이 정한 익금뿐만 아니라 '소득처분을 위한 조세정책상 이유 등으로 익금으로 보는 것'도 포함된다고 봄이

타당한 점, 법인이 정당한 사유 없이 특수관계가 소멸되는 날까지 회수하지 않은 업무무관 가지급금 등은 구 법인세법 제15조 제1항이 정한 익금에는 해당하지 않지만 소득처분을 위한 조세정책상 이유로 익금으로 보는 것으로서 구 법인세법 제15조 제3항의 위임 범위에 포함되므로, 위 시행령 조항은 구 법인세법 제15조 제3항의 위임 범위에서 그 위임취지를 구체적으로 명확하게 한 것으로 볼 수 있는 점에 비추어, 위 시행령 조항이 모법인 구 법인세법 제15조 제3항의 위임 범위를 벗어남으로써 조세법률주의에 위배된다고 평가하기 어렵다고 한 사례.

【참조조문】

헌법 제75조, 구 법인세법(2018. 12. 24. 법률 제16008호로 개정되기 전의 것) 제15조, 구 법인세법 시행령(2019. 2. 12. 대통령령 제29529호로 개정되기 전의 것) 제11조 제9호의2 가목(현행 제11조 제9호 가목 참조)

【해설】

1. 대상판결은 조문의 체계 및 내용이 문제된 사안이므로 먼저 관련 규정의 내용을 살펴봅니다. 구 법인세법(2018. 12. 24. 개정 전의 것. 이하 "법"이라고 함) 제15조 제1항은 "**익금은 자본 또는 출자의 납입 및 이 법에서 규정하는 것은 제외하고 해당 법인의 순자산을 증가시키는 거래로 인하여 발생하는 수익의 금액으로 한다.**"고 규정하고 있고, 동 제2항은, "**다음 각 호의 금액은 익금으로 본다.**"고 하여 '**제52조 제1항에 따른 특수관계인인 개인으로부터 유가증권을 같은 조 제2항에 따른 시가보다 낮은 가액으로 매입하는 경우 시가와 그 매입가액의 차액에 상당하는 금액**'(제1호), '**제57조 제4항에 따른 외국법인세액**(세액공제된 경우만 해당한다)**에 상당하는 금액**'(제2호), '**조세특례제한법 제100조의18 제1항에 따라 배분받은 소득금액**'(제3호)을 규정하고 있으며, 제3항은 "**제1항에 따른 수익의 범위와 구분 등에 관하여 필요한 사항은 대통령령으로 정한다.**"라고 규정하고 있습니다.

다음 위 시행령(2019. 2. 12. 대통령령 제29529호로 개정되기 전의 것. "이 사건 시행령") 제11조는 "**법 제15조 제1항에 따른 이익 또는 수입**("수익")**은 법 및 이 영에**

서 달리 정하는 것을 제외하고는 다음 각 호의 것을 포함한다."고 규정하고 있고, 같은 조 제9호의2는 "**법 제28조 제1항 제4호 나목에 따른 가지급금 및 그 이자("가지급금 등")로서 다음 각 목의 어느 하나에 해당하는 금액. 다만, 채권·채무에 대한 쟁송으로 회수가 불가능한 경우 등 기획재정부령으로 정하는 정당한 사유가 있는 경우는 제외한다.**"고 하여 가목으로, '**제2조 제5항의 특수관계가 소멸되는 날까지 회수하지 아니한 가지급금 등(나목에 따라 익금에 산입한 이자는 제외)**', 나목으로 '**제2조 제5항의 특수관계가 소멸되지 아니한 경우로서 법 제28조 제1항 제4호 나목에 따른 가지급금의 이자를 이자발생일이 속하는 사업연도 종료일부터 1년이 되는 날까지 회수하지 아니한 경우 그 이자**'를 각 규정하고 있습니다.

2. 이 사건 원심은 이 사건 시행령 조항이 법 제15조 제1항에서 규정하는 익금에 포함되지 않는다고 보아 이를 무효로 보았는데 우선 위 조항에서 정한 익금 내용이 법인의 순자산을 증가시키는 거래로 인하여 발생하는 수익에 해당하지 않음은 분명하므로 이 부분에 대한 판단은 그릇된 것이 없습니다.

이에 대하여 대상판결은 위 시행령 조항이 법 제15조 제1항에서 정한 수익의 개념에는 포함되지 않지만 같은 조 제3항에서 규정한 "**제1항에 따른 수익의 범위와 구분 등에 관하여 필요한 사항은 대통령령으로 정한다.**"라고 한 범위 내에는 속한다고 보면서 그 이유로 법 제15조 제3항이 대통령령으로 정할 것을 위임한 사항에는 제1항이 정한 익금뿐만 아니라 소득처분을 위한 조세정책상 이유 등으로 익금으로 보는 것도 포함된다는 점을 들었습니다.

그런데 법 제15조 제3항은, '**제1항에 따른 수익의 범위와 구분**'이라고 규정하여 제1항의 내용을 구체적으로 정할 것을 시행령에 위임하였을 뿐 제1항의 내용을 확장할 것을 시행령에 위임한 바 없다는 점에서 대상판결의 판단은 수긍하기 어렵습니다. 이 점은 법 제15조 제2항이 제1항과 별도로 익금으로 보는 항목을 정하고 있다는 점에서도 그러합니다. 대상판결은 법 제15조 제2항이 익금으로 보도록 정한 것 가운데 제1호와 제3호는 원래 '해당 법인의 순자산을 증가시키는 거래로 인하여 발생하는 수익의 금액'에 해당하나 위 조항에 따라 그 귀속시기를 해당 각 호 사유가 발생한 시점으로 보게 되는 것으로서, 제1항에서 정한 익금과 명백히 구분되지 않으므로 위 조항이 제1항에서 정한 익금이 아닌데도 익금으로 보는 것을 한정한 것으로 볼 근거가 없다고 보았으나 위 각 호 규정은 각각 나름의 특수성으로 인하여 법 제15조 제1항의 수익에 포함되는지 여부를 떠나 별도의 입법 필요성이 인정된다는 점에서 위와 같은 분석은 설득력이 약해 보입니다.

3. 이 사건 시행령 규정의 효력을 따져 보기 위해서는 업무무관가지급금의 개념을 정확히 이해할 필요가 있습니다. 법은 업무무관가지급금을 "**명칭 여하에 불구하고 해당 법인의 업무와 관련이 없는 특수관계인에 대한 자금의 대여액(금융기관 등의 경우 주된 수익사업으로 볼 수 없는 자금의 대여액을 포함)**"으로 정의하고 있으나(법 제28조 제1항 제4호 나목; 시행령 제53조 제1항) 그 범위가 명확하지만은 않습니다.

어쨌든 법인이 특수관계인에게 금전을 무상 또는 저율로 대부한 경우 업무무관가지급금에 해당하여 시가(법이 정한 인정이자율)와의 차액에 대하여 익금산입으로 회계처리하고, 귀속자에 따라 배당, 상여 등으로 처분하며, 또한 법인이 각 사업연도에 지급한 차입금의 이자로서 시행령 제53조 제2항의 산식에 따른 금액은 이를 손금불산입하게 됩니다.

그런데 여기에서 더 나아가 이 사건 쟁점조항은 "**제2조 제5항의 특수관계가 소멸되는 날까지 회수하지 아니한 가지급금등(나목에 따라 익금에 산입한 이자는 제외한다)**"을 원칙적으로 익금에 산입하여 소득처분하도록 규정하고 있습니다. 가지급금에 대한 이자의 손금불산입에 관하여는 법에서 규정하고 있는데(법 제28조 제1항 제4호 나목), 익금산입과 관련하여서는 법이 아닌 시행령에서 규정하고 있어 우선 그 점이 문제가 된 것입니다.

4. 이 사건 조항이 특수관계인에 대한 업무무관대여금 채권을 특수관계가 소멸되는 날까지 회수하지 않은 경우 정당한 사유가 없는 한 이를 익금에 산입하도록 한 것은 이 경우 법인이 특수관계인에 대한 대여금 채권을 포기하였다고 보기 때문일 것입니다. 그런데 법인이 채권을 포기하면 그만큼 법인 자산이 감소하고 이는 기업회계상 법인의 손비에 해당하는데 세무회계는 특수관계인에 대한 채권의 포기는 이를 부인 대상으로 보아 손금불산입 처리합니다. 법인의 손익 측면에서는 채권의 포기는 이와 같은 손금불산입 회계처리로 끝나야 하는데 그 채권의

포기로 상대방인 특수관계인이 경제적 이득을 얻었고, 이는 담세력이 있으므로 법인세법은 별도로 소득처분 제도를 두어 특수관계인의 법률상 지위에 따라 이를 상여나 배당 등으로 소득세를 부담시키고 법인에게는 원천징수의무를 부과시킵니다. 결국 위 조항의 익금산입의 의미는 법인자산 유출에 따른 소득처분의 전제로서 해당 손금을 불산입하기 위한 방법으로 회계처리상 손금산입에 대응하여 해당 금액만큼 법인의 익금을 잡는다는 것에 불과합니다. 위와 같은 회계처리로 인하여 법인의 자산이나 과세소득이 증가한 것은 없으며 이는 소득처분을 수반하지 않는 손금불산입의 경우와 비교하여 보면 쉽게 이해할 수 있습니다. 법인의 손익측면에서 보면 그 실질은 법인 자산의 감소가 법인의 비용으로 처리되지 않았다는 것을 의미할 뿐입니다.

따라서 이 사건 시행령 조항이 이를 법 제15조 제1항에서 규정한 익금의 한 항목으로 제시한 것은 그 자체로 입법상 적절하지 않다고 생각됩니다. 법 제15조 제1항에서 규정하는 익금은 법인의 순자산을 증가시키는 거래이어야 하는데 이 사건 시행령 조항은 여기에 해당하지 않기 때문입니다.

5. 다른 한편 이 사건 시행령 규정의 타당성도 문제입니다. 이는 특수관계인에 대한 업무무관대여금을 특수관계가 소멸될 때까지 회수하지 않았다고 하여 채권의 포기로 간주할 수 있는지에 관한 것입니다. 실제 법인이 채권을 포기한 것이 아닌데 '특수관계의 소멸'과 '채권회수의 지연'이라는 사정만으로 일률적으로 채권을 포기한 것으로 보는 것은 실질과세의 측면에서 문제가 있습니다. 이 사건 시행령 조항은 시행규칙에의 위임을 통하여 회수하지 않은 것에 '정당한 사유'가 있는 경우 예외를 인정하고 있으나 채권의 포기 여부가 정당한 사유에 따라 좌우된다는 것 역시 법리상 의문입니다. 이와 관련하여 과세당국은 "특수관계가 소멸되는 날까지 회수하지 아니하여 귀속자에게 소득처분한 가지급금을 그 후에 회수하더라도 당초 소득처분을 수정할 수는 없다."는 취지로 해석하고 있는데(서면 법규과-1312, 2014. 12. 15.), 일단 소득처분을 한 경우는 별론으로 하더라도, 소득처분을 하기 이전, 예컨대 특수관계가 끝나는 바로 다음 날 대여금이 회수된 경우에도 채권포기로 보아 소득처분을 하는 것이 타당한지 의문입니다. 최소한 소득처분 이전에 대여금이 회수된 경우에는 구제 조치가 있어야 마땅합니다.

66

법인의 자기주식의 취득과 양도

대상판결: 대법원 2010. 10. 28. 선고 2008두19628 판결

【판결요지】

[1] 주식 매도가 자산거래인 주식 양도에 해당하는지 또는 자본거래인 주식 소각 내지 자본 환급에 해당하는가는 법률행위 해석의 문제로서 단순히 당해 계약서의 내용이나 형식에만 의존할 것이 아니라, 당사자의 의사와 계약체결의 경위, 대금의 결정방법, 거래의 경과 등 거래의 전체과정을 실질적으로 파악하여 판단하여야 한다(법인이 망인으로부터 총 평가액 130억 원이 넘는 주식을 취득한 것은 상법 제341조 제1호에 따라 주식을 소각하여 위 법인에 대한 출자금을 환급해 주기 위한 목적에서 이루어진 것이므로, 주식의 양도차익을 망인에 대한 배당소득으로 의제하여 위 법인에게 원천징수분 배당소득세를 고지한 처분은 적법하다고 본 사례).

[2] 구 소득세법(2006. 12. 30. 법률 제8144호로 개정되기 전의 것) 제17조 제2항 제1호가 규정하고 있는 의제배당소득, 즉 '주식의 소각 또는 자본의 감소로 인하여 주주가 받은 재산의 가액에서 그 주주가 당해 주식을 취득하기 위하여 소요된 금액을 초과하는 금액' 중에는 기업경영의 성과인 사내유보된 이익과 무관한 당해 주식의 보유기간 중의 가치증가분도 포함되어 있을 수 있으나, 위 법률조항이 이를 별도로 구분하지 않고 모두 배당소득으로 과세하고 있는 것은 입법정책의 문제이고 그 밖에 의제배당소득의 입법취지, 조세징수의 효율성이라는 공익적인 측면 등에 비추어 보면 위 법률조항이 입법자의 합리적 재량의 범위를 일탈하였다고 볼 수 없어 그로써 조세평등주의를 규정한 헌법 제11조에 위배된다거나 재산권 보장을 규정한 헌법 제23조에 위배된다고 볼 수 없다.

【참조조문】

국세기본법 제14조, 국세기본법 시행령 제20조, 상법 제341조, 제341조의2 제1항, 제3항, 제343조 제1항, 구 소득세법(2006. 12. 30. 법률 제8144호로 개정되기 전의 것) 제17조 제2항 제1호, 헌법 제11조, 제23조

【해설】

1. 이번 회에 검토할 내용은 법인의 자기주식의 취득과 양도에 관한 것입니다. 회계적 지식을 필요로 하는 조금은 까다로운 주제입니다.

주식을 발행한 법인의 입장에서 보면, 전체적으로 자기주식의 취득과 양도가 손익거래인지 아니면 자본거래인지 여부가 문제되지만 구체적으로 들어가면 취득단계와 양도단계에서 쟁점을 달리합니다. 법인의 자기주식의 취득과 양도는 기업회계의 입장에서는 출자의 납입 및 환급에 해당하는 자본거래에 해당하지만 세법상으로는 자기주식의 양도도 다른 자산의 양도와 마찬가지로 익금산입 대상이므로(법인세법 제15조 제1항 제2의2호) 손익거래로 취급됩니다. 다만 세법상으로도 법인이 자기주식을 취득하는 단계에서는 법인에게 아무런 손익이 발생하지 않고 거래상대방에 대하여 해당 주식의 처분으로 인한 소득이 양도소득세 과세대상인지 아니면 출자의 환급으로서 배당소득(의제배당)에 해당하는지 여부만이 문제됩니다. 대상판결은 바로 이 구별기준에 관하여 판단하고 있습니다. 아울러 해당 거래를 출자의 환급으로 볼 경우에도 그로 인하여 발생한 소득에는 해당 주식의 보유에 따른 자본이득이 포함될 수 있는데 그렇다고 하더라도 전체를 배당소득으로 과세하는 것은 입법정책상의 문제임을 밝히고 있습니다.

2. 주주가 법인에게 자신이 보유하던 해당 법인의 발행주식을 처분한 경우 그 처분가액이 주식의 취득가액을 초과한다면 주주에게 과세할 소득이 발생한 것은 분명하고 해당 소득은 소득세법상 양도소득이나 배당소득 중 어느 하나에 해당할 것입니다. 대상판결은 양자의 구별에 관하여 이는 “법률행위 해석의 문제로서 당사자의 의사와 계약체결의 경위, 대금의 결정방법, 거래의 경과 등 거래의 전체과

정을 실질적으로 파악하여 판단하여야 한다."고 밝히고 있습니다. 해당 사안은, 망인이 원고 회사에서 퇴직한 후 원고 회사에 대한 출자금으로 재단법인에 출연하기 위하여 원고 회사에 총 평가액이 130억 원이 넘는 원고 회사 발행 주식의 매매 및 소외 재단에 대한 출연 등 관련 사항 일체를 위임하고, 원고 회사는 해당 주식에 대한 명의개서를 마친 직후에 이사회와 임시주주총회를 각각 개최하여 이 사건 주식의 소각을 통한 자본감소를 결의한 경우인데, 대상판결은 이를 출자의 환급으로 보아 그로 인하여 소외인이 얻은 이득을 배당소득(의제배당)으로 보았습니다(동일한 쟁점이 문제된 사안에서 주주가 얻은 소득을 배당소득으로 본 다른 판결로는 대법원 2019. 6. 27. 선고 2016두49525 판결과 2002. 12. 26. 선고 2001두6227 판결 등이 있습니다). 일반적으로 법인이 대주주의 출자금을 반환하기 위하여 대주주가 보유하는 자기주식을 대량으로 취득하는 경우 출자금의 환급으로 보게 될 가능성이 높을 것입니다.

3. 소득세법상 비상장주식의 양도차익은 양도소득세 과세대상이지만 상장주식의 양도차익은 원칙적으로 비과세대상이고, 대주주가 양도하는 경우 등 일정한 예외적인 경우에만 양도소득세 과세대상이 됩니다(소득세법 제94조 제1항 제3호 참조). 이는 주식을 발행법인에게 처분하는 경우에도 다를 바가 없습니다. 주식을 발행법인에게 처분하는 경우 이를 주식소각절차의 일환으로 보게 되면 주주가 법인으로부터 지급받은 환급금액에서 해당 주식의 취득가액을 공제한 금액이 의제배당으로 과세됩니다(소득세법 제17조 제2항 제1호, 제5항). 주식을 처분하는 쪽의 입장에서 보면, 해당 주식의 양도가 과세대상이 아닐 경우 해당 주식을 시장에서 처분하지 굳이 발행법인에 양도하여 과세위험을 안으려고 하지 않을 것이므로 양자를 구분하는 것이 현실적으로 실효성이 있는지는 의문입니다.

4. 다른 한편 이와 같이 주주가 발행법인에 자기주식을 처분한 경우 이를 배당으로 보면서 납입자본금이 아닌 취득가액을 공제하는 것은 모순이고 또한 이 경우 주주에게 발생한 소득(환급금액이 취득가액을 초과한 부분)에는 법인의 초과수익력과 무관한 주식의 보유 자체에서 발생한 자본이득이 포함되어 있으므로 그 전체를 배당소득으로 과세하는 것은 부당하다는 지적이 있습니다. 이에 대하여

대상판결은 이러한 사정을 인정하면서도 이는 입법정책의 문제로서 그로써 조세평등주의를 규정한 헌법 제11조에 위배된다거나 재산권 보장을 규정한 헌법 제23조에 위배된다고 볼 수 없다고 판단하였습니다. 입법기술상으로 여기의 의제배당소득에서 자본이득 부분을 구분한다는 것은 극히 어려우므로 판례의 태도는 현실적인 측면에서 이해할 수 있습니다.

5. 다음 주식의 발행법인의 입장에서 자기주식을 취득하였다가 이를 양도한 경우 그 차익이 법인의 익금을 구성하는가가 문제됩니다. 이에 대하여 기업회계기준에서는 이를 감자 및 증자의 한 형태로 이해하여 자본거래로 취급하고 있고(국제기준 1032-33, 일반기준 2-30), 학설의 다수 또한 근본적으로 자기주식 처분손익은 주주가 주식의 가치만큼의 재산을 회사에 납입하고 그 가치와 액면의 차액이 회사의 자본준비금이 된다는 점에서 주식할인발행차금 및 주식발행액면초과금과 다를 바가 없고, 회사의 입장에서 자기주식의 취득 후 주가가 오른 경우 이익을 내고 싶지 않으면 자기주식은 소각하고 주식의 시가대로 신주를 발행하면 되어 납세의무자가 소득을 마음대로 조작할 수 있다는 점 등을 이유로 이를 손익거래로 보는 것은 부당하다고 지적하고 있습니다(자본거래설). 실제로 미국과 독일 등 외국의 법제는 대부분 이를 법인과 주주와의 내부거래로 보아 과세대상에서 제외하고 있습니다.

6. 그러나 앞에서 본 바와 같이 우리 법은 자기주식의 양도금액을 익금산입 항목으로 명시하고 있습니다. 의제배당으로 보는 잉여금의 자본전입 대상에서 상법 제459조 제1항에 따른 자본준비금을 제외시키면서 자기주식처분이익의 자본전입에 따른 무상주는 의제배당으로 과세하는 것도 같은 취지입니다(법인세법 제16조 제1항 제2호 가목). 나아가 조세회피행위 규제 차원에서 자기주식소각익을 2년 내에 자본에 전입하는 경우 주주가 취득하는 무상주의 가액을 배당으로 본다는 규정도 두고 있습니다(법인세법 시행령 제12조 제1항 제2호 괄호).

이와 같은 입법의 주된 논거는, 현행법상 자기주식은 소각목적으로 취득한 것이 아닌 한 상당기간 내에 처분할 것을 전제로 발행회사가 일시적으로 보유하고 있는 주식으로서 다른 유가증권 등 자산의 처분과 다르지 않다는 점에 있습니다.

현실적으로 주식은 공개된 시장에서 불특정 다수인을 상대로 대량으로 거래되고 주식의 시가는 법인의 경영성과뿐 아니라 시장의 여러 가지 조건에 따른 변동성이 반영된 것으로서 그 가치총액이 반드시 법인의 계속가치나 청산가치와 일치한다고 보기 어렵다는 점에서 주식매수인이 주주의 지위를 취득한다는 점만으로 해당 양도거래의 수익성 내지 투자대상으로서의 성격을 부인하기는 어려워 보입니다. 주식의 취득이나 양도가 주주와 법인과의 거래로서 주식의 소각 및 발행과 경제적으로 동일하더라도 주식의 소각이나 발행은 일정한 요건 및 절차를 필요로 하므로 양자의 거래 형태가 다르다는 점을 무시하기도 어렵습니다.

7. 판례는 피합병인이 보유하던 합병법인 발행주식(협의의 자기주식)을 합병법인이 승계하여 양도하는 경우 역시 다른 사유로 자기주식을 취득하여 처분하는 경우와 본질적으로 다르지 않다고 판단하여 그 양도차익에 대하여 법인세가 과세되어야 한다고 보았습니다(대법원 2022. 6. 30. 선고 2018두54323 판결). 종전에 판례는 합병법인이 보유하던 피합병법인의 주식(포합주식)에 대하여 합병법인이 합병신주를 교부하는 경우 그 처분이익은 법인의 익금을 구성하지만 협의의 자기주식의 처분이익은 익금산입대상에서 제외된다고 보았으나(대법원 2000. 5. 12. 선고 2000두1720 판결 등). 법인세법 시행령이 2009. 2. 4. 대통령령 제21302호로 개정되면서 협의의 자기주식도 법인세법상 익금에 해당한다고 명시적으로 규정한 이후(시행령 제11조 제2호의2), 그 태도를 변경한 것입니다. 사물의 본질과 제도 안에서 나타나는 현상의 괴리를 어떻게 바라볼 것인가 하는 것은 세법에서도 매우 어려운 문제가 아닐 수 없습니다.

67

위법비용의 손금성

대상판결: 대법원 2015. 1. 15. 선고 2012두7608 판결

【판결요지】

[1] 의약품 도매상이 약국 등 개설자에게 금전을 제공하는 것이 약사법 등 관계 법령에 따라 금지된 행위가 아니라고 하여 곧바로 사회질서에 위반하여 지출된 비용이 아니라고 단정할 수는 없고, 그것이 사회질서에 위반하여 지출된 비용에 해당하는지 여부는 그러한 지출을 허용하는 경우 야기되는 부작용, 그리고 국민의 보건과 직결되는 의약품의 공정한 유통과 거래에 미칠 영향, 이에 대한 사회적 비난의 정도, 규제의 필요성과 향후 법령상 금지될 가능성, 상관행과 선량한 풍속 등 제반 사정을 종합적으로 고려하여 사회통념에 따라 합리적으로 판단하여야 한다.

[2] 의약품 도매상이 약국 등 개설자에게 의약품 판매촉진의 목적으로 지급한 '리베이트'가 사회질서에 위반하여 지출된 것에 해당하여 손금에 산입할 수 없다고 본 사안.

【참조조문】

구 법인세법(2010. 12. 30. 법률 제10423호로 개정되기 전의 것) 제19조 제1항, 제2항, 구 약사법(2010. 5. 27. 법률 제10324호로 개정되기 전 것) 제47조, 구 약사법 시행규칙(2008. 12. 1. 보건복지가족부령 제77호로 개정되기 전의 것) 제6조 제1항 제7호, 제62조 제1항 제5호(현행 삭제)

【해설】

1. 법인세법상 손금이란, '**자본 또는 출자의 환급, 잉여금의 처분 및 법인세법에서 손금불산입하도록 정한 것을 제외하고 당해 법인의 순자산을 감소시키는 거래로 인하여 발생하는 손실 또는 비용의 금액**'으로서(법 제19조 제1항), '**법인세법 및 다른 법률에 달리 정하고 있는 것을 제외하고는 그 법인의 사업과 관련하여 발생하거나 지출된 것으로서 일반적으로 인정되는 통상적인 것이거나 수익과 직접 관련된 것**'을 말합니다(같은 조 제2항).

제1항 부분이 재무회계상 '비용'에 대응하는 것이라면, 제2항 부분은 세법에서 이를 규범적으로 제한한 것입니다. 제2항 중 특별히 문제가 되는 것이 '통상성'에 관한 해석이며, 본 대상판결도 이 점을 다루고 있습니다.

2. '통상성'에 관한 법인세법 규정은, 미국 연방세법 제162조 (a)에서 손금에 관하여 "**사업연도 중 사업을 수행함에 있어서 지급하였거나 발생한 통상적이고 필요한 비용**(the ordinary necessary expenses)"이라고 규정한 것을 전범(典範)으로 한 것입니다. 미국과 달리 독일은 소득세법에 '사업을 이유로 하는 경비(Einkommensteuergez 4 IV)' 등의 기준 외에 손금에 관한 별도의 기준을 제시하지 않고 있고, 일본도 '**일반적으로 공정타당하다고 인정되는 회계처리기준**(일본 법인세법 제22조 제4항)' 이외에 법에서 별도의 기준을 제시하지 않고 있습니다.

3. 손금에서 '통상성'이 특별히 문제되는 것은 위법비용의 손금성과 관련된 것입니다. 우선 우리나라를 비롯하여 세계 각국의 공통적인 경향은 비용의 지출이 그 목적이나 수단, 방법이 위법하다고 하여 그 점만으로 손금산입을 부정하지는 않습니다. 미 연방대법원은, 사업과 관련된 지출은 손금산입되는 것으로 추정하되, ① 법률에 의해 부과된 벌금 및 과태료의 경제적 효과를 약화시키려는 목적에 이용되거나, ② 법령에서 명시적으로 표현된 연방정책을 위반하는 결과를 초래하는 경우에는 손금에 산입하지 않는다는 입장을 취하였습니다[Commissioner v. Sullivan. 356 U.S. 27 (1958)]. 독일은 비용 발생이 법인의 귀책사유에 기인하거나 법령에 위반하더라도 손금으로 인정되는 데에 별다른 문제가 없습니다. "**과세와 관**

련하여서는 법령 위반을 고려하지 않는다."는 취지의 조세통칙법(Abgabenordnung : AO, 제40조 69) 규정이 있기 때문입니다.

4. '통상성'의 내용에 관하여 우리 판례는, "납세의무자와 같은 종류의 사업을 영위하는 다른 법인도 동일한 상황 아래에서 지출하였을 것으로 인정되는 비용을 의미하고, 그러한 비용에 해당하는지 여부는 지출의 경위와 목적, 형태, 액수, 효과 등을 종합적으로 고려하여 객관적으로 판단하여야 하는데, 특별한 사정이 없는 한 사회질서를 위반하여 지출된 비용은 여기에서 제외된다."고 판단하고 있습니다(대법원 2009. 11. 12. 선고 2007두12422 판결).

이러한 기준에서 판례는, 파이프 시공업체들 사이에 수수된 낙찰 담합사례금이 여기의 '통상적인 비용'에 해당하지 않는다고 본 반면(대법원 2017. 10. 26. 선고 2017두51310 판결), 불법폐기물처리업자에게 산업폐기물의 매립을 위탁하면서 지출한 비용(대법원 1998. 5. 8. 선고 96누6158 판결), 외환위기 상황에서 주택은행이 관계법령을 위반하여 고객에게 손실보전금을 지출하였으나 그 이유가 기존 신탁계약의 대규모 해지 및 인출사태 등을 방지하기 위한 것으로서 다른 시중은행들과 협의를 거쳐 이루어진 경우(대법원 2009. 6. 23. 선고 2008두7779 판결) 등에 관하여 비용으로서의 손금성을 인정하였습니다.

5. 소득과 비용, 그리고 수익은 기본적으로 윤리적 요소와 무관한 경제적 개념입니다. 소득과 관련하여서는 소득에 대한 지배가능성이라는 순수한 경제적 잣대로 위법소득도 소득으로 인정하면서 비용에 관하여는 업무관련성이 있더라도 경제적 성과와 무관한 통상성 내지 반사회질서라는 별도의 기준을 적용하는 것은 납세자의 입장에서 보면 형평에 맞지 않는다고 생각할 수 있습니다. 나아가 법이 규정한 '통상성' 요건은 다른 사업자가 동일한 상황에서 통상적으로 동일한 지출을 하였을 것이라는 요건으로서 그 자체로는 윤리적 요소를 포함하고 있지 않은데 판례는 현저하게 사회질서에 반하는 행위는 여기에 포함되지 않는다고 하여 조금은 다른 잣대를 들이대고 있습니다.

결국 문제는 반사회질서 행위와 관련하여 '통상성'의 경계가 어디인가, 구체적으로 사회질서에 반하는 행위라고 하더라도 그러한 행위가 업계의 관행에 따라 지속적으로 이루어져 온 경우 '통상성'이 있다고 볼 수 있는지 여부입니다. 일반적으로 뇌물관련 비용의 손금해당성을 부인하는 것에 대하여는 대체로 각국의 학설이나 판례가 일치하고 있고, 입법으로 이를 명시하고 있는 나라도 많으나, 탈세경비나 리베이트와 같은 비용의 손금해당성에 관하여는 학설이 엇갈리고 있는데, 우리나라 판례는 비교적 이를 엄격하게 해석하고 있습니다.

6. 현저하게 사회질서에 반하는 행위는 통상적으로 다른 사업자도 그와 같은 행위를 할 것이라고 기대하기 어렵기 때문에 양자의 범위가 크게 어긋난다고 보기는 어렵습니다. 문제는 양자가 일치하지 않는 경우인데, 대상판결은 의약품 도매상이 약국에게 리베이트를 지급하는 행위가 선량한 풍속 기타 사회질서에 반한다는 점과 다른 의약품 도매상이 그 사업을 수행하면서 통상적으로 지출하는 것에 해당한다고 보기도 어렵다는 점을 이유로 들어 반대취지로 판단한 원심(서울고등법원 2012. 2. 22. 선고 2011누17938 판결)을 파기하였습니다. 아쉬운 점은 대상판결이 의약품 도매상이 사업을 수행하면서 약국 등에 위와 같은 리베이트를 지급하는 것이 구체적으로 해당 업계에서 어느 정도 관행화되어 있는지, 그리고 반사회질서 행위와 통상성이 구체적으로 어떠한 관계에 있는지 여부에 관하여 분명하게 판단하지 않은 점입니다. 만일 다른 의약품 도매상의 경우도 그와 같은 리베이트를 지급하는 것이 관련 업계에서 상당 부분 관행화되어 있고 그것이 형사처벌의 대상이 되지 않는 정도의 행위라면 위법소득에 대하여도 과세를 허용하는 등 기본적으로 담세력 측면을 중시하고 윤리적으로 중립적인 입장에 있는 세법의 측면에서는 업무관련성 및 통상성이 있다고 보아 해당 비용의 손금산입을 인정할 수 있지 않을까 생각해 봅니다.

68

기부금의 가액 및 귀속시기

대상판결: 대법원 1993. 5. 25. 선고 92누18320 판결

【판결요지】

[1] 법인세법 제18조에서 규정하는 기부금은 법인이 타인에게 법인의 사업과 직접 관계없이 무상으로 증여하는 재산적 가액을 가리키는 것으로서 순수한 무상양도의 경우뿐 아니라 거래의 외형은 유상양도의 형태를 취하고 있더라도 당해 자산이 현저하게 낮은 가액으로 양도되어 양도가액과 정상가액과의 차액이 실질적으로 증여되었다고 인정되는 경우를 포함하는 것이라고 보아야 할 것이므로 그와 같은 취지를 규정하고 있는 같은 법 시행령 제40조 제1항 제2호가 모법의 위임 없이 기부금의 범위를 부당하게 확대하여 조세법률주의에 위배되는 무효의 규정이라고 볼 수 없다.

[2] 법인이 타인에게 자산을 무상으로 양도하거나 혹은 시가보다 현저하게 낮은 가액으로 양도함으로써 법인세법 소정의 기부금의 요건에 해당되는 경우 상대방이 취득한 자산가액이나 그에 상응한 법인자산의 감소액은 자산의 시가 상당액으로서 비록 법인이 시가와 장부가액과의 차액을 기업경리상 손비로 계상하지 않았다고 하더라도 세법상 일단 차액 상당의 수익이 법인에 실현됨과 동시에 수익을 상대방에게 제공함에 따른 손실이 발생한 것으로 관념하여 그 손실을 기부금으로 보게 된다. 기부금을 금전 이외의 자산으로 제공한 경우에 당해 자산의 가액을 이를 제공한 때의 시가에 의하도록 한 법인세법 시행령 제41조 제1항 본문의 규정은 바로 위와 같은 내용을 규정한 것이다.

【참조조문】

법인세법 제9조, 제18조, 같은 법 시행령 제12조, 제40조 제1항, 감정평가에관한 규칙 제6조

【해설】

1. 통상 기부는 공익성을 띤 재산의 출연행위를 뜻하나, 세법상 개념은 그보다 광범위하여 지출의 동기를 묻지 않고 그 범위도 증여계약에 의한 증여뿐 아니라 채무면제, 면책적 채무인수, 제3자를 위한 변제, 저가양도, 고가매입 등을 통한 경제적 이익의 제공을 포괄합니다.

기부는 자산의 무상공여로서 법인의 순자산감소의 원인이 되나 기업활동과 무관한 지출로서 원칙적으로 법인세법상 손비로 인정되지 않습니다. 다만 사회적으로 유익한 국가나 지방자치단체 및 공익단체 등에 대한 기부행위는 일정 범위 내에서 손금산입이 허용됩니다.

기부금의 손금불산입 규정은 동일하게 이익의 무상공여를 규제하는 부당행위계산부인 규정과 대비되는데, 부당행위계산부인 규정이 '특수관계인과의 거래'를 '거래사실의 부인'이라는 추상적 개념을 통해 규제하는 데 반하여, 기부금 규정은 '비특수관계인과의 거래'를 '정상가액'이라는 구체적 개념을 사용하여 손금불산입한다는 점에서 양자는 차이가 있습니다.

2. 대상판결에 적용된 구 법인세법(1993. 12. 31. 법률 제4664호로 개정되기 전의 것) 제18조 제1항은, "**내국법인이 각 사업연도에 지출한 기부금 중 사회복지·문화·예술·교육·종교·자선등 공익성을 감안하여 대통령령이 정하는 기부금("지정기부금") 중 다음 각 호의 금액의 합계액을 초과하는 금액과 지정기부금 외의 기부금은 당해 사업연도의 소득금액계산에 있어서 이를 손금에 산입하지 아니한다.**", 같은 법 시행령(1993. 12. 31. 대통령령 제14080호로 개정되기 전의 것) 제40조 제1항은, "**법 제18조에 규정하는 기부금은 다음 각 호의 1에 해당하는 것으로 한다. 1. 타인(사용인을 제외한다)에게 법인의 사업과 직접 관계없이 무상으로 지출하**

는 재산적증여의 가액. 2. 법인이 제46조 제1항에 규정한 특수관계가 없는 자에게 정당한 사유없이 자산을 정상가격보다 낮은 가액으로 양도하거나 정상가격보다 높은 가액으로 매입함으로써 그 차액 중 실질적으로 증여한 것으로 인정되는 금액. 이 경우, 정상가액은 시가에 시가의 100분의 30을 가산하거나 100분의 30을 감한 범위 내의 가액으로 한다.", 같은 시행령 제41조 제1항에서는, "**법인이 법 제18조 및 법 제18조의2에 규정하는 기부금 또는 접대비등을 금전 이외의 자산으로 제공한 경우의 당해 자산의 가액은 이를 제공한 때의 시가에 의한다, 다만,** …"이라고 각각 규정하고 있었습니다. 규정형태상 법에서는 기부금의 종류에 관하여만 규정하고 기부금의 개념 내지 의의나 인정범위에 관하여는 별도의 규정이나 위임규정을 두지 않은 채 시행령에서 이를 규정하고 있었는데 이 점이 문제된 것입니다.

현행 법인세법 제24조 제1항은, "**기부금이란 내국법인이 사업과 직접적인 관계없이 무상으로 지출하는 금액(대통령령으로 정하는 거래를 통하여 실질적으로 증여한 것으로 인정되는 금액을 포함한다)을 말한다.**"고 규정하여 기부금에 관한 개념규정 및 그 범위에 관한 위임규정을 두고 있는데 양자를 비교하여 보면 구 법령의 규정체계가 미흡함을 쉽게 이해할 수 있습니다.

3. 대상판결은 구 법인세법 시행령 규정이 모법의 위임 없이 기부금의 의의 및 범위를 정한 것이어서 무효의 규정인지가 일차적인 쟁점이 되었습니다. 이에 관하여 대상판결은 "구 법인세법 제18조에서 규정하는 기부금은 별도의 개념규정이 없더라도 기부금이라는 용어 자체에서 법인이 타인에게 법인의 사업과 직접 관계없이 무상으로 증여하는 재산적 가액을 가리키는 것으로 이해되고, 여기의 무상증여에는 순수한 무상양도의 경우뿐 아니라 거래의 외형은 유상양도의 형태를 취하고 있더라도 당해 자산이 현저하게 낮은 가액으로 양도되어 양도가액과 정상가액과의 차액이 실질적으로 증여되었다고 인정되는 경우를 포함하는 것으로 보아야 한다."고 판단하였습니다. 따라서 그와 같은 취지를 규정한 같은 법 시행령 제40조 제1항 제2호는 당연한 내용을 확인한 것으로서 모법의 위임 없이 기부금의 범위를 부당하게 확대한 무효의 규정으로 볼 수 없다는 것입니다.

구 법령이 규정 체계상 미흡한 점이 있으나 기부금이라는 용어 자체가 무상으로 준다는 뜻을 가리키므로 대상판결 사안에서 문제된 저가양도의 경우 시가와의 차액부분은 상대방에게 무상으로 제공된 것으로 볼 수 있어 법이 명시적으로 위임규정을 두지 않았다고 하더라도 그와 같은 내용을 규정한 시행령 규정을 무효로 보기는 어려울 것입니다.

4. 대상판결의 또 다른 쟁점은 법인이 장부가액대로 자산을 양도한 경우 그것이 시가에 미달한다고 하여 그 차액만큼 법인에 손실이 발생한 것으로 볼 수 있는지 여부에 관한 것입니다. 이에 관하여 대상판결은, “저가양도의 경우 상대방이 취득한 자산가액이나 그에 상응한 법인자산의 감소액은 자산의 시가 상당액으로서 비록 법인이 시가와 장부가액과의 차액을 기업경리상 손비로 계상하지 않았다고 하더라도 세법상 일단 차액 상당의 수익이 법인에 실현됨과 동시에 수익을 상대방에게 제공함에 따른 손실이 발생한 것으로 관념하여 그 손실을 기부금으로 보는 것이고, 기부금을 금전 이외의 자산으로 제공한 경우에 당해 자산의 가액을 이를 제공한 때의 시가에 의하도록 한 법인세법 시행령 규정은 바로 이와 같은 내용을 규정한 것”이라고 판단하였습니다. 법인 자산의 장부가액과 시가와의 차액은 법인이 자산을 취득하거나 보유하는 단계에서는 법인 소득에 영향을 미치지 않으나(법인세법은 자산의 임의 평가차익이나 평가차손을 익금이나 손금사유로 인정하지 않습니다. 법 제18조 제1호, 제22조 참조), 자산을 처분하게 되면 손익이 현실화 되어 법인의 소득을 증감시키게 됩니다. 기부금을 금전 이외의 자산으로 제공한 경우에 당해 자산의 가액을 시가에 의하도록 한 구 법인세법 시행령 제41조 제1항 본문(현 시행령 제36조 제1항 제3호)의 규정은 이와 같은 법인 회계처리의 당연한 내용을 규정한 것으로 볼 수 있습니다. 다만 저가양도나 고가양수의 경우 법은 시가와의 차액 전부를 손금부인하는 것이 아니고 시가의 100분의 30의 범위에서 정상가액 개념을 설정하여 정상가액을 벗어나는 부분만 손금부인합니다.

5. 구체적인 예를 들어 살펴보겠습니다. 먼저 자산의 저가양도의 경우에 A 법인이 장부가액 100억 원, 시가 200억 원인 토지를 특수관계 없는 B에게 120억 원에 양도하고 (차) 현금 120억 원 / (대) 토지 100억 원, 유형자산 처분이익 20억 원으로 회계처리한 경우, 세무회계상으로는 양도한 자산의 가액을 정상가액 140

억 원(시가 200억 원의 70% 금액)으로 보아 여기에서 장부가액 100억 원을 공제한 나머지 40억 원을 법인의 유형자산 처분이익으로 익금산입하고, 정상가액과 실제 양도가액의 차액 20억 원을 기부금으로 처리하여 손금부인합니다.

(차) 매매대금 140억 원 / (대) 토지 100억 원, 유형자산 처분이익 40억 원
(차) 기부금 20억 원(손금부인) / (대) 현금 20억 원

다음 자산의 고가매입의 경우 A 법인이 특수관계 없는 B로부터 시가 100억 원인 토지를 150억 원에 취득하여, (차) 토지 150억 원 / (대) 현금 150억 원으로 회계처리한 경우 매입한 자산의 정상가액은 시가 100억 원의 130%인 130억 원으로 산정되고, 정상가액과 실제매입가액의 차액 20억 원이 기부금으로 손금부인됩니다.

(차) 토지 130억 원, 기부금 20억 원(손금유보) / (대) 현금 150억 원

이 경우 기부금 20억 원만큼 법인의 순자산이 감소되었으나 법인세법상 손금부인됨에 따라 매입한 회계연도의 법인의 손익에는 영향을 미치지 않게 되는 반면, 토지의 취득가액을 실제매입가액 150억 원에서 정상가액 130억 원으로 조정함에 따른 자산감소액 20억 원은 손금유보(△)되었다가 후에 토지가 처분되면 해당 금액만큼 늘어난 양도차익 20억 원을 그 회계연도의 익금 및 과세표준에 더 산입하게 됩니다[이와 같은 회계처리는 특수관계인 사이에 적용되는 부당행위계산부인의 경우에도 동일합니다(대법원 2008. 9. 25. 선고 2006두3711 판결 등)].

세법상 '특수관계인'과 '시가'

I. 총　설

세법은 일반적으로 납세자의 사법상 행위나 거래의 주체 및 그 법률관계를 과세대상 내지 과세요건으로 삼지만 예외적으로 일정한 경우 공평과세의 이념 등에 입각하여 그 대상이나 범위를 확대하여 과세하는 규정을 마련하고 있습니다. 그 중 대표적인 것이 특수관계에 있는 자와의 거래를 규율하는 규정입니다. 법인세법과 소득세법을 비롯한 개별세법상의 부당행위계산부인 규정이나 기부금 규정에서 특수관계인과의 거래를 부인하거나 상속세 및 증여세법상 특수관계인에 대한 이익분여를 증여로 과세하는 규정이 그것이고 그 밖에도 국세기본법(제2차 납세의무, 사해행위취소 등), 국제조세조정에 관한 법률(이전가격 세제), 지방세법(과점주주 취득세) 등 거의 모든 세법에서 특수관계인이 과세요건으로 자리하고 있습니다. 다른 한편 특수관계인과의 거래를 부인하거나 증여세를 과세하는 경우 거의 예외 없이 '시가'에 의한 과세표준 산정이 뒤따르게 되어 특수관계인과 거래할 경우 거래 대상의 '시가'를 정확하게 산정하여야 하는 것은 필수적인 요청이 됩니다. 이처럼 양자는 서로 밀접하게 관련하면서 세법상 중요 개념으로 자리 잡고 있으므로 이를 정확하게 이해하는 것은 세법을 공부하는 데 있어 매우 중요한 과제입니다. 아래에서 차례대로 살펴보겠습니다.

II. 세법상 특수관계인의 개념과 범위

1. 국세기본법상 "특수관계인"이란 본인과, **가**. 혈족·인척 등 대통령령으로 정하는 친족관계, 나. 임원·사용인 등 대통령령으로 정하는 경제적 연관관계, 다. 주주·출자자 등 대통령령으로 정하는 경영지배관계의 어느 하나에 해당하는 관

계에 있는 자를 말합니다. 이 경우 이 법 및 세법을 적용할 때 본인도 그 특수관계인의 특수관계인으로 봅니다(법 제2조 제20호).

조문의 후단부분은 종래 논란이 되어 오던 특수관계 여부의 판단을 일방관계설과 쌍방관계설 중 후자로 정리한 것입니다.

세법상 특수관계는 크게, (1) 친족관계, (2) 경제적 연관관계 및 (3) 경영지배관계로 성립합니다. 다만 법인세법은 특성상 친족관계가 성립할 수 없으므로 그 나머지 관계를 기준으로 특수관계인을 결정한 후, 특수관계인의 친족을 특수관계인에 포함시키는 방식으로 친족과 관련된 특수관계를 규정하고 있습니다(법 제2조 제12호, 시행령 제2조 제8항 제1호 내지 제3호). 그 내용은 국세기본법과 동일합니다(시행령 제43조 제8항 제1호 가목).

2. '친족관계에 의한 특수관계'의 경우, 2023. 2. 28. 국세기본법 시행령 개정으로 기존의 특수관계인에서 혈족 및 인척의 범위를 좁히는 한편(4촌 이내의 혈족, 3촌 이내의 인척), 새로 민법에 따라 인지한 혼인외 출생자의 생부나 생모(본인의 금전이나 그 밖의 재산으로 생계를 유지하는 사람 또는 생계를 함께하는 사람으로 한정)를 추가하였습니다(국세기본법 시행령 제1조의2 제1항).

다른 법은 대체로 국세기본법과 동일하게 규정하고 있으나, 상증세법은 국세기본법상 친족 외에도 "직계비속의 배우자의 2촌 이내의 혈족과 그 배우자"를 친족관계에 포함시키고 있어 친족관계의 범위가 확장되어 있습니다(동 시행령 제2조의2 제1항 제1호 참조). 반면, 지방세기본법은 2023. 2. 28. 국세기본법 시행령 개정 전의 친족관계와 동일하게 규정하고 있습니다(동 시행령 제2조 제1항).

3. '경제적 연관관계에 의한 특수관계'도 개별 세법과 국세기본법 규정이 유사합니다. 다만 국세기본법은 경제적 연관관계에 의한 특수관계인 범위를, (ⅰ) 본인의 임원과 사용인, (ⅱ) 본인의 재산으로 생계를 유지하는 자 및 (ⅲ) 위 (ⅰ), (ⅱ)에 해당하는 자와 생계를 같이 하는 친족으로 규정한 반면, 법인세법은 위 (ⅰ) 내지 (ⅲ) 외에도 비소액주주의 직원과 비소액주주의 재산으로 생계를 유지하는 자 및 그들과 생계를 함께하는 친족을 특수관계인에 포함시키고 있어 국세기본법보다 범위가 넓습니다.

상증세법은 본인의 사용인(임원을 포함, 상증세령 제2조의2 제2항 참조) 외에 출자에 의해 지배하고 있는 법인의 사용인을 특수관계인에 포함시키고 있다는 점에서 국세기본법보다 범위가 넓지만, 본인과 '생계를 함께하는 친족'은 특수관계인에서 제외한다는 점에서 국세기본법에 비해 범위가 좁은 측면도 있습니다.

4. 실무상 문제가 많이 되는 '경영지배관계에 의한 특수관계'는 본인이 직접 또는 본인의 특수관계인과 함께 타인의 지분을 일정 비율 이상 보유하거나 타인의 경영에 대해 영향력을 행사하는 경우, 또는 반대로 타인이 직접 또는 타인의 특수관계인과 함께 본인의 지분을 일정 비율 이상 보유하거나 본인의 경영에 대해 영향력을 행사하는 경우에 성립되며, 개별 세법과 국세기본법 규정 간에 차이가 있습니다.

국세기본법은 공정거래법상 같은 기업집단에 속하는 계열회사 관계에 있는 법인과 그 소속 임원을 제외하고는, 경영지배관계에 의한 특수관계가 성립하기 위하여 지배적인 영향력을 행사할 것을 요구하며, 출자관계에 의해 지배적인 영향력을 가진 것으로 인정되려면 영리법인에 대하여 30% 이상의 지분을 보유하여야 합니다(동 시행령 제1조의2 제4항 제1호 가목), 반면, 법인세법은 비소액주주(발행주식총수의 1% 이상을 소유한 주주) 및 그 친족을 특수관계인에 포함시키고 있어(동 시행령 제2조 제8항 제2호, 제50조 제2항), 국세기본법보다 그 범위를 넓게 설정하고 있습니다.

상증세법은 법인 경영에 대하여 사실상 영향력을 행사하고 있다고 인정되는 자(그의 친족 포함)를 특수관계인에 포함시킨 점은 법인세법과 유사하나(동 시행령 제2조의2 제1항 제3호 나목), 특수관계인과 합해 법인에 대하여 30% 이상 지분을 보유하지 않는 한 출자관계만을 이유로 주주(그의 친족 포함)를 특수관계인에 포함시키지 않는 점은 국세기본법과 유사합니다(동 시행령 제2조의2 제1항 제6호). 이외에 2차 출자의 경우 50%를 특수관계 여부의 판단기준으로 삼는 점이 국세기본법 및 법인세법과 다르고(동 시행령 제2조의2 제1항 제7호), 비영리법인을 납세의무자로 하는 특성상 특수관계인의 범위에 다양한 형태의 비영리법인을 포함시키고 있는 점이 특색입니다. 아울러 사실상 영향력을 행사하고 있는 기업집단 소속 임원(법인세법 시행령 제40조 제1항에 따른 임원을 말한다)의 경우, 퇴직 후 3년(공시대상기업집단 소속인 경우 5년)간 특수관계인에 포함시키고 있습니다(동시행령 제2조의2 제1항 제3호 가목).

소득세법상 특수관계인은 경영지배관계 대상에서 법인을 제외한 것 이외에는 국세기본법과 내용이 같습니다(동 시행령 제98조 제1항).

최근 소득세법과 법인세법 및 지방세법 등에서 각각 경영지배관계에 의한 특수관계의 한 형태로 규정된 "본인이 직접 또는 그와 경제적 연관관계, 가목 또는 나목의 관계에 있는 자를 통하여 어느 법인의 경영에 대하여 지배적인 영향력을 행사하고 있는 그 법인(국세기본법 시행령 제1조의2 제3항 제2호 다목 참조)"의 해석이 거의 동시에 문제된 바 있습니다(본 판례백선 98회 참조).

지방세기본법상 경영지배관계에 의한 특수관계인의 범위는 종전에는 아래 국세기본법 시행령 제1조의2 제3항 제2호 라목(**기업집단 계열회사 사이의 특수관계**)이 특수관계인의 범위에 빠져 있어서 법인의 과점주주에 대한 취득세 부과 등과 관련하여 기업집단 지배주주의 통일적인 의사결정에도 불구하고 간주취득에 따른 취득세 납세의무에서 벗어나는 경우가 있었으나 2023. 3. 14. 시행령 개정을 통하여 국세와 통일적으로 규정하였습니다.

5. 부가가치세법상 특수관계인은 소득세법과 법인세법 규정을 준용합니다(법 제12조 제2항, 시행령 제26조 제1항).

국제조세조정에관한법률은 경영지배관계에 의해서만 특수관계를 판단합니다. 같은 법상 특수관계는 출자관계, 재화·용역의 거래관계, 자금의 대여 등에 의해서 성립하나, 어느 경우든 전체 출자규모 또는 거래 규모를 기준으로 50% 이상이 되어야만 합니다(동 시행령 제2조 제1항).

관세법은 특정인이 구매자 및 판매자 모두에 대해 5% 이상 지분을 보유한 경우 이외에는, 지배의 관점에서 경영지배관계에 의한 특수관계 성립 여부를 판단하나, 지배 요건에 관하여는 규정을 두고 있지 않습니다(동 시행령 제23조 제1항).

[국세기본법 시행령]

제1조의2(특수관계인의 범위) ① 법 제2조 제20호 가목에서 "혈족·인척 등 대통령령으로 정하는 친족관계"란 다음 각 호의 어느 하나에 해당하는 관계(이하 "친족관계"라 한다)를 말한다.

1. 4촌 이내의 혈족
2. 3촌 이내의 인척
3. 배우자(사실상의 혼인관계에 있는 자를 포함한다)
4. 친생자로서 다른 사람에게 친양자 입양된 자 및 그 배우자·직계비속
5. 본인이 「민법」에 따라 인지한 혼인 외 출생자의 생부나 생모(본인의 금전이나 그 밖의 재산으로 생계를 유지하는 사람 또는 생계를 함께하는 사람으로 한정한다)

② 법 제2조 제20호 나목에서 "임원·사용인 등 대통령령으로 정하는 경제적 연관관계"란 다음 각 호의 어느 하나에 해당하는 관계(이하 "경제적 연관관계"라 한다)를 말한다.

1. 임원과 그 밖의 사용인
2. 본인의 금전이나 그 밖의 재산으로 생계를 유지하는 자
3. 제1호 및 제2호의 자와 생계를 함께하는 친족

③ 법 제2조 제20호 다목에서 "주주·출자자 등 대통령령으로 정하는 경영지배관계"란 다음 각 호의 구분에 따른 관계(이하 "경영지배관계"라 한다)를 말한다.

1. 본인이 개인인 경우
   가. 본인이 직접 또는 그와 친족관계 또는 경제적 연관관계에 있는 자를 통하여 법인의 경영에 대하여 지배적인 영향력을 행사하고 있는 경우 그 법인
   나. 본인이 직접 또는 그와 친족관계, 경제적 연관관계 또는 가목의 관계에 있는 자를 통하여 법인의 경영에 대하여 지배적인 영향력을 행사하고 있는 경우 그 법인
2. 본인이 법인인 경우
   가. 개인 또는 법인이 직접 또는 그와 친족관계 또는 경제적 연관관계에 있는 자를 통하여 본인인 법인의 경영에 대하여 지배적인 영향력을 행

사하고 있는 경우 그 개인 또는 법인

나. 본인이 직접 또는 그와 경제적 연관관계 또는 가목의 관계에 있는 자를 통하여 어느 법인의 경영에 대하여 지배적인 영향력을 행사하고 있는 경우 그 법인

다. 본인이 직접 또는 그와 경제적 연관관계, 가목 또는 나목의 관계에 있는 자를 통하여 어느 법인의 경영에 대하여 지배적인 영향력을 행사하고 있는 그 법인

라. 본인이 「독점규제 및 공정거래에 관한 법률」에 따른 기업집단에 속하는 경우 그 기업집단에 속하는 다른 계열회사 및 그 임원

④ 제3항 제1호 각 목, 같은 항 제2호 가목부터 다목까지의 규정을 적용할 때 다음 각 호의 구분에 따른 요건에 해당하는 경우 해당 법인의 경영에 대하여 지배적인 영향력을 행사하고 있는 것으로 본다.

1. 영리법인인 경우

가. 법인의 발행주식총수 또는 출자총액의 100분의 30 이상을 출자한 경우

나. 임원의 임면권의 행사, 사업방침의 결정 등 법인의 경영에 대하여 사실상 영향력을 행사하고 있다고 인정되는 경우

2. 비영리법인인 경우

가. 법인의 이사의 과반수를 차지하는 경우

나. 법인의 출연재산(설립을 위한 출연재산만 해당한다)의 100분의 30 이상을 출연하고 그 중 1인이 설립자인 경우

Ⅲ. 세법상 '시가'의 개념

1. 기본적으로 세법상 시가 산정이 필요한 경우는 두 가지입니다. 하나는 역사적 거래가액이 존재하지 않거나 이를 확인하기 어려운 경우이고, 다른 하나는 역사적 거래가액은 존재하나 그것이 부당하게 이루어져 세법상 이를 부인하는 경우입니다. 상속세나 증여세 과세가액의 산정(상증세법 제60조 제1항)이나 합병 시 합병대가의 산정(법인세법 제44조의2 제1항) 등이 전자에 해당한다면 개별세법상 부당행위계산부인의 경우(법인세법 제52조 제2항 등)는 후자에 해당합니다. 어느 경우나 시가의 산정은 과세시점에서 미실현자본이득을 실현시키기 위한 도구 내지 과정으로 이해할 수 있습니다.

2. 우리 세법은 시가에 관한 사항을 개별법 곳곳에서 규정하고 있습니다.

먼저 상증세법 제60조 제1항 내지 제4항은 재산의 평가에 관한 기본적인 규정인데 내용상 시가를 본래의 의미의 시가와 매매사례가격, 감정가격, 공매 등 가격(시가인정액) 및 보충적 평가방법에 의한 간주시가로 구분하고 있습니다. 그 적용순서는, ① 본래의 시가, ② 시가인정액, ③ 보충적 평가방법에 의한 간주시가 순입니다. 상장주식 및 가상자산에 관한 법정 평가는 본래의 시가 개념에 포함됩니다(법 제60조 제1항 후단).

한편 법인세법 제52조 제2항은 부당행위계산부인 판단기준으로 '건전한 사회통념 및 상거래 관행과 특수관계인이 아닌 자 간의 정상적인 거래에서 적용되거나 적용될 것으로 판단되는 가격'을 '시가'로 규정하면서, 해당 거래와 유사한 상황에서 해당 법인이 특수관계인 외의 불특정다수인과 계속적으로 거래한 가격 또는 특수관계인이 아닌 제3자간에 일반적으로 거래된 가격이 있는 경우에는 그 가격(유사사례가액)에 의하고(동시행령 제89조 제1항), 시가가 불분명한 경우에는 감정평가법인의 감정가액, 상증세법 제61조 이하의 보충적 평가방법에 의한 평가액(비상장주식 평가 시 해당 법인이 보유한 상장주식의 평가금액은 평가기준일의 거래소 최종시세가액)의 순에 의하도록 하고 있습니다(동 제2항). 이는 이들을 모두 시가의 하나로 파악하는 상증세법과 대비됩니다. 특별히 주권상장법인이 발행한 주식을, 1. 자본시장법 제8조의2 제4항 제1호에 따른 증권시장 외에서 거래하거나 2. 대량매매 등 기획재정부령으로 정하는 방법으로 거래한 경우 해당 주식의 시가를 그 거래일의 거래소 최종시세가액으로 하도록 하여(법인세법 시행령 제89조 제1항 단서) 평가기준일 이전·이후 각 2개월 평균가액에 의하도록 한 상증세법 규정(법 제63조 제1항 제1호 가목)과 차이를 보이고 있습니다. 주식등의 평가와 관련하여 법인세법은 감정가액을 시가의 범위에서 제외하고 있는데(동 시행령 제89조 제2항 제1호 단서) 이는 상증세법상 평가와 관련하여서도 마찬가지입니다(동 시행령 제49조 제1항 제2호 본문 괄호). 결국 주식등에 대한 평가는 상장주식의 경우 장외거래나 대량매매 등이 아닌 경우에는 상증세법상 평가방법, 비상장주식의 경우에는 특별히 신뢰할 만한 거래가액이 있으면 그 거래가액, 그렇지 않은 경우에는 상증세법상 평가방법으로 평가하게 될 것입니다.

법인세법은 그 밖에 일부 자산의 취득가액을 시가에 의하도록 하고(법 제41조; 시행령 제72조 제2항 제7호), 기부금 규정의 적용에 있어서도 그 기준을 시가 내지는 시가를 기초로 한 정상가액에 의하도록 하고 있습니다(법 제24조; 시행령 제35조, 제36조 1항).

3. 소득세법은 일반적인 부당행위계산부인 규정 및 자산의 취득가액에 관한 시가의 산정에 관하여 법인세법 시행령 제89조를 준용하나(동 시행령 제98조 제3항), 기부금 규정에서는 시가 내지는 정상가액을 기준으로 평가하도록 하면서도 법인세법과 마찬가지로 구체적인 산정기준은 두고 있지 않습니다.

양도소득세에서 양도가액은 원칙적으로 실지거래가액에 따르되(소득세법 제96조 제1항), 실지거래가액을 인정하거나 확인할 수 없는 경우 추계방식으로 매매사례가액, 감정가액의 순으로 산정하고, 취득가액은 실지거래가액, 실지거래가액을 확인할 수 없는 경우 매매사례가액, 감정가액 또는 환산취득가액 순으로 평가하나(동법 제97조 제1항 제1호), 상속, 증여 받은 자산의 양도에서 취득가액은 상증세법 제60조 이하의 규정에 따른 가액을 실지거래가액으로 봅니다(동 시행령 제163조 제9항). 매매사례가액 또는 감정가액도 없는 경우 기준시가에 의하여 산정합니다(동법 제100조 제1항, 제114조 제7항).

양도소득세에 관하여 부당행위계산부인 규정을 적용할 때는 시가의 산정을 원칙적으로 상증세법 제60조부터 제66조까지를 준용하도록 하여(소득세법 제101조

제1항; 동 시행령 제167조 제5항) 소득세법상 다른 부당행위계산부인 규정과 시가 산정의 근거법령을 달리합니다. 다만 소득세법 시행령 제167조 제7항은 예외적으로 상장주식의 시가는 법인세법 시행령 제89조 제1항에 따른 시가로 하도록 규정하고 있습니다.

부가가치세법은 시가를 '사업자가 특수관계에 있는 자 외의 자와 당해 거래와 유사한 상황에서 계속적으로 거래한 가격 또는 제 3 자간에 일반적으로 거래된 가격'으로 정의하면서(동 시행령 제62조 제1호), 가격이 없거나 시가가 불분명한 경우에는 소득세법 시행령이나 법인세법 시행령 규정을 준용하도록 하고 있습니다(동 제3호).

4. 지방세법은 부동산가격공시법에 따른 공시가격이나 기준시가를 시가표준액으로 규정하고 있습니다(법 제4조). 시가표준액은 취득세 · 등록면허세 · 재산세 · 지역자원시설세 등 대부분 지방세 과세표준액으로도 이용되고 있습니다. 이 중 취득세 과세표준은, 무상취득의 경우 취득시기 현재 불특정 다수인 사이에 자유롭게 거래가 이루어지는 경우 통상적으로 성립된다고 인정되는 가액("시가인정액")으로 하되, 상속에 따른 취득, 일정한 가액 이하의 부동산등 취득 또는 시가인정액을 산정하기 어려운 경우 시가표준액을 시가로 봅니다(동법 제10조의2 제1 · 2항). 유상승계취득의 경우 사실상 취득가격으로 하고(제10조의3 제1항), 다만 특수관계인 간의 거래에 대해 부당행위계산부인을 할 경우에는 시가인정액으로 합니다(동 제2항). 그 외 원시취득, 차량 또는 기계장비의 취득, 간주취득 등에서 사실상 취득가격이나 시가를 확인하기 어려운 경우 등 각 취득유형별로 일정한 요건을 충족할 경우 시가표준액을 취득세 과세표준액으로 합니다(동법 제10조의4 내지 10조의6).

69

부당행위계산부인(1)

- 부당행위계산 여부를 판단하는 기준시점 -

대상판결: 대법원 2010. 5. 13. 선고 2007두14978 판결

【판결요지】

[1] 구 법인세법(1998. 12. 28. 법률 제5581호로 전부 개정되기 전의 것) 제20조, 제32조 제5항, 구 법인세법 시행령(1998. 5. 16. 대통령령 제15797호로 개정되기 전의 것) 제46조 제2항 제4호, 제94조의2 제1항 제1호 각 규정과 부당행위계산부인제도의 취지, 저가양도로 인한 부당행위계산부인에서 매매계약 체결시기와 양도시기가 다른 경우 토지 등의 양도가 부당행위계산에 해당하는지 여부는 그 대금을 확정짓는 거래 당시를 기준으로 판단하는 반면, 그 토지의 양도차익을 계산하면서는 양도가액을 양도시기를 기준으로 산정하고 이는 그 선택의 이유와 기준을 달리하므로 양자가 기준시기를 달리 본다고 하여 불합리한 것은 아닌 점, 이러한 기준시기의 구별은 고가매입의 경우의 세무회계 처리방법, 소득처분의 시기와 방법에 비추어 동일하게 적용될 수 있는 점 등을 종합하면, 고가매입으로 인한 부당행위계산부인의 경우에도 토지 등의 취득이 부당행위계산에 해당하는지 여부의 기준시기는 거래 당시인 반면, 그 익금에 산입하여 소득처분할 금액 산정의 기준시기는 특별한 사정이 없는 한 그 취득시기로 봄이 상당하다.

[2] 법인의 대표이사가 자기 소유의 토지에 대하여 법인 비용을 들여 보전임지전용허가와 농지전용허가를 받은 후 법인과 그 토지에 관한 매매계약을 체결하고, 그 매매대금을, 법인비용을 들여 조성한 대지의 현황을 기준으로 산정한 행위는 상법상 이사의 충실의무에 위배된 행위이고, 그 매매계약은 시가를 초과하여 법

인의 노력과 비용으로 이루어진 지가상승분까지 대표이사 개인에게 귀속시킨 것으로서 경제적 합리성이 결여된 비정상적인 행위이므로, 구 법인세법(1998. 12. 28. 법률 제5581호로 전부 개정되기 전의 것) 제20조, 구 법인세법 시행령(1998. 5. 16. 대통령령 제15797호로 개정되기 전의 것) 제46조 제2항 제4호에서 정한 부당행위계산부인 대상에 해당한다고 한 사례.

【참조조문】

구 법인세법(1998. 12. 28. 법률 제5581호로 전부 개정되기 전의 것) 제20조(현행 제52조 참조), 제32조 제5항(현행 제67조 참조), 구 법인세법 시행령(1998. 5. 16. 대통령령 제15797호로 개정되기 전의 것) 제46조 제2항(현행 제88조 제1항 참조), 제94조의2 제1항 제1호(현행 제106조 제1항 제1호 참조)

【해설】

1. 납세자가 행하는 조세회피행위는 이를 크게, (ⅰ) 특수관계인 사이에서 숨은 형태로 이익을 분여하는 경우와, (ⅱ) 그 나머지 경우로 나눌 수 있습니다. 이 중 전자는 부당행위계산부인에 관한 것으로서 우리 법은 각 개별세법에서 이를 규제하고 있습니다(법인세법 제52조, 같은 법 시행령 제88조, 소득세법 제41조, 제101조, 같은 법 시행령 제98조, 제167조 3·4항, 부가가치세법 제29조 제4항 등). 이에 반하여 후자의 경우는 좀 더 넓은 영역인 실질과세 원칙의 적용 문제로서 특별히 국세기본법 제14조 제3항에서 규정하는 우회행위나 다단계행위를 통한 조세회피행위의 규제가 문제됩니다. 이와 같은 조세회피행위에 대한 규제는 사적 자치의 보장과 공평과세의 실현이라는 서로 다른 이익이 충돌하면서 전통적으로 실무상 가장 빈번하게 문제가 되고 계속 새로운 형태의 분쟁이 발생하는 조세법의 뜨거운 이슈라고 할 수 있습니다.

부당행위계산부인과 관련하여 법은 행위태양을 구체적으로 유형화하는 한편 별도로 같은 유형을 포괄하는 보충적 규정을 두고 있는데 실무상 문제가 되는 경우는 대부분 보충적 규정의 해석·적용에 관한 것입니다.

이번 회부터 5회에 걸쳐 부당행위계산부인 규정의 해석·적용과 관련된 여러 쟁점들에 관하여 살펴보겠습니다.

2. 대상판결은 부당행위계산부인 규정의 적용과 관련하여 하나의 중요한 원리를 제시하고 있습니다. 그것은 부당행위계산부인의 대상이 되는 행위나 계산("행위")에 관하여 그 행위가 부당한지 여부를 판단하는 시점과 부당행위계산부인 규정의 적용 결과 해당 법인이나 거주자에게 귀속되는 소득의 크기를 산정하는 기준시기가 다르다는 점입니다. 이는 기본적으로 우리 법상 부동산이나 주식의 양도행위 시점이라고 볼 수 있는 양도계약 체결시기와 양도차익, 즉 양도로 인한 소득의 크기를 판단하는 기준시점인 양도시기가 다른 데서 발생하는 문제입니다. 즉, 우리 법상 자산의 양도시기는 원칙적으로 부동산의 경우 잔금청산 시나 이전등기 시, 주식의 경우 주주명부상 명의개서일이 됨에 따라(소득세법 제98조 및 같은 법 시행령 제162조 제1항, 법인세법 제40조 제1항, 같은 법 시행령 제1항 제3호 참조) 당사자들의 법률행위 시점인 계약체결 시와 시차가 존재하고 각 시점에서의 판단기준이 되는 해당 자산의 '시가'가 달라집니다. 대상판결의 사실관계를 보면, 법인과 특수관계인 사이의 매매계약 체결일자는 1995. 8. 2.이고 잔대금 지급일자는 1996. 6. 5.인데 원심은 부당행위 여부에 관한 판단시점과 익금산입액 및 소득처분금액을 산정하는 기준일자를 모두 매매계약 체결일로 본 데 대하여 대상판결은 후자의 경우는 이를 잔대금 지급일자로 본 것입니다.

3. 법인세법 제52조 제1항은, "**납세지 관할 세무서장 또는 관할 지방국세청장은 내국법인의 행위 또는 소득금액의 계산이 특수관계인과의 거래로 인하여 그 법인의 소득에 대한 조세의 부담을 부당하게 감소시킨 것으로 인정되는 경우에는 그 법인의 행위 또는 소득금액의 계산과 관계없이 그 법인의 각 사업연도의 소득금액을 계산한다.**", 같은 조 제4항은, "**제1항부터 제3항까지의 규정을 적용할 때 부당행위계산의 유형 및 시가의 산정 등에 필요한 사항은 대통령령으로 정한다.**"고 각 규정하고 있고, 그 위임을 받은 법인세법 시행령 제88조 제2항은, "**제1항의 규정은 그 행위 당시를 기준으로 하여 당해 법인과 특수관계인 간의 거래(특수관계인 외의 자를 통하여 이루어진 거래를 포함한다)에 대하여 이를 적용한다. 다만, …**"

이라고 규정하고 있습니다. 또한 양도소득의 부당행위계산부인에 관한 소득세법 제101조 제1항은, "**납세지 관할 세무서장 또는 지방국세청장은 양도소득이 있는 거주자의 행위 또는 계산이 그 거주자의 특수관계인과의 거래로 인하여 그 소득에 대한 조세 부담을 부당하게 감소시킨 것으로 인정되는 경우에는 그 거주자의 행위 또는 계산과 관계없이 해당 과세기간의 소득금액을 계산할 수 있다.**", 같은 조 제5항은, "**제1항에 따른 특수관계인의 범위와 그 밖에 부당행위계산에 필요한 사항은 대통령령으로 정한다.**"고 각 규정하고, 그 위임을 받은 소득세법 시행령 제167조 제4항은, "**제98조 제1항에 따른 특수관계인과의 거래에 있어서 토지 등을 시가를 초과하여 취득하거나 시가에 미달하게 양도함으로써 조세의 부담을 부당히 감소시킨 것으로 인정되는 때에는 그 취득가액 또는 양도가액을 시가에 의하여 계산한다.**", 같은 조 제5항은, "**제3항 및 제4항을 적용할 때 시가는 상증세법 제60조부터 제66조까지와 같은 법 시행령 제49조, 제50조부터 제52조까지, 제52조의2, 제53조부터 제58조까지, 제58조의2부터 제58조의4까지, 제59조부터 제63조까지의 규정을 준용하여 평가한 가액에 따른다.** …"고 규정하고 있습니다.

위 각 조항에서 확인할 수 있듯이, 법인세법은 부당행위계산 여부의 판단시점을 행위 당시를 기준으로 한다는 점을 명시하고 있는 반면 소득세법의 양도소득 부당행위계산부인에 관한 규정은 이를 명시하지 않고 있고, 소득부인액의 크기를 정하는 시가의 적용시점에 관하여는 양쪽 모두 별도의 규정을 두지 않고 있습니다. 이에 관하여 판례는 소득세법상 양도소득 부당행위 여부에 관한 판단 역시 행위 당시를 기준으로 판단하여야 하고(대법원 2001. 6. 15. 선고 99두1731 판결), 부인하는 소득의 크기 내지 익금산입액의 크기는 (행위 시점인 계약체결 시점이 아닌) 소득이 실현되는 양도 당시를 기준으로 판단하여야 한다고 판시한 것입니다(법인세법 규정에 관한 대상판결 및 대법원 2010. 5. 27. 선고 2010두1484 판결과 소득세법 규정에 관한 위 99두1731 판결).

4. 판례는 부당행위계산부인 규정의 적용요건으로 조세회피 의도는 필요하지 않다고 보고 있습니다(대법원 1996. 7. 12. 선고 95누7260 판결). 그러나 부당행위계산부인 규정의 적용대상 자체가 특정한 법률행위를 대상으로 하는 이상 그 법률행위 당시에 부당하지 않은 이상 그 이후 실제 권리의 이전이 일어나는 시점에서

적용결과가 부당하다고 하여 이를 부인 대상으로 삼을 수는 없을 것입니다. 이는 납세자의 예측가능성과 기대가능성을 현저히 침해하는 것일 뿐 아니라 부당행위계산부인 제도의 본질에도 맞지 않기 때문입니다. 따라서 양도소득 부당행위계산부인 규정에 관한 같은 취지의 판례는 타당하다고 여겨집니다. 또한 부인되는 소득의 크기를 실제 양도시점에서의 시가를 기존으로 산정하는 것도 불가피합니다. 왜냐하면 부당행위계산부인 규정의 적용에 의하여 시가로 바로잡은 소득의 크기가 일반적인 소득과세의 경우 소득의 크기보다 더 클 수는 없기 때문입니다.

결과적으로 부당행위계산부인 규정이 적용되려면 일차적으로 행위 당시를 기준으로(즉, 그 때를 평가기준일로 하여) 시가를 적용하여 고가나 저가양도 등 법이 요구하는 '부당성'의 요건을 충족하여야 하되, 부인되는 소득의 크기는 다시 양도 당시를 기준으로 시가를 적용하여 별도로 산정하여야 합니다. 이 경우 앞의 부당성의 요건이 충족되지 않으면 과세는 당연히 불가능하지만 일차적으로 부당성의 요건이 충족된다고 하더라도 뒤의 양도 당시를 기준으로 부인되어야 할 납세자의 회피세액이 존재하지 않는다면 역시 과세는 불가능합니다.

5. 한편 대상판결 사안은 법인이 법인 대표이사의 토지를 고가로 매입하여 시가와의 차액을 부인한 것인데 이 경우 익금산입액의 크기 및 소득처분을 할 가액의 크기를 산정하는 기준시점은 토지의 양도 시가 되더라도 실제로 부인되는 금액을 법인의 익금에 산입하는 시점은 양도 시가 아니라 고가매입한 부동산을 처분하거나 혹은 이를 감가상각하는 회계연도입니다. 즉 부인된 시가초과액은 자산을 취득한 날이 속하는 사업연도 법인의 과세표준에는 영향을 미치지 않고, 해당 자산을 감가상각하거나 처분하는 날이 속하는 사업연도의 감가상각 비용을 감소시키거나 해당 자산의 양도차익을 증가시키게 됩니다(대법원 2008. 9. 25. 선고 2006두3711 판결 등).

이와 같이 익금산입한 금액은 사외유출되었으므로 원칙적으로 소득처분(대상판결 사안의 경우 인정상여)의 대상이 되며 그 소득처분액은 앞의 양도시기를 기준으로 판단한 시가와의 차액이 됩니다.

70

부당행위계산부인(2)

- 신주인수권의 저가인수 시 시가의 산정 -

대상판결: 대법원 2004. 2. 13. 선고 2002두7005 판결

【판결요지】

[1] 신주인수의 법률적 성질이 상법상으로는 사원관계의 발생을 목적으로 하는 입사계약으로 인정되고, 상법 제417조의 규정에 의하여 신주의 액면 미달발행이 엄격하게 제한되어 신주를 인수하고자 할 때에 그 액면 가액대로 인수할 수밖에 없다고 할지라도, 세무회계상 타법인 발행의 신주인수는 투자자산의 매입에 해당하므로 신주발행 당시 발행회사의 자산상태 등의 평가에 의한 신주의 정당한 평가가액과 신주인수가액과의 차액을 비교하여 부당행위 부인의 대상이 되는 고가매입 여부를 따져 보아야 한다.

[2] 신주인수행위는 취득 당시 가치가 확정되어 있는 일반적인 자산의 매입과는 달리 당해 주식대금의 납입 자체로 인하여 바로 발행법인의 주식가치가 변동함으로써 인수자가 신주를 취득할 때는 이미 그 가치가 변동한 상태인 점을 감안하면, 신주의 고가인수로 인한 부당행위계산부인액 산정의 기준이 되는 주식의 시가도 증자 대금 납입 직후의 주식가액이라고 보아야 한다.

【참조조문】

상법 제417조, 구 법인세법(1998. 12. 28. 법률 제5581호로 전문 개정되기 전의 것) 제20조(현행 제52조 참조) 구 법인세법 시행령(1998. 12. 31. 대통령령 제15970호로 전문

개정되기 전의 것) 제46조 제2항(현행 제88조 제1항 참조)

【해설】

1. 대상판결의 의의 및 타당성을 검토하기 위해서는 우선 관계법령의 개정과정을 살펴볼 필요가 있습니다.

현행 법인세법 제52조는 부당행위계산부인에 관하여 규정하고 있고, 법인세법 시행령 제88조 제1항은 그 위임을 받아 부인 대상의 구체적인 유형을 규정하고 있는데 같은 항 제8호는 대상판결에서 문제된 증자 시 신주인수권의 고가인수를 포함하여 일련의 '부당 자본거래'에 관하여 규정하고 있습니다. 이 조항은 법인세법 시행령이 1999. 1. 1. 전면개정되면서 처음 등장하였습니다. 한편 1999. 12. 31. 신설된 법인세법 시행령 제89조 제6항은 위 규정에 따라 특수관계인에게 이익을 분여한 경우 익금에 산입할 금액의 계산에 관하여 상증세법의 자본거래에 따른 이익의 증여규정(상증세법 제38조 내지 제42조의2. 이 사건에서 문제된 '증자에 따른 이익의 증여'는 이 중 제39조임)을 준용하도록 규정하였습니다.

2. 자본거래에 따른 이익의 분여가 있게 되면, 손익거래의 경우와 마찬가지로 이익을 분여한 쪽에 대하여는 부당행위계산부인 규정이, 이익을 분여받은 쪽에 대하여는 개인의 경우에는 상증세법에 따른 증여세가, 법인의 경우에는 무상으로 분여받은 이익의 익금산입(법인세법 제15조 제1항, 법인세법 시행령 제11조 제8호) 규정이 적용됩니다. 자본거래에 따른 수증익에 관한 상증세법의 증여관련 규정은 위 법인세법 규정보다 조금 앞선 1997. 1 .1. 상증세법 전면개정 시 의제규정 형태로 처음 도입되었습니다.

3. 이 사건 대상판결은 법인세법에 부당자본거래에 관한 부당행위계산부인 규정이 신설되기 이전에 특수관계자가 발행한 주식의 시가가 액면가에 미달함에도 그 신주를 액면가로 인수한 것이 부당행위계산부인의 대상이 된다고 한 사례입니다. 판례는 동일하게 실권주 고가인수가 문제된 사안에서 부당행위계산부인액 산정의 기준이 되는 시가에 관하여 당초에는 신주발행 당시 평가가액이라고 보았는

데(대법원 1989. 12. 22. 선고 88누7255 판결 등), 대상판결은 그 태도를 바꾸어 신주 인수행위는 당해 주식대금의 납입 자체로 인하여 바로 발행법인의 주식가치가 변동함으로써 인수자가 신주를 취득할 때에는 이미 그 가치가 변동한다는 점을 이유로 이를 고가인수된 증자대금 납입 후의 평가액으로 본 것입니다.

4. 현행 규정으로 돌아오면, 상증세법 관련규정은 수증이익을 산정함에 있어서 주식의 희석화 효과를 감안하는데(이 사건에서 문제된 증자에 따른 이익의 증여에 관하여는 상증세법 시행령 제29조 제2항 참조), 법인세법 역시 부당자본거래에 관한 부당행위계산부인 규정의 적용과 관련하여 이익을 분여한 쪽의 익금산입액 산정에 주식의 희석화 효과를 반영하도록 하고 있습니다(법인세법 시행령 제89조 제6항). 주식의 희석화(dilution) 효과란 주주 간 또는 법인의 주주에 대한 이익 분여 상황에서 분여받은 주주의 이익이 분여한 주주 또는 법인의 손실이 반영되어 하락하는 현상을 말합니다. 주식의 발행가액보다 법인으로 유입되는 자산의 가치가 적게 되고 그로 인하여 출자자가 반대급부로 취득하는 발행주식의 가치가 현물출자 전보다 하락하게 되어 출자자 스스로도 주주로서 그 손실을 분담하게 되는 것입니다.

5. 신주 고가인수의 경우 법인의 주식발행을 통해 신주인수인이 시가와의 차액만큼 경제적 이익을 얻지만 이익의 급부 주체는 주식발행법인이 아니고 주식발행법인의 기존주주입니다. 이와 같은 부당자본거래를 통해서는 주식발행법인의 자산은 자본증가액만큼 증가하고 주식 1주당 가치는 변동하지만 주주에 대한 배당가능이익에 영향을 주는 법인의 손익에는 변동이 없습니다.

이처럼 신주의 고가인수는 본질이 자본거래이고 부당자본거래에서는 이익을 분여받은 쪽은 물론 분여한 쪽에 대하여도 필연적으로 주식의 희석화 효과가 발생합니다. 이는 법령이 별도로 규정하지 않더라도 이익의 분여 주체와 수령 주체가 일정 부분 겹치는 데서 당연히 발생하는 현상이므로 신주의 고가인수로 인한 부당행위계산부인액 산정의 기준이 되는 주식의 시가 역시 이와 같은 경제적 실질을 감안하여 증자 대금 납입 직후의 주식가액으로 보아야 할 것입니다. 따라서 이에 관한 대상판결의 판단은 타당합니다.

6. 다만 신주인수는 법인과 주주 사이의 자본거래이므로, 대상판결이 이익의 분여 주체를 주식의 발행법인으로 보는 전제에서 신주의 고가인수를 손익거래인 투자자산의 고가매입으로 본 것은 이해하기 어렵습니다. 위에서 본 바와 같이 신주의 고가발행을 통하여 주식발행법인의 손익에는 아무런 영향이 없으며 이를 통하여 이익을 받은 주체는 주식발행법인의 구 주주이기 때문입니다. 이처럼 대상판결은 전체적인 논리전개의 정합성에 의문이 있습니다.

7. 일찍이 판례는 법인이 개인주주와 법인주주 사이에 차등배당을 하여 법인주주가 개인주주에게 이익을 분여한 사건에서, 이를 부당행위계산부인 대상인 '거래'에 해당한다고 보아 부당행위계산부인 규정의 적용을 긍정하였습니다(대법원 1993. 5. 27. 선고 92누9012 판결). 이는 법인을 매개로 한 단체법적 행위 내지 사건을 통한 주주 사이의 이익공여를 부인 대상인 '거래'로 본 것으로서, 법인의 의결을 통해 법인주주와 개인주주 사이에 이익의 무상제공이라는 손익거래가 존재한다고 본 것입니다. 이 사건에서 문제된 고가의 신주인수나 위 판결에서 문제된 차등배당의 경우 그것이 부당하게 이루어지는 경우 무상의 이익공여와 관련하여 위 규정 소정의 '거래'가 존재한다고 볼 수 있습니다. 거래의 형태에 불구하고 그 배후에 존재하는 이익분여(증여)에 관한 당자사의 의사적 측면을 고려할 때 우회거래나 다단계거래에 관한 국세기본법 제14조 제3항 또한 긍정할 수 있을 것입니다. 결론적으로 이 사건의 경우 대상판결과 같이 신주의 고가인수를 투자자산의 고가매입으로 볼 것이 아니라 위 차등배당 사안과 같이 법인의 신주발행을 매개체로 하여 신주인수권을 포기한 주주가 신주인수권을 행사한 주주에게 이익을 분여한 행위로 평가하여 당시 법인세법 시행령(1998. 12. 31. 대통령령 제15970호로 전문 개정되기 전의 것) 제46조 제2항 제9호 소정의 '기타 출자자 등에게 법인(주주)의 이익을 분여하였다고 인정되는 것이 있을 때'로 의율함이 상당합니다.

71

부당행위계산부인(3)

- 경영난에 빠진 계열사를 위한 채무보증이 부당행위계산부인 적용대상인지 여부 -

대상판결: 대법원 2006. 11. 10. 선고 2006두125 판결

【판결요지】

계열사를 위한 채무보증 및 이에 따른 대위변제 등 일련의 행위가 경제적 합리성이 결여된 비정상적인 행위로서 부당행위계산부인의 대상에 해당한다고 본 사례.

【참조조문】

구 법인세법(2000. 12. 29. 법률 제6293호로 개정되기 전의 것) 제52조, 구 법인세법 시행령(2000. 12. 29. 대통령령 제17033호로 개정되기 전의 것) 제88조 제1항 제9호

【해설】

1. 대상판결은 법인세법상 부당행위계산부인 규정의 적용요건에 관하여 몇 가지 내용을 판시하고 있으므로 먼저 이에 관하여 살펴봅니다. 첫 번째는, 부당행위계산부인 규정에서 말하는 '부당성' 여부는 경제적 합리성 유무를 기준으로 하고 그에 대한 구체적인 판단은 제반 사정을 구체적으로 고려하여 그 거래행위가 건전한 사회통념이나 상관행에 비추어 경제적 합리성을 결한 비정상적인 것인지의 여부에 따라 판단하여야 하고(대법원 2002. 9. 4. 선고 2001두7268 판결, 대법원 2003. 12. 12. 선고 2002두9995 판결, 대법원 2006. 1. 13. 선고 2003두13267 판결 등 참조), 두

번째는, 부당행위계산부인에 있어 반드시 조세부담을 회피하거나 경감시킬 의도가 있어야만 하는 것은 아니며(대법원 1996. 7. 12. 선고 95누7260 판결, 대법원 2000. 2. 11. 선고 97누13184 판결 등 참조), 세 번째는 법인세법 시행령 제88조 제1항 제9호를 개괄적인 행위유형을 규정한 예시적 규정으로 본 점입니다. 이들 내용들은 모두 기존의 판례에서 확인되었던 내용입니다.

2. 대상판결이 판시한 주요 쟁점은 계열사를 위한 채무보증이 위 규정상 부당행위에 해당하는지 여부입니다. 대상판결 원심이 확정한 바에 의하면, 원고는 1994. 7. 2.경부터 1998. 6. 16.경까지 사이에 원고와 함께 아남그룹 소속의 계열회사로서 원고와 특수관계에 있던 아남건설 주식회사('아남건설')를 위하여 아무런 대가나 경제적 이익을 받지 아니한 채 11회에 걸쳐 원고 회사의 자본총액을 초과하는 채무액에 관하여 연대보증을 선 사실('이 사건 채무보증')과 원고는 1998. 10. 30. 기업개선작업(Work-Out) 대상기업으로 승인되었는데, 채권금융기관협의회와 체결한 기업개선작업약정에서 이 사건 보증채무액의 50%를 변제할 경우 나머지 50%의 보증채무를 면제해 주기로 함에 따라 2000. 5. 3.부터 같은 해 8. 1.까지 사이에 이 사건 보증채무의 이행으로 합계 531억여 원을 대위변제한 사실 및 그 후 아남건설에 대하여 진행된 회사정리절차에서 아남건설의 계열법인 등이 아남건설의 정리절차 개시신청 후 대위변제 등으로 인하여 아남건설에 대하여 취득하였거나 취득할 구상채권은 전액 면제하기로 하는 내용의 정리계획이 확정됨에 따라 원고는 더 이상 아남건설에 대하여 구상권을 행사할 수 없게 됨으로써 위 대위변제금은 모두 원고의 손실로 남게 된 사실 등이 인정됩니다.

3. 대상판결은 위와 같은 사실관계에 터 잡아 이 사건 채무보증의 경위 및 내용, 이 사건 대위변제로 인하여 원고가 얻게 된 이익과 구상채권의 소멸로 인하여 원고가 입게 된 손실의 정도, 특히 원고가 자신의 사업목적과는 무관하게 단지 계열회사라는 이유만으로 아무런 대가나 경제적 이익도 받지 아니한 채 자신의 자본총액을 초과하여 이 사건 채무보증을 했던 점 등에 비추어 보면, 비록 원고가 이 사건 대위변제를 한 것은 채권단과 사이에 체결한 기업개선작업약정에 따른 것으로서 원고 회사의 존속과 소생을 위한 것이었고, 이로 인해 50% 상당의 보증

채무를 면하게 되는 이익을 얻었다는 사정을 감안하더라도, 이 사건 채무보증 및 이에 따른 대위변제 등 일련의 행위는 경제적 합리성이 결여된 비정상적인 행위로서 법인세법 제52조, 같은 법 시행령 제88조 제9호 소정의 부당행위계산부인의 대상에 해당한다고 판단하였습니다.

4. 법인의 계열사 등 특수관계인에 대한 자금지원은 여러 가지 형태로 이루어집니다. 금전을 무상 또는 저율로 대여하는 경우가 가장 전형적인 경우이고, 그 밖에 상환금액을 법정 변제충당순서에 어긋나게 원금에 먼저 충당하는 경우, 채권의 행사를 방치하거나 상환을 유예하는 등으로 기한의 이익을 부여하는 경우, 금융기관으로부터 금원을 차용하는 것에 관하여 보증을 서거나 담보를 제공하는 경우 등 그 형태는 매우 다양하고 광범위합니다. 법인세법 시행령 제88조 제1항 제6호에서는 "**금전 그 밖의 자산 또는 용역의 무상 또는 저율대부 · 제공**"을 부당행위 태양의 하나로 규정하고 있는데 판례는 그 이외의 경우를 모두 위 제6호에 준하는 것으로 보아 제9호의 '**그 밖의 이익분여**'의 경우로 보고 있습니다. 판례가 여기에 해당된다고 본 구체적인 사안으로, 후이자 지급방식에 의하여 금전을 대부하거나 원금상환 시 일괄하여 이자를 수취한 경우(대법원 1985. 6. 11. 선고 84누217 판결), 대여금 회수지연에 따른 기한 이익의 부여(대법원 2009. 7. 24. 선고 89누4772 판결), 회사가 높은 대출이자를 부담하면서 차입금을 상환하지 않은 채 상당한 금원을 대출이자보다 낮은 이율의 정기예금에 예치하여 특수관계 법인들의 대출금 담보로 제공한 행위(대법원 2009. 4. 23. 선고 2006두19037 판결), 주식회사가 특수관계자와 공동연대보증인이 된 보증채무를 전부 대위변제하고서도 특수관계자의 부담부분에 대한 구상권을 행사하지 아니하고 대손처리한 경우(대법원 1991. 12. 27. 선고 91누5440 판결) 등이 있습니다.

한편 이와 같은 특수관계인에 대한 대여금은 부당행위계산부인의 대상이 됨과 동시에 업무무관가지급금에 해당하는 경우가 많습니다. 법인세법은 업무무관가지급금을 '**명칭 여하에 불구하고 해당 법인의 업무와 관련이 없는 특수관계인에 대한 자금의 대여액(금융기관 등의 경우 주된 수익사업으로 볼 수 없는 자금의 대여액을 포함)**'이라고 정의하고 있는데(법 제28조 제1항 제4호 나목, 시행령 제53조 제1항), 법인이 특수관계인에게 금전을 무상 또는 저율로 대부한 경우 여기의 '가지급금'

에 해당하여 시가(법이 정한 인정이자율)와의 차액을 익금산입하고, 귀속자에 따라 배당, 상여 등으로 처분하게 되는 한편, 법인이 각 사업연도에 지급한 차입금의 이자로서 법인세법 시행령 제53조 제2항의 산식에 따른 금액은 이를 손금불산입합니다. 다만 법인이 특수관계인에 대한 구상금채권을 포기한 경우 그 포기행위 자체가 부당행위계산부인 대상이 됨은 별론으로 포기한 구상금채권을 업무무관가지급금으로 볼 수는 없고(대법원 2009. 10. 29. 선고 2007두1656 판결), 특수관계자에게 정기예금반환채권을 담보로 제공한 행위 역시 비정상적인 거래로서 부당행위계산부인 대상에 해당되나 동 행위를 직접적인 대여행위로 볼 수 없으므로 동 채권은 업무무관가지급금에 해당하지 않습니다(대법원 2009. 5. 24. 선고 2006두11224 판결).

5. 법인이 경영난에 빠진 계열회사를 위해 대출채무 보증을 서는 경우, 손실에 대한 위험을 예견하면서 보증을 서는 것은 특수관계가 없으면 생각하기 어려운 측면이 있으나, 다른 한편 계열회사의 부도가 그룹 전체에 미칠 경제적, 사회적 파장 등을 고려한 경영적 판단 아래 자회사에 대한 보증이 이루어진 경우 이를 일률적으로 부인하는 것은 무리가 있습니다.

대상판결 사안의 경우 판시 내용만으로 정확한 사정을 알기는 어려우나 일견 계열회사를 위해 보증을 한 원고회사가 보증 후 오래지 않아 기업개선작업(Work-Out) 대상기업이 된 사정 등 그룹 전체가 경영난에 빠진 상태에서 연쇄도산을 막기 위해 불가피하게 계열회사에 대한 보증이 이루어진 정황이 엿보입니다. 계열회사에 대한 보증이 계열회사의 정상화가 아닌 지배주주에 대한 이익분여적 성격을 가진 것으로 인정되는 등의 사정이 없는 한 이러한 경우에까지 일률적으로 부당행위계산부인 대상으로 삼는 것은 제도의 취지에 비추어 지나치게 엄격한 것이 아닌가 하는 의문이 없지 않습니다. 판례가 판시하고 있는 '사회통념이나 상관행에 비추어 경제적 합리성이 있는지 여부'를 판단함에 있어서 단순히 경제적 이익이 분여되었다는 사정 이외에 경영주체의 경영적 판단이 합리적이었는지 여부까지를 함께 고려하여야 할 것으로 여겨집니다.

참고로 기부금 규정에 관한 일본 법인세법 기본통달에서는, "**자회사의 해산, 경영권의 양도 등에 수반하여 불가피하게 채무의 인수 그 밖의 손실부담 또는 채**

권의 포기를 한 경우에 있어서 그것이 그 이후 보다 큰 손실이 발생하는 것을 회피하기 위하여 행하여지는 등의 합리적 이유가 있는 경우 기부금의 지출로 취급되지 아니한다."고 보거나(제37조 제4항 내지 제6항의 기본통달 9-4-1), "**업황 부진의 자회사의 도산을 방지하기 위하여 긴급히 합리적인 재건계획을 책정하고 그에 기하여 긴급구조자금의 융자 또는 채권포기를 행하는 경우, 저리 또는 무이자로 하거나 채권포기에 대하여 상당한 이유가 있으면 기부금으로 하지 아니한다.**"고 규정하고 있습니다(같은 통달 9-4-2).

72

부당행위계산부인(4)

- 차등배당을 통한 주주 사이의 이익분여 -

대상판결: 대법원 1993. 5. 27. 선고 92누9012 판결

【판결요지】

차등배당결의를 통한 주식 저가양도행위가 부당행위계산에 해당하고 그 회피세액은 액면가액이 아닌 정상가액으로 양도하였을 경우와의 차액을 기준으로 산정하여야 한다고 본 사례.

【참조조문】

구 법인세법(1986. 1. 1. 법률 제3794호로 개정되고 1989. 1. 1. 법률 제4020호로 개정되기 전의 것) 제18조, 제20조, 같은 법 시행령 제40조 제1항, 제46조 제2항

【해설】

1. 이번 회에는 차등배당과 관련된 부당행위계산부인 사안을 다룬 판결에 관하여 살펴보겠습니다. 좀 오래되었지만 부당행위계산부인에 관한 선례적 가치가 있는 판결입니다. 사안은, 소외 회사는 법인주주인 원고법인 및 원고법인과 특수관계에 있는 7명의 개인주주로 구성된 비상장법인인데 소외 회사가 주주총회에서 이익잉여금을 배당하기로 하면서 주주들 전원의 동의로 법인주주인 원고법인에게는 현금배당을 하고, 7명의 개인주주에게는 시가가 액면가를 훨씬 상회하는 소외 회사 발행주식을 액면가 기준으로 배당한 것에 대하여, 과세관청이 주주들에

게 전체적으로 배당된 현금과 주식을 각자의 주식소유비율에 따라 균등하게 배당한 경우에 원고법인이 받았을 이익과 실제 원고법인이 배당받은 금액의 차액을 원고법인이 특수관계에 있는 개인주주들에게 분여하였다고 보아 법인세법상 부당행위계산부인 규정을 적용하여 과세처분을 한 것입니다.

2. 당시 법인세법(1986. 1. 1. 법률 제3794호로 개정되고 1989. 1. 1. 법률 제4020호로 개정되기 전의 것) 제20조는, "**정부는 대통령령이 정하는 바에 의하여 내국법인의 행위 또는 소득금액의 계산이 대통령령이 정하는 특수관계 있는 자와의 거래에 있어서 그 법인의 소득에 대한 조세의 부담을 부당히 감소시킨 것으로 인정되는 경우에는 그 법인의 행위 또는 소득금액의 계산에 불구하고 그 법인의 각 사업연도의 소득금액을 계산할 수 있다.**"고 규정하고, 그 위임을 받은 법인세법 시행령 제46조 제2항은, 제1호 내지 제8호로 무수익자산의 매입 및 비용부담, 자산의 고가매입, 저가양도 등에 관하여 규정하는 한편 제9호로 '**기타 출자자 등에게 법인의 이익을 분여하였다고 인정되는 것이 있을 때**'라는 보충적, 포괄적 규정을 두고 있었습니다. 그런데 이들 제1호 내지 제8호의 거래는 모두 거래 당사자 사이에 직접적인 손익거래가 있는 경우를 대상으로 한 것일 뿐 현재와 같이 자본거래라든가 손익거래라도 법인 형태를 이용한 간접적인 거래를 직접 규제하는 내용은 없었습니다.

3. 대상판결은 위와 같은 특정 주주들에 대한 초과배당은 그 실질에 있어서 배당결의의 주체인 원고법인과 다른 개인주주들 사이에 원고법인이 정상배당의 경우 주주평등의 원칙에 입각하여 그 소유주식 비율에 따라 배당받았을 주식을 다른 주주들에게 저가(액면가)에 양도하기로 하는 합의에 기초하여 그와 같은 거래의 수단으로 배당결의를 이용한 것으로 보았습니다. 또한 대상판결은 이 경우 부인되어야 할 대상은 원고법인이 정상배당의 경우 배당받았을 주식을 위 차등배당결의를 통하여 특수관계에 있는 주주들에게 낮은 대가(액면가)로 양도함에 따라 분여된 이익이므로 원고법인이 위 주식을 특수관계에 있는 주주들에게 정상가액(시가상당액)으로 양도하였을 경우와의 차액을 기준으로 과세가액을 산정하여야 한다고 판단하였습니다.

4. 대상판결에서 다투어진 주요 논점은 주식발행법인의 배당결의를 통한 주주 사이의 간접적인 부의 이전을 법이 부당행위계산부인 요건으로 규정한 '거래'로 볼 수 있는가 여부였는데 대상판결은 이를 합목적적으로 해석하여 긍정하였습니다. 우리 판례는 조세회피행위의 부인과 관련하여서는 대체로 조세공평주의의 요청에 따라 합목적적 해석을 하는 경향이 강합니다.

독일의 경우 우리와 같이 일반적인 조세회피부인에 관한 규정과 구체적인 행위계산부인 규정을 함께 두고 있는데, 구체적인 행위계산부인 규정에 해당하지 않더라도 일반적인 조세회피규정은 여전히 적용이 있다는 점을 명시하고 있습니다(독일 조세기본법 제42조 제2항). 이와 같은 입법 역시 경제적 담세력에 따른 실질과세 내지 공평과세를 중시하는 태도로 이해됩니다.

5. 종전에 판례상 많이 문제된 부분은 대상판결 사안과 같이 법인의 형태 및 그 발행주식을 이용하여 주주 사이에 부(富)를 무상이전하는 경우였는데 현재는 부당자본거래에 관한 규정이 마련됨에 따라 이 규정에 따른 직접적인 해결이 가능하게 되었습니다. 즉 법인세법이 1998. 12. 28. 법률 제5581호로 전부 개정되면서 법 제52조로 부당행위계산부인에 관한 조문의 위치가 변동되고, 같은 법 시행령이 같은 해 12. 31. 대통령령 제15970호로 전부 개정되면서 시행령 제88조에 불공정한 합병거래(제3의2호)나 각종 자본거래(제8호 및 제8의2호) 등에 관한 규정이 신설되었습니다.

위 판결 이후 위 법령 전부개정 전의 다른 사안에서 판례는, 특수관계인이 인수를 포기한 실권주를 법인이 인수하여 특수관계인으로 하여금 경제적 이익을 얻게 한 경우 구 법인세법 제20조, 구 법인세법 시행령 제46조 제2항 제4호에서 정한 '자산의 고가매입'에 준하는 행위로 보아 같은 항 제9호를 적용할 수 있다고 보았습니다(대법원 2009. 11. 26. 선고 2007두5363 판결). 이 판결은 주식의 고가인수를 통하여 주식인수인이 다른 주주에게 이익을 분여한 경우로서 전형적인 자본거래를 통한 이익의 분여에 해당하는데 이 경우 역시 단계적 거래행위부인 법리를 통해 부당행위계산부인 규정을 적용할 수 있다고 본 것입니다.

6. 대상판결에서 문제된 주식배당은, 회사가 주주들에게 배당을 실시함에 있어서 현금 대신 주식을 나누어 주는 것을 말하는데 주주의 입장에서 본다면 주금의 납입 없이 주식 수가 증가하므로 무상증자와 유사하지만 무상증자가 자본준비금이나 이익준비금과 같은 법정준비금을 자본전입하는 것임에 비하여 주식배당은 배당가능이익, 즉 미처분이익잉여금을 자본금으로 전환하는 방식이라는 점에서 차이가 있습니다. 따라서 회사의 이익잉여금은 감소하고 자본금은 증가하지만 자기자본에는 변동이 없게 됩니다.

대상판결 사안은 법인의 차등배당과 신주의 저가(액면가) 발행을 통하여 주주들 사이에 부(富)를 무상으로 이전시킨 사안으로서 발행신주의 시가를 배당 전 시가로 평가할 것인가 아니면 배당 후 시가로 평가할 것인가에 따라 분여이익액의 크기가 달라지는데 통상의 자본거래를 통한 이익의 분여와 마찬가지로 신주의 저가발행을 통한 주식의 희석화 효과까지를 감안하여 배당 후 시가로 평가함이 옳을 것입니다.

73

부당행위계산부인(5)

- 자본거래와 부당행위계산부인 -

대상판결: 대법원 2014. 6. 26. 선고 2012두23488 판결

【판결요지】

구 법인세법(2005. 12. 31. 법률 제7838호로 개정되기 전의 것, 이하 '구 법인세법') 제52조 제1항, 제4항, 구 법인세법 시행령(2007. 2. 28. 대통령령 제19891호로 개정되기 전의 것, 이하 '구 법인세법 시행령') 제88조 제1항 제1호, 제8호 나목의 내용, 그리고 자본거래로 인한 순자산의 증가나 감소를 익금 또는 손금에 산입하지 아니하도록 정하고 있는 구 법인세법 제15조, 제17조, 제19조, 제20조의 각 규정 내용과 취지 등을 종합하여 보면, 주주인 법인이 특수관계자인 다른 법인으로부터 그 발행의 신주를 시가보다 높은 가액으로 인수하였다고 하더라도 이를 '자산을 시가보다 높은 가액으로 매입하는 경우' 또는 '그에 준하는 경우'에 해당한다고 보아 구 법인세법 시행령 제88조 제1항 제1호(또는 제1호에서 정하는 행위에 준하는 행위에 관한 제9호)를 적용하여 부당행위계산부인을 할 수는 없고, 다만 신주의 고가 인수로 인하여 이익을 분여받은 다른 주주가 특수관계자인 경우에 구 법인세법 시행령 제88조 제1항 제8호 나목을 적용하여 부당행위계산부인을 할 수 있을 뿐이다.

【참조조문】

구 법인세법(2005. 12. 31. 법률 제7838호로 개정되기 전의 것) 제15조, 제17조, 제19조, 제20조, 제52조 제1항, 제4항, 구 법인세법 시행령(2007. 2. 28. 대통령령 제19891호로 개정되기 전의 것) 제88조 제1항 제1호, 제8호 나목, 제9호

[해설]

1. '법인'은 결국 주주의 집합체입니다. 경제적 실질을 따진다면 법인의 이익과 손실은 곧 주주의 이익과 손실에 해당하지만 법인세법은 주주에게 소득이 귀속되기 전 법인 단계에서 일차적으로 법인의 손익을 인식합니다. 법인 단계에서 손익을 인식하는 것은 법인 제도의 형식을 존중하고 법인의 법인격 실체를 인정함에 따른 것이며 세무회계상으로는 주주 이전 법인 단계에서 해당 법인에 대해 법인세 과세를 하기 위한 것입니다. 그에 따라 법인에게 손익을 귀속시키기 위한 전제로 법인을 매개로 한 거래의 성격이 무엇인지, 그리고 그 법률관계의 주체 내지 급부의 주체가 누구인지 하는 문제가 중요한 요소로 대두됩니다. 법인을 매개로 거래가 이루어지더라도 법인이 손익의 귀속 주체가 되는 경우 이외에 법인의 주주가 손익의 귀속 주체가 되는 경우가 있는데 거래의 당사자 내지 그에 따른 권리의무 내지 손익의 귀속 주체의 확정은 중복적으로 이루어질 수 없다는 점에서 양자는 본질적으로 양립이 불가능합니다. 법인세법상 부당행위계산부인 규정은 법인을 중심으로 하여 법인이 손익의 귀속 주체가 되는 부당손익거래와 해당 법인의 주주가 손익의 귀속 주체가 되는 부당자본거래를 모두 대상으로 삼고 있는데, 동일한 이치로 양자는 택일적으로 적용될 뿐 중첩적으로 적용될 수 없습니다.

2. 기업회계상 자본은, "**기업실체의 자산 총액에서 부채 총액을 뺀 잔여액 또는 순자산**"입니다(일반기업회계기준 재무회계 개념체계 문단 104). 일반적으로 주주지분과 동의어로 사용되나 타인자본(부채)을 포함하는 의미로 사용되기도 합니다. 재무상태표에 표시되는 자본 총액은 회계기준에 의해 자산 및 부채를 인식함에 따라 결정되므로 일반적으로 주식의 시가총액과는 일치하지 않습니다(같은 문단 106).

기업의 자본은 기업 소유주의 투자와 그에 대한 분배 및 기업이익의 증감에 의하여 변동됩니다. 이 중 앞의 두 가지 경우에 기업과 소유주 간에 자산의 이전이 발생하며, 기업회계에서는 이와 같이 기업과 그 소유주 사이에 자산의 이전이 발생하는 거래를 '자본거래'라고 합니다(같은 문단 112).

기업이란 결국 복수의 소유주의 총합을 의미하므로 기업과 소유주 간 거래는 기업 내부의 정산일 뿐 기업의 손익에는 영향을 미치지 않습니다.

한편 기업회계상 손익거래란 기업에 수익과 비용을 발생시키는 거래입니다. 따라서 자본거래가 자본변동표에 표시되는 데 비해 손익거래는 손익계산서에 표시됩니다(같은 문단 107 내지 110). 손익거래는 자본의 순환과정, 즉 자산의 운용과정으로써 표시되며, 각종 경제가치의 소비 또는 제공, 생산물의 매출에 의한 대가의 수취로서 나타납니다. 따라서 일반 영업활동 과정에서 발생하는 거래는 모두 손익거래에 해당합니다. 손익거래는 크게 수익거래와 비용거래로 분류됩니다. 수익거래는 기업이 상품 또는 용역을 외부에 제공하고 그 대가로서 경제가치를 받아들이는 거래이며, 비용거래는 수익을 얻고 또는 기업의 존속을 유지하기 위하여 경제가치를 소비하는 거래입니다.

자본거래가 기업 자본(자본금 및 자본잉여금) 증감의 원인이 되는 데 반하여 손익거래는 기업 수익(이익잉여금) 증감의 원인이 됩니다. 어느 쪽을 통해서든 기업의 순자산은 증감하나 주주의 출자나 출자의 환급은 그 자체로 법인 자산의 증감을 수반하지만 손익거래에 의한 법인 자산의 증감은 손익의 발생을 통하여 이루어집니다. 이에 따라 자본거래는 직접 재무상태표상 순자산 증감을 가져오지만 손익거래는 일차적으로 포괄손익계산서상 손익 증감을 거쳐 결산 시 재무상태표의 순자산 증감에 반영됩니다.

3. 법인세법 제15조 제1항과 제19조 제1항에 의하면, 자본거래란 기업과 그 출자자 사이에서 일어나는 '**자본 또는 출자의 납입과 그 환급**'을 의미하며 이는 기본적으로 기업회계의 개념과 다르지 않습니다. 협의의 자본, 즉 자본금 및 자본잉여금의 증감, 변화를 일으키는 모든 거래가 여기에 포함됩니다.

법인세법은 자본 및 출자의 납입, 주식의 액면초과발행이나 할인발행, 주식의 포괄적 교환 및 이전, 감자, 합병, 분할 등을 자본거래로 보아 이들 거래로부터 발생하는 손익과 잉여금의 처분을 손비로 계상한 금액, 건설이자의 배당금 등을 익금불산입 또는 손금불산입 대상으로 규정하고 있습니다(제17조 및 제20조).

법인세법이 자본의 납입을 익금에서 제외한 것은 법인세는 법인을 통하여 그 주주 또는 출자자에게 과세하는 세목인데 납입된 자본은 법인세의 과세물건을 발생시키는 원본으로서 법인세법이 과세대상으로 삼는 소득이 아니기 때문입니다. 자본의 환급을 손금에서 제외한 것 또한 같은 이치입니다.

4. 본고의 주제로 돌아와서 법인세법은 부당손익거래와 함께 부당자본거래에 관하여 규정하고 있습니다. 자본거래의 전형인 신주의 발행과 인수에 관하여 보면 신주를 시가보다 고가나 저가로 발행하면 신주를 인수한 신 주주는 시가와 발행가액의 차액만큼 경제적 이익을 얻습니다. 이는 그 거래나 행위를 통하여 누군가가 경제적 손실을 입었다는 이야기입니다. 앞에서 살펴본 바와 같이 자본거래를 통해서는 법인의 손익에 영향이 없으므로 부당자본거래를 통해서도 법인의 손익은 영향을 받지 않습니다. 부당한 자본거래를 통해서도 이익의 분여는 일어나지만 그 이익 분여나 손실부담의 상대방은 주식발행법인의 구 주주입니다. 주식을 시가보다 고가로 발행하면 신 주주로부터 구 주주에게 이익의 분여가, 시가보다 저가로 발행하면 구 주주로부터 신 주주에게 이익의 분여가 각각 일어납니다. 현행 규정상 이와 같은 이익의 분여가 일어나면 이익을 분여받은 쪽에 대하여는 증여세가(상증세법 제39조 참조), 이익을 분여한 쪽에 대하여는 부당행위계산부인 규정의 적용 여부가 각각 문제됩니다. 상증세법과 법인세법 모두 손익거래 뿐 아니라 자본거래를 통해 주주 사이에 이익이 분여되는 경우도 이를 과세대상으로 규정하고 있음을 알 수 있습니다.

5. 위에서 주식을 시가보다 고가로 발행하면 신 주주로부터 구 주주에게로 이익이 분여되고, 시가보다 저가로 발행하면 구 주주로부터 신 주주에게로 이익의 분여된다고 하였는데, 이와 관련하여 우리 법인세법 중 불합리한 내용을 담고 있는 규정을 하나 살펴봅니다.

법인세법 제17조 제1항은 '자본거래로 인한 익금불산입'이라는 제목 아래 그 제1호로서 주식발행액면초과액을 규정하고 있습니다. 이와 같은 주식발행액면초과액은 자본거래로부터 발생하는 이익이므로 기업회계나 상법 모두 회사의 자본준비금으로 적립하여 결손금 보전에만 사용할 수 있도록 하고(국제기준 1001-78, 일반기준 15-3 및 상법 제459조 내지 제461조), 법인세법도 이를 출자의 원본으로 보아 과세하지 않는 것으로 규정한 것입니다.

문제는 위 조항 단서에서 '**채무의 출자전환으로 주식 등을 발행하는 경우 시가초과금액은 익금에 산입한다**'고 규정하고 있는 점입니다. 이 단서 조항의 취지는, 이 경우 주식의 발행가액 중 시가를 초과한 금액은 그 성질이 채무면제익에 해당하기 때문일 것입니다.

그러나 채무의 출자전환으로 주식을 발행·교부하여 법인의 채권자가 법인의 주주로 되는 경우 주식이 시가를 초과하여 발행·교부되더라도 이는 채무의 출자전환으로 새로이 주주가 된 채권자가 기존 주주에게 이익을 분여한 것일 뿐 그로 인하여 법인의 손익에는 아무런 영향을 미치지 않으므로 위 규정은 입법론상 의문이 있습니다. 법인의 채권자가 채무의 출자전환으로 교부받는 주식은 투자의 대가로서 출자되는 채무액의 크기나 신주의 시가가 어떠하든 법인의 손익에 영향을 끼칠 수 없다고 보아야 할 것입니다.

6. 부당행위계산부인에서 자본거래 규정과 손익거래 규정을 적용하는 경우의 또 다른 차이점은, 전자는 출자자산의 반대급부인 발행주식 시가를 현물출자 전이 아닌 현물출자 후 가치, 즉 출자에 따른 주식의 희석화 효과를 반영한다는 데 있습니다. 예컨대 법인세법 시행령 제88조 제1항 제3호는 '자산의 저가현물출자'를 부인 대상으로 하는데 이는 손익거래인 현물출자 자산의 양도와 관련하여 출자 법인의 양도차익을 부당하게 감소시킨 행위를 부인하는 것이므로 양도차익 산정에 주식의 희석화 효과는 적용이 없습니다.

7. 대상판결은, 주주인 법인이 특수관계자인 다른 법인으로부터 그 발행의 신주를 시가보다 높은 가액으로 인수한 경우 손익거래에 관한 구 법인세법 시행령 제88조 제1항 제1호(또는 제1호에서 정하는 행위에 준하는 행위에 관한 제9호)를 적용하여 부당행위계산부인을 할 수는 없고, 다만 신주의 고가인수로 인하여 이익을 분여 받은 다른 주주가 특수관계자인 경우에 구 법인세법 시행령 제88조 제1항 제8호 나목을 적용하여 부당행위계산부인을 할 수 있을 뿐이라고 판단하고 있는데 이는 위에서 설명한 바와 같이 당연한 법리를 확인한 것입니다.

종전에 판례는 특수관계인이 인수를 포기한 실권주를 법인이 인수하여 특수관계인으로 하여금 경제적 이익을 얻게 한 경우 '자산의 고가매입'에 준하는 행위로 보아 부당행위계산부인 규정을 적용할 수 있다고 보았으나(대법원 2009. 11. 26. 선고 2007두5363 판결). 이는 법인세법의 부당행위계산부인 규정에 부당자본거래에 관한 조항이 신설되기 전인 구 법인세법(1998. 12. 28. 법률 제5581호로 전부 개정되기 전의 것) 제20조 및 구 법인세법 시행령(1998. 12. 31. 대통령령 제15970호로 전부 개정되기 전의 것) 제46조 제2항 제4호가 적용된 사안으로서 현행 규정 아래에서는 위 판례의 사안 역시 신주의 고가인수에 관한 규정이 적용되어야 할 것입니다.

74

주식의 포괄적 교환에서 완전자회사 주식이 고가로 양수된 경우 완전모회사에 손실이 발생하는지 여부

대상판결: 대법원 2014. 11. 27. 선고 2012두25248 판결

【판결요지】

주식의 포괄적 교환은 자산의 유상양도로서의 성격도 있기 때문에, 주식의 포괄적 교환에 의하여 다른 회사의 발행주식 총수를 소유하게 되는 회사(이하 '완전모회사'라 하고, 다른 회사를 '완전자회사'라 한다)가 완전자회사가 되는 회사의 주식을 시가보다 높은 가액으로 양수한 경우 법인의 자산이 과대계상되므로 구 법인세법 시행령(2007. 2. 28. 대통령령 제19891호로 개정되기 전의 것) 제88조 제1항 제1호는 그 시가 초과액을 자산의 취득가액에서 제외하는 한편 완전모회사 법인의 익금에 산입하는 것이다. 구 법인세법 시행령 제106조 제1항 제3호는 법인의 익금에 산입한 금액이 사외에 유출된 경우라도 동일한 소득이 이미 귀속자의 과세소득을 구성하고 있는 등 귀속자에게 소득세 납세의무를 지우는 것이 부적절한 경우에는 귀속자에 대한 소득처분 없이 유출사실만을 확정하는 '기타 사외유출'로 처분하도록 하는 데 그 취지가 있다. 그런데 주식의 포괄적 교환에 의하여 완전자회사가 되는 회사의 주주가 얻은 이익은 '법인의 자본을 증가시키는 거래에 따른 이익의 증여'로서 구 상증세법(2010. 1. 1. 법률 제9916호로 개정되기 전의 것) 제42조 제1항 제3호에 따라 증여세가 과세된다. 따라서 주식의 포괄적 교환에 의하여 완전모회사가 되는 회사가 완전자회사가 되는 회사의 주식을 시가보다 높은 가액으로 양수함으로써 부당행위계산부인에 따라 법인의 익금에 산입되는 금액에 대하여는 구 법인세법 시행령 제88조 제1항 제8호의 경우에 준하여 '기타 사외유출'로 처분하여야 하고, 그 귀속자에게 배당, 상여 또는 기타소득의 처분을 할 수 없다.

【참조조문】

구 법인세법(2007. 12. 31. 법률 제8831호로 개정되기 전의 것) 제67조, 구 법인세법 시행령(2007. 2. 28. 대통령령 제19891호로 개정되기 전의 것) 제88조 제1항 제1호, 제8호 가목, 나목, 다목, 제106조 제1항 제1호, 제3호 자목, 상법 제360조의2, 구 상증세법(2010. 1. 1. 법률 제9916호로 개정되기 전의 것) 제42조 제1항 제3호

【해설】

1. 주식의 포괄적 교환의 경우 계약 자체는 완전모회사와 완전자회사 사이에 체결되나 완전자회사 주주가 소유주식을 완전모회사에 넘기고 완전모회사로부터 신주를 발행·교부받으므로 급부의 주체를 기준으로 보면 실질적으로는 완전자회사 주주와 완전모회사 사이의 법률관계로 볼 수 있습니다. 이는 사법상 제3자를 위한 계약과 유사한 형태입니다.

주식의 포괄적 교환은 완전자회사 주주들이 보유하던 완전자회사 주식을 현물출자하고 완전모회사 주식을 교부받는 것으로서 출자자산이 부동산이 아닌 완전자회사 주식이라는 점만 다를 뿐 그 기본적 구조는 부동산 현물출자와 동일합니다. 아래에서는 먼저 고가의 현물출자의 과세상 문제점에 관하여 살펴보도록 하겠습니다.

2. 현물출자는 자산을 양도하는 방법으로 법인에 대한 출자의무를 이행하는 것으로서 출자자나 출자를 받는 법인('피출자법인') 쌍방에 대하여 '출자대상 자산의 양도·양수'라는 손익거래와 '출자'라는 자본거래의 성격을 동시에 갖습니다. 즉 현물출자 계약은 자산의 양도계약과 회사 사원의 지위를 취득하는 출자계약이 하나의 형태로 혼합된 계약입니다. 출자자 입장에서는, (1) 현물출자한 자산을 양도하여, (2) 그 양도대금으로 피출자법인의 증자절차에 참여하는 두 단계 거래가, 이에 대응하여 피출자법인 입장에서는, (1) 현물출자 자산을 양수하는 거래와 (2) 그 양수가액 상당의 출자를 받는 두 단계 거래가 각각 존재합니다.

이 중 (1)의 자산의 양도·양수 단계에서 출자자는 양도한 자산에 대한 소유권이전채무와 그 반대급부로 대금청구권을, 피출자법인은 양수한 자산에 대한 소유권이전청구권과 그 반대급부인 대금지급채무를 각각 보유하는 한편, (2)의 출자거래 단계에서 출자자는 피출자법인으로부터 주식을 발행·교부받을 권리(주식청구권)와 출자금(주식대금) 납입채무를, 피출자법인은 주식을 발행·교부할 채무와 주식납입대금 채권을 각각 보유하게 됩니다.

최종적으로 출자자는 피출자법인에 출자자산을 양도하고 피출자법인으로부터 신주를 발행·교부받지만 그 거래 속에는 출자자가 자산의 양도·양수거래를 통하여 취득한 피출자법인에 대한 양도대금채권으로 출자거래를 통하여 부담하게 된 주식대금(출자금) 납입채무를 대체(상계)하는 거래 과정이 숨어 있습니다.

3. 자산의 유상양도를 통하여 양도가액과 취득가액의 차액에 해당하는 부분에 대하여 양도차손익이 발생합니다. 다만 기업이 보유자산을 등가로 양도한 경우 그와 같은 자산의 양도로부터 이익이 발생하는 것은 양도가액과 취득가액의 차액이 상품판매이익이나 자산의 보유기간 동안의 자본이득 등으로 실현되기 때문이지 양도거래 자체로부터 어떠한 이익이 발생하기 때문은 아닙니다. 이처럼 자산의 양도거래에서 해당 거래가 등가교환 거래이면 양도차손익 이외에 별도의 손익이 발생하지 않으나 등가교환이 어긋나면 자산의 양도거래를 통하여 무상으로 부가 이전되고 그와 같은 이익의 분여는 그 자체로 별도의 손익거래를 구성합니다. 하나의 양도거래로부터 발생하지만 영업이익 내지 자본이득의 실현을 의미하는 자산의 양도차익과 이익분여는 세법상 그 취급이 분명하게 구분됩니다. 이와 같이 거래를 통하여 법인에 손익이 발생하고 그와 같은 손익의 발생이 기업의 자산증감을 초래하면 법인세법은 그 단계에서 일차적으로 법인의 손익을 인식합니다. 이는 법인의 실체성을 인정하는 우리 법제 아래에서 해당 거래가 출자자와 법인 사이의 손익거래이고 법률상 급부의 주체 내지는 그 상대방 또한 법인이기 때문입니다.

4. 등가거래와 비등가거래에 관한 위 설명은 현물출자의 반대측면인 자본거래인 신주발행에 관하여도 기본적으로 동일합니다. 신주발행의 경우 발행가액이 시가와 일치하면 발행가액만큼 법인의 자본이 증가하는 이외에 법인은 물론 출자자나 기존 주주에게 별도로 손익이 발생하지 않으나 자산의 고가나 저가이전의 경우와 마찬가지로 신주의 고가나 저가발행을 통하여서도 주식의 발행가액과 시가와의 차액만큼 신 주주에게는 경제적 이익 또는 손실이, 기존 주주에게는 그에 상응한 경제적 손실 또는 이익이 발생합니다. 이와 같은 비등가 자본거래는 주주 사이의 문제로서 그로 인하여 법인에 손익이 발생하지는 않으나 주주 사이에서는 경제적 이익이 교환되고 그와 같은 이익의 교환은 본질적으로 손익거래적 성격을 갖습니다.

5. 이처럼 자산의 고가의 현물출자는 자산의 고가양도로서의 본질을 갖습니다. 기본적으로 자산의 고가양도는 양도와 증여가 결합된 거래입니다. 사법상으로도 그와 같이 이해되고 세법상으로도 원칙적으로 그와 같이 취급됩니다. 즉, 고가양도에 해당하는 부분은 양도차익에서 분리하여 별도로 자산수증익으로 과세합니다. 소득세법이나 법인세법상 부당행위계산부인 규정도 고가양도의 경우 증여와 양도를 분리하여 과세합니다. 이 부분은 양도계약과 별도로 재산상 이익을 무상으로 교부하는 것으로서 거래 당사자의 자산상태를 증감·변동시키는 손익거래에 해당합니다. 예컨대 시가 4억 원짜리 부동산을 7억 원에 양도한 경우 시가 차액 3억 원에 관하여 당사자들의 이익분여 의사의 합치 여부와 관계없이 세법은 이를 부당행위계산부인 적용대상 또는 기부금으로 봅니다. 다만 통상적인 양도의 경우와 달리 현물출자의 경우에는 먼저 부동산의 평가절차를 거쳐 시가를 확인하고 이를 기초로 거래가액이 정해진다는 특성이 있습니다. 일반 양도는 부당행위계산부인이나 기부금의 대상이 될 때 비로소 시가개념이 필요하나 현물출자 거래에서는 거래단계에서 미리 시가를 확인하기 위한 평가절차를 필요로 합니다.

6. 위와 같이 현물출자 시 납입된 자산가액이 주식의 발행가액에 못 미치는 경우 그 차액만큼 법인에 손실이 발생한다는 점은 이는 법인세법상 부당행위계산부인에 관한 규정을 통해서도 확인됩니다.

현물출자의 경우 부당행위계산부인 규정의 적용과 관련하여 법은 그 적용국면을 두 단계로 나누어 고찰하고 있습니다. 즉 출자자와 법인 사이의 양도거래와 출자자와 법인 사이의 출자거래로 나누어 전자는 출자하는 자산의 시가와 그 출자평가액(=출자자산의 양도가액 및 신주의 발행가액)의 차액을 부당행위계산부인(손금불산입, 익금산입)하고, 후자는 신주의 발행가액과 그 주식의 시가와의 차액을 구(법인)주주에 대하여 부인(손금불산입, 익금산입)합니다(법인세법 시행령 제88조 제1항 제3호 및 같은 항 8호 나목 참조).

만일 고가의 현물출자에 관하여 납입자산과 발행신주를 직접 대가관계로 보아 하나의 자본거래로만 구성한다면 실제로 납입된 자산의 시가와 발행신주의 시가와의 차액이 구 (법인)주주로부터 신 주주에게로 이익분여된 것으로 보아 구(법인)주주에 대하여 부인(손금불산입, 익금산입)하도록 규정하였을 터인데 법은 이를 주식발행법인을 중심으로 납입된 자산의 시가와 신주의 발행가액의 차액(부당손익거래 측면) 및 신주의 발행가액과 그 주식의 시가와의 차액(부당자본거래 측면)이라는 두 단계로 나누어 규율합니다(이중 후자의 부당자본거래에 관하여는 본 판례백선 74회를 참고하시기 바랍니다).

나아가 법인세법 제17조 제1항 제1호에서 익금불산입 대상으로 규정한 주식발행액면초과액 규정에서 실제 납입된 자산가액에서 액면가액에 의한 자본금을 빼도록 하지 않고 발행가액에서 이를 빼도록 하고 있는 것도 일단 주식의 발행이라는 자본거래를 통하여 발행가액만큼 법인의 순자산이 증가하기 때문입니다. 그리고 그와 같이 증가한 법인의 순자산가액이 현물자산의 저가양도라는 손익거래 과정을 통하여 실제 납입된 자산가액만큼 줄어드는 손실이 발생한다고 보아야 위 규정의 취지에 부합합니다.

7. 자산의 취득가액을 시가를 기준으로 산정한다는 것은 손익산정에 있어서 시차가 개입됨을 의미할 뿐 역사적 원가주의와 비교할 때 이로 인하여 전 과세기간을 통한 법인의 손익계산에 영향을 미치지는 않습니다. 자산을 시가보다 고가로 취득한 경우 취득가액을 시가로 조정하면 즉시 손실이 실현되는 반면 시가로 조정하지 않으면 감가상각 시 또는 양도 시 시가와의 차액만큼 법인의 이익을 줄이는 방향으로 손실이 실현될 뿐입니다. 이 경우 법인의 자산이 사외로 유출된 것

은 없습니다. 그런데 이익의 분여행위가 있게 되면 시가를 초과하는 부분은 자산의 사외유출이 수반되므로 일단 손실을 인식한 후 다시 부당행위계산부인이나 기부금 규정의 적용 등 해당 손실의 손금을 부인하는 세무상 회계처리(손금불산입 및 익금산입)가 뒤따르고 그 세무조정에 따른 기업회계와 세무회계의 차이는 영구적인 것이 됩니다.

8. 주식의 포괄적 교환·이전은 주식과 주식의 교환이지만 완전자회사 주식은 '양도거래의 대상'인 반면 완전모회사나 신설회사 주식은 '출자거래의 수단 내지 결과'라는 점에서 양자는 그 성격이 다릅니다.

주식의 포괄적 교환의 경우 교환비율을 정하기 위하여 완전모회사 및 완전자회사 주식에 대한 평가가 필요한데, 완전자회사 주주가 완전모회사에 완전자회사 주식을 이전함에 있어서 가액이 과다평가되는 경우 고가의 현물출자와 동일한 문제가 발생합니다. 다른 한편 완전자회사 주주가 취득하는 완전모회사 주식의 발행가액이 시가에 미달하는 경우 마찬가지로 완전자회사 주주에게 이익이 발생합니다. 이 경우 완전모회사의 회계처리에는 아무런 영향이 없고 완전자회사 주주와 완전모회사 주주 사이에서 손익이 교환된다는 점은 일반적인 현물출자의 경우와 같습니다.

9. 자본거래를 통해서는 손익이 발생할 수 없고, 주식의 포괄적 교환은 자본거래에 해당하므로 그것이 비등가거래로 이루어지더라도 완전모회사에 손익이 발생할 수 없다는 견해가 있을 수 있으나, 대상판결은 주식의 포괄적 교환거래를 단순한 자본거래가 아니라 손익거래와 자본거래가 혼합된 형태로 보고 이 중 손익거래에 해당하는 부분인 완전모회사가 완전자회사 주식을 시가를 초과하여 인수한 부분의 소득이 사외유출된 것으로 보되 이를 기타사외유출로 처리하여야 한다고 보았습니다. 이처럼 완전모회사 소득이 사외로 유출되었다는 것은 그에 따른 손실이 발생하였음을 의미하므로 이 점에 관하여 대상판결의 내용 역시 앞의 설명과 취지를 같이 합니다.

75

대표이사의 횡령행위와 소득처분

대상판결: 대법원 2010. 1. 28. 선고 2007두20959 판결

【판결요지】

법인의 실질적 경영자인 대표이사 등이 법인의 자금을 유용하는 행위는 특별한 사정이 없는 한 처음부터 회수를 전제로 하여 이루어진 것이 아니어서 그 금액에 대한 지출 자체로서 이미 사외유출에 해당한다. 여기서 그 유용 당시부터 회수를 전제하지 않은 것으로 볼 수 없는 특별한 사정에 관하여는 횡령의 주체인 대표이사 등의 법인 내에서의 실질적인 지위 및 법인에 대한 지배 정도, 횡령행위에 이르게 된 경위 및 횡령 이후의 법인의 조치 등을 통하여 그 대표이사 등의 의사를 법인의 의사와 동일시하거나 대표이사 등과 법인의 경제적 이해관계가 사실상 일치하는 것으로 보기 어려운 경우인지 여부 등 제반 사정을 종합하여 개별적·구체적으로 판단하여야 하며, 이러한 특별한 사정은 이를 주장하는 법인이 입증하여야 한다.

【참조조문】

법인세법 제67조, 법인세법 시행령 제106조 제1항, 구 회사정리법(2005. 3. 31. 법률 제7428호 채무자 회생 및 파산에 관한 법률 부칙 제2조로 폐지) 제102조(현행 채무자 회생 및 파산에 관한 법률 제118조 참조), 국세기본법 제26조의2 제1항 제1호

[해설]

1. 대상판결은 세법상 어려운 주제의 하나인 소득처분에 관하여 그 요건의 판단기준인 사외유출과 사내유보의 구분을 다루고 있습니다.

2. 법인세법 제67조는, "**법인세 과세표준의 신고·결정 또는 경정이 있는 때 익금에 산입하거나 손금에 산입하지 아니한 금액은 그 귀속자 등에게 상여·배당·기타사외유출·사내유보 등 대통령령으로 정하는 바에 따라 처분한다.**"고 규정하고, 법인세법 시행령 제106조 제1항은, 익금에 산입한 금액이 사외에 유출된 경우 그 귀속자에 따라 배당, 이익처분에 의한 상여, 기타소득, 기타 사외유출로 처분하며, 귀속이 불분명한 경우에는 대표자에게 귀속된 것으로 보도록 규정하고 있습니다. 대상판결 사안은 이 중 대표이사의 법인 재산 횡령행위와 관련하여 대표이사에 대하여 상여로 소득처분한 것이 문제되었습니다.

3. 세무조정을 하여 익금과 손금의 항목과 금액을 산출하는 경우 해당 금액이 누구에게 귀속되는지를 밝히는 것이 소득처분입니다. 예컨대 어느 법인에서 어느 회계연도에 법인세 과세이전 단계에서 50억 원이 법인 밖으로 유출되었다고 할 때, 해당 금원을 법인의 과세소득에 환원시킴과 동시에(익금산입), 해당 금원이 주주나 임원에게 정식으로 지급되었다면 법인의 원천징수절차를 통하여 그 귀속자에 대한 배당소득이나 근로소득으로 과세되었을 것이므로 귀속자에 대하여 동일하게 해당 소득으로 의제하여 소득세를 과세하는 조치가 바로 소득처분입니다.

4. 소득처분은 신고납세방식 아래에서는 원칙적으로 법인 자신이 행하지만 법인 스스로가 법령상 요구되는 소득처분을 하지 않을 경우 과세권자가 법인에 대한 소득금액변동통지라는 형식으로 하게 됩니다. 소득처분이라는 용어에 불구하고 본래의 행정처분과는 성격이 다르지만 우리 판례는 소득금액변동통지의 법률적 효과에 착안하여 그 쟁송적격을 인정함으로써 현실적으로 행정처분과 유사한 취급을 받고 있습니다. 우리 법상 소득처분 제도는 귀속불명의 경우 대표자에 대한 상여로 의제하는 등 다른 어느 나라의 제도보다 적용범위가 넓게 설계되어

있어 납세자에게 지나치게 불리하다는 비판을 받고 있지만 다른 한편 조세회피행위를 방지하고 공평과세의 확립에 기여하는 기능을 수행해 온 측면도 있습니다.

5. 법인 익금누락액의 소득처분과 관련하여 핵심문제는 해당 금액이 사외로 유출되었는지 아니면 사내에 유보되어 있는지 여부입니다. 법인의 입장에서 사내유보의 경우에는 추가적 세무조정 조치가 필요 없는 반면 사외유출의 경우에는 원칙적으로 법인이 소득 귀속자에 대한 소득에 관하여 원천징수의무를 부담하기 때문입니다.

사외유출과 사내유보의 구별에 관하여 주로 회사의 대표이사 등 임·직원이 회사 자산을 횡령한 경우가 문제되는데 학설의 다수는 법인이 손해배상청구권 등의 권리를 보유하고 있는가의 여부를 기준으로 판단합니다. 판례 역시 종전에는 대표이사 횡령의 경우 횡령시점에 원칙적으로 사외유출된 것으로 보는 견해를 취하다가(대법원 1999. 12. 24. 선고 98두7350 판결 등), 그 후 법인의 실질적 경영자가 아닌 대표이사가 회사 자금을 횡령한 사안에서 "법인의 피용자 지위에 있는 자가 법인 업무와는 무관하게 개인적 이익을 위해 법인 자금을 횡령하는 등 불법행위를 함으로써 법인이 그 자에 대하여 그로 인한 손해배상채권 등을 취득하는 경우에는 그 금원 상당액이 곧바로 사외유출된 것으로 볼 수 없고, 해당 법인이나 그 실질적 경영자 등의 사전 또는 사후의 묵인, 채권회수포기 등 법인이 손해배상채권을 회수하지 않겠다는 의사를 객관적으로 나타낸 것으로 볼 수 있는 등의 사정이 있는 경우에만 사외유출로 보아 소득처분할 수 있으며, 대표이사직에 있더라도 실질상 피용자의 지위에 있으면 마찬가지로 보아야 한다."고 하여 태도를 변경하였고(대법원 2004. 4. 9. 선고 2002두9254 판결), 이는 그 후 확립된 판례가 되었습니다(대법원 2008. 11. 13. 선고 2007두23323 판결 등). 대상판결은 이 중 법인의 실질적 경영자인 대표이사가 법인 자금을 유용한 행위를 특별한 사정이 없는 한 사외유출로 판단하면서 그 구체적인 판단기준을 제시하고 있습니다.

6. 법인의 임직원이 법인 재산을 횡령한 경우 법인의 손해배상청구권 존부를 기준으로 사외유출 여부를 따지는 견해는 동일한 대표이사라도 법인의 지배주주 등 실질적 경영자가 대표이사를 하는 경우와 법인의 지배와 무관하게 전문경영인

의 지위에서 대표이사를 하는 경우를 비교적 분명하게 구분하게 해 준다는 점에서 장점이 있습니다. 법인의 지배주주와 같이 실질적인 경영자가 법인재산을 횡령한 경우 사외유출 당시를 기준으로 법인이 그에 대하여 손해배상청구권을 행사한다는 것은 사실상 생각하기 어려우므로 손해배상청구권의 묵시적 포기를 인정하여야 할 경우가 대부분인 반면, 그렇지 않은 대표이사의 횡령행위에 대하여는 법인이 손해의 회수를 포기할 이유가 없으므로 횡령한 대표이사의 변제자력 등 손해배상채권의 현실적 회수가능성을 떠나 이를 사내유보로 보아 법인에 원천징수의무를 부담시키지 않아야 할 것입니다. 법인세법기본통칙 19의2−19의2…6이 규정한, "**사용인이 법인의 공금을 횡령한 경우로서 동 사용인과 그 보증인에 대하여 횡령액의 회수를 위하여 법에 의해 제반절차를 취하였음에도 무재산 등으로 회수할 수 없는 경우에는 동 횡령액을 대손처리할 수 있다. 이 경우 대손처리한 금액에 대하여는 사용인에 대한 근로소득으로 보지 아니한다.**"는 내용도 같은 취지를 전제한 것으로 이해됩니다.

76

법인이 대표자 인정상여처분된 소득금액을 납부한 후 구상하는 경우 입증책임

대상판결: 대법원 2008. 9. 18. 선고 2006다49789 전원합의체 판결

【판결요지】

[1] 원천징수제도는 원천납세의무자가 실체법적으로 부담한 원천납세의무의 이행이 원천징수라는 절차를 통하여 간접적으로 실현되는 제도로서 원천징수세액의 납부로 인하여 원천납세의무자는 국가에 대한 관계에서 당해 납세의무를 면하게 되므로, 원천징수의무자가 원천납세의무자로부터 원천징수세액을 원천징수함이 없이 이를 국가에 납부한 경우에는 원천납세의무자에 대하여 구상권을 행사할 수 있고, 이는 대표자 인정상여의 경우에도 그대로 적용된다. 이와 달리 대표자 인정상여에 있어서 법인이 원천징수의무를 이행하였음에도 익금산입액 귀속이 불분명하다는 사유로 법인 대표자에 대한 구상권 행사를 부정한다면, 이는 사실상 원천납세의무는 없고 원천징수의무만 있게 되어 원천징수제도의 기본 법리에 어긋나는 부당한 결과에 이르게 된다.

[2] 대표자는 익금산입액의 귀속이 불분명하다는 사유로 상여처분된 소득금액에 대하여 특별한 사정이 없는 한 그 금액이 현실적으로 자신에게 귀속되었는지 여부에 관계없이 원천징수의무자인 법인이 납부한 갑종근로소득세액 상당을 당해 법인에게 지급할 의무가 있고, 이 경우 법인의 구상금청구를 거절하기 위해서는 법인의 업무를 집행하여 옴으로써 그 내부사정을 누구보다도 잘 알 수 있는 대표자가 인정상여로 처분된 소득금액이 자신에게 귀속되지 않았을 뿐만 아니라 귀속자가 따로 있음을 밝히는 방법으로 그 귀속이 분명하다는 점을 증명하여야 한다.

[3] 구 법인세법(2007. 12. 31. 법률 제8831호로 개정되기 전의 것) 제67조에서의 소득처분은 법인세의 과세표준을 신고하거나 결정 또는 경정함에 있어서 익금에 산입한 금액의 사외유출 여부를 확정하고, 만일 당해 금액이 사외로 유출된 것이라면 누구에게 어떤 소득의 형태로 귀속된 것인지를 특정하여 그 귀속자와 소득의 종류를 확정하는 세법상의 절차로서, 이미 특정과세연도에 귀속된 소득을 사후적으로 확인하는 절차인바, 익금에 산입한 금액이 사외로 유출된 것이 분명한 경우에는 반드시 누군가에게 귀속되었을 것이나, 과세자료 등을 통하여 그 귀속자를 객관적으로 확정할 수 없는 '귀속불분명'의 경우를 충분히 예상할 수 있으므로, 위 법 제67조가 "… **익금에 산입한 금액은 그 귀속자에 따라 … 처분한다**."고 규정하여 '그 귀속자에 따라'라는 문언을 사용하였다고 하더라도, 위 법조가 대통령령에 위임하고 있는 소득처분의 종류와 내용에는 사외유출된 익금산입액이 누군가에게 귀속되었을 것임은 분명하나 그 구체적 귀속자를 밝힐 수 없는 경우를 포함하고 있다고 봄이 상당하므로, 구 법인세법 시행령(2008. 2. 22. 대통령령 제20619호로 개정되기 전의 것) 제106조 제1항 제1호 단서가 모법인 위 법 제67조의 위임 범위를 벗어난 무효의 규정이라고 할 수 없다.

【참조조문】

법인세법 제67조, 법인세법 시행령 제106조 제1항 제1호, 구 법인세법(2007. 12. 31. 법률 제8831호로 개정되기 전의 것) 제67조(현행 제67조 참조), 구 법인세법 시행령(2008. 2. 22. 대통령령 제20619호로 개정되기 전의 것) 제106조 제1항 제1호(현행 제106조 제1항 참조)

【해설】

1. 대상판결은 소득처분과 원천징수에 관한 몇 가지 쟁점을 다루고 있습니다. 소득처분과 원천징수는 실무상 흔히 양자가 결합하여 복잡한 양상을 전개하곤 합니다. 아래에서 대상판결이 다루고 있는 소득처분의 성격과 대표자 인정상여에 관한 규정의 위헌성 및 법인이 대표자 인정상여처분된 소득금액을 납부한 후 구

상하는 경우 입증책임에 관하여 차례로 살펴보겠습니다. 소득처분의 의의는 본 판례백선 75회에서 살펴보았으므로 검토를 생략합니다.

2. 대상판결에 적용된 구 법인세법(2007. 12. 31. 법률 제8831호로 개정되기 전의 것) 제67조는 '소득처분'이라는 제목 아래, "**제60조의 규정에 의하여 각 사업연도의 소득에 대한 법인세의 과세표준을 신고하거나 제66조 또는 제69조의 규정에 의하여 법인세의 과세표준을 결정 또는 경정함에 있어서 익금에 산입한 금액은 그 귀속자에 따라 상여·배당·기타 사외유출·사내유보 등 대통령령이 정하는 바에 따라 처분한다.**"라고 규정하고 있습니다. 이와 같은 소득처분에 관한 규정형태는 현행 규정에 있어서도 다르지 않습니다.

3. 먼저 대상판결은 소득처분이 '이미 특정 과세연도에 귀속된 소득을 사후적으로 확인하는 절차'라고 판단하고 있습니다. 여기서 특정 과세연도란 법인소득이 사외로 유출된 과세연도를 가리키는 것으로 이해되는데 소득처분 이전 단계인 해당 연도에는 소득이 과세소득으로 특정되어 누구에게 귀속되었다고 보기 어렵고 따라서 이를 사후적으로 확인하는 절차라는 판시 내용에 동의하기 어렵습니다.

과세관청의 익금산입액에 대한 소득처분이 있게 되면 해당 소득에 관하여 법인에 대한 원천징수가 뒤따르는데 위 쟁점은, 결국 법인의 원천징수의무가 언제 성립 및 확정하는지, 그리고 그에 대응하는 원천납세의무는 언제 성립, 확정하는지의 문제로 연결됩니다. 원천납세의무 성립시기와 관련하여 소득세법 시행령에서는 소득이 유출된 과세연도로 보는 취지의 규정을 두고 있고(같은 법 시행령 제46조 제6호, 제49조 제1항 제3호, 제50조 제1항 제2호), 판례도 같은 취지입니다(대법원 2006. 7. 27. 선고 2004두9944 판결; 2008. 4. 24. 선고 2006두187 판결). 그리고 이는 소득처분을 위와 같이 확인적 처분으로 보는 견해와 취지를 같이 하는 것으로 이해됩니다. 그러나 우리 법상 소득처분은 소득의 성격 등을 묻지 않고 법상 특정 소득으로 의제하는 것으로서 소득의 성격을 새로 규정짓는 것이므로 실체적 법률관계를 변동시키는 행위이며, 이를 대외에 공시하는 소득금액변동통지는 위와 같은 실체적 효력을 처분의 형식으로 뒷받침하는 절차적 규정으로서 형성적 효력을 갖는 행정처분에 해당합니다. 따라서 대상판결의 취지가 특정한 납세자에 대하여 과세요건이 충족되거나 혹은 소득세 납세의무가 성립되었다는 의미라면 이는 규율하고자 하는 대상의 법적 실체와 어긋납니다. 특정 과세연도에 그와 같은 사건은 벌어지지 않았으며, 사후에 소득의 원천이 특정 납세자에게 귀속되었음을 확인하거나 귀속을 의제한 것뿐입니다. 소득의 사외유출이라는 사건만으로는 소득을 원천별로 구분하여 과세하는 우리 소득세법상 과세요건이 충족되었다거나 납세의무가 성립되었다고 볼 수 없습니다. 통상적인 부과처분의 경우 납세의무가 성립되어 있는 상태에서 이를 확정하는 것이므로 확인적 행정처분으로 이해할 수 있으나, 소득처분의 경우는 소득금액변동통지에 의하여 비로소 소득의 지급이 있는 것으로 의제되어 원천징수의무가 성립 및 확정되기 때문에 소득처분을 확인적 절차로 파악하기는 어렵습니다.

4. 이 점은 과세요건에 대한 입증책임을 살펴보아도 확인됩니다. 과세관청이 인정상여 등 소득처분을 과세요건으로 내세우려면 익금산입액의 유출사실과 귀속 상대방만을 특정하면 되고 소득의 성격 및 유출시점을 주장·입증할 필요가 없습니다. 구체적으로 소득처분의 경우 과세관청은, ① 매출누락 등 익금에 추가 산입할 금액, ② 그 익금가산액이 사외유출된 사실, ③ 사외유출된 금액에 대하여 법인세법 제67조 및 동법 시행령 제106조가 정하는 절차와 방법에 따라 소득처분을 한 사실만을 주장·입증하면 되지만, 현실귀속소득을 주장하는 경우에는 위 ①, ② 이외에도, ③ 사외유출된 소득이 대표자 등에게 현실적으로 귀속된 사실과 ④ 그 소득이 어떠한 종류의 소득인지 등을 구체적으로 주장·입증하여야 합니다(대법원 2003. 11. 27. 선고 2002두2673 판결 등).

이와 같은 소득처분 및 소득금액변동통지의 법적 성격에 비추어, 원천납세의무 성립시기를 해당 유출재산이 납세의무자에게 현실적으로 귀속된 때로 보는 것은 납세의무를 소급시키는 위헌적 해석이라는 비난을 피하기 어려울 것입니다. 이 점에서 귀속시기를 당해 연도 유출시점으로 규정한 앞서의 시행령 규정 역시 모법의 근거를 찾기 어렵습니다. 관련 법령이 소득처분과 관련하여 납세의무자의 추가신고납부에 관한 규정을 두고(소득세법 시행령 제134조 제1항), 부과권 제척기간 기산일도 소득처분 시를 기준으로 규정한 것(국세기본법 제26조의2 제2항 제2호 후문)도 위 시행령 규정의 문제점을 드러내고 있습니다.

5. 다음 대표자 인정상여에 관한 규정의 위헌성 여부에 관하여 살펴봅니다.

이에 관하여 대상판결은, "…익금에 산입한 금액이 사외로 유출된 것이 분명한 경우에는 … '귀속불분명'의 경우를 충분히 예상할 수 있으므로, 위 법 제67조가 "… **익금에 산입한 금액은 그 귀속자에 따라 … 처분한다**."고 규정하여 '그 귀속자에 따라'라는 문언을 사용하였다고 하더라도, 위 법조가 대통령령에 위임한 소득처분의 종류와 내용에는 사외유출된 익금산입액이 누군가에게 귀속되었을 것임은 분명하나 그 구체적 귀속자를 밝힐 수 없는 경우를 포함하고 있다고 봄이 상당하다."고 판단하고 있습니다.

그러나 위와 같은 대법원의 판단에는 의문이 있습니다.

대표자에 대한 인정상여는 세법의 다른 어느 규정보다도 강력한 과세효과를 창출하는 과세요건 규정입니다. 이러한 내용은 그 자체가 모법에 직접 규정되어야 할 사항으로서 법규의 위임체계를 떠나 이를 시행령에서 규정하는 것은 조세법률주의 내지 과세요건법정주의에 위배된다는 비난을 피하기 어렵습니다. 문언상으로도 "그 귀속자에 따라 …처분한다."고 되어 있는 것을 '귀속이 불분명한 경우'까지 포함한다고 볼 수 있는지 의문입니다.

외국의 사례를 보더라도 미국이나 독일의 경우 주주에 대하여 우리의 소득처분규정과 유사한 제도를 두고 있으나, 귀속불명의 경우 대표자 인정상여와 같은 내용은 규정하고 있지 않고 일본의 경우 우리의 제도와 유사한 '용도불명금' 제도가 있으나 그 내용을 법에서 규정하고 있고 규정형태도 우리와 같은 간주규정이 아니라 추정규정의 형태를 취하고 있습니다.

6. 마지막으로 대표자 인정상여 과세요건의 입증책임에 관한 판시내용에 관하여 살펴봅니다. 이에 관하여 대상판결은, "… 대표자는 위 익금산입액의 귀속이 분명하다는 점을 증명하지 못하는 한 그 금원이 현실적으로 자신에게 귀속되었는지 여부에 관계없이 갑종근로소득세를 납부할 의무가 있고, 원천징수의무자가 원천납세의무자로부터 원천징수세액을 원천징수함이 없이 이를 국가에 납부한 경우에는 원천납세의무자에 대하여 구상권을 행사할 수 있고, 이와 같은 구상권에 관한 법리는 대표자 인정상여의 경우에도 그대로 적용되어야 하므로 이 경우 법인의 구상금청구를 거절하기 위해서는 법인의 업무를 집행하여 옴으로써 그 내부

사정을 누구보다도 잘 알 수 있는 대표자가 인정상여로 처분된 소득금액이 자신에게 귀속되지 않았을 뿐만 아니라 귀속자가 따로 있음을 밝히는 방법으로 그 귀속이 분명하다는 점을 증명하여야 한다."고 판단하고 있습니다.

이 사건에서 납세자(인정상여의 대상이 된 대표자)는 과세처분의 위법성을 밝히기 위해 법인으로부터 유출된 소득이 자신에게 귀속되지 않았음을 주장·입증하고자 하였을 것입니다. 소득이 대표자 자신에게 귀속되지 않았다는 사실도 소극적 사항이므로 입증이 용이하지 않지만 여러 가지 간접사실의 입증을 통해 입증이 반드시 불가능한 것만은 아닙니다. 그렇지만 이 사건 과세요건은 '법인으로부터 사외로 유출된 소득의 귀속이 불분명한 경우 이를 대표자에 대한 상여로 의제하는 것'이므로 과세관청으로서는 법인으로부터 사외유출된 소득의 귀속이 불분명하다는 사실만 입증하면 더 이상의 입증은 불필요합니다. 이는 결국 납세자가 법인으로부터 사외유출된 소득이 자신에게 귀속되지 않았다는 사실을 넘어 해당 소득의 귀속이 분명하다는 점, 다시 말하면 해당 소득이 누구에게 귀속되었는지 내지 해당 소득이 아예 법인으로부터 사외유출된 소득이 아니라는 점을 입증하여야 한다는 것을 의미합니다. 따라서 같은 취지의 대상판결의 판시는 타당하다고 사료됩니다. 다만 이와 같이 대표자 인정상여에 관한 규정이 아예 납세자의 반증의 여지를 봉쇄할 정도의 강력한 과세효과를 지닌다는 것 또한 해당 규정이 있어야 할 위치가 시행령이 아닌 법 규정이라는 것을 나타내는 것이 아닐까 생각해 봅니다.

77

피합병법인 주주에 대한 의제배당

대상판결: 대법원 1993. 6. 11. 선고 92누16126 판결

【판결요지】

[1] 구 법인세법(1990. 12. 31. 법률 제4282호로 개정되기 전의 것) 제19조 제4호 소정의 기업합병으로 인한 의제배당에 있어서는 소멸법인의 순자산을 취득한 합병법인이 그에 대한 대가로 신주 또는 합병교부금을 소멸법인의 주주들에게 교부하는 형식에 의하여 이익이 귀속되는바, 합병법인이 발행하는 신주는 회사의 자본충실 요구에 따라 소멸법인의 순자산가액에 상당한 금액의 자본액 증가를 전제로 발행되는 것이 원칙이므로 소멸법인의 주주들에게 교부되는 신주의 가액은 순자산의 가액을 나타내는 것으로서 그것은 바로 액면금액에 의한 가액이다.

[2] 법인세법 시행령 제45조의3 제2항 제1호가 교부되는 자산이 주식인 경우에 주식의 가액을 액면금액에 의하여 계산하도록 규정한 것은 의제배당소득 계산에 있어서의 당연한 이치를 명문화한 것에 불과한 것으로서 모법인 구 법인세법(1990. 12. 31. 법률 제4282호로 개정되기 전의 것) 제19조 소정의 과세요건에 반하거나 이를 확장하는 내용이 아니라 오히려 부합하는 내용이고, 법인세법 제21조에 의하면 각 사업연도의 소득금액계산에 관하여 필요한 사항은 대통령령으로 정할 수 있도록 규정되어 있으므로 위 시행령의 규정은 조세법률주의원칙에 반하는 규정이라고 볼 수 없으며, 또 국세기본법 제14조, 법인세법 제3조 소정의 실질과세원칙에 반하는 규정이라고도 볼 수 없다.

【참조조문】

구 법인세법(1990. 12. 31. 법률 제4282호로 개정되기 전의 것) 제19조, 법인세법 시행령 제45조의3 제2항 제1호

【해설】

1. 이번 회에는 합병 시 피합병법인 주주에 대한 의제배당 과세에 관하여 살펴보겠습니다. 대상판결은 1990. 12. 31. 법인세법이 개정되기 전의 비교적 오래된 것이지만 논의의 편의상 이를 중심으로 관계법령의 개정과정 등 합병세제 전반에 관하여 살펴보고자 합니다.

2. 우리 합병세제는 크게 1998. 12. 28. 개정 이전 법인세법과 그 이후부터 2009. 12. 31. 개정 이전까지의 법인세법 및 그 후의 법인세법(아래에서 이를 각 1기, 2기, 3기 합병세제라고 합니다) 적용시기로 나누어 볼 수 있습니다. 1기 합병세제는 합병차익에 대한 익금불산입 규정(같은 법 제15조 제1항 제3호)과 피합병법인 주주에 대한 의제배당 규정(같은 법 제19조 제4호) 및 청산소득에 대한 과세규정(같은 법 제3장 제42조 내지 제52조의2)을 두고 나머지 부분은 인격합일설과 현물출자설의 대립이라는 학설상의 논의를 통하여 합병세제를 다루었습니다.

그러다가 1997년 말의 경제위기와 IMF 관리체제를 겪으면서 2기 합병세제로 전환하였는데 그 기본구조는 합병청산소득을 합병차익과 구분하여 과세하고, 합병차익은 원칙적으로 익금불산입하고 합병차익 중 피합병법인의 자산평가증으로부터 발생한 합병차익('합병평가차익')은 익금에 산입하되, 다만 일정한 요건을 갖춘 경우에는 합병평가차익에 대하여 과세이연을 허용하는 체계였습니다. 이 중 '합병차익'은 합병법인이 승계하는 피합병법인의 순자산가액 합계가 합병대가로 지급하는 합병신주의 액면가액(합병법인의 순자본증가액)을 초과하는 금액으로서 본질이 주식발행액면초과금과 동일하므로 원칙적으로 이를 익금불산입하되, 합병평가차익은 피합병법인 자산의 평가증이 우연히 합병과 결합한 것이므로 이를 별도로 취급한 것입니다.

그 후 제3기 합병세제에 이르러 미국식 과세이연제도를 본받아 피합병법인의 청산소득과 합병법인의 합병평가차익을 피합병법인 자산의 양도차익 개념으로 통합하고 적격합병시 양도가액을 장부가액으로 보도록 함과 동시에 적격합병의 요건을 완화하는 쪽으로 체제를 정비하였습니다. 일반적으로 법인 자산은 당초 취득가액에 감가상각비를 반영한 가액이 장부가액이 되는데 특히 부동산과 같은 고정자산의 경우 보유단계에서 그 가치가 상승하여 자본이득이 발생하는 것이 상례입니다. 이를 피합병법인의 자산을 평가증하지 않은 채 장부가액 그대로 양수하는 경우와 평가증하여 양수 당시의 시가로 양수하는 경우로 나누어 적격합병의 경우에는 전자를 적용하여 과세를 유예하고, 비적격합병의 경우에는 후자를 적용하여 합병단계에서 과세하도록 한 것입니다. 적격합병의 경우 피합병법인 자산의 시가와 장부가액과의 차액은 자산조정계정으로 처리하여 자산의 처분 시 등 장래 과세에 반영하게 됩니다.

3. 대상판결은 제1기 합병세제 시절의 합병에 따른 의제배당을 다루고 있습니다. 합병세제가 정비되기 이전의 사안이지만 이를 통해 합병세제 본질의 일단을 이해할 수 있을 것으로 생각됩니다[소득세법상 합병에 따른 의제배당소득에 관하여도 동일한 취지의 판결이 있습니다(대법원 2003. 11. 28. 선고 2002두4587 판결)].

대상판결에서 살펴보아야 할 논점은, 당시 법인세법 시행령 제45조의3 제2항 제1호에서 교부되는 자산이 주식인 경우에 주식의 가액을 액면금액에 의하여 계산하도록 규정한 것이 당연한 이치를 명문화한 것이라고 판시한 부분의 타당성입니다.

당시 법인세법 제19조는, "**다음 각호에 게기하는 금액은 법인으로부터 이익을 배당받았거나 잉여금을 분배받은 금액으로 보고 이 법을 적용한다.**"고 하여 그 제4호로서 '**합병으로 인하여 소멸한 법인의 주주·사원 또는 출자자가 합병후 존속하는 법인 또는 합병으로 인하여 설립된 법인으로부터 그 합병으로 인하여 취득하는 주식 또는 출자의 가액과 금전의 액의 합계액이 그 합병으로 인하여 소멸한 법인의 주식 또는 출자를 취득하기 위하여 요한 금액을 초과하는 금액**'이라고 규정하고, 같은 시행령 제45조의3 제2항 제1호는 합병대가로 주식을 취득하는 경우 이를 장부가액, 즉 액면가액으로 보도록 규정하고 있었습니다.

위 법령에서는 합병대가인 합병법인의 발행주식을 액면가액에 의하도록 하는 규정을 법의 위임이 없이 곧바로 시행령에서 규정하였는데 그것이 조세법률주의의 내용을 이루는 과세요건법정주의에 위배된 것이 아닌가 하는 점이 쟁점이 되었습니다. 형식적으로 볼 때 위 시행령이 모법의 위임 없이 과세요건을 규정한 것은 분명한데 대상판결은 이를 당연한 법리를 규정한 것이므로 조세법률주의에 위배되지 않는다고 본 것입니다.

4. 그러나 합병대가인 합병법인의 주식을 시가로 평가할 것인지 아니면 액면가로 평가할 것인지는 전적으로 합병에 따른 과세를 유예할 것인지에 관한 입법정책의 문제입니다. 대상판결은 이 점에 관하여 '합병법인이 발행하는 신주는 회사의 자본충실 요구에 따라 소멸법인의 순자산가액에 상당한 금액의 자본액 증가를 전제로 발행되는 것이 원칙이므로 소멸법인의 주주들에게 교부되는 신주의 가액은 순자산의 가액을 나타내는 것으로서 그것은 바로 액면금액에 의한 가액'이라고 판시하고 있는데 피합병법인의 순자산가액을 정확하게 나타내는 것은 오히려 합병대가로 교부되는 합병신주의 시가이므로 위 판시는 그 전제에 오류가 있습니다.

이 점은 우선 그 뒤의 합병세제에 의해서 뒷받침됩니다. 제2기 합병세제에서는 합병차익 중 피합병법인의 자산평가증으로부터 발생한 합병차익('합병평가차익')은 익금에 산입하되, 일정한 적격요건을 갖춘 경우 합병평가차익에 대하여는 교부되는 시가를 액면가액으로 평가하여 과세이연을 허용하였는데(같은 법 제44조, 같은 법 시행령 제80조), 이를 받아 합병 시 의제배당 과세가액의 산정에 관하여 별도의 규정을 두지 않은 채 합병세제에 관한 위 규정을 따르도록 하였습니다(즉 적격합병의 경우에는 액면가액, 비적격합병의 경우에는 시가). 또한 현행 합병세제에서도 합병대가인 주식의 가액을 원칙적으로 시가로 보도록 하고, 다만 법정 요건을 갖춘 적격합병의 경우 피합병법인의 자산을 장부가액으로 보아 양도차익 자체가 발생하지 않도록 하는 과세이연정책을 취하고 있는데 이를 받아 피합병법인 주주에 대한 의제배당 과세 역시 적격합병의 경우와 비적격합병의 경우로 나누어 전자의 경우에는 비과세, 후자의 경우에는 합병대가인 주식의 가액을 시가로 산정하도록 하여 과세가 이루어지도록 하고 있습니다(법인세법 제17조 제5항, 같은 법 시행령 제27조 제1항 나목 및 라목). 이와 같은 내용은 소득세법에서도 동일합니다(소득세법 제17조 제5항, 같은 법 시행령 제27조 제1항 나목 및 라목).

5. 이와 같이 합병법인의 주주가 교부받는 합병법인의 주식을 액면가로 평가하는 것은 합병을 과세계기로 삼지 않기 위한 수단일 뿐입니다. 실제로 당시 실무에서 이루어진 합병은 예외 없이 합병비율을 1:1로 맞추었는데 이는 합병 당사자인 회사의 가치가 동일하기 때문이 아니라 무상감자라는 절차를 통하여 임의로 양 회사의 자본금을 일치시켰기 때문입니다. 합병비율을 1:1로 전제하고 합병대가인 주식을 액면으로 계산하면 피합병법인 주식도 액면으로 계산하는 한에 있어서는 배당이라는 과세의 계기가 생기지 않으므로 과세를 이연시킬 수 있게 됩니다. 이처럼 합병대가인 주식을 어떻게 평가할 것인가는 입법정책의 문제일 뿐 기업회계의 원리상 당연히 도출되는 결론은 아니므로 그와 같은 과세요건과 관련된 내용을 법이 아닌 시행령에서 규정한 것은 조세법률주의 관점에서 문제가 있다고 보아야 할 것입니다.

78

합병 시 영업권에 대한 과세

대상판결: 대법원 2018. 5. 11. 선고 2015두41463 판결

[판결요지]

[1] 구 법인세법(2009. 12. 31. 법률 제9898호로 개정되기 전의 것) 제17조 제1항 제3호 단서, 구 법인세법 시행령(2010. 6. 8. 대통령령 제22184호로 개정되기 전의 것) 제12조 제1항 제1호, 제15조 제2항, 제24조 제4항에 따르면, 법인 합병의 경우 영업권 가액을 합병평가차익으로 과세하기 위해서는 합병법인이 피합병법인의 상호 등을 장차 초과수익을 얻을 수 있는 무형의 재산적 가치로 인정하여 그 사업상 가치를 평가하여 대가를 지급한 것으로 볼 수 있어야 한다. 이때 사업상 가치의 평가 여부는 합병의 경위와 동기, 합병 무렵 합병법인과 피합병법인의 사업 현황, 합병 이후 세무 신고 내용 등 여러 사정을 종합하여 객관적으로 판단하여야 하고, 기업회계기준에 따라 영업권이 산출된다는 것만으로 이를 추단할 수 없다.

[2] 상장법인인 갑 주식회사가 상장법인인 계열사 을 주식회사를 흡수합병하고 기업회계기준에 따라 합병일의 합병신주 가액과 피합병법인 순자산 공정가액의 차액을 회계장부에 영업권으로 계상하였으나, 법인세 신고 시에는 세법상 영업권에 해당하지 않는다고 보아 스스로 영업권 감가상각 부인 등 세무조정을 하였는데, 과세관청이 위 금액이 세법상 영업권에 해당한다는 전제에서 합병평가차익으로 익금에 산입하고 매년 감가상각을 해야 한다고 보아 갑 회사에 법인세 등 부과처분을 한 사안에서, 갑 회사가 회계장부에 영업권으로 계상한 금액은 세법상 영업권의 자산인정 요건을 갖추었다고 할 수 없다고 한 사례.

[참조조문]

구 법인세법(2009. 12. 31. 법률 제9898호로 개정되기 전의 것) 제17조 제1항 제3호(현행 제17조 제1항 제5호 참조), 구 법인세법 시행령(2010. 6. 8. 대통령령 제22184호로 개정되기 전의 것) 제12조 제1항 제1호, 제15조 제2항(현행 법인세법 제17조 제1항 제5호 참조), 제24조 제4항(현행 제24조 제1항 제2호 가목 참조)

[해설]

1. 지난 회에 이어 합병세제와 관련하여 '합병 시 영업권에 대한 과세'를 제2기 합병세제 아래에서 이루어진 대상판결을 중심으로 살펴보겠습니다. 구체적인 쟁점은, 구 법인세법(2009. 12. 31. 법률 제9898호로 개정되기 전의 것) 아래에서 법인합병의 경우 세법에서 영업권을 인식하여 그 가액을 합병평가차익으로 과세할 수 있는 요건이 무엇인지에 관한 것입니다. 즉, 기업회계상 합병대가가 피합병법인의 순자산가액을 초과한다는 것만으로 충분한지, 아니면 실제 무형자산에 대한 사업상 가치평가가 필요한지, 필요하다면 그러한 사업상 가치평가 여부를 판단하는 세법상 기준은 무엇인지 등에 관한 것입니다.

2. 먼저 관련 조문을 시기별로 살펴보면, 제1기 합병세제에서는 영업권에 관해 별도의 규정을 두지 않았고, 제2기 합병세제에서는 감가상각대상인 영업권에 관해, **"사업의 양도·양수과정에서 양도·양수자산과는 별도로 양도사업에 관한 허가·인가 등 법률상의 지위, 사업상 편리한 지리적 여건, 영업상의 비법, 신용·명성·거래처 등 영업상의 이점 등을 고려하여 적절한 평가방법에 따라 유상으로 취득한 금액"**으로 규정하였으며(같은 법인세법 시행령 제24조 제1항 제2호 가목, 같은 시행규칙 제12조 제1항 제1호), 제3기 합병세제(현행 세제)에서는 합병매수차손(합병법인이 피합병법인에 지급한 양도가액이 피합병법인의 순자산시가를 초과하는 경우 그 차액)을 익금산입하기 위한 요건으로서, **"합병법인이 피합병법인의 상호·거래관계, 그 밖의 영업상의 비밀 등에 대하여 사업상 가치가 있다고 보아 대가를 지급한 경우"**라고 규정하였습니다(법인세법 제44조의2 제3항, 동시행령 제80조의3 제2항).

3. 기업 사이에 합병이 이루어지면 피합병법인은 합병법인에게 자산과 부채를 포괄적으로 넘기고 그 대가로 합병법인으로부터 합병신주 또는 합병교부금("합병신주")을 받아 이를 피합병법인 주주에게 주식보유비율에 따라 배분합니다. 전체적으로 피합병법인의 자산을 합병법인에 현물출자하는 것으로 이해할 수 있습니다.

합병과 관련된 과세문제는, (1) 합병법인에 대한 과세, (2) 피합병법인에 대한 과세, (3) 피합병법인 주주에 대한 과세 등 세 가지 측면에서 문제됩니다. 합병법인의 주주는 합병으로 인하여 법적 지위가 변동되지 않고 경제적으로도 직접 영향을 받지 않으므로 원칙적으로 과세문제가 발생하지 않습니다(다만 합병법인 주주와 피합병법인 주주 사이에 특수관계가 있고 부당한 합병을 통해 이익분여가 이루어지는 경우 부당행위계산부인의 대상이 될 수 있습니다).

4. 정상적인 합병거래에서 당사자의 의사는 균등교환에 있으므로 피합병법인의 순자산가액 내지 이를 표창하는 피합병법인의 주식과 합병법인의 합병신주에 대한 공정한 평가를 거쳐 균등한 합병비율로 합병이 이루어지고 그에 따라 그 자체는 거래 당사자 쌍방에 손익을 발생시키지 않습니다.

합병을 계기로 발생하는 과세문제는, (1)의 합병법인에 대하여는, 신주발행에 따라 늘어나는 자본금(합병신주의 액면가액)보다 합병법인에 유입되는 순자산가액이 클 경우 발생하는 합병차익에 대한 과세문제[(1)－①]와 합병신주의 시가(발행가액)가 피합병법인 순자산가액에 미달하는 경우 그 차액의 처리[(1)－②], (2)의 피합병법인에 대하여는, 미실현이익에 해당하는 피합병법인 순자산가액의 장부가액과 시가와의 차액(합병평가차익)을 과세대상으로 삼을 것인지 여부, 그리고 (3)의 피합병법인 주주에 대하여는, 피합병법인 주주가 받는 합병신주의 가액과 그 취득가액의 차액을 의제배당으로 보아 과세할 것인지 여부 등입니다. 이 중 (1)－①의 문제는 주식발행액면초과금과 성격이 동일하므로 자본거래에 따른 이익으로 보아 익금불산입하고(법인세법 제17조 제1항 제5호), (2)의 합병평가차익은 합병을 계기로 자산의 평가증이 일어난 것으로서 원칙적으로 과세하되, 적격합병의 요건을 갖추면 비과세합니다. (3)의 피합병법인 주주에 대한 의제배당 과세도 (2)의 경우와 동일합니다[(2)와 (3)의 문제는 지난 회에 살펴보았습니다].

여기에서 살펴볼 주제는 (1)－②의 피합병법인 영업권에 관한 것입니다.

5. 합병과정에서 피합병법인이 합병법인에 넘겨준 순자산가액보다 더 많은 합병대가를 합병법인으로부터 받는 경우 제2기 합병세제에서는 피합병법인의 청산소득 및 합병법인의 합병평가차익으로 과세하고, 제3기 합병세제에서는 피합병법인 자산의 양도손익으로 과세한다는 점은 지난 회에 살펴보았습니다.

피합병법인이 합병법인으로부터 피합병법인이 합병법인에 넘겨 준 자산가액보다 더 많은 합병대가를 받는 경우 기업회계에서는 그 차액을 영업권으로 처리합니다. 정상적인 합병거래에 있어서 양 당사자의 거래의사는 균등교환이므로 합병대가 중 피합병법인의 순자산가액을 초과하는 부분은 영업권으로 평가하여 합병대가를 지급하였다고 보는 것입니다. 이를 통상 '잔액법'이라고 부릅니다. 이에 반하여 법인세법은 기업회계와 달리 단순한 차액개념을 넘어 일정한 요건을 갖추어야 영업권으로 인정합니다.

6. 대상판결은 제2기 합병세제 아래에서 과세관청이 합병대가와 피합병법인의 순자산가액의 차액에 해당하는 회계상 영업권 가액을 합병평가차익으로 익금산입하여 과세한 사안입니다. 과세의 근거는 납세자가 영업권을 감가상각하여 비용에 산입하기 위해서는 그 전제로 해당 영업권이 합병법인의 순자산이어야 한다는 데 있습니다. 이에 대하여 대상판결은 회계상 영업권 가액을 언제나 합병평가차익으로 익금산입할 수 있는 것은 아니고 회계상 영업권이 세법에서 요구하는 자산성을 갖추어야 한다고 전제하고 이를 위해 초과수익력 요건과 사업상 가치평가요건을 충족하여야 한다고 판시하였습니다.

먼저 대상판결이 기업회계와 달리 합병평가차익에 대하여 자산성을 요구한 것은 법 규정의 문언상 불가피한 것으로 여겨집니다. 그러나 대상판결이 자산성의 요건인 사업상 가치평가 여부를 판단함에 있어서 합병당사자 쌍방이 상장법인이어서 자본시장 관련 법령에 따라 합병법인과 피합병법인의 주가를 기준으로 영업권 가액을 산정한 것에 대하여 사업상 가치평가를 거친 것으로 인정하지 않은 것은 의문입니다. 피합병법인의 결손금 현황 등 현실적인 재정상태나 재무구조가 어떠하든지 간에 그러한 사정들은 자본시장의 속성상 이미 주가에 반영되어 있고, 상장법인의 주가는 시장에서 결정된 가격으로서 가장 객관적인 가치를 표상하므로 거래 당사자들 역시 이에 기초하여 사업상 가치평가를 거친 것으로 보아야 하고, 이와 같은 해석이 거래의 사적 자치 및 영업권의 본질에 부합하기 때문입니다.

7. 한편 제2기 합병세제에서는 합병평가차익을 합병법인의 익금으로 삼는 것이 원칙이지만 현행 합병세제는 비적격합병의 경우에는 피합병법인이 보유하던 기간의 자산가치증가액을 모두 양도차익으로 과세하고 적격합병의 경우에는 합병차익의 일부로 과세이연하며 피합병법인의 영업권은 합병매수차손으로 하여 일정한 요건을 충족하는 경우 5년간 상각하도록 규정하고 있습니다(법인세법 제44조의2 제3항. 같은 법 시행령 제80조의3). 법은 5년간 상각할 수 있는 요건을 "**합병법인이 피합병법인의 상호·거래관계, 그 밖의 영업상의 비밀 등에 대하여 사업상 가치가 있다고 보아 대가를 지급한 경우**"로 규정하고 있는데(법인세법 시행령 제80조의3 제2항), 이에 관한 해석도 대상판결이 제시한 기준과 별반 다르지 않은 것으로 여겨집니다. 이처럼 현행 합병세제에서도 '사업상 가치가 있다고 보아 대가를 지급한 경우'에 비로소 합병법인의 비용으로 처리가 가능한데, 당사자들이 영업권을 포함하여 피합병법인의 자산가치를 시장의 조건에 따라 평가하여 양수하였음에도 세법상 영업권의 존재가 부인된다면 결국 합병법인은 피합병법인의 나머지 자산을 고가로 양수한 것이 되고 합병대가와의 차액은 합병법인의 손실로 귀속될 수밖에 없습니다. 이 경우 합병법인의 손실을 어떻게 처리할 것인가에 관하여 법인세법은 별다른 규정을 두지 않고 있습니다.

79

법인의 조직개편행위와 조세회피행위 부인

대상판결: 대법원 2022. 8. 25. 선고 2017두41313 판결

【판결요지】

갑 주식회사가 부동산 양도로 받은 계약금과 중도금을 갑 회사의 일부를 인적 분할 방식으로 설립한 회사에 이전하고 위 계약금과 중도금 관련 유동부채를 포함한 분할 전 갑 회사가 보유하던 부채 전부는 이를 보유한 상태에서, 갑 회사 주주들이 을 주식회사 주식을 전부 인수한 후 갑 회사를 을 회사에 흡수합병한 다음, 을 회사는 합병 당시 위 부동산을 시가로 평가하여 승계하고 위 부동산을 매수자에 이전하여 매매잔금을 받은 후 양도금액을 익금에, 합병 당시 시가로 평가된 양도 당시 장부가액을 손금에 각 산입하여 법인세를 신고·납부하자, 관할 세무서장이 갑 회사가 분할과 합병을 통해 손금에 산입할 위 부동산의 장부가액을 높이는 등의 방법으로 위 부동산의 양도에 따른 법인세를 부당하게 회피하였다고 보아 을 회사에 법인세를 경정·고지한 사안에서, 이러한 분할과 합병은 조세회피행위에 해당하므로 을 회사에 대하여 한 위 처분이 적법하다고 본 원심판단을 수긍한 사례.

【참조조문】

구 국세기본법(2010. 1. 1. 법률 제9911호로 개정되기 전의 것) 제14조 제3항, 구 법인세법(2008. 12. 26. 법률 제9267호로 개정되기 전의 것) 제17조 제1항 제3호(현행 제17조 제1항 제5호 참조), 제41조 제1항 제3호, 구 법인세법(2010. 12. 30. 법률 제10423호로 개정되기 전의 것) 제44조 제1항, 구 법인세법 시행령(2009. 2. 4. 대통령령

제21302호로 개정되기 전의 것) 제12조 제1항 제1호(현행 제2조 제1항 제3호 가목 참조), 제72조 제1항 제3호(현행 제72조 제2항 제3호 참조)

【해설】

1. 구 국세기본법(2010. 1. 1. 법률 제9911호로 개정되기 전의 것, 이하 같다) 제14조 제3항은 "**제3자를 통한 간접적인 방법이나 2 이상의 행위 또는 거래를 거치는 방법으로 이 법 또는 세법의 혜택을 부당하게 받기 위한 것으로 인정되는 경우에는 그 경제적 실질내용에 따라 당사자가 직접 거래를 한 것으로 보거나 연속된 하나의 행위 또는 거래를 한 것으로 보아 이 법 또는 세법을 적용한다.**"라고 규정하고 있는데 본 사안은 합병과 분할과 같은 법인의 조직개편행위와 관련하여 위 조문을 적용하여 조세회피행위로서 이를 부인한 사안입니다.

2. 먼저 대상판결이 인정한 구체적인 사실관계를 살펴봅니다.

가. 주식회사 용명기업('용명기업')은 소외인과 그 자녀들이 주주인 비상장회사로 서울 중구(주소 생략)에 있는 토지와 그 지상 건물('이 사건 부동산')을 소유하면서 부동산임대업과 대부업 등을 하였다.

나. 용명기업은 2008. 8. 19. 주식회사 벽진씨앤디('벽진씨앤디')에 이 사건 부동산을 390억 원에 양도하고, 그 무렵 계약금과 중도금 합계 269억 원을 지급받았다.

다. 용명기업은 2008. 8. 28. 그 사업 중 대부업 부문을 인적분할 방식으로 행복파트너스 주식회사('행복파트너스')를 설립하여 분할하고('이 사건 분할'), 위 계약금과 중도금을 포함하여 합계 281억 5,500만 원의 자산을 행복파트너스에 이전하였다. 그 결과 분할 후 용명기업은 장부가액 43억 7,125만 9,150원인 이 사건 부동산을 포함하여 50억 9,400만 원의 자산을 보유하는 한편 위 계약금과 중도금 관련 유동부채를 포함하여 분할 전 용명기업이 보유하던 341억 7,700만 원의 부채 전부를 보유하게 되었다.

라. 한편 소외인과 그 자녀들은 2008. 8. 26. 경영컨설팅업을 하는 비상장회사인 원고의 주식을 전부 인수한 다음 분할 후 용명기업을 원고에 흡수합병

시키고 2008. 10. 8. 합병등기를 마쳤다('이 사건 합병'). 원고는 이 사건 합병 당시 이 사건 부동산을 339억 447만 3,200원으로 평가하여 승계하였고, 그 결과 합병평가차익 295억 3,321만 4,050원이 발생하였다. 그런데 이 사건 분할로 분할 후 용명기업의 순자산이 크게 감소함에 따라 합병법인이 피합병법인으로부터 승계한 순자산가액과 합병신주 액면가액 등의 차액인 합병차익은 1억 680만 737원에 불과하였다.

마. 원고는 2008. 10. 28. 벽진씨앤디에 이 사건 부동산을 이전하고 매매잔금 121억 원을 지급받았다.

바. 이후 원고는 이 사건 부동산의 양도금액인 390억 원을 익금에 산입하는 한편 이 사건 부동산의 양도 당시 장부가액인 339억 447만 3,200원을 손금에 산입하고, 구 법인세법(2008. 12. 26. 법률 제9267호로 개정되기 전의 것) 제17조 제1항 제3호 등에 따라 합병평가차익 중 합병차익의 범위 내에 있는 1억 680만 737원만을 익금에 산입하여 2008 사업연도 법인세를 신고·납부하였다.

사. 피고는 용명기업이 이 사건 분할과 합병을 통해 손금에 산입할 이 사건 부동산의 장부가액을 높이는 등의 방법으로 이 사건 부동산의 양도에 따른 법인세를 부당하게 회피하였다고 보았다. 이에 피고는 구 국세기본법(2010. 1. 1. 법률 제9911호로 개정되기 전의 것, 이하 같다) 제14조 제3항을 적용하여 위 각 거래를 실질에 따라 재구성할 수 있음을 전제로 이 사건 부동산의 장부가액을 분할 전 용명기업의 장부가액인 43억 7,125만 9,150원으로 보고, 2013. 8. 1. 원고에게 2008 사업연도 법인세(가산세 포함)를 경정·고지하였다('이 사건 처분').

3. 대상판결 사안에서 분할 및 합병이라는 구조조정행위를 통하여 납세자가 조세를 회피한 과정을 살펴보면, 원래 이 사건 부동산의 자본이득이 합병을 통하여 실현되면 이에 대하여 피합병법인에 합병평가치익에 대한 과세가 이루어져야 하는데, 갑 회사와 을 회사는 법인세법상 합병평가차익을 합병차익의 범위 내에서만 합병법인의 익금에 산입하도록 규정되어 있음을 이용하여, 부동산을 합병을 통하여 을 회사에 이전하면서 부동산 양도대가로 받은 계약금과 중도금 등의 자

산을 미리 분할신설회사에 이전하여 갑 회사가 보유한 순자산가액을 낮추는 방법으로 합병차익을 줄이는 한편 을 회사는 부동산을 시가로 평가증하여 취득가액을 높이는 방법으로 자본이득에 관한 과세를 회피한 것입니다. 합병차익은, 피합병법인으로부터 승계한 자산의 가액이 합병으로 인한 합병법인의 자본증가액을 초과하는 금액을 말하는데(법인세법 제17조 제1항 제5호), 갑 회사는 281억여 원의 자산을 미리 분할신설회사에 이전하고 합병법인인 을 회사에는 나머지 50억 원 가량의 자산만을 승계함으로써 합병차익 자체가 거의 발생하지 않도록 하였습니다.

대상판결은 앞서 본 교차증여에 관한 대법원 2017. 2. 15, 선고 2015두46963 판결이나 대법원 2012. 1. 19. 선고, 2008두8499 전원합의체 판결('로담코' 판결) 등과 함께 국세기본법 제14조 제3항의 적용 범위를 넓혀가는 판례의 태도를 반영한 사례로 볼 수 있습니다.

앞에서 국세기본법 제14조 제3항의 적용요건으로, (i) 중간의 거래를 거치는 것에 관하여 조세회피목적 이외에 다른 사업목적이 없고, (ii) 중간의 거래는 거래의 최종목적을 위한 수단으로서만 이용되며, (iii) 중간의 거래와 관련하여 거래 당사자가 아무런 경제적 위험부담이나 지위변동의 가능성이 없어야 한다는 세 가지 요건을 들었는데(본 판례백선 제16회 참조), 특별히 (iii)의 요건과 관련하여 위 2017두41313 판결과 2008두8499 판결의 사안은 모두 통제가 가능한 법인의 분할, 합병이나 자회사의 설립 등 단체법상 행위를 조세목적으로 이용한 경우이고, 교차증여에 관한 사안은 타인에 대한 증여를 자신의 자녀에 대한 우회적 증여수단으로 삼은 경우인데 어느 경우나 납세의무자 본인이 시장의 위험에 별로 노출됨이 없이 전체의 거래과정을 통제할 수 있다는 공통점을 지닙니다.

4. 한 가지 추가로 언급할 내용은, 합병과 분할과 같은 법인의 구조조정행위와 관련하여 그것이 법이 정한 일정한 요건을 갖춘 적격합병이나 적격분할의 경우 법은 피합병법인이나 분할 전 법인으로부터 합병법인이나 분할신설법인에 이전되는 자산의 양도차익을 장부가액으로 평가하는 것을 허용하는데 이는 정상적인 법인의 구조조정 행위를 입법상 지원하기 위하여 합병이나 분할을 해당 자산의 자본이득을 실현하되는 계기, 즉 과세의 계기로 삼지 않겠다는 취지입니다. 그런데 대상판결 사안과 같이 법인의 구조조정행위가 오로지 조세를 회피할 목적으

로 이루어진 경우에는 위와 같은 입법목적과는 관련이 없으므로 과세유예와 관련된 적격합병이나 적격분할에 관한 법적 요건을 제대로 갖추었다고 보기 어렵습니다.

대상판결은, 국세기본법 제14조 제3항을 적용하기 위해서는 당사자가 그와 같은 형식을 취한 목적, 제3자를 개입시키거나 단계별 과정을 거친 경위, 그와 같은 방식을 취한 데에 조세 부담의 경감 외에 사업상의 필요 등 다른 합리적 이유가 있는지 여부, 각각의 행위 또는 거래 사이의 시간적 간격 및 그와 같은 형식을 취한 데 따른 손실과 위험부담의 가능성 등 제반 사정을 종합하여 판단하여야 한다고 설시한 후, 원심은, 용명기업의 주주인 소외인과 그 자녀들이 이 사건 부동산의 양도에 따라 용명기업이 부담할 법인세를 줄이는 방안을 찾던 중 용명기업과 사업 목적도 다른 원고를 인수하여 이 사건 분할과 합병을 하였고, 이로써 법인세를 대폭 줄였다고 판단한 다음, 이 사건 분할과 합병에 법인세 회피의 목적 외 사업상의 필요 등 다른 합리적인 이유가 있다고 보기 어렵고, 여기에 이 사건 부동산의 양도와 이 사건 분할과 합병의 시간적 간격 등 제반 사정까지 더하면 구 국세기본법 제14조 제3항을 적용하여 위 각 거래를 그 실질에 따라 재구성할 수 있다고 보고, 이 사건 분할과 합병이 조세회피행위에 해당하므로 원고에 대하여 한 이 사건 처분은 적법하다고 한 판단을 그대로 수긍하였습니다.

대상판결은 조세회피행위 부인 요건으로, 사업목적 여부를 중심으로 납세자가 시장의 위험을 감수하였는지 여부 등 다른 사정들을 종합적으로 고려하여야 한다고 판단하고 있는데, 이에 더하여 법인구조조정행위와 관련된 과세유예 규정의 입법취지 등이 좀 더 강조되었으면 하는 아쉬움이 남습니다.

5. 참고로 유사한 사안에 관한 일본 하급심판결[동경지판 평성 26년 3월 18일(평23 행ウ 228호, 판례시보 2236호, 25면)]을 소개합니다.

해당 사안은 다음과 같습니다.

2008년 12월 16일 원고인 야후의 대표이사 E씨가 소프트뱅크의 자회사인 IDCS에 이사부사장으로 취임하였다. 2009년 2월 24일 야후는 소프트뱅크부터 IDCS의 주식의 전부를 매수한 후(완전지배관계 발생) 같은 해 3월 30일 야후를 합병법인, IDCS을 피합병법인으로 하는 합병(완전지배관계가 있는 법인 간의 합병)을 하였다. 그 후 야후는 2008년 4월 1일부터 2009년 3월 31일까지의 사업연도의 법인세의 확정신고를 함에 있어 일본 법인세법 제57조 제2항의 규정에 따라 IDCS의 미처리 결손금 542억 엔을 야후의 결손금액으로 보아 동조 제1항의 규정에 기하여 손금의 액에 산입하였다.

이에 대해 과세청은 위 사건의 매수와 합병 내지 이들의 실현을 위한 야후의 일련의 행위(E씨를 IDCS의 부사장으로 취임시키는 행위 포함)는 당시의 일본 법인세법 시행령 제112조 제7항 제5호(현행 제3항 제5호)에 규정하는 요건을 형식적으로는 만족하나 조세회피를 위한 목적의 변칙적인 행위로서 일본 법인세법 제132조의2의 규정을 적용하여 IDCS의 미처리 결손금액을 야후의 결손금액으로 처리하는 것을 부인하는 내용의 과세처분을 하였습니다.

대상판결은, 법인세법 제57조 제3항을 '이월결손금액이 조세회피에 이용되는 것을 방지하기 위하여 설계된 개별부인규정'이라고 전제한 후에 당시의 시행령 제112조 제7항 제5호의 요건을 충족하는 부사장의 취임을, 법인세법 제132조의2의 규정에 기하여 부인할 수 있는가의 쟁점에 관하여 '본건 부사장 취임은 특정임원 인계요건을 형식적으로 충족하나 그에 의해 세 부담 감소효과를 용인하는 것은 특정임원 인계요건을 정한 시행령 제112조 제7항 제5호를 둔 취지와 목적에 반하는 것이 명백하고 또한 본건 부사장 취임을 포함한 조직재편성 행위 전체를 보아도 법 제57조 제3항이 설계된 취지, 목적에 반하는 것이 명백하므로 본건 부사장 취임은 법 제132조의2가 규정하는 '**법인세의 부담을 부당하게 감소시키는 결과가 된다고 인정되는 때**'에 해당한다고 판단하였습니다.

참고로, 일본 법인세법 제132조의2는, "**세무서장은 합병, 분할, 현물출자, 사후설립, 또는 주식교환, 주식이전(이하 합병 등)에 관련된 다음 각 호의 법인의 법인세에 대하여 경정 또는 결정을 하는 경우에, 그 법인의 행위 또는 계산으로 이를 용인한 경우에는 합병 등에 의해 이전하는 자산 및 부채의 양도에 관련된 이익액의 감소 또는 손실액의 증가, 법인세액에서 공제하는 금액의 증가, 제1호 또는 제2호 법인의 주식(출자를 포함, 제2호에서 같음)의 양도에 관련된 이익액의 감소 또는 손실액의 증가, 의제배당금액[제24조 제1항(배당액으로 간주하는 금액) 규정에 의해 제23조 제1항 제1호(수취배당 등의 익금불산입의 금액)으로 의제되는 금액을 말함]의 감소 기타의 사유로 법인세 부담을 부당하게 감소시키는 결과가 된다고 인정되는 것이 있는 때에는 그 행위 또는 계산에도 불구하고 세무서장이 인정하는**

바에 따라 법인에 관련된 법인세의 과세표준, 결손금액 또는 법인세액을 계산할 수 있다(각호 생략).”고 규정하고 있고, 일본 법인세법 제57조(청색신고서를 제출한 사업연도의 결손금 이월) 제3항은, “적격합병 등에 관한 피합병법인 등과 합병법인 등(합병법인 등이 적격합병 등에 의해 설립된 법인인 경우에는 그 적격합병 등에 관한 다른 피합병법인 등, 제1호에서 같음)과의 사이에 특정 자본관계[어느 일방의 법인이 상대방 법인의 발행주식 또는 출자(그 상대방 법인이 보유하는 자기주식 또는 출자를 제외) 총수 또는 총액의 100분의 50을 넘는 수 또는 금액의 주식 또는 출자를 직접, 간접적으로 보유하는 관계 기타 시행령에서 정하는 관계를 말함]가 있거나 그 특정 자본관계가 합병법인 등의 적격합병 등에 관한 합병등 사업연도 개시일 5년 전 이후에 발생한 경우에 적격합병 등이 ‘공동으로 사업을 운영하기 위한 적격합병 등으로 시행령에서 정하는 것’에 해당하지 않는 때에는 전항에서 규정하는 미처리 결손금액은 그 피합병법인 등의 다음 각 호의 결손금액을 포함하지 않는 것으로 한다(각호 생략).”고 규정하고 있습니다.

PART

04

상속세 및 증여세법

상속과세론

1. 상속세는 자연인의 사망을 계기로 무상으로 이전되는 재산을 과세물건으로 하여 그 취득자에게 과세하는 조세입니다.

일반적으로 상속세는 증여세와 함께 부의 집중현상을 조정하고 소득재분배 기능을 통해 소득세를 보완하는 사회정책적 의의를 갖는 조세로 이해됩니다. 상속세는 공평의 이념 측면에서 소득세보다 강한 당위성을 지니고, 먼 미래에 자신이 죽고 나서 생길 세 부담이므로 사람들의 경제활동에 큰 영향을 주지 않으며, 소득세를 세제의 핵심으로 삼는 이상 세제의 필수적 구성요소일 수밖에 없다는 점 등이 상속과세의 논거로 주장됩니다. 다른 한편 근래에 이르러 상당수 학자들은 상속세를 비롯한 유산세제의 강화가 소비를 조장하고 저축 및 투자의 저해 요소로 작용하며 이를 폐지하는 것이 오히려 자본축적 등을 통해 경제성장을 촉진하고 장기적으로 세수증가에도 기여한다는 주장을 펴고 있습니다. 최근에 이르러 부동산 및 금융전산망 체계가 완비됨에 따라 상당부분 개선되기는 하였으나 상속세나 증여세는 일반적으로 조세회피가 용이하고 조세회피심리 또한 강한 인기 없는 세금으로 인식되고 있고 실제로 이 점이 세계 각국에서 상속세를 폐지하는 중요한 요인으로 작용하였습니다.

상속세를 폐지한 국가로는, 캐나다, 호주, 이스라엘, 인도, 뉴질랜드, 포르투갈, 스웨덴, 오스트리아 등이 있으며, 미국도 2001년에 유산세를 점진적으로 폐지하는 입법적 조치를 취한 바 있습니다. 다만 상속세를 폐지하는 경우에도 증여세는 잔존시키거나(미국), 양도소득세(캐나다)나 인지세(포르투갈) 등을 상속세를 대체하는 과세로 부과하는 경우가 많습니다.

상속세의 기능이나 역할은 부의 편중 정도나 그 축적과정의 투명성에 대한 사회적 인식 등 각국의 사정에 따라 달라질 수 있으므로 획일적으로 어느 한 측면만을 강조하는 것은 바람직하다고 보기 어려울 것입니다.

2. 우리 법상 상속세는 신고의무를 수반하지만 납세의무의 확정은 궁극적으로 부과과세방식에 의합니다(국세기본법 제22조 제3항. 상증세법 제67조, 제76조). 상속세 과세방식은 크게 유산세방식과 유산취득세방식으로 나누어집니다. 전자는 피상속인의 유산 전체를 과세표준으로 삼아 과세하는 방식이고, 후자는 유산을 취득한 자의 취득재산을 과세표준으로 삼아 과세하는 방식입니다. 각국의 입법 예를 보면, 이들 양 방식을 절충하여 채용한 과세방식, 주로 일방의 방식을 채용하면서 다른 방식의 장점을 도입한 방식 등 다양합니다.

우리 법은 유산세방식을 채택하고 있습니다. 상증세법 제3조는 상속이 개시된 경우 피상속인이 거주자인 경우 모든 상속재산(제1호), 비거주자인 경우 국내의 모든 상속재산(제2호)에 대해 상속세를 부과하도록 규정하고, 같은 법 제13조 제1항은 상속세과세가액을 상속재산 가액에 상속개시 전 10년 이내 증여재산을 가산한 금액에서 법 제14조의 공과금 등을 뺀 금액으로 하도록 규정하고 있습니다. 이와 같이 상속세과세가액을 피상속인 기준으로 산정하고 공동상속의 경우에도 유산을 상속분으로 분할하기 전 총 유산액에 초과누진세율을 적용하여 세액을 산출하는 것은 유산세제의 가장 핵심적인 내용입니다. 다만 법은 이렇게 계산된 세액의 납부는 공동상속인 각자의 상속분에 따라 배분된 세액으로 한정하면서, 공동상속인 사이에 각자가 받았거나 받을 재산을 한도로 연대납부책임을 지우고 있습니다(상증세법 제3조의2).

3. 한편 자산을 취득·보유하여 오다가 사망하여 상속이 개시되는 경우 보유기간 동안 상승된 자산가치의 증가분, 즉 미실현자본이득에 대한 과세 여부가 문제됩니다. 여기에는 부의 무상이전에 대한 과세와 별도로 피상속인 보유기간 동안의 자본이득에 대하여 과세하여야 한다는 견해와 과세가 불필요하다는 견해, 그리고 상속인이 상속으로 인하여 취득한 재산을 매각할 때 취득가액을 피상속인의 취득시점을 기준으로 하여야 한다는 견해 등이 주장되고 있고 세계 각국의 입법 예도 다양합니다.

우리 법에 위와 같은 자본이득과세를 어떻게 해야 한다는 직접적인 규정은 없으나 소득세법 제88조는 무상이전을 양도소득세 과세대상에서 제외하고, 이에 따라 소득세법 시행령 제162조 제1항 제5호는 '상속 또는 증여에 의하여 취득한 자산에 대하여는 그 상속이 개시된 날 또는 증여를 받은 날'의 가액을 취득가액으로 보도록 규정하고 있습니다. 이는 우리 법이 자산의 무상이전 시 자본이득에 대하여 과세하지 않는 신취득가액방식을 채택한 것입니다. 신취득가액방식 아래서는 상속 개시 직후 상속재산을 양도하면 상속세만 부담하지만, 상속에 앞서 자산을 양도하면 양도소득세와 상속세를 함께 부담하면서 피상속인이 부담한 양도소득세를 상속세 과세가액에서 공제하게 되어(상증세법 제14조 제1항 제1호 참조), 양쪽의 세 부담이 달라지고 그에 따라 피상속인 사망 시까지 자산의 처분을 미루는 요인을 제공합니다.

4. 우리나라의 상속세 및 증여세 최고세율은 50%로서(상증세법 제26조 및 제56조) 각종 공제 등을 감안한 실질 부담률은 OECD 국가 중에서도 가장 높은 편으로 조사되고 있습니다. 이러한 점을 감안하여 현재 국가적 차원에서 전체적인 상속세 부담의 완화를 기조로 유산세에서 유산취득세로의 전환 및 배우자 상속공제제도와 가업상속공제제도의 개선 등에 관한 논의가 활발하게 진행되고 있습니다.

이 중 가업상속공제(상증세법 제18조의2)는 피상속인이 영위하던 사업을 상속인이 승계받는 경우 일정한 요건 아래 상속세를 공제해주는 제도로서 가업의 원활한 승계 및 중소기업 지원을 위해 독일의 제도를 본받아 1997년에 처음 도입되었습니다. 중소기업이 가업의 원활한 승계를 통해 기술과 경영 노하우 등이 전수되면서 지속가능한 기업으로 성장해 가는 것은 우리 사회가 중산층을 기반으로 안정적으로 발전하기 위한 필수적 요소라고 할 수 있습니다. 가업승계 주식에 대한 증여세 과세특례(조세특례제한법 제30조의5)가 조세를 상속시점까지 이연해 주는 것임에 반해 가업상속공제제도는 해당 조세를 면제해 주는 제도입니다.

80

배우자 상속공제

대상결정: 헌법재판소 2002. 9. 19.자 2001헌바101, 2002헌바37(병합) 결정

【결정요지】

헌법재판소는 이미 이 사건 제19조 차감규정과 내용이 동일한 구 상속세법(1994. 12. 22. 법률 제4805호로 개정되고 1996. 12. 30. 법률 제5193호로 전문개정되기 전의 것) 제11조 제1항 제1호 나목 단서 중, "제4조의 규정에 의하여 상속재산에 가산한 증여재산 중 배우자에게 증여한 재산의 가액을 차감한 금액" 부분에 대하여 헌법에 합치한다고 선고한 바 있는데, 이 사건에서 이와 달리 판단하여야 할 특별한 사정변경이 없다. 또한, 이 사건 제19조 차감규정에 의해 배우자로부터 증여를 받은 후 배우자가 5년 내에 사망하였는지 여부에 따라 배우자 증여공제가 인정되는 사전증여부분에 대한 상속세 과세 여부가 달라진다고 하더라도 이는 이 사건 제19조 차감규정의 입법목적을 위한 합리적인 차별의 결과라 할 것이므로 평등의 원칙이나 실질적 조세법률주의에 위반된다고 할 수 없다.

【심판대상조문】

구 상증세법(1998. 12. 28. 법률 제5582호로 개정되기 전의 것) 제19조 제1항 단서 등

【해설】

1. 대상결정의 타당성을 검토하기에 앞서 배우자 상속공제에 관한 사항 전반에 관하여 간략하게 살펴보겠습니다.

현행 상증세법은 배우자에 대한 상속이나 증여 시 조세채무의 감경조치를 마련하고 있습니다. 이는 배우자 간 상속은 세대 간 이전이 아닌 수평적 이전이므로 이를 감안하여 상속재산 중 민법상 법정상속분까지는 과세를 유보한 후 잔존배우자 사망 시 과세하자는 취지입니다. 배우자 상속공제는 기본적으로 1세대 1회 과세원칙 내지 부부공동재산의 지분분할론에 이론적 근거를 둡니다. 그 내용은 상속의 경우에는 배우자가 실제로 상속받은 금액(배우자의 법정상속분에 따른 금액과 30억 원 중 적은 금액을 한도로 함)을 유산 전체에 대한 과세가액에서 공제하고, 증여의 경우에는 6억 원까지 배우자에 대한 증여세 과세가액에서 공제합니다(상증세법 제19조 제1항, 제53조 제1호).

여기의 배우자 상속공제 한도금액이 되는 '배우자의 법정상속분에 따른 금액'은 전체 상속재산의 가액(A)에서 상속재산 중 상속인이 아닌 수유자가 유증 등을 받은 재산가액(B)을 공제하고 법 제13조 제1항 제1호에 해당하는 사전증여재산의 가액(C)을 합한 금액에 대하여 민법 제1009조에 따른 배우자의 법정상속분(D)을 곱한 다음 여기에서 배우자가 증여받은 사전증여재산에 대한 법 제55조 제1항에 따른 증여세 과세표준(E)을 공제하여 산정합니다. 한도금액＝(A－B＋C)×D－E(상증세법 제19조 제1항. "이 사건 차감규정"). 배우자가 실제 상속받은 금액이 없거나 상속받은 금액이 5억 원 미만이면 위 규정에 불구하고 5억 원을 공제합니다(같은 조 제4항).

이와 같은 배우자 상속공제는 공동상속인들이 상증세법 제67조에 따른 상속세과세표준 신고기한의 다음 날부터 9개월이 되는 날("배우자상속재산 분할기한")까지 배우자의 상속재산을 분할(등기·등록·명의개서 등을 요하는 경우에는 그 등기·등록·명의개서 등이 된 것에 한함)한 경우에 적용하고, 이 경우 상속인은 상속재산의 분할사실을 배우자상속재산 분할기한까지 납세지 관할세무서장에게 신고하여야 합니다(같은 조 제2항). 판례는 단순히 법정 상속분에 따라 상속등기만을 한 경우는 위 규정에 따른 상속재산분할에 해당하지 않으므로 배우자 상속공제를 적용받을 수 없다고 보았습니다(대법원 2018. 5. 15. 선고 2018다219451 판결).

한편 상증세법은 상속세 과세가액을 산정함에 있어서 상속재산의 가액에, 1. 상속개시일 전 10년 이내에 피상속인이 상속인에게 증여한 재산가액과 2. 상속개시일 전 5년 이내에 피상속인이 상속인이 아닌 자에게 증여한 재산가액을 합산하도록 규정하고 있습니다(법 제13조 제1항 제1호, 제2호). 사전증여 재산가액의 합산 기간은, 이 사건 당시에는 상속인의 경우 상속개시일 전 5년, 상속인이 아닌 자의 경우 상속개시일 전 3년이었다가 1998. 12. 28. 개정으로 위와 같이 10년과 5년으로 늘어났습니다(아래의 설명은 모두 위 개정 전 상속인에 대한 5년의 합산기간을 적용 대상으로 합니다).

2. 대상결정 사안에서 납세자가 내세운 주된 논거는, 피상속인이 생전에 배우자에게 5억 원 이상을 증여하였을 경우 구 상증세법(1998. 12. 28. 법률 제5582호로 개정되기 전의 것) 제53조에 의해 5억 원의 배우자 증여공제를 받게 되는데, 피상속인이 배우자에게 증여한 후 5년 이내에 사망한 경우에는 이 사건 차감규정에 의하여 결과적으로 배우자 증여공제액만큼 한도액이 축소됨에 따라 증여 당시에 과세에서 확정적으로 제외된 배우자 증여공제액 5억 원이 합리적 이유 없이 박탈되어 헌법상 재산권보장의 원칙에 위배된다는 것이었습니다.

3. 이에 대하여 헌법재판소는, "구 상증세법 제11조 제1항 제1호 나목 본문에 의하면, '**배우자가 실제 상속받은 재산가액에 상당한 금액**'을 배우자 공제로 받을 수 있도록 하여 전액공제를 지향하면서 다만 배우자가 실제로 분할 받은 상속재산이 배우자의 법정상속분에 상응한 재산가액을 초과하는 경우까지도 과세에서 제외할 것은 아니므로 배우자의 법정상속분에 상응한 재산가액을 한도로 한 것이며, 만약 사전증여가 있었던 경우에는 배우자가 실제로 받을 수 있는 상속분은 그에 따른 '구체적 상속분'의 범위로 줄어들게 되므로(민법 제1008조 참조), 그에 상당한 재산가액이 그 공제한도가 된다는 것이 규정 취지이고, 따라서 이 사건 차감규정에 의하여 배우자 공제가 줄어든다고 하여도, 이는 사전증여에 의하여 상속재산이 그만큼 감소됨에 따라 배우자가 상속받을 구체적 상속분과 그에 따른 배우자 공제가 함께 줄어드는 것일 뿐이며 또한 구 상증세법 제13조 제1항 제1호에서 사전증여에 따른 조세회피를 방지하기 위하여 상속개시 전 5년 이내에 상속인에게 증여된 재산을 상속세 과세가액에 포함시킴에 따라 이 사건 차감규정에서도 배우자 상속공제 시 상속개시 전 5년 이내 배우자에 대한 사전증여가액을 차감하는 것이므로 이 사건 차감규정에 의해 배우자가 5년 내에 사망하였는지 여부에

따라 상속세 과세 여부가 달라지더라도 이는 위와 같은 입법목적을 위한 합리적인 차별의 결과이어서 평등의 원칙에 위반된다고 할 수 없다."고 판단하였습니다.

4. 필자도 헌법재판소의 결정취지에 동의합니다. 관련 규정에 의하면 피상속인이 배우자에게 증여 후 5년(현행 규정상으로는 10년)이 지난 후 사망하면 배우자 상속공제와 증여공제가 모두 적용되나 5년 이내에 사망하면 배우자 상속공제만 허용되는 결과가 되지만 상속개시 전 5년 이내에 상속인에게 사전증여된 재산을 그 이전 사전 증여재산과 차별하는 것에 관하여 정당한 입법목적이 인정되는 이상 배우자 상속공제 한도액을 산정함에 있어서 양자 사이에 차이가 생기는 것은 불가피한 결과로 여겨집니다.

5. 한편 상속재산에 가산된 증여재산이 있는 경우 법은 증여세액(증여 당시의 당해 증여재산에 대한 증여세 산출세액)을 상속세 산출세액에서 공제하도록 규정하고 있는데(상증세법 제28조 제1항 본문), 판례는 여기의 공제할 증여세액을 산정함에 있어서는 배우자 증여공제액을 뺀 금액을 기준으로 하여야 한다고 보았으나 [대법원 2017. 5. 26. 선고 2017두35738 판결(서울고등법원 2017. 2. 10. 선고 2016누63356 판결의 심리불속행 판결임)], 증여 당시 배우자인 수증자가 배우자 증여공제를 받았다가 상속개시 당시에는 이혼하여 배우자 상속공제를 받을 수 없게 된 사안에서는, 상속재산에 가산할 금액은 배우자 증여공제액을 뺀 가액이 아닌 증여가액 전부이지만, 상증세법 제28조 제1항에 따라 상속세 산출세액에서 공제할 증여세액은 실제로 납부된 증여세액이 아니라 증여한 재산가액에 대하여 배우자 증여공제를 하지 않았을 때의 증여세 산출세액이라고 보았습니다(대법원 2012. 5. 9. 선고 2012두720 판결).

6. 배우자 상속공제에 관한 또 다른 판례를 살펴봅니다. 판례는 '상속개시일 전 일정기간 내 처분재산 등의 상속추정'에 관한 구 상증세법(2002. 12. 18. 법률 제6780호로 개정되기 전의 것) 제15조 제1항에 의하여 상속받은 재산으로 추정되는 재산이 곧바로 배우자 상속공제의 대상이 되는지 여부에 관하여, 같은 법 제19조 제1항에서 배우자 상속공제액을 '실제 상속받은 금액'이라고 명시하였음을 이유

로 이를 부정하였습니다(대법원 1996. 8. 23. 선고 95누13821 판결).

상증세법 제15조 제1항은, "**피상속인이 재산을 처분하였거나 채무를 부담한 경우로서 다음 각 호의 어느 하나에 해당하는 경우에는 이를 상속받은 것으로 추정하여 제13조에 따른 상속세 과세가액에 산입한다.**"고 하여 그 제1호로, '**피상속인이 재산을 처분하여 받은 금액이나 피상속인의 재산에서 인출한 금액이 상속개시일 전 1년 이내에 재산 종류별로 계산하여 2억 원 이상인 경우와 상속개시일 전 2년 이내에 재산 종류별로 계산하여 5억 원 이상인 경우로서 대통령령으로 정하는 바에 따라 용도가 객관적으로 명백하지 아니한 경우**'를 규정하고 있는데(위 구 상증세법도 기본구조는 동일합니다), 해당 판결은 판결이유로서, 위 규정은 피상속인이 재산처분대금이나 차용금을 발견이 쉽지 않은 현금 상태로 상속인에게 증여 또는 상속함으로써 상속세를 부당하게 경감하는 것을 방지하기 위해 실질적인 입증책임의 전환을 인정한 것으로서, 이를 추정규정으로 해석하는 한 위 조항이 조세법률주의나 재산권 보장에 관한 헌법규정에 위배되지 않는다고 판단하였습니다.

위 판결은 '추정규정'이라고 하였지만 법률상 추정되므로 납세자가 반증을 제시하지 못하는 한 과세에서 제외될 수 없는데 실제로 상속인이 피상속인이 소유하던 상속재산의 소재나 사전 처분내역 등을 잘 알지 못하는 경우가 많아 납세자에게는 매우 불리한 조항입니다.

현실적으로 상속인이 피상속인의 상속재산 및 그 재산처분내역을 잘 알지 못하는 상황에서 실제로는 그 재산을 처분한 반대급부가 상속인에게 귀속되지 않거나 혹은 배우자 이외의 다른 상속인에게 귀속된 경우 상속인들은 해당 금액만큼 배우자 공제액이 부당하게 축소되는 불이익을 입게 됩니다. 규정의 문언을 떠나 위와 같이 상속재산 처분대금이 상속인들에게 상속되었다고 추정하더라도 최소한 그와 같이 추정된 상속재산이 상속인들에게 법정 상속분에 따라 상속되었다고 함께 추정하는 것이 납세자와 과세관청의 입증책임 분담의 형평성이라는 측면에서 온당하지 않을까 생각해 봅니다.

7. 근본적으로 우리 상증세법상 배우자 상속공제는 그 공제 혜택이 배우자에게만 귀속되는 것이 아니라 공동상속인 전체에 귀속된다는 문제점을 지니고 있습니다. 이는 우리 상속세제가 유산세제를 취하고 있는 데서 비롯되는 문제입니다.

우리 상속세제는 유산세제를 취하면서 다른 한편 각자의 고유상속분이 존재하고 공동상속인은 전체 세액에 대한 연대납세의무를 부담하는 복잡한 구조입니다. 공동상속인 1인이 다른 공동상속인의 납세의무 부분에 대하여 연대납세의무 책임을 이행한 경우 다른 공동상속인에 대하여 구상이 가능할 것이지만 배우자가 배우자 상속공제의 혜택이 다른 공동상속인들에게도 귀속되었다는 이유로 다른 공동상속인에게 구상하는 것은 법 규정상 쉽지 않아 보입니다.

배우자 사이의 재산의 무상이전에 대한 외국의 입법 예를 개관(槪觀)하면, 미국이나 영국은 상속이나 증여 모두 배우자에게 이전되는 부분을 전체 과세가액에서 공제하고, 독일은 양쪽 모두 일정액의 공제방식을 취하며, 일본은 상속의 경우 상속세 과세가액 총액 중 배우자 법정상속분 상당액에 대응하는 세액을 배우자의 상속세액에서 공제하고 증여의 경우는 일정액 공제방식을 택하고 있습니다.

81

주식의 명의도용자가 피도용자에게 부과된 증여세를 납부한 것이 새로운 증여인가?

대상판결: 대법원 2004. 7. 8. 선고 2002두11288 판결

【판결요지】

타인의 명의를 도용하여 실권주를 인수한 것이 피도용자에 대한 증여에 해당한다는 이유로 피도용자에게 증여세가 부과되자 명의도용자가 그 증여세를 대신 납부한 경우, 증여의 의사로 그 증여세 상당액을 증여한 것으로 보기 어렵다고 한 사례.

【참조조문】

행정소송법 제1조, 행정심판법 제37조, 구 상속세법(1996. 12. 30. 법률 제5193호 상증세법으로 전문 개정되기 전의 것) 제29조의2(현행 상증세법 제4조 참조)

【해설】

1. 우리 법상 증여자가 연대납부책임을 지지 않는 상태에서 수증자의 증여세를 납부하는 경우 그 납부세액은 특별한 사정이 없는 한 수증자에 대한 새로운 증여를 구성합니다. 결국 우리 법제 아래에서 수증자의 실제 수증이익은 증여세 공제 후의 재산가액이 되는 셈입니다.

2. 이 사건의 쟁점은 명의도용자인 소외 A가 그 명의도용으로 인하여 피도용자인 원고에게 부과되어 납세의무가 확정된 증여세를 대신 납부한 것이 새로운

증여를 구성하는지 여부입니다. 증여세는 대가관계 없이 무상으로 재산상 이익을 부여하는 것이 과세요건이므로 이 사건의 쟁점은 결국 A가 원고의 증여세를 대납한 것이 대가관계 없이 무상으로 이루어진 것인지 여부라고 할 수 있습니다. 원고의 주장은 A가 원고의 증여세를 대납한 것은 A의 원고에 대한 법률상 책임을 이행한 것이어서 무상이 아니라는 것이므로 결국 문제는 A가 원고의 허락 없이 원고 명의로 주식을 인수함에 따라 원고에게 증여세가 부과되고 해당 부과처분에 대한 제소기간의 도과로 원고의 국가에 대한 증여세 납세의무가 법률상 확정됨에 따라 부담하게 된 경제적 손해를 A가 원고에게 배상할 법률상 책임이 있는지 여부가 됩니다.

3. 이에 대하여 원심(서울고등법원 2002. 10. 16. 선고 2001누6953 판결)은, 원고에 대한 증여세 부과처분은 이미 확정되어 법률상 불가쟁력이 생김으로써 증여세 납부의무가 확정되었는데, 그 증여세를 원고를 대신하여 A가 납부한 것이 불법행위(명의도용)에 따른 손해배상책임을 이행한 것이거나 또는 연대납부의무자로서 자신의 증여세 납부의무를 이행한 것으로 볼 수 있을 만한 자료가 없는 반면, 오히려, 원고로부터 위 증여세 부과경위를 문의받은 A가 원고에게 그 증여세액 상당액을 다시 증여할 의사로 원고를 대신하여 증여세를 납부하고 원고는 이를 묵시적으로 양해함으로써 법률상 자신의 책임으로 확정된 증여세 납부의무를 면한 것으로 봄이 상당하다고 판단하여 이에 관한 원고의 주장을 배척하였습니다.

4. 사안의 쟁점은 결국 A가 원고의 증여세를 대납한 것이 증여의 의사로 대가 없이 경제적 이익을 제공한 것인지 여부입니다. 그런데 원심이 증거에 의하여 인정한 핵심적인 사실은, A가 부하직원의 부친인 원고의 허락 없이 부하직원을 통해 원고의 명의를 도용하여 주식을 인수하였다는 점과 그에 대하여 증여세가 부과되어 원고가 A가 대표이사로 있는 회사 측에 이를 항의하자 회사에서 원고에게 "회사에서 모두 알아서 처리할 테니 걱정하지 말라."는 취지로 답변하고 그 뒤 아무런 조치를 취하지 않아 원고의 증여세 납부의무가 법률상 확정되었다는 점입니다.

이와 같은 사실관계를 기초로 볼 때, A나 A가 대표이사로 있는 회사의 담당자는 원고에게 부과된 증여세 부과처분에 대하여 이를 다투지 않고 원고를 대신하여 해당 세액을 국가에 납부함으로써 원고에 대한 법률상 책임을 이행하고자 하였던 것으로 판단됩니다. 원고에게 증여세 납부의무라는 손해가 발생한 것에 대하여 원고에게는 귀책사유가 거의 없고, 거의 전적으로 A에게 그 책임이 있었기 때문입니다. 주식이 자신 명의로 인수된 사실을 전혀 모르고 있었던 원고가 그로 인하여 자신에게 부과된 증여세에 관하여 그 원인제공자에게 항의하여 알아서 처리하겠다는 답변을 얻은 상태에서 스스로 부과처분을 다투지 않은 것에 잘못이 있다고 보기는 어렵습니다. 당초 원고에 대한 증여세 부과처분이 법률상 확정되었다는 사실은 이와 같은 결론에 이르는 기초적 사실관계를 구성할 뿐 결론의 당부를 좌우할 사정은 되지 못합니다.

5. 조세는 사법상의 경제적 거래를 기초로 생산되는 재화나 용역에 담세력을 인정하여 부과되므로 이를 규율하는 세법은 기본적으로 사법의 법률관계에 기초하게 됩니다. 조세법률관계가 절차면에서 공법적 제약을 많이 받지만 실체면에서는 사법상의 법률관계가 그 기초를 이룹니다. 조세법에 관한 분쟁을 잘 처리하기 위해서는 조세법률관계의 공법적 측면에 대한 이해와 함께 그 기초가 되는 사법에 대한 정확한 이해 또한 필수적입니다. 어찌 보면 조세법률관계는 사법상 법률관계와 공법(행정법)상 법률관계의 중간 영역에 위치하고 있다고 볼 수 있습니다. 조세법률관계에 관한 전통적인 채권채무관계설과 권력관계설의 대립은 바로 이 점을 나타내고 있습니다.

이 사건 원심은 1차 증여세 부과처분이 당연무효가 아니라는 점과 그에 대하여 불가쟁력이 발생함으로써 원고의 증여세 납세의무가 법률상 확정되었다는 공법적 측면에 지나치게 관심을 둔 나머지 증여세 과세요건은 '재산상 이익의 무상제공'이라는 사법상 법률관계에 기초하고 있다는 기본적인 사항을 소홀히 하였던 것은 아닌지 생각해 봅니다.

82

증여세 완전포괄주의 과세체계와 개별 증여규정의 해석방법

대상판결: 대법원 2015. 10. 15. 선고 2013두13266 판결

【판결요지】

[1] 원칙적으로 어떤 거래·행위가 구 상증세법(2007. 12. 31. 법률 제8828호로 개정되기 전의 것) 제2조 제3항에서 규정한 증여의 개념에 해당하는 경우에는 같은 조 제1항에 의하여 증여세의 과세가 가능하다.

[2] 증여세 개별 가액산정규정이 특정한 유형의 거래·행위를 규율하면서 그중 일정한 거래·행위만을 증여세 과세대상으로 한정하고 과세범위도 제한적으로 규정함으로써 증여세 과세의 범위와 한계를 설정한 것으로 볼 수 있는 경우에는, 개별 가액산정규정에서 규율하고 있는 거래·행위 중 증여세 과세대상이나 과세범위에서 제외된 거래·행위가 구 상증세법 제2조 제3항의 증여의 개념에 들어맞더라도 그에 대한 증여세를 과세할 수 없다.

[3] 구 상증세법 제41조 제1항, 같은 법 시행령(2010. 2. 18. 대통령령 제22042호로 개정되기 전의 것) 제31조 제6항은 결손금이 있는 법인("결손법인") 및 휴업·폐업 중인 법인의 주주 또는 출자자("주주 등")와 특수관계에 있는 자가 결손금이 있거나 휴업 또는 폐업 중인 법인에 재산을 무상으로 제공하는 등의 거래를 하여 주주 등이 얻은 이익이 1억 원 이상인 경우를 증여세 과세대상으로 하여 증여재산가액 산정에 관하여 규정하고 있다. 이는 정상적으로 사업을 영위하면서 자산수증이익 등에 대하여 법인세를 부담하는 법인과의 거래로 주주 등이 얻은 이익을 증여세 과세대상에서 제외하고자 하는 입법의도에 기한 것이고 완전포괄주의 과

세제도의 도입으로 이러한 입법의도가 변경되었다고 볼 수 없으므로, '결손법인과의 거래로 인한 이익 중 결손금을 초과하는 부분'이나 '휴업·폐업 법인을 제외한 결손금이 없는 법인과의 거래로 인한 이익'에 대하여는 이를 증여세 과세대상으로 하는 별도의 규정이 있는 등의 특별한 사정이 없는 한 위 상증세법 제2조 제3항 등을 근거로 주주 등에게 증여세를 과세할 수 없다.

【참조조문】

구 상증세법(2007. 12. 31. 법률 제8828호로 개정되기 전의 것) 제2조 제1항, 제3항, 제41조 제1항, 구 상증세법 시행령(2010. 2. 18. 대통령령 제22042호로 개정되기 전의 것) 제31조 제6항

【해설】

1. 이번 회에 검토할 내용은 증여세 포괄주의에 관한 내용입니다.

증여세 포괄주의를 찬성하는 논거로는, 1) 응능과세의 원칙과 실질과세의 원칙에 따라 변칙적인 상속이나 증여의 경우에도 경제적 측면에서 무상의 소득 증가를 발생시킨 경우에는 정상적인 상속·증여와 동일한 세 부담을 지울 필요가 있는 점, 2) 완전포괄주의의 도입은 헌법 제23조 제2항과 제37조 제2항에 따른 정당한 조치로서 탈법적 조세회피행위에 대처하기 위한 유효적절한 수단이라는 점, 3) 우리나라는 심각한 빈부격차가 사회적 갈등요인이 되고 있고, 특히 기업을 통한 변칙적이고 불법적인 부의 세습이 만연하고 있는데 이를 사전에 예방하기 위한 방어벽이 필요하다는 점 등이 거론됩니다. 이에 반하여 증여세 포괄주의에 반대하는 견해는 주로 조세법률주의에 입각하여, 법률에는 일반규정만 둔 채 구체적 과세요건을 하위법령에 위임하는 방식은 포괄위임입법을 금지하는 과세요건법정주의나 과세요건명확주의에 어긋난다는 점과 조세법이 특정인 또는 특정집단에게 불리하게 적용되어 오히려 조세공평주의에 위배된다는 점 등을 문제점으로 들고 있습니다.

2. 이에 관한 외국의 입법 예를 살펴보면, 미국 내국세입법(I. R. C) 제2510조는 "**증여에 의한 재산의 이전에 대하여 증여세를 부과한다.**"고 규정하면서 제2511조 a항 d에서 "**제2510조에 의하여 부과되는 증여세는 재산의 이전이 신탁이든 그 밖의 것이든, 증여가 직접적이든 간접적이든, 재산이 부동산이든 동산이든, 유형이든 무형이든 묻지 않고 적용된다.**"고 포괄적으로 정의하고 있고, 판례 역시 세법상 증여개념을 넓게 인정합니다(예컨대 금전 무상대여에 관한 Esther C. Dickman et al., v. Commissioner of Internal Revenue, Feb. 22, 1984.). 독일의 경우 상증세법(Erbschaftsteuer－und Schenkungssteuergesetz) 제1조에서 상속세 및 증여세 과세대상을 규정하면서, 제1항 제2호에서 생존자 간 증여를 증여세 과세대상으로 규정하는 한편 제7조 제1항에서 별도로 증여로 간주하는 10가지 유형을 규정하고 있는데, 그중 제1호에서 '**생존자 간에 수증자가 증여자의 비용으로 대가성 없이 하는 모든 재산의 출연행위로 이득을 얻은 혐의가 있는 경우**'를 규정하고 있습니다. 학설은 이 규정을 증여유사 출연행위를 증여로 규율하기 위한 포괄적 의제규정으로 이해하고 있습니다. 일본은 상속세법 제4조부터 제8조까지 증여로 보는 개별적 규정들을 열거하는 한편 제9조에서 '**위 규정 외에 대가를 지급하지 아니하거나 현저히 낮은 가액의 대가로 이익을 받은 경우**'를 과세대상으로 파악하는 포괄적 보충규정을 두고 있고, 그 밖에 상속세법 제64조 제1항은 동족회사의 행위계산부인의 경우 그에 대응하는 상속세나 증여세의 경감 부인 규정을 두고 있습니다.

3. 우리 법의 규정내용을 보면, 증여세 포괄주의에 입각한 구 상증세법(2015. 12. 15. 개정 전의 것) 제2조 제3항은, "**이 법에서 '증여'란 그 행위 또는 거래의 명칭·형식·목적 등과 관계없이 경제적 가치를 계산할 수 있는 유형·무형의 재산을 직접 또는 간접적인 방법으로 타인에게 무상으로 이전(현저히 저렴한 대가를 받고 이전하는 경우 포함)하는 것 또는 기여에 의하여 타인의 재산가치를 증가시키는 것을 말한다.**"고 규정하였습니다.

구 상증세법은 증여세 포괄주의를 채택하면서 개별 증여규정들을 증여의 예시적 규정 내지 과세가액 산정방식에 관한 규정으로 설정하는 한편 기본규정으로 위 조항을 설정하였습니다. 여기서 일차적으로 문제되는 것은 그와 같은 일반규정만으로 증여세 과세가 가능한지 여부입니다. 대상판결은 우선 이 점을 긍정하였습니다. 증여세 포괄주의에 관한 입법취지와 법 체계 및 규정형태 등에 비추어 볼 때, 위 조항을 위헌무효로 보지 않는 한 이를 단순한 선언적 규정만으로 이해하기는 어려울 것입니다. 다만 구체적인 경우에 과세가액의 산정방법 등을 어떻게 정할 것인가 하는 것은 법원의 법 보충작업이 수반되어야 하므로 규정상 그와 같은 법 보충작업이 통상적인 방법으로 불가능하다면 과세는 불가능하다고 보아야 합니다. 또한 법에 평가방법에 관한 규정이 있더라도 그것이 실질적 담세력을 초과하여 적정하지 않은 경우 합헌적 효력을 인정하기 어려울 것입니다. 결국 위 규정의 효력 및 적용범위의 문제는 예측가능하고 적정한 증여재산의 평가방법이 있는가의 문제로 수렴된다고 볼 수 있습니다.

4. 대상판결은 특수관계인이 결손법인에 재산을 무상제공하여 법인의 주주에게 이익을 제공한 경우 증여세를 과세하도록 한 구 상증세법(2007. 12. 31. 개정 전의 것) 제41조 제1항이 결손법인이 아닌 경우에도 적용될 수 있는가와 관련하여, 위 법 제2조 제3항(그 내용은 위에서 본 2015. 12. 15. 개정 전 상증세법 제2조 제3항과 동일함)을 효력규정으로 보는 한편, 개별 규정이 증여세 과세의 범위와 한계를 설정한 것으로 볼 수 있는 경우에는 개별 규정에서 규율하는 거래나 행위 중 증여세 과세대상이나 과세범위에서 제외된 거래나 행위는 위 조항으로 증여세를 과세할 수 없다고 보았습니다. 이와 같은 해석방법은 증여세 개별조문의 해석에 관한 종전의 입장을 다시 확인한 것인데 특별히 전반적으로 증여세 포괄주의 과세체계가 완비된 상태에서 이루어졌다는 점에서 중요한 의미가 있습니다. 상증세법은 '무상의 이익공여'라는 전통적인 증여개념을 벗어난 내용을 세법상 증여세 과세대상으로 삼거나(타인의 기여에 의한 재산가치 증가에 관한 법 제42조의3), 증여로 의제하고 있는데(명의신탁재산의 증여의제에 관한 법 제45조의2, 특수관계법인 간 일감몰아주기 증여의제에 관한 법 제45조의3, 특수관계법인으로부터 제공받은 사업기회로 발생한 이익의 증여의제에 관한 법 제45조의4 등), 이러한 과세체계 아래에서 증여세 포괄주의의 과세원리가 작동하는 영역은 한계가 있을 수밖에 없습니다. 즉 무상의 이익공여라는 전통적인 증여의 영역에 속하는 부분에 대하여는 과세대상에 대한 평가가 가능한 한 개별 규정에 입각하지 않더라도 증여세 포괄주의에 입각하여 과세가 가능하나 그와 같은 영역을 벗어난 부분에 대하여는 개별 규정이 그 과세범위

를 제한한 것으로 해석하더라도 증여세 포괄주의에 반하는 것은 아니라고 볼 것입니다. 대상판결은 바로 이러한 법리를 확인한 것으로 평가됩니다. 흑자법인에 대한 무상의 이익공여와 관련하여 수증법인에 대하여 법인세를 부과하는 이외에 그 법인의 주주가 간접적으로 받은 이익에 대하여는 증여세 과세대상으로 삼지 않는 것이 우리 세법의 기본체계라고 할 수 있고 이를 과세대상으로 삼기 위해서는 별도의 규정이 필요하다는 것이 대상판결의 취지로 이해됩니다.

5. 한편 2015. 12. 15. 개정 후 상증세법은 증여와 증여재산의 정의를 제2조 제6호와 제7호로 옮겨 규정한 다음, 증여세 과세대상에 관한 총괄규정으로 제4조를 두어 그 제1항 제4호에서 '제33조부터 제42조의3까지의 개별 가액산정규정에 해당하는 경우의 그 재산 또는 이익'을 증여세 과세대상으로 규정하였을 뿐 아니라, 제1항 제6호에서 '위 개별 가액산정규정의 경우와 경제적 실질이 유사한 경우 등 개별 가액산정규정을 준용하여 증여재산가액을 계산할 수 있는 경우의 그 재산 또는 이익'도 증여세 과세대상으로 규정하였습니다. 그 취지는 종래 개별 가액산정규정이 규율하던 영역에서 해당 요건을 충족하지 못하더라도 현행 제4조 제1항 제6호의 요건에 해당하는 경우 위 개정규정을 적용하여 증여세 과세대상으로 삼기 위한 것으로 이해됩니다. 다만 개정 후 제4조 제1항 제6호의 핵심 요건인 '경제적 실질이 유사한 경우 등'은 불확정개념이므로 개별 사안에서 어떠한 경우를 이러한 요건에 포섭할 수 있는지에 관하여는 여전히 추가적인 고민이 필요합니다.

83

특정법인과의 거래를 통한 이익의 증여

대상판결: 대법원 2009. 3. 19. 선고 2006두19693 전원합의체 판결

【판결요지】

구 상증세법(2005. 1. 14. 법률 제7335호로 개정되기 전의 것) 제41조는 특정법인과의 재산의 무상제공 등 거래를 통하여 최대주주 등이 '이익을 얻은 경우'에 이를 전제로 그 '이익의 계산'만을 시행령에 위임하고 있음에도, 같은 법 시행령(2004. 12. 31. 대통령령 제18627호로 개정되기 전의 것) 제31조 제6항은 특정법인이 얻은 이익이 바로 '주주 등이 얻은 이익'이 된다고 보아 증여재산가액을 계산하도록 하고 있고, 또한 같은 법 제41조 제1항에 의하면 특정법인에 대한 재산의 무상제공 등이 있더라도 주주 등은 실제로 이익을 얻은 바 없다면 증여세 부과대상에서 제외될 수 있으나 같은 법 시행령 제31조 제6항은 특정법인에 재산의 무상제공 등이 있다면 그 자체로 주주 등이 이익을 얻은 것으로 간주하여 증여세 납세의무를 부담하게 된다. 그러므로 결국, 같은 법 시행령 제31조 제6항은 모법인 같은 법 제41조 제1항, 제2항의 규정 취지에 반할 뿐 아니라 그 위임범위를 벗어난 것으로서 무효라고 봄이 상당하다.

【참조조문】

구 상증세법(2005. 1. 14. 법률 제7335호로 개정되기 전의 것) 제41조, 구 상증세법 시행령(2004. 12. 31. 대통령령 제18627호로 개정되기 전의 것) 제31조 제6항, 부칙 제6조

[해설]

1. 특정법인과의 거래를 통한 이익의 증여 규정("이 사건 관련규정")은 현재와 같은 의제규정의 형태를 취하기까지 수차례 개정과정을 거쳐 왔는데 그와 같은 개정과정을 거치면서 이 사건 관련 규정에 관하여 여러 차례의 대법원 판결(그중 세 차례는 전원합의체 판결)이 선고되었습니다. 우선 그 내용을 살펴보겠습니다.

2. 이 사건 관련규정은 구 상증세법(1997. 1. 1. 전면개정된 것) 제41조로 신설되었는데, 그 당시 내용은, "**특정법인의 주주 또는 출자자와 특수관계에 있는 자가 당해 법인에게 재산을 증여하거나 기타 이와 유사한 거래를 통하여 당해 법인의 주주 또는 출자자에게 나누어준 이익에 대하여는 그 이익에 상당하는 금액을 당해 특정법인의 주주 또는 출자자가 그 특수관계에 있는 자로부터 증여받은 것으로 본다.**"고 규정하고(제1항), 그 구체적인 내용은 시행령에 위임하였습니다(제2항). 그 위임에 따라 같은 법 시행령 제31조 제1항은, '특정법인'에 관하여, "**한국증권거래소에 상장되지 아니한 법인(제53조 제1항에 규정된 장외등록법인을 제외한다) 중 다음 각 호의 1에 해당하는 법인을 말한다.**"고 하여 그 제1호 및 제2호로서 '**증여일이 속하는 사업연도 전 2년 내의 사업연도부터 계속하여 법인세법 제8조 제1항 제1호의 규정에 의한 결손금이 있는 법인**', '**증여일 현재 휴업중이거나 폐업상태인 법인**'을 각 규정하고, 같은 조 제5항은, '**특정법인의 주주 또는 출자자가 증여받은 것으로 보는 이익**'을 '**법인이 받은 이익의 상당액으로 인하여 증가된 주식 또는 출자지분 1주당 가액에 제4항에 규정된 지배주주 등의 주식수를 곱하여 계산한 금액**'으로 규정하였습니다. 아래에서 다시 설명하지만 이 사건 관련규정의 가장 중요한 쟁점이 이 사건 관련 규정에 따른 주주의 수증익을 법인이 받은 이익 그 자체를 기준으로 할 것인지('법인수증익 기준설'), 아니면 그로 인하여 증가된 주식가치를 기준으로 할 것인지('주식가치증가분 기준설') 여부인데 최초의 규정은 이에 관하여 '주식가치증가분 기준설'을 취한 것입니다.

3. 그러다가 2002. 12. 30. 상증세법 시행령 개정을 통하여 '특정법인'의 범위를 '증여일이 속하는 사업연도까지 법인세법 시행령 제18조 제1항 제1호의 규정

에 의한 결손금이 있는 법인'으로 일부 확대하였고, 수증이익의 계산방법에 관하여는 2003. 12. 30. 상증세법 시행령 개정을 통하여 종전의 '주식가치증가분 기준설'에서 '법인수증익 기준설'로 바꾸었습니다. 여기서 거론되는 판결 중 첫 번째 판결은 최초의 시행령 규정을 대상으로 한 것인데, 그 내용의 요지는, 주식가치증가분을 기준으로 수증익을 산정하도록 한 당시 시행령 규정의 해석과 관련하여, 이 경우 증가된 주식 또는 출자지분 1주당 가액이 부수(負數)인 경우 계산상 증여이익이 없으므로 증여세를 부과할 수 없다는 것입니다(대법원 2003. 11. 28. 선고 2003두4249 판결).

4. 한편 주주가 받은 증여이익의 산정을 '법인수증익 기준설'로 바꾼 2003. 12. 30. 개정 상증세법 시행령 규정과 관련하여, 판례는 모법에서 최대주주 등이 이익을 얻은 경우에 이를 전제로 이익의 계산만을 시행령에 위임하고 있음에도 위 시행령 규정은 특정법인이 얻은 이익이 바로 주주가 얻은 이익이 된다고 보아 증여재산가액을 계산하도록 하고 있어 모법의 위임범위를 벗어나 무효라고 판단하였습니다. 그 판결이 바로 이 사건 대상판결입니다.

5. 대상판결이 선고된 후 2010. 1. 1. 법 개정 시 상증세법 시행령은 그대로 두고 모법인 상증세법에 이익의 범위, 계산 등을 모두 시행령에 위임하는 규정을 두어 시행령의 모법 위배 문제를 입법적으로 해결하고자 하였습니다. 그러나 대법원은 또 다시 (모법에서 명시적으로 규정하고 있지는 않지만) 모법의 규정취지는 주주가 실제로 이익을 얻은 경우를 대상으로 한다는 것임을 전제로 위 법 규정의 위임에 따른 시행령 규정 역시 주주가 실제로 얻은 이익이 없는 경우에도 증여세 과세대상으로 규정하였다는 점에서 모법의 위임범위에 반하여 무효라고 판단하였습니다(대법원 2017. 4. 20. 선고 2015두45700 전원합의체 판결). 한편 위 대법원 판결에 앞서 해당 조항은 2014. 2. 21. 상증세법 시행령 개정을 통하여 규정의 형태는 동일하게 유지하면서 상증세법 제45조의3 제1항에 따른 지배주주와 그 친족이 지배하는 영리법인("특정법인")을 규제대상 법인에 포함시키고, 증여재산가액에서 특정법인이 부담하는 법인세 중 일정액을 공제하는 것으로 그 내용이 일부 변경되었는데, 그 후 선고된 대법원 2021. 9. 9. 선고 2019두35695 전원합의체 판

결 역시 앞서의 전원합의체 판결의 취지에 따라 위 개정법에 따른 시행령 규정 또한 무효라고 판단하였습니다.

6. 특수관계자의 법인에 대한 이익의 제공이 우발적, 일시적으로 제공되는 무상의 이익이라는 점을 감안할 때, 수혜법인이 얻은 이익에서 수혜법인이 그로 인하여 부담하는 법인세액을 공제한 금액을 곧바로 수혜법인의 주주가 얻은 이익으로 보는 입장도 전혀 근거가 없다고 보기는 어렵습니다. 위와 같은 무상의 이익이 제공됨으로 인하여 통상적으로 수혜법인에 별도의 비용이 발생하지 않는다는 점을 고려하면, 흑자법인의 경우 법인세 공제 후의 이익을 주주에 대한 배당가능이익으로 볼 수 있고, 이는 결국 주식보유비율에 따른 주주에 대한 무상의 이익 제공으로 연결될 수 있기 때문입니다. 그리고 결손법인의 경우에도 법인의 지속적 경영을 전제한다면 그 가치를 달리 볼 수 없다고 주장할 수 있을 것입니다(결손법인의 경우 법인은 무상수증익에 따른 법인세도 부담하지 않습니다). 실제로 소수의 주주가 지배하는 비상장법인의 경우 법인에 대한 이익의 제공을 주주에 대한 이익의 제공과 동일시할 수 있는 경우도 없지 않아 이를 주주에 대한 증여세 회피수단으로 악용할 수 있는 소지가 있고, 이는 주식보유지분의 집중도가 높아질수록 더 현저한 양상이 됩니다. 예컨대 1인 주주의 경우 법인에게 이익을 부여하고 곧바로 이를 주주에게 배당하는 경우를 상정해 보면 이해하기 쉽습니다. 이와 같은 현실적 고려가 주식가치 증가분 산정의 어려움 등 과세기술상의 문제와 결합되어 시행령을 무효로 판단한 대법원 전원합의체 판결에도 불구하고 과세관청이 지속적으로 해당 규정을 개정하여 기본취지를 유지하려 했던 이유가 아니었을까 추측해 봅니다. 한 가지 고려할 사항은 소득의 발생시기 내지 납세의무의 성립시기에 관한 것입니다. 소득세의 경우 법인에 이익이 발생하였다거나 그로 인하여 법인 발행주식의 가치가 상승하였다고 하더라도 그 시점에 곧바로 소득이 실현되었다고 보지는 않습니다. 이는 미실현이익으로 평가되기 때문입니다. 그렇지만 증여세의 경우에는 상증세법이 법인을 통한 자본거래에 관하여 법인에게 이익이 부여되는 시점에 곧바로 주주에 대한 이익 제공으로 보아 증여세 납세의무가 성립하도록 규정하고 있어 납세의무 성립시기는 특별히 문제가 되지 않습니다.

7. 이론적으로 본다면 판례의 입장과 같이 수혜법인에 대한 이익의 무상제공에 따라 주주가 얻은 이익을 주주가 보유하고 있는 주식의 가치상승분으로 평가하는 것이 보다 정확합니다. 그리고 이 경우에는 우리 상증세법이 비상장법인의 주식에 대한 법정평가방법을 별도로 규정하고 있고 그에 따르면 법인의 자산적 가치와 수익적 가치를 모두 고려하도록 하고 있어(상증세법 시행령 제54조 제1항, 제2항 참조), 그 수치는 위에서 본 법인수증익 기준설에 따라 산정한 가액과 많은 차이를 보이므로 법인이 얻은 이익을 곧바로 주주가 얻은 이익으로 치환하는 것이 부당하다는 논거도 충분히 일리가 있습니다.

8. 한편 위 규정은 그 후 몇 차례 개정을 반복하다가 현재는 종전 상증세법 제41조에서 상증세법 제45조의5로 자리를 옮기면서 증여의제 규정의 한 자리를 차지하였습니다. 해당 규정 및 그 시행령 제34조의5의 내용을 보면, 우선 그 대상을 결손법인을 넘어 모든 영리법인을 대상으로 하되, 지배주주 등이 직접 또는 간접으로 보유하는 주식보유비율이 100분의 30 이상인 법인만을 규제대상으로 하고, 수증이익의 산정은, '특정법인이 받은 수증이익'에서 '특정법인의 당해 연도 법인세법상 산출세액에서 법인세액의 공제·감면액을 뺀 금액에 수증익이 특정법인의 법인세법 제14조에 따른 각 사업연도의 소득금액에서 차지하는 비율(1을 초과하는 경우에는 1로 한다)을 곱한 금액'을 공제한 금액으로 하되, 해당 증여세액이 지배주주 등이 직접 증여받은 경우의 증여세 상당액에서 특정법인이 부담한 법인세 상당액을 차감한 금액을 초과하는 경우 그 초과액은 없는 것으로 보고, 증여의제이익이 1억 원 미만인 경우에는 과세대상에서 제외하도록 하고 있습니다.

기본적으로 법인수증익 기준설을 유지하되 그 적용범위를 일부 제한하면서 의제규정의 형태로 바꾼 것입니다. 이는 앞서 살펴본 바와 같은 '주식가치증가분 기준설'을 적용할 경우의 여러 가지 현실적인 어려움과 해당 규정이 조세회피 수단으로 악용될 수 있는 가능성 등 여러 가지 사정을 고려한 것으로 이해되는데 어쨌든 이 사건 관련규정이 의제규정으로 바뀐 이상 이제는 종전 대법원 판결의 취지를 동일하게 적용하기는 어렵지 않을까 판단됩니다.

84

주식의 포괄적 교환과 증여세 과세

대상판결: 대법원 2018. 3. 29. 선고 2012두27787 판결

【판결요지】

상법상 주식의 포괄적 교환은 완전자회사가 되는 회사의 주식이 완전모회사가 되는 회사에 이전되는 거래와 완전자회사가 되는 회사의 주주가 완전모회사가 되는 회사로부터 완전자회사가 되는 회사의 주식과 대가관계에 있는 신주를 배정받아 완전모회사가 되는 회사의 주주가 되는 거래가 결합하여 일체로 이루어진다. 또한 완전자회사가 되는 회사의 주주가 주식의 포괄적 교환을 통하여 이익을 얻었는지는 완전자회사가 되는 회사의 주주가 완전모회사가 되는 회사에 이전한 완전자회사가 되는 회사의 주식에 대한 상증세법상의 평가액과 완전모회사가 되는 회사로부터 배정받은 신주에 대한 상증세법상의 평가액의 차액, 즉 교환차익이 존재하는지 여부에 따라 결정된다.
이러한 상법상 주식의 포괄적 교환의 거래 구조와 특성, 그리고 관련 규정의 문언 내용과 입법 취지 및 체계 등을 종합하여 보면, 상법상 주식의 포괄적 교환에 의하여 완전자회사가 되는 회사의 주주가 얻은 이익에 대하여는 '재산의 고가양도에 따른 이익의 증여'에 관한 구 상증세법(2007. 12. 31. 법률 제8828호로 개정되기 전의 것) 제35조 제1항 제2호, 제2항이나 '신주의 저가발행에 따른 이익의 증여'에 관한 같은 법 제39조 제1항 제1호 다목을 적용하여 증여세를 과세할 수는 없고, '법인의 자본을 증가시키는 거래에 따른 이익의 증여'에 관한 같은 법 제42조 제1항 제3호를 적용하여 증여세를 과세하여야 한다.

【참조조문】

구 상증세법(2007. 12. 31. 법률 제8828호로 개정되기 전의 것) 제35조 제1항 제2호(현행 제35조 제1항 참조), 제2항, 제39조 제1항 제1호 다목(현행 제39조 제1항 제1호 다목, 라목 참조), 제42조 제1항 제3호(현행 제42조의2 참조), 제45조의2 제1항, 상법 제360조의2

【해설】

1. 판결요지만으로는 확인되지 않지만 대상판결 사안은 상법상 주식의 포괄적 교환거래에서 완전자회사가 되는 회사('대상회사')의 주식이 시가보다 고가로 평가된 경우입니다. 똑같이 주식의 포괄적 교환을 통해 대상회사 주주가 이익을 얻더라도 대상판결과 같이 그가 보유하고 있던 대상회사 주식이 과대평가되어 이익을 얻는 경우와 반대로 주식의 포괄적 교환을 통해 완전모회사가 되는 회사('취득회사')의 주식이 시가보다 저가로 평가되어 이익을 얻는 경우는 (적용법조는 동일하더라도) 법률적 구성이 달라집니다.

2. 판례가 주식의 포괄적 교환에서 대상회사 주식이 시가보다 고가로 평가되어 대상회사 주주가 얻은 이익에 관하여 구 상증세법(2007. 12. 31. 개정 전의 것) 제42조 제1항 제3호(현행 제42조의2 제1항 참조)가 적용될 뿐 저가양도·고가양수에 관한 같은 법 제35조나 '신주의 저가발행에 따른 이익의 증여'에 관한 같은 법 제39조 제1항 제1호 다목이 적용되지 않는다고 본 것은 주식의 포괄적 교환에서 대상회사 주식은 취득회사가 발행·교부하는 주식과 달리 출자의 목적이자 양도의 대상으로서 손익거래의 대상인 한편 출자자는 그 반대급부로 취득회사의 주식을 받아 취득회사의 주주가 되기 때문에 최종적으로 그가 받은 수증이익의 산정은 주식의 희석화 효과를 반영하여야 하는 양면성을 가지기 때문입니다. 즉 자산의 고가출자행위로 인하여 취득회사 주식의 전체 가치가 감소한 불이익을 자신이 그 회사의 주주가 됨으로써 함께 받게 되는 것입니다.

3. 증여는 일반적으로 손익거래가 비등가로 이루어지는 경우에 발생하지만 법인과 주식을 매개체로 하는 자본거래가 비등가로 이루어지는 경우에도 주주 간 이익의 증여가 발생합니다. 법인세법은 이와 같은 비등가거래가 이루어지는 부당자본거래를 부당행위계산부인 대상으로 규정하고 있으며 상증세법도 이를 증여세 과세대상으로 규정하고 있습니다. 대상판결이 다루는 신주 저가발행의 경우가 전형적인 사안입니다. 나아가 손익거래와 자본거래가 혼합된 형태도 있는데 그것이 바로 현물출자의 경우입니다. 현물출자는 출자자가 현물출자 자산을 피출자회사에 양도하는 손익거래와 출자의 반대급부로 피출자회사 주식을 취득하여 피출자회사 주주가 되는 자본거래의 혼합적 성격을 갖습니다. 이와 같은 혼합거래에서는 손익거래인 현물출자 자산의 양도 측면에서도, 그리고 자본거래인 주식의 발행 측면에서도 모두 이익분여가 발생할 수 있습니다. 다만 전자의 경우에는 그 거래의 주체가 출자자와 주식의 발행법인이 되지만 후자의 경우에는 출자자와 발행법인의 주주가 된다는 점이 다릅니다(이 점에 관하여는 이미 본 판례백선 74회에서 살펴본 바 있습니다).

4. 주식의 포괄적 교환이나 합병과 같은 기업의 구조조정은 기본적으로 현물출자의 법률관계를 포함하고 있습니다. 즉 주식의 포괄적 교환은 대상회사 주식이, 합병은 피합병회사 자산 일체가 각각 현물출자되는 구조를 기본구도로 포함합니다. 따라서 이와 같은 기업의 구조조정을 통해 손익거래와 자본거래 어느 측면에서도 이익분여가 발생할 수 있습니다. 유의할 점은, 이 경우 이 사건에서 문제된 출자자산의 고가양도와 같이 손익거래를 통해 이익 분여가 일어나더라도 위에서 본 주식의 희석화 효과에 따라 최종적으로 출자자가 받는 수증익은, 출자가액과 출자자산의 시가 차액이 아니라(자본거래의 경우와 마찬가지로) 출자자산의 시가와 취득회사로부터 배정받은 취득회사 신주의 시가의 차액이 된다는 점입니다. 법은 이를 '출자자의 소유지분 또는 그 가액의 변동 전·후의 당해 재산의 평가차액'으로 규정하고 있습니다.

5. 관련 규정을 다시 살펴보면, 위 구 상증세법 제42조(기타 이익의 증여 등) 제1항은, "**제33조 내지 제41조, 제41조의3 내지 제41조의5, 제44조 및 제45조의**

규정에 의한 증여 외에 다음 각 호의 1에 해당하는 이익으로서 대통령령이 정하는 기준 이상의 이익을 얻은 경우에는 당해 이익을 그 이익을 얻은 자의 증여재산가액으로 한다."고 하여 그 제3호로서, "**출자·감자, 합병(분할합병을 포함한다)·분할, 제40조 제1항의 규정에 의한 전환사채 등에 의한 주식의 전환·인수·교환("주식전환 등") 등 법인의 자본(출자액을 포함한다)을 증가시키거나 감소시키는 거래로 인하여 얻은 이익 또는 사업양수도·사업교환 및 법인의 조직변경 등에 의하여 소유지분 또는 그 가액이 변동됨에 따라 얻은 이익. 이 경우 당해 이익은 주식전환등의 경우에는 주식전환등 당시의 주식가액에서 주식전환등의 가액을 차감한 가액으로 하고, 주식전환등외의 경우에는 소유지분 또는 그 가액의 변동 전·후의 당해 재산의 평가차액으로 한다.**"고 규정하고 있습니다. 그리고 위 규정을 이어받은 현행 상증세법 제42조의2(법인의 조직 변경 등에 따른 이익의 증여) 제1항 제3호는, "**주식의 포괄적 교환 및 이전, 사업의 양수·양도, 사업 교환 및 법인의 조직 변경 등에 의하여 소유지분이나 그 가액이 변동됨에 따라 이익을 얻은 경우에는 그 이익에 상당하는 금액(소유지분이나 그 가액의 변동 전·후 재산의 평가차액을 말한다)을 그 이익을 얻은 자의 증여재산가액으로 한다(단서 생략).**"고 규정하여 주식의 포괄적 교환·이전을 명시적으로 대상에 포함시켰습니다.

6. 한 가지 입법상 문제는, 상증세법이 주식의 포괄적 교환이나 합병 등을 증여의 한 유형으로서 수증익 산정에 관하여 별도로 규정하면서 막상 현물출자의 경우 현물출자 자산이 고가로 평가된 경우에 관하여는 별도의 규정을 두지 않고 있다는 점입니다(법인세법상 부당행위계산부인 규정과 관련하여서는 자산의 고가양도와 자산의 고가 현물출자를 별도로 규정하고 있습니다). 상증세법 제39조의3은 '현물출자에 따른 이익의 증여'에 관하여 규정하고 있으나 이는 현물출자 자산의 반대급부로 발행되는 주식이 고가나 저가로 평가된 경우에 관한 내용으로서 부당 자본거래를 규율하는 규정입니다.

85

명의신탁 증여의제

대상판결: 대법원 2017. 12. 13. 선고 2017두39419 판결

【판결요지】

[1] 명의신탁이 조세회피의 목적이 아닌 다른 이유에서 이루어졌음이 인정되고 그 명의신탁에 부수하여 사소한 조세경감이 생기는 것에 불과하다면 그와 같은 명의신탁에 조세회피의 목적이 있었다고 단정할 수 없다. 다만 이 경우에 조세회피의 목적이 없었다는 점에 관한 증명책임은 이를 주장하는 명의자에게 있고, 조세회피의 목적이 없었다는 점에 대하여는 조세회피의 목적이 아닌 다른 목적이 있었음을 증명하는 등의 방법으로 입증할 수 있으나, 증명책임을 부담하는 명의자로서는 명의신탁에 조세회피의 목적이 없었다고 인정될 정도로 조세회피와 상관없는 뚜렷한 목적이 있었고, 명의신탁 당시에나 장래에 회피될 조세가 없었다는 점을 객관적이고 납득할 만한 증거자료에 의하여 통상인이라면 의심을 가지지 않을 정도의 증명을 하여야 한다.

[2] 갑이 개인사업체를 운영하다가 국세 등을 연체한 상태에서 사업체를 폐업하고 을 주식회사를 설립하면서 총 발행주식 중 일부를 배우자인 병 명의로 취득하고, 약 7년 후 다른 주주들로부터 나머지 주식을 병 명의로 양수하였으며, 다시 3년 후 을 회사의 유상증자 과정에서 을 회사의 주식을 병 명의로 취득하였는데, 과세관청이 갑이 조세회피를 목적으로 을 회사의 주식을 병에게 명의신탁하였다고 보아 병에게 다른 주주들로부터 양수한 주식과 유상증자 과정에서 취득한 주식에 대하여 증여세 부과처분을 한 사안에서, 유상증자 과정에서의 주식 취득은 갑이 경영상 필요에 의하여 유상증자를 하면서 절차상의 번거로움을 피할 목적에

서 종래 주식보유현황에 기초하여 병 명의로 인수한 것으로서 체납된 조세채무의 회피와는 무관하게 이루어진 것이라고 볼 수 있어 이 부분에 대한 증여세 부과처분은 위법하다고 판단한 사례.

【참조조문】

구 상증세법(2010. 1. 1. 법률 제9916호로 개정되기 전의 것) 제45조의2 제1항, 제2항 (현행 제45조의2 제3항 참조)

【해설】

1. 우리나라에서 발생한 조세쟁송 가운데 가장 빈번하게 문제된 사안이 아마도 명의신탁 증여의제에 관한 것일 것입니다. 근본적으로 명의신탁 증여의제 규정의 합헌성 여부에서 비롯하여, 증여의제 과세요건으로 규정된 '조세회피목적'의 의의 내지는 범위에 관한 내용과 주주명부 등록 등을 둘러싼 납세의무성립 여부 및 그 시점 납세의무 승계나 전환의 문제 등 여러 방면에서 다툼이 벌어진 바 있습니다.

이번 회에는 이러한 쟁점들을 중심으로 명의신탁 증여의제 규정에 관한 전반적인 문제점을 정리해 보겠습니다.

2. 먼저 명의신탁 증여의제 규정의 합헌성 여부입니다.

명의신탁 증여의제 규정의 변천과정을 표로 보면 아래와 같습니다. 이 중 위헌 여부가 문제된 것은 의제규정 당시의 조문에 관한 것입니다.

적용기간	75. 1. 1~96. 12. 31	97. 1. 1~98. 12. 31	99. 1. 1~03. 12. 31	04. 1. 1~현재
법조문	상속세법 제32조의2	상증세법 제43조	상증세법 제41조의2	상증세법 제45조의2
성 격	의제규정	추정규정	의제규정	의제규정

상증세법상 '명의신탁 재산의 증여의제' 규정(현행 상증세법 제45조의2)은 실질이 증여가 아닌 것에 대하여 증여세를 부과하는 것으로서 담세력 없는 곳에 세금

을 부과한다는 점이 우선 문제됩니다. 조세는 기본적으로 담세력을 기준으로 설정되는데, 재산가치의 증가를 수반하지 않는 명의신탁행위를 증여로 의제하여 목적물 가액을 과세표준으로 삼고 증가된 재산가치의 크기에 맞추어 설정된 증여세의 누진세율을 그대로 적용하는 것은 우리 헌법이 표창하는 실질적 조세법률주의 이념에 부합한다고 보기 어렵습니다(종전에 위헌성 논거의 하나로 지적되던 명의수탁자에 대한 과세문제는 2019년 개정법에서 명의신탁자 과세로 바뀌었습니다).

명의신탁 증여의제 규정은 세수목적보다는 명의신탁을 이용한 조세회피를 방지하고자 하는 정책적 규정인데 이와 같은 정책적 조세가 조세의 본질에 적합한가에 관하여는 많은 논란이 있습니다. 주식의 명의신탁과 달리 부동산 명의신탁의 경우 부동산 실명의자 권리에 관한 법률에서 과징금 부과대상으로 규정하고 있는데 그 부과비율은 부동산가액의 30%로서 단일하고, 상당한 감경사유가 있으면 감경하는 한편 명의신탁 상태를 계속 유지하는 경우와 해소한 경우 각각 과징체계를 달리하는 등 전체적으로 행정벌로서의 모양과 체계를 갖추고 있습니다. 다만 헌법재판소는, 명의신탁 증여의제 관련규정이 조세회피를 방지하려는 정당한 입법목적을 달성하기 위한 적절한 수단이고, 조세정의와 공평이라는 중대한 공익을 실현하며, 법원이 조세회피 목적이 있다는 추정을 번복할 것인지 여부를 구체적 행위태양에 따라 판단하고 있다는 이유 등으로 이를 합헌으로 판단하였습니다[헌법재판소 2017. 12. 28.자 2017헌바130 결정; 2012. 5. 31.자 2009헌바170·172 결정 등(병합); 2004. 11. 25.자 2002헌바66 결정 등].

3. 다음 증여의제 과세요건의 핵심요소인, '조세회피목적'에 관한 것입니다. 이에 관하여 판례는 전체적으로 매우 엄격한 기준을 유지하고 있습니다. 구체적으로, 판례는 1인당 주식담보 대출한도를 피해 타인 명의로 추가대출을 받을 목적으로 주식을 명의신탁한 사안에서 회피된 종합소득세액이 상당한 액수에 달한다는 이유로 조세회피목적이 있다고 보고(대법원 2009. 4. 9. 선고 2007두19331 판결), 법인이 주가관리를 위해 기관투자자들 명의로 자사주를 취득, 관리하다가 그로 인해 발생하는 법인세를 보전해 주어야 하는 문제 등을 감안하여 개인주주들 앞으로 명의를 다시 이전한 경우 조세회피목적이 있다고 보았습니다(대법원 2011. 9. 8. 선고 2007두17175 판결). 좀 더 가까운 사례로는 법인의 대표이사가 개인운전기

사를 통해 주식을 명의신탁한 경우 국세기본법상 과점주주의 제2차 납세의무를 회피할 목적이 있다고 본 것(대법원 2019. 6. 13. 선고 2018두47974 판결)이 있습니다. 이와 같은 기준에 의하게 되면 일반적으로 소득세에 관하여 누진과세체계를 취하는 경우 차명행위를 통해 주식명의를 분산하게 되면 배당이나 양도 시 종합소득세나 양도소득세가 줄어들게 마련이므로 특별한 사정이 없는 한 조세회피목적을 피해가기는 쉽지 않을 것입니다.

근래 선고된 판결 중 조세회피목적이 없다고 판단한 사안으로 눈에 띄는 것이 대상판결인데, 대상판결은 유상증자와 관련된 사안에서 조세회피목적 유무의 관점에서 모처럼 납세자의 손을 들어주었습니다. 다만 해당 사안이 앞서 본 과세관청의 승소사안과 어떻게 구분되는지는 분명하지 않습니다.

4. 다른 한편 입법과 판례에 의해 명의신탁 증여의제 규정의 적용 범위를 축소시키기 위한 노력도 계속되고 있습니다. 명의신탁 증여의제 규정에 의한 증여재산을 증여재산 합산과세 대상에서 제외시키고(상증세법 제13조 제1항, 제47조 제2항), 명의신탁 증여의제 주식의 경우 최대주주 할증평가 대상에서 제외시키며(상증세법 시행령 제53조 제6항 제8호), 신고기한 내 증여재산을 반환한 경우 증여로 보지 않는 상증세법 제4조 제4항 전단의 규정이 명의신탁 증여의제의 경우에도 적용된다고 본 판례(대법원 2011. 9. 29. 선고 2011두8765 판결) 등이 그것입니다. 또한 판례는 원고가 조세를 회피할 목적으로 해외에 SPC를 설립하여 SPC 발행명의의 주식을 실질적으로 지배·관리하여 온 사안에서 소득의 귀속과 관련하여서는 실질과세의 원칙을 적용하여 이를 원고의 국내소득으로 보면서도, 원고와 SPC 사이에 명의신탁 합의가 존재한다거나 주식의 실제소유자와 명의자가 다르다고 보기 어려우므로 SPC 명의의 주식소유에 대하여 명의신탁 증여의제 규정을 적용하기는 어렵다고 판단하였습니다(대법원 2020. 8. 20. 선고 2020두32227 판결).

5. 판례는 최초로 증여의제 대상이 되어 과세되었거나 과세될 수 있는 명의신탁 주식의 매도대금으로 취득하여 다시 동일인 명의로 명의개서된 주식에 대하여 위 증여의제 조항을 적용하여 다시 증여세를 과세할 수 없다고 보았습니다(대법원 2017. 2. 21. 선고 2011두10232 판결). 이 판결은 명의신탁 규정의 적용범위를 사실

상 상당히 제한한 것으로서 주목할 만합니다. 판결은 이 경우 재차 증여의제 규정을 적용한다면, 애초에 주식이나 그 매입자금이 수탁자에게 증여된 경우에 비하여 지나치게 많은 증여세액이 부과될 수 있어서 형평에 어긋난다는 점을 주된 이유로 삼았습니다. 아울러 판례는 상법상 주식의 포괄적 교환의 경우에도 동일한 법리가 적용되어야 한다고 보았습니다(대법원 2018. 3. 29. 선고 2012두27787 판결). 종전에 판례는 기업 구조조정에 의해 대상주식이 신주로 바뀐 경우(대법원 2013. 8. 23. 선고 2013두5791 판결; 2013. 9. 26. 선고 2011두181 판결) 증여세 과세가 가능하다고 보았으나 그 태도를 변경한 것입니다. 판례는 같은 맥락에서 합병신주(대법원 2019. 1. 31. 선고 2016두30644 판결)나 기명식 전환사채의 명의수탁자가 전환권 행사로 취득한 주식(대법원 2019. 9. 10. 선고 2016두1165 판결) 등에 대하여도 최초 명의신탁에 대한 증여의제 과세와 별도로 재차 증여의제 과세대상으로 삼을 수 없다고 보았습니다. 종전에 판례는 명의신탁 이후 이루어진 유·무상 증자 등으로 인해 추가 배정되는 주식과 관련하여 무상증자에 대하여는 새로운 명의신탁의 성립을 부정한 반면(대법원 2011. 7. 14. 선고 2009두21352 판결), 유상증자의 경우에는 이를 긍정하였는데(대법원 2003. 10. 10. 선고 2002두9667 판결) 이 역시 대상판결에서 그 태도가 변경된 것으로 여겨집니다. 이러한 기준에 의할 때 상속과 관련하여서도 지위의 포괄적 이전이라는 상속의 특성상 명백히 새로운 명의신탁합의가 인정되는 경우 이외에는 명의신탁 증여의제 규정을 적용한 새로운 증여세 과세는 불가능할 것입니다.

전제적으로 의제의 본질상 증여의제의 경우를 본래의 증여보다 더 불리하게 취급할 수 없다는 점에서 증여의제 규정의 합헌성 여부와는 별도로 위와 같은 일련의 입법 및 판례의 태도는 바람직한 것으로 여겨집니다.

86

본래의 증여와 명의신탁 증여의제의 비교

대상결정: 헌법재판소 2019. 11. 28.자 2017헌바260 결정

【결정요지】

[다수의견] 상증세법은 주식이 명의신탁된 경우를 증여로 의제하고 있어, 본래의 증여와 법률적 효과가 다르지 않으며, 조세회피 목적이 없는 경우 증여로 의제되지 않는 점, 최대주주 등 보유주식에 대한 할증평가는 보유주식에 내재하는 경영권 또는 지배권의 가치로 인하여 거래현실상 일반적으로 가치가 높게 평가되는 점을 반영한 것이지, 현실적으로 경영권 이전의 결과가 발생하는지에 따라 주식의 평가가 달라진다는 취지를 규정한 것은 아닌 점, 할증평가에서 제외되는 예외규정 역시 마련되어 있는 점, 2016. 2. 5. 개정된 시행령에서 증여로 의제된 명의신탁을 할증평가 대상에서 제외하고는 있으나, 이는 과세부담을 완화하려는 입법정책적 판단에 따른 것이지, 반성적 고려에 터 잡은 것이라고 볼 수 없는 점 등을 고려할 때, 침해최소성에 반한다고 볼 수 없다. 또한 명의신탁이 법률상 증여로 의제된 이상, 그러한 주식에 대한 할증평가는 증여의제 규정에 따른 후속적인 법 적용으로서 불합리하다고 볼 수 없으므로 심판대상조항은 조세평등주의에 반하지 않는다.

[반대의견] 실제 경영권 프리미엄 이전이 없는 경우까지 최대주주 등의 보유주식에 대하여 할증평가하는 것은 과도한 재산권 제한에 해당하고, 주식이 실제로 이전된 경우와 명의만 이전된 경우를 동일하게 할증평가하는 것은 합리적 이유 없는 차별이므로 조세평등주의에도 부합하지 않는다.

【심판대상조문】

구 상증세법(1999. 12. 28. 법률 제6048호로 개정되고, 2002. 12. 18. 법률 제6780호로 개정되기 전의 것) 제63조 제3항 등

【해설】

1. 상증세법상 명의신탁 증여의제 규정의 위헌성에 관한 논의는 학설상으로는 아직도 진행형이나 실무상으로는 몇 차례 헌법재판소 결정을 통하여 합헌으로 정리된 상태로서 현행 규정상 논의의 초점은 법률상 구성요건인 조세회피목적의 유무 내지 범위의 문제로 좁혀졌다고 볼 수 있습니다. 이번 회에는 대상결정이 다루는 쟁점을 포함하여 상증세법이 명의신탁 증여의제를 본래의 증여와 비교하여 어떻게 취급하고 있는가 하는 점을 살펴보겠습니다. 논의의 진행상 대상결정의 타당성 여부에 대한 논의보다는 관련 규정이나 판례상 명의신탁 증여의제와 본래의 증여의 동일점 및 차이점을 중심으로 살펴보겠습니다.

2. 우선 2019년 개정 상증세법(2018. 12. 31. 법률 제16102호로 개정된 것)에서 몇 가지 관련 규정의 개정이 이루어진 점을 확인해 볼 필요가 있습니다. 그중 가장 중요한 내용이 명의신탁 증여의제에 따른 증여세 납부의무자를 명의수탁자에서 실제소유자인 명의신탁자로 변경한 것입니다. 그와 함께 명의신탁 재산에 대한 물적납세의무 규정을 신설하고(법 제4조의2 제9항), 명의신탁 증여의제 재산을 그 실질에 맞추어 증여재산 합산대상에서 제외하였습니다(법 제47조 제1항). 한편 위와 같이 명의신탁자를 납세의무자로 함에 따라 명의신탁자를 연대납세의무자로 규정한 종전 상증세법 제4조의2 제5항(현행 제6항) 제4호는 삭제되고, 과세관할도 수증자 주소지에서 증여자 주소지로 바뀌었습니다(법 제6조 제2항 제3호).

3. 먼저 상증세법 규정이나 판례상 명의신탁 증여의제를 본래의 증여와 동일하게 취급하는 경우에 관하여 살펴봅니다.

우선 과세가액 산정방식은 분래의 증여와 명의신탁 증여의제가 동일하며 신

고 및 납세의무 불이행 시 가산세를 부과하는 것도 동일합니다(대법원 2013. 3. 28. 선고 2010두24698 판결; 2003. 10. 10. 선고 2002두2826 판결). 다만 명의신탁 증여의제에 대하여 신고의무 불이행 가산세를 부과하는 것은 헌법상 자기부죄금지의 원칙에 어긋난다는 학설의 반론이 있습니다.

판례는 3개월 이내에 증여재산을 반환하는 경우 증여세 과세대상에서 제외시키는 상증세법 제4조 제4항 후단 규정이 명의신탁 증여의제의 경우에도 동일하게 적용된다고 보았습니다(대법원 2011. 9. 29. 선고 2011두8765 판결). 또한 판례는 명문의 규정이 신설되기 이전에 명의신탁 증여의제의 경우도 본래의 증여와 마찬가지로 상증세법 제47조 제2항에서 규정한 '10년 이내 동일인의 증여가액 합산'의 대상이 된다고 보고(대법원 2019. 6. 13. 선고 2016두50792 판결 등), 과점주주 할증과세 대상도 된다고 보았습니다(대법원 2018. 2. 8. 선고 2017두48451 판결 및 대상결정). 그러나 이에 대하여는 그 후 반대로 입법이 되었습니다. 그 밖에 판례는 명의신탁 이후 이루어진 유·무상 증자 등으로 인해 주식을 배정받은 경우(대법원 2011. 7. 14. 선고 2009두21352 판결), 주식의 포괄적 교환을 통하여 명의수탁자가 완전모회사가 되는 회사로부터 신주를 배정받은 경우(대법원 2018. 3. 29. 선고 2012두27787 판결), 합병신주(대법원 2019. 1. 31. 선고 2016두30644 판결)나 기명식 전환사채의 명의수탁자가 전환권 행사로 취득한 주식(대법원 2019. 9. 10. 선고 2016두1165 판결) 등에 대하여 최초 명의신탁에 대한 증여의제 과세와 별도로 재차 증여의제 과세대상으로 삼을 수 없다고 보았습니다. 판례는 같은 취지에서 최초로 증여의제로 과세되었거나 과세될 수 있는 명의신탁 주식의 매도대금으로 취득하여 다시 동일인 명의로 명의개서된 주식에 대하여 다시 증여세를 과세할 수 없다고 보았습니다(대법원 2017. 2. 21. 선고 2011두10232 판결).

4. 다음 명의신탁 증여의제를 본래의 증여와 달리 취급하고 있는 법 규정이나 판례에 관하여 살펴봅니다. 이는 주로 명의신탁 증여의제가 실질적으로 담세력이 없거나 명의신탁자의 소유라는 점에 입각한 것입니다. 상증세법은 앞에서 본 기존 판례의 입장과 반대로 최대주주 주식보유분을 판단함에 있어서 명의신탁주식을 적용대상에서 제외하고 있고(법 제63조 제3항 전단, 시행령 제53조 제7항 제8호), 명의신탁 증여의제를 증여가액 합산대상에서 제외하고 있습니다(법 제47조 제2항).

증여세 과세표준을 산정함에 있어서 명의신탁 증여의제의 경우 증여재산공제의 적용이 배제된다는 점도 본래의 증여와 다른 점입니다(상증세법 제55조 제1항, 제53조). 명의신탁 재산은 명의수탁자에게 증여세가 부과되었는지 여부와 상관없이 상속재산에 포함되며(대법원 2004. 9. 24. 선고 2002두12137 판결), 반대로 피상속인이 명의수탁받은 재산은 명의신탁자에게 반환채무를 부담하고 있는 이상 상속재산에 포함되지 않습니다(대법원 1997. 11. 14. 선고 97누669 판결). 나아가 다른 증여사건의 자금출처나 증여세 부과제척기간 등을 논함에 있어서도 명의신탁 증여의제의 경우 증여세가 과세되었는지 여부를 불문하고 그 실질을 따져서 명의신탁자의 재산으로 보아 판단합니다.

87

상증세법상 보충적 평가방법의 적용요건인 '시가를 산정하기 어려울 때'의 의의

대상판결: 대법원 2001. 9. 14. 선고 2000두406 판결

【판결요지】

[1] 구 상속세법 시행령(1990. 12. 31. 대통령령 제13196호로 개정되기 전의 것) 제5조 제2항 내지 제5항에 규정하는 방법에 의한 증여재산의 평가는 증여개시 당시의 시가를 산정하기 어려운 때에 한하여 비로소 택할 수 있는 보충적인 평가방법이고, 시가를 산정하기 어려워서 보충적인 평가방법을 택할 수밖에 없었다는 점에 관한 입증책임은 과세관청에게 있다.

[2] 증여대상 토지에 관하여 증여개시 직전 또는 직후의 거래가액이나 공신력 있는 감정기관의 감정가액을 찾아볼 수 없고, 그 밖에 개별요인에 있어 차이가 없는 인근토지의 매매실례에 관한 자료도 찾아볼 수 없는 경우 증여 당시의 '시가를 산정하기 어려울 때'에 해당한다고 본 사안.

【참조조문】

구 상속세법(1990. 12. 31. 법률 제4283호로 개정되기 전의 것) 제9조 제1항(현행 상증세법 제60조 제1항 참조), 구 상속세법 시행령(1990. 12. 31. 대통령령 제13196호로 개정되기 전의 것) 제5조(현행 상증세법 제61조, 제62조, 제63조, 제64조, 제65조 참조), 행정소송법 제26조

【해설】

1. 대상판결은 2001년도에 선고된 것이지만 그에 적용된 법령은 구 상속세법 시행령(1990. 12. 31. 개정 전의 것)입니다. 꽤 오래 되었지만 당시 시행령 규정이 현재에는 법에 규정된 것만 다를 뿐 내용은 다르지 않습니다. 구체적으로, 당시 상속세법(1990. 12. 31. 개정 전의 것) 제9조 제1항은, **"상속재산의 가액, 상속재산의 가액에 가산할 증여의 가액 및 상속재산의 가액 중에서 공제할 공과 또는 채무는 상속개시 당시의 현황에 의한다. 다만, 실종선고로 인한 상속의 경우에는 실종선고일 당시의 현황에 의한다."**고 규정하고, 그 시행령 제5조 제1항은, **"법 제9조에 규정한 상속개시 당시의 현황에 의한 가액 또는 상속세 부과 당시의 가액은 각각 그 당시의 시가에 의하되 시가를 산정하기 어려울 때에는 제2항 내지 제5항에 규정하는 방법에 의한다."**고 하여 그 제2항에서 토지·건물 등 유형재산의 평가에 관한 법정평가방법을 규정하고 있었습니다.

이에 대하여 현재의 상증세법은 제60조 제1항에서, **"이 법에 따라 상속세나 증여세가 부과되는 재산의 가액은 상속개시일 또는 증여일 현재의 시가에 따른다. 이 경우 다음 각 호의 경우에 대해서는 각각 다음 각 호의 구분에 따른 금액을 시가로 본다(제1, 2호 생략).",** 그 제2항은, **"제1항에 따른 시가는 불특정 다수인 사이에 자유롭게 거래가 이루어지는 경우에 통상적으로 성립된다고 인정되는 가액으로 하고 수용가격·공매가격 및 감정가격 등 대통령령으로 정하는 바에 따라 시가로 인정되는 것을 포함한다.",** 제3항은, **"제1항을 적용할 때 시가를 산정하기 어려운 경우에는 해당 재산의 종류, 규모, 거래 상황 등을 고려하여 제61조부터 제65조까지에 규정된 방법으로 평가한 가액을 시가로 본다."**라고 규정하고 있습니다.

전체적으로 양쪽이 모두 상속재산 및 증여재산의 평가는 일차적으로 거래가격을 기본으로 하는 시가에 의하되, 시가를 산정하기 어려운 경우에는 보충적으로 법정평가방법에 의하도록 하는 체계를 취하고 있습니다.

2. 우선 우리 상증세법 평가규정의 가장 큰 문제점은 거래가격을 기본으로 하는 '시가'와 '시가를 산정하기 어려운 경우'를 동시에 상정하고 후자의 경우 전자

의 통상적인 시가와 전혀 이질적인 평가방법(법정평가방법)을 별도로 규정하고 있는 점입니다. 이는 동일한 담세력을 지닌 과세대상에 관하여 두 가지 서로 다른 평가방법이 적용될 가능성을 처음부터 내포하고 있는 것이어서, 그 자체로 공평과세에 어긋나는 측면을 지니고 있습니다.

3. 다음 구체적인 사항으로, '시가를 산정하기 어려운 경우'가 무엇을 의미하는가에 관한 것입니다. 판례는 처음에는 위 구 상증세법 시행령 제5조 제2항의 해석과 관련하여, 같은 항 소정의 평가방법을 적용하기 위해서는 과세대상의 시가를 산정하기 어렵다는 점이 주장·입증되어야 하고, 그 주장·입증 책임은 과세관청에 있다고 하는 한편 그 입증의 정도를 상당히 엄격하게 요구하여, 상증세법상 보충적 평가방법에 기하여 과세한 상속세 및 증여세 부과처분이 시가산정이 어렵다는 점에 대한 과세관청의 주장·입증이 없다는 이유로 취소되는 일이 빈번하였습니다. 예컨대 상속 개시 당시부터 상속세 부과처분 당시까지 목적부동산이 실제 거래된 바 없다거나(대법원 1993. 2. 26. 선고 92누787 판결), 시가로 볼 수 있는 범위를 정한 구 상증세법기본통칙 39...9 제1항 각 호에 해당하지 않는다고 하여 곧바로 '시가를 산정하기 어려운 때'에 해당하는 것으로 볼 수 없다고 한 것(대법원 1993. 7. 27. 선고 92누19323 판결) 등이 그것입니다.

4. 이와 같은 판례의 태도에 대하여는 비판하는 견해가 많았는데, 결국 판례는 상속개시 당시까지 목적물이 처분된 일이 없고 별도로 감정가격도 존재하지 않는 경우에는 '시가를 산정하기 어려운 경우'로 보아야 한다면서 태도를 바꾸었습니다. 그와 같은 취지로 가장 먼저 선고된 것이 대상판결이고, 그 후 부동산(대법원 1991. 9. 14. 선고 2000두406 판결; 1995. 6. 13. 선고 95누23 판결)과, 비상장주식(대법원 1995. 12. 8. 선고 94누15905 판결; 1996. 10. 29. 선고 96누9423 판결)에 관하여 동일한 취지의 판결이 잇따랐습니다. 위 판결 등을 통해 확인되는 시가를 산정하기 어려운 경우에 관한 사유들은 모두 예외적인 소극적 사항으로서 결국은 소송 전후를 통해 납세자가 보다 낮은 감정가격 등의 존재를 입증하여야 한다는 점에서 실질적으로 납세자 측에 입증책임을 전환한 것으로 볼 수 있습니다.

5. 이러한 판례의 입장 전환과 관련하여 특별히 상속이나 증여가 개시된 이후 과세관청의 과세목적을 위한 소급감정 허용 여부가 문제됩니다.

감정가액과 관련하여 과세관청이 과세목적으로 감정기관에 의뢰, 실시하여 새로이 구한 감정가액과 금융기관 대출 등 그와 다른 목적으로 실시된 일정한 기간 내의 감정가액 사이에 본질적인 차이가 존재한다고 보기는 어렵습니다. 그렇지만 현실적으로 소급감정가액을 시가로 볼 수 있는가의 문제와 법정평가방법을 초과하는 가액으로 과세하기 위한 목적의 과세관청에 의한 소급감정을 제한 없이 허용할 수 있는 것인가의 문제는 분명히 구분하여야 합니다.

상증세법 제60조는 내용을 단순화한다면 아래와 같이 그 체계를 바꾸어 볼 수 있는데 이 경우 조문의 문제점을 보다 분명하게 확인할 수 있습니다.

"① **부동산은 법정평가방법에 의한다.**

② **다만 평가대상 부동산과 유사한 부동산에 관한 일정한 기한 내의 매매사례가 있거나 평가대상 부동산에 관한 일정한 기한 내의 수용가격이나 신뢰할 만한 감정가격이 있는 경우에는 그 가액에 의한다.**

③ **과세목적상 필요한 경우 과세관청은 대상부동산에 관하여 법에 따른 (소급) 감정평가를 의뢰하여 그 감정가액을 평가가액으로 삼을 수 있다.**"

6. 판례는 부동산의 경우 대체로 소급감정에 의한 감정가액을 시가로 인정하여 왔으나(대법원 1990. 9. 28. 선고 90누476 판결 등), 그 동안 부당행위계산부인의 경우 이외에 과세관청에 의한 과세목적의 소급감정을 허용하는 것인지에 관하여는 그 태도가 분명하지 않았습니다.

만일 과세관청에 의한 선별적 소급감정이 허용된다고 본다면, 부동산의 경우 현실적으로 감정 자체가 불가능한 경우란 생각하기 어려우므로 '시가를 산정하기 어려운 경우'란 있을 수 없게 되어 상증세법 제60조 제3항은 존재의의를 잃게 됩니다. 따라서 상속개시 당시 다른 시가에 관한 자료가 없는 이상 시가를 산정하기 어려운 경우에 해당한다는 대상판결의 태도는 결국 상속이나 증여가 개시된 이후 과세관청에 의한 과세목적의 소급감정이 허용되지 않는다는 해석을 전제한 것으로 보아야 할 것입니다.

문제는 최근 판례가 다음 회에서 보는 ‘꼬마빌딩’의 사안에서 과세관청에 의한 과세목적의 소급감정을 원칙적으로 긍정하는 취지로 판단하였다는 점입니다. 다만 위 판결은 대상판결과의 관계가 어떻게 되는 것인지에 관하여는 분명한 기준을 제시하지 않았습니다.

88

과세목적 등을 위한 과세관청에 의한 소급감정의 허용범위

대상판결: 서울고등법원 2021. 12. 1. 선고 2019누56977 판결
(대법원 2022. 3. 31. 선고 2021두61062 심리불속행 판결)

【판결요지】

구 상증세법 제60조 제1항은 시가주의를 원칙으로 채택하면서, 시가주의 원칙의 관철이 불가능한 경우에 대비하여 보충적 평가방법을 정하고 있다. 증여재산은 실거래가액이 없어 평가에 의해 가액을 산정할 수밖에 없고, 평가의 기본원칙은 시가에 의한 평가인 만큼, 설령 과세관청이 보충적 평가방법에 의하여 증여재산 가액을 산정하여 과세처분을 하였더라도, 과세관청은 그 과세액이 시가에 의하여 산출된 정당한 세액을 초과하지 아니하는지 여부를 따져볼 수 있다고 봄이 타당하다. 원고의 주장과 같이 과세관청이 일단 보충적 평가방법에 의하여 평가하여 과세처분을 한 경우 과세관청은 오직 보충적 평가방법을 적용하여 과세처분을 하여야 하고, 감정을 통해 확인한 시가를 적용하여 증여재산가액을 산정할 수 없다고 보는 것은 합리적이지 아니하다. 그렇게 볼 경우, ① 구 상증세법이 시가주의를 평가의 원칙으로 규정한 취지가 몰각되고, ② 과세관청이 시가를 산정하기 어렵다고 보았다가 감정을 통해 시가를 산정할 수 있는 것으로 밝혀진 경우에도 보충적 평가방법만을 선택하도록 하여 불합리하며, ③ 시가에 따른 증여재산가액 산정을 배제하고 보충적 평가방법에 의한 증여재산가액 산정만을 인정하게 되어 실질과세의 원칙에도 반하는 결과가 될 우려가 있고, ④ 이 사건과 같이 보충적 평가방법에 의한 증여재산가액의 산정이 과도하게 복잡하게 되는 경우 오히려 손쉬운 감정에 따른 증여재산가액 산정을 할 수 없게 되어 타당하지 아니하다.

【참조조문】

상증세법 제60조 제1항 내지 제4항, 제61조 제5항, 상증세법 시행령 제49조 제1항, 제50조 제7항, 제8항 제2호

【해설】

1. 앞의 판례백선(87회)에서 필자는 상증세법상 부동산에 대하여 과세관청에 의한 과세목적의 선별적 소급감정이 허용되지 않아야 된다는 견해를 피력한 바 있습니다. 이 주제는 대단히 중요하다고 생각되므로 이번 회에 좀 더 자세히 살펴보고자 합니다.

전 회에 강조한 바와 같이 과세목적을 위한 소급감정이 허용되지 않아야 한다는 점은 이를 허용하게 되면 평가에 관한 우리 법 규정 체계 전체가 흔들리기 때문입니다. 과세관청이 동일한 부동산에 관하여 특정한 납세자에 대하여는 다른 매매사례가액이나 감정가액이 없다는 이유로 보충적 평가방법으로 과세하고 다른 부동산에 대하여는 과세의 필요성을 내세워 소급감정을 하여 과세한다면 이는 명백히 형평에 반합니다. 특별히 우리 상증세법 시행령 제49조 제1항은 일정한 기간(법정 평가기간) 내에, 일정한 절차에 따른 경우에만 소급감정가액을 시가로 보도록 하고 있는데, 위 규정을 단순한 예시적 규정으로 이해하기는 어려우므로 최소한 위 제한을 넘어서는 소급감정을 기초로 한 과세는 허용되지 않는다고 보아야 할 것입니다.

2. 문제는 새로운 과세목적이 아니라 기존의 과세처분을 유지하기 위하여, 보다 정확하게는 기존에 시가에 관한 자료가 없다고 보아 법이 정한 평가방법에 따라 과세하였는데 소송에서 그 평가방법에 의한 과세의 적법성이 다투어지자 과세관청이 시가 범위 내의 적법한 과세처분이라고 주장하면서 이를 입증하기 위하여 소급감정을 신청하고 그 가액을 과세처분의 적법성을 입증하는 증거로 사용할 수 있는지 여부입니다. 대상판결 사안이 바로 그러한 경우인데 구체적으로, 과세관청이 특수관계인 사이에 법인세법상 시가로 인정되는 가액으로 토지에 관한 임대

차가 설정된 빌딩에 관하여 상증세법 제61조 제5항 및 같은 법 시행령 제50조 제8항 제2호에 의하여 과세가액을 산정하여 과세하였는데, 납세자가 쟁송절차에서 대상 빌딩에 대하여는 임대차가 설정된 부동산에 관한 원칙적 평가규정인 상증세법 시행령 제50조 제7항이 적용되어야 하고, 과세관청이 적용한 시행령 규정은 모법의 위임범위를 벗어난 무효의 규정이라고 주장하면서 다투자, 과세관청이 납세자 주장의 당부를 떠나 어차피 해당 과세처분이 시가의 범위 내에서 이루어졌으므로 적법하다고 주장하면서 뒤늦게 그 입증방법으로 당해 부동산에 관하여 소급감정을 신청한 것입니다.

3. 이 문제에 접근하기 위해서는 무엇보다도 우리 상증세법의 평가에 관한 규정이나 체계에 대한 정확한 이해가 필요합니다. 지난 회 검토에서도 살펴보았듯이 우리 상증세법의 평가방법에 관한 규정은 공평과세의 측면에서 중대한 결함을 지니고 있습니다. 시가주의를 원칙으로 천명하면서 그와 같은 시가의 산정기준을 소급감정가액을 포함하여 여러 가지 방법으로 규정하고 있기 때문입니다. 여기서 만일 소급감정가액을 제한 없이 과세관청이 언제든 채택할 수 있는 시가산정방법으로 인정한다면 과세관청의 선별적 과세를 허용하게 되어 공평과세의 관점에서 해결하기 어려운 문제점을 낳게 됩니다. 이 점은 미국, 독일, 일본 등 외국의 사례와 비교하여 보면 보다 분명하게 확인할 수 있습니다. 일단 이들 나라 중 세법상 우리나라와 같은 이원적 재산평가방법 체계를 취한 나라는 찾아볼 수 없습니다. 구체적으로 독일이나 일본의 경우 재산별로 시가산정에 관한 구체적인 방법을 법령이나 실무상 법령의 역할을 대신하는 기본통달에 규정하여 납세자 사이에 과세형평을 유지하고 납세자와 과세당국의 다툼을 사전에 방지하고 있습니다. 위와 같은 방법에 따라 산정된 가액은 '개념상 시가'와 동일하지는 않지만 시가를 대신할 수 있는 가장 합리적인 방법으로 인정하고 그에 따라 산출된 가액을 동일한 재산을 보유한 모든 납세자에게 공통으로 적용합니다. 그에 따라 담세력이 동일한 납세자 간의 과세형평 문제는 원칙적으로 발생하지 않습니다. 한편 미국은 시가가 불분명한 경우의 다른 평가방법을 아예 규정하지 않아 과세당국은 알려진 정보를 사용하여 시가에 해당하는 평가액을 산출하여야 하며 평가액에 대하여 납세의무자와 과세당국 사이에 의견이 일치하지 않는 경우 법원에서 다툼을 해결합

니다. 미국은 독일이나 일본과 같은 구체적 평가규정이나 기준은 법체계상 존재하지 않으나 과세관청이 시가를 파악하는 방법과 절차는 모든 납세자에게 동일한 기준에 따라 적용되므로 담세력이 동일함에도 다르게 과세되는 경우는 발생하지 않습니다. 대만의 경우 모든 납세자에 대해 공통으로 사전에 정한 기준시가를 적용하여 과세하므로 납세자 간 과세형평 문제는 아예 발생할 여지가 없습니다. 전체적으로 각국의 법제의 차이에도 불구하고 우리나라 제도와의 차이점은 동일한 과세대상에 관하여 시가주의에 의한 원칙적 평가방법과 시가를 산정하기 어려운 경우의 보충적 평가방법이라는 이원적 방식을 동시에 채택하지는 않고 있다는 것입니다.

4. 결국 문제는 상증세법상 '시가'의 의미나 개념이 무엇인지에 관한 것입니다. 통상적 의미의 시가는 시장가격을 의미하는데 이는 공개된 시장에서 동종 다량의 물건이 거래되는 상장주식과 같은 경우만이 적용가능한 방법입니다. 예컨대 부동산의 경우 평가대상 부동산과 완전히 동일한 부동산은 존재하지 않으므로 막연한 시세는 있겠지만 과세관청이 과세하기 위하여 가액을 산정할 때 기존에 대상 부동산에 관한 다른 평가자료가 존재하지 않는 경우 결국 법이 정한 보충적 평가방법에 의하거나 아니면 소급감정에 의할 수밖에 없습니다.

사실상 거래가격 내지 시장가격을 제외하고 상증세법이 시가로 규정한 나머지 가액들은 모두 감정의 영역에 속합니다. 예컨대 매매사례가액이라는 것도 결국 양쪽 물건의 동종성 내지 유사성을 따지는 평가과정을 거쳐야 합니다. 뿐만 아니라 법은 위와 같은 매매사례가액 이외에 보충적 평가방법에 의한 평가액도 이를 시가로 보도록 하는 간주규정을 두고 있습니다. 즉 상증세법 제60조 제1항 내지 제4항은 재산의 평가에 관한 기본적인 규정인데 내용상 시가를 본래의 의미의 시가와 매매사례가격, 감정가격, 공매 등 가격('시가인정액') 및 보충적 평가방법에 의한 간주시가로 구분하고 있고. 그 적용순서를 ① 본래의 시가, ② 시가인정액, ③ 보충적 평가방법에 의한 간주시가 순으로 규정하고 있습니다. 법이 적용순서를 두기는 하였지만 보충적 평가방법에 의한 가액도 시가로 간주한 이상 그 방법에 의하여 평가한 가액을 시가가 아니라고 할 수는 없습니다. 근본적으로 위와 같은 적용순서는 모든 납세자에게 동일한 방식으로 적용되어야 하며 과세관청이 납세자와 과세대상에 따라 임의로 그 적용순서를 선택할 수 있도록 하는 것은 평등권 심사기준의 요체인 합리적 차별을 넘어서는 것입니다.

5. 여기서 상증세법상 시가로 보는 감정가액을 일정한 범위 내로 제한한 상증세법 시행령 제49조 제1항을 다시 살펴보겠습니다. 위 조항은, **"법 제60조 제2항에서 '수용가격 · 공매가격 및 감정가격 등 대통령령으로 정하는 바에 따라 시가로 인정되는 것'이란 상속개시일 또는 증여일("평가기준일") 전후 6개월(증여재산의 경우에는 평가기준일 전 6개월부터 평가기준일 후 3개월까지로 한다. "평가기간") 이내의 기간 중 매매 · 감정 · 수용 · 경매 또는 공매("매매 등")가 있는 경우에 다음 각 호의 어느 하나에 따라 확인되는 가액을 말한다. 다만, 평가기간에 해당하지 않는 기간으로서 평가기준일 전 2년 이내의 기간 중에 매매 등이 있거나 평가기간이 경과한 후부터 제78조 제1항에 따른 기한까지의 기간 중에 매매 등이 있는 경우에도 … 제49조의2 제1항에 따른 평가심의위원회의 심의를 거쳐 해당 매매 등의 가액을 다음 각 호의 어느 하나에 따라 확인되는 가액에 포함시킬 수 있다.**"고 규정하고, 같은 법 시행령 제78조 제1항에서는, 위 단서에 규정한 기간을 상속세의 경우에는 '**법 제67조의 규정에 의한 상속세과세표준 신고기한부터 9개월**', 증여세의 경우에는 '**법 제68조의 규정에 의한 증여세과세표준 신고기한부터 6개월**'로 각각 규정하고 있습니다. 즉, 상증세법 시행령은 각 과세표준 신고기한을 기준으로, 상속세의 경우 9개월, 증여세의 경우 6개월을 도과한 시점에서 이루어진 소급감정가액은 예외 없이 시가로 보지 않도록 규정하고 있는 것입니다. 이 규정을 훈시적 규정이나 예시적 규정으로 해석하지 않는 한 위 기한을 벗어나서 이루어진 감정은 그 목적이나 용도를 떠나 상증세법상 시가로 볼 수 없을 것인데 규정체계나 문언에 비추어 이를 예시적 규정으로 보기는 어렵습니다. 종래 판례는 이러한 제한 없이 소급감정가액도 시가로 본다고 판단하였으나(대법원 1990. 9. 28. 선고 90누4761 판결; 2001. 8. 21. 선고 2000두5098 판결; 2008. 2. 1. 선고 2004두1834 판결 등) 최소한 위 시행령 규정이 생긴 이후(1997. 1. 1. 상증세법 및 시행령의 전면개정을 통해 감정가액 등에 관하여 법정평가기간을 일정한 기간 이내로 제한하고, 2005. 1. 1. 개정을 통해 평가기준일 전 평가기간을 연장하는 규정이, 2019. 2. 12. 개정을 통해 평가기간 후 평가기간을 연장하는 규정이 각각 신설되었음)에는 그와 같은 해석은 유지될 수 없을

것입니다. 위 시행령 규정은 본래 과세의 일관성과 편의를 위해 납세자 측의 기한을 벗어난 소급감정을 규제하기 위해 마련된 것으로 이해되지만 과세관청에 대하여도 동일하게 적용하지 않을 이유가 없습니다. 어느 규정이 법문상 별도의 규정 없이 납세자와 과세관청 중 어느 일방에 대하여만 적용된다는 것은 생각하기 어렵습니다. 따라서 과세단계에서건 쟁송단계에서건 위 평가기간이 지난 이후에 이루어진 감정은 납세자와 과세관청 어느 쪽에 대하여든 상증세법상 시가로 보기 어렵습니다. 이와 같은 해석이 시가 개념이 이원화되어 있는 우리 법체계에서 그나마 납세자 사이의 형평성과 과세의 예측가능성을 일부라도 담보하는 장치가 될 것입니다.

6. 이 사건에서는 특히 과세관청이 임대차가 설정된 부동산의 평가와 관련하여 시가를 산정하기 어렵다고 보아(즉 다른 시가에 관한 자료가 없다고 보아) 상증세법 시행령 제50조 제8항을 적용하였고 이에 대하여 납세자는 같은 사안에 관하여 같은 조 제7항을 적용하여야 한다고 다투었으며, 법은 임차권이 설정된 재산에 관하여, "**법 제60조 제1항에 따른 시가를 산정하기 어려운 경우에는 위 시행령 규정에 따라 평가한 가액과 상증세법 제61조 제1항 내지 제4항(보충적 평가방법)에 따라 평가한 가액 중 큰 금액을 그 재산의 가액으로 한다.**"고 규정하고 있으므로(상증세법 제61조 제5항), 법원으로서는 위 규정에 따라 판단하여야지 그 판단이 어렵다고 하여 법정 평가기간이 지난 상태에서 뒤늦게 소급감정을 하여 그 감정가액을 기준으로 과세처분의 위법성 여부를 판단할 수는 없다고 볼 것입니다.

7. 이와 관련하여 최근 과세관청은 조세회피를 방지하고 적정과세를 실현한다는 취지에서 상증세법 시행령 제49조 제1항 단서를 근거로, 매매사례가액 등이 없는 비주거용 부동산('꼬마빌딩')에 대해 일부를 선별하여 감정을 의뢰하고 그에 따라 과세하는 사례를 늘려가고 있습니다. 대상 선정기준은 5개 이상의 감정평가법인에 의뢰해 산정한 추정시가(최고값과 최소값을 제외한 가액의 평균값)와 상증세법 제61조 이하의 보충적 평가액의 차이가 10억 원 이상이거나 차이의 비율이 10% 이상인 경우입니다(상증세 사무처리규정, 2024. 5. 20. 국세청훈령 제2618호).

이와 같은 선별과세는 앞에서 본 바와 같이 공평과세의 원칙에 반하고 또한 선별기준을 법령이 아닌 훈령에서 정한 것은 조세법률주의에 위반된다고 볼 소지가 충분합니다. 다만 최근 대법원은 위와 같은 꼬마빌딩에 관한 선별과세를 원칙적으로 긍정하면서, 과세관청의 소급감정가액이 평가기준일 당시의 시가를 적절하게 반영하지 않았다는 이유로 과세관청의 소급감정에 의한 과세처분을 취소하였습니다(대법원 2023. 10. 18. 선고 2023두46487 판결). 이에 반하여 하급심판결 중에는, 과세관청이 위 시행령 단서 규정에 따라 사후적으로 비주거용 부동산에 대해 평가기준일(상속개시일)로부터 6개월이 지난 시점의 감정가액을 기초로 과세한 사안에서, 양 시점 사이에 상당한 정도의 가격변동이 있었으므로 해당 감정가액을 위 단서 규정에 따른 시가로 보기 어렵고, 과세관청이 일부 부동산에 관하여만 감정가액에 따라 과세를 하는 것은 본질적으로 동일한 납세자들을 자의적 기준에 따라 다르게 취급하여 재산권을 부당하게 침해한 것으로서 위법하다고 본 것이 있습니다(서울행정법원 2023. 3. 10. 선고 2021구합80889 판결).

89

세법상 비상장주식의 평가방법

대상판결: 대법원 2011. 5. 13. 선고 2008두1849 판결

【판결요지】

[1] 구 상증세법 시행령(2002. 12. 30. 대통령령 제17828호로 개정되기 전의 것) 제49조 제1항 제2호가 구 상증세법(2003. 12. 20. 법률 제7010호로 개정되기 전의 것) 제60조 제2항 후단에 의하여 시가로 인정되는 가액에서 비상장주식에 대한 감정가액을 명시적으로 제외하고 있고, 그 취지는 비상장주식에 대한 감정평가방법을 달리함에 따라 다양한 감정가액이 산출됨으로써 조세공평의 원칙에 반하는 결과가 초래되는 것을 방지하기 위하여 그 평가방법을 상증세법 시행령이 정하는 보충적 평가방법으로 통일하고자 하는 데 있는 점, 비상장주식의 경우 일반적으로 불특정 다수인 사이에 거래가 이루어지지 아니하므로 감정평가에 의하여 상증세법 제60조 제2항 전단 규정의 시가를 도출하기도 어려운 점 등을 고려하면, 비상장주식에 대한 감정가액은 특별한 사정이 없는 한 구 상증세법 제60조 제2항의 시가에 해당한다고 할 수 없다.

[2] 특수관계자 사이의 비상장주식의 양도가 저가양도에 해당하는지가 문제된 사안에서, 비상장주식에 대한 시가를 산정하기 어렵다고 보아 위 시행령이 정하는 보충적 평가방법에 의하여 그 가액을 산정한 것이 적법하다고 본 사례.

【참조조문】

구 소득세법(2006. 12. 30. 법률 제8144호로 개정되기 전의 것) 제101조, 구 소득세법

시행령(2003. 12. 30. 대통령령 제18173호로 개정되기 전의 것) 제98조, 제167조, 구 상증세법(2003. 12. 20. 법률 제7010호로 개정되기 전의 것) 제35조, 제60조 제2항, 제63조 제1항, 구 상증세법 시행령(2002. 12. 30. 대통령령 제17828호로 개정되기 전의 것) 제26조, 제49조 제1항 제2호, 제54조

【해설】

1. 세법상 평가방법 중 빈번하게 문제가 되면서도 내용이 복잡하고 어려운 대상이 바로 비상장주식의 평가에 관한 것입니다.

일반적으로 비상장주식의 평가방법으로는 크게, ① 시장가치법, ② 본질가치법, ③ 상대가치법 등 세 가지가 거론됩니다. 시장가치법은 불특정다수인 사이에서 정상적으로 거래되는 시장가격으로 평가하는 방법이고, 본질가치법은 당해 기업의 자산가치 또는 수익가치를 기준으로 평가하는 방법이며, 상대가치법은 유사상장기업의 주식을 기준으로 평가하는 방법입니다. 시장가치법은 시장가치를 적정하게 반영할 수 있으나 거래사례가 드물고, 본질가치법은 수익가치를 산정하기 위해 장래의 수익, 할인율 등을 추정할 때 평가자의 주관이 개입되어 가치가 왜곡될 우려가 있으며, 상대가치법은 시장가치를 반영할 수 있으나 유사상장기업을 찾기 어려운 점이 문제점으로 지적됩니다.

2. 상증세법은 비상장주식의 평가에 관하여 신뢰할 수 있는 거래실례 등 시가를 확인할 수 있으면 시가, 그와 같이 시가를 확인할 수 없는 경우에는 법이 규정한 보충적 평가방법으로 평가하도록 하고 있습니다. 이는 전자는 시장가치법, 후자는 원칙적으로 본질가치법, 예외적으로 상대가치법(유사업종 비교평가)에 대응하는 것이어서 법은 형식상 이들 방법을 모두 수용하고 있습니다. 그러나 비상장주식의 시가를 알 수 없거나 유사상장법인을 찾기 어려운 경우가 많아 대부분 본질가치법에 해당하는 보충적 평가방법이 적용됩니다.

3. 본질가치법에는 순손익가치법과 순자산가치법이 있습니다. 순손익가치법은 평가대상 법인의 이익을 이용하여 주식가치를 평가하는 방법으로서 여기에는 미

래의 이익을 기준으로 하는 방법과 과거의 이익을 기준으로 하는 방법이 있습니다. 순손익가치법은 이익을 통해 주식가치를 측정함으로써 법인제도의 본질에 부합하나 이익이 없으면 적용할 수 없고 이익 자체도 조정의 여지가 많으며 특정업종의 경우 이익과 시가가 일관된 관계를 나타내지 못하는 점 등이 단점으로 지적됩니다. 이에 비해 순자산가치법은 어느 정도 일관되게 시가를 반영하나 무형자산 가치를 제대로 반영하지 못하는 단점이 있습니다. 상증세법은 순손익가치법과 순자산가치법을 3:2로 혼용하면서 가중비율을 조정하거나 예외적으로 다른 보충적 방법을 사용하도록 하고 있습니다(법 제63조 제1항 나목). 이처럼 법은 비상장주식 평가에 관해 별도의 평가방법을 규정하고 있으나, 이 경우에도 객관적 교환가치를 적정하게 반영한 매매 실례가 있으면 그 가액을 시가로 봅니다(대법원 1987. 1. 20. 선고 86누318 판결 등). 다만 비상장주식은 대부분 거래시장이 형성되어 있지 않은 데다가 매매 실례도 적고 기업의 구체적 사정에 따라 개별성이 강하여 시가에 해당하는 거래가격을 찾기가 용이하지 않습니다. 판례도 회사의 경영권을 지배하는 주식의 매매대금[대법원 1982. 2. 23. 선고 80누543 판결; 1985. 9. 24. 선고 85누208 판결(법인세법상 기부금 판정이 문제된 사안)]이나 유상증자 시 주식발행법인에 의하여 발행가액으로 결정된 액면가액[대법원 2007. 5. 17. 선고 2006두8648 판결(법인세법상 부당행위계산부인이 문제된 사안)] 등을 비상장주식의 시가로 인정하지 않는 등 거래가격을 시가로 보는 것에 엄격한 기준을 적용하고 있습니다.

4. 이처럼 상증세법상 비상장주식은 해당 기업의 순손익가치와 순자산가치를 종합하여 평가하나, 보다 본질적인 순손익가치와 관련하여 미래가치는 고려하지 않습니다. 법은 미래가치를 고려할 수 있는 감정가액을 간주시가에서 제외하고 있는데(상증세법 시행령 제49조 제1항 제2호 본문 괄호), 이는 공정성을 담보하기 어렵기 때문이며 대상판결도 이 점을 설시하고 있습니다. 이와 같이 원칙적으로 감정가액을 비상장주식의 평가방법에서 제외함에 따라 평가의 획일성은 유지되나 그 경직성으로 인하여 여러 가지 문제를 낳고 있습니다. 상증세법상 보충적 평가방법에 의하여 평가하였다는 것만으로 이사의 민형사상 책임이 면제되지 않는다고 보는 것(대법원 2005. 10. 28. 선고 2003다69638 판결; 2013. 9. 26. 선고 2013도5214 판결 등)이 그 대표적인 예입니다.

5. 다만 상증세법은 일시적이고 우발적인 사건으로 해당 법인의 최근 3년간 순손익액이 증가하는 등 법상 평가방법을 적용하기 어려운 경우 엄격한 요건 아래 예외적으로 감정가액을 시가로 인정하고 있습니다(상증세법 시행령 제56조 제2항). 그 밖에 평가대상법인이 청산절차를 진행하는 경우 등 일정한 경우에는 순자산가치만에 의한 평가도 예외적으로 허용되며(같은 시행령 제54조 제4항), 기업공개중인 주식의 평가에 관하여도 별도 규정이 있습니다(같은 시행령 제57조). 다른 한편 보충적 평가방법에 의한 평가의 획일성을 보완하기 위해 유사업종 비교평가제도도 마련되어 있습니다(같은 시행령 제49조의2).

6. 상증세법의 평가방법은 주식에 관하여는 법인세법과 소득세법의 각 부당행위계산부인 규정의 적용에 있어서도 동일하게 적용됩니다.

법인세법은 부당행위계산부인 규정의 적용과 관련하여 그 판단기준을, 1. 시가, 2. 감정평가법인의 감정가액, 3. 상증법상의 보충적 평가방법의 순에 의하도록 하고 있고(법인세법 시행령 제89조 제2항), 소득세법도 일반적인 부당행위계산부인 규정의 적용과 관련하여 이를 준용하고 있어(소득세법 시행령 제98조 제3항), 얼핏 상증세법상 평가방법과 일치하지 않는 것처럼 보이나, 주식에 관하여는 감정가액을 시가로 보지 않도록 하는 별도의 규정을 두고 있어(법인세법 시행령 제89조 제2항 단서), 결과적으로 적용기준이 동일합니다. 한편 대상판결에서 문제된 양도소득에 관한 부당행위계산부인 규정의 적용과 관련하여서는 시가의 산정에 관하여 상증세법 규정을 준용합니다(소득세법 시행령 제167조 제5항).

PART

05

부가가치세법

부가가치세 알아보기

부가가치세(Value-Added Tax)는 재화나 용역이 생산·제공되거나 유통되는 모든 단계에서 창출된 부가가치를 과세표준으로 하여 과세하는 조세입니다. 조세의 부담을 거래상대방에게 전가시켜 종국적으로는 최종소비자가 그 부담을 지도록 한다는 점에서 일반소비세에 속합니다.

부가가치세는 흐름의 조세입니다. 소득세나 법인세가 당해 연도 말의 시점에서 본 소득의 크기 내지는 저량(貯量, stock)에 대하여 부과된다면, 부가가치세는 재화와 용역의 흐름을 따라 유량(流量, flow)에 대하여 유통단계마다 부과됩니다. 소득세가 일반적으로 재화나 용역을 소비할 수 있는 능력에 초점을 맞추는 반면 부가가치세는 소비되는 재화나 용역 그 자체에 주목합니다. 그러나 매출금액이 아닌 각 단계에서 창출된 부가가치에 대하여만 과세되기 때문에 종전의 영업세와 같이 세금에 세금이 가산되는 조세의 누적효과가 없고 최종소매단계에서 단단계로 과세되는 매상세와 같은 효과를 지닙니다.

부가가치세는 1919년 독일의 Wihelm von Siemens에 의해 제안되었으나 실제 제도로서 채택된 것은 프랑스가 기존의 여러 조세를 도매단계까지의 부가가치세로 대체 시행한 1955년에 이르러서입니다. 그 후 1967년 4월에 구주공동체(EEC) 각료이사회의 결의에 따라 회원국 공통세로 채택된 것을 계기로 유럽과 세계 각국에 널리 전파되었으며, 현재는 미국을 제외한 대부분의 국가가 이를 시행하고 있습니다.

우리나라의 부가가치세 제도는 서유럽 제도를 본받아 1976. 12. 22. 법률 제2934호로 제정되어 1977. 7. 1.부터 시행되었으며 최근의 전자세금계산서 제도의 실시에 이르기까지 비교적 순조로운 발전을 이루어 온 것으로 평가됩니다.

부가가치세제는 자본재 매입세액을 부가가치의 파악에 있어 어떻게 처리하느냐에 따라 총생산형, 소득형, 소비형의 세 가지로 나뉘는데 우리 법은 부가가치의 계산을 일정기간 기업의 총매출액에서 다른 기업으로부터 구입한 중간재 및 자본재 매입액을 공제하여 과세하는 소비형 부가가치세제를 채택하고 있습니다. 기업의 총매출액에서 중간재 및 자본재 매입액을 공제한 부분은 결국 사업자의 이윤과 피용자에게 지급된 인건비 및 타인자본이 이용된 경우 채권자에게 지급된 지급이자의 합계액으로서 이것이 해당 사업자 단계에서 창출된 부가가치를 이룹니다. 과세방법으로는 당해 과세기간 중의 매출액에 소정의 세율을 적용하여 계산한 세액에서 전단계매입액에 포함된 부가가치세액을 공제한 금액을 납부세액으로 하는 전단계세액공제방식을 채택하고 있습니다. 재화나 용역을 공급하는 사업자는 거래상대방으로부터 부가가치세(매출세액)를 징수하여 국가에 납부하고 전단계에서 자신이 부담한 부가가치세(매입세액)는 국가로부터 환급받으므로 자신이 부담하는 세금은 없으며 그 단계에서 창출된 부가가치에 대한 매출세액은 궁극적으로 최종소비자에게 전가됩니다. 그러나 재화나 용역을 공급하는 사업자는 부가가치세 납세의무자로서 국가의 징수업무를 대신하는 지위에 있고, 그와 같은 납세의무의 이행과 관련하여 세금계산서 수수와 관련된 매입세액 불공제나 가산세 등 여러 가지 준법비용을 부담합니다. 부가가치세 납세의무자의 확정은 외관이 아닌 거래 및 소득귀속의 실질에 의합니다. 다만 거래를 과세대상으로 하는 소비세의 특성상 소득이 누구에게 귀속되는가보다는 사법상 계약의 효력이 누구에게 귀속되는가가 중요합니다.

부가가치세는 모든 세목 중 가장 많은 수의 국민이 담세자가 되고, 2022년도 기준 내국세 수입의 21.2%(81.6조/384.2조) 가량을 차지하여 재정수입의 기초가 되고 있습니다. 과세기술상으로도 부가가치세 과세거래의 포착이 소득세나 법인세, 지방세 과세로 연결되기 때문에 부가가치세의 성실신고납부 여부는 국가의 세수 규모를 가늠하게 하고, 부가가치세의 적정한 과징체계가 국민의 조세 전반에 관한 납세의식과 태도결정에 직·간접으로 영향을 미치는 중요한 조세입니다. 간접세로서의 역진성을 보완하기 위한 방안으로 개별소비세 제도가 함께 시행되고 있습니다.

90

신탁재산의 양도에 따른 부가가치세 납세의무자

대상판결: 대법원 2017. 5. 18. 선고 2012두22485 전원합의체 판결

【판결요지】

[1] 우리나라의 부가가치세는 소득이 아니라 거래의 외형에 대하여 부과하는 거래세 형태를 띠고 있으므로, 부가가치세법상 납세의무자에 해당하는지 역시 원칙적으로 그 거래에서 발생한 이익이나 비용의 귀속이 아니라 재화 또는 용역의 공급이라는 거래행위를 기준으로 판단하여야 한다. (중략) 따라서 수탁자가 위탁자로부터 이전받은 신탁재산을 관리·처분하면서 재화를 공급하는 경우 수탁자 자신이 신탁재산에 대한 권리와 의무의 귀속주체로서 계약당사자가 되어 신탁업무를 처리한 것이므로, 이때의 부가가치세 납세의무자는 재화의 공급이라는 거래행위를 통하여 재화를 사용·소비할 수 있는 권한을 거래상대방에게 이전한 수탁자로 보아야 하고, 그 신탁재산의 관리·처분 등으로 발생한 이익과 비용이 거래상대방과 직접적인 법률관계를 형성한 바 없는 위탁자나 수익자에게 최종적으로 귀속된다는 사정만으로 달리 볼 것은 아니다. 이와 같이 신탁재산 처분에 따른 공급의 주체 및 납세의무자를 수탁자로 보아야 신탁과 관련한 부가가치세법상 거래당사자를 쉽게 인식할 수 있고, 과세의 계기나 공급가액의 산정 등에서도 혼란을 방지할 수 있다.

[2] 원고가 상가건물의 매수자금에 사용하기 위하여 저축은행으로부터 42억 원을 대출받은 후 그 대출금 채무를 담보하기 위하여 부동산신탁회사와 위 건물에 관하여 부동산담보신탁계약을 체결하고 원고 명의로 소유권이전등기를 마친 다음, 곧이어 신탁을 원인으로 하여 부동산신탁회사 명의로 소유권이전등기를 마쳤는

데, 원고가 위 대출금채무를 제 때 변제하지 못하여 저축은행이 신탁계약 약정에 따라 수의계약으로 건물의 소유권을 취득한 사안에서 과세관청이 위탁자인 원고를 건물의 공급에 따른 부가가치세 납세의무자로 보아 부가가치세 부과처분을 한 것이 위법하다고 본 사안.

【참조조문】

구 부가가치세법(2010. 1. 1. 법률 제9915호로 개정되기 전의 것) 제1조 제1항 제1호(현행 제4조 제1호 참조), 제2조 제1항 제1호(현행 제3조 제1호 참조), 제6조 제1항(현행 제9조 제1항 참조), 구 신탁법(2011. 7. 25. 법률 제10924호로 전부 개정되기 전의 것) 제1조 제2항(현행 제2조 참조)

【해설】

1. '신탁'이란 신탁을 설정하는 위탁자와 신탁을 인수하는 수탁자 간의 신임관계에 기해 위탁자가 수탁자에게 특정 재산을 이전하거나 담보권의 설정 또는 그 밖의 처분을 하고 수탁자로 하여금 수익자의 이익 또는 특정 목적을 위해 그 재산의 관리·처분·운용·개발·그 밖에 신탁 목적의 달성을 위해 필요한 행위를 하게 하는 법률관계를 말합니다(신탁법 제2조). 신탁재산은 법률상 수탁자 소유이나 수탁자의 고유재산과 구별되어 독립된 역할과 기능을 갖습니다(신탁법 제22조 내지 제25조). 신탁은 법인격은 없으나 신탁재산의 독립성으로 인해 그 기능과 역할에서 법인과 자주 비교됩니다.

2. 신탁과세와 관련하여서는 신탁실체설과 신탁도관설의 대립이 있습니다. 신탁실체설은 신탁을 독립된 과세단위로 보는 데 반해 신탁도관설은 신탁재산을 수익자에게 신탁수익을 분배하기 위한 수단 또는 도관(導管)으로 봅니다. 2021년 개정법에서 그동안 실무와 학계에서 제기된 여러 논의를 수렴하여 신탁과세에 대한 과세체계를 전반적으로 정비하였는데, 전체적으로 보면 소득과세 및 상속·증여세 과세와 관련하여서는 원칙적으로 신탁도관설의 입장에서, 신탁재산의 관리·

운용과 처분에 대한 과세측면에서는 신탁실체설의 입장에서 각각 규율하면서 일부 예외적인 상황에 관하여 별도의 규정을 두고 있습니다. 특히 위 개정법에서 수탁자를 법인세 납세의무자로 하는 법인과세신탁에 관한 규정이 신설되었는데(법인세법 제5조 제2항), 이는 우리 사회에서 신탁이 단순히 수익자에게 소득을 전달하는 도관의 역할을 넘어 경제적 실체로 법인과 유사한 활동을 수행할 수 있는 제도적 기반이 어느 정도 마련된 데 따른 입법적 조치로 이해됩니다.

3. 우리 법상 신탁에 대한 과세 문제는 크게, 1) 신탁의 설정 단계, 2) 신탁재산의 관리·운용 및 처분 단계, 3) 신탁의 종료 단계로 나누어 볼 수 있습니다.

신탁과세와 관련하여 가장 빈번하게 문제가 되는 것은 2)의 신탁재산의 관리·운용 및 처분 단계에서 발생하는 각종 조세문제입니다. 이는 다시 ① 신탁재산의 관리·운용을 위하여 재화나 용역을 거래하는 단계, ② 신탁재산의 관리·운용을 통해 수익을 발생시키고 이를 수익자나 위탁자에게 배분하는 단계, ③ 신탁목적물인 신탁재산 자체를 처분하는 단계로 나누어 볼 수 있습니다. 이 중 ①의 단계는 재화나 용역의 공급주체(사업주체)가 수탁자이므로 수탁자 과세가 당연한 것으로 여겨지나 이에 관한 명문의 규정이 없던 종전의 거래 실무상으로는 아래에서 보는 신탁재산 자체의 처분에 관한 경우와 구분하지 않고 위탁자 명의로 세금계산서를 발급해 왔습니다. ②의 단계에서는 신탁재산의 운용과 관련하여 발생한 소득의 배분과 관련하여, 언제, 누구에게, 어떠한 소득으로 과세할 것인가가 문제됩니다. 오늘 검토할 대상은, ③의 신탁재산 자체의 처분과 관련된 부가가치세 납세의무자를 위탁자와 수탁자 중 누구로 볼 것인지에 관한 것입니다.

4. 신탁법상 신탁의 목적이 된 신탁재산을 처분한 경우, 판례는 당초 명문의 규정이 없던 상황에서 위탁매매에 관한 부가가치세법 제10조 제7항에 따라 원칙적으로 위탁자를 부가가치세 납세의무자로 보면서(대법원 2008. 12. 24. 선고 2006두8372 판결 등), 위탁자 이외의 수익자가 지정된 경우에는 그 실질을 중시하여 수익자를 납세의무자로 보았습니다(대법원 2003. 4. 25. 선고 99다59290 판결; 2008. 12. 24. 선고 2006두8372 판결 등). 즉, 자익신탁은 위탁자, 타익신탁은 수익자를 납세의무자로 본 것입니다. 그러다가 부동산담보신탁의 담보권 실행에 따른 처분이 문제

된 사안에서 대상판결이 기존의 판례를 변경하여 수탁자를 원칙적인 납세의무자로 보았습니다. 판시 이유를 보면 이는 부동산담보신탁뿐 아니라 신탁재산의 처분 일반을 대상으로 한 것임을 알 수 있습니다(같은 취지의 후속판결로 대법원 2017. 6. 15. 선고 2014두13393 판결; 2017. 6. 15. 선고 2014두6111 판결 등).

5. 그런데 2017. 12. 19. 개정법은 대상판결에 불구하고 여전히 부동산 담보신탁 이외의 신탁재산 처분에 관해 원칙적으로 위탁자를 납세의무자로 보았습니다(같은 법 제10조 제8항). 이는 현재 우리나라 부동산신탁 실무가 대부분 위탁자가 신탁부동산의 처분을 관리·통제하고, 세무처리가 대폭 변경됨에 따른 실무상 혼란을 방지하기 위하였던 것으로 설명됩니다. 부동산담보신탁의 경우 수탁자를 납세의무자로 본 것은 수탁자가 해당 거래를 용이하게 관리·통제할 수 있는 지위에 있음을 고려한 것입니다.

6. 그러다가 다시 2020. 12. 22. 부가가치세법 개정으로 신탁재산의 관리·운용 및 처분과 관련된 부가가치세 과세에 관하여 원칙적으로 수탁자, 예외적으로 위탁자를 납세의무자로 하는 쪽으로 과세체계를 정비하였습니다(같은 법 제3조 제2항, 제3항). 개정법은 징수를 위한 보완책으로 수탁자 과세의 경우 수익자가 제2차 납세의무를 부담하고, 위탁자 과세의 경우에는 수탁자가 물적 납세의무를 부담하도록 하였습니다(같은 법 제3조의2 제1항, 제2항). 위탁자를 납세의무자로 보는 경우는, 1. 신탁재산과 관련된 재화 또는 용역을 위탁자 명의로 공급하는 경우 2. 위탁자가 신탁재산을 실질적으로 지배·통제하는 경우로서 대통령령으로 정하는 경우 3. 그 밖에 신탁의 유형, 신탁설정의 내용, 수탁자의 임무 및 신탁사무 범위 등을 고려하여 대통령령으로 정하는 경우 등입니다.

대상판결도 판시하고 있는 것처럼 부가가치세는 성격상 경제적 성과가 아닌 거래의 법률적 효과가 누구에게 귀속되는가에 따라 납세의무자를 정하는 것이 합리적이므로 신탁과 관련된 거래의 법률상 주체인 수탁자를 원칙적인 납세의무자로 하는 현재의 입법방향은 올바른 것으로 여겨집니다.

91

주택법에 따른 국민주택 규모 이하 오피스텔 공급이 부가가치세 면세대상인지 여부

대상판결: 대법원 2021. 1. 14. 선고 2020두40914 판결

【판결요지】

조세특례제한법 제106조 제1항 제4호('면세조항'), 동 시행령 제106조 제4항 제1호, 제51조의2 제3항, 구 주택법(2016. 1. 19. 법률 제13805호로 전부 개정되기 전의 것) 제2조 제3호, 제1호, 제1호의2, 동 시행령(2016. 8. 11. 대통령령 제27444호로 전부 개정되기 전의 것) 제2조의2 제4호, 건축법 시행령 제3조의5 [별표 1] 제14호 나목 등의 문언·내용과 체계, 위 면세조항이 국민주택 규모 이하의 주택 공급에 대하여 부가가치세를 면제하는 취지, 주택과 오피스텔에 대한 각종 법적 규율의 차이, 특히 조세특례제한법령의 다른 규정에서 위 면세조항과 달리 '오피스텔' 또는 '주거에 사용하는 오피스텔'이 '주택'에 포함된다고 명시하고 있는 점과의 균형 등을 종합하면, 특별한 사정이 없는 한 공급 당시 공부상 용도가 업무시설인 오피스텔은 그 규모가 주택법에 따른 국민주택 규모 이하인지 여부와 관계없이 위 면세조항의 '국민주택'에 해당한다고 볼 수 없다.

공급하는 건축물이 관련 법령에 따른 오피스텔 요건을 적법하게 충족하여 공부상 업무시설로 등재되었다면, 그것이 공급 당시 사실상 주거 용도로 사용될 수 있는 구조와 기능을 갖추었더라도 이를 건축법상 오피스텔 용도인 업무시설로 사용할 수 있다. 위와 같은 경우 위 면세조항의 적용 대상이 될 수 없는 오피스텔에 해당하는지는 원칙적으로 공급 당시의 공부상 용도를 기준으로 판단하여야 한다. 나아가 해당 건축물이 공급 당시 공부상 용도가 업무시설인 오피스텔에 해당하여 위 면세조항에 따른 부가가치세 면제대상에서 제외된 이상 나중에 실제로 주거

용도로 사용되더라도 이와 달리 볼 수 없다.

【참조조문】

조세특례제한법 제95조의2 제1항, 제96조 제1항, 제97조의6 제1항, 제99조의2 제1항, 제106조 제1항 제4호, 조세특례제한법 시행령 제51조의2 제3항, 제95조 제2항, 제96조 제2항 제2호, 제97조의6 제2항 제1호, 제99조의2 제1항 제9호, 제106조 제4항 제1호, 구 주택법(2016. 1. 19. 법률 제13805호로 전부 개정되기 전의 것) 제2조 제1호, 제1호의2(현행 제2조 제4호 참조), 제3호(현행 제2조 제5호 참조), 구 주택법 시행령(2016. 8. 11. 대통령령 제27444호로 전부 개정되기 전의 것) 제2조의2 제4호(현행 제4조 제4호 참조), 건축법 시행령 제3조의5 [별표 1] 제14호 나목

【해설】

1. 일반적으로 조세법률주의는 과세요건은 물론 비과세요건이나 면세요건을 해석함에 있어서도 함부로 이를 유추하거나 확장해석해서는 안 된다는 원칙이 확립되어 있습니다(엄격해석의 원칙). 다른 한편 이와 대립되는 조세법상 원리로 공평과세의 원칙이 있고 공평과세의 원칙이 법규의 해석, 적용의 원리로 작동하는 것이 실질과세의 원칙입니다. 그리고 이와 같은 실질과세의 원칙은 부가가치세법에서도 적용됩니다. 다만 부가가치세법상 거래의 실질은 사법상 법률행위 효과의 귀속 측면을 중시한다는 점에서 경제적 실질에 따라 소득의 발생 내지 귀속을 판단하는 소득세법상 실질과세의 원칙과 그 적용양상을 일부 달리합니다.

2. 이 사건은 이와 같은 조세법상 두 가지 큰 원칙 중 어느 것을 우선시할 것인가에 관한 것입니다. 실질과세의 원칙을 강조한다면 현실적으로 오피스텔도 주택의 용도로 사용되고 있는 이상 주택과 차별할 이유가 없어 보입니다. 그러나 본 사안에서 보다 중요시 할 것은 당사자들이 거래대상으로 삼은 것이 무엇인지, 즉 공급의 객체가 무엇인지와 부가가치세법상 국민주택 규모 이하의 주택공급에 대하여 부가가치세를 면세하는 취지로 여겨집니다. 앞에서 살펴본 바와 같이 부가

가치세의 실질과세의 원칙은 소득과세에 있어서 실질과세의 원칙과 그 적용국면을 일부 달리합니다. 당사자 사이에 오피스텔로 거래된 이상 그 실제용도가 주택으로 사용되었다고 하더라도 원칙적으로 당사자들의 거래의사를 중시하여 오피스텔을 공급한 것으로 취급함이 상당합니다. 또한 위 면세규정의 입법취지는 서민에 대한 국민주택 규모 이하의 소규모 주택공급의 확대와 이를 공급받은 소비자를 보호하고자 함에 있습니다. 그렇다면 위와 같은 면세대상에 해당하는 주택인지 여부는, 공급 당시 공부상 용도에 의하여 판정함이 상당합니다. 납세자가 오피스텔을 공급받을 당시 공부상 주택으로 등재되지 않은 오피스텔을 면제대상으로 판단하거나 그와 같이 신뢰하였다고 보기는 어려우므로 납세자가 오피스텔을 공급받은 후 실제적인 용도를 주택으로 사용하였다고 하더라도 납세자의 신뢰를 기반으로 이를 보호대상으로 삼기는 어려울 것입니다. 또한 대상판결이 판시하고 있는 바와 같이 오피스텔은 언제든지 주택의 용도로 전환하여 사용하는 것이 가능하므로 실제 용도를 기준으로 판정하는 경우 조세목적으로 용도를 변경하는 것을 조장하게 되고, '주택'과 '오피스텔'은 각종 법적 규율이 서로 다르며, 특히 조세특례제한법령의 다른 규정에서 이 사건 면세조항 등과 달리 '오피스텔' 또는 '주거에 사용하는 오피스텔'이 '주택'에 포함된다고 명시하고 있는 점과의 균형 등을 종합하면 더욱 그러합니다.

3. 이 사건은 동일한 사안이 전국에서 여러 건 문제되어 그에 관한 쟁송이 다수 벌어졌고 재판부별로 견해가 갈린 사안입니다. 세법의 큰 원칙이 충돌하는 장면에서 어느 쪽을 중시할 것인가는 언제나 어려운 숙제를 안겨주는 중요한 주제가 아닐 수 없습니다.

92

부수재화·용역의 공급과 면세의 적용범위

대상판결: 대법원 2001. 3. 15. 선고 2000두7131 전원합의체 판결

【판결요지】

[1] 부가가치세법 제1조 제1항, 제2항, 제3항의 각 규정을 종합해 보면, 법률에 특별한 규정이 없는 한 모든 재화 또는 용역의 공급이 부가가치세의 부과대상이 된다 할 것이며, 조세법률주의의 원칙상 과세요건이나 비과세요건 또는 조세감면요건을 막론하고 조세법규의 해석은 특별한 사정이 없는 한 법문대로 엄격하게 해석할 것이고 합리적 이유 없이 확장해석하거나 유추해석하는 것은 허용되지 아니하므로, 부가가치세법 제12조 제3항의 규정에 따라 부가가치세가 면세되는 재화 또는 용역의 공급에 필수적으로 부수되는 재화 또는 용역의 공급으로서 면세되는 재화 또는 용역의 공급에 포함되는 것으로 보는 것의 범위는 부가가치세가 면세되는 주된 재화 또는 용역을 공급하면서 그에 필수적으로 부수되는 어느 재화 또는 용역을 공급하는 사업자 자신의 거래로만 국한하여야 한다.

[2] 곡물가공업체인 사업자가 외국산 밀 등을 제분하는 과정에서 밀기울 등을 부수하여 생산·공급하는 경우, 주된 재화인 밀가루가 면세대상 재화이므로 그 사업자의 그 밀가루 공급과 관련한 부수생산물인 밀기울의 공급도 그 사업자의 공급단계에서만 면세대상으로 되는 것일 뿐, 그 사업자인 곡물가공업체로부터 밀기울을 면세로 공급받아 이를 다시 제3자에게 전매하는 중간수집판매상의 공급 단계에서까지 그 밀기울의 공급에 관한 부가가치세가 면세된다고 볼 수는 없다고 한 사례(반대 취지의 대법원 1986. 10. 28. 선고 85누954 판결 등 변경).

【참조조문】

부가가치세법 제1조, 제12조 제1항, 제3항, 부가가치세법 시행령 제3조

【해설】

1. 대상판결의 판시내용은 주된 재화에 부수하여 면세된 재화의 면세 적용범위가 어느 거래단계까지인가에 관한 것인데 해당 쟁점 자체는 법리적으로 별다른 논란이 없으므로 판결에 대한 검토에 앞서 면세제도 일반론에 관하여 살펴보고자 합니다.

2. 면세란 사업자의 재화 또는 용역의 공급에 대하여 부가가치세 납부의무를 면제하는 것입니다. 면세는 본래 과세대상인 거래에 대하여 일정한 정책목적으로 과세를 면제해 주는 것으로서 처음부터 과세대상이 아닌 비과세거래와 구분됩니다. 면세는 영세율과 비교되는데, 영세율은 말 그대로 세율을 0(零)으로 하는 것을 말합니다. 어느 거래가 영세율 적용대상이면 납부세액 계산 시 재화 또는 용역의 공급에 대한 매출액에 영의 세율을 적용하므로 매출세액은 영이 되고 여기에서 재화 또는 용역을 공급받을 때 자기가 부담한 매입세액을 공제하면 그 매입세액만큼 마이너스(△)가 되어 매입세액을 전액 환급받게 됩니다.

이에 대하여 면세는 그 적용대상이 되는 단계의 거래에서 창출되는 부가가치에 대한 세액만을 면제하고 그 전 단계 과세거래에서 부담한 부가가치세는 공제하지 않습니다. 면세의 경우 매입세액을 공제할 대응 매출세액 자체가 없으므로 면세사업자가 면세 전 단계의 매입거래에서 부담한 부가가치세액은 매입원가의 일부를 구성하게 됩니다. 면세는 최종 유통단계의 공급이 면세되는 경우에는 소비자의 조세부담을 경감시키나 중간단계에서 공급이 면세되는 경우에는 면세사업자가 매입세액을 공제받지 못하므로 오히려 조세부담이 증가하며, 최종 과세단계의 매출가격 및 부가가치세도 중간면세가 없는 경우보다 오히려 증가하게 됩니다.

3. 면세제도는 소비자의 부가가치세 부담을 덜어 주기 위한 것일 뿐 사업자의 세 부담을 덜어주기 위한 제도가 아닙니다. 다만 일반적으로 부가가치세가 재화나 용역의 소비자가격에 어떠한 영향을 미치는가, 즉 최종 소비자에게 실제로 얼마만큼 전가(轉嫁)되는가는 궁극적으로 그 재화나 용역에 대한 시장의 수요와 공급 조건에 달려 있습니다. 예컨대 택시 승차용역을 면세대상으로 삼게 되면 통상은 면세되는 세액만큼 택시비가 인하되지는 않고 그중 일부는 사업자의 이윤을 높이는 쪽으로 작용합니다. 반대로 이 경우 운송사업자는 차량구입비나 유류대 등과 같은 투입비용에 대한 매입세액을 공제받지 못하는데, 특별히 중간단계 면세의 경우 시장상황에 따라 면세공급자가 그 전 과세거래 단계에서 부담한 매입세액 전부를 원가에 반영시키지 못한 채 일부를 자신이 부담하는 경우가 발생합니다. 보통 이를 '숨은 부가가치세(hidden－VAT)'라고 부릅니다.

4. 중간단계 거래가 면세인 경우 국가는 다음 과세단계에서 앞의 면세단계에서 잃었던 세수를 되찾게 되는데 이를 환수효과(catching－up effect)라고 부르고, 중간단계 면세업자의 매입세액이 원가에 반영되면 면세가 없는 경우보다 최종세액이 초과 과세되는 효과가 발생하는데 이를 누적효과(cascade effect)라고 부릅니다. 부가가치세법상 인정되는 면세포기제도와 의제매입세액공제제도는 이와 같은 환수효과와 누적효과를 완화하기 위한 제도입니다. 이 중 의제매입세액공제제도는 사업자가 부가가치세를 면제받아 공급받거나 수입한 면세농산물 등을 원재료로 하여 제조·가공한 재화 또는 창출한 용역의 공급에 대하여 부가가치세가 과세되는 경우 면세농산물 등을 공급받거나 수입할 때 매입세액이 있는 것으로 보아 면세농산물 등의 가액에 업종별로 2/102에서 8/108까지 법정 요율을 곱한 금액을 매입세액으로 공제할 수 있도록 한 것입니다(부가가치세법 제42조 제1항).

이처럼 면세제도는 환수효과와 누적효과를 야기하여 결국 최종 소비자에게 가격 상승과 세 부담만 가중시키고 다른 한편 탈세 및 조세회피현상을 부추겨 부가가치세 제도의 기본인 세금계산서의 질서마저 깨뜨리고 있다는 문제점이 지적되고 있습니다.

5. 한편 우리 법은 주된 재화 또는 용역의 공급이 면세인 경우 그에 부수되어 공급되는 재화나 용역의 공급도 면세로 취급합니다(부가가치세법 제14조 제2항 후단).

대상판결은 곡물가공업자가 외국산 밀 등을 제분하는 과정에서 밀기울 등을 부수하여 생산·공급하는 경우, 주된 재화인 밀가루가 면세이므로 그 밀가루 공급과 관련한 부수생산물인 밀기울의 공급도 그 사업자 공급단계에서는 면세가 되나, 곡물가공업체로부터 밀기울을 면세로 공급받아 이를 다시 제3자에게 전매하는 중간수집판매상의 밀기울 공급에 관하여는 면세가 적용되지 않는다고 판시하여 의제매입세액공제와 관련하여 다른 취지로 판시한 종전의 판결 등을 변경하였습니다. 대상판결이나 종전판결 모두 부수재화(밀기울, 쌀겨)가 그 자체적으로는 가공된 농산물로서 과세재화이지만 주된 재화(밀가루, 쌀)가 면세대상이기 때문에(부가가치세법 제26조 제1항 제1호, 동시행령 제34조 제1항 제1호 참조) 그에 부수하여 면세대상이 된 것인데 그 다음 거래단계에서 여전히 면세대상인지 아니면 과세대상인지가 문제되었습니다. 이에 관하여 종전 판결은 의제매입세액공제대상 여부와 관련하여 이를 면세거래로 보아 그 적용을 긍정하였는데 대상판결은 이를 과세거래로 보아 판례를 변경한 것입니다.

위 각 부수재화가 면세가 된 것은 부수재화라는 특성 때문이고, 그 단계에서 이를 공급받는 자에게 면세해택을 주기 위한 것이므로 법에 다른 규정이 없는 이상 그 다음 거래 단계에서는 해당 재화의 본래의 성격에 따라 과세대상이 된다고 본 대상판결의 태도는 타당하다고 사료됩니다.

93

용역의 공급장소

대상판결: 대법원 2006. 6. 16. 선고 2004두7528, 7535 판결

[판결요지]

부가가치세법 제10조 제2항 제1호는 용역이 공급되는 장소를 '역무가 제공되거나 재화·시설물 또는 권리가 사용되는 장소'라고 규정하고 있으므로, 과세권이 미치는 거래인지 여부는 용역이 제공되는 장소를 기준으로 판단하여야 한다.

위 법리와 기록에 비추어 살펴보면, S.W.I.F.T(Society for Worldwide Interbank Financial Telecommunication, 국제은행 간 금융통신조직, "SWIFT")가 국내금융회사인 원고들에게 공급하는 이 사건 용역의 주된 내용은, 국내에 SWIFT 통신망을 연결하여 SWIFT가 표준화한 메시지양식에 따라 원고들이 입력한 금융기관 간 송금의뢰통지, 자금이체 지시, 외화자금 매매나 대출·예금계약 성립 등의 확인통지, 신용장 개설통지 등의 외환거래에 대한 메시지를 위 통신망을 이용하여 전송하고 이를 일정기간 저장하는 것이며, 이러한 거래메시지의 전송은 SWIFT 통신망을 이용하는 데 필요한 소프트웨어가 설치된 원고들의 국내 점포의 단말기에서 SWIFT 통신망에 접속(Log in)하여 표준화된 메시지양식에 따라 거래메시지를 입력함으로써 이루어짐을 알 수 있는바, SWIFT 통신망을 이용하는 원고들로서는 이 사건 용역 중 가장 중요하고 본질적인 부분은 SWIFT가 표준화한 메시지양식에 따라 입력한 외환거래에 대한 메시지가 전송되는 것인데, 이러한 SWIFT 통신망 접속 및 메시지 전송이 이루어지는 곳은 원고들의 국내 점포이므로, 이 사건 용역의 제공장소는 국내이고, SWIFT 통신망을 이용한 메시지 전송 및 저장의 기계적 또는 기술적 작업이 해외에서 이루어졌다고 하더라도 달리 볼 것은 아니다.

【참조조문】

부가가치세법 제10조 제2항 제1호, 제34조 제1항 제1호

【해설】

1. 부가가치세는 사업자가 행하는 재화나 용역의 공급에 대하여 부과됩니다(부가가치세법 제4조 제1호). 재화나 용역의 공급과 관련하여 공급시기(거래시기)와 공급장소(거래장소)가 문제되는데, 전자는 과세기간과 관련하여 중요한 의미를 지니고, 후자 역시 우리나라 과세고권이 미치는 범위를 정하는 기준으로서 소비지국 과세원칙을 취하는 우리 법상 부가가치세 납세의무의 존부를 결정하는 중요한 사항입니다.

2. 부가가치세법은 재화의 공급장소에 관하여는, ① 재화의 이동이 필요한 경우에는 재화의 이동이 시작되는 장소, ② 재화의 이동이 필요하지 아니한 경우에는 재화가 공급되는 시기에 재화가 있는 장소로 규정하고(부가가치세법 제19조 제1항), 용역의 공급장소에 관하여는, ① 역무가 제공되거나 시설물, 권리 등 재화가 사용되는 장소, ② 국내 및 국외에 걸쳐 용역이 제공되는 국제운송의 경우 사업자가 비거주자 또는 외국법인이면 여객이 탑승하거나 화물이 적재되는 장소, ③ 제53조의2 제1항의 전자적 용역의 경우 용역을 공급받는 자의 사업장 소재지, 주소지 또는 거소지로 각 규정하고 있습니다(법 제20조 제1항).

3. 용역의 공급장소와 관련하여, 공급자가 역무를 제공하는 장소를 기준으로 하는 방식(생산지 방식)과 공급받는 자가 역무를 제공받는 장소를 기준으로 하는 방식(소비지 방식)이 있는데 최근 세계 각국의 일반적 추세는 후자 쪽입니다. 우리 부가가치세법은 이에 관하여 '역무가 제공되는 장소'로 규정하여 문언상 분명하지 않으나, 후술하는 바와 같이 판례는 공급받는 자의 입장을 기준으로 삼고 있습니다.

4. 판례는 용역의 공급장소를 판단하는 기준을 '용역의 중요하고 본질적인 부분이 어느 곳에서 이루어졌는가'에 두고 있습니다. 이에 따라 용역의 중요하고 본질적인 부분이 국외에서 이루어졌다면 그 일부가 국내에서 이루어졌더라도 용역의 제공장소는 국외이며(대법원 2016. 1. 14. 선고 2014두8766 판결), 그 반대의 경우도 마찬가지입니다(대법원 2016. 2. 18. 선고 2014두13829 판결). 예컨대 국내여행사가 제공하는 국외여행상품은 부가가치세 대상인 여행알선용역에 해당하는데, 용역의 중요하고도 본질적인 부분이 국내에서 이루어져 영세율 적용 대상으로 볼 수 없습니다(서울행정법원 2019. 7. 11. 선고 2017구합88794 판결).

5. 용역의 공급장소와 관련하여 특별히 문제되는 것은 국제 간 전자적 용역의 제공과 관련된 것입니다. 비거주자나 외국법인의 경우 소득세법 제120조나 법인세법 제94조의 국내사업장을 부가가치세법상 사업장으로 간주하는데(부가가치세법 시행령 제8조 제6항), 전자적 용역의 제공과 관련된 국내사업장 또는 조세조약상의 고정사업장 소재지는 해당 용역의 제공에 이용되는 컴퓨터 서버(server) 소재지로 보는 것이 일반적이나 전자상거래에서 용역의 공급자는 소비지국에 사업장을 설치하지 않고도 충분히 용역을 제공할 수 있으므로 현행 사업장 과세방식을 그대로 적용하기에는 어려움이 있습니다.

6. 이 사건 대상판결 사안의 경우도 SWIFT가 국내금융회사인 원고들에게 공급하는 용역의 주된 내용은 국내에 SWIFT 통신망을 연결하여 SWIFT가 표준화한 메시지양식에 따라 원고들이 입력한 금융기관 간 송금의뢰 통지, 자금이체 지시 등의 외환거래에 대한 메시지를 위 통신망을 이용하여 전송하고 이를 일정기간 저장하는 것인데, 이러한 거래메시지의 전송은 SWIFT 통신망을 이용하는 데 필요한 소프트웨어가 설치된 원고들의 국내 점포의 단말기에서 SWIFT 통신망에 접속(Log in)하여 표준화된 메시지양식에 따라 거래메시지를 입력함으로써 이루어집니다. 이 경우 컴퓨터의 기본서버가 외국에 있고, 위와 같은 용역을 지원하는 기계적, 기술적 작업이 해외에서 이루어졌지만 원고 금융기관들이 제공받은 용역 중 가장 중요하고 본질적인 부분은 원고들이 입력한 외환거래에 대한 메시지의 전송이라고 보고, 그와 같은 메시지 전송이 이루어지는 원고들의 국내 점포를 용

역의 제공장소로 본 것입니다. 구도를 단순화하면 SWIFT 통신망을 이용한 메시지 전송 및 저장의 기계적 또는 기술적 작업은 해외에 설치된 컴퓨터 서버에서 이루어지는 데 반하여 그와 같은 정보의 수령은 국내금융기관이 국내에서 SWIFT 통신망에 접속(Log in)하여 이루어지는 구조로서 정보의 전송장소는 해외인데 도착장소는 국내인 경우입니다. 이와 같은 경우 용역의 공급장소를 어디로 볼 것인가가 국가 간 과세권의 배분과 관련하여 아주 어려운 문제를 제기합니다.

이 경우 국내 통신망의 접속은 이미 제공되어 있는 정보를 단지 수령하는 과정에 불과하므로 용역의 공급장소를 외국으로 보아야 한다는 견해도 생각해 볼 수 있으나 소비지국 과세원칙에 입각한 부가가치세 과세는 사업장 소재지와는 구분되어야 하고, 국내금융회사가 SWIFT로부터 제공받은 용역의 최종 소비자가 국내금융회사의 국내 고객이라는 점 등을 고려하여 볼 때, 국내금융기관이 정보를 수령하기 위하여 거래메시지를 입력한 장소인 국내를 용역의 공급장소로 본 판례의 태도는 수긍할 수 있다고 판단됩니다.

7. 최근의 대법원 2022. 7. 28. 선고 2018두39621 판결은, 국내 신용카드회사(원고)가 미국 신용카드회사(참가인)와 회원자격협약 및 참가인 상표 등을 국내에서 사용할 수 있는 라이선스 계약을 체결하고 국내에서 참가인 상표를 부착한 신용카드를 발급했는데 이렇게 발급한 신용카드는 참가인이 모집, 관리하는 해외가맹점에서 사용할 수 있고 그 과정에서 참가인은 원고로부터 신용카드를 발급받은 회원들의 국외사용이 가능하도록 참가인의 국제결제 네크워크 시스템을 통해 서비스 및 관련 정보를 제공한 사안에서, 이는 참가인이 원고들의 국내사업장에 설치한 결제 네크워크 장비와 소프트 웨어를 통해 원고들이 해당 시스템에 접속하여 신용카드 거래 승인, 정산 및 결제 등에 관한 정보를 전달받거나 전달함으로써 그 목적이 달성되므로 위 역무의 중요하도 본질적인 부분이 국내에서 이루어졌다고 보아 용역의 공급장소를 국내로 보았는데 이 역시 사안의 내용 및 판결의 취지가 대상판결과 유사합니다.

8. 현행법상 국내에 컴퓨터 서버를 설치하지 않고 전자상거래를 행함으로써 사업장이 없는 것으로 인정되는 경우 거래 대상이 재화이면 재화의 수입자가, 용

역이면 대리납부제도에 따라 용역을 제공받는 자가 납부의무를 부담하게 됩니다(부가가치세법 제4조 제2호 및 제52조 제1항 참조). 법은 국내소비자가 해외 오픈마켓 등에서 구매하는 게임·음성·동영상 파일 또는 소프트웨어 등 전자적 용역을 국내에서 용역이 공급되는 것으로 보고 해외 오픈마켓 사업자가 국내에서 간편하게 사업자등록을 하여 부가가치세를 납부할 수 있는 제도를 마련하고 있습니다(부가가치세법 제53조의2 제1항 참조).

9. 용역의 공급장소와 관련하여 문제가 된 사안으로 대상판결 이외에, ① 외국법인 국내지점이 국내사업장이 없는 싱가폴 법인에게 국외에서 수행한 소프트웨어 개발용역에 대한 대가를 지급하고 인터넷을 통해 국내에서 결과물을 제공받은 경우(재소비-702, 2006. 6. 20.), ② 국내사업장이 없는 비거주자로부터 통신수단을 이용하여 기술정보 및 시장정보 등의 용역을 제공받고 대가를 지급하는 경우(부가 22601-1417, 1986. 7. 16.) 등에 관하여 이를 모두 국내제공용역으로 본 행정해석과, 전자상거래에 관한 것은 아니나 국내 인천대교 건설사업의 포괄적 관리용역과 관련하여 '환경조사, 교통조사, 하도급업자 선정을 위한 입찰 준비, 법률 약정서의 준비, 정부 부처 및 기관과의 협의 등'과 관련된 자문 및 컨설팅 용역의 대부분이 국내에서 이루어지고, 그 결과물이 사용되는 곳이 국내인 경우 이를 국내제공용역으로 본 판례(대법원 2016. 2. 18. 선고 2014두13829 판결)가 있습니다.

이에 반하여 국외제공용역으로 본 사안으로는, ① 싱가포르 법인이 스위스은행 홍콩지점으로부터 우리나라 상장회사가 발행한 해외 전환사채를 매수하여 회수하는 사업을 영위하는 과정에서 내국법인인 원고가 채권의 인수를 중개·알선하고 회수하는 용역을 제공한 것을 부수용역으로 보아 전체를 국외제공용역으로 본 것(대법원 2016. 1. 14. 선고 2014두8766 판결), ② 국내법인이 해외에서 소송을 진행하며 현지 로펌을 선임하고 법률비용을 지급한 경우 용역의 사용장소가 국외라는 이유로 국외제공용역으로 본 것(서울행정법원 2018. 12. 14. 선고 2018구합55166 판결) 등을 찾아볼 수 있습니다.

94

마일리지로 구매한 것이 부가가치세 과세대상인가?

대상판결: 대법원 2016. 8. 26. 선고 2015두58959 전원합의체 판결

【판결요지】

[다수의견] 사업자가 고객에게 재화를 공급하는 1차 거래를 하면서 매출액의 일정비율에 해당하는 점수를 적립해 주고, 향후 고객에게 다시 재화를 공급하는 2차 거래를 하면서 적립된 점수 상당의 가액을 공제하고 나머지 금액만 현금 등으로 결제할 수 있도록 한 경우에, 2차 거래에서 적립된 점수 상당만큼 감액된 가액은 결국 사업자와 고객 사이에서 미리 정해진 공급대가의 결제 조건에 따라 공급가액을 직접 공제·차감한 것으로서 에누리액에 해당한다.

또한 사업자가 점수 적립에 의한 대금 공제 제도를 다른 사업자들과 함께 운영하면서 각자의 1차 거래에서 고객에게 점수를 적립해주고 그 후 고객이 사업자들과 2차 거래를 할 때에 적립된 점수 상당의 가액을 대금에서 공제하고 나머지 금액만 현금 등으로 결제할 수 있도록 한 경우에, 이 역시 여러 사업자들과 고객 사이에 미리 정해진 공급가액 결제 조건에 따라 공급가액을 직접 공제·차감한 것으로서 에누리액에 해당하며, 그 점수 상당의 공제된 가액을 2차 거래의 공급가액에 포함할 수 없음은 마찬가지이다.

따라서 여러 사업자들 사이의 정산약정에 따라 사업자가 고객이 아닌 다른 사업자들로부터 정산금을 지급받더라도 이는 2차 거래의 공급과 대가관계에 있다고 볼 수 없고, 적립된 점수의 교차사용 및 정산이 예정되어 있다는 사정만을 가지고 적립된 점수에 의하여 할인된 가격이 에누리액이 아니고 2차 거래의 공급가액에 포함되어야 한다고 보기도 어렵다.

[반대의견] 부가가치세의 과세표준인 공급가액은 재화의 공급 대가로 받은 금전과 금전 외의 대가를 합한 금액이고(구 부가가치세법 제13조 제1항), '금전 외의 대가'에는 '명목 여하에 불구하고 대가관계에 있는 모든 금전적 가치 있는 것'이 포함된다(구 부가가치세법 시행령 제48조 제1항). 2차 거래에서 사업자가 거래상대자로부터 받은 포인트가 공급가액에 포함될 '금전 외의 대가'인지 아니면 에누리액인지는 그것이 '금전적 가치 있는 것'에 해당하는지에 따라 결정된다.

사업자들이 2차 거래에서 지급받은 포인트는 나중에 포인트 상당의 금전을 지급받을 수 있는 권리를 표창하는 것으로서 '금전적 가치'가 있는 '금전 외의 대가'에 해당하고, 따라서 당연히 공급가액에 포함되어야 한다. 2차 거래에서 사용된 포인트가 2차 거래의 공급자가 아닌 다른 제휴사에서 적립된 포인트인 경우는 물론이고 2차 거래에서 사용된 포인트의 전부 또는 일부가 사업자 자신이 1차 거래에서 적립해 준 것("자사 적립 포인트")인 경우에도 포인트 자체는 '금전적 가치 있는 것'임에 변함이 없다. 2차 거래에서 자사 적립 포인트가 사용되면, 나중에 지급받는 포인트 정산금까지 감안해도 사업자가 받는 금액은 1 · 2차 거래의 통상의 공급가액의 합계액보다 적어지게 되지만, 이는 1차 거래에서 장려금으로 포인트를 적립해 준 때문이지 2차 거래에서 사용된 포인트가 에누리액에 해당하기 때문이 아니다.

【참조조문】

구 부가가치세법(2010. 1. 1. 법률 제9915호로 개정되기 전의 것) 제13조 제1항(현행 제29조 제3항 참조), 제2항(현행 제29조 제5항 참조), 제3항(현행 제29조 제6항 참조), 제5항(현행 제29조 제12항 참조), 구 부가가치세법(2011. 12. 31. 법률 제11129호로 개정되기 전의 것) 제13조 제1항(현행 제29조 제3항 참조), 제2항(현행 제29조 제5항 참조), 제3항(현행 제29조 제6항 참조), 제5항(현행 제29조 제12항 참조), 부가가치세법 제29조 제3항, 구 부가가치세법 시행령(2012. 2. 2. 대통령령 제23595호로 개정되기 전의 것) 제48조 제1항(현행 부가가치세법 제29조 제3항 참조), 제13항(현행 삭제), 제52조 제2항(현행 제61조 제4항 참조)

【해설】

1. 대상판결에서는, 사업자가 고객에게 재화를 공급하는 1차 거래를 하면서 매출액의 일정비율에 해당하는 점수를 적립해 주고, 향후 고객에게 다시 재화를 공급하는 2차 거래를 하면서 적립된 점수 상당의 가액을 공제하고 나머지 금액만 현금 등으로 결제할 수 있도록 한 경우에, 2차 거래에서 적립된 점수 상당만큼 감액된 가액의 성질이 무엇인가, 구체적으로는 2차 거래의 (매출) 에누리액인가 아니면 1차 거래의 장려금인가가 문제되었습니다. 대상판결의 다수의견은 이를 에누리액에 해당한다고 본 반면에 반대의견은 이를 장려금으로 보았습니다.

2. 일반적으로 매출에누리(sales allowance)는 기업회계에서나 법인세법에서 모두 매출액 및 수입금액에서 차감하는 반면(국제기준 1115－51; 일반기준 2－46), 판매장려금은 기업회계에서는 매출에서 차감하지만(국제기준 1115－51; 일반기준 2－46), 세무회계상으로는 사전약정에 따라 매출액에 비례하여 지급하는 경우 등 일정한 요건을 갖추지 못하면 접대비로 처리됩니다. 한편 부가가치세법상 에누리액은 공급가액에서 공제되나, 장려금은 공급가액에 포함됩니다(부가가치세법 제29조 제5항 제1호 및 제29조 제6항). 이 사건 다툼은 바로 이와 같은 양자에 대한 부가가치세 과세의 차이점에서 비롯된 것입니다.

3. 부가가치세법은 에누리액에 관하여 '재화나 용역을 공급할 때 그 품질이나 수량, 인도조건 또는 공급대가의 결제방법이나 그 밖의 공급조건에 따라 통상의 대가에서 일정액을 직접 깎아 주는 금액'으로 규정하고 있으나, 장려금에 대하여는 구체적인 개념규정을 두고 있지 않습니다.

이와 관련하여 부가가치세법 기본통칙에서는 장려금을, '사업자가 자기재화의 판매촉진을 위하여 거래당사자의 판매실적에 따라 일정률의 장려금품을 지급 또는 공급하는 경우 금전 혹은 재화로 지급하는 것'으로 규정하고 있습니다(부가가치세법 기본통칙 10－0－5). 가장 전형적인 것으로 일정액 이상의 구입고객에게 지급하는 백화점 상품권을 들 수 있을 것입니다.

양자의 구분기준에 관하여는 통상, 1) 금전적 가치가 있는지, 2) 가격보상 조건이 사전에 미리 정해져 있는지, 3) 보상의 실시 또는 내용이 필수적인지, 4) 매출액이나 거래수량의 많고 적음에 따라 적용내용이나 적용대상에 제한이나 차등을 두는지, 5) 해당 금액의 지급으로 인하여 판매물품의 가격에 미치는 영향이 직접적인지 등이 거론되는데 전체적으로 복합적인 성격을 가진 경우가 많아 그 기준이 반드시 명확한 것만은 아닙니다. 이 사건에서 문제가 된 적립마일리지의 사용이 바로 그러한 경우인데 다수의견은 이 중 4)의 요건을 중시한 반면 반대의견은 1)의 요건을 중시한 것으로 볼 수 있습니다.

4. 이 사건 대상판결에 적용된 구 부가가치세법 시행령(2017. 2. 7. 개정 전의 것) 제61조 제4항은, 자기적립 마일리지 상당액을 과세표준에 포함하는 것으로 규정하여 해석상 많은 논란이 있었으나, 같은 규정문언에 불구하고 자기적립 마일리지의 경우 원칙적으로 에누리액에 해당한다는 대상판결의 취지 및 같은 취지의 학설의 비판과 외국의 입법 예 등을 감안하여 그 후 마일리지 사용이 특별히 공급대가로서의 성격을 가지지 않은 한 공급가액에서 제외되는 것으로 입법이 정비되었습니다. 구체적으로 현행 규정에 의하면, 당초 재화 또는 용역의 공급 및 마일리지 제공자("당초공급자")와 마일리지 사용에 따른 급부제공자("급부제공자")가 동일한 '자기적립 마일리지'의 경우에는 원칙적으로 마일리지 사용에 따른 결제금액을 에누리액으로 평가하여 공급가액에서 제외하고, 당초공급자와 급부제공자가 다른 그 밖의 마일리지의 경우 급부제공자가 마일리지 사용에 따른 대가를 그 상대방 이외의 자로부터 보전받으면 그 가액을 공급가액에 포함시키게 됩니다(부가가치세법 시행령 제61조 제2항 제9호. 부가가치세법상 공급대가는 부가가치세액을 포함하는 개념으로, 공급가액은 부가가치세액을 제외한 개념으로 각각 사용됩니다).

5. 그 밖에 판례상 에누리액 여부가 문제된 사례로, ① 에스케이텔레콤(주)이 자사의 이동통신 서비스를 이용하는 고객 중 'OK 캐시백 서비스' 이용에 동의한 고객에게 제공하는 'OK 캐시백 포인트 적립액'은 현금이 아니고, 사용범위와 조건이 제한되어 있는 등 유통성이 없으며, 일정한 요건을 충족한 경우에만 현금으로 환전이 가능하고, 회원자격을 상실하거나 일정기간 사용하지 않을 경우 소멸하기도 하는 등 현금과 동일하다고 평가될 수 있는 금전적 가치가 있다고 보기

어려워 부가가치세법상 환급받을 수 있는 '에누리액'으로 볼 수 없다고 한 것(대법원 2020. 1. 16. 선고 2019두43238 판결), ② 단말기 구입보조금이 이동통신용역을 일정 기간 공급받을 것을 조건으로 공급가액에서 공제되었다면 이는 판매장려금이 아니라 에누리액에 해당한다고 본 것(대법원 2015. 12. 23. 선고 2013두19615 판결), ③ 상품권을 경품으로 제공하는 게임장에서 부가가치세 과세표준을 산정할 때 게임기 이용자들이 게임기에 투입한 총 금액에서 게임업자가 게임기이용자들에게 경품으로 제공하는 상품권 가액은 매출에누리액이 아니므로 부가가치세 과세표준에서 공제될 수 없다고 본 것(대법원 2008. 9. 25. 선고 2008두11211 판결). ④ 위탁판매계약상 수탁자인 홈쇼핑업체가 상품구매자로부터 판매대금을 교부받아 위탁자인 갑 회사에 지급하고 갑 회사는 홈쇼핑업체에 상품판매대금에 관한 판매수수료를 지급하는 관계에서 홈쇼핑업체가 갑 회사와의 약정에 따라 할인쿠폰 등을 발행하여 할인된 가격으로 상품구매자에게 컴퓨터 등을 판매한 경우, 그 할인액은 상품의 공급조건에 따라 재화의 공급대가인 통상의 상품가격에서 직접 공제되는 에누리액에 해당하고, 홈쇼핑업체가 상품구매자를 대신하여 갑 회사에 지급한 상품판매대금이 아니어서 과세표준에 포함되지 않는다고 본 것(대법원 2016. 6. 23. 선고 2014두144 판결) 등을 찾아볼 수 있습니다.

6. 판례는, 이동통신사업자의 이동통신용역 관련 업무를 대행하며 이동통신사업자로부터 이동통신 단말장치를 구매하여 이동통신용역 가입자에게 판매하는 대리점 사업자인 갑 회사가 이동통신사업자의 영업방침에 따라 요건을 갖춘 고객에게 단말기 구입가격 중 일부를 포인트로 결제하도록 한 후 나머지 대금만을 지급받고, 이동통신사업자에게 매월 말 판매가 이루어진 단말기 대금을 정산, 지급하면서 포인트 상당액을 제외한 나머지 대금만을 지급한 사안에서, 그 포인트 상당액은 갑 회사의 고객에 대한 단말기 공급가액 및 이동통신사업자의 갑 회사에 대한 단말기 공급가액에서 공제되는 에누리액이라고 본 반면에(대법원 2022. 11. 17. 선고 2022두33149 판결. 같은 취지의 것으로 대법원 2015. 12. 23. 선고 2013두19615 판결), 이동통신사업자인 원고가 대리점에 보조금을 직접 또는 신용카드사를 통하여 지급함으로써 단말기를 구입하는 이동통신용역 이용자가 대리점에 지급하여야 할 단말기 대금 중 일부를 대신 변제한 경우 그 보조금이 원고의 이동통신용

역 이용자에 대한 이동통신용역 가액에서 공제되는 에누리액에 해당하는지 여부에 관하여는, 사업자가 거래상대방에게 일정한 이익을 제공하는 등으로 해당 재화 또는 용역의 공급가액이 그 상당액만큼 감액되었을 때와 동일한 경제적 효과가 발생하더라도, 그 이익이 별개의 재화 또는 용역의 공급거래에 대하여 제공되는 등의 이유로 해당 재화 또는 용역의 공급가액에서 그 상당액이 직접 공제되었다고 평가할 수 없다면, 이를 해당 재화 또는 용역의 공급가액에 대한 에누리액으로 볼 수 없다고 하여 이를 소극적으로 보았습니다(대법원 2022. 8. 31. 선고 2017두53170 판결).

7. 할인포인트 적립과 그 사용에 따른 가격할인이 재화의 공급과 동시에 이루어진 경우에는 재화의 공급자가 해당 할인액을 업무제휴사로부터 상호보전의 약정 아래 보전받더라도 고객이 1차 거래로 적립된 포인트를 다른 재화 또는 용역의 구입에 사용한 것이 아니므로 이를 공급가액에서 제외되는 에누리액으로 보아야 할 것입니다(같은 취지, 조심 2023서3411, 2024. 2. 2.). 선택적 복지제도 시행으로 부여된 '복지포인트' 사용액은 에누리액에 해당하지 않습니다(대법원 2023. 6. 1. 선고 2019두58766 판결).

95

토지소유자 아닌 사업자가 지출한 토지관련 매입세액이 부가가치세 매입세액 불공제대상인지 여부

대상판결: 대법원 2010. 1. 14. 선고 2007두20744 판결

【판결요지】

[1] 구 부가가치세법(2010. 1. 1. 법률 제9915호로 개정되기 전의 것) 제17조 제1항, 제2항 제4호, 부가가치세법 시행령 제60조 제6항의 내용과 입법 연혁, 토지관련 매입세액을 불공제하는 취지는 토지가 부가가치세법상 면세재화이어서 그 공급에 대해 매출세액이 발생하지 않으므로 관련된 매입세액도 공제하지 않는 것이 타당하고, 일반적으로 토지의 조성 등을 위한 자본적 지출은 당해 토지 양도 시 양도차익을 산정함에 있어 취득가액에 가산하는 방법으로 회수되는 점 등에 비추어 보면, 위 시행령 규정에서 정한 '토지의 조성 등을 위한 자본적 지출'은 토지 소유자인 사업자가 당해 토지의 조성 등을 위하여 한 자본적 지출을 의미한다고 봄이 타당하므로, 당해 토지 소유자 아닌 사업자가 토지의 조성 등을 위한 자본적 비용을 지출한 경우 관련 매입세액은 특별한 사정이 없는 한 위 법 제17조 제2항 제4호, 위 시행령 제60조 제6항에서 정한 매입세액 불공제대상인 '토지관련 매입세액'에 해당하지 않는다.

[2] 회사가 지방자치단체 소유의 토지를 대부받아 골프장으로 조성한 후 일정기간 사용하되, 그 골프장은 기부채납하기로 공유재산대부계약을 체결한 사안에서, 회사가 골프장을 조성하면서 지출한 토목공사와 토사매입 등의 토지 조성비용과 관련된 매입세액은 위 조항 소정의 매입세액 불공제대상인 토지관련 매입세액에 해당하지 않는다고 한 사례.

【참조조문】

구 부가가치세법(2010. 1. 1. 법률 제9915호로 개정되기 전의 것) 제17조 제1항, 제2항 제4호(현행 제17조 제2항 제6호 참조), 부가가치세법 시행령 제60조 제6항

【해설】

1. 구 부가가치세법(2010. 1. 1. 법률 제9915호로 개정되기 전의 것) 제17조 제1항은, "**사업자가 납부하여야 할 부가가치세액("납부세액")은 자기가 공급한 재화 또는 용역에 대한 세액("매출세액")에서 다음 각 호의 세액("매입세액")을 공제한 금액으로 한다. 다만, 매출세액을 초과하는 매입세액은 환급받을 세액("환급세액")으로 한다.**", 같은 조 제2항은, "**다음 각 호의 매입세액은 매출세액에서 공제하지 아니한다. 4. 부가가치세가 면제되는 재화 또는 용역을 공급하는 사업에 관련된 매입세액(투자에 관련된 매입세액을 포함한다)과 대통령령이 정하는 토지관련 매입세액**", 같은 법 시행령 제60조 제6항은, "**법 제17조 제2항 제4호에서 '대통령령이 정하는 토지관련 매입세액'이라 함은 토지의 조성 등을 위한 자본적 지출에 관련된 매입세액으로서 다음 각 호의 1에 해당하는 매입세액을 말한다. 1. 토지의 취득 및 형질변경, 공장부지 및 택지의 조성 등에 관련된 매입세액, 2. 건축물이 있는 토지를 취득하여 그 건축물을 철거하고 토지만을 사용하는 경우에는 철거한 건축물의 취득 및 철거비용에 관련된 매입세액, 3. 토지의 가치를 현실적으로 증가시켜 토지의 취득원가를 구성하는 비용에 관련된 매입세액**"을 각 규정하고 있었습니다. 이와 같은 규정 내용 및 규정체계는 현행 법에서도 비슷합니다(현행 부가가치세법 제38조 제1항, 제39조 제1항 제7호, 같은 법 시행령 제80조 참조).

2. 이 사건의 쟁점은 위 규정의 해석과 관련하여 해당 토지의 소유자가 아닌 사업자가 지출한 골프장 조성비용 관련 매입세액이 위 규정이 정한 매입세액 불공제대상인 토지관련 매입세액에 해당하는지 여부입니다.

토지 · 노동 · 자본은 생산요소로서 그 자체가 부가가치 창출요소이고 소비 대

상이 아니기 때문에 토지 그 자체는 당연 면세대상입니다(부가가치세법 제26조 제1항 제14호). 토지의 형질변경이나 구조물 설치 등으로 토지의 가치를 증가시킨 경우 그 가치증가분은 창출된 부가가치로 볼 수 있으나 대부분 국가의 입법 예는 토지의 공급 전반에 대하여 이를 과세대상으로 삼지 않고 있습니다. 부가가치세법은 이를 토지에 대한 자본적 지출로 표현하는 한편(부가가치세법 시행령 제60조 제6항) 구체적으로 '토지의 가치를 현실적으로 증가시켜 토지의 취득원가를 구성하는 비용'(같은 항 제3호)으로 설명하고 있습니다.

대상판결은 토지의 소유자가 아닌 사업자가 지출한 골프장 조성비용 관련 매입세액이 위 규정 소정의 매입세액 불공제대상인 토지관련 매입세액이 아니어서 사업자가 해당 매입세액을 공제받을 수 있다고 보았는데 그 주요 논거로 일반적으로 토지의 조성 등을 위한 자본적 지출은 당해 토지의 양도 시 양도차익을 산정함에 있어 그 취득가액에 가산하는 방법으로 회수되는데 토지의 소유자가 아닌 사업자가 지출한 해당 비용은 토지의 취득원가를 구성하지 못한다는 점을 들고 있습니다. 참고로 면세사업 또는 면세재화를 이유로 사업자가 공제받지 못하는 부가가치세 매입세액은 그 세액 상당이 전가되지 않은 채 사업자의 부담으로 귀속되기 때문에 원칙적으로 공급되는 재화나 용역의 원가(필요경비)로 산입됩니다.

3. 그러나 대상판결의 논거 및 그 결론의 타당성에는 의문이 있습니다. 해당 규정의 문언상 토지관련 비용의 지출자를 토지소유자로 국한하지 않고 있고, 토지 조성 등을 통해 객관적으로 토지의 가치를 증가시킨 비용은 비용의 지출자가 누가 되었든 토지와 일체가 되어 재화나 용역의 생산요소가 되며, 토지의 취득원가를 구성하여 토지의 양도를 통해 취득원가로 비용화되기 때문입니다. 구체적으로 이 사건과 같이 토지의 임차인이 토지의 가치를 객관적으로 증가시키는 비용을 지출하였다면 십중팔구 그 비용의 상환과 관련하여 토지소유자와 사전에 약정을 하였을 것이고, 설사 약정이 없었다고 하더라도 임차인은 토지소유자에 대해 토지가치증가에 따른 유익비상환청구권을 갖고 토지소유자의 상환비용은 결국 토지의 취득원가를 구성하므로 법률상 소유자가 직접 비용을 지출하는 경우와 달리 보기 어렵습니다.

4. 부가가치세법령이 면세대상인 토지에 관련된 매입세액 전부가 아니라 그 중 자본적 지출에 해당하는 부분만을 매입세액 불공제 대상으로 한 것은 예컨대 토지가 과세사업에 제공된 상황에서 토지에 관하여 비용이 지출되었으나 토지의 가치를 객관적으로 증가시킨 경우가 아닌 경우 이를 토지에 투입된 비용이 아니라 과세사업에 지출된 비용으로 보아야 하기 때문입니다. 이 점과 관련하여 판례는 골프장 조성과정에서 잔디수목 식재공사와 그린·티·벙커 조성공사에 소요된 공사비용(대법원 2006. 7. 28. 선고 2004두13844 판결)이나 재고자산인 토지를 취득하면서 지출한 취득가액이나 취득부대비용(대법원 2015. 11. 12. 선고 2012두28056 판결) 등이 여기의 토지 관련 매입세액에 해당한다고 보았으나 이와 같은 비용들이 토지 자체의 객관적인 가치를 증가시킨 비용인지에 관하여는 의문이 있습니다.

5. 여기서 종전에 토지관련 매입세액과 관련하여 문제가 된 판례 하나를 더 소개합니다. 구 부가가치세법(1993. 12. 31. 법률 제4663호로 개정되기 전의 법률) 제17조 제1항은, "**사업자가 정부에 납부하여야 할 부가가치세액은 자기가 공급한 재화 또는 용역에 대한 세액(매출세액)에서 자기의 사업을 위하여 사용되었거나 사용될 재화 또는 용역의 공급 또는 수입에 대한 세액(매입세액)을 공제한 금액으로 한다.**"라고 규정하고 있고, 제2항은 위 제1항에 불구하고 매출세액에서 공제하지 아니하는 매입세액을 규정하면서, 그중 하나로 제4호에서 "**제12조의 규정에 의하여 면세되는 재화 또는 용역을 공급하는 사업에 관련된 매입세액(투자에 관련된 매입세액을 포함한다)**"을 들고 있으며, 제5항은, "**제2항의 규정에 의하여 공제되지 아니하는 매입세액의 범위에 관하여 필요한 사항은 대통령령으로 정한다.**"고 규정하고, 그 위임에 따른 같은 법 시행령 제60조 제6항(1991. 12. 31. 대통령령 제13542호로 신설되어 1993. 12. 31. 대통령령 제14081호로 개정되기 전의 것)은, "**법 제17조 제2항 제4호에 규정하는 매입세액에는 토지의 조성 등을 위한 자본적 지출에 관련된 매입세액을 포함한다.**"고 규정하고 있었는데, 위 규정의 해석과 관련하여, 사업자가 과세사업이든 면세사업이든 상관 없이 토지관련 매입세액은 매입세액 불공제대상인지, 아니면 사업자가 면세사업을 영위하는 경우에만 불공제 대상인지가 문제되었습니다.

6. 이에 관하여 대법원 1995. 12. 21. 선고 94누1449 전원합의체 판결의 다수의견은, 해당 규정 자체가 면세되는 재화 또는 용역이 아니라 그 재화 또는 용역을 공급하는 '사업'을 기준으로 하고 있으므로, 매입세액 공제 여부는 당해 사업이 면세사업이냐 과세사업이냐에 달려 있다는 점과 골프장 부지 조성공사 용역이 토지조성 이후 골프장 부지와 일체가 되지만, 그 용역의 공급에 대한 부가가치세는 토지 자체가 아니라 토지를 골프장 토지로 조성하기 위한 용역의 공급에 대한 매입세액이므로 골프장업의 매출세액에서 당연히 공제되어야 한다고 판단하였습니다. 이에 반해 같은 판결의 반대의견은, 매입세액 공제는, ① 사업관련성이 있어야 할 뿐만 아니라, ② 그에 대응하는 매출세액이 면제되지 않아야 가능하고, 토지 조성 등을 위한 자본적 지출은 토지의 매입거래이고 토지는 비상각자산으로서 감가상각에 의하여 영업비용으로 처리되지도 않으므로 결국 그 자체에 대한 매출거래에 대응하는데, 해당 매출거래는 면세거래로서 매출세액이 면제되므로 그에 관련된 매입세액은 면세제도의 기본원리상 공제를 허용할 수 없다고 판단하였습니다.

7. 위 사건 역시 대상판결과 마찬가지로 토지 자체가 면세재화이기 때문에 그에 대한 자본적 지출비용이 매입세액으로 공제되지 못하는 것이고, 이는 (대상판결 사안에서 해당 비용의 지출자가 토지 소유자이든 아니면 임차인이든 관계가 없는 것과 마찬가지로) 토지를 이용하여 행하는 사업이 과세사업이든 면세사업이든 관계가 없다고 보아야 하므로 면세제도의 취지와 내용에 비추어 반대의견이 타당하다고 생각됩니다. 토지의 객관적 가치를 증가시키는 자본적 지출은 일시적으로 토지의 효용을 증가시키는 수익적 지출과 달리 토지와 일체로서 생산요소를 이루어 사업에 제공될 뿐이고 그 토지를 이용하여 과세사업을 영위하더라도 토지 증가에 투입된 비용을 직접 과세사업에 제공된 것으로 볼 수는 없습니다. 한편 위 구 부가가치세법 제17조 제2항 제4호는 1993. 12. 31. 개정으로 "**부가가치세가 면제되는 재화 또는 용역을 공급하는 사업에 관련된 매입세액(투자에 관련된 매입세액을 포함한다)과 대통령령이 정하는 토지관련 매입세액**"으로 바뀌어 위 전원합의체 판결의 반대의견과 같이 과세사업과 면세사업을 구별하지 않는 방향으로 정비되었습니다.

96

부가가치세 매입세액 불공제

대상판결: 대법원 2019. 8. 30. 선고 2016두62726 판결

【판결요지】

사업자가 어느 사업장에 대하여 타인의 명의로 사업자등록을 하되 온전히 자신의 계산과 책임으로 사업을 영위하며 부가가치세를 신고·납부하는 경우와 같이 명칭이나 상호에도 불구하고 해당 사업장이 온전히 실제 사업자의 사업장으로 특정될 수 있는 경우 명의인의 등록번호는 곧 실제 사업자의 등록번호로 기능하는 것이므로, 그와 같은 등록번호가 '공급받는 자'의 등록번호로 기재된 세금계산서는 사실과 다른 세금계산서라고 할 수 없다.

【참조조문】

구 국세기본법(2014. 12. 23. 법률 제12848호로 개정되기 전의 것) 제26조의2 제1항 제1호, 제2호, 제3호, 제5항(현행 제26조의2 제6항 참조), 구 국세기본법 시행령(2019. 2. 12. 대통령령 제29534호로 개정되기 전의 것) 제12조의3 제1항 제1호, 구 부가가치세법(2013. 6. 7. 법률 제11873호로 전부 개정되기 전의 것) 제5조(현행 제8조 참조), 제16조 제1항 제1호(현행 제32조 제1항 제1호 참조), 제2호(현행 제32조 제1항 제2호 참조), 제5호(현행 제32조 제1항 제5호 참조), 제17조 제2항 제2호(현행 제39조 제1항 제2호 참조), 제19조 제1항(현행 제49조 제1항 참조), 제22조 제1항 제2호, 구 부가가치세법 시행령(2013. 6. 28. 대통령령 제24638호로 전부 개정되기 전의 것) 제53조 제1항 제2호(현행 제67조 제2항 제2호 참조)

【해설】

1. 대상판결에서는 사립학교법에 의하여 설립된 비영리법인이, 해당 법인이 설립, 운영하고 있는 사립대학교 내에 주차장 신축공사 및 종합복지관 신축공사를 함에 있어서, 관련된 용역을 실제로 공급받은 자가 과세사업자인 학교법인이었음에도 세금계산서에 공급받는 자를 면세사업자인 그 산하 사립대학교로 기재한 것이 문제되었습니다. 이에 관하여 대상판결의 원심은, 수정 전 세금계산서상 '공급받는 자'란에 위 사립대학교 명칭과 그 고유번호가 기재된 것은 기재사항에 관하여 착오가 발생한 경우에 해당하여 수정세금계산서 발행사유가 된다는 이유로, 부가가치세 경정청구를 거부한 처분 중 수정세금계산서를 교부받아 매입세액공제를 구하는 부분은 위법하다고 판단하였는데 대상판결 역시 원심판결이 정당하다고 판단하였습니다.

2. 대상판결에 적용된 법령은 현행 법령과 다르지 않으므로 먼저 현행 관계 법령을 살펴봅니다. 부가가치세법 제32조(세금계산서 등) 제1항은, "**사업자가 재화 또는 용역을 공급(부가가치세가 면제되는 재화 또는 용역의 공급은 제외한다)하는 경우에는 다음 각 호의 사항을 적은 계산서("세금계산서")를 그 공급을 받는 자에게 발급하여야 한다. 1. 공급하는 사업자의 등록번호와 성명 또는 명칭, 2. 공급받는 자의 등록번호. 다만, 공급받는 자가 사업자가 아니거나 등록한 사업자가 아닌 경우에는 대통령령으로 정하는 고유번호 또는 공급받는 자의 주민등록번호, 3. 공급가액과 부가가치세액, 4. 작성 연월일, 5. 그 밖에 대통령령으로 정하는 사항**"을 규정하고 있고, 같은 법 제39조 제1항은, "**제38조(공제하는 매입세액)에도 불구하고 다음 각 호의 매입세액은 매출세액에서 공제하지 아니한다.**"고 하여 그 제2호로서, "**세금계산서 또는 수입세금계산서를 발급받지 아니한 경우 또는 발급받은 세금계산서 또는 수입세금계산서에 필요적 기재사항의 전부 또는 일부가 적히지 아니하였거나 사실과 다르게 적힌 경우의 매입세액(공급가액이 사실과 다르게 적힌 경우에는 실제 공급가액과 사실과 다르게 적힌 금액의 차액에 해당하는 세액을 말한다). 다만 대통령령이 정하는 경우의 매입세액은 제외한다.**"고 규정하고 있으며, 같은 법 시행령 제75조는, "**대통령령이 정하는 경우의 매입세액'은 다음 각 호의 경우**

를 말한다."고 하여, "**법 제32조에 따라 발급받은 세금계산서의 필요적 기재사항 중 일부가 착오로 사실과 다르게 적혔으나 그 세금계산서에 적힌 나머지 필요적 기재사항 또는 임의적 기재사항으로 보아 거래사실이 확인되는 경우**(제2호)" 등을 비롯하여 제1호부터 제6호까지를 규정하고 있습니다.

3. 부가가치세(Value-Added Tax)는 재화나 용역이 생산·제공되거나 유통되는 모든 단계에서 창출된 부가가치를 과세표준으로 하여 과세하는 조세입니다. 조세의 부담을 거래상대방에게 전가시켜 종국적으로는 최종소비자가 그 부담을 지게 됩니다.

우리 법은 부가가치의 계산을 일정기간 기업의 총매출액에서 다른 기업으로부터 구입한 중간재 및 자본재 매입액을 공제하여 과세하는 소비형 부가가치세제를 채택하고 있으며, 과세방법으로는 당해 과세기간 중의 매출액에 소정의 세율을 적용하여 계산한 세액에서 전단계매입액에 포함된 부가가치세액을 공제한 금액을 납부세액으로 하는 전단계세액공제방식을 채택하고 있습니다. 재화나 용역을 공급하는 사업자는 거래상대방으로부터 부가가치세(매출세액)를 징수하여 국가에 납부하고 전 단계에서 자신이 부담한 부가가치세(매입세액)를 국가로부터 환급받으므로 자신이 부담하는 세금은 없으며 그 단계에서 창출된 부가가치에 대한 매출세액은 궁극적으로 최종소비자에게 전가됩니다. 그러나 재화나 용역을 공급하는 사업자는 부가가치세 납세의무자로서 국가의 징수업무를 대신하는 지위에 있고, 그와 같은 납세의무의 이행과 관련하여 세금계산서 수수와 관련된 매입세액 불공제나 가산세 등 여러 가지 준법비용을 부담하게 됩니다.

4. 매입세액 공제는 전단계매입세액공제방식을 취하는 우리 부가가치세 제도의 핵심적인 요소로서 부가가치세법 제39조 제1항은 매입세액 불공제대상에 관하여 규정하고 있습니다.

이 중 중요한 것이 제2호의 사실과 다른 세금계산서에 관한 것입니다. 사실과 다른 세금계산서인지 여부는 매입세액 불공제뿐 아니라 가산세 등 행정상 제재 이외에 세금계산서 관련 범죄의 성부에도 영향을 미치는 매우 중요한 사항입니다. 세금계산서 부실기재에 대한 제재로서 매입세액 공제를 허용하지 않는 것은 헌법상 과잉금지의 원칙에 반하지 않는다는 것이 판례의 입장입니다[헌법재판소 2002. 8. 29.자 2000헌바50, 2002헌바56(병합) 결정].

5. 구체적으로 실제 거래가 있으나 형식적 요건을 갖추지 못한 경우 어디까지 매입세액 공제를 부인할 것인지가 문제되는데 법원의 해석과 입법의 전체적인 방향은 세금계산서가 가지는 상호검증 등의 기능을 방해하지 않고, 조세탈루의 의도나 목적이 없는 경우 그 기준을 완화하는 쪽으로 진행되어 왔습니다. 이는 같은 취지의 기왕의 여러 학설의 논의를 수렴한 것입니다. 판례는 세금계산서 기재사항이 사실과 다른지 여부는 기본적으로 법 형식과 그 실질을 함께 고려하여 판단하여야 할 사항으로 보고 있습니다(대법원 2008. 12. 11. 선고 2008두9737 판결). 그 입증책임은 과세관청에 있습니다. 현실적으로 문제가 많이 되는 사항은, 이 사건에서 문제된 거래당사자에 관한 것과 공급시기에 관한 것입니다.

6. 거래당사자와 관련하여서는 특별히 타인 명의로 사업자등록을 하고 그 명의로 세금계산서를 발급하거나 받는 경우가 문제됩니다. 이처럼 명칭이 실제와 다른 사정은 '공급하는 자' 쪽에서도 발생하고, '공급받는 자' 쪽에서도 발생하는데, 대상판결을 비롯하여 판례는 전자에 관하여는 원칙적으로 매입세액 불공제 대상으로 본 반면, 후자에 관하여는 매입세액 공제 대상으로 보고 있습니다. 이와 같은 차이는, 법이 '공급하는 자'의 성명이나 명칭은 필요적 기재사항으로 규정한 반면, '공급받는 자'의 경우는 등록번호만을 필요적 기재사항으로 규정할 뿐 상호나 성명은 필요적 기재사항에 포함시키지 않고 있는 데서 주로 기인한 것입니다.

실제 세금계산서를 발급하는 자는 '재화나 용역을 공급하는 자'이지만 매입세액공제를 받아야 하는 자는 '재화나 용역을 공급받는 자'인데, 공급받는 자 입장에서 볼 때, '공급받는 자' 기재가 잘못된 경우는 자신의 상호 등을 상대방에게 제대로 알리지 않음으로써 상대방의 착오를 유발하였거나 혹은 상대방 측 사정으로 당사자 표시를 잘못 기재한 것을 부주의로 그대로 교부받은 것이 문제가 되고, '공급하는 자' 기재에 관하여는 상대방이 당사자표시를 잘못 기재한 것에 대하여 이를 적극적으로 용인하거나 혹은 부주의로 확인하지 못한 경우가 문제됩니다.

7. 실제 공급하는 사업자와 세금계산서상 공급자가 다른 명의위장이나 명의대여의 경우, 공급받는 자가 명의위장 사실을 알지 못하거나 알지 못한 데에 과실이 있으면 매입세액을 공제받을 수 없으나 선의, 무과실의 경우 보호를 받을 수 있습니다. 다만 그와 같은 반대 사정에 대한 입증책임은 공제를 주장하는 납세자에게 있으므로(대법원 2014. 12. 11. 선고 2012두20618 판결; 2002. 6. 28. 선고 2002두2277 판결 등), 결국 공급받는 자에게 잘못이 없다면 '공급하는 자'의 기재 잘못 역시 입증의 불이익만이 남게 된다고 볼 수 있습니다.

8. 판례가 공급받는 자와 관련하여 대상판결과 같은 취지에서 사실과 다른 세금계산서에 해당하지 않는다고 본 것으로, ① 중기대여업자들이 기중기를 공동구입하고 명의이전은 자신들이 설립한 회사 명의로 마친 상태에서 공급받는 자를 중기대여업자들 개인으로 하여 교부받은 세금계산서(대법원 2002. 1. 8. 선고 2000두79 판결), ② 국내방송사 갑 회사와 을 미술센터가 체결한 미술용역공급계약에 따라 병 프로덕션이 갑 회사 의뢰를 받아 제작하는 프로그램에 을 미술센터가 용역을 제공한 후 그 용역비 중 공통미술비에 관해 병이 아닌 갑 회사를 공급받는 자로 하여 교부한 세금계산서(대법원 2011. 2. 24. 선고 2007두21587 판결), ③ 면세사업자가 매입세금계산서에 사업자등록번호 아닌 부가가치세법상 고유번호나 공급받는 자의 주민등록번호를 기재한 세금계산서(대법원 2006. 9. 8. 선고 2003두9718 판결), ④ 수개 사업장을 둔 사업자가 하나의 사업장에 관한 용역을 공급받으면서 총괄사업장 명의로 공급계약을 체결하고 교부받은 세금계산서(대법원 2009. 5. 14. 선고 2007두4896 판결), ⑤ 회사사업장 경영관리업무를 총괄하는 서울사무소에서 지방사업장 물류창고에 대한 관리용역을 공급받고 서울사무소가 공급받는 자로 기재된 세금계산서를 교부받은 경우(대법원 2009. 5. 14. 선고 2007두4896 판결) 등이 있으며, 반대로 사실과 다른 세금계산서로 본 것으로는, ① 부동산임대사업자가 실제 공급받은 신규사업장이 아닌 기존사업장 등록번호를 기재한 경우(대법원 2006. 1. 26. 선고 2005두14608 판결), ② 토지수탁회사로부터 건물신축 도급공사를 도급받은 시공회사가 수탁회사와 미분양분 분양계약을 체결한 후, 실수요자와 미분양분에 대한 권리·의무 포괄양도계약을 체결하고 미분양분에 관해 수탁회사로부터 실수요자 앞으로 등기를 한 후 공급자를 수탁회사로 기재한 경우(대법원 2006. 10.

13. 선고 2005두2926 판결) ③ 지점 명의로 발급받은 세금계산서(대법원 2021. 10. 28. 선고 2021두39447 판결) 등이 있습니다.

9. 마지막으로 공급시기가 다르게 기재된 세금계산서의 효력과 관련하여서는, 종전에는 재화 또는 용역을 공급받은 시기가 속하는 과세기간에 세금계산서를 발급받은 경우에만 매입세액을 공제하였으나, 2016. 2. 17. 시행령 개정 시 공급시기가 속하는 과세기간에 대한 확정신고기한까지 세금계산서를 발급받으면 매입세액 공제가 가능하도록 규정을 완화하였습니다(부가가치세법 시행령 제75조 제3호 참조).

97

부가가치세 과세대상으로 알고 부가가치세 포함 가액으로 거래하였는데 면세대상으로 밝혀진 경우 반환받을 수 있는 금액의 범위

대상판결: 대법원 2023. 8. 18. 선고 2019다200126 판결

【판결요지】

[1] 사업자가 재화 또는 용역을 공급하는 경우에는 부가가치세 상당액을 그 공급을 받는 자로부터 징수하여야 한다고 규정하고 있는 구 부가가치세법(2013. 6. 7. 법률 제11873호로 전부 개정되기 전의 것) 제15조는 사업자로부터 징수하는 부가가치세 상당액을 공급을 받는 자에게 차례로 전가시킴으로써 궁극적으로 최종소비자에게 이를 부담시키겠다는 취지를 선언한 것에 불과한 것이어서 사업자가 위 규정을 근거로 공급을 받는 자로부터 부가가치세 상당액을 직접 징수할 사법상의 권리는 없는 것이지만, 거래당사자 사이에 부가가치세를 부담하기로 하는 약정이 따로 있는 경우에는 사업자는 그 약정에 기하여 공급을 받는 자에게 부가가치세 상당액의 지급을 직접 청구할 수 있다.

[2] 계약당사자 쌍방이 계약의 전제나 기초가 되는 사항에 관하여 같은 내용으로 착오가 있고 이로 인하여 그에 관한 구체적 약정을 하지 아니하였다면 당사자가 그러한 착오가 없을 때에 약정하였을 것으로 보이는 내용으로 당사자의 의사를 보충하여 계약을 해석할 수 있다. 여기서 보충되는 당사자의 의사는 당사자의 실제 의사 또는 주관적 의사가 아니라 계약의 목적, 거래관행, 적용법규, 신의칙 등에 비추어 객관적으로 추인되는 정당한 이익조정 의사를 말한다.

[3] 갑 지방자치단체가 입찰절차를 거쳐 폐기물 처리업자인 을 주식회사 등과 체

결한 생활폐기물 위탁처리 용역계약에 따라 을 회사 등에 용역대금과 부가가치세를 지급하였다가 나중에 위 용역의 공급이 부가가치세 면세대상임을 알게 되자, 을 회사 등을 상대로 기지급한 부가가치세 상당액의 반환을 구한 사안에서, "— — 일반적인 과세사업의 경우 사업자가 용역을 공급받는 자로부터 수령한 매출에 관한 부가가치세에서 자신이 부담하였던 매입에 관한 부가가치세를 공제함으로써 실질적으로 매입에 관한 부가가치세를 부담하지 않는 반면, 면세사업의 경우 사업자가 용역을 공급받는 자로부터 매출에 관한 부가가치세를 수령하지 못하는데도 매입에 관한 부가가치세를 부담하게 되어 그만큼 원가가 증가하는 점, 위 용역계약에 적용되는 관계법령에 따르면, 원가계산에 의한 가격을 기준으로 예정가격을 결정하는 경우 계약목적물의 공급가액에 부가가치세율을 곱하여 산출한 부가가치세를 가산하되, 부가가치세가 면제되는 재화 또는 용역을 공급하는 자와 계약을 체결할 때에는 해당 계약당사자가 부담할 비목별 원재료의 부가가치세 매입세액 해당액을 예정가격에 합산하도록 규정하고 있는 점 등 제반 사정에 비추어 보면, 갑 지방자치단체와 을 회사 등이 용역계약 체결 당시 위 용역의 공급이 부가가치세 면세대상이라는 사정을 알았다면 갑 지방자치단체가 부가가치세를 제외하고 기존 용역대금에 상당한 금액만을 지급하기로 약정하였을 것으로 보기 어려운데도, 이와 같이 약정하였을 것으로 보아 을 회사 등이 갑 지방자치단체에 대해 지급받은 부가가치세 전액 상당의 부당이득반환의무를 부담한다고 본 원심판단에 법리오해의 잘못이 있다."고 한 사례.

【참조조문】

[1] 구 부가가치세법(2013. 6. 7. 법률 제11873호로 전부 개정되기 전의 것) 제15조(현행 제31조 참조) [2] 민법 제105조, 제109조 [3] 민법 제105조, 제109조, 구 부가가치세법(2013. 6. 7. 법률 제11873호로 전부 개정되기 전의 것) 제12조 제1항 제5호(현행 제26조 제1항 제5호 참조), 제15조(현행 제31조 참조), 제17조 제1항(현행 제37조 제2항 참조), 구 지방자치단체를 당사자로 하는 계약에 관한 법률(2013. 8. 6. 법률 제12000호로 개정되기 전의 것) 제11조, 구 지방자치단체를 당사자로 하는 계약에 관한 법률 시행령(2011. 9. 15. 대통령령 제23134호로 개정되기 전의 것) 제10조, 구 지방자

치단체를 당사자로 하는 계약에 관한 법률 시행규칙(2011. 12. 26. 행정안전부령 제266호로 개정되기 전의 것) 제11조

[해설]

1. 같은 소비세라도 개별소비세는 제조반출가격 또는 소매판매가격에 포함되어 소비자에게 전가되는 데 비하여, 부가가치세는 다단계거래세로서 모든 거래단계마다 과세되는 특성상 부가가치세법은 그 취지를 살리기 위하여 별도로 거래징수에 관한 규정을 두고 있습니다(법 제31조).

거래징수는 전단계세액공제방식에 의한 부가가치세의 부담을 최종적으로 소비자에 이르기까지 순차로 전가시키기 위한 필수적 장치입니다. 다만 거래징수에 관한 위 규정은 사업자의 세법상 협력의무로서의 거래징수의무를 사업자와 거래상대방 모두에 대하여 확인한 의미가 있을 뿐 그들 사이의 사법상 계약관계에 관하여 곧바로 어떠한 권리나 의무를 창설하는 규정은 아닙니다(대법원 2002. 11. 22. 선고 2002다38828 판결; 1999. 11. 12. 선고 99다33984 판결 등. 헌법재판소 2000. 3. 30.자 98헌바7 결정도 같은 취지입니다). 국가에 대한 납세의무자는 어디까지나 사업자이고 최종 소비자는 담세자 지위에서 징수를 수인할 뿐입니다.

2. 그렇지만 거래당사자 사이에 '부가가치세는 매수인이 부담한다'든지 '대금 ○○○원'(부가가치세 별도)이라고 약정한 경우 그와 같은 약정금의 지급을 구할 수 있음을 물론입니다. 대상판결의 판시 [1]은 이 점을 다시 확인하고 있습니다. 부가가치세 부담에 관한 이와 같은 약정은 재화 또는 용역의 공급 당시뿐 아니라 공급 후에 한 경우도 유효하며, 묵시적인 형태로 이루어질 수도 있습니다(위 2002다38828 판결).

이와 관련하여 판례는 간이과세자인 사업자가 공급받는 자에게 재화 또는 용역을 공급하면서 부가가치세를 따로 지급받기로 약정한 경우 부가가치세 상당액의 계산방법에 대해서, 명시적 또는 묵시적 형태의 약정이나 거래관행이 존재하지 아니하는 이상 간이과세자의 납부세액 상당액만을 청구할 수 있다고 보았습니다(대법원 2024. 3. 13. 선고 2023다290485 판결). 해당 사안의 경우 당사자가 '부가가

치세 별도'로 약정하였으나 공사업자인 원고가 간이과세자인 경우 원고가 청구할 수 있는 부가가치세액이 공사대금의 10%인지, 아니면 간이과세자가 국가에 납부하는 부가가치세액인지 여부가 다투어졌는데, 원심은 부가가치세법 제30조가 '**부가가치세의 세율은 10%로 한다.**'라고 규정하고 있는 점에 비추어 '부가가치세 별도'라고만 기재된 경우 특별한 사정이 없는 한 당사자 사이에 공사대금의 10%를 부가가치세로 지급하는 약정이 있었다고 해석함이 상당하다고 보았습니다.

간이과세자의 거래에서도 당사자가 무심히 10%의 부가가치세액을 주고받을 수는 있겠지만 그러한 거래관행이 있다고 보기는 어렵고 당사자의 의사해석으로도 그와 같은 약정의 존재를 인정하기는 어려우므로 이에 관한 대법원의 판시는 타당하다고 사료됩니다.

재화나 용역을 공급받는 자가 부가가치세를 부담하기로 약정했다면 사업자의 세금계산서 발급 여부나 부가가치세 납부 여부는 공급받는 자의 사업자에 대한 부가가치세 납부의무에 영향을 주지 않습니다(대법원 2015. 10. 29. 선고 2015다214691, 214707 판결). 또한 사업자가 세금계산서를 발급하지 않아 공급받는 자가 매입세액 공제를 받지 못하였다면 공급받는 자가 공제받지 못하게 된 매입세액 상당을 손해배상으로 청구할 수도 있습니다(대법원 2020. 4. 29. 선고 2017다285284 판결).

3. 문제는 당사자 사이에 해당 거래가 비과세나 면세인지 여부에 관하여 착오가 있는 경우입니다. 여기서 상정할 수 있는 경우는 두 가지입니다. 하나는 과세거래를 면세거래로 오인한 경우이고, 다른 하나는 면세거래를 과세거래로 오인한 경우입니다. 전자는, 면세거래인줄 알고 부가가치세를 포함하지 않은 가액으로 거래하였는데 나중에 과세거래로 밝혀져 재화나 용역을 공급한 자가 추가로 부가가치세액의 지급을 구하는 경우이고, 후자는, 재화나 용역을 공급받은 자가 과세거래로 알고 공급가액과 별도로 부가가치세액을 지급하였는데 후에 면세거래로 밝혀져 기지급한 부가가치세액의 반환을 구하는 경우입니다. 이 사건은 이 중 후자에 해당합니다.

4. 먼저 전자의 경우에 관하여 살펴봅니다. 이와 관련하여 부가가치세법상 징수규정에 근거하여 부가가치세액의 지급을 구할 수 없으나 이 경우 객관적 사정

에 비추어 당사자 쌍방이 거래 당시 대상거래가 과세거래임을 알았더라면 당초 약정된 가액에 부가가치세 포함 가격으로 공급대가를 결정하였으리라고 인정되는 경우 민법상 착오에 관한 당사자의 의사해석에 기초하여 부가가치세액의 지급을 구할 수는 있을 것입니다. 대상판결의 판시 [2]의 법리는 비록 반대의 경우를 다룬 것이지만 이 경우에도 적용될 수 있을 것입니다. 다만 이 경우 공급계약서에 어떠한 형태로든 부가가치세에 관한 약정내용이 포함되어 있지 않는 한 당사자 쌍방 모두에 의사의 착오가 있었다는 점을 입증하기는 쉽지 않을 것입니다. 실제로 판례는, 국가와 기부채납자가 국유지 위에 건물을 신축하여 기부채납하고 대지 및 건물에 대한 사용수익권을 받기로 약정하면서 기부채납이 부가가치세 부과대상인 것을 모른 채 계약을 체결한 사안에서, 두 계약당사자의 진의가 국가가 부가가치세를 부담하는 것이었다고 추정하여 그러한 내용으로 계약을 수정 해석하여야 한다고 본 원심판결을 파기한 바 있습니다(대법원 2006. 11. 23. 선고 2005다13288 판결).

5. 다음 대상거래가 다른 면세거래를 과세거래로 오인하여 부가가치세액을 지급한 경우에 관하여 살펴봅니다. 이 경우에는 위에서 본 반대의 경우에 비하여 당사자 쌍방의 착오 의사 및 그에 따른 반환청구권의 존재는 어느 정도 쉽게 인정이 되는데 문제는 그 반환범위입니다.

쉽게 생각하면 대상판결 원심과 같이 기지급한 부가가치세액의 반환을 구할 수 있다고 보면 될 듯 합니다. 그런데 문제는 과세거래인 경우와 면세거래인 경우 공급가액이 달라진다는 데 있습니다. 대상판결 사안의 경우 애당초 법령에 과세거래와 면세거래인 경우 공사예정가격 산정을 달리하도록 규정하고 있으므로 판결이 제시한 '객관적으로 추정되는 정당한 이익조정의사'는 그와 같은 차액을 반영(공제)한 부가가치세액 반환이 될 것입니다.

일반적으로 중간단계 면세의 경우 면세공급자는 그 전 단계에서 부담한 매입세액을 공제받지 못하게 되는 불이익을 받게 되므로 만일 거래당사자가 애당초 대상거래가 면세라는 사실을 알았더라면 위와 같은 매입세액을 공제받지 못하는 불이익을 감안하여 공급가액을 상향조정하였을 가능성이 높습니다. 대상판결의 관계법령에서 면세인 경우 공사예정가격을 상향조정하도록 한 것도 이 점을 반영합니다. 다만 대상판결과 같이 법령에서 그 차액을 명시하고 있는 경우는 별론으로 다른 일반적인 거래에서 그 조정범위가 공제받지 못하는 매입세액 전액이 될 것인지는 분명하지 않습니다. 이와 관련하여 중간단계 거래의 경우 면세공급자는 그 전 과세거래 단계에서 부담한 매입세액 전부를 원가에 반영시키지 못한 채 일부를 자신이 부담하는 경우가 흔히 발생하는데 이를 '내재된 부가가치세(hidden-VAT)'라고 부릅니다.

6. 그 밖에 타인의 불법행위로 인하여 피해자 소유의 물건이 손괴되어 수리를 요하는 경우에 피해자는 부가가치세를 포함한 수리비 상당액의 손해배상을 청구할 수 있음이 원칙이나 피해자가 부가가치세법상 납세의무자인 사업자로서 부가가치세가 부가가치세법 제38조 제1항 제1호 소정의 매입세액에 해당한다면 피해자는 그 세액 상당을 자기의 매출세액에서 공제하거나 환급받을 수 있으므로 특별한 사정이 없는 한 그 부가가치세 상당의 손해배상을 청구할 수 없습니다. 다만 해당 부가가치세가 부가가치세법 제39조 제1항 제7호에서 규정한 '면세사업과 관련된 매입세액' 등에 해당하여 피해자가 이를 자기의 매출세액에서 공제하거나 환급받을 수 없는 때에는 가해자에게 그 부가가치세 상당의 손해배상을 청구할 수 있습니다(대법원 2021. 8. 12. 선고 2021다210195 판결).

PART

06

지방세법

지방세의 과세체계

지방세도 과세권자가 지방자치단체라는 점만 다를 뿐 조세라는 점에서 국세와 다를 바가 없으므로 조세로서의 모든 특성을 갖습니다.

우리나라 지방자치단체는 2022. 1. 현재 광역자치단체가 17개, 기초자치단체가 226개로서 총 243개입니다. 이들 지방자치단체가 각각 제공하는 공공서비스 자금을 스스로 조달하는 것은 불가능합니다. 중앙정부와 지방정부 사이의 세원 배분방식으로는 동일한 과세물건에 대하여 국가나 지방자치단체 중 어느 한 쪽만이 과세권을 행사하는 분리세 방식과 공동으로 과세권을 행사하는 공동세 방식이 있는데, 우리나라는 분리세 방식을 원칙으로 하면서 부족분은 국가 또는 광역자치단체에서 재정지원 하는 형태를 취하고 있습니다. 국세와 지방세의 징수비율은 약 8 : 2입니다.

분리세 방식에 의하여 조세를 국세와 지방세로 배분하는 경우 지방자치단체의 특성에 따른 지방세 적격이 문제가 됩니다. 일반적으로 지방세에 요구되는 원칙으로는, 세원의 보편성(전국에 고루 분포되어 있을 것)·귀속성(어느 지방자치단체에 귀속되는지 분명할 것)·정착성(세원 이동이 적고 가급적 정착되어 있을 것)·안정성(경기변동 등과 무관할 것)·분임성(지역주민이 골고루 납세의무를 부담할 것)·응익성(지방행정 편익을 많이 받는 곳을 세원으로 할 것) 등을 듭니다.

지방세의 법원(法源)으로는 지방세 총칙 규정을 담고 있는 지방세기본법과 지방세법, 지방세특례제한법 및 지방세징수법 등이 있고, 조세특례제한법 및 「제주특별자치도 설치 및 국제자유도시 조성을 위한 특별법」에도 일부 지방세에 관한 규정이 있습니다. 이 중 지방세법은 11개의 세목에 관해 각 세목별 과세요건 및 부과·징수에 관하여 규정하고 있습니다. 지방세기본법을 제외한 나머지 법들을 지방세관계법이라고 부릅니다(지방세기본법 제2조 제1항 제4호).

지방세에 관하여 지방세관계법에 별도 규정이 있는 것을 제외하고는 지방세기본법에서 정하는 바에 따르고(지방세기본법 제3조), 지방세의 부과징수에 관하여 지방세기본법 및 지방세관계법에서 규정한 것을 제외하고는 국세기본법과 국세징수법을 준용합니다(지방세기본법 제153조, 지방세징수법 제107조).

지방세기본법의 체계는 대체로 국세기본법과 같습니다. 국세 편에서 설명한 조세법의 기본원리 및 해석·적용에 관한 원칙도 지방세에서 거의 그대로 타당합니다(지방세기본법 제17조 내지 제22조 참조).

지방자치단체는 지방세 과세요건이나 부과징수에 필요한 사항에 관하여 지방세기본법 또는 지방세관계법에서 정하는 범위에서 조례를 정할 수 있고(지방세기본법 제5조 제1항), 지방자치단체의 장은 조례의 시행에 따른 절차 기타 그 시행에 관하여 필요한 사항을 규칙으로 정할 수 있으며(같은 조 제2항), 지방세기본법이나 지방세관계법에 따른 권한의 일부를 소속 공무원에게 위임하거나 중앙행정기관의 장(소속기관의 장 포함) 또는 다른 지방자치단체의 장에게 위탁 또는 위임할 수 있습니다(지방세기본법 제6조 제1항).

지방자치단체는 과세 형평을 현저하게 침해하는 등의 예외를 제외하고는 지방세심의위원회의 심의를 거쳐 조례로 세율경감, 세액감면 또는 세액공제를 할 수 있습니다(지방세특례제한법 제4조). 이는 각 지방자치단체의 자치권에 속하므로 어떤 지방자치단체에서만 조례를 제정하지 않아 다른 지방자치단체에 비해 고율의 지방세를 부담하게 되더라도 원칙적으로 조세평등의 원칙에 위배되지 않고(대법원 1996. 1. 26. 선고 95누13050 판결), 조례로써 등록세 면제대상의 범위를 축소하여도 조세법률주의에 위배되지 않습니다(대법원 1989. 9. 29. 선고 88누11957 판결).

우리나라는 인구에 비해 협소한 국토로 인해 그동안 토지·주택 등 부동산과 관련하여 많은 사회문제가 야기되어 왔는데, 전통적인 지방세는 주로 이들 부동산의 보유와 이전을 과세대상 내지 계기로 삼고 있으며, 여러 가지 정책적 고려에서 세율의 차등적용·비과세·감면 등에 관한 특별규정을 많이 두고 있습니다.

98

지방세법상 과점주주 간주취득세에 있어서 특수관계의 범위

대상판결: 서울고등법원 2021. 9. 17. 선고 2021누33557 판결
(대법원 2022. 1. 13. 선고 2021두52464 심리불속행 판결)

【판결요지】

원고와 FF건설이 「독점규제 및 공정거래에 관한 법률」상 같은 기업집단에 속하나 지방세법상 직접 특수관계가 없는 경우 동일한 기업집단 그룹의 계열회사에 해당한다는 이유만으로 양자 사이에 특수관계가 존재한다고 보기 어렵고, 원고가 다른 특수관계인을 통하여 FF건설의 경영에 대하여 지배적인 영향력을 행사하고 있다고 인정하기도 어려워 그에 따른 특수관계도 성립한다고 볼 수 없어 이를 전제로 한 간주취득세 부과처분이 적법하다고 본 사안.

【참조조문】

지방세법 제7조 제5항, 지방세기본법 제46조 제2호, 지방세기본법 시행령 제2조의2 제2항 제3호, 제3항 제2호 나목, 제24조 제2항

【해설】

1. 지방세법 제7조 제5항은, **"법인의 주식을 취득함으로써 지방세기본법 제46조 제2호에 따른 과점주주['주주 1명과 그의 특수관계인 중 대통령령으로 정하는 자(해당 주주와 지방세기본법 시행령 제2조의 어느 하나에 해당하는 관계에 있는 자, 지방세기**

본법 시행령 제24조 제2항)로서 그들의 소유주식의 합계가 해당 법인의 발행주식 총수의 50%을 초과하면서 그에 관한 권리를 실질적으로 행사하는 자들', "과점주주"]가 되었을 때에는, 그 과점주주가 해당 법인의 부동산 등 취득세 과세대상 재산을 취득한 것으로 보고 취득세(농어촌특별세 포함, "간주취득세")를 부과한다."고 규정하고 있습니다. 다만 과반 이상의 주식을 취득하더라도, 주식을 매각한 주주가 이를 매입한 주주의 특수관계인에 해당하는 경우에는, 과점주주 집단 내부에서 주주가 변경되어 과점주주 집단의 전체적인 주식 보유비율이 증가된 것은 아니므로 간주취득세가 부과되지 않습니다(대법원 2013. 7. 25. 선고 2012두12495 판결, 지방세법 운영예규 법 7-3 제3항).

2. 본 사안에서는 동일인이 지배주주인 계열회사 간에 과반 이상의 주식이 양도된 경우가 위 간주취득세 부과 대상에서 제외되는 '과점주주 집단 내의 주주 변경'에 해당하는지(달리 표현하면, 계열회사들 사이에 지방세기본법 시행령 제2조에 따른 특수관계가 성립하는지)가 쟁점이 되었는데, 원심 및 제1심 법원은 (i) 국세기본법과 달리 지방세기본법에는 「독점규제 및 공정거래에 관한 법률」상 같은 기업집단에 속하는 다른 계열회사를 특수관계인으로 규정한 조문이 없는 점, (ii) 특정 회사가 동일인을 매개로 다른 회사에 대하여 직접적으로 영향력을 행사하는 경우가 아니라 단순히 동일인이 지배주주로서 두 회사를 지배한다는 사실만으로는, 지방세기본법 시행령 제2조의2 제3항 제2호 나목에 따라 특수관계인으로 취급되는 '법인 본인이 직접 또는 **자신의 특수관계인을 통하여** 어느 법인의 경영에 대하여 지배적인 영향력을 행사하고 있는 경우'에 해당한다고 보기 어렵다는 점 등을 근거로, 이러한 경우는 '특수관계인 간의 주식 양도(과점주주 집단 내의 주주 변경)'에 해당하지 않아 간주취득세 부과가 가능하다는 취지로 판단하였고, 이후 대법원에서 심리불속행 기각으로 확정되었습니다.

3. 이와 관련하여, 서울고등법원 2021. 8. 19. 선고 2020누45454 외 4(병합) 판결과 서울고등법원 2020. 8. 28. 선고 2020누33673 판결에서도 위와 유사한 이유로, 어느 회사가 다른 회사에 대하여 실질적인 영향력을 행사할 수 없다면, 주주가 같거나 두 회사의 주주 사이에 특수관계가 있더라도, 두 회사 간에는 특수관계

가 성립하지 않는다는 취지로 판단하였습니다. 이 중 앞의 판결은 계열그룹에 속하는 수 개의 계열회사가 같은 기회에 동일한 기업의 과반 이상의 주식을 취득하였더라도 계열회사 하나를 기준으로 취득한 주식의 수가 과반에 미달하는 이상, 간주취득세 부과 대상이 아니라고 보아 납세자의 손을 들어 준 사안으로 마찬가지로 대법원에서 심리불속행 기각으로 확정되었습니다[대법원 2022. 1. 14. 선고 2021두51973외4(병합) 판결].

뒤의 2020누33673 판결은 가족 구성원 중 1인이 A 회사의 대표이사이자 대주주라 하더라도, 다른 가족 구성원들이 A 회사에 실질적인 영향력을 행사할 수 없다면, A 회사와 다른 가족 구성원들 사이에 특수관계가 성립한다고 볼 수 없어, A 회사가 다른 가족 구성원들로부터 B 회사 주식 100%를 취득한 것에 대한 간주취득세 부과가 정당하다고 판단한 사안입니다(상급심인 대법원 2021. 5. 7. 선고 2020두49324 판결은 위 쟁점과 관련하여서는 원심의 판단을 긍정하면서 다만 다른 가족 구성원들이 A 회사 대표이사와 생계를 같이 할 경우 A 회사가 다른 가족 구성원들의 특수관계인으로 인정되어 간주취득세 부과 대상에서 제외될 수 있음에도 이를 심리하지 않은 것이 위법하다는 이유로 원심판결을 파기함).

4. 이처럼 지방세기본법 시행령 제2조의2 제3항 제2호 나목에서 규정한 '법인 본인이 직접 또는 <u>자신의 특수관계인을 통하여</u> 어느 법인의 경영에 대하여 지배적인 영향력을 행사하고 있는 경우' 중 밑줄 친 '자신의 특수관계인을 통하여' 부분의 의미를 엄격하게 본 판례의 태도는, 과반 이상의 주식을 계열회사들이 나누어 취득한 경우 간주취득세 부과 대상에서 제외된다는 점에서는 납세자 측에 유리하나, 계열회사들 사이에서 주식이 양도되어 전체 그룹 차원에서는 지분의 변동이 있다고 보기 어려운 경우에도, 한 회사 지분비율이 과반 이상이 되면 간주취득세가 부과된다는 점에서는 납세자 측에 불리하게 작용합니다.

위와 같은 판례의 해석이 법 규정의 문언에 충실한 것으로 여겨지기는 하나 우리나라 기업의 지배구조 현실에 비추어 볼 때 구체적 타당성에 맞는지는 의문스럽습니다. 특히 재벌기업 그룹집단의 경우 지배주주가 오너로 행사하면서 기업 전체의 의사결정을 좌우하는 경우가 대부분이고 그 집단에 속하는 개별기업의 의사결정의 투명성 및 독립성을 보장하기 어려운 것이 부인할 수 없는 현실입니다.

특히 대상판결 등에서 문제가 된 간주취득의 경우 부동산을 많이 보유한 기업이 주식을 매수하는 업무는 그룹 차원에서 의사결정이 이루어지는 경우가 대부분이라는 점에서 더욱 그러합니다.

5. 이 문제는 근본적으로 구 지방세기본법이 국세기본법과 달리 「독점규제 및 공정거래에 관한 법률」상 같은 기업집단에 속하는 계열회사 상호 간을 특수관계인으로 규정하지 않은 데서 비롯된 것인데, 2023. 3. 14. 지방세기본법 시행령이 개정되어 '경영지배관계' 중 '본인이 법인인 경우'에 관한 규정에 '본인이 「독점규제 및 공정거래에 관한 법률」에 따른 기업집단에 속하는 경우 그 기업집단에 속하는 다른 계열회사 및 그 임원'을 특수관계에 포함시킴으로써 입법적으로 문제를 해결하였습니다.

6. 한편 소득세법과 법인세법은 부당행위계산부인 규정의 적용과 관련하여 특수관계인의 범위에 관하여 규정하면서 기업집단에 속하는 계열회사 상호 간을 특수관계인에 포함시킨 것을 비롯하여 국세기본법을 준용하거나(소득세법 시행령 제98조 제1항), 국세기본법과 동일한 내용으로 규정하고 있는데(법인세법 제2조 제12호, 동 시행령 제2조 제5항), 이중 대상판결에서 문제된 '법인 본인이 직접 또는 자신의 특수관계인을 통하여 어느 법인의 경영에 대하여 지배적인 영향력을 행사하고 있는 경우'의 해석과 관련하여 대상판결과 동일하게, "본인이 해당 법인의 경영에 대하여 지배적인 영향력을 행사하는 관계에 있어야만 해당 법인을 본인의 특수관계인으로 인정할 수 있다."고 보았습니다[소득세법에 관하여 대법원 2024. 7. 25. 선고 2022두63386 판결, 법인세법에 관하여 대법원 2024. 10. 8. 선고 2024두46255 판결(서울고등법원 2024. 5. 29. 선고 2022누1284 판결에 대한 심리불속행 판결임)].

99

계약의 해제와 취득세

대상판결: 대법원 2018. 9. 13. 선고 2018두38345 판결

【판결요지】

취득세는 본래 재화의 이전이라는 사실 자체를 포착하여 거기에 담세력을 인정하고 부과하는 유통세의 일종으로, 취득자가 재화를 사용·수익·처분함으로써 얻을 수 있는 이익을 포착하여 부과하는 것이 아니다. 이처럼 부동산 취득세는 부동산의 취득행위를 과세객체로 하는 행위세이므로, 그에 대한 조세채권은 취득행위라는 과세요건 사실이 존재함으로써 당연히 발생하고, 일단 적법하게 취득한 이상 이후에 매매계약이 합의해제되거나, 해제조건의 성취 또는 해제권의 행사 등에 의하여 소급적으로 실효되었더라도, 이로써 이미 성립한 조세채권의 행사에 아무런 영향을 줄 수 없다. 이러한 취득세의 성격과 본질 등에 비추어 보면, 매매계약에 따른 소유권이전등기를 마친 이후 계약이 잔금 지체로 인한 해제권 행사로 해제되었음을 전제로 한 조정을 갈음하는 결정이 확정되었더라도, 일단 적법한 취득행위가 존재하였던 이상 위와 같은 사유는 특별한 사정이 없는 한 취득행위 당시의 과세표준을 기준으로 성립한 조세채권의 행사에 아무런 영향을 줄 수 없다. 따라서 위와 같은 사유만을 이유로 구 지방세기본법(2016. 12. 27. 법률 제14474호로 전부 개정되기 전의 것) 제51조 제1항 제1호에 따른 통상의 경정청구나 같은 조 제2항 제1호 및 제3호, 구 지방세기본법 시행령(2017. 3. 27. 대통령령 제27958호로 전부 개정되기 전의 것) 제30조 제2호 등에 따른 후발적 경정청구를 할 수도 없다.

【참조조문】

지방세법 제7조 제1항, 구 지방세기본법(2016. 12. 27. 법률 제14474호로 전부 개정되기 전의 것) 제51조 제1항 제1호(현행 지방세기본법 제50조 제1항 제1호 참조), 제2항 제1호(현행 지방세기본법 제50조 제2항 제1호 참조), 제3호(현행 지방세기본법 제50조 제2항 제3호 참조), 구 지방세기본법 시행령(2017. 3. 27. 대통령령 제27958호로 전부 개정되기 전의 것) 제30조 제2호

【해설】

1. 취득의 원인이 된 계약이 해제된 경우 판례는 원칙적으로 합의해제나 해제권 행사에 의한 해제의 경우 모두 이미 성립한 취득세 납세의무에 영향이 없다고 보고 있습니다(합의해제에 관하여, 대법원 1998. 12. 8. 선고 98두14228 판결; 2013. 11. 28. 선고 2011두27551 판결; 해제권 행사에 관하여 대법원 1992. 5. 12. 선고 92누459 판결 및 대상판결 등). 이는 예컨대 아파트 시세가 분양 이후 일정시점에서 분양금 아래로 하락하자 당초 분양약정에 따라 그 차액분을 미납부잔금에서 공제해준 사안과 같이 계약의 전부 또는 일부가 당초약정에 따른 조건의 성취에 의해 실효된 경우도 마찬가지입니다(대법원 2018. 9. 13. 선고 2015두57345 판결).

2. 판례의 주된 논거는 취득세가 유통세라는 점에 있습니다. 이 점에 관하여 대상판결은, "취득세는 본래 재화의 이전이라는 사실 자체를 포착하여 거기에 담세력을 인정하고 부과하는 유통세의 일종으로, 취득자가 재화를 사용·수익·처분함으로써 얻을 수 있는 이익을 포착하여 부과하는 것이 아니다."라고 판단하고 있습니다.

그러나 취득세가 부동산 등 재화의 유통단계에서 부과되는 조세이기는 하나 근본적으로 그 담세력은 단순히 재화가 한 번 유통 내지는 이전되었다는 점에 있는 것이 아니라 그와 같은 재화의 이전을 통하여 취득자가 일정한 경제적 이익을 보유하게 된다는 데에 있으므로, 그 기초가 된 거래를 통하여 재화의 이전이 이루어지지 않았다면 원칙적으로 취득세 부과는 불가능하다고 보아야 할 것입니다.

3. 지방세법상 취득의 의의에 관하여는, ① 소유권 이전의 형식에 의한 부동산 취득의 모든 경우를 포함한다고 보는 소유권 취득설과, ② 법률적·형식적 관점뿐 아니라 경제적·실질적 관점에서도 소유권 이전을 동반하는 취득을 말한다고 보는 실질적 가치취득설이 대립하고 있습니다. 우리 지방세법은 신탁법상 신탁에서 위탁자와 수탁자 사이에 신탁재산의 이전과 관련하여 이루어지는 취득(법 제9조 제3항)이나 환매권 행사 등으로 인한 취득 중 일정한 경우(같은 조 제4항) 등 형식적인 취득으로 인정되는 사항 중 일부 사항만을 비과세대상으로 규정하고 있어서 이들 규정을 열거적 규정으로 이해하는 한 우리 법이 실질적 가치취득설을 취하고 있다고 보기는 어렵습니다. 판례 역시 양도담보에 의한 취득(대법원 1980. 1. 29. 선고 79누305 판결)이나 피담보채권 변제에 따른 소유권이전등기의 말소등기(대법원 1999. 10. 8. 선고 98두11496 판결) 등을 취득세 과세대상으로 보고 있어 소유권 취득설의 입장입니다. 그러나 우리 법이나 판례가 취득세 과세대상인 취득에 관하여 소유권 취득설을 취한다고 하여 모든 형식적 소유권 이전이 취득세 과세대상이 된다고 보기는 어려울 것입니다.

4. 판례는 권리이전에 관한 등기가 이루어졌어도 계약이 무효, 취소되어 등기가 무효인 경우 취득이 없다는 입장입니다(대법원 1964. 11. 24. 선고 64누84 판결; 2013. 6. 28. 선고 2013두2778 판결 등). 같은 취지에서 판례는 국토이용관리법상 토지거래허가대상인 토지매매계약이 토지거래허가를 받지 않아 무효인 경우 매매대금이 전액 지급되었어도 매수인이 토지를 취득하지 않았다고 보고(대법원 1997. 11. 11. 선고 97다8427 판결), 명의신탁자가 소유자로부터 부동산을 양수하면서 명의수탁자와 명의신탁약정을 하여 소유자로부터 바로 명의수탁자 명의로 부동산 소유권이전등기를 하는 3자간 등기명의신탁(중간생략형 명의신탁)의 경우, 명의신탁자가 부동산 매매계약을 체결하고 매매대금을 모두 지급하였다면 잔금지급일에 '사실상 취득'에 따른 취득세 납세의무가 성립하고, 그 후 수탁자 명의로 등기를 이전하거나 수탁자 명의에서 다시 명의신탁자 명의로 소유권이전등기를 마치더라도 새로운 취득이 성립하지 않는다고 보았습니다(대법원 2018. 3. 22. 선고 2014두43110 전원합의체 판결). 이는 등록면허세의 경우 계약이 무효라도 납세의무가 있다는 것(대법원 2018. 4. 10. 선고 2017두35684 판결)과 대비됩니다.

5. 납세자의 입장에서 볼 때, 계약이 당초부터 무효인 경우와 계약이 유효하게 성립하였다가 해제되어 소급적으로 실효되는 경우 양자 모두 궁극적으로 대상 재화를 취득하지 못했다는 점에서 담세력에 어떠한 차이가 있다고 보기 어렵습니다. 관점에 따라서 계약해제의 경우 과세권자인 국가를 해제의 효력이 미치지 않는 제3자(민법 제548조 제1항 단서 참조)로 보아야 한다는 견해도 있을 수 있으나 이와 같은 사법상의 논리가 세법의 기본원리인 '담세력에 따른 과세'를 넘어설 수는 없을 것입니다. 이러한 점에서 우리 법상 취득세는 일시적인 소유명의 이전으로 충분한 것이 아니라 그와 같은 소유명의의 이전이 종국적인 경우 부과되는 조세라고 보아야 할 것입니다. 따라서 계약해제의 경우 그 사유나 시기를 불문하고 취득세가 유통세라는 이유로 취득세 납세의무 성립에 영향이 없다고 본 대상판결을 비롯한 일련의 판결들은 타당성에 의문이 있다고 생각됩니다.

6. 이와 같이 취득세도 재산의 취득자가 (형식적이나마) 재산을 종국적으로 취득하는 것에 대하여 부과하는 조세라고 본다면 취득의 기초가 된 계약의 해제가 취득세에 미치는 효과는 본래 양도소득세 등과 마찬가지로 지방세기본법 제50조 제2항 제3호, 지방세기본법 시행령 제30조 제2호에서 규정하는 **"최초의 신고·결정 또는 경정을 할 때 과세표준 및 세액의 계산근거가 된 거래 또는 행위 등의 효력과 관계되는 계약이 해당 계약의 성립 후 발생한 부득이한 사유로 해제되거나 취소된 경우"**의 요건을 충족하는지 여부에 따라 판단하여야 할 것입니다.

그런데 2011. 1. 1. 지방세법 전면개정 시, **"취득물건을 등기·등록하지 아니하고 취득일부터 60일 이내에 계약 해제된 사실이 화해조서·인낙조서·공정증서 등으로 입증되는 경우에는 취득한 것으로 보지 아니한다."**는 조문이 신설되었고(지방세법 시행령 제20조 제1항 및 제2항 제2호 참조), 해당 조문은 그 후 몇 차례 개정을 통하여 일부 내용이 변경되었으나 큰 틀에서는 그대로 유지되고 있습니다.

위와 같은 조문이 마련된 이상 계약의 해제가 원칙적으로 취득세 납세의무 성립에 영향이 없다고 보는 경우 그 논거는 위 조문이 되어야 할 것으로 생각됩니다(대상판결 사안은 계약체결일이 2012. 12. 28.이고 소유권이전등기일이 2013. 2. 25.로서 위 법 개정 이후의 사안입니다).

법이 계약해제의 경우 납세의무 성립에서 벗어날 수 있는 방법을 특정하고 기간을 제한하였다는 것은 그 방법과 기간을 충족하지 못하는 경우 계약해제가 납세의무 성립에 영향을 미치지 못한다는 취지를 함께 담았다고 보아야 하고, 취득세가 담세력에 따른 과세 여부를 따져야 할 조세라고 하더라도 법이 일정한 구제수단을 마련하면서 그 범위를 제한한 것은 그것이 특별히 불합리한 제한이 아닌 이상 입법재량의 범위 내라고 볼 것이기 때문입니다. 일정한 기간이 도과된 경우 과세관청이 계약해제의 원인 등을 일일이 확인하기 어렵고 조세법률관계를 장기간 불안정한 상태로 둔다는 것은 바람직하지 않으므로 이러한 조세정책적 측면도 함께 고려의 대상이 되어야 할 것입니다. 이는 증여세의 경우 증여계약 해제 시 증여세 과세 여부에 관하여 많은 논란이 있다가 입법이 증여세 과세표준 신고기한 내에 목적물을 증여자에게 반환하는 경우에는 처음부터 증여가 없었던 것으로 본다고 규정하여(상증세법 제4조 제4항) 이를 입법적으로 해결한 것과 같은 맥락입니다.

100

취득세 과세권의 경합

대상판결: 대법원 2017. 11. 9. 선고 2016두40139 판결

【판결요지】

[1] 구 지방세법(2014. 1. 1. 법률 제12153호로 개정되기 전의 것) 제8조 제1항 제2호, 구 자동차등록령(2013. 3. 23. 대통령령 제24443호로 개정되기 전의 것) 제2조 제2호, 구 자동차등록규칙(2013. 3. 23. 국토교통부령 제1호로 개정되기 전의 것) 제3조 제1항, 제2항의 문언과 체계에 더하여 구 지방세법 제8조 제1항 제2호의 입법 취지와 개정 경위, 자동차등록의 법적 성격과 취득세 납세지의 의의 등 여러 사정들을 종합하여 볼 때, 법인이 자동차등록을 하면서 등록관청으로부터 주사무소 소재지 외의 다른 장소를 사용본거지로 인정받아 그 장소가 자동차등록원부에 사용본거지로 기재되었다면, 그 등록이 당연무효이거나 취소되었다는 등의 특별한 사정이 없는 한 차량의 취득세 납세지가 되는 구 지방세법 제8조 제1항 제2호의 '사용본거지'는 법인의 주사무소 소재지가 아니라 '자동차등록원부에 기재된 사용본거지'를 의미한다.

[2] 자동차시설대여업 등의 사업을 하는 갑 주식회사가 법인등기부상 본점이 아닌 4개 지역의 각 지점을 사용본거지로 하여 자동차등록을 마치고, 각 지점의 관할 과세관청에 시설대여용 자동차(리스차량)에 관한 취득세를 신고·납부하였는데, 본점의 관할 과세관청이 갑 회사에 대하여 리스차량의 사용본거지는 갑 회사의 본점 소재지라는 이유로 취득세를 부과하자 갑 회사가 각 지점의 관할 과세관청에 이미 납부한 취득세의 환급을 구하는 경정청구를 하였으나 해당 관할 과세관청이 거부한 사안에서, 갑 회사의 각 지점 관할 과세관청에 대한 취득세 납부는

적법한 납세지에 납부한 것으로서 유효하므로 위 거부처분이 적법하다고 한 원심 판단에 법리오해의 잘못이 없다고 한 사례.

【참조조문】

구 지방세법(2014. 1. 1. 법률 제12153호로 개정되기 전의 것) 제8조 제1항 제2호, 구 자동차등록령(2013. 3. 23. 대통령령 제24443호로 개정되기 전의 것) 제2조 제2호, 구 자동차등록규칙(2013. 3. 23. 국토교통부령 제1호로 개정되기 전의 것) 제3조 제1항, 제2항

【해설】

1. 서론의 지방세 과세체계에서 살펴본 바와 같이 지방세는 지방자치단체들 사이의 세원의 분배가 중요한데 그 기초가 되는 각 지방자치단체의 관할권은 납세지에 의해 결정되므로 납세지를 정하는 것이 선결문제가 됩니다.

한편 납세지의 결정은 지방세 과세대상 중 특별히 차량과 관련하여 문제가 됩니다. 차량은 이동성을 본질로 하므로 일반적으로 지방세에 요구되는 귀속성과 정착성을 갖지 않는다는 특성을 갖습니다. 소비자가 자동차를 구입하면서 자동차 등록원부에 등록을 하더라도 해당 차량이 반드시 그 등록지에서만 운행한다고 볼 수는 없습니다. 이 점에 착안하여 일부 재정이 열악한 지방자치단체에서 자동차 취득세 및 등록세 등에 일정한 혜택을 주는 방안으로 해당 지방자치단체에 차량 등록을 유인하는 사례가 발생하였고 그것이 대상판결의 발단이 되었습니다. 대상판결 사안의 경우 자동차시설대여업을 하는 회사가 법인등기부상 본점이 아닌 지방 지점을 사용본거지로 하여 자동차등록을 마치고 각 지점 관할 과세관청에 취득세를 납부하자 본점소재지인 서울특별시장이 대상 자동차의 주된 운행지가 서울특별시라는 이유로 재차 위 회사에 대하여 취득세를 부과한 것이 문제되었습니다. 이른바 지방자치단체 사이에 과세권의 경합이 발생한 것입니다. 자동차 등록지 관할 과세관청이 과세권을 가지는지 아니면 자동차의 주된 운행지를 주장하는 과세관청이 과세권을 가지는지의 다툼입니다.

2. 이와 관련하여 구 지방세법(2014. 1. 1. 법률 제12153호로 개정되기 전의 것) 제8조 제1항 제2호는 차량의 납세지를 '**자동차관리법에 따른 등록지. 다만, 등록지가 사용본거지와 다른 경우에는 사용본거지**'로 규정하고 있었는데(현행 규정도 동일함), 대상판결은 위 규정에서의 '사용본거지'를 법인의 주사무소 소재지가 아니라 '자동차등록원부에 기재된 사용본거지'를 의미한다고 보았습니다. 대상판결은 그 논거로 법인이 자동차등록을 하면서 등록관청으로부터 주사무소 소재지 외의 다른 장소를 사용본거지로 인정받아 그 장소가 자동차등록원부에 사용본거지로 기재되었다면, 그 등록이 당연무효이거나 취소되었다는 등의 사정이 없는 한 그 기재내용을 존중하여야 한다고 판단하였습니다. 이는 사용본거지 기재를 포함하여 자동차등록원부에 차량을 수리, 등록하는 일련의 행위에 대해 행정행위로서의 일정한 효력을 인정한 것이나, 그 바탕에는 이동성을 본질로 하는 차량의 특성상 취득 단계에서 주된 운행지를 판단하여 이를 사용본거지로 인정한다는 것이 용이하지 않다는 인식이 깔려 있다고 할 수 있습니다.

3. 한편 대상판결 사안은 쟁송법상으로도 일정한 쟁점을 제공하고 있습니다. 즉 일단 납세자가 A 과세권자에게 취득세를 납부하였는데 B 과세권자가 재차 부과고지하여 동일한 과세대상에 관하여 과세권이 경합하는 경우 납세자의 구제수단에 관한 것입니다. 납세자로서는 어느 곳이 진정한 과세권자인지 확신을 갖지 못한 상태에서 권리구제를 도모하여야 하므로 일단 B 과세권자가 고지한 부과처분에 대하여는 부과처분의 취소를 구하는 한편 취득세는 원칙적으로 신고납부 과세이므로 신고납부한 A 과세권자에 대하여는 경정청구기간 이내에 경정청구권을 행사하여야 합니다. 대상판결 사안이 바로 A 과세권자에 대하여 경정청구권을 행사한 경우인데 납세자(원고)로서는 내심 패소를 기대하고 소송을 제기하였을 것입니다. 이 경우 별도로 진행되는 B 과세권자에 대한 불복절차가 종결되기 전까지는 A 과세권자에 대한 경정청구는 통상적 경정청구에 의하게 되나, 만일 B 과세권자에 대한 불복쟁송이 패소로 확정된 경우에는 이를 이유로 A 과세권자에 대한 후발적 경정청구가 가능할 것입니다(국세기본법 제45조의2 제2항 제5호, 같은 법 시행령 제25조의2 제5호 참조).

101

취득세 과세표준

대상판결: 대법원 1998. 11. 27. 선고 97누5121 판결

【판결요지】

[1] 구 지방세법(1994. 12. 22. 법률 제4794호로 개정되기 전의 것) 제111조 제5항은 법인장부 등 소정의 문서에 의하여 사실상의 취득가액이 명백하게 드러나는 경우 취득자의 신고에 관계 없이 그 사실상의 취득가액을 과세표준으로 한다는 규정으로서, 취득자의 신고 또는 신고가액의 표시가 없거나 그 신고가액이 과세시가 표준액에 미달한 경우에 한하여 적용되는 것이라고 할 수 없다.

[2] 토지 및 건물을 일괄취득하여 그 취득가액을 구분할 수 없는 경우, 취득 당시의 시가에 대한 감정기관의 감정평가 등 토지와 건물의 가액비율을 객관적으로 알 수 있는 방법이 없는 이상, 토지 및 건물의 총취득가액을 취득 당시의 과세시가표준액 비율에 따라 안분함으로써 토지만의 가액을 계산하여 취득세 중과의 과세표준액으로 삼는 것이 합리적이다.

【참조조문】

구 지방세법(1994. 12. 22. 법률 제4794호로 개정되기 전의 것) 제112조 제2항, 구 지방세법(1993. 12. 27. 법률 제4611호로 개정되기 전의 것) 제138조 제1항 제3호, 구 지방세법 시행령(1994. 12. 31. 대통령령 제14481호로 개정되기 전의 것) 제84조의4 제1항, 제4항 제10호, 구 지방세법 시행령(1993. 12. 31. 대통령령 제14041호로 개정되기 전의 것) 제101조 제1항 제5호, 제2항, 제102조 제2항

【해설】

1. 대상판결은 취득세 과세표준을 어떻게 산정하는가에 관한 내용을 다루고 있습니다. 취득세 과세표준은 법리적으로 어려운 사항을 포함하고 있지는 않지만 종전 규정 체계가 조금 혼란스러운 부분이 있고, 2022년 지방세법 개정(2023. 1. 1.부터 시행)을 통해 이 부분을 좀 더 분명하게 정리하였으므로 개정 전 규정 체계와 개정 후 법의 내용을 전체적으로 살펴보도록 하겠습니다.

2. 먼저 취득세 과세표준 산정에 관한 개정 전 법 체계를 살펴봅니다.
구 지방세법 제10조 제1항(2021. 12. 28. 개정 전의 것. 부칙 제1조 제1호에 의하여 2023. 1. 1.부터 시행됨)은, 취득세 과세표준에 관하여, "**취득세의 과세표준은 취득 당시의 가액으로 한다. 다만 연부로 취득하는 경우에는 연부금액(매회 사실상 지급되는 금액을 말하며, 취득금액에 포함되는 계약보증금을 포함한다)으로 한다.**"고 규정하고 있고, 같은 조 제2항은 "**제1항에 따른 취득 당시의 가액은 취득자가 신고한 가액으로 한다. 다만 신고 또는 신고가액의 표시가 없거나 그 신고가액이 제4조에서 정하는 시가표준액보다 적을 때에는 그 시가표준액으로 한다.**"고 규정하고 있었습니다. 그리고 같은 조 제5항은, "**다음 각 호의 취득(증여 · 기부, 그 밖의 무상취득 및 소득세법 제101조 제1항 또는 법인세법 제52조 제1항에 따른 거래로 인한 취득은 제외한다)에 대하여는 제2항 단서 및 제3항 후단에도 불구하고 사실상의 취득가격 또는 연부금액을 과세표준으로 한다.**"고 하여, **1. 국가, 지방자치단체 또는 지방자치단체조합으로부터의 취득 2. 외국으로부터의 수입에 의한 취득 3. 판결문·법인장부 중 대통령령으로 정하는 것에 따라 취득가격이 증명되는 취득 4. 공매방법에 의한 취득 5.「부동산 거래신고 등에 관한 법률」 제3조에 따른 신고서를 제출하여 같은 법 제5조에 따라 검증이 이루어진 취득** 등을 규정하고 있었습니다. 이와 같은 규정체계 및 내용은 대상판결 당시의 조문체계 및 내용과도 대동소이합니다.

3. 전체적으로 종전 규정에 따른 취득세 과세표준은, 1) 원칙적으로 취득자가 신고한 가액으로 하되, 신고 또는 신고가액의 표시가 없거나 그 신고가액이 시가

표준액보다 적을 때에는 '시가표준액'으로 하고, 2) 국가 등으로부터의 취득, 판결문·법인장부 등에 따라 취득가격이 증명되는 취득, 공매방법에 의한 취득, 부동산거래신고서를 제출하여 검증이 이루어진 취득과 같이 그 자체로 신뢰성이 있는 경우에는 '사실상의 취득가격'으로 한다는 것으로 정리할 수 있습니다.

이 중 1)의 경우에는 사실상의 취득가액이 시가표준액보다 클 경우 납세자는 시가표준액으로 신고할 것이고, 사실상의 취득가액이 시가표준액보다 적을 경우에도 결국 시가표준액에 의하게 되므로 취득세의 과세표준은 '시가표준액'이라고 보아 무방합니다. 판례도 같은 취지에서 신고가액이 부동산 시가표준액에 미달하지 않고 각 호 요건에 해당되지 않음에도 과세관청이 별도의 취득가액을 인정하여 과세표준으로 삼을 수는 없다고 보았습니다(대법원 2006. 7. 6. 선고 2005두11128 판결). 한편 2)의 경우와 관련하여 판례는, 지방세법 제10조 제5항의 요건이 충족된 경우 신고유무 등에 관계없이 각호에 따라 입증된 사실상의 취득가액으로 과세표준이 정하여진다는 의미이며(대법원 1998. 11. 27. 선고 97누5121 판결). 이 중 제3호와 관련하여, '법인장부에 의하여 취득가격이 입증되는 취득'에는 법인이 과세대상 물건을 취득하는 경우뿐 아니라 개인이 법인으로부터 취득하는 경우도 포함되지만(대법원 1996. 11. 15. 선고 95누17052 판결), 판결문·법인장부 중 대통령령으로 정하는 것에 의하여 입증되는 가격이라도, 그것이 당해 물건에 관한 사실상 취득가격에 해당하지 않으면 취득세 과세대상으로 삼을 수 없다고 보았습니다[대법원 1992. 5. 8. 선고 91누9701 판결(법인 장부가액), 대법원 2013. 10. 24. 선고 2013두11680 판결(대법원 판결문상 취득가격) 등].

문제의 초점은 개인의 경우 결국 시가표준액을 하한으로 취득세 과세표준을 산정하는 데 반하여 법인은 실제 취득가격을 기준으로 취득세 과세표준을 산정함에 따라 양자 사이에 불균형이 초래된다는 데 있습니다. 이에 관하여 헌법재판소는 동일한 취지를 규정하고 있던 구 지방세법(1988. 12. 26. 법률 제4028호로 개정되기 전의 것) 제111조 제5항 제3호와 관련하여, 해당 조항 중 '법인장부'에 관한 부분은 사실상의 취득가격을 과세표준으로 하는 경우를 법정한 여러 경우 중 하나이므로 개인에 비하여 법인에게 불리하게 자의적인 차별을 둔 규정이라고 할 수 없어 위헌으로 볼 수 없고, 같은 규정의 '취득가격' 또한 불명확인 개념으로 볼 수 없다고 판단하였습니다(헌법재판소 1995. 7. 21.자 92헌바40 결정).

4. 어쨌든 종전 규정에 따른 취득세 과세표준 산정방법은 규정내용이 구체적이지 못하고 납세자를 차별하며 거래유형별 산정방법이 명확히 구분되지 않는다는 점 등의 지적이 많았음에 따라 2021. 12. 28. 개정으로(부칙 제1조에 의해 2023. 1. 1. 이후 납세의무 성립 분부터 적용) 납세의무자별이 아닌 취득 유형별로 구체적인 산정방법을 규정하는 한편 실제 거래가격 및 감정가액 등을 과세표준으로 적용하도록 하는 등 전반적으로 조문체계를 정비하였습니다.

그 내용을 살펴보면, 개정 지방세법은 제10조에서 '과세표준의 기준'이라는 제목 아래, "**취득세의 과세표준은 취득 당시의 가액으로 하고, 다만 연부로 취득하는 경우에는 연부금액(매회 사실상 지급되는 금액을 말하며, 취득금액에 포함되는 계약보증금 포함)으로 한다**."고 규정하여 종전 규정 체계를 유지하면서, 이와 함께 1) 무상승계취득(제10조의2), 2) 유상승계취득(제10조의3), 3) 원시취득(제10조의4), 4) 차량 또는 기계장비의 무상취득 · 유상취득 · 제조사 직접 사용 취득(제10조의5 제1, 2항), 5) 법인의 조직변경, 주택조합 등의 취득에 관한 특례(같은 조 제3항), 6) 지목변경 등 취득으로 보는 경우(제10조의6)로 나누어 취득 유형별로 과세표준 산정방법을 규정하였습니다.

5. 구체적으로 대표적인 과세대상인 부동산의 경우를 예로 보면, (1) 무상승계취득의 경우에는 취득시기 현재 불특정 다수인 사이에 자유롭게 거래가 이루어지는 경우 통상적으로 성립된다고 인정되는 가액(매매사례가액, 감정가액, 공매가액 등 대통령령으로 정하는 바에 따라 시가로 인정되는 가액. "시가인정액")으로 하고(법 제10조의2 제1항), 제1항에도 불구하고 1. 상속으로 무상취득하는 경우에는 제4조에 따른 시가표준액, 2. 대통령령으로 정하는 가액 이하의 부동산등을 무상취득(제1호의 경우 제외)하는 경우에는 시가인정액과 제4조에 따른 시가표준액 중에서 납세자가 정하는 가액, 3. 제1호 및 제2호에 해당하지 아니하는 경우에는, 시가인정액으로 하되, 시가인정액을 산정하기 어려운 경우에는 제4조에 따른 시가표준액으로 하도록 규정하였습니다(같은 조 제2항). (2) 유상승계취득의 경우 취득당시가액은 취득시기 이전에 해당 물건을 취득하기 위하여 거래상대방 또는 제3자에게 지급하였거나 지급하여야 할 일체의 비용으로서 대통령령으로 정하는 사실상의 취득가격("사실상 취득가격")으로 하되(법 제10조의3 제1항), 부당행위계산부인의 경

우에는 시가인정액을 취득당시가액으로 결정할 수 있도록 하였습니다(같은 조 제2, 3항). 한편 건축물의 신축 등 원시취득하는 경우 취득당시가액은 사실상 취득가격으로 하되 법인이 아닌 자가 건축물을 건축하여 취득하는 경우로서 사실상 취득가격을 확인할 수 없는 경우의 취득당시가액은 제4조에 따른 시가표준액으로 하도록 규정하였습니다(법 제10조의4 제1, 2항).

유상승계취득의 경우 양도소득세의 경우와 균형을 맞춘 것에 비하여(소득세법 제96조 제1항, 제100조 제1항, 제114조 제7항, 소득세법 시행령 제167조 제3항 내지 제5항 참조). 무상승계취득의 경우에는 상속과 증여를 구분하고 증여도 증여가액에 따라 구분하는 등 양도소득세의 취득가액 산정방식(소득세법 시행령 제163조 제9항 참조)과 다른 형태로 규정하였음을 알 수 있습니다. 유상거래의 경우 과세대상 파악에 있어 양도인의 양도소득세(양도가액)와 양수인의 취득세(취득가액)는 동전의 양면에 해당한다고 보아 과세표준 산정방법을 통일시킨 것으로 이해됩니다.

6. 한편 대상판결 판시사항 2)의 경우 판례는 동일한 쟁점이 문제된 다른 사안에서도 마찬가지의 안분방식을 허용한 바 있습니다. 즉, 임대차가 설정된 재산에 관하여 임료를 기준으로 평가하도록 한 구 상속세법(1990. 12. 31. 법률 제4283호로 개정되기 전의 것) 제29조의2 제1항(현행 상증세법 제2조 제1항 참조), 제29조의4 제1항(현행 상증세법 제31조 제1항 참조)과 관련하여 토지와 건물에 대한 임료 총액은 알 수 있으나 임료 구분이 되어 있지 않은 경우 토지와 건물의 기준시가에 비례하여 안분하는 방식으로 할 수 있다고 보았습니다(대법원 1997. 3. 14. 선고 96누3517 판결). 이는 우리 세법이 허용하고 있는 합목적적 해석의 좋은 사례로 볼 수 있으며, 현실적으로 법이 유사한 안분방식을 규정하고 있는 사례들도 찾아볼 수 있습니다(토지와 건물 등을 함께 공급하는 경우 건물 등의 공급가액 계산에 관한 부가가치세법 제64조와 양도가액 또는 취득가액을 실지거래가액에 따라 산정하는 경우로서 토지와 건물 등의 가액의 구분이 불분명한 때에 부가가치세법 시행령 제64조에 따라 안분계산하도록 한 소득세법 제100조 제2항 및 소득세법 시행령 제166조 제6항 등).

102

부동산 명의신탁과 취득세, 재산세

대상판결 1: 대법원 2018. 3. 22. 선고 2014두43110 전원합의체 판결

[다수의견] 구 지방세법(2010. 1. 1. 법률 제9924호로 개정되기 전의 것) 제105조 제1항, 제2항, 제111조 제7항, 구 지방세법 시행령(2010. 7. 6. 대통령령 제22251호로 개정되기 전의 것) 제73조 제1항, 제3항 본문 규정의 문언 내용과 아울러 구 지방세법 제105조 제2항에서 규정한 '사실상 취득'이란 일반적으로 등기와 같은 소유권 취득의 형식적 요건을 갖추지는 못하였으나 대금의 지급과 같은 소유권 취득의 실질적 요건을 갖춘 경우를 말하는 점 등을 종합하여 보면, 매수인이 부동산에 관한 매매계약을 체결하고 소유권이전등기에 앞서 매매대금을 모두 지급한 경우 사실상의 잔금지급일에 구 지방세법 제105조 제2항에서 규정한 '사실상 취득'에 따른 취득세 납세의무가 성립하고, 그 후 그 사실상의 취득자가 부동산에 관하여 매매를 원인으로 한 소유권이전등기를 마치더라도 이는 잔금지급일에 '사실상 취득'한 부동산에 관하여 소유권 취득의 형식적 요건을 추가로 갖춘 것에 불과하므로, 잔금지급일에 성립한 취득세 납세의무와 별도로 등기일에 구 지방세법 제105조 제1항에서 규정한 '취득'을 원인으로 한 새로운 취득세 납세의무가 성립하는 것은 아니다. 이러한 법리는 매매대금을 모두 지급하여 부동산을 사실상 취득한 자가 3자간 등기명의신탁 약정에 따라 명의수탁자 명의로 소유권이전등기를 마쳤다가 그 후 해당 부동산에 관하여 자신의 명의로 소유권이전등기를 마친 경우에도 마찬가지로 적용된다.

[반대의견] 부동산 실권리자명의 등기에 관한 법률 시행 이후 명의수탁자가 3자간 등기명의신탁 약정에 따라 매도인으로부터 부동산의 등기를 이전받은 경우에도 등기의 효력과 관계없이 명의수탁자에게 구 지방세법 제105조 제1항에서 규정한 '취득'을 원인으로 한 취득세 납세의무가 성립한다고 보아야 한다. 그리고

이러한 경우에는 명의신탁자가 부동산에 관한 매매계약을 체결하고 매매대금을 모두 지급하였더라도 구 지방세법 제105조 제2항에서 규정한 '사실상 취득'에 따른 취득세 납세의무가 성립한다고 볼 수 없고, 그 후 명의신탁자가 무효인 명의수탁자 명의의 등기를 말소하고 당초 매매계약에 기하여 자기 앞으로 소유권등기를 이전받거나 또는 명의수탁자로부터 직접 자기 앞으로 소유권등기를 이전받는다면 그 등기 시에 명의신탁자에게 구 지방세법 제105조 제1항에서 규정한 '취득'을 원인으로 한 취득세 납세의무가 성립한다.

대상판결 2: 대법원 2020. 9. 3. 선고 2018다283773 판결

명의신탁자가 소유자로부터 부동산을 양수하면서 명의수탁자와 명의신탁약정을 하여 소유자로부터 바로 명의수탁자 명의로 부동산의 소유권이전등기를 하는 3자간 등기명의신탁의 경우 명의신탁자의 매수인 지위는 일반 매매계약에서 매수인 지위와 다르지 않으므로, 명의신탁자가 부동산에 관한 매매계약을 체결하고 매매대금을 모두 지급하였다면 재산세 과세기준일 당시 소유권이전등기를 마치기 전이라도 해당 부동산에 대한 실질적 소유권자로서 재산세를 납부할 의무가 있으며, 이 경우 명의수탁자가 재산세 부과처분에 따라 재산세를 납부하였더라도 명의신탁자는 여전히 해당 부동산에 대한 재산세 납부의무를 부담하므로 명의수탁자가 명의신탁자나 그 상속인을 상대로 재산세 상당 금액에 대한 부당이득반환청구권을 가진다고 보기 어렵다.

【참조조문】

[대상판결 1] 구 지방세법(2010. 1. 1. 법률 제9924호로 개정되기 전의 것) 제105조 제1항(현행 제7조 제1항 참조), 제2항(현행 제7조 제2항 참조), 제111조 제7항(현행 제10조 제7항 참조), 구 지방세법 시행령(2010. 7. 6. 대통령령 제22251호로 개정되기 전의 것) 제73조 제1항(현행 제20조 제2항 참조), 제3항(현행 제20조 제13항 참조), 부동산 실권리자명의 등기에 관한 법률 제4조, 민법 제186조

[대상판결 2] 지방세법 제107조 제1항, 민법 제741조, 행정소송법 제4조 제1호, 지방세기본법 제50조 제2항 제1호

【해설】

1. 부동산에 대한 취득세는 취득자에게 부과하고, 관계법령의 규정에 의한 등기·등록 등을 이행하지 않은 경우라도 사실상으로 취득한 때에는 취득한 것으로 보며 당해 취득물건의 소유자 또는 양수인을 납세의무자인 취득자로 합니다(지방세법 제7조 제1, 2항, 구 지방세법 제105조 제1, 2항). 한편 지방세법 시행령 제20조 제2항(구 지방세법 시행령 제73조 제1항)에서는, 유상승계취득의 경우 사실상의 잔금지급일에 목적물을 취득한 것으로 규정하고 있습니다.

2. 지방세법상 취득의 의의에 관하여는, ① 소유권 이전의 형식을 기준으로 하는 소유권취득설과, ② 경제적·실질적인 소유권의 취득을 말한다고 보는 실질적 가치취득설이 대립하고 있으나, 판례는 ①의 입장을 취하고 있습니다. 이에 따라, 양도담보에 의한 취득(대법원 1980. 1. 29. 선고 79누305 판결), 양도담보계약의 해제(대법원 1987. 10. 13. 선고 87누581 판결)나 피담보채권 변제에 따른 말소등기(대법원 1999. 10. 8. 선고 98두11496 판결), 토지의 구분소유 공유관계 해소를 위한 지분 이전등기(대법원 2002. 5. 28. 선고 2002두2079 판결) 등과 같이 등기의 이전이 실질적인 소유권의 권능을 수반하지 않는 경우에도 이를 취득세 과세대상으로 보고 있습니다.

다만 판례는 소유권취득설의 입장을 완화하여 형식적으로는 2단계 취득이지만 실질적으로는 하나의 취득인 경우 취득세를 1회만 부과하여야 한다고 봅니다. 지입차주들이 차량운행 공백을 메우기 위해 임시로 제3자 명의로 이전등록한 경우(대법원 1976. 10. 26. 선고 75누164 판결), 주택조합명의의 신축건물에 대해 조합원들의 원시취득을 인정한 경우(대법원 1994. 9. 9. 선고 93누16369 판결), 준공과 동시에 시설물을 관할관청에 기부채납한 경우(대법원 1984. 8. 21. 선고 84누188 판결) 등이 그것이며, 이 중 84누188 판결과 93누16369 판결은 입법에 반영되었습니(지방세법 제7조 제8항 및 제9조 제2항).

3. 이 사건에서 문제된 명의신탁 등기와 관련하여, 부동산 실권리자명의 등기에 관한 법률('부동산실명법') 이전 판례는 양자 간 명의신탁약정이나 그 해지에 따른 명의신탁자와 수탁자 사이의 등기이전 등을 2－①의 소유권취득설 입장에 따라 모두 취득세 과세대상으로 해석해 왔습니다(대법원 1984. 11. 27. 선고 84누52 판결; 1990. 3. 9. 선고 89누3489 판결; 1999. 9. 3. 선고 98다12171 판결 등).

그런데 1995. 3. 30. 부동산실명법이 시행되어 명의신탁 약정이 무효로 됨에 따라(같은 법 제4조 제1항, 제2항 본문), 부동산 명의수탁자는 대내외적으로 소유권을 취득할 수 없게 되었습니다(같은 조 제3항).

그렇다면 이와 같이 부동산실명법 시행으로 명의수탁자 명의의 등기가 무효이어서 명의수탁자가 목적물의 소유권을 취득할 수 없는 양자 간 명의신탁이나 3자간 명의신탁의 경우(계약명의신탁에서 매도인이 선의인 경우는 제외. 같은 법 제4조 제2항 단서 참조) 명의수탁자 명의의 등기가 취득세 과세대상인지, 취득세 과세대상이라면 그 납세의무자는 누구인지가 문제됩니다. 대상판결 1은 3자간 명의신탁과 관련하여 이 점을 다루고 있습니다.

4. 대상판결 1의 다수의견은 이 경우 명의신탁자가 매도인에게 매매잔대금을 지급하였을 때 목적물을 취득하여 취득세 납세의무를 부담한다고 보았습니다. 이에 대하여 반대의견은 이 경우 명의신탁자가 아니라 명의수탁자 명의로 등기가 이루어졌을 때 명의수탁자가 목적물 취득에 따른 납세의무를 부담하며, 그 후 당해 목적물이 명의신탁자에게 이전되면 그때 새로운 취득이 있다고 보았습니다. 반대의견은 이렇게 보는 것이 부동산 등기실무나 일반 국민들의 납세의식에 부합하고, 취득세 법률관계가 간명해지며, 취득세 부과, 징수비용을 줄이고 취득세와 등록세를 통합한 지방세법의 개정 취지에 들어맞는다는 점을 논거로 들고 있습니다. 그리고 명의수탁자 명의의 등기가 그 자체로는 무효이지만 그로부터 전전매수한 매수인이 적법하게 소유권을 취득하는 이상 통상의 무효와는 구별하여야 한다고 보았습니다.

5. 다수의견에는 보다 상세한 보충의견이 있는데 지면관계상 그 논지를 상세히 살펴보기 어렵지만 결론적으로 필자는 다수의견에 찬성합니다.

물론 등기실무나 일반 국민들의 납세의식을 중시한 반대의견의 견해에도 경청할만한 사항이 있습니다. 그러나 다수의견의 보충의견이 적절하게 지적하고 있는 바와 같이 지방세법 시행령 제20조 제2항이 유상승계취득의 경우 잔대금 지급 시를 취득시기로 명시하고 있는데 유독 3자간 명의신탁의 경우에만 예외를 인정한다는 것이 수긍하기 어렵고, 법이 명의신탁행위를 무효로 규정하고 있음에도 이를 취득으로 본다는 것 역시 쉽게 설명하기 어렵습니다. 반대의견이 제시하는 논거들이 이와 같은 법리적인 장애물을 넘을 수 있을 정도로 뚜렷하다고 보기는 어렵다고 생각됩니다. 결국 법리적인 해결이 필요한 경우는 명의수탁자가 목적물을 제3자에게 처분하는 등의 예외적인 상황에서 발생하고 대부분의 경우는 등기에 따라 취득세를 납부하는 거래관행이 존중될 것이므로 반대의견이 걱정하는 부분도 법의 근거 없이 취득에 관한 예외적인 법리를 설정하는 위험보다는 적지 않을까 생각됩니다.

6. 한편 제3자간 명의신탁의 경우 명의신탁자와 명의수탁자 사이의 명의신탁약정은 무효이므로 부동산 소유권은 전 소유자에게 그대로 남고, 전 소유자는 소유권에 기하여 명의수탁자 명의 등기의 말소등기 또는 진정명의회복을 원인으로 하는 소유권이전등기를 구할 수 있으며, 명의신탁자 역시 전 소유자와의 매매계약에 기하여 전 소유자를 대위하여 명의수탁자를 상대로 무효인 등기의 말소 내지 진정명의회복을 원인으로 한 소유권이전등기청구 및 전 소유자를 상대로 당초 매매계약에 따른 이전등기를 청구할 수 있습니다(대법원 1999. 9. 17. 선고 99다21738 판결). 이와 같은 법리에 따라 명의수탁자로부터 명의신탁자 앞으로 등기가 다시 이전되는 경우에 다시 취득세 부과대상이 될 것인가가 문제되는데 다수의견은 이는 잔금지급일에 '사실상 취득'을 한 부동산에 관하여 소유권 취득의 형식적 요건을 추가로 갖춘 것에 불과하다는 이유로 이를 부정하였습니다. 이는 당초의 취득이 명의신탁자가 잔대금을 지급한 시점에 명의신탁자에 대하여 성립한다고 보는 경우의 논리적 귀결로 볼 수 있고, 형식적으로는 2단계 취득이지만 실질적으로는 하나의 취득인 경우 취득세를 1회만 부과하도록 한 일련의 판결 등과도 궤를 같이 하는 것으로 여겨집니다.

7. 다음 재산세에 관한 대상판결 2는 대상판결 1과 같은 논리의 연장선에 있습니다. 즉 3자간 명의신탁에서 재산세 납세의무자를 취득세와 마찬가지로 명의신탁자로 본 것입니다. 현실적으로는 대부분 명의수탁자 명의로 재산세가 부과·납부될 것이지만 재산세 납세의무자는 과세기준일 현재 재산을 사실상 소유하고 있는 자이고(지방세법 제107조 제1항 본문). 여기의 '사실상 소유자'란 공부상 소유자로 등재한 여부를 불문하고 재산에 대한 실질적인 소유권을 가진 자를 말하므로[대법원 2016. 12. 29. 선고 2014두2980,2997(병합) 판결] 명의신탁자를 사실상 소유자로 볼 수밖에 없는 이상 위와 같은 결론 또한 불가피한 것으로 여겨집니다.

8. 위 판결에서는 명의수탁자가 목적부동산에 대하여 납부한 재산세를 명의신탁자에게 청구할 수 있는지가 문제되었습니다. 대상판결은 이 경우 명의수탁자가 국가에 납부한 재산세는 국가로부터 반환받아야 하고, 명의신탁자가 다시 재산세를 납부해야 하므로 명의수탁자는 명의신탁자나 그 상속인들를 상대로 납부한 세액의 부당이득 반환을 청구할 수 없다고 보았습니다.

9. 대상판결의 논거는 법리상 나름의 타당성이 있습니다. 그런데 대상판결에 의하면, 명의수탁자가 국가를 상대로 납부한 세액의 환급을 구하고, 국가는 세액 환급 후 다시 명의신탁자에게 가산세까지 추가하여 해당 세액을 부과함으로써 명의신탁자는 보다 불리하게 되는 등 법률관계가 매우 복잡하게 전개될 수 있습니다. 명의신탁과 같이 소유권 향방이 유동적인 법률관계에서 명의수탁자가 자신에게 부과된 재산세를 납부하는 경우 자신의 세금을 납부한다기보다 일단 세금을 납부하고 추후 정산한다는 인식으로 세금을 납부하는 것이 통상적이라고 볼 때 민법상 사무관리에 따른 비용상환청구의 법리를 적용하여 재산세의 반환공제를 인정할 여지가 충분하다고 여겨집니다. 구체적인 소송 진행경과를 알 수 없어 조심스럽지만 법원으로서는 좀 더 적극적으로 석명권을 행사하여 법률관계를 간명하게 처리할 수 있지 않았을까 하는 아쉬움이 남습니다.

103

종합부동산세와 재산세의 이중과세 조정에 관한 종합부동산세법 시행령 조항의 효력

대상판결: 대법원 2023. 8. 31. 선고 2019두39796 판결

[판결요지

2015. 11. 30. 대통령령 제26670호로 개정된 구 종합부동산세법 시행령에서는 공제되는 재산세액을, '주택 등의 재산세로 부과된 세액의 합계액 × {(주택 등의 공시가격을 합산한 금액 – 종합부동산세 과세기준금액) × 종합부동산세 공정시장가액비율 × 재산세 공정시장가액비율 × 재산세 표준세율} ÷ 주택 등을 합산하여 주택 등의 재산세 표준세율로 계산한 재산세 상당액'의 산식에 의하도록 규정하였고, 이에 의하면 개정 전과 달리 종합부동산세 과세기준금액을 초과한 영역에 부과되는 재산세액 중 일부만이 공제되는 결과가 되나, 이는 입법자가 구 종합부동산세법(2018. 12. 31. 법률 제16109호로 개정되기 전의 것) 제9조 제4항과 제14조 제7항의 위임 범위 내에서, 종합부동산세 과세기준금액을 초과하는 영역에서 종합부동산세가 재산세 과세 부분과 그 외 부분 사이에 안분하여 과세되도록 함으로써 주택 등의 종합부동산세액에서 공제되는 재산세액의 범위를 구체적으로 명확하게 하였기 때문이다. 따라서 구 종합부동산세법 시행령(2019. 2. 12. 대통령령 제29524호로 개정되기 전의 것) 제4조의2 제1항, 제5조의3 제1항, 제2항이 동일한 과세대상에 대하여 종합부동산세 과세기준금액을 초과하는 영역에 부과되는 재산세액 중 일부만을 공제하도록 하였더라도 구 종합부동산세법 제9조 제4항과 제14조 제7항의 위임 범위와 한계를 벗어나 무효라고 볼 수 없다.

【참조조문】

구 종합부동산세법(2018. 12. 31. 법률 제16109호로 개정되기 전의 것) 제9조 제3항, 제4항, 제14조 제3항, 제7항, 구 종합부동산세법 시행령(2019. 2. 12. 대통령령 제29524호로 개정되기 전의 것) 제2조의4, 제4조의2 제1항(현행 제4조의3 제1항 참조), 제5조의3 제1항, 제2항

【해설】

1. 대상판결은 종합부동산세('종부세')와 재산세의 이중과세 조정을 규정한 구 종부세법 시행령(2015. 11. 30. 대통령령 제26670호로 개정된 것, 이하, '이 사건 시행령'이라고 합니다) 규정의 효력 유무에 관한 판결입니다. 이 쟁점과 관련하여서는 대법원 판결이 두 개 있습니다.

하나는 구 종부세법 시행규칙(2009. 9. 23. 개정 후의 것)이 상위 시행령 규정에 반하여 무효라고 한 판결이고(대법원 2015. 6. 24. 선고 2012두7073 판결), 다른 하나는 위 시행규칙과 동일한 내용을 담고 있는 이 사건 시행령 규정이 모법에 반하지 않아 유효라고 판단한 대상판결입니다. 두 사안 모두 모법인 구 종부세법 제9조 제3, 4항과 제14조 제3항 및 제7항의 내용은 동일하므로 모법에 대한 관계에서 보면 양자가 달라질 이유가 없어 보이지만 전자는 해당 시행규칙 내용이 모법에 앞서 당시 시행령 규정 내용에 반하여 효력이 없다는 취지이고, 후자는 해당 시행규칙 내용을 그대로 시행령으로 옮긴 후 해당 시행령 규정이 모법에 반하는지 여부가 문제된 것이어서 관점을 일부 달리합니다.

2. 우리나라 재산세는 지방세로서 다른 지방세들과 함께 지방세법에서 규율하고 있는 반면에 종부세는 국세로서 종부세법에서 별도로 규정하고 있습니다. 그러나 양자는 모두 보유세의 성격을 갖고 있으며 양자의 이중과세 공제 문제가 발생하는 것도 이 때문입니다. 다만 종부세는 원칙적으로 납세자가 소유한 전국의 주택과 토지를 주택과 토지별로 합산하여 과세표준과 세액을 산정한다는 점에서 부유세로서의 성격을 포함하고 있으며 이 때문에 법은 재산세와 세율의 누진구조

및 과세표준 산정에 적용되는 공정시장가액비율을 달리 규정하고 있습니다. 다만 납세자의 예금 등 다른 보유재산과는 합산하지 않기 때문에 제대로 된 부유세로서의 역할과 기능을 기대하기는 어렵습니다. 재산세 또한 순수하게 지방자치단체로부터 받는 혜택의 반대급부적 측면만을 고려한다면 비례세율이 적절하겠지만 현행 지방세법은 재산세의 경우도 종부세와 크기만 다를 뿐 일부분 누진과세 체계를 취하고 있습니다.

3. 먼저 관계 법령의 개정연혁을 살펴봅니다.

대상판결에 적용된 구 종부세법(2008. 12. 26. 법률 제9273호로 개정된 것) 제9조 제3항에서는 "**주택분 과세표준 금액에 대하여 해당 과세대상 주택의 주택분 재산세로 부과된 세액(지방세법 제111조 제3항에 따라 가감조정된 세율이 적용된 경우에는 그 세율이 적용된 세액, 같은 법 제122조에 따라 세부담 상한을 적용받은 경우에는 그 상한을 적용받은 세액을 말한다)**은 주택분 종합부동산세액에서 이를 공제한다."고 규정하고 있었습니다(종합합산토지, 개별합산토지에 관한 같은 법 제14조 제3항, 제6항도 내용이 동일합니다). 시행령과 시행규칙은 법령 개정과 함께 조문의 내용과 위치가 일부 바뀌었으나 모법은 현재도 동일합니다.

한편 2009. 2. 4. 개정된 종부세법 시행령은 종부세에서 공제할 재산세 산식을, '주택분 재산세로 부과된 세액의 합계액(①)' × '주택분 과세표준에 대하여 주택분 재산세 표준세율로 계산한 재산세 상당액(②)' ÷ '주택을 합산하여 주택분 재산세 표준세율로 계산한 재산세 상당액(③)'으로 규정하였는데 같은 해 9. 23. 개정된 종부세법 시행규칙 별지 제3호 서식 부표(2)에서는, 위 재산세 공제산식 중 ② 부분을, {감면 후 공시가격 - 6억 원(1세대 1주택은 9억 원) × 종부세 공정시장가액비율 × 재산세공정시장가액비율 × 0.4%(주택에 대한 제산세 표준세율)}로 규정하였습니다. 규칙 개정 전에는 같은 산식에 종부세 과세기준금액도 포함시키고 공정시장가액비율도 곱하지 않다가 위 개정으로 바뀐 것입니다.

이에 대하여 위 2012두7073 판결은, 당시 시행령은 개정 전후를 통하여 위 ②의 산식에 종부세 공정시장가액비율을 곱하지 않도록 되어 있는데 시행규칙에서 이를 곱하도록 개정한 것은 시행규칙이 상위법령인 시행령에 위배되어 무효라고 판단하였습니다.

그 후 2015. 11. 30. 시행령 개정으로 위와 같이 대법원이 무효로 판단한 종전 시행규칙 내용을 그대로 시행령에 규정하였고, 대상판결에서 다시 해당 시행령 규정의 모법 위배 여부가 문제된 것입니다.

한편 현행 종부세법 시행령 제4조의3은 아래와 같이 규정하고 있는데 해당 산식의 분수 중 '법 제8조 제1항에 따른 주택분 종합부동산세의 과세표준'은 결국 '{감면 후 공시가격 - 6억 원(1세대 1주택은 9억 원) ×종부세 공정시장가액비율'로 산정되므로 그 내용은 대상판결에서 문제된 당시의 시행령 규정과 다르지 않습니다.

「지방세법」 제112조 제1항 제1호에 따라 주택분 재산세로 부과된 세액의 합계액	×	(법 제8조 제1항에 따른 주택분 종합부동산세의 과세표준 ×「지방세법」 시행령 제109조 제1항 제2호에 따른 공정시장가액비율) × 「지방세법」 제111조 제1항 제3호에 따른 표준세율	÷	주택을 합산하여 주택분 재산세 표준세율로 계산한 재산세 상당액

4. 일반적으로 이중과세 자체만으로는 헌법에 위배되지 않는다는 것이 정설입니다(헌법재판소 2009. 3. 26.자 2006헌바102). 따라서 이 사건에서 문제되는 것은 이중과세나 그 범위의 유효성 여부가 아니라 시행령이나 시행규칙 내용이 모법의 위임범위 내에 있는지 여부입니다. 대상판결은 모법의 근거규정으로 구 종부세법 제9조 제4항을 들고 있으나 이는 일반적인 위임조항이고 실제로 기준이 되는 것은 같은 법 제9조 제3항입니다. 해당 규정을 문언 그대로 해석하면 단순히 납세자에게 부과된 종부세액에서 재산세액을 공제하는 것처럼 여겨지기도 하나 규정 취지가 종부세와 재산세의 이중과세를 배제하자는 데 있으므로 부과된 재산세액 범위 내에서 종부세와 재산세가 중복적으로 부과된 부분의 재산세액만을 공제하는 것은 모법의 규정에 반하지 않는다고 여겨집니다.

문제는 종부세의 경우 과세기준금액이 설정되어 있는 반면에 재산세는 그러한 제한이 없고 또한 종부세와 재산세 모두 과세표준 산정 시 공정시장가액비율을 적용하도록 되어 있는데 양자의 비율이 서로 다르다는 점입니다. 대상판결에 적용된 법령에 의하면, 당시 주택에 대한 종부세 공정시장가액비율은 80%, 재산세 공정시장가액비율은 60%였습니다(구 종부세법시행령 제2조의4, 구지방세법 시행령 제110조 2호).

5. 대상판결이 이 사건 시행령 규정을 유효라고 판단한 논거는, "입법자가 구 종부세법 제9조 제4항과 제14조 제7항의 위임 범위 내에서, 종합부동산세 과세기준금액을 초과하는 영역에서 종합부동산세가 재산세 과세 부분과 그 외 부분 사이에 안분하여 과세되도록 함으로써 주택 등의 종합부동산세액에서 공제되는 재산세액의 범위를 구체적으로 명확하게 하였기 때문"이라는 데 있습니다. 이는, (1) 과세대상 주택에 관하여 재산세와 종부세가 이중으로 과세되는 부분과 재산세만 과세되는 부분을 구별하여야 하고, (2) 이 가운데 이중과세된 부분의 재산세 과세표준은 과세대상 주택의 공시지가에서 종부세 과세기준금액을 공제한 다음 여기에 종부세 공정시장가액비율과 재산세 공정시장가액비율을 모두 곱하여 산출된다는 것으로 풀이됩니다.

결국 쟁점은 앞에서 본 산식의 분자에서, ① (공시지가 - 종부세 과세기준금액)에 재산세 공정시장가액비율만을 곱할 것인가, ② 아니면 같은 산식의 분모와 달리 여기에 다시 종부세 공정시장가액비율을 곱할 것인가 여부입니다. 구체적인 예를 들어 양자를 비교해 보겠습니다.

일단 당시 법령에 따라, 대상주택의 공시지가를 30억 원, 종부세 과세기준가액을 6억 원, 공정시장가액비율을 종부세 80%, 재산세 60%로 가정합니다.

이 경우 ①의 금액은 14.4억 원{(30－6) × 0.6}이 되고, ②의 금액은 11.52억 원{(30－6) × 0.6 × 0.8}이 됩니다. 산식의 분모까지 감안하면 전자는 납부한 재산세액의 14.4/18가 공제되는 데 반하여, 후자는 11.52/18가 공제됩니다(세율은 분자와 분모 모두 표준세율을 곱하므로 고려에서 제외합니다).

이렇게만 놓고 보면 어느 경우가 더 합리적인지 잘 식별이 되지 않으므로 좀 더 단순한 예를 들어보겠습니다.

예컨대 주택에 대한 종부세 과세기준금액이 10억 원, 종부세 공정시장가액비율이 50%인 상황에서, 어느 주택의 특정연도 공시지가가 12억 원이라고 할 경우, 당해 연도 이 주택의 종부세와 재산세가 이중으로 과세된 부분은 공시지가 12억 원에서 종부세 과세기준금액 10억 원을 공제한 2억 원(즉, 과세기준금액이 없는 재산세 과세대상의 2/12)일까요, 아니면 여기에 종부세 공정시장가액비율을 곱한 종부세 과세표준 1억 원(즉, 위 1/12)일까요.

이 경우 구하려는 해답은, 결국 대상주택에 '종부세와 재산세가 이중으로 과세되는 부분'의 재산세액(산식의 분자)과 대상 주택의 전체 재산세액(산식의 분모) 및 양자의 비율이므로 일차적으로 종부세와 재산세가 이중으로 과세되는 영역의 특정이 필요합니다. 이는 곧 종부세나 재산세가 이중으로 과세되는 영역이 각각의 공정시장가액비율을 적용하기 이전에 단계를 의미하는가 아니면 공정시장가액비율 적용 이후의 단계를 의미하는가의 문제입니다. 얼핏 이중과세되는 부분을 가려내는 일이므로 실제로 종부세가 과세되는 영역, 즉 시행령 규정과 같이 공시지가에 종부세 공정시장가액비율을 적용한 이후 단계를 의미하는 것처럼 보이기도 하지만 이 경우 이중과세 영역은 공정시장가액비율을 적용하기 이전 단계를 의미하는 것으로 이해됩니다.

왜냐하면 종부세나 재산세의 공정시장가액비율은 과세물건의 시가(여기서는 공시지가)에 이를 곱하여 과세표준을 산출하는 도구개념으로서 세율과 마찬가지로 세액 산정단계의 한 요소일 뿐 종부세나 재산세의 과세대상 내지 과세물건의 크기, 곧 과세영역의 특정과는 직접 관련이 없고, 공정시장가액비율이 어떠하든 종부세나 재산세가 과세물건 중 과세가 가능한 영역 전체를 대상으로 부과된다는 점에는 변함이 없기 때문입니다.

6. 이 점에서 공정시장가액비율은 종부세 과세기준금액과는 그 역할을 달리한다고 보아야 합니다. 왜냐하면 종부세 과세기준금액에 미치지 못하는 금액은 아예 종부세 과세대상에서 제외되기 때문에 재산세와의 이중과세영역을 따짐에 있어서도 이 부분은 세액 산정 이전 단계에서 제외되어야 하기 때문입니다. 이 사건 시행령에서 정한 산식에서 종부세 공정시장가액 비율을 먼저 곱한 다음에 과세기준금액을 공제하는 것이 아니라 그 이전 단계, 즉 공시지가에서 과세기준금액을 먼저 공제한 후 공정시장가액비율을 곱하도록 되어 있는 것도 과세기준금액의 이와 같은 특성 때문입니다.

앞의 사례는 종부세 과세제외기준금액으로 인하여 종부세 과세표준이 재산세 과세표준보다 적어진 경우인데 만약 과세대상 주택의 공시지가가 더 커져서 상대적으로 높은 공정시장가액비율로 인하여 종부세 과세표준이 재산세 과세표준보다 크게 되는 경우에도 양자가 이중으로 과세되는 영역은 여전히 재산세 과세표준 부분을 넘어서 대상주택의 과세가액(공시지가에서 종부세 과세기준금액을 제외한 부분) 전체에 미친다고 볼 것입니다. 그렇지 않고 이중과세 영역을 공정시장가액비율 적용 후의 가액을 기준으로 따진다면 이 경우 그 값은 상대적으로 크기가 작은 재산세 과세표준, 곧 주택의 공시지가에 재산세 공정시장가액비율을 곱한 금액이어야 하는데, 이는 종부세 공정시장가액비율을 곱하도록 되어 있는 이 사건 시행령 규정과 부합하지 않습니다. 이처럼 특정한 산식이 구체적인 사례에 일관성 있게 적용되지 못한다는 것은 해당 산식이 불합리하다는 유력한 반증입니다.

단적으로, 위 사례에서 법령상 종부세 과세기준금액이 존재하지 않고 종부세 공정시장가액비율과 재산세 공정시장가액비율이 모두 50%라고 가정해 봅니다. 이 경우 공정시장가액비율의 의미는 단지 과세표준을 산정함에 있어서 과세대상 주택의 가액을 공시지가의 50%로 줄여 과세하는 것이고 그에 따라 종부세 및 재산세액이 전체적으로 50% 줄어든다는 것을 의미할 뿐 종부세나 재산세가 과세대상 주택 전체를 대상으로 부과된다는 점에는 변함이 없습니다. 따라서 양자가 이중으로 과세되는 영역 또한 과세대상 물건의 50%가 아니라 과세대상 주택 전체라고 보아야 할 것입니다.

그런데 이 사건 시행령 규정에 의하면 이 경우에도 종부세에서 공제되는 재산세액을 산정함에 있어 재산세 공정시장가액비율 50%뿐 아니라 종부세 공정시장가액비율 50%까지 곱하여 결국 공정시장가액비율을 적용하지 않는 경우 부과되는 재산세액의 25%만을 공제하게 됩니다. 이는 이중과세 배제라는 이 사건 시행령 규정 모법의 규정 내용 및 입법취지에 부합하지 않는 결과라고 할 것입니다.

7. 결론적으로 현행 법상 종부세와 재산세의 이중과세가 존재하는 영역은 전체 공시지가에서 종부세 과세기준금액을 제외한 나머지 금액부분이 될 뿐 그 이후 재산세 공정시장가액비율을 적용하여 과세표준을 산정하는 단계는 단지 해당부분의 재산세액을 산정하는 과정에 불과하므로, 이 사건 시행령 규정상 모법에 부합하는 정당한 산식의 분자는(종부세 공정시장가액비율이 어떠하든 관계없이),

'(과세대상 물건의 공시지가 - 종부세 과세기준금액) × 재산세 공정시장가액비율 × 재산세 표준세율'이 되어야 할 것입니다.

이 사건 시행령 규정은 모법이 규정한 재산세 공제 한도에 못 미치는 내용을 규정한 것으로서 모법의 위임범위를 벗어난 무효의 규정으로 여겨지고 이를 유효로 판단한 대상판결은 종부세나 재산세 공정시장가액비율의 기능과 역할을 오해한 것으로서 타당하다고 보기 어렵습니다.

PART

07

국제조세법

국제조세 개요

사람이나 재화, 자본 또는 서비스의 국제적 이동을 그 내용으로 하는 국가 간 경제활동의 교류는 현재 각국의 경제구조에 있어서 빼놓을 수 없는 요소입니다. 국제적 경제활동에는 두 개의 측면이 있는데 하나는 우리나라 국민이나 기업이 국외에 진출하여 투자나 그 밖에 각종의 경제활동을 수행하는 경우이고(out－bound transaction), 다른 하나는 외국의 국민이나 기업이 우리나라에 진출하여 투자나 그 밖에 각종의 경제활동을 수행하는 경우입니다(in－bound transaction).

이와 같은 국제적 경제활동에 대한 과세를 국제과세(international taxation)라고 부르고 국제과세에 관한 법을 국제조세법(international tax law)이라고 부릅니다.

조세를 부과하는 특정국가의 입장에서 보면, 국제조세란 '내국인과 외국인 간의 거래와 관련하여 내국인의 국외 소득, 재산, 소비 및 외국인의 국내 소득, 재산, 소비에 관한 그 국가의 과세권과 그 절차에 관하여 규정한 법률'이라고 볼 수 있습니다. 이 중 가장 중요한 분야는, 법인 혹은 개인 소득에 대한 과세(소득과세) 분야입니다. 이 분야의 주된 논점은, 국제적 이중과세(international double taxation)를 어떻게 배제하는가와 외국 국민이나 기업에 대한 자국의 과세권을 어떻게 행사하는가에 관한 것인데 이는 곧 각국의 과세권을 어떻게 조정·제한하는가의 문제입니다. 나아가 국제조세 영역은 과세의 기초를 이루는 국제적 경제활동이 국경을 넘어서 행해짐에 따라 각국의 과세조사권이 미치기 어렵고 국가 사이의 세제도 다르기 때문에 이를 이용하여 역외 소득에 관해 탈세 내지는 조세회피가 행해지기 쉽다는 특징을 지닙니다. 그 밖에 다른 국가의 부당한 과세권 행사에 대하여 어떻게 자국민을 보호할 것인가도 국제조세에 있어서 각국의 중요한 관심사입니다.

국제조세분야에서 각국의 입장은 각국이 처한 경제적·정치적 그 밖의 여러 가지 여건에 따라 동일하지 않습니다. 예컨대 국제적 경제교류가 빈번한 나라는 이중과세방지에, 고율 과세국가는 조세회피방지에 각각 역점을 두게 됩니다. 국제교류 관련 국가 간에도 자본 또는 기술의 수출국가와 수입국가 사이에 과세권 충돌을 방지하기 위한 여러 입법적 조치가 필요합니다.

우리나라의 국제조세에 관한 중요 법원(法源)으로는 소득세법과 법인세법, 상증세법, 국제조세조정에 관한 법률(이하, 국조법)과 조세특례제한법 및 조세조약을 들 수 있습니다. 이 중 소득세법과 법인세법은 납세자와 과세대상소득 및 과세방식을 규정하고 있고, 이중과세 조정규정은 조세조약과 법인세법의 외국납부세액공제규정 및 조세특례제한법에서, 조세회피방지규정은 주로 국조법에서 규율하고 있습니다. 국조법은 1995. 12. 26. 제정·공포되어 시행되어 오고 있으며, 이전가격과세제도, 과소자본세제, 조세피난처제도, 상호합의, 정보교환 등 국가 간 조세협력에 관한 여러 가지 사항을 규정하고 있습니다. 국조법은 그 규율대상인 국제거래를, "거래당사자의 어느 한 쪽이나 양쪽이 비거주자 또는 외국법인(비거주자 또는 외국법인의 국내사업장은 제외)인 거래로서 유형자산 또는 무형자산의 매매·임대차, 용역의 제공, 금전의 대출·차용 그 밖에 거래자의 손익 및 자산과 관련된 모든 거래"로 정의하고 있습니다(법 제2조 제1항 제1호).

종래 각국은 자국의 입법조치에 의해 국제조세 문제의 해결을 도모하여 왔으나 국제적 경제활동이 대량으로 이루어지고 복잡화된 현대에 있어서는 그것을 넘어 조세조약을 중심으로 한 국가 간 협력이 불가결한 상황입니다.

조세조약과 국내법 규정이 일치하지 않는 경우 특별법 우선의 원칙에 따라 조세조약이 우선합니다. 다만 조약의 해석과 관련하여서는 원칙적으로 국내 세법의 해석에 관한 일반원리가 적용됩니다.

104

국제조세에 있어서 거주지의 판정

대상판결: 서울고등법원 2021. 9. 16. 선고 2018누64025 판결
(대법원 2022. 1. 27. 선고 2021두53054 심리불속행 판결)

【판결요지】

우리나라와 인도네시아 양국에서 사업 활동을 하는 원고의 거주지 판정과 관련하여 한국과 인도네시아 양국 모두에 항구적 주소와 중대한 이해관계의 중심이 있다고 본 다음 일상적 거소가 인도네시아국에 있다고 본 사안.

【참조조문】

소득세법 제1조의2 제1항 제1호, 제4조 제1항, OECD 모델 조세협약 제4조 제2항 a) 내지 d), 주석 제4조 제15문단, 제19문단

【해설】

1. 많은 나라의 세법은 개인을 거주자(resident)와 비거주자(nonresident)로 나누어, 전자의 전 세계 소득과 후자의 국내원천소득을 소득과세 대상으로 정하고 있으며 우리나라 소득세법 제4조 제1항도 같은 형태를 취하고 있습니다. 이와 같은 과세체계에서는 과세권을 확보하기 위하여 거주자의 개념을 넓게 설정하는 것이 일반적입니다. 이처럼 각국이 거주자 범위를 넓게 정하면 어느 개인이 여러 나라의 세법상 거주자가 될 수 있습니다. 예컨대 우리나라에 주소를 둔 자가 미국의 체류일수 요건을 충족하면 우리나라와 미국 양쪽에서 세법상 거주자가 됩니다.

이와 같은 경우를 이중거주자(dual resident)라고 부르는데 이중거주자는 두 개의 거주지국에서 전 세계 소득에 대한 납세의무를 지므로 이중과세 문제가 일어날 수밖에 없습니다. 이에 따라 두 나라 사이의 조세조약에서는 이중거주자의 최종 거주지국을 판단하는 조항을 두게 되는데 이를 'tie-breaker rules'라고 합니다.

대부분의 양국 간 조세조약상의 'tie-breaker rules'는 OECD 모델 조세협약 제4조 제2항 a) 내지 d)를 따르고 있는데 그 내용은 다음과 같습니다.

(1) 개인이 두 체약국의 거주자라면 항구적 주거(Permanent home)의 소재지가 최종 거주지국이 된다.

(2) 두 나라에 모두 항구적 주거(Permanent home)가 있는 경우에는 중대한 이해관계의 중심지[center of vital interests('CVI')]가 있는 곳이 최종 거주지국이다.

(3) CVI를 정할 수 없거나 항구적 주거가 없는 경우에는 '일상적 거소(habitual abode)'의 소재지가 최종 거주지국이 된다.

(4) 개인이 두 나라에 모두 일상적 거소를 가지거나 어느 나라에도 일상적 거소를 두지 않은 경우 최종 거주지국은 국적(national)에 따라 정해진다.

(5) 개인이 두 나라의 국적을 모두 갖거나 어느 나라의 국적도 갖지 않으면 두 체약국의 권한 있는 당국이 상호합의로 최종 거주지국을 정한다.

한미조세조약을 비롯하여 우리나라가 외국과 체결한 대부분의 조약에서도 위와 동일한 'tie-breaker rules'에 관한 규정을 두고 있습니다.

이중거주자 문제는 여러 가지 경우에 다양한 형태로 발생합니다. 해외교포가 우리나라에서 투자활동 또는 사업활동을 하거나 우리나라 사람이 해외에서 사업활동을 하는 경우가 대표적인 경우이고, 우리나라 운동선수가 해외 프로리그에서 활동하거나 외국 운동선수가 우리나라 프로리그에서 활동하는 유형도 흔히 볼 수 있는 사례입니다.

2. 기존에 판례에서 1-(1)의 이중거주자의 '항구적 주거'가 문제된 사안으로는 대법원 2018. 12. 13. 선고 2018두128 판결; 2019. 3. 14. 선고 2018두60847 판결; 2011. 4. 14. 선고 2010두28946 판결; 2020. 6. 11. 선고 2020두34872 판결 등을 찾아볼 수 있습니다. OECD 모델 주석에 따르면, 항구적 주거는 짧은 기간

체류할 목적이라는 점이 분명한 경우의 체류장소와 반대되는 개념입니다. 여기서 말하는 '항구성'이 인정되려면 개인에게 해당 주거를 언제든지 계속 사용할 수 있는 가능성이 있어야 합니다. 개인이 해당 주거를 소유 또는 임차하였는지 여부는 문제되지 않습니다. 판례는 일부 엇갈리고 있으나 가족의 체류는 항구적 체류를 뒷받침할 수 있는 간접사실일 뿐 항구적 주거의 존재 자체를 직접 결정하는 주요사실은 아니라는 것이 일반적 견해입니다(다만 한미조세협약에서는 개인이 가족과 함께 사는 장소를 항구적 주소로 봅니다).

1-(2)의 '중대한 이해관계의 중심지'는 개인의 인적 및 경제적 관계가 더욱 밀접한 나라(the state with which his personal and economic relations are closer)를 말합니다. OECD 모델 조세협약 주석은 인적 및 경제적 관계의 판단요소로 가족, 사회적 관계, 작업, 정치, 문화 등 각종 활동, 사업장소, 재산관리장소 등을 들고 있습니다. 중대한 이해관계가 문제되는 흔한 경우는 국내 거주자가 다른 나라에서 사업을 하면서 국내의 경제활동과 함께 또는 그와 별도로 새로운 경제적 관계를 형성하는 경우입니다. 그와 같은 새로운 경제적 활동으로 인하여 거주자 본인 경우에 따라서는 거주자와 그 가족들은 기존의 국내 거주 이상으로 다른 나라에 체류하게 되는 경우가 많이 발생합니다. 국내 거주가 주로 과거와 미래를 향하고 인적 관계를 반영하고 있다면 새로운 경제활동을 벌이고 있는 다른 나라는 현재의 사업활동 내지 경제적 관계를 반영하게 되어 양자 사이에 비중이 문제되기 십상입니다. 이 경우 본인의 체류일수는 대개 새로 마련한 다른 나라 주거의 체류일수가 더 많은 것이 보통입니다.

OECD 모델 조세협약 주석 제4조 제15문단은 이와 같이 어느 나라에 주거를 가진 자가 다른 나라에 두 번째 주거를 새로 마련한 경우와 관련하여, "개인이 늘 살았고 일하였으며 가족 및 재산을 둔 나라에 첫 번째 주거를 보유한다는 사정은 다른 요소들과 함께 첫 번째 나라에 중대한 이해관계의 중심지가 있음을 나타낼 수 있다."고 기술하고 있습니다. 이는 곧 다른 요소들에 따라 두 번째 주거를 새로 마련한 나라의 경우도 중대한 이해관계의 중심지가 될 수 있음을 나타냅니다.

3. 판례상 '중대한 이해관계의 중심지'가 문제된 사례로는 대법원 2019. 3. 14. 선고 2018두60847 판결; 2016. 8. 17. 선고 2016두37584 판결; 2017. 12. 7. 선고

2017두59352 판결; 2020. 1. 16. 선고 2019두52935 판결 등을 찾아볼 수 있습니다. 다만 해당 대법원 판결들은 모두 심리불속행 판결이어서 아쉬움이 있습니다.

4. 마지막으로 중대한 이해관계를 정할 수 없어서 1–(3)의 '일상적 거소'의 판단에까지 나아간 최초의 사례로 대법원 2022. 1. 27. 선고 2021두53054 판결을 들 수 있습니다. 이 판결의 원심판결이 바로 검토대상판결입니다. 검토대상판결이 판시이유를 상세히 기재한 반면 대법원 판결은 심리불속행 판결이어서 원심판결을 검토대상판결로 삼았습니다.

대상판결의 원고는 인도네시아에서 산림개발, 합판, 제지 사업 등을 영위하는 현지 법인들로 이루어진 B그룹 회장으로서 위 법인들을 실질적으로 지배경영하고 있는 한편 1999년경부터 2014. 3. 28.경까지 내국법인인 C 주식회사의 등기이사 등으로 재직하면서, 2012년까지 국내 거주자로서 C와 E 주식회사로부터 받은 급여에 대한 근로소득과 국내에서 발생한 이자 및 배당소득, 부동산임대업에 따른 사업소득에 대한 종합소득세를 신고·납부하였습니다.

원고(1942년생)는 1986년에 분양받은 서울 서초구 AE빌라 GC호에 배우자 AF(1944년생)와 함께 1987년경 전입신고를 한 이래, 이 사건 과세기간 동안에 위 주민등록을 유지하면서 AE빌라를 주소지로 하여 국내에서 종합소득세 신고를 하였고, 국내에 체류하는 동안 AF, 미혼인 차남 AG(1975년생)와 함께 AE빌라에서 생활하였습니다.

다른 한편 원고는 1990. 8. 3. 인도네시아의 수도 자카르타에 있는 B그룹의 임직원 아파트인 AH아파트(B그룹 계열사 소유임) GD호를 체류장소로 하여 주인도네시아 대한민국 대사관에 재외국민으로 등록하고, 인도네시아 정부로부터 5년마다 갱신하는 장기체류허가(KITAP)를 받아 이를 계속 갱신하여 오면서 인도네시아에서 체류하는 동안 AH아파트 GD호에서 생활하다가, 장남 AI(1971년생)가 2009년 12월 혼인한 후 위 GE호와 GD호 사이의 벽을 허물어 그 전체를 AI 가족과 함께 주거공간으로 사용하고 있습니다.

전체적으로 이 사건 과세기간 동안 원고는 국내보다 인도네시아 체류일수가 더 많은 반면 배우자는 국내체류기간이 더 많았고, 자녀 중 한 명은 국내체류일수가 더 많은 반면 한 명은 2019년까지는 국내체류일수가, 2020년부터는 인도네시아 체류일수가 더 많았습니다. 인도네시아 과세관청은 원고가 이 사건 과세기간 동안 인도네시아 소득세법상 거주자에 해당한다는 거주자증명서(Certificate of Tax payer Residency)를 발급한 바 있습니다.

대상판결은 대략 위와 같은 사실관계를 토대로 한국과 인도네시아에 모두 원고의 항구적 주소가 있고 양국이 모두 중대한 이해관계의 중심이라고 본 다음 일상적 거소가 어느 나라에 있는지와 관련하여 다음과 같은 이유를 들어 이를 인도네시아로 보았습니다. 1) 원고는 1987년 이래 매년 인도네시아 체류일수가 한국 체류일수보다 더 많았다. 2) 원고는 자신이 실질적으로 지배하는 기업집단을 경영하기 위하여 인도네시아에 거주하였다. 3) 원고의 한국방문은 인도네시아 한인회 활동을 포함하여 여가, 친지 방문, 질병 치료 등 소득활동 이외의 비일상적, 비정기적 방문이었다.

특별히 대상판결은 OECD 모델 조세협약 주석 제4조 제19문단을 인용하여 "일상적 거소란 개인이 지속적, 반복적으로 체류하는 일상적인 거주지이므로 이를 판단할 때에는 체류일수를 비롯한 객관적인 요소를 주로 고려하여야 한다."고 판시이유를 밝히고 있습니다.

105

외국단체에 대한 과세

대상판결: 대법원 2012. 1. 27. 선고 2010두5950 판결

[판결요지]

외국의 법인격 없는 사단·재단 기타 단체가 구 소득세법(2006. 12. 30. 법률 제8144호로 개정되기 전의 것) 제119조 제8호 내지 제10호의 국내원천소득을 얻어 이를 구성원인 개인들에게 분배하는 영리단체에 해당하는 경우, 그 단체를 외국법인으로 볼 수 있는지에 관하여는 법인세법상 외국법인의 구체적 요건에 관하여 본점 또는 주사무소의 소재지 외에 별다른 규정이 없는 이상 단체가 설립된 국가의 법령 내용과 단체의 실질에 비추어 우리나라의 사법(私法)상 단체의 구성원으로부터 독립된 별개의 권리·의무의 귀속주체로 볼 수 있는지에 따라 판단하여야 한다[미국 델라웨어주 법률에 따라 유한 파트너십(limited partnership)으로 설립되어 국제적 사모펀드 '론스타펀드 III'에 출자한 갑이 위 펀드를 통해 국내 주식에 투자하여 소득을 얻자 과세관청이 갑에게 양도소득세를 부과한 것에 대하여, 갑은 고유한 투자목적을 가지고 자금운용을 하면서 구성원들과 별개의 재산을 보유하고 고유의 사업 활동을 하는 영리단체로서 구성원들과는 별개로 권리·의무의 주체가 될 수 있는 독자적 존재이므로 법인세법상 외국법인으로 보아 법인세를 과세하여야 하고, 가사 외국법인으로 볼 수 없다고 하더라도 구성원들에게 약정에 따라 이익을 분배하는 영리단체이므로 갑 자체를 하나의 비거주자나 거주자로 보아 소득세를 과세할 수는 없다는 이유로, 위 처분이 위법하다고 본 사례].

【참조조문】

구 국세기본법(2010. 12. 27. 법률 제10405호로 개정되기 전의 것) 제13조 제4항, 구 법인세법(2010. 12. 30. 법률 제10423호로 개정되기 전의 것) 제2조 제1항 제2호, 구 소득세법(2006. 12. 30. 법률 제8144호로 개정되기 전의 것) 제1조 제1항 제1호(현행 제2조 제1항 제1호 참조), 제3항(현행 제2조 제3항 참조), 제43조 제2항, 제87조 제1항, 제119조, 제121조 제2항, 구 소득세법 시행규칙(2005. 3. 19. 재정경제부령 제424호로 개정되기 전의 것) 제2조 제1항, 제2항

【해설】

1. 어느 단체에 사법상 법인격을 부여할 것인가는 기본적으로 국가가 처한 여러 가지 상황을 고려하여 결정할 정책적 문제입니다. 마찬가지로 어느 단체에 세법상 납세의무 주체로서의 지위를 인정할 것인지나 납세의무 주체로 인정할 경우 법인세와 소득세 중 어느 세목으로 과세할 것인지 여부도 궁극적으로 입법정책상의 문제입니다. 이는 특히 원천징수대상 소득의 귀속과 관련하여 문제가 됩니다. 소득을 지급하는 원천징수의무자로서는 해당 소득이 원천징수 대상인지 그리고 소득을 수령하는 상대방이 원천납세의무를 부담하는지를 정확하게 확인하여야 하기 때문입니다. 특별히 소득의 원천에서 곧바로 징수하지 않으면 징수확보가 어려운 국제거래에서 이 점은 더욱 중요한데, 외국단체에 대한 원천징수와 관련하여 원천징수의무자를 어렵게 만드는 사항의 하나가 소득을 지급받는 외국단체가 우리 세법상 납세의무자의 지위에 있는지, 납세의무자의 지위에 있다면 소득세 과세대상인지 아니면 법인세 과세대상인지 여부에 관한 것입니다. 이번 회에 검토할 주제는 바로 이 점에 관한 것입니다.

2. 법인격과 법인세 과세의 관계는 나라마다 다릅니다. 예컨대 독일은 우리나라에서 법인으로 취급되는 합명회사나 합자회사를 조합체로 보아 소득세 과세대상으로 삼고 있고, 미국도 우리 사법상 법인으로 볼 수 있는 S-Corporation에 대하여 파트너십 과세를 허용하고 있습니다.

우리 법상 법인은 법률의 규정에 의하지 않으면 성립하지 못하고(민법 제31조), 법인은 그 주된 사무소의 소재지에서 설립등기를 함으로써 성립합니다(민법 제33조).

법인은 법률의 규정에 좇아 정관으로 정한 목적의 범위 내에서 권리와 의무의 주체가 되며(민법 제34조), 법인이 아닌 단체는 실질적으로 독립된 실체를 갖추고 있어도 위와 같은 절차를 거치지 않으면 사법상 일반적인 권리의무의 주체가 될 수 없고(형식주의), 거꾸로 독립된 실체를 완전히 갖추지 못하더라도 일단 위와 같은 형식적 절차를 거쳐 법인으로 설립되면 원칙적으로 그 자격이 부인되지 않습니다.

이에 반하여 세법은 독립된 실체가 인정되면 사법상 법인이 아닌 단체에 대하여도 일정한 실체와 주무관청의 허가 또는 인가나 관할 세무서장의 승인 등 절차적 요건을 갖추면, 법인으로 의제하여 법인세를 적용합니다(국세기본법 제13조 참조).

아울러 사법상 법인이라도 실질이 동업기업에 해당하는 일정한 경우 구성원에 대한 소득과세 방식의 선택을 허용하고 있기도 합니다(조세특례제한법 제100조의16).

3. 외국의 법인격 없는 영리단체를 우리 세법상 법인으로 보아 법인세를 과세할 것인지에 관하여는 이를 크게, 1) 사법상 기준에 의하는 방법과 2) 세법상 기준에 의하는 방법으로, 그리고 1)의 경우는 다시, ⅰ) 외국에서 법인격을 가지는 지 여부에 의하는 방법과 ⅱ) 국내 단체와의 사법적 유사성에 의하는 방법으로, 2)의 경우는, ⅰ) 외국에서 법인세 납세의무를 부담하는지 여부에 의하는 방법과 ⅱ) 세법상 독자적인 기준에 따라 정하는 방법으로 각각 나누어 설명하고 있습니다.

법인세법은 외국법인에 관하여, "**외국에 본점 또는 주사무소를 둔 단체(국내에 사업의 실질적 관리장소를 두지 아니하는 경우만 해당한다)로서 대통령령이 정하는 기준에 해당하는 법인**"으로 정의하고(법 제2조 제2항), 법인세법 시행령은 그 구체적인 기준으로서, 1. **설립된 국가의 법에 따라 법인격이 부여된 단체**, 2. **구성원이 유한책임사원으로만 구성된 단체**, 3. **삭제**. 4. **그 밖에 해당 외국단체와 동종 또는 유사한 국내의 단체가 상법 등 국내의 법률에 따른 법인인 경우의 그 외국단체** 등을 외국법인으로 규정하고 있습니다(법인세법 시행령 제2조 제2항 제1호 내지 제4호). 현행 규정은 앞에서 본 외국법인의 판단기준에 관한 네 가지 방법을 복합적으로 고려하고 있고, 그에 따라 우리 법상 외국법인의 인정기준은 상당히 넓은 범위에 미치고 있습니다.

4. 현행 법인세법 시행령 규정은 2019. 2. 12. 개정되었는데 위 개정 이전에 우리 판례는 기본적으로 '국내 단체와의 사법적 유사성'에 의하는 방법[위 1) – ii) 방법]을 취하여 왔고(대법원 2012. 10. 25. 선고 2010두25466 판결; 2013. 7. 11. 선고 2010두20966 판결 등), 대상판결 또한 이와 같은 판례의 태도를 다시 한 번 확인한 것입니다.

현행 규정의 핵심조항으로 볼 수 있는 법인세법 시행령 제2조 제2항 제4호의 규정 역시 종전 판례가 취한 분류기준을 채택한 것으로 이해됩니다. 다만 이 기준은 성립배경이나 실태 등이 서로 다른 국내법인과 외국단체 사이의 동종, 유사성을 어떻게 판단할 것인지가 관건입니다.

5. 대상판결은 문제가 된 미국의 LP(Limited Partnership)를 고유한 투자목적을 가지고 자금운용을 하면서 구성원들과 별개의 재산을 보유하고 고유의 사업 활동을 하는 영리단체로서 구성원들과는 별개로 권리·의무의 주체가 될 수 있는 독자적 존재이므로 법인세법상 외국법인으로 보아 법인세를 과세하여야 하고, 가사 외국법인으로 볼 수 없다고 하더라도 구성원들에게 약정에 따라 이익을 분배하는 영리단체이므로 해당 단체를 하나의 비거주자나 거주자로 보아 소득세를 과세할 수는 없다고 판단하였습니다.

6. 이와 관련하여 2020. 12. 29. 개정된 현행 상법은 합자조합 제도를 채택하고 있습니다. 합자조합은 조합의 업무집행자로서 조합의 채무에 대하여 무한책임을 지는 조합원과 출자가액을 한도로 하여 유한책임을 지는 조합원이 상호 출자하여 공동사업을 경영할 것을 약정함으로써 그 효력이 생깁니다(상법 제86조의2). 합자조합은 투자조합으로서의 역할을 할 것으로 기대되는데 상법규정에 따르면 합자조합은 법인격이 없는 조합에 해당됩니다. 한편 상법은 법인회사의 한 형태로서 합자회사를 규정하고 있는데(상법 제3장 제268조 내지 제287조), 합자회사와 합자조합은 법인격 유무는 달리 하지만 유한책임을 지는 사원 내지 조합원과 무

한책임을 지는 사원 내지 조합원으로 구성되어 있는 단체로서의 실질 자체는 매우 유사합니다.

상법이 합자조합 제도를 채택하기 이전에는 미국의 LP(Limited Partnership)는 국내법상 법인인 합자회사와 유사하다는 이유로 대상판결을 비롯하여 판례가 이를 외국법인으로 인정하여 왔으나, 합자조합 역시 미국의 LP를 기초로 설립된 제도로서 유사한 실질을 지니고 있으므로 이제는 종전과 같은 이유로 미국의 LP를 외국법인으로 단정하기는 어렵게 되었습니다. 이와 같은 어려움은 근본적으로 우리 민법이 법인의 설립에 관하여 형식주의를 취하고 있다는 점에서 비롯된 것입니다. 대상판결이 굳이 미국의 LP를 외국법인으로 인정할 수 없는 경우에 관한 가정적 판단을 한 것도 이 점을 염두에 둔 것으로 이해되며 대상판결 사안의 경우 그 판시와 같이 미국의 LP를 외국법인으로 인정할 수 없다면 단체의 구성원들에게 원천징수대상 소득이 귀속된 것으로 보아 구성원들의 법인격 유무를 다시 따져보아야 할 것입니다(소득세법 제2조 제3항 참조).

7. 한편 법인세법은 국제거래에 있어서 원천징수의무자의 원천징수의 어려움을 덜어주기 위하여 외국법인에 대한 조세조약의 적용과 관련하여 외국법인이 국외투자기구를 통하여 법인세법 제93조에 따른 국내원천소득을 지급받는 경우 원칙적으로 그 외국법인을 국내원천소득의 실질귀속자로 보되, 국외투자기구가 법이 정한 일정한 요건을 충족하는 경우 국외투자기구를 국내원천소득의 실질귀속자로 보도록 규정하는 한편 각각의 경우에 관한 원천징수절차 및 경정청구에 관한 규정을 마련하고 있습니다(법인세법 제93조의2, 제98조의6 및 제98조의4, 법인세법 시행령 제93조의2 제1항).

106

특수관계 있는 외국법인으로부터 자기주식을 매입한 것이 무수익자산의 매입인지 여부

대상판결: 대법원 2020. 8. 20. 선고 2017두44084 판결

[판결요지]

[1] 국제조세조정에 관한 법률("국조법") 제3조 제2항은 "국제거래에 대해서는 법인세법 제52조 등을 적용하지 아니한다. 다만 대통령령으로 정하는 자산의 증여 등에 대해서는 그러하지 아니하다."라고 규정하고, 그 위임에 따른 구 국조법 시행령(2012. 2. 2. 대통령령 제23600호로 개정되기 전의 것) 제3조의2 제3호는 '수익이 없는 자산의 매입'을 법인세법 제52조 등을 적용할 수 있는 국제거래 중 하나로 규정하고 있다. 한편 국조법 제4조 이하는 과세관청이 거주자의 국외특수관계인과의 국제거래에 대하여 정상가격에 따른 과세조정을 할 수 있도록 규정하고 있다. 여기서 구 국조법 시행령 제3조의2 제3호의 '수익이 없는 자산'이라 함은 부당행위계산부인에 관한 구 법인세법(2011. 12. 31. 법률 제11128호로 개정되기 전의 것) 제52조, 구 법인세법 시행령(2012. 2. 2. 대통령령 제23589호로 개정되기 전의 것) 제88조 제1항 제2호가 규정한 '무수익 자산', 즉 법인의 수익파생에 공헌하지 못하거나 법인의 수익과 관련이 없는 자산으로서 장래에도 그 자산의 운용으로 수익을 얻을 가망성이 희박한 자산을 말한다. 이러한 '수익이 없는 자산'을 매입하는 경우 법인이 매입대금 상당의 자금을 수익자산의 매입에 사용하였더라면 적어도 그 보유기간 동안 수익자산의 운용을 통하여 인정이자 상당의 이익이 법인에 귀속되었을 것임에도 이를 '수익이 없는 자산'의 매입에 사용함으로써 그 인정이자 상당의 이익이 법인에 귀속되지 않고 상대방에게 이전되었다고 볼 수 있으므로, 이에 관한 부당행위계산부인을 할 때에는 법인이 그 자산의 취득일로부터 이를 처분하

여 매입대금을 회수할 때까지의 기간 동안 매입대금 상당액을 상대방에게 대여한 것으로 재구성하여 그 기간 동안의 인정이자 상당액을 익금산입하고 그에 따른 소득금액변동통지를 하는 것이 타당하다.

[2] 갑 외국법인이 을 주식회사로부터 을 회사 발행의 제3자 배정 신주를 인수하면서 이른바 '풋백옵션(Put Back Option)'을 보장받았으나 이를 행사하지 않고 있다가 풋백옵션 행사기간 만료 후 을 회사와 그 기간을 연장하기로 하는 내용의 추가약정서를 소급하여 작성하였고, 이에 따라 을 회사가 갑 법인으로부터 위 주식을 풋백옵션 행사가액에 매입한 후 을 회사의 최대주주인 병 주식회사에 양도하였는데, 과세관청이 법인세법상 부당행위계산부인 규정을 적용하여 주식의 매입대금에서 위 매입 거래 당시 상증세법이 규정한 보충적 평가방법에 따른 가액을 뺀 '시가초과액'을 을 회사의 익금에 산입하고, 이를 갑 법인에 대한 배당으로 소득처분하여 을 회사에 소득금액변동통지를 한 사안에서, 을 회사가 구 법인세법(2011. 12. 31. 법률 제11128호로 개정되기 전의 것)상 특수관계자인 갑 법인으로부터 자기주식인 위 주식을 매입한 거래는 국제거래에서 부당행위계산부인의 대상이 되는 경제적 합리성이 결여된 '수익이 없는 자산'의 매입에 해당하고, 과세관청은 이에 관한 부당행위계산부인을 하면서 을 회사가 위 주식의 취득일로부터 이를 처분하여 매입대금을 회수할 때까지의 기간 동안 매입대금 상당액에 대한 인정이자 상당액을 익금산입하고 그에 따른 소득금액변동통지를 하여야 한다고 한 사례.

【참조조문】

국제조세조정에 관한 법률 제2조 제1항 제9호, 제3조 제2항, 제4조, 구 국제조세조정에 관한 법률 시행령(2012. 2. 2. 대통령령 제23600호로 개정되기 전의 것) 제3조의2 제3호(현행 제3조의3 제2호 참조), 구 법인세법(2011. 12. 31. 법률 제11128호로 개정되기 전의 것) 제2조 제12호, 제52조, 구 법인세법 시행령(2012. 2. 2. 대통령령 제23589호로 개정되기 전의 것) 제88조 제1항 제2호, 상증세법 제60조, 행정소송법 제19조, 제27조

【해설】

1. 이 사건의 발단은 갑 외국법인이 을 주식회사로부터 을 회사 발행의 제3자 배정 신주를 인수하면서 이른바 '풋백옵션(Put Back Option)'을 보장받았으나 이를 행사하지 않고 있다가 풋백옵션 행사기간 만료 후 을 회사와 그 기간을 연장하기로 하는 내용의 추가약정서를 소급하여 작성한 데서 비롯되었습니다. 그 약정 경위는 판시내용상 확인되지 않으나 어쨌든 위와 같은 추가약정에 기초하여 갑 외국법인이 풋백옵션을 행사함에 따라 을 회사가 약정된 가액으로 해당 신주("이 사건 주식")를 매입하였고, 그 매입가격이 상증세법상 보충적 평가방법에 따라 평가한 주식의 시가를 초과함에 따라 과세관청이 이를 고가매입으로 보아 부당행위계산부인하고 그 차액을 익금산입한 후 소득처분을 하였습니다. 대상판결의 판시이유에 나타나지는 않으나 기록에 의하면 그 후 소송단계에 이르러 과세관청은 그 처분사유를 고가매입에서 무수익자산의 매입으로 변경하였고 그에 따라 원고가 자기주식에 해당하는 이 사건 주식을 취득한 것이 무수익자산의 매입에 해당하는가가 쟁점이 되었습니다.

2. 문제는 갑 외국법인과 을 주식회사의 주식 매매거래는 국제거래로서 국조법의 적용을 받는데 국조법상 부당행위계산부인은 자산의 증여 등 일정한 경우에만 법인세법 규정을 준용하고 자산의 고가매입은 적용대상이 아니며 자산의 고가매입은 국조법상 특수관계인 사이의 이전가격과세 대상이 될 뿐이라는 데 있습니다. 이 사건에서 갑 외국법인과 을 주식회사는 대상 거래 당시 법인세법상은 특수관계에 해당하나 국조법상으로는 특수관계에 있지 않아 이전가격과세를 적용할 수 없고, 고가매입에 관한 법인세법상 부당행위계산부인 규정도 적용할 수 없었습니다(특수관계인인 주주의 지위와 관련하여 국조법상은 보유주식이 발행주식의 100분의 50을 초과하여야 하는 데 반하여 법인세법상은 발행주식의 100분의 1 이상만 보유하면 됩니다).

3. 이 사건의 쟁점은 법인이 자기주식을 취득하는 것이 무수익자산의 매입에 해당하는지 여부인데 대상판결은 을 회사는 갑 법인이 당초 약정한 풋백옵션 행

사기간의 만료로 위 주식에 관한 풋백옵션 행사 권리를 상실하였으므로 갑 법인으로부터 위 주식을 다시 매입할 의무가 없었던 점, 상법상 자기주식에 해당하는 위 주식의 보유 자체로 을 회사에 수익이 발생한다거나 주식을 매입하지 아니하면 을 회사에 손실이 발생한다고 볼만한 사정 등도 찾기 어려운 점 등의 이유를 들어 이를 긍정하고 있습니다. 그런데 기업회계기준은 자기주식 처분손익을 감자 및 증자의 한 형태로 이해하여 자본거래로 취급하고 있고(국제기준 1032-33, 일반기준 2-30), 법인세법은 자기주식을 취득하여 소각함으로써 생긴 손익은 자본거래로 보아 익금 또는 손금에 산입하지 않으나, 자기주식의 매각손익은 손익거래로 보아 익금 또는 손금에 산입합니다. 이는 자기주식의 매입을 투자자산 매입의 한 형태로 이해하는 것입니다. 판례는 주주가 회사에 발행주식을 양도하는 경우 당사자의 의사와 계약체결 경위, 대금 결정방법, 거래의 경과 등 거래의 전체 과정을 실질적으로 파악하여 자본거래인지(배당소득) 손익거래(양도소득)인지를 판단하고 있습니다(대법원 2010. 10. 28. 선고 2008두19628 판결).

4. 한편 무수익자산이란 법인의 수익파생에 공헌하지 못하거나 법인의 수익과 관련이 없는 자산을 말합니다. 실무상 무수익자산이 문제 되는 것은 대부분 특수관계자에 대한 자금대여의 방편으로 특수관계자 소유의 수익성 없는 자산을 매입하는 경우입니다(대표적인 사안으로 대법원 2000. 11. 10. 선고 98두12055 판결 참조). 다만 기업은 주된 영업활동과 직접 관련이 없는 자산을 투자목적으로 취득할 수 있고 이와 같은 투자자산의 취득은 수익발생 여부와 관계없이 원칙적으로 무수익자산의 매입에 해당하지 않습니다.

이 사건에서 문제된 법인의 자기주식 취득의 경우 법인세법 규정 및 판례의 태도에 따라 이를 손익거래에 해당한다고 보더라도 이는 투자자산의 매입에 해당하므로 특별한 사정이 없는 한 이를 무수익자산의 매입으로 보기는 어렵습니다. 그동안 과세실무를 보더라도 자기주식의 취득을 무수익자산의 매입으로 인정한 사례는 찾아보기 어렵습니다. 대상판결이 무수익자산 매입의 근거로 들고 있는 여러 가지 사정들도 다른 자기주식 취득의 경우와 특별히 구분할 만한 사정으로 보기 어렵습니다. 특별히 원고가 이 사건 주식을 취득한 이후 약 1년 후에 계열회사에 이 사건 취득 당시 상증세법상 평가액과 동일한 가액으로 양도하였다는 사정은 이 사건 거래 당시 그와 같은 결과를 합리적으로 예측할 만한 사정이 존재하였다는 점이 증명되지 않는 한 무수익자산 매입의 근거로 삼기 어렵다고 생각됩니다.

5. 보다 근본적으로 기업회계상 자기주식의 취득은 자본의 환급에 해당합니다. 발행주식을 매개로 하는 자본거래의 경우 예외적으로 주주 사이의 부의 이전의 있는 경우 부당행위계산부인 대상이 되는 경우가 있지만 주식발행 법인에 대하여는 손익을 발생시키지 않습니다. 나아가 자기주식 취득의 경우 그 거래상대방이 주주이므로 거래 당시를 기준으로 보면 양도인이 특수관계자에 해당하나 이 사건과 같이 양도인이 보유주식을 전부 양도하는 경우 양도를 계기로 특수관계가 소멸하므로 이러한 경우에까지 고가매입 이외에 별도로 무수익자산의 매입으로 보아 자금대여에 상당한 인정이자를 가산하는 것이 타당한지 의문입니다.

대상판결은 결론에 있어서 선례적 가치가 있는 중요한 판결임에도 결론에 이르는 충분한 논거가 제시되지 못한 것으로 여겨져 아쉬움이 남습니다.

107

조세조약상 수익적 소유자의 개념

대상판결 1: 대법원 2018. 11. 15. 선고 2017두33008 판결

[판결요지]

[1] 대한민국 정부와 헝가리 인민공화국 정부 간의 소득에 대한 조세의 이중과세회피와 탈세방지를 위한 협약' 제12조 제1항은 **"일방체약국에서 발생하여 타방체약국의 거주자에게 지급되는 사용료에 대하여는 동 거주자가 사용료의 수익적 소유자인 경우 동 타방체약국에서만 과세한다."**라고 규정한다. 이에 따라 우리 법인세법상 국내원천소득에 해당하는 사용료 소득일지라도 헝가리의 수익적 소유자인 거주자에게 지급되는 경우에는 국내에서 과세될 수 없다. 위 조약 규정의 도입 연혁과 문맥 등을 종합할 때, 수익적 소유자는 당해 사용료 소득을 지급 받은 자가 타인에게 이를 다시 이전할 법적 또는 계약상의 의무 등이 없는 사용·수익권을 갖는 경우를 뜻한다. 이러한 수익적 소유자에 해당하는지는 해당 소득에 관련된 사업활동의 내용과 현황, 소득의 실제 사용과 운용 내역 등 제반 사정을 종합하여 판단하여야 한다.
한편 국세기본법 제14조 제1항에서 규정하는 실질과세의 원칙은 법률과 같은 효력을 가지는 조세조약의 해석과 적용에 있어서도 이를 배제하는 특별한 규정이 없는 한 그대로 적용된다.

[2] 갑 주식회사가 헝가리에 소재한 을 외국법인과 외화 등의 국내배포와 관련하여 사용허락 계약을 체결하고 을 법인에 사용료를 지급하면서 '대한민국 정부와 헝가리 인민공화국 정부 간의 소득에 대한 조세의 이중과세회피와 탈세방지를 위한 협약'(이하 '한·헝가리 조세조약'이라 한다) 제12조 제1항 규정에 따라 사용료에

관하여 법인세 원천징수를 하지 않았는데, 과세관청이 사용료 소득의 실질적인 수익적 소유자는 을 법인의 네덜란드 모회사인 병 외국법인이라고 보아, '대한민국 정부와 네덜란드왕국 정부 간의 소득에 대한 조세의 이중과세회피와 탈세방지를 위한 협약'을 적용하여 갑 회사에 원천징수분 법인세를 부과한 사안에서, 을 법인의 설립 경위, 사업활동 내역과 현황, 갑 회사와의 계약 체결과 관련 업무 수행 내역, 그에 따른 사용료의 수령, 관련 비용 지출과 자금 운용 내역을 비롯한 사용·수익 관계 등 제반 사정들을 종합할 때, 을 법인은 사용료 소득을 병 법인 등 타인에게 이전할 법적 또는 계약상의 의무를 부담한 바 없이 그에 대한 사용·수익권을 향유하고 있었다고 보이므로, 한·헝가리 조세조약의 거주자로서 위 조약 제12조 제1항에서 말하는 사용료 소득의 수익적 소유자에 해당한다고 볼 여지가 충분하고, 을 법인이 소속된 글로벌 그룹의 헝가리 내 사업 연혁, 을 법인의 각 사업부문 구성과 장기간의 활발한 사업활동, 인적·물적 설비, 배포권과 사용료 소득의 지배·관리·처분 내역 등을 종합하여 보면, 을 법인은 헝가리에서 뚜렷한 사업목적으로 정상적으로 미디어 관련 사업을 영위하는 상당한 규모의 충분한 실체를 갖춘 법인으로서, 다른 보유 재산과 마찬가지로 그 명의의 배포권과 그에 따른 사용료 소득을 실질적으로 지배·관리하였다고 봄이 타당하므로, 국세기본법 제14조 제1항의 실질과세원칙에 의하더라도 사용료 소득에 대하여 한·헝가리 조세조약 적용을 부인할 수 없는데도, 조세절감의 측면 등만을 들어 사용료 소득의 실질귀속자가 병 법인이라고 보아 위 처분이 적법하다고 본 원심판단에 법리오해의 잘못이 있다고 한 사례.

【참조조문】

[1] 대한민국 정부와 헝가리 인민공화국 정부 간의 소득에 대한 조세의 이중과세회피와 탈세방지를 위한 협약 제12조 제1항, 국세기본법 제14조 제1항, 법인세법 제93조, 제98조 제1항 [2] 대한민국 정부와 헝가리 인민공화국 정부 간의 소득에 대한 조세의 이중과세회피와 탈세방지를 위한 협약 제12조 제1항, 대한민국 정부와 네덜란드왕국 정부 간의 소득에 대한 조세의 이중과세회피와 탈세방지를 위한 협약 제12조, 국세기본법 제14조 제1항, 법인세법 제93조, 제98조 제1항

【해설】

1. 조세조약에 이중과세의 방지나 낮은 세율의 적용 등과 같이 거주자를 위해 유리한 내용이 있는 경우에 조약의 혜택을 받을 수 없는 제3국 거주자가 전 세계에 체결되어 있는 많은 조약 가운데에서 자기에게 유리한 조약을 물색하여(shopping) 조약의 혜택을 부당히 취하는 것을 가리켜 조세조약남용 또는 조약편승(treaty shopping)이라고 합니다. 국제조세 분야에서 가장 중요한 이슈 중의 하나가 다국적 기업의 조세회피에 대한 규제인데 그 조세회피는 대부분 조세조약을 남용하는 형태를 통하여 이루어집니다.

조세조약남용은 1977년 OECD 모델조세협약 주석에서 조약의 남용을 언급하고 수익적 소유자(beneficial owner)의 개념을 도입하면서 처음 그 대처방안이 제기되었습니다. 그 후 1992년 협약에서 구체적인 대책이 제시된 것을 계기로 세계 각국에서 본격적으로 논의되어 근래에는 조약상 특칙을 마련하는 것이 보편화되었으며 각국이 국내법에 특별규정을 두는 경우도 늘어나고 있습니다. 여기서 '수익적 소유자'란 원천지국 소득에 대한 과세 여부를 소득의 실질귀속자를 기준으로 판단함으로써 조약편승에 대처하기 위한 개념입니다. OECD 모델조세협약에서는 수익적 소유자의 개념을 배당, 이자 및 사용료 소득과 관련하여 적용하고 있습니다.

2. 이 사건의 쟁점은 이 사건 사용료에 관하여 한국과 헝가리 조세조약과 한국과 네델란드 조세조약 중 어떠한 것이 적용되는지에 관한 것입니다. 이에 대한 판단은 계약에 따라 원고가 지급한 이 사건 사용료의 수익적 소유자가 네델란드 소재 회사인가 아니면 헝가리 소재 회사인가에 따라 정해집니다. 네델란드는 음반판매 등에 붙는 로열티와 특허료, 배당금, 이자 등에 대한 세금이 거의 없기 때문에 세계 굴지의 기업들이 네델란드에 이름만 존재하는 지주회사를 설립하고 있는 소위 '조세회피지역'의 하나로 분류됩니다.

이 사건의 1심(서울행정법원 2016. 6. 16. 선고 2015구합55332 판결)과 원심(서울고등법원 2016. 12. 13. 선고 2016누55089 판결)은 모두 한국과 헝가리 조세조약상 이 사건 사용료의 '수익적 소유자를 헝가리로 보지 않고 과세관청의 입장과 동일하게 네델란드 소재 지주회사로 보아 과세처분을 적법하다고 보았으나, 대상판결은 이를 헝가리 소재 법인으로 보아 과세처분을 위법하다고 보고 원심판결을 파기환송하였습니다.

3. 대상판결이 의미를 가지는 부분은 대법원 판례상 최초로 수익적 소유자의 개념을 OECD 모델조세조약 주석서와 동일하게 정의하고 그 주석서와 마찬가지로 실질과세원칙의 적용 범위와 수익적 소유자의 개념 범위가 다를 수 있다는 점을 명확히 한 점입니다.

'수익적 소유자'라는 개념은 이중과세방지라는 조세조약의 본래의 목적에서 벗어나 도관회사를 통하여 조세조약의 혜택을 누리는 경우를 배재하기 위하여 영국법에서 유래된 이래 1977년 배당, 이자, 사용료 소득에 관하여 OECD 모델조세조약에 도입한 것이 시작이라고 설명됩니다. 2014년 개정된 OECD 모델조세조약 주석서는, '배당의 수취자가 타인에게 이를 전달할 계약상 또는 법률상 제약이 없이 배당을 사용하고 향유할 권한을 갖는 경우' 수익적 소유자가 되고, 수익적 소유자로 인정된 경우에도 여전히 도관회사 또는 조약편승에 대응하는 조세조약남용방지 규정과 실질과세 원칙의 적용이 가능하다고 설명하고 있습니다. 위 주석서의 설명에 따르면, 수익적 소유자가 되는 경우에도 실질과세 원칙을 적용하여 그 거래단계를 부인할 여지가 남아 있으므로 통상적으로 수익적 소유자의 인정범위는 실질과세 원칙의 적용 범위와 최소한 같거나 보다 더 넓게 될 것입니다. 우리나라의 경우 헝가리, 네델란드, 영국 등을 비롯한 여러 국가와 수익적 소유자의 개념이 포함된 조세조약을 체결하고 있으며, 법인세법에서도 국외투자기구에 대한 실질귀속자 특례로서, **"외국법인이 국외투자기구(투자권유를 하여 모은 금전 등을 재산적 가치가 있는 투자대상자산의 취득, 처분 또는 그 밖의 방법으로 운용하고 그 결과를 투자자에게 배분하여 귀속시키는 투자행위를 하는 기구로서 국외에서 설립된 기구를 말한다)를 통하여 제93조에 따른 국내원천소득을 지급받는 경우에는 그 외국법인을 국내원천소득의 실질귀속자(그 국내원천소득과 관련하여 법적 또는 경제적 위험을 부담하고 그 소득을 처분할 수 있는 권리를 가지는 등 그 소득에 대한 소유권을 실질적으로 보유하고 있는 자를 말한다)로 보되, 다만 국외투자기구가 다음 각 호의 어느 하나에 해당하는 경우(소득세법 제2조 제3항에 따른 법인으로 보는 단체 외의 법인 아닌 단체인 국외투자기구는 이 항 제2호 및 제3호에 해당하는 경우로 한정한다)에는 그**

국외투자기구를 국내원천소득의 실질귀속자로 본다."고 규정하고(법 제93조의2 제1항), 그 제2호로서, '**제1호에 해당하지 아니하는 국외투자기구가 조세조약에서 국내원천소득의 '수익적 소유자'로 취급되는 것으로 규정되고 국내원천소득에 대하여 조세조약이 정하는 비과세·면제 또는 제한세율을 적용받을 수 있는 요건을 갖추고 있는 경우**'를 규정하고 있습니다.

위 규정은 2021. 12. 21. 신설되었는데 그 이전 대법원 판결은 여러 사건에서 수익적 소유자 개념을 대체로 국내세법상 실질과세 원칙에 따라 실질귀속자와 같은 개념으로 이해하면서도(대법원 2012. 10. 25. 선고 2010두25466 판결, 대법원 2015. 5. 28. 선고 2013두7704 판결, 대법원 2016. 7. 14. 선고 2015두2451 판결 등) 그 기준을 명확하게 제시하지는 않았습니다. 다만 대법원 2012. 4. 26. 선고 2010두11948 판결에서 외국법인이 국내에 부동산을 투자하여 얻은 양도소득의 귀속과 관련하여 조세조약의 해석·적용에 있어서도 국세기본법 제14조 제1항의 실질과세 원칙이 적용된다는 점을 밝힌 바 있습니다.

4. 대상판결은 OECD 모델조세조약 주석서 해석과 같이, 수익적 소유자의 개념을 '당해 사용료 소득을 지급받은 자가 타인에게 이를 다시 이전할 법적 또는 계약상의 의무 등이 없는 사용, 수익권을 갖는 경우'로 정의하는 한편 실질과세 원칙상의 실질귀속자와 구별되는 개념임을 명확히 하였습니다. 다만 대상판결은 위와 같은 실질과세 원칙을 적용하여 과세처분을 유지한 1심 및 원심과 달리 구체적으로 A회사가 단순한 도관회사가 아닐 뿐 아니라 실질과세의 원칙에 비추어 보더라도 정당한 영업행위를 영위한다는 판단에 따라 한·헝가리 조세조약의 적용이 부인되지 않는다고 판단하였습니다.

5. 이와 관련하여 최근의 대법원 2023. 12. 21. 선고 2023두55320 판결(원심인 서울고등법원 2023. 9. 1. 선고 2022누56793 판결에 대한 심리불속행판결임)은, 오스트리아 소재 법인이 그룹 내 다른 계열사로부터 국내 법인인 원고의 지분을 한국과 오스트리아 조세조약(한·오 조세조약) 개정에 따라 제한세율이 10%에서 5%로 조정된 직후 무상으로 취득하고 원고가 그룹 본사의 지침에 따라 오스트리아 법인에 배당을 한 후 한·오 조세조약에 따른 제한세율 5%를 적용하여 배당원천세를

징수, 납부하였으며, 오스트리아 법인은 배당을 수령한 즉시 네덜란드 법인이 90% 이상의 지분을 보유하고 있는 네덜란드 소재 사내은행의 계좌에 예치하고 그로부터 정상이자를 수령하였는데, 과세관청이 위 배당의 수익적 소유자를 네덜란드 소재 법인으로 보아 한국과 네델란드 조세조약상 제한이율인 15%를 적용하여 원고의 법인세를 경정고지한 사안에서, 오스트리아 법인이 중간지주회사로 설립되어 물적, 인적 시설이 없기는 하나 원고가 지급하는 배당금에 대한 제한세율이 감소하였다는 사실만으로 오스트리아 법인을 수익적 소유자가 아니라고 단정할 수 없고, 그룹 본사가 자금통합관리를 위하여 이 사건 배당과 관련한 의사결정에 참여한 것은 통상적인 수준이고, 오히려 여기에 네덜란드 법인이 관여했다는 사정이 드러나지 않는다는 점과 오스트리아 법인이 네덜란드 사내은행과 체결한 자금통합관리협정에 따라 자금을 예치하였으며 정상이자를 수령한 점 등을 기초로 오스트리아 법인이 배당금의 수익적 소유자 및 실질귀속자로 판단된다고 한 원심의 판단을 그대로 유지하였습니다.

이에 반하여 조세심판원(2020. 11. 25. 조심 2019서3829)은 오스트리아 법인은 독립적인 인적, 물적 시설을 보유하고 있지 않고, 오스트리아 법인이 주주로서의 적극적인 권리행사를 한 것으로 보이지 않는다는 점, 한·오 조세조약 개정에 따라 제한세율일 10%에서 5%로 조정된 2002. 3. 직후 원고가 오스트리아 법인의 자회사가 된 바 조세를 회피할 목적으로 지배구조가 변경되었을 가능성이 있다는 점을 근거로 이 사건 배당의 수익적 소유자 및 실질귀속자는 오스트리아 법인이 아니라 네덜란드 법인이라고 판시하였고 1심도 이와 유사한 취지로 과세처분이 적법하다고 판단한 바 있습니다.

6. 위 일련의 사례에서 확인할 수 있는 바와 같이 판례는 조세조약상 수익적 소유자의 개념 범위와 국내법상 실질과세원칙의 적용 범위가 다를 수 있음을 확인하였으나, 구체적으로 조세조약상 수익적 소유자로 인정됨에도 국내법상 실질과세원칙을 적용하여 소득의 실질귀속을 달리 판단한 사례는 아직 찾아볼 수 없습니다. 개인적 판단으로는, 100% 자회사를 통한 주식의 취득과 관련하여 실질과세 원칙상 경제적 실질을 강조하여 모회사의 과점주주 취득세를 인정한 대법원 2012. 1. 19. 선고 2008두8499 전원합의체 판결(로담코 판결. 본 판례백선 제14회 참

조)의 사안에서, 실제로 자회사들이 그 이후 국내법인으로부터 배당금을 수령하여 이를 독자적으로 관리하였다면 과점주주 취득세에 대한 판단과 별도로 조세조약상 소득의 귀속 측면에서는 자회사를 '수익적 소유자'로 보아 우리나라와 해당 국가의 조세조약의 적용을 긍정할 수 있지 않을까 짐작해 봅니다.

108

외국법인의 국내원천소득인 사용료소득과 사업소득의 구분

대상판결: 대법원 2022. 7. 28. 선고 2018두39621 판결

【판결요지】

여신전문금융업법에 따라 신용카드업을 하는 갑 회사 등이 미국법인으로 법인세법 제94조에 따른 국내사업장을 가지고 있지 않은 을 회사의 상표를 부착한 신용카드의 사용과 관련하여 을 회사에 국내 거래금액 중 신용결제금액 및 현금서비스금액의 일부에 해당하는 돈인 '발급사 분담금'과 국외 거래금액 중 신용결제금액 및 현금서비스금액의 일부에 해당하는 돈인 '발급사 일일분담금'을 지급하였는데, 관할 세무서장이 위 분담금들은 구 법인세법(2007. 12. 31. 법률 제8831호로 개정되기 전의 것) 제93조 제9호 가목에서 국내원천소득으로 정한 상표권 사용의 대가에 해당한다고 보아, 갑 회사 등이 구 법인세법 제120조의2가 정한 지급조서를 제출하지 않았다는 이유로 갑 회사 등에 구 법인세법 제76조 제7항에 따라 지급조서 미제출 가산세를 부과한 사안에서, 구 법인세법 제93조 제9호 가목, 대한민국과 미합중국 간의 소득에 관한 조세의 이중과세 회피와 탈세방지 및 국제무역과 투자의 증진을 위한 협약 제14조 제4항 제a호, 제6조 제3항, 제8조 제1항 등에 비추어 보면, 원심의 판단 중 발급사 분담금을 사용료소득으로 본 부분은 정당하나, 발급사 일일분담금은 그 전부가 사업소득에 해당한다고 봄이 타당하므로, 원심의 판단 중 발급사 일일분담금의 일부만 사업소득이고 나머지는 사용료소득이라고 본 부분은 수긍하기 어렵다고 한 사례.

【참조조문】

구 법인세법(2007. 12. 31. 법률 제8831호로 개정되기 전의 것) 제76조 제7항, 제93조 제9호 가목, 제94조, 제120조의2, 대한민국과 미합중국 간의 소득에 관한 조세의 이중과세 회피와 탈세방지 및 국제무역과 투자의 증진을 위한 협약 제14조 제4항 제a호, 제6조 제3항, 제8조 제1항, 구 부가가치세법(2010. 1. 1. 법률 제9915호로 개정되기 전의 것) 제10조 제2항 제1호

【해설】

1. 외국법인이 소득을 얻기 위하여 한 행위 또는 소득발생의 원인사실을 '소득의 원천'이라고 하고 그러한 소득의 원천이 국내에 있는 경우에 이를 외국법인의 국내원천소득이라 합니다. 법인세법 제3조 제1항 제2호는 국내원천소득이 있는 외국법인은 그 소득에 대하여 법인세를 납부할 의무가 있음을 규정하고 있고, 제93조에서는 외국법인의 국내원천소득을 열거하고 있습니다. 법에서 열거하는 외국법인의 국내원천소득은, 이자소득(제1호), 배당소득(국제조세 조정에 관한 법률 제9조, 14조에 따라 배당으로 처분된 금액 포함)(제2호), 부동산소득(제3호), 선박 등 임대소득(제4호), 사업소득(제5호), 인적용역소득(제6호), 양도소득(제7호), 사용료소득(제8호), 유가증권양도소득(제9호), 기타소득(제10호) 등입니다.

이 중 이자소득은 차입금의 사용 장소, 배당소득은 지급자의 소재지, 인적용역으로 인한 소득은 용역의 제공 장소, 사용료 소득은 해당 기술의 지급지 또는 사용지, 부동산 등 임대소득과 양도소득은 재산의 소재지가 각 그 원천이 됩니다.

2. 이와 같이 법에서 외국법인의 원천소득을 제한하여 규정하고 있기 때문에 조세조약에서 국내원천소득으로 규정된 소득이라도 위 규정에 해당하지 않는 이상 당해 소득에 대하여 외국법인의 납세의무는 발생하지 아니합니다. 또한 국내법에서 국내원천소득으로 규정된 소득이라도 해당 조세조약에서 국내 원천으로 보지 않은 경우 당해 소득은 우리나라에서 과세되지 아니합니다. 결국 외국법인 소득이 우리나라에서 과세되기 위해서는 법인세법 및 조세조약에서 규정하고 있

는 국내원천소득에 동시에 해당하여야 합니다.

조세조약에서는 기업의 사업 활동에서 발생되는 모든 소득 중 당해 조약상 별도로 취급되는 소득항목을 제외한 나머지를 모두 사업소득으로 취급하는 분류방식을 취하고 있습니다. 따라서 조세조약에서는 사업소득의 개념을 구체적으로 정의하지 않고 기업의 이윤이라든가 기업의 산업상 또는 상업상 이윤이라고 포괄적으로 정의하는 것이 원칙이고 이는 우리나라가 맺은 모든 조세조약에서도 마찬가지입니다.

3. 조세조약상 사업소득에 관하여는 "고정사업장(Permanent Establishment; PE)이 없으면 과세하지 못한다"는 원칙이 확립되어 있으며(OECD 모델조세협약 제7조 제1항), 우리나라가 체결한 조세조약에서도 예외 없이 이를 수용하고 있습니다. 고정사업장이란 비거주자 또는 외국법인이 국내에 사업의 전부 또는 일부를 수행하기 위하여 설치한 사업상의 고정된 장소를 말하며 소득세법과 법인세법은 '국내사업장'이라는 용어를 사용하고 있습니다(소득세법 제120조 제1항, 법인세법 제94조 제1항).

국내사업장의 유무는 외국법인의 국내원천소득에 대한 과세에 있어서 합산과세 또는 분리과세를 결정하는 기준이 됩니다(소득세법 제121조, 법인세법 제91조). 즉, 국내사업장이 있거나 부동산소득이 있는 외국법인은 내국법인과 국내원천소득을 합산하여 과세하는 데 반하여 국내사업장 등이 없는 외국법인에 대하여는 내국법인과는 달리 국내원천소득별로 분리과세합니다.

이러한 사업소득의 특성 때문에 국내원천소득의 구분과 관련하여 자주 문제되는 것이 사업소득과 사용료소득 등 다른 소득과의 구분입니다. 대상판결의 경우도 이를 쟁점으로 하고 있습니다.

4. 대상판결에서는 국내 신용카드회사가 그 회사가 발급한 신용카드에 미국의 저명한 신용카드회사의 상표('이 사건 상표')를 부착하여 신용카드 가입자들에게 국, 내외에서 신용카드를 사용하도록 하였는데 국내 신용카드회사는 그 대가로 미국 신용카드회사에 국내 거래금액 중 신용결제금액 및 현금서비스금액의 일부에 해당하는 돈(신용결제금액의 0.03% 및 현금서비스금액의 0.01%)인 '발급사 분담

금'과 국외 거래금액 중 신용결제금액 및 현금서비스금액의 일부에 해당하는 돈(신용결제금액 및 현금서비스금액의 각 0.184%)인 '발급사 일일분담금'을 지급하였습니다. 이에 대하여 관할 세무서장은 위 분담금들을 모두 구 법인세법(2007. 12. 31. 법률 제8831호로 개정되기 전의 것) 제93조 제9호 가목에서 국내원천소득으로 정한 '상표권 사용의 대가'에 해당한다고 보아, 갑 회사 등이 구 법인세법 제120조의2가 정한 지급조서를 제출하지 않았다는 이유로 갑 회사 등에 구 법인세법 제76조 제7항에 따라 지급조서 미제출 가산세를 부과하였고 이에 대하여 원고는 이를 미국법인의 사업소득이라고 주장하여 다투었습니다. 미국법인의 사업소득으로 보는 경우 해당 미국법인은 국내사업장을 가지고 있지 않으므로 국내원천소득에 해당하지 않아 원고는 원천징수의무를 부담하지 않게 됩니다.

5. 이에 관하여 원심은 발급사 분담금은 전액 사용료소득으로 보았으나, 발급사 일일분담금은 일부는 사업소득, 나머지 일부는 사용료소득으로 보면서 사용료소득에 해당하는 부분을 구분하기 어렵다고 보아 해당 부분에 대한 과세처분을 전부 취소하였습니다. 이에 대하여 대상판결은 원심의 판단 중 국내 사용분에 해당하는 발급사 분담금을 사용료소득으로 본 부분은 정당하나, 발급사 일일분담금은 미국 신용카드 회사의 국제결제 네트워크 시스템을 이용하여 국내 신용카드 회사가 발급한 신용카드의 국외 거래금액을 기준으로 산정되고, 미국 신용카드 회사가 위 시스템을 통해 제공한 포괄적 역무와 관련하여 발생한 것이므로, 미국 신용카드 회사가 국내 신용카드 회사들에 제공한 포괄적 역무의 대가로 볼 수 있는 점, 신용카드의 국내 거래금액을 기준으로 산정되는 발급사 분담금과 달리 신용카드의 국외 거래금액만을 기준으로 산정되는 발급사 일일분담금을 이 사건 상표권 사용의 대가라고 보기는 어려운 점 등을 종합하면, 발급사 일일분담금은 그 전부가 사업소득에 해당한다고 보아 원심판결 중 해당 부분을 파기하였습니다.

6. 그러나 국내 신용카드회사가 발급한 신용카드에 이 사건 상표를 부착함에 따라 미국 신용카드회사에 지급한 금원의 성격을 해당 카드의 국내사용분과 해외사용분을 나누어 전자만 사용료소득으로 보고 후자는 사용료소득과 전혀 무관하다고 본 대상판결의 판단에는 의문이 있습니다. 국내 신용카드회사가 발급한 신

용카드에 미국 신용카드회사 상표를 부착한 것은 해당 신용카드에 대한 일반 소비자의 신뢰성을 제고하여 회원가입을 유도하고, 카드가입자의 해외사용 시 편의를 도모하기 위한 것으로서 해당 신용카드의 해외이용 시 미국 신용카드회사의 국제결제 네트워크 시스템을 이용하여 제공되는 순수한 용역 제공의 대가 부분을 제외한 나머지 부분은 국내사용분이나 해외사용분 구분 없이 이 사건 상표 사용에 대한 대가로 보아야 하기 때문입니다. 이 사건 상표가 국내 신용카드회사가 발급한 신용카드의 회원가입을 유도하고 그와 같은 효과가 회원가입 및 국내 및 해외 카드사용으로 이어져 소득이 발생하는 것이므로 이 사건 상표사용의 효과를 가늠하는 데 있어 카드의 국내사용과 해외사용을 구분할 이유는 없어 보입니다. 이 점에서 카드의 해외사용에 사용료소득과 사업소득이 혼재하여 있다고 본 원심의 판단이 오히려 타당하다고 여겨집니다. 다만 원심은 양자의 구분산정이 불가능하다고 보았으나, 역무의 제공과 무관한 카드의 국내사용분에 대하여 지급한 분담금 비율은 특별한 사정이 없는 한 카드의 해외사용분에 대하여도 동일하게 적용될 수 있다고 여겨지므로 발급사 일일분담금 비율에서 해당 비율을 공제한 부분을 국제결제 네트워트 시스템 용역제공의 대가(사업소득)로 파악할 수 있지 않을까 생각됩니다.

7. 한편 대상판결은 해외에 위치한 컴퓨터 서버에 국내에서 접속하여 정보를 전달받는 형태의 전자적 용역 제공에 대한 부가가치세 과세와 관련하여 용역의 공급 장소가 해외인가 국내인가 여부에 관하여도 판단하고 있는데 이 쟁점에 관하여는 본 판례백선 93회를 참고하시기 바랍니다.

109

국내 미등록 특허권에 대한 사용료소득이 국내원천소득에 해당하는지 여부

대상판결: 대법원 2018. 12. 27. 선고 2016두42883 판결

【판결요지】

구 법인세법(2010. 12. 30. 법률 제10423호로 개정되기 전의 것) 제93조 제9호 단서 후문은 외국법인이 특허권 등을 국외에서 등록하였을 뿐 국내에서 등록하지 아니한 경우라도 특허권 등이 국내에서 제조·판매 등에 사용된 때에는 그 사용의 대가로 지급받는 소득을 국내원천소득으로 보도록 정하였으나, 구 국제조세조정에 관한 법률(2018. 12. 31. 법률 제16099호로 개정되기 전의 것) 제28조는 “비거주자 또는 외국법인의 국내원천소득의 구분에 관하여는 소득세법 제119조 및 법인세법 제93조에도 불구하고 조세조약이 우선하여 적용된다.”라고 규정하고 있으므로, 국외에서 등록되었을 뿐 국내에는 등록되지 아니한 미국법인의 특허권 등이 국내에서 제조·판매 등에 사용된 경우 미국법인이 사용의 대가로 지급받는 소득을 국내원천소득으로 볼 것인지는 ‘대한민국과 미합중국 간의 소득에 관한 조세의 이중과세 회피와 탈세방지 및 국제무역과 투자의 증진을 위한 협약’(“한미조세협약”)에 따라 판단하지 아니할 수 없다. 그런데 한미조세협약의 문맥과 문언의 통상적 의미를 고려할 때, 한미조세협약 제6조 제3항, 제14조 제4항은 특허권의 속지주의 원칙상 특허권자가 특허물건을 독점적으로 생산, 사용, 양도, 대여, 수입 또는 전시하는 등의 특허실시에 관한 권리는 특허권이 등록된 국가의 영역 내에서만 효력이 미친다고 보아 미국법인이 국내에 특허권을 등록하여 국내에서 특허실시권을 가지는 경우에 특허실시권 사용대가로 지급받는 소득만을 국내원천소득으로 정하였을 뿐, 한미조세협약 해석상 특허권이 등록된 국가 외에서는 특허권 침해

가 발생할 수 없어 이를 사용하거나 사용대가를 지급한다는 것을 관념할 수도 없다. 따라서 미국법인이 특허권을 국외에서 등록하였을 뿐 국내에는 등록하지 아니한 경우에는 미국법인이 그와 관련하여 지급받는 소득은 사용의 대가가 될 수 없으므로 이를 국내원천소득으로 볼 수 없다.

【참조조문】

국세기본법 제14조 제1항, 구 법인세법(2010. 12. 30. 법률 제10423호로 개정되기 전의 것) 제2조 제1항 제2호(현행 제3조 제1항 제2호 참조), 제5항(현행 제3조 제4항 참조), 제93조 제9호(현행 제93조 제8호 참조), 제98조 제1항, 구 국제조세조정에 관한 법률(2018. 12. 31. 법률 제16099호로 개정되기 전의 것) 제28조(현행 삭제), 대한민국과 미합중국 간의 소득에 관한 조세의 이중과세 회피와 탈세방지 및 국제무역과 투자의 증진을 위한 협약 제6조 제3항, 제14조 제4항

【해설】

1. 이 사건은 국내기업이 미국기업으로부터 국내 미등록 특허에 대한 사용료 계약을 체결하고 지급한 특허사용료의 소득원천이 해당 특허기술이 사용된 국내인지 아니면 특허등록국인 미국인지가 문제되었습니다. 대상판결은 특허속지주의 원리를 적용하여 해당 특허기술의 소득원천지를 국내가 아닌 미국으로 보았습니다.

2. 먼저 관계법령과 한미조세협약의 내용을 살펴봅니다.

법인세법 제2조 제1항 제2호는 외국법인에 대하여는 국내원천소득이 있는 경우에만 법인세 납세의무가 있는 것으로 규정하고 있고, 법인세법 제2조 제5항, 제98조 제1항은 외국법인에 대하여 제93조 제8호 등의 일정한 국내원천소득의 금액을 지급하는 자는 해당 법인세를 원천징수할 의무가 있음을 규정하고 있습니다. 한편, 법인세법 제93조는 "**외국법인의 국내원천소득은 다음 각 호와 같이 구분한다.**"**라고 규정하면서, 그 제8호에서 "다음 각 목의 어느 하나에 해당하는 권리·자산 또는 정보를 국내에서 사용하거나 그 대가를 국내에서 지급하는 경우의**

그 대가 및 그 권리 등을 양도함으로써 발생하는 소득. 다만, 소득에 관한 이중과세 방지협약에서 사용지를 기준으로 하여 그 소득의 국내원천소득 해당 여부를 규정하고 있는 경우에는 국외에서 사용된 권리 등에 대한 대가는 국내 지급 여부에도 불구하고 국내원천소득으로 보지 아니한다. 이 경우 특허권, 실용신안권, 상표권, 디자인권 등 권리의 행사에 등록이 필요한 권리는 해당 특허권 등이 국외에서 등록되었고 국내에서 제조·판매 등에 사용된 경우에는 국내 등록 여부에 관계없이 국내에서 사용된 것으로 본다."라고 규정하고 있습니다. 특별히 특허권의 경우 해당 특허권이 국외에서 등록되고 국내에서 제조·판매 등에 사용된 경우 국내 등록 여부에 관계없이 국내에서 사용된 것으로 보아, 그 사용대가 및 이를 양도함으로써 발생하는 소득을 국내원천소득으로 규정하고 있습니다.

국제조세조정에 관한 법률 제28조에서는 법인세법 규정에도 불구하고 조세조약이 우선하여 적용된다고 규정하고 있으나 같은 법 제5조(세법과 조세조약의 관계)에서는, "**조세조약에서 정의하지 아니한 용어 및 문구에 대해서는 국세기본법 제2조 제2호에 따른 세법에서 정의하거나 사용하는 의미에 따라 조세조약을 해석·적용한다.**"고 규정하고 있습니다.

한편 한미조세협약 제6조 제3항은 "**사용료가 어느 체약국 내의 동 재산의 사용 또는 사용할 권리에 대하여 지급되는 경우에만 동 체약국 내에 원천을 둔 소득으로 취급된다.**"고 규정하고 있고, 같은 조약 제2조 제2항에서는 용어의 개념에 관하여는 우선적으로 그 조세가 결정되는 체약국의 법에 따르도록 규정하고 있습니다.

3. 우선 한미조세협약 제6조 제3항은 특허속지주의에 관하여는 전혀 언급한 바 없으므로, 조약 문언의 해석에 의하여 직접 대상판결이 판시한 특허속지주의에 기초한 결론을 도출하기는 어렵습니다.

한편 대상판결에서 문제가 된 특허권 양도계약은 미국 등 특허등록국 내에서 특허법상 효력으로 특허권에 대한 통상실시권을 허여하는 것과 함께 특허등록국 외에서 사적 계약에 따라 특허권 자체가 아닌 특허권 대상기술에 대한 사용권을 부여하는 것을 포함하므로, 국내기업이 특허등록국이 아닌 우리나라 내에서 제품을 생산함에 있어 사용하는 대상은 외국기업이 보유한 '특허권 자체'가 아니라 특허권 대상이 된 '특허기술'로 보아야 합니다.

이처럼 특허권자가 사적 계약에 따라 특허 미등록국 내에서의 특허기술 사용에 대한 대가로 특허 미등록국 소재 제3자로부터 사용료를 수령하는 경우, 이는 특허등록국의 특허법상 효력이 아니라 특허권자와 실시권자 사이의 계약상 효력으로 발생하는 것이므로, 사적 계약에 따라 수수되는 사용료소득의 원천 판단과 관련하여 특허법상 법리인 특허속지주의는 특별히 그것이 계약내용을 이루고 있지 않는 한 기능할 여지가 별로 없습니다.

4. 통상적으로 특허권 양도계약은 특정한 특허에 대해 일정 기간까지 양수인에게 제공하는 '비독점 라이센스(Non-exclusive license)'로서 국내 특허법상 용어로는 '통상실시권'을 의미합니다. 통상실시권은 특허권자가 실시권자의 특허 실시를 묵인하는 부작위를 부담하기로 약정함으로써 발생하는 권리로서, 전용실시권과 달리 실시권을 설정한 이후에도 특허권자 자신도 실시 가능할 뿐만 아니라 제3자에게 동일한 통상실시권을 중복으로 허여할 수도 있습니다. 통상실시권은 해당 특허를 실시할 수 있는 권원이지만 실시권자의 독점성·배타성이 보장되지 않는다는 점에서 전용실시권과 구별됩니다.

한편, 특허등록국의 특허법에 의하여 보호되는 특허권 자체와 별도로 특허권 양도계약상 양도 내지 사용의 대상이 되는 기술이 존재합니다. 즉, 통상적인 특허권 양도계약상 이전 또는 사용 대상은 특허권 그 자체가 아니라 특허권의 대상이 된 특허기술입니다.

대상판결의 논거는 특허권이 등록된 국가 외에서는 특허권의 침해가 발생할 수 없어 이를 사용하거나 사용 대가를 지급한다는 것을 상정할 수 없다는 데 있으나 미등록 특허의 경우에도 국내기업이 해당 기술이 필요하면 얼마든지 유상으로 이전받을 수 있고 이는 전적으로 사적 자치의 영역에 속합니다. 특허기술을 이전 받는 기업의 입장에서는 해당 기술을 자체 개발하는 대신에(즉 해당 기술의 개발에 소요되는 인력 및 비용의 지출에 대신하여) 해당 기술을 이전 받을 터이므로 대부분의 경우 그 사용료는 특허권 자체보다는 특허권이 표창하는 특허기술에 대한 사용료의 성격을 가집니다. 다만 특허권 자체에 대한 권리를 배타적으로 양도받아 독자적으로 그 전용실시권을 보유하게 되거나(이 경우에는 권리의 양도가 거래의 대상이 된 것이므로 사용료소득이 아닌 양도소득으로 구분될 것입니다) 특허기술을 양수한 기업이 이미 해당 기술을 독자적으로 사용할 수 있는 정도의 능력을 보유하고 있지만 특허법상 특허선출원주의의 제약이나 기술습득상의 문제점 등으로 인하여 해당 기술을 공개적으로 사용하기 어려운 경우 등 예외적인 사정이 있는 경우에 한하여 해당 사용료는 등록된 특허권 자체에 대한 대가로서의 의미를 지닌다고 볼 것입니다. 그리고 이는 예외적인 사정에 해당하므로 분쟁에서 사용료 대가의 성격이 문제된 경우 그에 대한 입증책임은 이를 주장하는 자에게 있습니다. 특허권에 대한 침해를 예상할 수 없으므로 그 사용대가 역시 관념할 수 없다는 대상판결의 논지는 현실적인 거래 실태에 반함은 물론 논리적으로도 부당합니다. 국내 미등록 특허기술의 경우에도 기술사용의 대가로 사용료를 지급하는 것은 얼마든지 가능하고, 이는 특허침해의 경우 그에 대한 특허법 내지는 사법상 배상책임을 부담하는지 여부와는 직접 관계가 없습니다.

5. 전반적인 이해의 편의를 위해 단계적으로 사례를 예시하여 보겠습니다.

① 우선, 어떠한 기술이 전 세계 어디에도 특허등록되어 있지 않은 상태를 가정하여 봅니다. 이 경우 국내기업이 해당 기술을 미국기업으로부터 유상으로 이전받아 이를 이용하여 국내에서 물품을 제조, 판매하고 기술사용의 대가를 국내에서 지급하였다면 해당 기술의 지급지와 사용지 및 사용료 소득의 원천이 국내에 있다는 점은 누구도 부인할 수 없을 것입니다.

② 다음으로, ① 상황의 진행 중에 해당 기술이 미국에 특허등록된 상황을 가정해 봅니다. 이 경우 특별한 사정이 없는 한 해당 기술의 국내사용 도중에 미국에 특허등록이 되었다고 하여 소득의 원천이 국내에서 미국으로 바뀔 이유는 없습니다. 중간에 미국기업이 위 기술에 대한 특허를 미국에 등록하였다고 하여 원칙적으로 그와 무관한 국내 제조, 판매와 사용료 지급 등 사용료에 관한 법률관계가 바뀔 이유는 없기 때문입니다.

③ 다시 위 사례를 일부 변형하여 처음부터 미국에만 등록되어 있는 특허를 그 특허기술을 사용하여 국내에서 물품을 제조, 판매하기 위하여 유상으로 이전받은 경우를 상정해 봅니다. 이 경우 역시 원칙적으로 중간에 해당 기술을 미국에 특허등록한 ②의 경우와 구별할 이유가 없다는 것은 누구

나 쉽게 알 수 있습니다. 이는 국내에서 제품을 제조, 판매에 사용하기 위하여 특정 기술을 외국기업으로부터 유상으로 이전받은 경우 그 기술이 애당초 미국에 특허등록되었는지 여부는 해당 기술의 국내사용에 대한 대가로 지급된 사용료의 사용지나 지급지 및 소득원천지의 판정과 직접 관계가 없다는 것을 말해 줍니다.

④ 한 걸음 더 나아가 국내기업이 미국기업으로부터 미국에만 특허등록이 되어 있는 기술을 유상으로 이전받아 해당 기술을 사용하여 국내에서 제품을 제조한 후 일부는 국내에 판매하고, 일부는 미국에 판매한 경우를 상정해 봅니다. 이 경우 미국 판매 분이 있다고 하여 국내 제조 및 판매 분에 대한 사용지가 한국이 아닌 미국으로 바뀔 이유가 없다는 점 또한 분명합니다. 나아가 일반적으로 제조의 부가가치가 판매의 부가가치보다 크다는 점을 감안하면 특별한 사정이 없는 한 위 기술의 주된 사용지가 국내라는 점도 부인하기 어렵습니다. 일반적으로 국제조세조약에서 사용료 소득의 원천을 판단하는 기준으로 통용되는 두 가지 원칙, 즉 지급지주의와 사용지주의 어느 것에 의하더라도 그 소득의 원천을 국내로 보지 않을 이유가 없습니다.

6. 나아가 한미조세협약 제6조 제3항은 그 기초가 된 OECD 모델 및 UN 모델과의 비교를 통해서 보더라도 특허속지주의와 무관합니다.

일반적으로 특허 사용료의 과세에 대해, ① 개발선진국(developed country)의 이해를 중시하는 OECD 모델은 거주지국 과세 원칙을, ② 개발도상국(developing country)의 이해를 중시하는 UN 모델은 원천지국의 제한세율과세 허용원칙(거주지국 세액공제)을 채택하고 있는 것으로 이해되고 있습니다. 양 모델의 규정을 살펴보면, 사용료소득의 과세권을 배분하는 용어인 “resident”(일반규정인 제4조에 정의), “arising in”(제12조 제5항에 추가로 정의) 등은 모두 각 조약에 그 정의규정을 두고 있는데 한미조세협약은 ‘use’, ‘the right to use’ 등의 용어를 사용하면서도 이에 대한 아무런 정의규정을 두지 않았습니다. 이는 곧 한미조세협약만을 근거로 하여 특허속지주의 원칙을 도출하는 것은 근거가 박약함을 의미합니다.

7. 마지막으로 이 사건 사용료가 국내원천소득에 해당하지 않는다고 보아 원천징수를 하지 않는 경우, 미국 또한 이에 대해 과세를 하지 않는다면 이중비과세의 문제가 발생할 수 있습니다. 그런데 미국의 경우 거주지국 과세주의를 취하고 있어 이 사건 사용료에 대해 과세를 하게 되므로 이와 같은 이중비과세의 문제는 발생하지 않을 것입니다.

사용료를 취득하는 미국기업의 입장에서 생각해 본다면, 사용료에 대해 원천징수절차를 통해 우리나라에 세금을 납부하더라도 미국 과세당국으로부터 외국납부세액으로서 해당 세액을 공제받을 것이므로, 관련 세금을 우리나라에 납부하든 미국에 납부하든 결과적으로는 특별한 경제적 이해관계를 가지지 않습니다.

결국, 이 사건 사용료 징수에 관한 실질적인 이해당사자는 원천징수의무자 또는 원천납세의무자인 한미 양국 기업이 아니라 과세권자인 '양 국가'이고, 이는 곧 이 사건 논의의 본질이 양 국가 간의 과세권 배분 문제임을 말해 줍니다.

따라서 특정 기술 사용료의 원천징수 대상 여부가 한국과 미국 기업 사이에서 문제되는 경우 이는 기본적으로 한미조세협약에 관한 미국 쪽 해석 등을 고려하여 상호주의 입장에서 국가 간 협의를 통하여 해결할 문제입니다.

8. 이처럼 미등록 특허기술에 대해 지급되는 사용료의 법적 성격과 한미조세협약 제6조 제3항의 문언과 입법 연혁, 구 법인세법 제93조 제8호 단서 후문 규정과 OECD 모델 조세협약 및 UN 모델 조세협약과의 비교 검토 등을 통해 종합적으로 고찰하여 볼 때, 국내 미등록 특허기술이 국내에서 제품의 제조, 판매 등에 사용된 경우 그 특허기술의 국내사용에 대한 대가로 지급된 사용료소득의 원천은 국내로 봄이 타당하고, 한미조세협약 제6조 제3항의 해석과 관련하여 특허 속지주의는 기준이 될 수 없다고 사료됩니다. 대상판결의 결론에 찬성하기 어렵습니다.

조문색인

사항색인

(ㄹ)

(ㅁ)

(ㅂ)

(ㅇ)

(ㅈ)

(ㅊ)

(ㅌ)

(기타)

판례색인

저자약력

임승순

서울대학교 법과대학 졸업(1977)
경희대학교 법과대학원(법학석사)
제19회 사법시험 합격(1977)
서울지방법원 북부지원 판사(1982)
대법원 재판연구관(조세사건 전담)(1991)
부산지방법원 부장판사(1993)
사법연수원 교수(조세법 강의)(1996)
서울행정법원 부장판사(조세전담부)(1999
사법연수원 조세법 강의
국세심판원 심판관(비상임)
변호사조세연수원 교수
서울대학교 대학원 조세법 강의
인하대학교 로스쿨 조세법 강의
국세청 과세전적부심사위원회 위원
중부지방국세청 고문변호사
법제처 법령해석심의위원회 위원
기획재정부 예규(조세)심사위원회 위원
서울지방변호사회 조세 커뮤니티 위원장
The Marquis Who's Who 인명사전 등재
평생공로상수상(2018, 2019)
現 법무법인 화우 변호사
  화우 조세실무연구원장
  한국세법학회 고문
  온라인 주석서(로앤비) 대표편집위원 겸 조세분야 편집위원

주요 논문

"세법상의 양도와 상속"
"과세처분의 무효사유"
"조세소송의 제기와 환급청구권의 시효중단"
"증여의제에 관한 소고" 등 20여 편의 논문들

저서

『조세법』 제25판(공저), 박영사, 2025.

개정판
조세법 판례백선

초판발행 2024년 1월 5일
개정판발행 2025년 6월 30일

지은이 임승순
펴낸이 안종만 · 안상준

편 집 장유나
기획/마케팅 조성호
표지디자인 BEN STORY
제 작 고철민 · 김원표

펴낸곳 (주) 박영사
서울특별시 금천구 가산디지털2로 53, 210호(가산동, 한라시그마밸리)
등록 1959. 3. 11. 제300-1959-1호(倫)
전 화 02)733-6771
f a x 02)736-4818
e-mail pys@pybook.co.kr
homepage www.pybook.co.kr
ISBN 979-11-303-4980-0 93360

정 가 40,000원